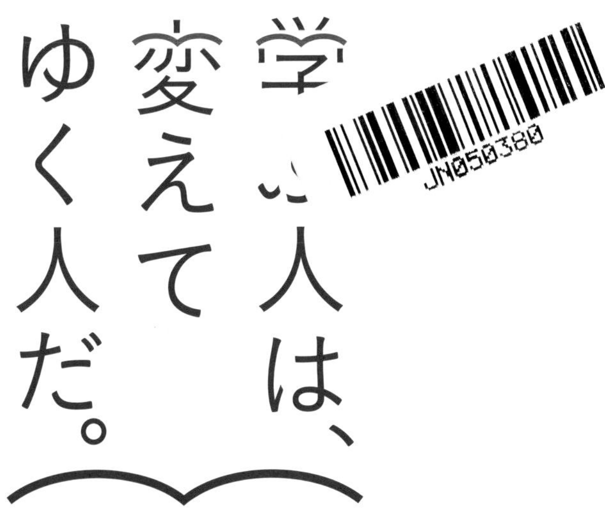
学ぶ人は、
変えてゆく人だ。
JN050380

大学受験

ココが出る!! ☞

世界史ノート

歴史総合, 世界史探究

四訂版

岩田一彦

旺文社

本書の特長と利用法

■日常学習から受験まで使える

本書は，教科書の予習・復習などの日常学習から，共通テスト，私立大学，国公立大学までを対象に，さまざまな角度から幅広く利用できるように構成された書き込み式の整理・演習ノートです。

内容構成は，2部構成となっており，「第1部 歴史総合」は48テーマからなります。「第2部 世界史探究」は，入試問題を基礎資料とした先史時代から現代までの33テーマと，地域史・文化史10テーマの全43テーマからなります。『全国大学入試問題正解 世界史』から過去の実際の入試問題に照応させて欄外の補足や地図などの図版を可能な限り収録し，本文解説の内容をより多角的に理解できるように工夫してあります。

■「ココが出る!!」で具体的な傾向や勉強のポイントを提示した

それぞれのテーマごとに学習のポイントを［**入試全般**］と［**国公立二次・難関私大**］に分けて示しました。学習する上での具体的な傾向と対策となります。また，入試対策として，とりわけ重要な用語をピックアップしました。

■「まとめ図」でテーマの流れが確認できる

各テーマの冒頭には適宜「まとめ図」が収録してあり，学習する内容が俯瞰できます。各テーマの中で重要な用語を空欄にしているので，すぐ下にある解答を見ながらでもいいので，書き込んで知識を整理しましょう。

■論述問題への対策も充実させた

国公立大学と一部の私立大学では，論述問題も出題されます。本書では，おおむね100字程度の良問を過去の入試問題から主に厳選し，問題と解答例をあげました。これを参考に自己トレーニングを積みながら，論述問題への対応力を養うことも大切です（句読点・数字も1字としてカウントしています）。

■テーマごと・章ごとに問題演習ができる

それぞれのテーマには，「実戦演習」がついています。近年の入試問題からテーマに即した良問を精選してあり，書き込みながら整理して覚えた知識を効率よく確認して，演習していくことができます。また，問題のリード文は，そのテーマについてまとめてある文章が多いので，繰り返し何度も読むことで，テーマの概要についての理解も深まることでしょう。

■過去10年分の入試問題データを分析，レベルに応じた学習ができる

本書は，受験世界史の全範囲・レベルを網羅しているために，基本から応用レベルまで幅広い用語を収録しています。そこで本書では，学習の目安として，過去10年分の入試問題データを分析した上で，特に空欄用語について，以下の2レベルを設定しています。

- **標準レベル**……入試において出題頻度が高く，必ず答えられるようにしておきたい重要な用語で，赤色下線を付しています。
- **難関レベル**……難関大学を志望する受験生にとって，ここまでは押さえてほしいと思われる用語です。黒色下線付きの空欄と，黒色下線を付けた用語で示しました。

また，特に出題に注意してほしい用語には，ページ下に「出題大学」を例として示しているものもあります（赤色下線の用語の多くは出題例がたくさんあるため，あえて出題大学を示していません）。学習の参考にしましょう。

目次

著者紹介

岩田一彦（いわた　かずひこ）
旺文社『蛍雪時代』アドバイザー。「大学受験ラジオ講座」の講師，旺文社編集顧問を歴任。本書以外に，著書に『高校とってもやさしい世界史』，『大学入試 全レベル問題集 世界史B ①基礎レベル［新装版］』，『大学入試 全レベル問題集 世界史B ②共通テストレベル［改訂版］』（いずれも旺文社），『世界の歴史 人物事典』，『世界の歴史 出来事事典』（いずれも集英社）などがある。

〔編集協力〕株式会社 友人社　〔本文デザイン〕有限会社 トンプー・グラフィクス　〔本文図版〕株式会社 さくら工芸社，日之出印刷 株式会社
〔校正〕稲葉友子，名木田 朋幸，株式会社 東京出版サービスセンター，株式会社 友人社

01 歴史総合で学習すること

歴史総合の学習では,「近代化」,「国際秩序の変化や大衆化」,「グローバル化」の3つが大きな柱になっています。そして,「近代化」,「国際秩序の変化や大衆化」,「グローバル化」への「問い」を考えるテーマの例が教科書にも取り上げられています。この問いのテーマは,共通テストの歴史総合の問題でも問われやすいテーマだと推測されます。以下,テーマをチェックしておきましょう。

❶「近代化への問い」のテーマ……交通と貿易,産業と人口,権利意識と政治参加や国民の義務,学校教育,労働と家族,移民

❷「国際秩序の変化や大衆化への問い」のテーマ……国際関係の緊密化,アメリカ合衆国とソ連の台頭,植民地の独立,大衆の政治的・経済的・社会的地位の変化,生活様式の変化

❸「グローバル化への問い」のテーマ……冷戦と国際関係,人と資本の移動,高度情報通信,食料と人口,資源・エネルギーと地球環境,感染症,多様な人々との共存

※試作問題「歴史総合,日本史探究/世界史探究」の歴史総合部分(第1問)の一例

・19世紀の交通革命についての文章や地図を読み取り,アメリカの貿易政策や日本の開国について,語句と出来事の組合せを答える問題(歴史総合,日本史探究)
・ナショナリズムの多様な現れ方として考えられることと,その事例となる歴史的出来事との組合せを答える問題(歴史総合,世界史探究)

02 18世紀までの世界(西・南・東南アジア)

解答:別冊 p.2 ▶

西アジア・南アジアのイスラーム帝国

1. オスマン帝国(1300頃~1922)

❶スンナ派[*1]の国家。最盛期の皇帝は①＿＿＿＿＿＿

❷交易で商業が発展。また,いくつかのヨーロッパ諸国に,領内での居住・通商を認める②＿＿＿＿＿＿を与える

2. サファヴィー朝(1501~1736)

シーア派の国家。16世紀末からの首都は貿易で栄え,「③＿＿＿＿＿＿は世界の半分」と呼ばれた

3. ムガル帝国(1526~1858)

❶ヒンドゥー教徒とイスラーム教徒が共存

❷第3代皇帝のアクバルの時代に,非イスラーム教徒に課した④＿＿＿＿＿＿(人頭税(じんとうぜい))を廃止

❸第6代皇帝の⑤＿＿＿＿＿＿の時に最大領土。この時代に人頭税が復活

東南アジア 16世紀以降,オランダなどのヨーロッパ勢力が進出し,タイのアユタヤ朝などが⑥＿＿＿＿貿易で栄える

*1 スンナ派はイスラーム教の多数派で,イスラーム教の開祖ムハンマドの言行(スンナ)に従うことを重視する。これに対してシーア派は,4代正統カリフ(ムハンマドの後継者)のアリーとその子孫だけを指導者と主張する一派。

03 18世紀の世界（中国・日本）

解答：別冊 p.2 ▶

中国の政治・社会

❶1644年に滅亡した明に代わり，①＿＿＿＿が中国を統一*1

❷綿・絹織物，景徳鎮の陶磁器などの手工業や，茶の生産が各地で発達→特産品が海外に輸出され，対価として②＿＿＿＿が国内に流入

❸アメリカ大陸から伝来した③＿＿＿＿＿＿やサツマイモなど，新しい作物の栽培で山地の開墾が進む

*1 明は漢人王朝であったが，清は満洲人による王朝。漢人の制度や文化を継承する一方で，満洲人の習俗である辮髪（男性の髪型）を強制するなどの厳しい統制も行われた。

日本の政治・社会，経済・流通

1. 政治・社会

❶江戸幕府を中心とし，諸藩を地方に置く④＿＿＿＿体制がとられる

❷大名が江戸へ1年おきに参府する⑤＿＿＿＿＿＿が義務化*2

*2 8代将軍徳川吉宗は享保の改革を行い，1722年に諸大名に対して米を献上させる上げ米を命じた（＝上げ米の制）。その代償として在府1年在国1年の大名に対しては，参勤交代における江戸在府期間を半減（在府半年・在国1年半）したが，1731年に廃止された。

2. 経済・流通

❶⑥＿＿＿＿（江戸・大坂・京都）を中心に商業・金融・文化が発達 →大坂：「天下の台所」。年貢米や特産物を蔵屋敷に保管・販売

❷水上交通：菱垣廻船・樽廻船や，北前船などが発達 →中国向けの輸出品である⑦＿＿＿＿（ふかひれなどの海産物）を長崎から輸出

❸陸上交通：東海道・中山道などの⑧＿＿＿＿が発達

04 貿易で結びつく東アジアとヨーロッパ

解答：別冊 p.2 ▶

18世紀の東アジア・ヨーロッパの貿易

❶17世紀以降：ヨーロッパ諸国は①＿＿＿＿＿＿を設立，アジア貿易を独占→ヨーロッパ諸国は，アメリカ大陸からの銀でアジアへの支払いを行う

❷清の貿易：海禁政策が緩和。18世紀半ばには，ヨーロッパ船の来航を②＿＿＿＿1港のみに限定

鎖国下の日本の対外関係

❶琉球王国：③＿＿＿＿藩の支配下で，中国（清）との朝貢貿易を行う →中継貿易によって発展

❷アイヌ：④＿＿＿＿藩を介して日本と交易

❸中国・オランダ：⑤＿＿＿＿で貿易。唐人屋敷やオランダ商館を設置

❹朝鮮：⑥＿＿＿＿藩が貿易を独占。朝鮮通信使と呼ばれる使節が日本に派遣される

◆ 18世紀の日本の対外関係

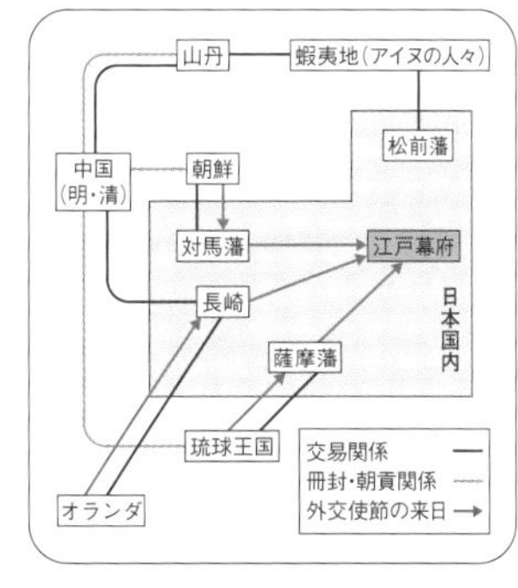

05 産業革命とその影響

解答：別冊 p.2 ▶

産業革命の背景と技術革新

❶産業革命：18世紀後半～19世紀初めの①＿＿＿＿で始まる

❷背景：大航海時代以後の②＿＿＿＿貿易による富の蓄積。海外市場(植民地)の獲得。技術革新による農業革命

❸③＿＿＿＿(キャラコ)の代替製品の国産化をめざす

❹④＿＿＿＿を動力とする蒸気機関の製造業への転用→綿工業の発達。イギリス製品が世界市場を独占→「⑤＿＿＿＿」と呼ばれる

社会への影響

⑥＿＿＿＿主義の成立：資本家が労働者を工場で雇用(工場制機械工業)→労働者の賃金水準・労働条件は劣悪→機械打ちこわし運動，労働組合成立，工場法制定→⑦＿＿＿＿主義の提唱(⑧＿＿＿＿，エンゲルスによる『⑨＿＿＿＿』)

◆ 産業革命時の主な技術革新

ニューコメン：蒸気機関，ポンプ
ダービー：コークス製鉄法
ジョン＝ケイ：飛び杼
ハーグリーヴズ：多軸紡績機(ジェニー紡績機)
ワット：蒸気機関の改良
アークライト：水力紡績機
クロンプトン：ミュール紡績機
カートライト：力織機
フルトン：蒸気船
スティーヴンソン：蒸気機関車

産業革命の世界的影響

❶交通・通信革命による「世界の一体化」…蒸気船，鉄道，電気・電信

❷後発資本主義国の発生…ベルギー，仏，独，露，米*1，日

❸石炭による⑩＿＿＿＿革命…軽工業→重化学工業へ

*1 南北戦争後，アメリカでは北部を中心に急速に産業革命が進み，1870年代にはイギリスに匹敵する工業国になる。

06 19世紀の中国と日本の開港

解答：別冊 p.2 ▶

中国の開港

清(しん)は欧米諸国との貿易を①＿＿＿＿に限定

1. ②＿＿＿＿**戦争**(1840～42) アヘンの密貿易問題から起こった③＿＿＿＿との戦争。結果：④＿＿＿＿条約(1842)により⑤＿＿＿＿の割譲，上海(シャンハイ)を含む5港開港など。課題：⑥＿＿＿＿(治外法権)，一方的な最恵国待遇，⑦＿＿＿＿の喪失*1

2. 第2次アヘン戦争(⑧＿＿＿＿**戦争**，1856～60) イギリスと⑨＿＿＿＿が首都北京(ペキン)に侵攻。結果：天津(てんしん)条約(1858)・北京条約(1860)→外国⑩＿＿＿＿の北京常駐，アヘン貿易を公認→欧米の近代技術を導入し*2，富国強兵をめざす⑪＿＿＿＿運動を開始

*1 南京条約締結の翌1843年に結ばれた虎門寨(こもんさい)追加条約によって，さらに不平等な内容が追加。1844年にはアメリカ・フランスとも同様の条約が結ばれた。

*2 中国の儒教的伝統を維持しつつ，西洋技術を利用するという「中体西用」の考え方による。

日本の開国

「鎖国」を継続する一方，欧米諸国の進出に幕政が動揺

❶1853年，⑫＿＿＿＿の来航：開港要求→1854年，開国：⑬＿＿＿＿条約…下田(しもだ)・箱館(はこだて)の開港と遭難者の保護。貿易は認めず

❷1858年，⑭＿＿＿＿条約：蘭・露・英・仏とも同様の条約締結→1859年，開港場(横浜・長崎・箱館)の居留地(きょりゅうち)で貿易開始*3

*3 貿易の動向
輸出：生糸，茶，蚕卵紙(さんらんし)
輸入：織物，武器，艦船
最大の貿易相手国はイギリス。アメリカは南北戦争で不振。
課題：海外へ金貨が流出→物価急上昇。

07 市民革命とその影響

解答：別冊 p.2 ▶

アメリカ独立革命

市民階級による社会変革運動(①＿＿＿＿革命)

❶英が植民地に対して貿易統制や課税強化を開始[*1]→②＿＿＿＿会議の開催→1775年に独立戦争が始まると，③＿＿＿＿を総司令官に任命

❷1776年，④＿＿＿＿宣言を発表→1783年，⑤＿＿＿＿条約で独立承認

❸1787年，⑥＿＿＿＿制定…人民主権，⑦＿＿＿＿分立など

*1　17～18世紀前半，イギリスは北アメリカ東部に13植民地を建設。北部では農業・製鉄業・造船業が，南部では黒人奴隷を用いたプランテーションが発達し，タバコや綿花などの農産物がイギリス本国などへ輸出されていた。

フランス革命とナポレオンの登場

❶⑧＿＿＿＿の開催：免税特権[*2]廃止案の審議→⑨＿＿＿＿の成立

❷1789年7月14日，⑩＿＿＿＿の襲撃(革命勃発)→封建的特権の廃止，⑪＿＿＿＿発表→1791年憲法の制定

❸革命の進展…オーストリアなどとの戦争開始→⑫＿＿＿＿政の成立(ルイ16世処刑)。ロベスピエールらジャコバン派の⑬＿＿＿＿政治

❹1799年，⑭＿＿＿＿がクーデタで第一統領に就任。⑮＿＿＿＿の制定，第一帝政→ロシア遠征敗北→退位

*2　革命以前のフランス社会は免税などの特権を有する第一身分(聖職者)・第二身分(貴族)と，人口の約9割を占める第三身分(平民)からなる身分制社会で，不平等な制度が維持されていた。

市民革命の影響によるラテンアメリカの独立

❶階級社会の形成：ヨーロッパ人と⑯＿＿＿＿[*3]が支配

❷初の黒人共和国となる⑰＿＿＿＿やアルゼンチン・チリなどが独立

*3　植民地生まれの白人で，主に裕福な地主階層。本国生まれの白人優位主義に不満をもち，独立運動の担い手となった。

08 欧米諸国のナショナリズム

解答：別冊 p.2 ▶

国民国家とナショナリズム

18世紀，ナショナリズムによる国民の統合→「①＿＿＿＿国家」の成立[*1]→19世紀以降，世界へ広がる

*1　これにより，19世紀のヨーロッパ諸国のほとんどで徴兵制が導入された。

ウィーン体制とその崩壊

❶1815年，②＿＿＿＿体制の成立：③＿＿＿＿主導で自由主義とナショナリズムの抑圧を図る→成功せず

❷④＿＿＿＿年革命：フランス二月革命→ドイツ三月革命→体制崩壊

ウィーン体制後の国家統一

イタリア(サルデーニャ主導)やドイツ(プロイセン主導)の統一。オーストリア＝ハンガリー帝国成立

独立後のアメリカ合衆国

❶⑤＿＿＿＿運動：取得・買収で西部へ領土拡大。⑥＿＿＿＿法を制定し，先住民は保留地に強制移住

❷⑦＿＿＿＿戦争(1861～65)[*2]：1863年，⑧＿＿＿＿(共和党)による奴隷解放宣言→北部勝利

*2　経済構造の違いや，奴隷制をめぐる問題から起こった対立。人口・経済力で優位な北部が逆転勝利した。

南部(アメリカ連合国)：奴隷制プランテーション農業による綿花生産。自由貿易主張。

北部(アメリカ合衆国)：商工業が発達。保護貿易主張。奴隷制反対。

09 西アジアの近代化革命

解答：別冊 p.2 ▶

オスマン帝国
①＿＿＿＿(統治者)のもとでの多民族国家

❶ナポレオンのエジプト遠征後→オスマン軍人②＿＿＿＿＿＿＿＿がエジプト総督となり，エジプトの近代化を進める

❷英・仏・露が支援する③＿＿＿＿の独立戦争で敗北(1829)

❸1839年，④＿＿＿＿＿＿(西欧化改革)開始。ムスリムと非ムスリムの平等を唱える⑤＿＿＿＿主義で政治的一体化をめざす

❹1876年，⑥＿＿＿＿憲法制定→ロシアとの戦争で停止

❺⑦＿＿＿＿＿＿＿＿主義*1とトルコ民族主義との対立

*1 イスラームの思想家アフガーニーが提唱。ヨーロッパの植民地主義に対抗するためにはイスラーム教徒の一致協力が必要だとする考え。エジプトやイランなど各地の民族運動に影響を与えた。

エジプト・イラン
❶エジプト…⑧＿＿＿＿＿＿運動(1881～82)→失敗，英の保護国に

❷ガージャール朝(イラン)…⑨＿＿＿＿＿＿＿＿＿＿運動→民族意識の高揚→1905年，⑩＿＿＿＿＿＿革命へ

10 19世紀後半のヨーロッパの動向

解答：別冊 p.2 ▶

ウィーン体制後の国家統一と改革
1. ロシア ①＿＿＿＿戦争(1853～56)の敗北→②＿＿＿＿条約(1856)で黒海の中立化*1→1861年，農奴解法令発布：皇帝③＿＿＿＿＿＿＿＿＿＿による近代化政策

*1 ロシアは南下政策を進めて，オスマン帝国(イギリス・フランス・サルデーニャが支援)に宣戦したが，戦艦性能の違い(帆船 vs 蒸気船)や鉄道敷設の遅れなどで兵力が劣ったため大敗。ロシアは黒海の中立化を認めさせられた。

2. イギリス 第1回④＿＿＿＿＿＿の開催(1851)。二大政党制成立

3. フランス ⑤＿＿＿＿＿＿＿＿＿＿戦争敗北：ナポレオン3世失脚，第二帝政崩壊→共和政復活(⑥＿＿＿＿政)

4. イタリア サルデーニャ王国(首相⑦＿＿＿＿)主導でイタリア統一。「青年イタリア」出身の⑧＿＿＿＿＿＿の活躍→イタリア王国の成立→⑨＿＿＿＿＿＿＿＿＿＿＿＿＿＿即位(1861)

5. ドイツ プロイセン(首相⑩＿＿＿＿＿＿)主導でドイツ統一(1866年のプロイセン=オーストリア戦争*2，1870～71年のプロイセン=フランス戦争，いずれの戦争もプロイセン勝利)→1871年，プロイセン国王⑪＿＿＿＿＿＿＿＿がドイツ皇帝としてヴェルサイユ宮殿で即位(⑫＿＿＿＿帝国成立)

ビスマルクの政治…内政：「⑬＿＿＿＿闘争」によるカトリック勢力の抑え込み。社会主義者鎮圧法，社会保険制度の整備。外交：フランスの孤立を図る同盟の構築(⑭＿＿＿＿＿＿体制)

*2 敗れたオーストリアはハンガリーに自治権を与え，オーストリア=ハンガリー帝国となる。

11 幕末の動揺と新政府の発足

解答：別冊 p.3 ▶

江戸幕府の動揺

❶開国をめぐる幕府の対応 ▸有力大名の政治的発言力の強化と天皇の権威高揚→井伊直弼による①＿＿＿＿＿＿→桜田門外の変*1→幕府権威の低下→朝廷と融和する②＿＿＿＿＿を展開

❷貿易開始の混乱→③＿＿＿＿＿運動による外国人の排撃

❸長州藩が攘夷実行→欧米諸国の報復→攘夷は不可能と実感

❹幕府政治への反発→外様の薩摩藩と長州藩が接近(④＿＿＿＿同盟)

*1 大老の井伊直弼は朝廷に無許可で条約を締結し，反対派を弾圧した(安政の大獄)ことから桜田門外で攘夷派の水戸浪士らに暗殺された。

江戸幕府の滅亡と新政府の発足

有力大名による連合政権構想が模索される。

❶1867年，徳川慶喜による⑤＿＿＿＿＿：徳川氏の権力維持→薩長・岩倉具視らによる⑥＿＿＿＿＿＿＿＿：徳川氏排除

❷1868年1月，⑦＿＿＿＿戦争：新政府軍 vs 旧幕府軍→翌年5月，旧幕府軍降伏

❸1868年3月，⑧＿＿＿＿＿＿＿*2：新政府の基本方針

❹中央集権化…⑨＿＿＿＿＿：旧大名を知藩事に任命→⑩＿＿＿＿＿：旧大名の徴税・軍事権を否定。中央から府知事・県令を派遣

*2 明治天皇が天地の神々に「公論重視」「開国和親」など5箇条からなる国家方針を誓った。これはのちに国民が国会の開設を求める根拠となる。

12 明治政府の諸改革と憲法の制定

解答：別冊 p.3 ▶

新政府の諸改革と改革への反発

❶身分制度の廃止：旧藩主・公家→①＿＿＿＿＿，百姓・町民→②＿＿＿＿＿*1，武士→士族。③＿＿＿＿＿：皇族以外の身分はすべて平等。④＿＿＿＿：満20歳以上の男子に兵役義務→士族特権喪失

❷武力による士族の反乱…⑤＿＿＿＿戦争(1877)：西郷隆盛中心→士族側の敗北。以後，武力反乱はなくなり，言論により政府を批判…国会開設を求める⑥＿＿＿＿＿運動が高揚

*1 1871年の解放令で江戸時代にえた・非人と呼ばれた百姓・町民以下の身分の人々も平民とされたが，差別は根強く続いた。

立憲体制の整備と憲法制定

❶⑦＿＿＿＿＿らを欧州に派遣，ドイツ(プロイセン)憲法を学ぶ

❷⑧＿＿＿＿＿＿＿＿＿(明治憲法)制定…1889年2月11日発布。天皇主権，帝国議会(貴族院・衆議院*2)の召集，法律の範囲内での言論・集会・信教などの自由。→アジアで唯一の⑨＿＿＿＿国家に

❸教育…はじめ自由主義，のち⑩＿＿＿＿＿主義に傾倒

*2 1890年の第1回衆議院議員選挙は，直接国税15円以上を納める満25歳以上の男子に制限されたため，有権者は全人口のわずか1％程度だった。

13 日本の産業革命

解答：別冊 p.3

1. ①＿＿＿＿政策による近代産業の育成 中心は製糸・紡績業

❶②＿＿＿＿模範工場の建設(富岡(とみおか)製糸場など)

❷欧米技術者(③＿＿＿＿)による日本人技術者の育成

2. 通貨・金融制度の整備 不換紙幣(ふかんしへい)の発行(不安定・物価高を招く)→国立銀行条例→松方正義(まつかたまさよし)蔵相の緊縮財政→④＿＿＿＿設立→銀兌換(だかん)→⑤＿＿＿＿による賠償金など→⑥＿＿＿＿制の採用*1

*1 輸出には不利。物価や為替の安定，資本輸入には有利。

3. 企業勃興ブーム(1880年代半ば) 民間資本中心の産業発展へ

❶繊維産業：渋沢栄一(しぶさわえいいち)*2が大阪紡績会社設立。⑦＿＿＿＿製糸の普及→生産拡大→輸出(綿製品：アジアへ，生糸：⑧＿＿＿＿へ)による外貨獲得→1900年代，日本は世界最大の⑨＿＿＿＿輸出国へ成長

❷鉄道業：華族中心の資本による日本鉄道会社など，民営鉄道の設立がさかん→⑩＿＿＿＿法(1906)により買収，国有化へ

*2 明治政府の官僚として国立銀行条例の制定(殖産興業の促進，不換紙幣の整理)に尽力。退官後は第一国立銀行(初代頭取)・大阪紡績会社創立など実業界でも活躍した。

4. 重工業

❶官営事業の払い下げをうけた三菱(みつびし)・三井(みつい)などが⑪＿＿＿＿へ発展

❷⑫＿＿＿＿(八幡(やはた)製鉄所)の建設→鉄鋼の国内生産のため

❸⑬＿＿＿＿(足尾銅山鉱毒事件(あしおどうざんこうどく))・労働運動(待遇改善を要求)の発生

14 アジア・アフリカの植民地化

解答：別冊 p.3

南・東南アジアの植民地化

欧米諸国が植民地獲得を競う

❶インド…①＿＿＿＿会社の利権拡大→安いイギリス製綿布の輸入によりインドの綿工業は衰退→②＿＿＿＿の反乱がインド大反乱(1857～59)へ拡大→③＿＿＿＿帝国成立*1

*1 イギリス本国の統治となり，1877年にヴィクトリア女王がインド皇帝を兼任。

❷ベトナム・カンボジア・ラオス…④＿＿＿＿連邦に

❸フィリピン・グアム島…米西戦争後，⑤＿＿＿＿の植民地

❹インドネシア…17世紀，⑥＿＿＿＿会社が進出→解散後オランダ本国の支配→強制栽培制度(政府栽培制度)採用

❺マレー半島・ビルマ・シンガポール…⑦＿＿＿＿の支配

❻タイ…独立を維持：国王⑧＿＿＿＿の近代化政策。イギリスとフランスの植民地の緩衝地帯

アフリカの分割

⑨＿＿＿＿会議*2 (1884～85)で植民地化の原則に合意→リベリア・エチオピアを除く全地域が植民地化された

*2 ドイツ宰相ビスマルクが提唱。実効支配の原則など，アフリカ植民地化のルールを制定。

15 日清戦争

解答：別冊 p.3 ▶

条約による国際秩序

❶欧米諸国の①＿＿＿＿体制(対等な国家間の条約による秩序づけ)が東アジアの国際秩序*1 に影響

❷日本とロシアの国境画定：②＿＿＿＿交換条約(1875)

❸③＿＿＿＿：日清両属の琉球(りゅうきゅう)に沖縄県設置(1879)→清(しん)の抗議

日清戦争の背景と影響

④＿＿＿＿の支配権をめぐる日清の戦争

❶発端…朝鮮半島での⑤＿＿＿＿戦争：東学の信徒を中心とした大規模な農民反乱→朝鮮政府が清に援軍要請，日本も派兵*2

❷1894年，⑥＿＿＿＿条約→日本は条約改正に成功*3

❸1894年，⑦＿＿＿＿戦争勃発→近代化した軍備をもつ日本が圧勝

❹1895年，⑧＿＿＿＿条約締結：清は⑨＿＿＿＿の独立を承認。遼東(りょうとう)半島・⑩＿＿＿＿・澎湖(ほうこ)諸島を割譲→遼東半島は露・仏・独の圧力により返還(⑪＿＿＿＿)。多額の賠償金→日本は軍備の拡大，工業化へ

*1 19世紀までの東アジアの国際秩序は，中国皇帝を頂点とする冊(さく)封(ほう)体制下にあり，朝鮮や琉球は清に従属していた。

*2 1894年の東学の乱で日清は再び朝鮮に出兵し，日清共同での朝鮮改革着手の提案を清が拒否したことを口実に日本軍は朝鮮王宮を占領。日清戦争へ突入した。

*3 領事裁判権の撤廃，関税自主権の一部回復，最恵国待遇の相互化。イギリスはロシアの南下政策阻止が目的で，日本との利害一致。

16 日露戦争

解答：別冊 p.3 ▶

日清戦争後の中国

欧米列強の利権獲得競争が本格化*1

❶1898年，①＿＿＿＿(康有為(こうゆうい)らによる清の変革)の失敗

❷1900年，②＿＿＿＿による外国公使館包囲→清政府が列強に宣戦布告→日本中心の８カ国連合軍が③＿＿＿＿占領(ロシアは④＿＿＿＿占領)→北京(ペキン)議定書締結(1901)

日露戦争

❶日本…ロシアの満洲占領，韓国への進出を警戒→ロシアの極東進出を警戒するイギリスと接近→1902年，⑤＿＿＿＿締結

❷1904〜05年，⑥＿＿＿＿戦争→英・米の財政的支援を受けた日本の勝利→1905年，⑦＿＿＿＿条約*2：日本の韓国に対する指導・監督権，旅順(りょじゅん)・大連(だいれん)の租借権と東清鉄道長春(ちょうしゅん)以南の利権，樺太(からふと)(北緯50度以南)の割譲を認める→賠償金は得られず→⑧＿＿＿＿事件発生

日露戦争後のアジア

欧米の植民地では民族運動・独立運動が刺激

❶韓国民衆の抗日運動(⑨＿＿＿＿)→1910年，⑩＿＿＿＿：韓国を植民地化→日本は本格的な帝国主義国に

❷孫文(そんぶん)らによる⑪＿＿＿＿革命(清朝滅亡)→1912年，中華民国成立

*1 経済的進出を基本とし利権獲得競争に出遅れたアメリカは，中国での門戸開放・機会均等と領土保全を提唱した。その後，アメリカは南満洲を独占しようとする日本に不満をもち，国内での日本人排斥(はいせき)運動とあいまって日本への反発を強めたため，日米関係は悪化した。

*2 日本は日本海海戦でロシアのバルチック艦隊に勝利したものの，戦費・兵力や物資などが不足。ロシアは海軍の壊滅に加え，1905年革命の発生で戦争続行が難しくなっていた。そのため，ともにアメリカの仲介を受け入れ講和した。

17 第一次世界大戦

解答：別冊 p.3 ▶

第一次世界大戦の勃発 ①＿＿＿＿(連合国)と同盟国の戦い

❶発端…1914年，②＿＿＿＿での暗殺事件→オーストリアが③＿＿＿＿に宣戦

❷各国の動き…独：露・仏に宣戦→中立国④＿＿＿＿に侵入→英も独と開戦。オスマン帝国：独(同盟国)側で参戦

❸戦争の長期化…西部戦線は塹壕(ざんごう)戦で膠着。史上初の⑤＿＿＿＿

日本の動きとアメリカの参戦

❶日本…⑥＿＿＿＿を根拠にドイツに宣戦→ドイツ領南洋諸島，青島(チンタオ)占領。⑦＿＿＿＿：中華民国の袁世凱(えんせいがい)政権に提出*1

❷アメリカ…中立→ドイツの⑧＿＿＿＿作戦に対し参戦(1917)

戦時外交とドイツの敗北

❶イギリス…⑨＿＿＿＿外交でアラブ人とユダヤ人の独立を約束*2

❷アメリカ…ウィルソン大統領が⑩＿＿＿＿の平和原則を発表

❸ドイツ…1918年に⑪＿＿＿＿条約でロシアと単独講和→キール軍港の水兵反乱(⑫＿＿＿＿革命)→臨時政府誕生(連合国と休戦協定)→⑬＿＿＿＿共和国成立

◆ 第一次世界大戦中のヨーロッパ

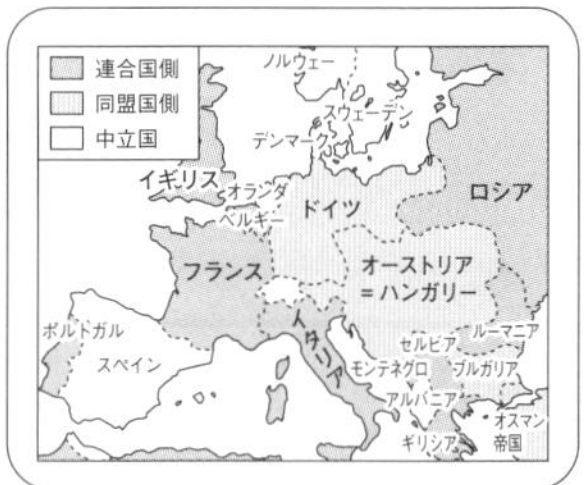

*1 山東省(青島・膠州湾)・満洲・内モンゴルなどの権益を要求し，袁世凱政権に受諾させた。中国・欧米諸国から批判を受けた。

*2 約束(フセイン・マクマホン協定，サイクス・ピコ協定，バルフォア宣言)が矛盾する内容だったことから，のちにパレスチナをめぐるアラブ人とユダヤ人の対立(パレスチナ問題)を生んだ。

18 ロシア革命とアメリカの台頭

解答：別冊 p.4 ▶

ロシア革命 史上初となる①＿＿＿＿国家を成立させた革命

❶1917年，②＿＿＿＿革命：帝政崩壊→臨時政府成立(戦争継続)→労働者・兵士が③＿＿＿＿結成→④＿＿＿＿革命：ボリシェヴィキ*1の指導者⑤＿＿＿＿が政権獲得

❷「土地に関する布告」，「⑥＿＿＿＿」*2の採択

❸憲法制定会議でエスエル(社会革命党)が第一党→会議を解散→一党独裁へ*3

アメリカの台頭 第一次世界大戦を経て，債務国から債権国へ転換

❶連合国の勝利に貢献→国際的地位の向上→⑦＿＿＿＿を設立*4

❷繁栄と排外的風潮…1920年代，大量生産・⑧＿＿＿＿の社会，⑨＿＿＿＿参政権の実現，大衆文化の広がり(雑誌・プロスポーツ・映画など)。禁酒法(1919)，⑩＿＿＿＿法(1924)：WASP(ワスプ)でない移民(カトリック・ユダヤ系など)の制限や日系移民の排斥

*1 ロシア社会民主労働党は創設後，多数派のボリシェヴィキと少数派のメンシェヴィキに分裂した。

*2 全世界に無併合・無償金・民族自決に基づく即時講和を呼びかけたが，実現はしなかった。

*3 レーニンが武力で会議を解散，以後，ボリシェヴィキ(のちのロシア共産党)の一党独裁となる。

*4 アメリカ議会上院が孤立主義からヴェルサイユ条約の批准を拒否。アメリカは主唱国でありながら不参加となった。

19 第一次世界大戦後の国際体制

解答：別冊 p.4 ▶

ヴェルサイユ体制

❶1919年，パリ講和会議で①＿＿＿＿条約締結：ドイツの賠償[*1]，戦後のヨーロッパの秩序についての取り決め

❷ウィルソンの十四カ条→1920年，②＿＿＿＿設立：史上初の国際平和機構。③＿＿＿＿の原則[*2]

ワシントン会議 ④＿＿＿＿の台頭を懸念するアメリカが主導

❶⑤＿＿＿＿体制：アジア・太平洋地域の秩序の安定

❷⑥＿＿＿＿条約：主力艦保有比率の合意[*3]

⑦＿＿＿＿条約：太平洋地域の安全保障。日英同盟の解消

⑧＿＿＿＿条約：中国の主権尊重，領土保全，門戸開放

国際協調の動き

❶⑨＿＿＿＿条約締結(1925)：ドイツの国際連盟加入(1926)

⑩＿＿＿＿条約(ブリアン・ケロッグ条約)：戦争の違法化を宣言

⑪＿＿＿＿会議：補助艦の保有比率の合意[*4]

❷ドイツ経済の安定化…⑫＿＿＿＿案：ドイツへのアメリカ資本の貸与，⑬＿＿＿＿案：賠償総額の減額

*1 巨額の賠償金(のちに1320億金マルクと決定)，すべての植民地の放棄，軍備の大幅削減，アルザス・ロレーヌのフランスへの返還，ラインラントの非武装化など，厳しい内容だった。

*2 ハンガリーなど多くの東欧諸国が独立する一方，戦勝国が領有するアジア・アフリカ植民地には適用されなかった。

*3 米・英・日・仏・伊による。

*4 米：英：日＝10：10：7弱とされた比率に日本の軍部が反発。統帥権干犯(とうすいけんかんぱん)問題が起こる。

◆ アメリカ資本の貸与

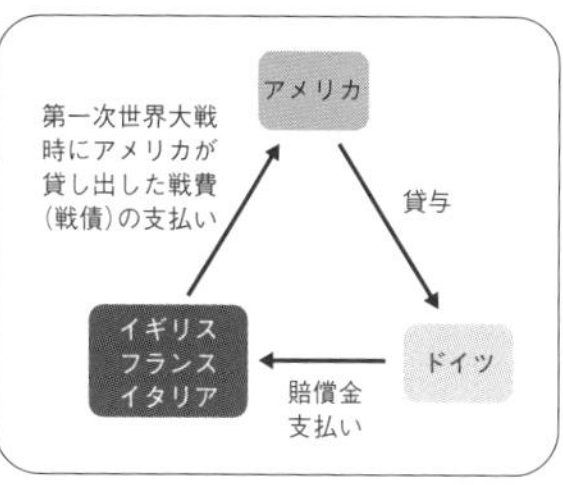

20 アジアの経済成長

解答：別冊 p.4 ▶

第一次世界大戦前の日本経済

❶欧米諸国の海外投資と資金の流れの活発化→①＿＿＿＿制へ移行

❷日露戦争の戦費による財政圧迫(ポーツマス条約で賠償金なし)

❸紡績業の原料綿花・軍需品・重化学工業製品を輸入に頼る貿易構造→国際収支の危機。借り入れが貸し出しを上回る②＿＿＿＿国

第一次世界大戦期の世界経済

❶金本位制の停止。ヨーロッパからの輸出の停止。船舶不足

❷アメリカの好況…ヨーロッパへ輸出拡大→戦後，国際経済の中心に

❸日本の好況…③＿＿＿＿景気：重化学工業・繊維業・造船業の輸出激増[*1]→国際収支の危機を脱出。債務国から④＿＿＿＿国になる

大戦後の日本

ヨーロッパの復興でアジア市場喪失→輸入超過に転落→⑤＿＿＿＿恐慌。関東大震災→⑥＿＿＿＿恐慌。銀行の経営不安→⑦＿＿＿＿恐慌→浜口雄幸(はまぐちおさち)内閣は⑧＿＿＿＿財政で金解禁を実施

*1 連合国へ：軍需物資・食料品，アジアへ：綿織物・雑貨，アメリカへ：生糸などの輸出が拡大。船舶不足から海運業・造船業が好調で，機械・鉄鋼業にも波及，化学工業勃興につながった。また，中国へ紡績企業が進出(在華紡)，海外投資が本格化した。

21 アジアの民族運動と国際秩序の変化

解答：別冊 p.4 ▶

1. 朝鮮…1919年3月1日，ソウルで①＿＿＿＿＿＿運動起こる *1

2. 中国…二十一カ条の要求の取り消しが拒否されたことへの抗議→②＿＿＿＿＿＿運動 *2 →③＿＿＿＿＿＿党(孫文が指導)と中国共産党の結成

3. インド…国民会議派がイギリスからの独立をめざす

❶英の④＿＿＿＿＿＿令→カルカッタ大会で4綱領 *3 を決議

❷ローラット法(反英運動弾圧)→⑤＿＿＿＿＿＿の非暴力・不服従・非協力運動，ネルーの⑥＿＿＿＿＿＿(完全独立)

4. 西アジア諸地域

❶トルコ…⑦＿＿＿＿＿＿ *4 がギリシア軍撃退，スルタン制廃止(＝オスマン帝国滅亡)→トルコ共和国成立(1923)

❷アラブ地域…戦後，英・仏の委任統治領。エジプト(イギリスの保護国)で⑧＿＿＿＿＿＿党の独立運動→エジプト王国成立(1922)

❸イラン…レザー＝ハーン(シャー)が⑨＿＿＿＿＿＿朝を樹立(1925)→国名をイランに改称(1935)

*1　朝鮮総督府が鎮圧。これを機に，原敬内閣は韓国併合時の強圧的な武断政治をゆるめ，文化政治へ転換した。

*2　パリ講和会議への抗議運動が北京から全国へ拡大。中国政府はヴェルサイユ条約の調印を拒否した。

*3　英貨排斥・スワデーシ(国産品愛用)・スワラージ(自治獲得)・民族教育。

*4　ムスタファ＝ケマルは，政教分離・太陽暦の採用・女性解放・ローマ字採用など，近代化政策を進め，議会から「アタテュルク」(トルコの父)の尊称を与えられた。

22 大正デモクラシーと大衆社会の成立

解答：別冊 p.4 ▶

大衆の政治参加

❶欧米で労働運動や①＿＿＿＿＿＿運動が活発化

❷②＿＿＿＿＿＿事件：日露戦争の無賠償に対する反発

③＿＿＿＿＿＿運動(第3次桂太郎内閣退陣)・米騒動→原敬による初の本格的④＿＿＿＿＿＿内閣成立

⑤＿＿＿＿＿＿主義(吉野作造)→政党政治への期待→大正デモクラシー

⑥＿＿＿＿＿＿運動→護憲三派内閣→男性普通選挙実現(1925)

❸労働運動…⑦＿＿＿＿＿＿革命の影響→労働争議や小作争議が多発

社会主義運動…日本共産党結成→⑧＿＿＿＿＿＿法(1925)による弾圧

女性運動…平塚らいてう・市川房枝らが⑨＿＿＿＿＿＿結成 *1

部落解放運動…⑩＿＿＿＿＿＿の結成

大衆消費社会の出現　1920年代，アメリカから世界へ広がる

❶大量生産された工業製品を消費＝都市部の中産階級(⑪＿＿＿＿＿＿層)が支える。マスメディアによる宣伝。ラジオ放送の開始

❷日本…都市部中心に新中間層，⑫＿＿＿＿＿＿婦人登場 *2 →大衆文化普及

◆ 各国の普通選挙の実現年

	男性	女性
アメリカ	1870	1920
ドイツ	1871	1919
イギリス	1918	1928
フランス	1848	1945
日本	1925	1945

*1　1920年に結成し，女性参政権を求めた。また，平塚は青鞜社を設立し，家父長制や良妻賢母思想を批判。市川は女性参政権獲得運動に尽力し，戦後参議院議員となった。

*2　女性の社会進出(教師，タイピスト，電話交換手，バスの車掌など)が進み，経済的地位が向上した。

23 世界恐慌と各国の対応

解答：別冊 p.4 ▶

世界恐慌の波及 1929年，ニューヨーク株式市場(①＿＿＿＿街)で株価大暴落→世界恐慌へ。背景：過剰生産と投資拡大。影響：イギリス・フランス・アメリカは経済の②＿＿＿＿推進*1

ニューディール ③＿＿＿＿大統領の景気回復策：政府による市場・経済への積極介入→農業調整法(AAA)，④＿＿＿＿(TVA)による大規模公共事業，⑤＿＿＿＿法：労働者の団結権・団体交渉権の承認

アメリカの外交 社会主義国⑥＿＿＿＿の承認。⑦＿＿＿＿外交：ラテンアメリカ諸国への内政不干渉。中立法*2→孤立主義が高まる

昭和恐慌 アメリカへの生糸輸出激減によるデフレ＋浜口雄幸(はまぐちおさち)内閣(立憲民政党)による⑧＿＿＿＿解禁，国際金本位制への復帰→円高と世界恐慌の二重打撃。東北を中心に⑨＿＿＿＿恐慌が発生*3

恐慌に対する日本の対策 ⑩＿＿＿＿大蔵大臣による金輸出再禁止→金本位制から離脱*4→重化学工業の発展。円安で輸出促進

*1 イギリスは連邦内の関税を引き下げ，連邦外では上げた。これはスターリング(ポンド)＝ブロックと呼ばれ，ブロック経済の先駆けとなった。世界経済のブロック化は，植民地をもたないドイツ・イタリア・日本の反発を強めた。

*2 交戦国に対する武器輸出と資金供与の禁止。

*3 生糸・繭価の暴落に加え，米価格も暴落し，農業恐慌も発生。

*4 日本は管理通貨制度に移行した。また，高橋是清(たかはしこれきよ)大蔵大臣が赤字国債を発行し，軍事費・補助金・農山漁村救済事業費を捻出するなど積極財政に転換した。

24 ファシズムの拡大

解答：別冊 p.4 ▶

ファシズム イタリアやドイツなどで生まれた①＿＿＿＿体制

1. イタリア 1919年，②＿＿＿＿がファシスト党創設。「③＿＿＿＿進軍」の後に政権掌握→1926年，一党独裁体制確立
1935年，④＿＿＿＿侵攻，翌年併合→1937年，国際連盟脱退

2. ドイツ 世界恐慌後，ヒトラー率いる⑤＿＿＿＿党が台頭→1932年，総選挙で第一党→翌年，ヒトラー内閣が成立し，⑥＿＿＿＿法を制定→1934年，ヒトラーは総統(そうとう)(フューラー)となり独裁的権力を掌握*1
国際連盟脱退(1933)→再軍備宣言(1935)→ラインラント進駐(1936)

スターリン体制下のソ連 1934年，国際連盟加盟(のち除名)→1935年，⑦＿＿＿＿が反ファシズム人民戦線戦術を提唱

スペイン内戦 1936年，人民戦線政府に対して⑧＿＿＿＿が反乱→独・伊がフランコ支援→フランコ側勝利(1939年，独裁体制成立)

ドイツの侵略 1938年，オーストリア併合→⑨＿＿＿＿地方の割譲を要求→ミュンヘン会談で割譲承認→英・仏の⑩＿＿＿＿政策失敗*2→1939年，⑪＿＿＿＿条約締結*3

*1 ヒトラー率いるナチス＝ドイツは，反ユダヤ主義からユダヤ人をはじめロマなどの少数民族を迫害。強制収容所がアウシュヴィッツ(ポーランドのオシフィエンチム)などにつくられた。

*2 ヒトラーはズデーテンの割譲だけでは満足せず，チェコを占領，スロヴァキアを保護国化した。

*3 敵対していたヒトラー（ファシズム）とスターリン(共産主義)の提携は，世界を驚かせた。

25 満洲事変と日中戦争

解答：別冊 p.4 ▶

中国の統一

中国国民党の①＿＿＿＿＿らが中国統一をめざす(北伐)

→南京に②＿＿＿＿＿政府樹立(1927)。一方で中国共産党と対立

日本の介入…張作霖爆殺事件[*1]→子の③＿＿＿＿＿が南京国民政府に合流，中国統一。国権回復運動：④＿＿＿＿＿権の回復など

満洲事変と軍部の台頭

日本で満洲権益維持の強硬論が高まる

❶1931年，関東軍による満鉄線路爆破(⑤＿＿＿＿＿事件)→⑥＿＿＿＿＿

→満洲を占領し「満洲国」建国宣言→実態は関東軍の傀儡政権[*2]

❷政党内閣の終焉…1932年，⑦＿＿＿＿＿事件→軍部が台頭

❸国際的孤立…国際連盟(リットン調査団)→1933年，国際連盟脱退[*3]

❹1936年，⑧＿＿＿＿＿事件→陸軍統制派が政治的主導権を握る

日中戦争

1937年，北京郊外での⑨＿＿＿＿＿事件を発端に日中戦争→国民党・共産党が提携(第2次国共合作)→⑩＿＿＿＿＿＿＿＿＿＿結成[*4]

*1 日本の支援を受けていた満洲軍閥の張作霖が蔣介石に敗れて北京から列車で撤退する途中，中国東北地方の直接支配を謀る関東軍によって爆殺された事件。

*2 清朝の最後の皇帝溥儀を執政として建国。国際社会の非難を浴びる一方，日本の国内世論は軍部を支持。

*3 このあと日本はドイツに接近し，1936年に日独防共協定を結ぶ。

*4 中国では日本軍による暴行・略奪・殺人などで抗日気運が高まった。南京占領時に起こった南京事件は国際的批判を高め，1939年にはアメリカが日米通商航海条約の破棄を通告し，日本に対する経済制裁を行った。

26 第二次世界大戦の勃発

解答：別冊 p.5 ▶

大戦の開始

独ソ不可侵条約でポーランドは独ソ両国が分割

❶ドイツ…①＿＿＿＿＿侵攻→英・仏が独に宣戦→開戦

❷ソ連…②＿＿＿＿＿侵攻→国際連盟除名→バルト3国併合

❸フランス降伏：北半をドイツが占領，南半はヴィシー政府が統治。

③＿＿＿＿＿が亡命政府を組織，レジスタンスの呼びかけ

アメリカ・日本・ドイツの動き

❶アメリカは中国を支援，日本には経済制裁。開戦当初は中立→

④＿＿＿＿＿法の成立：イギリスなど反ファシズム諸国を支援

❷⑤＿＿＿＿＿同盟の成立→日本とアメリカとの関係悪化

❸独ソ戦の開始(独ソ不可侵条約を破りドイツがソ連に侵攻)→膠着状態

日米交渉と太平洋戦争

❶⑥＿＿＿＿＿条約締結：北方の安全確保→日米交渉開始

❷日本の南部仏印進駐[*1]→在米日本資本の凍結・日本への石油禁輸

❸「⑦＿＿＿＿＿憲章」発表：ローズヴェルト(米)とチャーチル(英)

❹「ハル＝ノート」の提示[*2]→東条英機内閣は拒絶→交渉決裂・開戦決定

❺1941年12月8日，マレー半島・真珠湾奇襲→太平洋戦争へ

*1 東南アジアの石油資源を確保するため，第3次近衛内閣のもとで行われた。

*2 中国の満洲事変以前の状態への復帰などを要求するアメリカの対案。これを最後通牒と受け止めた日本は御前会議で開戦を決めた。

27 第二次世界大戦の終結

解答：別冊 p.5

枢軸国の劣勢

❶1942年，①＿＿＿＿＿＿で日本がアメリカに大敗
→1944年7月，②＿＿＿＿＿＿陥落→東条内閣総辞職

❷1942～43年，③＿＿＿＿＿＿の戦いでドイツがソ連に敗北→以降，独ソ戦はソ連が優勢に*1

❸1943年，連合国軍が④＿＿＿＿＿＿上陸→イタリア無条件降伏(9月)

*1 1943年5月，スターリンはコミンテルンを解散し，イギリス・アメリカとの協力体制を確実なものにした。

連合国の結束と枢軸国の敗北

❶⑤＿＿＿＿＿＿会談(米・英・中による)：対日処理方針。カイロ宣言

❷⑥＿＿＿＿＿＿会談(米・英・ソによる)：北フランス上陸作戦を協議→1944年，連合国軍が⑦＿＿＿＿＿＿地方に上陸→パリ解放，ヴィシー政府崩壊→フランスはド＝ゴール政権に

大戦の終結(1945年)

❶2月，⑧＿＿＿＿＿＿会談(米・英・ソによる)：ドイツの占領政策を協議，ソ連の対日参戦に合意→4月，ムッソリーニ処刑，ヒトラー自殺→ベルリンが陥落→5月，ドイツ無条件降伏

❷3月，東京大空襲→6月，アメリカ軍が⑨＿＿＿＿＿＿本島占領→7月，⑩＿＿＿＿＿＿宣言発表：無条件降伏を勧告→鈴木貫太郎(すずきかんたろう)首相は「黙殺」を宣言→8月，広島(6日)・長崎(9日)への原爆投下，ソ連参戦*2(8日)→ポツダム宣言受諾(14日)→9月，降伏文書に調印

*2 ソ連は日ソ中立条約の破棄を通告(条約では破棄通告後1年間は有効という規定をソ連は無視)して日本に宣戦した。

28 大戦下の日本社会

解答：別冊 p.5

大戦下の総動員

❶統制経済→①＿＿＿＿＿＿法(1938)→総力戦体制へ

❷全体主義→近衛文麿(ふみまろ)の②＿＿＿＿＿＿運動(1940)：戦争遂行の国民組織づくり→大政翼賛会(たいせいよくさんかい)，③＿＿＿＿＿＿会設立

戦時下の統制と民衆の生活

❶女性・植民地民衆の動員・連行進む*1→権利の拡大を期待して協力

❷文科系学生の④＿＿＿＿＿＿，朝鮮・台湾に⑤＿＿＿＿＿＿制を施行→軍隊召集。民間人の軍需産業への⑥＿＿＿＿＿＿

❸生活必需品の⑦＿＿＿＿＿＿制，米の⑧＿＿＿＿＿＿制の実施。農村から米の供出制

❹⑨＿＿＿＿＿＿：子どもたちが国民学校ごとに集団で地方へ避難

*1 中国人は主に鉱山などで重労働に従事。朝鮮や台湾，占領地の女性は挺身(ていしん)隊や従軍慰安婦(じゅうぐんいあんふ)として集められた。

第2章 国際秩序の変化や大衆化と私たち

25▸28

16C以前 17C 18C 19C 20C 現在

29 第二次世界大戦後の国際体制

解答：別冊 p.5 ▶

国際連合の成立 戦後の世界平和を維持するための組織

❶1945年，①＿＿＿＿会議で国際連合憲章を採択
→国際連合発足*1

❷安全保障理事会(安保理)：軍事力を行使できる国連軍を組織
→②＿＿＿＿(米・ソ・英・仏・中)：③＿＿＿＿権をもつ

❸武力制裁の容認，全会一致制の不採用(国際連盟の教訓)

国際経済体制の成立 ④＿＿＿＿体制*2

❶1944年，ブレトン＝ウッズ会議：⑤＿＿＿＿(IMF)・
⑥＿＿＿＿(IBRD，世界銀行)の設立
金・ドル本位制(ドルを⑦＿＿＿＿通貨とする固定相場制)の採用

❷1948年，「関税と貿易に関する一般協定」(⑧＿＿＿＿)の発足：
⑨＿＿＿＿主義の理念に立脚した通商秩序

日本の安全保障政策

❶日本国憲法第9条で戦力不保持→日本の防衛は常任理事国が担保

❷⑩＿＿＿＿戦争勃発(1950)→米ソ対立と東西冷戦が表面化：集団安全保障の実施が困難→⑪＿＿＿＿首相は独立後もアメリカ軍の日本駐留を容認→1951年，⑫＿＿＿＿条約調印

*1 本部はニューヨーク。総会，安全保障理事会，経済社会理事会，国際司法裁判所などを主要機関とし，国連教育科学文化機関(ユネスコ(UNESCO))，国際労働機関(ILO)，世界保健機関(WHO)など専門機関がある。

*2 1930年代のブロック経済による世界経済の分断の反省から構築された。アメリカの経済力を支えにして世界経済の安定を守るのがねらい。

30 占領下の日本

解答：別冊 p.5 ▶

戦後改革と占領体制 非軍事化・民主化の推進

❶①＿＿＿＿(連合国軍最高司令官総司令部)のもと，アメリカ軍の実質的な単独占領，間接統治。極東国際軍事裁判(②＿＿＿＿)*1

❷陸海軍の解体，各界指導者の公職追放，③＿＿＿＿参政権の付与，新憲法制定。労働組合の結成奨励・④＿＿＿＿(寄生地主制の解体)・財閥解体

日本国憲法の制定 1946年，⑤＿＿＿＿公布(翌年施行)：

国民主権，象徴天皇制，⑥＿＿＿＿制(内閣は国会に責任を負う)，平和主義(戦争の放棄)，⑦＿＿＿＿の尊重，平等権，生存権*2

占領下の日本社会

❶政党政治の復活：戦前の二大政党→戦後の⑧＿＿＿＿政党に再編

❷生活の混乱・困窮の中で日本社会党などの⑨＿＿＿＿政党が支持を伸ばす→⑩＿＿＿＿政権の発足(GHQは歓迎するが短命)

*1 東条英機(とうじょうひでき)元首相らが戦犯として処罰されたが，天皇は訴追されなかった。

*2 日本国憲法に加えて，地方自治法が成立し，刑法，民法が改正された。民法の改正で，男女同権の家族制度が成立。

31 冷戦の開始とアジアの動き

解答：別冊 p.5 ▶

米ソ対立の始まり

❶1946年，①＿＿＿＿＿の「鉄のカーテン」*1演説

❷1947年，②＿＿＿＿＿＿＿＿＿発表：アメリカがギリシア・トルコ支援，「③＿＿＿＿」政策(共産圏の拡大を防ぐ)

④＿＿＿＿＿＿＿(ヨーロッパ経済復興援助計画)発表

❸⑤＿＿＿＿＿＿(共産党情報局)・⑥＿＿＿＿(経済相互援助会議)：ソ連と東ヨーロッパ諸国により結成

冷戦　資本主義陣営と社会主義陣営のイデオロギー的・軍事的な対立

❶1948年，⑦＿＿＿＿封鎖：西ベルリンへの交通路遮断*2

❷1949年，北大西洋条約機構(⑧＿＿＿＿)結成：米・カナダ・西欧諸国

❸1955年，⑨＿＿＿＿＿条約機構：ソ連と東欧諸国。NATO(ナトー)に対抗

❹1949年，ドイツの分立：ドイツ⑩＿＿＿＿共和国(西ドイツ)・ドイツ⑪＿＿＿＿共和国(東ドイツ)の成立

アジアの動き

❶1950年，⑫＿＿＿＿＿＿＿＿＿条約*3→西側に対抗

❷朝鮮半島：北緯⑬＿＿＿度線で政治的分断。⑭＿＿＿＿＿(韓国)，

⑮＿＿＿＿＿＿＿＿＿＿＿(北朝鮮)が成立(1948)

*1 ヨーロッパにおいて，緊張状態にある東西両陣営の境界に「鉄のカーテンがおろされている」と表現した。

*2 ドイツはアメリカ・イギリス・フランスに西側，ソ連に東側を分割占領されていた。西ドイツに独自の政権ができることを危惧したソ連によって行われた。封鎖は翌年解除。

*3 1949年，国共内戦で勝利した毛沢東(もうたくとう)(共産党)を主席とする中華人民共和国が成立し，翌年ソ連と結んだ条約。一方，毛沢東に敗れた蔣介石(しょうかいせき)(国民党・アメリカが支援)は台湾に逃れて中華民国政府を維持。

32 日本の独立

解答：別冊 p.5 ▶

占領政策の転換と冷戦

❶深刻化する東西対立→日本占領政策の転換：経済復興と自立へ

❷日本経済の改革*1：1ドル①＿＿＿＿円の単一為替(かわせ)レート設定

❸共産主義者のレッドパージ，公職追放の解除

❹朝鮮戦争→②＿＿＿＿＿＿の結成。③＿＿＿＿＿景気による経済復興

日本の独立　早期復興をめざし，主に西側諸国との単独講和*2

❶④＿＿＿＿＿＿＿＿＿＿＿条約(1951)→翌年発効・独立回復

❷⑤＿＿＿＿＿＿＿条約(1951)→発効後も，引き続き米軍日本駐留

独立後の日本

❶講和と安保条約をめぐる国内世論(保守・⑥＿＿＿＿＿*3)の対立

❷警察予備隊→保安隊に改組→⑦＿＿＿＿＿発足(1954)

❸南西諸島(沖縄・奄美)→米軍の直接統治→⑧＿＿＿＿＿＿＿運動

*1 極度の物不足などにより日本経済はインフレが進行していた。しかし改革によってインフレは収束に向かい，輸出が増進。配給制も終了した。

*2 インドやビルマ，東側諸国との平和条約の締結など様々な課題が残った。

*3 講和をめぐっては単独講和の保守に対し，革新は全面講和を主張，安保条約については革新と一部の保守が反対の立場をとった。

33 冷戦下のアジア・アフリカ諸国の独立

解答：別冊 p.5 ▶

南アジア・東南アジア諸国の独立

❶インド…1947年，①＿＿＿＿連邦*1（ヒンドゥー教）と②＿＿＿＿（イスラーム）に分離独立→両教徒の衝突

❷セイロン（スリランカ）*2…1948年にイギリス連邦内の自治領として独立。1972年，憲法制定により共和国になる

❸③＿＿＿＿戦争*3→ディエンビエンフーの戦いで仏は大敗→④＿＿＿＿協定，北緯17度線が暫定的軍事境界線→南側ではベトナム国に代わり⑤＿＿＿＿が成立

❹フィリピン・インドネシアの独立

❺マラヤ連邦独立→マレーシア成立→シンガポールが分離独立

ベトナム戦争

❶1960年，⑥＿＿＿＿戦線の結成*4

❷アメリカの介入（ジョンソン大統領）：1965年，北ベトナム爆撃（⑦＿＿＿＿）→戦局は泥沼化し，⑧＿＿＿＿運動の拡大

❸ニクソン訪中（1972）→⑨＿＿＿＿協定→米軍撤退（1973）→1976年，⑩＿＿＿＿共和国が南北を統一

アフリカ諸国の独立

❶1960年，「⑪＿＿＿＿」：17カ国が独立

❷1963年，⑫＿＿＿＿（OAU）の結成

*1 1950年施行のインド憲法によってインド共和国となる。初代首相はネルー。独立の立役者ガンディーは1948年に急進的なヒンドゥー教徒によって暗殺された。

*2 スリランカでは，シンハラ人（仏教徒・多数派）とタミル人（ヒンドゥー教徒・少数民族）の対立が続いたが，2009年終結した。

*3 ホー＝チ＝ミンのベトナム民主共和国（北ベトナム）に対し，独立を認めないフランスはバオダイを元首とするベトナム国（南ベトナム）を発足させて，交戦した。

*4 腐敗した親米ゴ＝ディン＝ジエム政権の打倒をめざし，南ベトナム内で結成された。ベトナム民主共和国（北ベトナム）と連携し，ゲリラ戦を展開した。

34 冷戦下のアジアでの地域紛争

解答：別冊 p.6 ▶

東アジア　国家・民族の分断や併存が固定化

❶朝鮮…朝鮮戦争（1950〜53）→板門店（はんもんてん）で休戦協定→南北分断が固定化*1

❷中国…中華人民共和国と中華民国（台湾）の併存が固定化

中東戦争　①＿＿＿＿問題が深刻化

❶イスラエル建国→②＿＿＿＿戦争（パレスチナ戦争）*2

❷エジプトのナセル大統領が③＿＿＿＿国有化を宣言（1956）→第２次中東戦争（④＿＿＿＿戦争）→アラブ民族主義の高揚

❸第３次中東戦争→アラファト議長率いる⑤＿＿＿＿（PLO）がイスラエルに抵抗

*1 ソ連と中華人民共和国が北朝鮮を支援。韓国はアメリカと米韓相互防衛条約を結んだ。

*2 原因：国際連合でパレスチナ分割案が決議され（パレスチナをユダヤ人とアラブ人国家に分割），翌1948年，ユダヤ人がイスラエル建国を宣言した。影響：パレスチナ難民の発生。

35 冷戦の対立拡大と社会の変化

解答：別冊 p.6 ▶

アメリカの動き

❶「①＿＿＿＿」：共産主義の取り締まり運動。反共主義の高まり

❷「②＿＿＿＿」路線：ニューディールを継承*1

❸移民制度の改革(1965) …ラテンアメリカやアジアからの移民増加

西ヨーロッパ諸国の動き

❶ヨーロッパ統合への動き…③＿＿＿＿(ECSC)結成：仏外相シューマン提案。仏・西独・伊・ベネルクス3国*2

❷フランス…第五共和政の成立(④＿＿＿＿大統領)*3

❸西ドイツ…⑤＿＿＿＿首相のもとで経済的復興→1955年，NATO(ナトー)加盟，ソ連と国交回復

ソ連・東ヨーロッパ諸国の動き

❶東西ベルリン…1961年，東ドイツが⑥＿＿＿＿を建設

❷ソ連…スターリン死去→ジュネーヴ4巨頭会談→⑦＿＿＿＿がソ連共産党大会で⑧＿＿＿＿批判と平和共存政策。1959年，フルシチョフのアメリカ訪問→「⑨＿＿＿＿」へ

❸東ヨーロッパ諸国…ポーランド・ハンガリーでの反ソ暴動→失敗

チェコスロヴァキアでの民主化運動「⑩＿＿＿＿」→鎮圧*4

差別に反対する運動

❶1960年代の女性解放運動(⑪＿＿＿＿)：性差別に反対

❷アメリカでの⑫＿＿＿＿運動：黒人差別に反対→公民権法制定

*1 社会福祉政策などへの財政支出が大きい政府。トルーマン→アイゼンハワー→ケネディ→ジョンソンと政権が交代しても継続。

*2 ベルギー，オランダ，ルクセンブルクの3国。

*3 ド＝ゴールの独自外交：アルジェリアの独立承認，核兵器保有，中華人民共和国の承認，NATO軍事機構脱退。

ド＝ゴールは，1968年の五月革命(五月危機)で権威を失墜し，翌年退陣。

*4 ソ連のブレジネフが制限主権論を掲げてワルシャワ条約機構軍を投入，鎮圧した。

36 戦後日本とアジアとの結びつき

解答：別冊 p.6 ▶

韓国・中国との関係改善

❶韓国との国交正常化…1965年，佐藤栄作(さとうえいさく)内閣と朴正熙(パクチョンヒ)政権との間で①＿＿＿＿条約締結*1

❷中国との国交正常化…ニクソン訪中→②＿＿＿＿声明(1972，田中角栄(たなかかくえい)内閣)：「③＿＿＿＿」の原則(台湾とは断交*2)→1978年，④＿＿＿＿条約：政府開発援助(ODA)実施

沖縄の日本復帰

❶ベトナム戦争での基地拡張→⑤＿＿＿＿運動の高まり

❷⑥＿＿＿＿協定(1971，佐藤内閣)→翌年，日本復帰*3

*1 日韓基本条約に付随して締結された請求権・経済協力協定により，日本が無償・有償の経済協力を行うことで，韓国は対日請求権を放棄した。

*2 1952年に台湾と結ばれた日華平和条約は破棄されたが，1973年に日台交流民間協定を結び，民間レベルで交流を維持した。

*3 日本復帰後もアメリカ軍基地の約7割が沖縄県内に集中。

37 核兵器の拡大と抑制

解答：別冊 p.6 ▶

キューバ危機

ソ連の人工衛星打ち上げ成功*1→ミサイル開発競争

❶キューバ革命→①＿＿＿＿政権の社会主義宣言→ソ連のキューバでのミサイル基地建設発覚→アメリカによるキューバの②＿＿＿＿封鎖(核戦争の危機)→譲歩したソ連がミサイル撤去(危機回避)

❷1963年，③＿＿＿＿条約(PTBT)：米・英・ソが締結*2

反核運動

❶日本漁船の④＿＿＿＿がビキニ環礁(かんしょう)でアメリカの水爆実験で被爆→1955年，広島で第1回⑤＿＿＿＿開催

❷ラッセル・アインシュタイン宣言→⑥＿＿＿＿会議

核拡散防止条約(NPT)調印(1968)

アメリカ・ソ連・イギリス・フランス・中国の5カ国のみを核兵器保有国として承認

デタント(緊張緩和)とその崩壊

❶⑦＿＿＿＿(SALT(ソルト) Ⅰ)：米・ソが妥結

❷ヨーロッパ…西ドイツの⑧＿＿＿＿首相の東方外交*3。東西両ドイツの国際連合への同時加盟(1973)。全欧安全保障協力会議の開催(1975)→⑨＿＿＿＿宣言を採択*4

❸1979年，米・ソが第2次戦略兵器制限交渉(SALT Ⅱ)調印→ソ連の⑩＿＿＿＿侵攻で米は批准せず→デタントの崩壊

*1 宇宙開発でアメリカに先行していたソ連が，1957年，人類初の人工衛星スプートニク1号の打ち上げに成功した。

*2 3国による核の寡占だと批判したフランスと中国は参加せず。

*3 東ドイツ・ソ連をはじめとする東欧の社会主義国との関係改善で成果を上げる。

*4 主権尊重，武力不行使，科学・人間交流の協力などを取り決め，東西両陣営間の関係改善をうたった。

38 地域連携の広がり

解答：別冊 p.6 ▶

西ヨーロッパの統合

❶1952年，①＿＿＿＿(ECSC)設立*1

❷1958年，②＿＿＿＿(EEC)・③＿＿＿＿(EURATOM(ユーラトム))の設立

❸1967年，④＿＿＿＿(EC)：3共同体の統合

❹イギリスの動向…EECに対抗し⑤＿＿＿＿(EFTA(エフタ))結成(1960)→1973年，ECに加盟(＝拡大EC)*2

東南アジア・アフリカ諸国の連携

❶1954年，反共軍事同盟の⑥＿＿＿＿(SEATO(シアトー))

❷1967年，⑦＿＿＿＿(ASEAN(アセアン))*3

❸1963年，アフリカ諸国首脳会議→⑧＿＿＿＿(OAU)

*1 フランス外相シューマンの提唱。フランス・西ドイツ・イタリア・ベネルクス3国(ベルギー・オランダ・ルクセンブルク)を構成国として発足。

*2 その後1980年代には，ギリシア・スペインなど南ヨーロッパ諸国も加盟し，巨大な統一市場に。

*3 当初は反共産主義的性格，のちに経済分野での協力組織へ。

39 計画経済とその影響

解答：別冊 p.6 ▶

計画経済の拡大

計画経済：政府主導の経済体制

❶インド…①＿＿＿＿＿らが社会主義型社会を目標に五カ年計画推進

❷北ベトナム・キューバではソ連型社会主義を採用*1

中華人民共和国の社会主義体制

1958年，「大躍進」開始：②＿＿＿＿＿主導による増産政策→農村に③＿＿＿＿＿設立→農民の疲弊，大規模な自然災害→失敗→④＿＿＿＿＿・鄧小平(とうしょうへい)の台頭*2

中華人民共和国の混乱と中ソ対立

❶1959年，チベット反乱→1959～62年，⑤＿＿＿＿＿紛争*3

❷1966年，⑥＿＿＿＿＿＿＿＿＿＿開始：毛沢東(もうたくとう)が復権をめざし，学生らを中心とした⑦＿＿＿＿＿の動員→鄧小平ら実権派(資本主義復活をはかる者)を一掃。1976年の毛沢東の死後，収束

❸ソ連とアメリカの⑧＿＿＿＿＿政策→1960年代，中ソ対立が表面化*4→1969年，国境付近での軍事衝突(⑨＿＿＿＿＿紛争)

ソ連の経済成長の停滞

❶軍需優先，消費財の軽視→西側製品との品質格差。技術革新の遅れ

❷言論・結社の自由や，自由な報道機関・選挙は許されず

*1 1970年代まで，フランス・イギリス・スウェーデン・イタリア・日本などでも社会主義政策は支持を受けた。

*2 毛沢東に代わり国家主席となった劉少奇(りゅうしょうき)を鄧小平が補佐。部分的な市場経済の仕組みを導入して生産力の回復を図った。

*3 ダライ＝ラマ14世のインド亡命と臨時政府樹立が中印軍事衝突の一因。

*4 ソ連は中国への経済援助を停止した。また，技術者の引き揚げを行ったが，中国は独力で原子爆弾・水素爆弾の開発を成功させた。

40 日本と世界の経済成長

解答：別冊 p.6 ▶

日本と世界の経済成長

①＿＿＿＿＿＿＿＿体制(IMF体制)に加盟(1952)→技術革新・積極的な②＿＿＿＿＿投資*1が牽引→経済成長

日本の高度経済成長

❶朝鮮戦争による③＿＿＿＿＿→経済復興が加速

❷④＿＿＿＿＿内閣の所得倍増計画(1960年発表)：経済成長重視，所得再分配→1968年には資本主義国で第⑤＿＿＿＿位の経済大国に成長*2。東京オリンピック(1964)・大阪万博(1970)開催で世界に成長をアピール

日本社会の変容

❶所得・消費水準の上昇→格差の縮小→⑥＿＿＿＿＿意識の普及

❷産業構造の変化：⑦＿＿＿＿＿産業から第二次・第三次産業へ。地方から都市への人口移動→都市の⑧＿＿＿＿＿化・農村の⑨＿＿＿＿＿化

❸公害の発生*3→環境保護運動→⑩＿＿＿＿＿＿＿法制定(1967)，⑪＿＿＿＿＿庁の発足(1971)

*1 当時，「投資が投資を呼ぶ」と表現された。

*2 1955年頃～73年，実質経済成長率は年平均約10％前後。要因：良質で豊富な労働力，安価な輸入原油，生産技術の革新，円安，重厚長大型産業(鉄鋼・造船など)の成長などによる賃金水準の向上。

*3 1960年代後半，四大公害訴訟(水俣(みなまた)病，四日市(よっかいち)ぜんそく，イタイイタイ病，新潟水俣病)が始まった。1970年代初頭にいずれも原告が勝訴。

41 石油危機とその影響

解答：別冊 p.6 ▶

ドル＝ショック アメリカの財政悪化[*1]→①＿＿＿＿＿＿（1971）：ニクソン大統領が金とドルの交換停止。1973年，先進国は固定相場制から②＿＿＿＿制へ移行→ブレトン＝ウッズ体制の崩壊

産油国の好景気

❶1973年，③＿＿＿＿戦争→アラブ産油国が石油戦略発動[*2]→第１次石油危機→先進国は④＿＿＿＿（先進国首脳会議）開催

❷1979年，⑤＿＿＿＿革命→第２次石油危機。原油価格の高騰→好景気→産油国の国際的な政治的発言力が高まる

日本の高度経済成長の終わり 田中角栄（たなかかくえい）内閣の⑥＿＿＿＿論→第１次石油危機→⑦＿＿＿＿物価の発生→マイナス成長[*3]

日本経済の安定成長

❶1970年代末～80年代前半，年率３～５％の経済成長率を維持

❷大幅な貿易黒字→欧米諸国との⑧＿＿＿＿[*4]→輸出の自主規制

❸⑨＿＿＿＿合意[*5]→円高不況→金融緩和→⑩＿＿＿＿経済へ

*1 ベトナム戦争への支出増大が主な原因。貿易収支は赤字に転換し，インフレにも見舞われていた。

*2 石油輸出国機構（OPEC（オペック））が原油価格を引き上げ，アラブ石油輸出国機構（OAPEC（オアペック））は親イスラエル諸国への石油の禁輸・輸出制限を行った。

*3 日本列島改造論による株価・地価の上昇と石油危機による原油価格の高騰などが重なり，激しいインフレーションが起こった。

*4 自動車をめぐる日米貿易摩擦は特に深刻で，ジャパン＝バッシングにつながった。

*5 1985年，アメリカ・日本・西ドイツ・イギリス・フランス５カ国の財務大臣・中央銀行総裁会議（Ｇ５）によるドル高是正の同意。

42 20世紀後半のアジアの経済発展

解答：別冊 p.7 ▶

東南アジアの経済発展 政府開発援助（ODA）の協力も活用

❶1967年，①＿＿＿＿（ASEAN（アセアン））結成[*1]

❷1970年代末，韓国・台湾・香港・②＿＿＿＿で輸出主導型工業化が進展→③＿＿＿＿（NIES（ニーズ））に成長

開発独裁 経済発展を優先する強権的政治体制。シンガポール：リー＝クアンユー首相。マレーシア：マハティール首相。インドネシア：スハルト大統領。フィリピン：マルコス大統領

インドの台頭 対外政策：④＿＿＿＿との対立[*2]。国内情勢：1990年代以降，経済の自由化・外資の導入→⑤＿＿＿＿産業が成長

西アジア諸国（産油国）の近代化

❶イラン…⑥＿＿＿＿政権：イギリス系石油企業を国有化→失脚。1963年，国王⑦＿＿＿＿が「白色革命（はくしょくかくめい）」[*3]開始

❷1960年，⑧＿＿＿＿（OPEC）設立→1968年，⑨＿＿＿＿（OAPEC）結成→1970年代，２度の石油危機で原油価格高騰→世界の金融市場にオイルマネーが流入

*1 東南アジア地域の平和・安定化と経済発展をめざす。加盟国は当初５カ国，その後10カ国に。

*2 独立（1947）以来，カシミール地方の帰属をめぐって国境紛争（第１次・第２次印パ戦争）が起こった。1971年にはインドが東パキスタン独立運動を支援し第３次印パ戦争が発生した（東パキスタンはバングラデシュとして独立）。

*3 農地改革・国営企業の民営化・女性参政権・識字率向上など。

43 世界経済のグローバル化と情報通信技術

解答：別冊 p.7 ▶

新自由主義の台頭

政府の経済活動への介入を抑制する
→①＿＿＿＿の削減, 国営事業の②＿＿＿化, 減税, ③＿＿＿＿緩和など*1

世界経済のグローバル化

ソ連崩壊によって加速

❶④＿＿＿＿＿＿(WTO)発足*2：モノ・サービスの自由化
⑤＿＿＿＿＿＿(FTA)の取り組み：2国間や特定地域の連携

❷国際交通システムの発達＋情報技術革命(⑥＿＿＿革命)・情報通信技術革命(⑦＿＿＿革命)によって達成

経済のグローバル化の課題

雇用の流出：先進国から低賃金国へ生産拠点が移動→産業の空洞化。地球規模での環境破壊：大気汚染, 地球⑧＿＿＿＿→パリ協定。持続可能な開発目標(⑨＿＿＿＿)*3

情報通信技術の発達

❶19世紀後半…電信や⑩＿＿＿ケーブルによる通信網の発達

❷第二次世界大戦後…アメリカで⑪＿＿＿＿＿＿の開発(1946)→小型化・低価格化。通信⑫＿＿＿＿・インターネットやGPSの普及

経済の一体化と情報化社会の形成(2000年代)

❶IT・ICT革命→国際的な⑬＿＿＿＿移動＋金融の自由化*4

❷負の側面…世界同時不況や金融危機*5の波及。インターネット普及の格差。サイバー攻撃。個人情報の流出。フェイクニュース

*1 1980年代, イギリスのサッチャー政権, アメリカのレーガン政権, 西ドイツのコール政権, 日本の中曽根康弘(なかそねやすひろ)内閣などが実施。

*2 1995年, GATT(ガット)に代わり設立。世界の自由貿易体制を強化。

*3 2015年の国連サミットで採択。2030年までに目指すべき, 貧困や飢餓, 気候変動への対策など「世界を変えるための17の目標」が設定された。

*4 世界規模で生産・流通・販売のネットワーク化が進み, 電子商取引(EC)の活発化・インターネットコミュニティの成立・仮想通貨の登場などにつながった。

*5 例：1990年代後半のアジア通貨危機や, 2008年の世界金融危機(リーマン＝ショック)が発生した。

44 冷戦の終結

解答：別冊 p.7 ▶

冷戦の終結に向かうソ連の動き

❶ゴルバチョフ*1の改革：①＿＿＿＿＿＿(建て直し),
②＿＿＿＿＿＿(情報公開),「③＿＿＿＿外交」

❷1987年, アメリカと④＿＿＿＿＿＿＿＿条約締結

❸1989年2月, ⑤＿＿＿＿＿＿＿からの撤退完了

❹1989年12月, ブッシュ(父)大統領と⑥＿＿＿＿会談→冷戦終結宣言

東欧革命

ポーランド：ワレサらの「⑦＿＿＿＿」が政権獲得。東ドイツ：⑧＿＿＿＿＿＿開放→ドイツ統一。ルーマニア：チャウシェスク大統領処刑。1991年, コメコンとワルシャワ条約機構解体

ソ連の崩壊

1991年, 保守派のクーデタ失敗→ソ連共産党解散→⑨＿＿＿＿＿＿＿(CIS)結成*2→ソ連の消滅

*1 1985年, ソ連共産党書記長に就任し, 改革に着手。翌年チョルノービリ(チェルノブイリ)原子力発電所事故が発生すると, グラスノスチ(情報公開)を本格化した。

*2 ロシア共和国のエリツィン大統領が主導。

第3章 グローバル化と私たち

41▸44
16C以前
17C
18C
19C
20C
現在

45 各国・地域の民主化の進展

解答：別冊 p.7 ▶

東アジアの動向

1. 中国 ①＿＿＿＿の改革・開放政策。②＿＿＿＿事件(1989，北(ペ)京(キン))：民主化運動を武力で鎮圧。香港返還→③＿＿＿＿制度の適用＊1 ④＿＿＿＿＿＿(WTO)に加盟→世界有数の巨大市場に

2. 台湾 ⑤＿＿＿＿総統(国民党)による自由化

3. 韓国 ⑥＿＿＿＿暗殺→全斗煥(チョンドゥホアン)の軍事政権→⑦＿＿＿＿による民主化宣言(1987)＊2→⑧＿＿＿＿の北朝鮮に対する太陽政策

4. 北朝鮮 金日成(キムイルソン)の死去(1994)→⑨＿＿＿＿→金正恩(キムジョンウン)(2011〜)と世襲され，独自の社会主義体制を継続

ビルマ(ミャンマー)の民主化運動

1988年，民主化運動でネ＝ウィン政権打倒→軍が独裁政権樹立→1989年，国名を⑩＿＿＿＿と改称。民主化運動を弾圧＊3→2016年，民主化運動指導者⑪＿＿＿＿＿＿＿＿が事実上の国家指導者→2021年，軍事政権が復活

南アフリカ共和国の民主化

1991年，⑫＿＿＿＿＿＿(人種隔離政策)の撤廃→1994年，⑬＿＿＿＿が大統領に選出

ラテンアメリカの動向

1970年代，軍事独裁政権による人権抑圧・貧困→80年代，民政移管＊4による政治的安定・経済的発展

＊1 2020年，習近平(しゅうきんぺい)政権は，香港に対して国家安全維持法を導入して一国二制度を形骸化した。

＊2 民主化宣言以降，韓国では文民大統領が続いている。

＊3 民主化運動を指導したアウン＝サン＝スー＝チーは1989年から自宅軟禁と解除を繰り返され，2011年に解放。しかし2021年に再び国軍にとらえられた。

＊4 軍事政権(軍政)から，選挙で選ばれた指導者(文官)による政権(民政)に移行すること。アルゼンチン・ブラジル・チリなどで実現。

46 国際社会における日本

解答：別冊 p.7 ▶

55年体制の崩壊

政治改革をめぐり自民党が分裂。政界再編の動き→1993年，非自民連立政権の①＿＿＿＿内閣誕生＊1＝②＿＿＿＿の崩壊→保守と革新の対立から不安定な連立政権時代へ

バブル経済の崩壊

1989年，日銀による金融引締め政策→バブル崩壊→資産デフレ・金融不安→③＿＿＿＿不況。市場開放・規制緩和＊2

国際貢献

❶1992年，宮沢喜一(みやざわきいち)内閣で④＿＿＿＿＿＿(PKO協力法)成立：自衛隊の海外派遣が可能に→自衛隊を⑤＿＿＿＿＿へ派遣

❷⑥＿＿＿＿＿＿(ODA)：バブル後は援助額減少，国益重視へ

21世紀の政治

2001年，⑦＿＿＿＿＿内閣の大規模な民営化と規制緩和→2009年，⑧＿＿＿＿による政権交代＊3→2012年，自民・公明両党による連立政権成立(第2次安倍晋三(あべしんぞう)内閣誕生)

＊1 細川護熙(もりひろ)内閣は衆議院小選挙区比例代表並立制導入など政治改革を進めたが，政権内の対立から1994年4月末には退陣した。

＊2 持株会社の設立解禁，大規模小売店舗法(大店法)の廃止など。GATT(ガット)の国際交渉(ウルグアイ＝ラウンド)の中で，細川内閣は1993年にコメ市場の部分開放に合意した。

＊3 総選挙で圧勝し政権交代に成功するが，その後の政権運営に失敗し短命に終わる。

47 地域統合の拡大

解答：別冊 p.7 ▶

ヨーロッパの地域統合 1993年，①＿＿＿＿＿＿＿＿条約により EC から②＿＿＿＿＿＿＿＿(EU)へ発展*1→1999年，単一通貨③＿＿＿＿の導入→2020年，④＿＿＿＿＿の EU 離脱

アメリカ大陸の地域統合 1994年，⑤＿＿＿＿＿＿＿＿(NAFTA〔ナフタ〕)発効→2020年より保護主義的な新協定(USMCA)に置換。

1995年，⑥＿＿＿＿＿＿＿＿(MERCOSUR〔メルコスール〕)形成

アジアの地域統合 ASEAN(東南アジア諸国連合)の拡大*2。

1989年，⑦＿＿＿＿＿＿＿＿＿＿(APEC〔エイペック〕)発足

2018年，「環太平洋パートナーシップに関する包括的及び先進的な協定」(TPP11協定，CPTPP)発効：日本など11カ国で調印*3

*1 2004年には東ヨーロッパ諸国などが加盟し，ヨーロッパ全体を統合する組織になった(2023年現在加盟国は27カ国)。

*2 1993年，ASEAN 自由貿易地域(AFTA〔アフタ〕)を発足。1997年，「ASEAN＋3」で中国・韓国・日本との協力関係を強化した。

*3 これより前に環太平洋パートナーシップ(TPP)協定が調印されたが，アメリカ(トランプ政権)が離脱したため発効しなかった。

48 冷戦終結後の地域紛争

解答：別冊 p.7 ▶

ユーゴスラヴィア内戦 民族・宗教の対立で内戦状態。①＿＿＿＿＿＿との紛争→スロヴェニア・クロアティア・ボスニア＝ヘルツェゴヴィナ独立。コソヴォ紛争*1→②＿＿＿＿＿軍の空爆→コソヴォ独立宣言

アフリカの内戦*2 国連平和維持活動(PKO)の展開。③＿＿＿＿＿＿＿＿(AU)発足(2002)：アフリカの55の国・地域加盟の大連合

パレスチナとイスラエル 1993年，PLO のアラファト議長とイスラエルの④＿＿＿＿＿首相が⑤＿＿＿＿＿合意(パレスチナ暫定自治協定)締結→パレスチナ自治政府樹立→交渉決裂で武力衝突は継続

イスラーム主義の拡大(イラク・アフガニスタンの動向)

❶イラクの⑥＿＿＿＿＿大統領…米の支援で⑦＿＿＿＿＿＿＿＿戦争(1980～88)。隣国クウェート併合を宣言→1991年，⑧＿＿＿＿＿戦争：国連安保理がアメリカを中心とする多国籍軍派遣→イラクはクウェートから撤退。2003年，⑨＿＿＿＿＿戦争*3→フセイン政権崩壊

❷アフガニスタン…ソ連の撤退(1989)後，イスラーム主義の⑩＿＿＿＿＿＿＿＿が台頭→2001年，米で⑪＿＿＿＿＿＿＿事件発生→米はターリバーン保護下のイスラーム過激派組織⑫＿＿＿＿＿＿＿＿の犯行としてアフガニスタンを攻撃(対テロ戦争)*4→ターリバーン崩壊

アラブ世界の変化 「アラブの春」(2010～11)*5→⑬＿＿＿＿＿内戦(2011～)→過激武装組織⑭＿＿＿＿(イスラム国)が出現(2014)

*1 セルビア人のアルバニア人に対する民族浄化。

*2 ルワンダではフツ族によるツチ族の大虐殺が行われた。内戦によって多数の難民が発生。

*3 同時多発テロ事件後，アメリカ・イギリスはイラクの大量破壊兵器保持を理由にイラク戦争を始めたが，実際には見つからなかった。

*4 アメリカのブッシュ(子)大統領は「テロとの戦い」を宣言。国連が集団的自衛権を承認し，アメリカと有志連合諸国が軍事攻撃を行った。

*5 チュニジアで起こったジャスミン革命を機にアラブ世界に波及した民主化運動。

00 人類の進化と文明の誕生

解答：別冊p.8 ▶

1 人類の進化 人類の特性＝①直立二足歩行 ②道具の製作 ③火・言語の使用

1. 人類の進化

❶ 約700万年前のアフリカで誕生

❷ ①＿＿＿＿：アフリカのサヘラントロプス＊1やアウストラロピテクス。礫(れき)石器使用

❸ 原人：ジャワ原人や北京原人 →打製石器(握斧(あくふ))や火の使用
（北京原人→北京郊外の周口店で発見）

❹ 旧人：ネアンデルタール人 →死者を②＿＿＿＿する風習

2. 新人(現生人類，ホモ＝サピエンス)

❶ 更新世末アフリカに出現。ヨーロッパの③＿＿＿＿人など

❷ 剝片(はくへん)石器や④＿＿＿＿の製作・使用。⑤＿＿＿＿＊2や女性裸像の製作 →多産や豊穣を願う呪術的所産

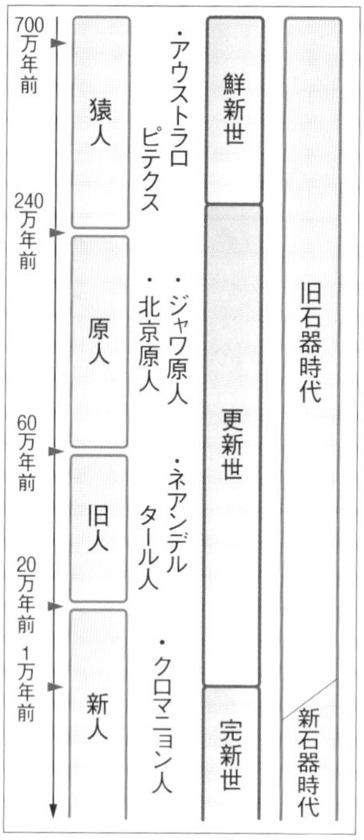

年代	人類	代表例	地質時代	考古学時代
700万年前〜240万年前	猿人	・アウストラロピテクス	鮮新世	旧石器時代
240万年前〜60万年前	原人	・ジャワ原人・北京原人	更新世	旧石器時代
60万年前〜20万年前	旧人	・ネアンデルタール人	更新世	旧石器時代
20万年前〜	新人	・クロマニョン人	更新世（1万年前〜完新世）	旧石器時代（1万年前〜新石器時代）

＊1 現在確認される最古の人類。2001年アフリカ中央部のチャドで化石が発見され，「トゥーマイ(生命の希望)」と名づけられた。

＊2 スペイン北部のアルタミラやフランス西南部のラスコーなどの洞穴絵画が有名。

2 文明の誕生 旧石器時代は，狩猟・採集と打製石器 新石器時代は，農耕・牧畜と磨製石器，土器

1. 旧石器時代

❶ ⑥＿＿＿＿・漁労による獲得経済。群(ホルド)社会を構成

❷ 打製石器(剝片石器・石核石器)，後期には，骨角器(槍(やり)や銛(もり)など)も使用。末期から細石器も使用

2. 新石器時代

❶ 約1万年前，更新世から完新世へ移行，地球は温暖化

❷ 約9000年前，西アジアで農耕・牧畜による生産経済の開始＊3

❸ ⑦＿＿＿＿・土器(彩文土器)の使用

❹ 竪穴住居に居住。血縁中心の氏族社会を構成

3. 文明の誕生

❶ 農耕は乾地農法から大河流域の⑧＿＿＿＿農法へ

❷ 金属器(⑨＿＿＿＿)の使用 →生産力の向上

❸ 氏族社会に私有財産制と階級が生まれる
→有力氏族を中心に部族が形成されると，階級分化が進んで権力や権威が生み出され⑩＿＿＿＿に発展

❹ 政治や商業の記録のため文字を発明 →先史時代から歴史時代へ

＊3 初期の農耕遺跡
イラク北部のジャルモ遺跡やヨルダン川西岸のイェリコ遺跡が有名で，農耕は西アジアでは約9000年前に始まったと推定される。

記述論述 Q 農耕の開始は，獲得経済から生産経済への転換をもたらした。初期の農法はどのように変化してきたか，簡潔に説明せよ。

 出題大学…①：明治学院大，立命館大／②：駒澤大，近畿大／④：南山大，駒澤大／⑤：和歌山大／⑥：中央大，法政大／⑨：大阪経済大，広島修道大

実戦演習

❶ 人類の進化と文化の発展に関する下記の設問に答えなさい。

南山大ー人文(キリスト教・人類文化)・経営・外国語(スペイン・ラテンアメリカ・ドイツ)

解答：別冊p.30 ▶

〔設問〕

(1) 原人に属する人類を選びなさい。
㋐ネアンデルタール人 ㋑周口店上洞人
㋒ホモ＝エレクトゥス ㋓クロマニョン人

(2) 旧人に属する人類を選びなさい。
㋐ネアンデルタール人 ㋑周口店上洞人
㋒ホモ＝エレクトゥス ㋓クロマニョン人

(3) 道具が使われ始めた順に並んでいるものを選びなさい。
㋐ 骨角器――土器――打製石器 ㋑ 土器――骨角器――打製石器
㋒ 土器――打製石器――骨角器 ㋓ 打製石器――骨角器――土器

(4) 猿人に関する記述として誤っているものを選びなさい。すべて正しい場合は㋔を選びなさい。
㋐ 石器を使用するものもいた。
㋑ 直立二足歩行が可能であった。
㋒ アウストラロピテクスは猿人に属する。
㋓ ヨーロッパから西アジアにかけて居住していた。

(5) 旧人に関するつぎの二つの文について正誤を判断し，aとbの両方が正しければ㋐を，aが正しくbが誤っていれば㋑を，aが誤っておりbが正しければ㋒を，aとbの両方が誤っていれば㋓を選びなさい。
a．死者を埋葬した。
b．アメリカ大陸に渡った。

(6) つぎの文の空欄に入る語を選びなさい。
フランスの［　　］では，動物などが写実的に描かれた洞穴絵画が見つかった。
㋐オルドヴァイ渓谷 ㋑アルタミラ ㋒ラスコー ㋓イェリコ

(7) ラミダス猿人の化石が発見された場所を選びなさい。
㋐オーストリア ㋑エチオピア ㋒チャド ㋓イタリア

(8) 旧石器時代と新石器時代に関する記述として誤っているものを選びなさい。すべて正しい場合は㋔を選びなさい。
㋐ 旧石器時代には火が使用された。
㋑ 旧石器時代には世界各地で彩文土器がつくられた。
㋒ 新石器時代には牧畜や農耕がおこなわれた。
㋓ 新石器時代には石臼などの磨製石器が使用された。

(9) 紀元前にアメリカ大陸で栽培が始まった作物を選びなさい。
㋐ジャガイモ ㋑アワ ㋒キビ ㋓バナナ

(10) インド＝ヨーロッパ語族の言語を選びなさい。
㋐アッカド語 ㋑フェニキア語 ㋒ヒッタイト語 ㋓アッシリア語

❶ ヒント

(1)㋒－「ホモ＝エレクトゥス」は「直立歩行する人」の意。
(3)土器の使用は新石器時代。
(4)㋓－猿人の化石人骨はアフリカ以外から発見されていない。
(5)ⓑ－約20万年前に出現した新人(現生人類)が，やがてアフリカからユーラシア大陸各地に広がり，およそ1万4000年前，ベーリング海峡が陸続きであった頃，モンゴロイドの一部が東北シベリアからアメリカ大陸へ移動した。
(6)㋐－オルドヴァイ渓谷はタンザニアにあり，この地層からアウストラロピテクスの化石骨が発見されている。
(7)ラミダス猿人は，約440万年前の全身の化石骨が残る貴重な化石人類。また現在確認される最古の人類とされるサヘラントロプスは，2001年にアフリカ中央部の㋒の「チャド」で発見された。

❶ 解答欄

(1)	
(2)	
(3)	
(4)	
(5)	
(6)	
(7)	
(8)	
(9)	
(10)	

A 初期の農法は雨水に頼る乾地農法で，しかも肥料を使わない略奪農法であった。その後メソポタミアで灌漑農法が始まり，収穫量が増え，多くの人口を養うことが可能になった。

01 オリエント文明とイラン諸国家

解答：別冊p.8

ココが出る！

［入試全般］

オリエント諸王国の民族系統と各民族の宗教·文字が頻出分野。

［国公立二次·難関私大］

西アジアでは，セム語系民族の諸王朝と活動が焦点。メソポタミアとエジプトの文化の比較もポイント。古代イランは，アケメネス朝の政治·文化を押さえよう。

大学入試 最頻出ワード

- アケメネス朝
- イェルサレム
- ヒッタイト
- バビロン
- フェニキア人
- ゾロアスター教

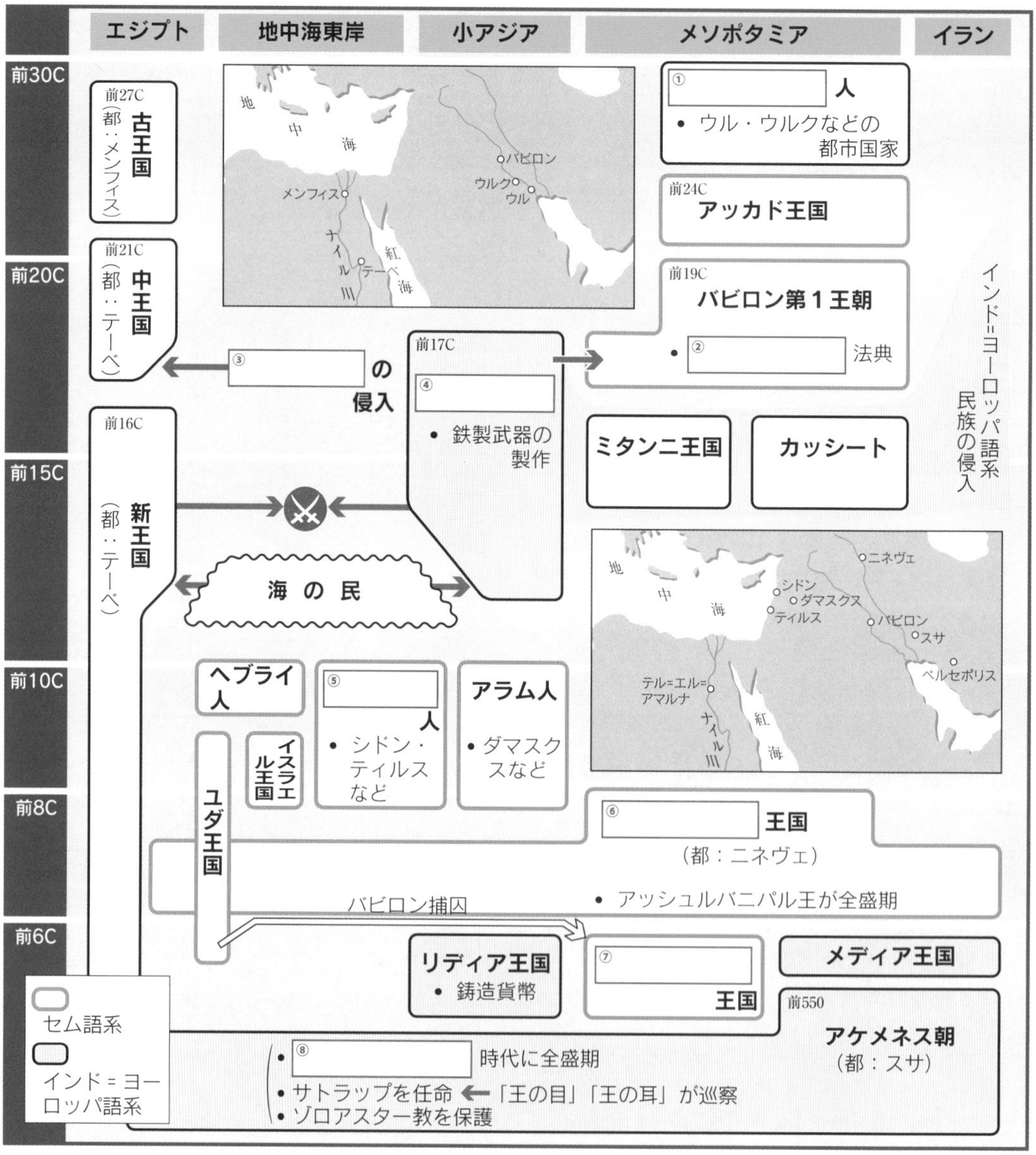

空欄解答 ①シュメール ②ハンムラビ ③ヒクソス ④ヒッタイト ⑤フェニキア ⑥アッシリア ⑦新バビロニア〔カルデア〕 ⑧ダレイオス1世

記述論述 Q ハンムラビ法典が制定された時期と，その内容の特徴を説明せよ。 （東京大）

1 西アジアの古代文明 セム語系とインド＝ヨーロッパ語系民族が興亡した

メソポタミア*1

1. シュメール人(民族系統不明)

❶ 前3000年頃から「肥沃な三日月地帯」*2のメソポタミア南部に①＿＿＿＿＿＿，ウルク，ラガシュなどの都市国家を建設
→王は最高の神官として自由民や奴隷を支配

❷ 青銅器や彩文土器の使用

❸ ②＿＿＿＿文字の使用 →粘土板に記す

2. アッカド王国(前24～前22世紀)

❶ セム語系③＿＿＿＿人

❷ ④＿＿＿＿(前24世紀)：シュメール人の都市国家を征服しメソポタミア統一

❸ グティ族が侵入し崩壊*3

3. バビロン第1王朝(古バビロニア王国，前19～前16世紀)

⇨都：⑤＿＿＿＿

❶ セム語系⑥＿＿＿＿人の建国

❷ 第6代⑦＿＿＿＿王(前18世紀頃)：全メソポタミアを統一し「ハンムラビ法典」*4制定

❸ ヒッタイトにより滅亡(前16世紀)

4. メソポタミアの文化

❶ 宗教：現世的で多神教，占星術が発達

❷ 建築：日干し煉瓦の神殿・ジッグラト(聖塔)

❸ ⑧＿＿＿＿文字：シュメール人が絵文字からつくり，粘土板に記した。アケメネス朝まで，古代オリエントで広く使用された
→⑨＿＿＿＿碑文からローリンソン(英)が解読(1846)

❹ ⑩＿＿＿＿暦の使用と閏月(うるうづき)の設置，1週7日制。六十進法の発達

インド＝ヨーロッパ語系民族の活動

1. ⑪＿＿＿＿ ⇨都：ハットゥシャ(現ボアズキョイ)

❶ 前17世紀半ば頃，アナトリア(小アジア)に建国

❷ バビロン第1王朝を滅ぼし，ミタンニ・エジプトと抗争

❸ 製鉄技術の発展と鉄製武器の使用

❹「⑫＿＿＿＿」*5の侵入などにより，前1190年頃滅亡*6

＊1 メソポタミアの特徴
①ティグリス・ユーフラテス両川流域の沖積平野に都市文明が成立
②地形が開放的なため，周辺民族の侵入が容易で，諸民族が興亡

＊2 メソポタミアからシリア・パレスチナに至る沃野(よくや)で，人類最古の農耕遺跡(ジャルモ，イェリコ)が確認される。

＊3 アッカド王国崩壊後，ウル第3王朝(前22世紀末～前21世紀末)が成立した。同王朝では，強力な官僚制統一国家による支配体制が確立し，法典が整備された。現存最古のウル＝ナンム法典などシュメール法の断片が残る。

＊4 全282条で，刑罰の階級差別と同害復讐法(「目には目を，歯には歯を」)が特色。ハンムラビ法典石碑は1901～02年にスサで発見された。

＊5「海の民」
①前13世紀末～前12世紀初めに東地中海一帯で活動した諸民族の総称
②シリア・パレスチナの諸都市国家は壊滅的打撃を受ける
③パレスチナでは，一種族のペリシテ人が活動

＊6 ヒッタイト滅亡後，製鉄技術がオリエントに拡散した。

A 前18世紀にバビロン第1王朝のハンムラビ王の治世に制定され，同害復讐の原則に立っていたが，刑罰は被害者の身分によって異なった。

2. カッシート バビロン第1王朝滅亡後のバビロニアを支配
(前16～前12世紀)

3. ⑬＿＿＿＿＿王国
(前16～前14世紀)

❶ メソポタミア北部から北シリアを支配

❷ エジプト・ヒッタイトと抗争

❸ 馬と戦車の戦術を西アジアに普及

地中海東岸のセム語系民族

1. ⑭＿＿＿＿＿人

❶ 前12～前8世紀，シリアの⑮＿＿＿＿＿を中心に内陸貿易で活躍

→アラム語・アラム文字の普及*7

❷ 前8世紀にアッシリアにより征服される

2. ⑯＿＿＿＿＿人

❶ 前12世紀に，⑰＿＿＿＿＿，ティルスなどの港市国家が繁栄

❷ 造船技術・航海法の発達 ➡地中海交易と植民市建設

→ティルスの植民市⑱＿＿＿＿＿の繁栄

❸ ⑲＿＿＿＿＿文字はギリシア人に伝えられた(アルファベットの起源)
(シナイ文字がもとになった)

❹ 前8世紀にアッシリアの支配下に入る

3. ヘブライ人(イスラエル人)*8

❶ 前1500年頃，⑳＿＿＿＿＿に定住

❷ エジプト新王国の進出で，一部はエジプトへ移住

❸ 前13世紀頃，㉑＿＿＿＿＿*9の指導で「出エジプト」

→パレスチナに定住し，先住のカナーン人やペリシテ人*10と抗争。

前1000年頃，サウル王が王国を建国

❹ ㉒＿＿＿＿＿王：全イスラエルの王となり，都を㉓＿＿＿＿＿とする
(位前1000頃～前960頃)

❺ ㉔＿＿＿＿＿王：イェルサレムに㉕＿＿＿＿＿の神殿を建設，外国との通商交易の振興 ➡「ソロモンの栄華」
(位前960頃～前922頃)

❻ ソロモン王の死後，王国は南北に分裂(前922頃)

❼ ㉖＿＿＿＿＿王国(北)：前722年にアッシリアのサルゴン2世により滅亡

❽ ㉗＿＿＿＿＿王国(南)：前586年に新バビロニアのネブカドネザル2世により滅亡 ➡住民の多くがバビロンに強制移住＝「㉘＿＿＿＿＿

*7 アラム語はアケメネス朝の公用語とされ，またアラム文字はヘブライ文字・アラビア文字・ソグド文字などに影響を与えた。

*8 ヘブライ人は自らをイスラエル人と称し，バビロン捕囚後は，ユダヤ人と呼ばれることが多い。

*9 モーセはシナイ山で神ヤハウェより十戒を授かったという。

*10 ペリシテ人は，前13世紀末からエーゲ海方面より侵入した「海の民」の一派。パレスチナはこのペリシテに由来する。

記述論述 Q 神聖文字を簡単に説明しなさい。 (津田塾大)

 出題大学…⑲：東洋大，立命館大，同志社大／⑳：立命館大，高崎経済大，法政大

＿＿＿＿」(前586～前538)

❾ アケメネス朝のキュロス2世により，バビロンから解放　→帰郷後，イェルサレムに神殿を再建し，民族の宗教として㉙＿＿＿＿が成立

ユダヤ教の特色　①唯一神ヤハウェへの信仰　②ヤハウェとの契約を守るユダヤ人のみ救済されるという排他的な選民思想　③救世主(メシア)待望の観念　④偶像崇拝の厳禁　⑤モーセの十戒を中核とする律法主義　⑥聖典は『旧約聖書』

2 古代エジプト 「エジプトはナイルのたまもの」(ヘロドトスの言葉)

古代エジプトの政治的変遷

1. 統一

❶ 前4000年頃，ナイル川中・下流域にエジプト語系のエジプト人が数十のノモス(集落)を形成
　↳定期的増水による肥沃な土壌

❷ 前3000年頃，メネス王が上エジプト(ナイル川中流域)と下エジプト(デルタ地帯)を統一　➡第1王朝成立

2. 古王国(前27～前22世紀頃)　⇨都：㉚＿＿＿＿

❶ 王(ファラオ)は太陽神㉛＿＿＿＿の子として専制的神権政治

❷ ピラミッド*11やスフィンクスの造営

3. 中王国(前21～前18世紀頃)　⇨都：㉜＿＿＿＿

❶ ヌビアに領土を拡大し，シリア・クレタと交易

❷ ㉝＿＿＿＿の侵入(前18世紀末)　→馬と戦車で下エジプトを支配
　↳アジア系の遊牧民

4. 新王国(前16～前11世紀)　⇨都：㉞＿＿＿＿

❶ アーメス1世がヒクソスを駆逐(前16世紀)

❷ トトメス3世はシリア・ヌビアを制圧　→エジプト領土は最大に
　↳(前15世紀)

❸ アメン(アモン)＝ラー(アメンはテーベの守護神)信仰が高揚

❹ アメンヘテプ(アメンホテプ)4世(第18王朝)：神官の政治介入を排除するため，アメン信仰から，唯一神㉟＿＿＿＿信仰を強制，自ら「アクエンアテン(イクナートン)」と改称。㊱＿＿＿＿*12に遷都。写実的な㊲＿＿＿＿の発達
　↳(前14世紀)

❺ アメンヘテプ4世の死後即位したツタンカーメンがアメン信仰に復す

❻ ラメス2世：カデシュの戦い(前1286頃)で㊳＿＿＿＿と戦い，のち現存する最古の国際条約を結ぶ

*11 カイロ対岸のギザには，第4王朝のクフ・カフラー・メンカウラーの三大ピラミッドが残る。

＊12 アマルナ文書
1887年にアマルナから発見された楔形文字の粘土板文書。アメンヘテプ3世・アメンヘテプ4世とヒッタイト，ミタンニ，シリア，バビロニアなどとの外交関係が判明した。

A 古代エジプトの神殿や墳墓，「死者の書」などに書かれた文字で，ヒエログリフといい，18世紀末にエジプトに遠征したナポレオン軍が発見したロゼッタ＝ストーンを資料に，シャンポリオンが解読に成功した。

❼ 前12世紀初め，「海の民」が侵入

5. 王朝末期

❶ ナイル川上流からクシュ王国*13が侵攻(前８世紀)

❷ ㊴＿＿＿＿が侵入し，一時支配(前７世紀)

❸ ㊵＿＿＿＿朝のカンビュセス２世がエジプトを征服(前525)，ペルシアの属州となる

＊13 クシュ王国
前10世紀頃，クシュ人がナイル川上流域を中心に建てた最古の黒人王国。前8世紀にエジプトに進出。アッシリアのエジプト侵入で後退し，前7世紀にメロエに遷都。高度な製鉄技術が発達した。350年頃エチオピアのアクスム王国に滅ぼされた。

エジプト文化

1. 宗教

❶ 太陽神ラーを中心とした多神教で，オシリスは冥界の王

❷ 霊魂不滅・再生の信仰 →ミイラを作製

❸「㊶＿＿＿＿」は，主にパピルスに書かれ，死者の生前の善行や呪文を記して副葬された

2. 建築・学術

❶ 古王国時代はピラミッド，中王国時代以降はカルナック神殿などを造営

❷ 測地術・十進法・実用医学の発達
↳治水・灌漑から発達

❸ ㊷＿＿＿＿暦の使用。のち，ローマの「ユリウス暦」に影響

3. 文字

❶ 神聖文字(㊸＿＿＿＿)，神官文字(ヒエラティック)，民用文字(デモティック)

❷ ㊹＿＿＿＿(仏)がロゼッタ＝ストーン*14を資料に神聖文字の解読に成功(1822)

＊14 1799年ナポレオン軍のエジプト遠征の際にナイル河口のロゼッタで発見。前196年につくられたプトレマイオス５世の徳を讃える石碑の一部で，表面上段にはヒエログリフ(神聖文字)，中段にはデモティック(民用文字)，下段にはギリシア文字が記されている。現在，大英博物館が所蔵。

3 オリエントの統一

前7世紀前半にアッシリア，前6世紀後半にアケメネス朝がオリエントを統一

アッシリアの統一

1. 発展

❶ セム語系のアッシリア人がティグリス川中流域に建国，アナトリア方面との隊商交易に従事。前15世紀にミタンニ王国に服属(のち独立を回復)

❷ サルゴン２世の征服活動 →鉄製の武器と戦車や騎兵隊を駆使
↳(前８世紀)

❸ 前７世紀前半にエジプト征服 ➡オリエントを初めて統一

❹ アッシュルバニパル王：首都の㊺＿＿＿＿に粘土板文書を蔵する世界最古の図書館を建設
↳(前７世紀)

記述論述 Q アケメネス朝ペルシア帝国ではどのような中央集権体制が採用されたか。 (松山大)

2. 政治

❶ 王は神権的専制君主，各州に総督を派遣して中央集権体制を確立

❷ 徹底した武断政治と被征服民の強制移住策 →服属民の反乱が続発，新バビロニアとメディア連合軍によりニネヴェ陥落(前612)

アッシリア滅亡後の西アジア

1. ㊻__________ **王国** ⇨都：㊼__________

❶ セム語系カルデア人

❷ ㊽__________（位前604頃～前562）：ユダ王国を征服し，バビロン捕囚(前586～前538)を強行

❸ アケメネス朝のキュロス２世により滅亡(前539)

2. ㊾__________ **王国** ⇨都：エクバタナ

❶ インド＝ヨーロッパ語系イラン人の王国。新バビロニアと連合して前612年にアッシリアを滅ぼす

❷ アケメネス朝のキュロス２世により滅亡(前550)

3. リディア王国 ⇨都：サルデス

❶ インド＝ヨーロッパ語系

❷ 世界最古の鋳造貨幣使用(前７世紀後半)

❸ アケメネス朝のキュロス２世により滅亡(前546)

アケメネス朝(前550～前330) ⇨都：㊿__________

1. キュロス2世 イラン南部パールス地方のイラン人(ペルシア人)(インド＝ヨーロッパ語系)がメディアから独立(前550)。(51)__________に続いて新バビロニアを滅ぼし，バビロン捕囚のユダヤ人を解放

2. カンビュセス2世 (52)__________を征服(前525)

➡全オリエント，再統一

3. (53)__________(位前522～前486)

❶ 全土を約20州に分割し，知事((54)__________)を任命し，監察官の「王の目」「王の耳」を派遣して中央集権体制を確立

❷ 新都(55)__________を造営，「(56)__________」(スサ～サルデス)を建設し，都スサを中心に全国を結ぶ駅伝制を整備

❸ 金貨・銀貨を発行し，アラム人やフェニキア人の交易活動を保護

❹ 服属した異民族には寛容策

4. ペルシア戦争(前500～前449) イオニア植民市の反乱からギ

全国を約20州に分け，各州にサトラップを置いて統治させ，「王の目」「王の耳」と呼ばれる監察官を巡回させた。また，道路網を整備し，駅伝制を敷き，統一通貨を鋳造・使用した。

リシアとの戦いに発展，ダレイオス１世は㊼＿＿＿＿＿の戦い(前490)に，クセルクセス１世は㊽＿＿＿＿＿の海戦(前480)に敗北

5. 滅亡 ㊾＿＿＿＿＿＿の東方遠征*15で，前330年滅亡

6. 文化

❶ メソポタミア文化の継承 →楔形文字を表音化してペルシア文字を作成

❷ ㊿＿＿＿＿＿教(拝火教)*16を保護

▶ダレイオス１世の事績を刻んだベヒストゥーン碑文により，イギリス人[61]＿＿＿＿＿が楔形文字の解読に成功した。

*15 ダレイオス３世は，イッソスの戦い(前333)・アルベラ(ガウガメラ)の戦い(前331)に敗北した。

＊16 ゾロアスター教

前７世紀頃(異説あり)，ゾロアスターが創始。光明(善)の神アフラ＝マズダと暗黒(悪)をつかさどるアンラ＝マンユ(アーリマン)の抗争を説く二元論宗教。最後の審判や天国の観念などはユダヤ教・キリスト教などに影響した。聖典は『アヴェスター』。

4 パルティアとササン朝 ササン朝はゾロアスター教を国教とした

パルティア ⇨都：ヘカトンピュロス→クテシフォン

1. 成立前 アレクサンドロス大王の死後，ディアドコイ(後継者)戦争が起こり，西アジアは[62]＿＿＿＿＿朝(前312～前64)が支配*17

2. [63]＿＿＿＿＿**(アルサケス朝，前248頃～後224)***18

❶ カスピ海東南の遊牧イラン人の族長アルサケスが建国

❷ 前２世紀のミトラダテス１世のとき全盛

❸ 漢，インドのクシャーナ朝と交易するなど東西貿易の要衝を支配*19

❹ セレウコス朝滅亡後はメソポタミアをめぐってローマと抗争*20

ササン朝(224～651) ⇨都：[64]＿＿＿＿＿

1. 発展

❶ [65]＿＿＿＿＿＿がパルティアを滅ぼして建国(224)
↳(３世紀)

❷ [66]＿＿＿＿＿＿*21は，ローマを圧倒し，東方ではクシャーナ朝を破って領土を拡大
↳(３世紀)

2. [67]＿＿＿＿＿**(位531～579)と滅亡**

❶ 突厥と結び中央アジアの遊牧民[68]＿＿＿＿＿を討滅

❷ ビザンツ帝国の[69]＿＿＿＿＿＿帝と抗争

❸ 642年[70]＿＿＿＿＿＿の戦いでイスラーム軍に敗れ，651年滅亡

3. 文化

❶ ゾロアスター教が国教とされ，聖典『[71]＿＿＿＿＿』を編纂

❷ ネストリウス派のキリスト教やミトラ教も一時盛行，３世紀に成立した[72]＿＿＿＿＿*22は，弾圧された

❸ 精巧な銀器・ガラス器・織物など，ササン朝美術が発達

*17 セレウコス朝から前３世紀中頃アム川流域にギリシア系のバクトリアが独立した。

*18 パルティアの中国名は安息(あんそく)。後漢の西域都護・班超(はんちょう)の部下甘英(かんえい)は，安息を経て条支国(シリア)に至ったと『後漢書』西域伝にある。

*19 パルティアでは前半はヘレニズム文化が主流であったが，後半は首都クテシフォンを中心にイラン文化が主流化した。

*20 第１回三頭政治に参加したローマのクラッススは，前53年カルラエの戦いでパルティアに敗れて戦死した。

*21 シャープール１世は，260年エデッサの戦いでローマの軍人皇帝ウァレリアヌスを捕らえた。

*22 キリスト教の教父アウグスティヌスも青年期にマニ教の影響を受けた。

日本のササン朝美術

①獅子狩文錦(ししかりもんきん)(法隆寺)

②漆胡瓶(しっこへい)・白瑠璃碗(はくるりのわん)(正倉院)

記述論述 Q ササン朝を繁栄に導いた第２代の君主の名を答え，その軍事的・政治的成果を説明しなさい。 (北海道大)

 出題大学…[61]：佛教大，法政大，関西学院大／[65]：関西大，福岡大，東洋大

実戦演習

❶ 次の文中の□に最も適当な語を語群から選び，また下線部に関する問いに答えなさい。 関西学院大－商・人間福祉・文・法〈改題〉

解答：別冊p.30 ▶

ゾロアスター教は，数千年前の中央アジアに生きたと考えられているゾロアスターを開祖とする宗教である。善悪二元論にもとづく世界観をもつゾロアスター教は，中央アジアからイラン高原で広く信奉された。古代オリエント世界に大帝国を築いた①アケメネス朝の②ダレイオス１世も善神 イ への信仰を碑文に表明している。彼が建設したペルセポリスには善神のシンボルと考えられている有翼円盤の浮き彫りが彫られている。有翼円盤のルーツとされる有翼日輪の意匠は③エジプトの古王国時代にすでにみられ，これは太陽神ラーや太陽神の息子で王権の象徴ホルス神をあらわすものであった。有翼日輪の意匠は④中王国時代にエジプトの勢力が拡大する過程で周辺地域に伝播し，⑤ヒッタイトや⑥アッシリアで取り入れられ，さらにペルシアに伝わったのである。

アケメネス朝の滅亡とともにペルセポリスは廃墟となった。ゾロアスター教も壊滅的な打撃を受けたが，徐々に復興し，あらたに統一王朝を築いたササン朝時代には国教的な地位を確立し， ロ が編纂された。

[語群]

イ．a．アトン　b．アーリマン　c．ブラフマン　d．アフラ＝マズダ

ロ．a．『リグ＝ヴェーダ』　b．『アヴェスター』
　c．『ラーマーヤナ』　d．『マハーバーラタ』

[問い]

① アケメネス朝に関する記述として，誤りを含むものはどれか。
　a．ペルシア人が建てた王朝である。
　b．キュロス２世のときにメディアから独立した。
　c．バビロンに強制移住させられていたユダヤ人を解放した。
　d．政治の中心地はクテシフォンであった。

② ダレイオス１世に関する記述として，誤りを含むものはどれか。
　a．領土を約20の州に分け，各州にサトラップと呼ばれる知事を任命した。
　b．エジプトを征服した。
　c．要地を結ぶ「王の道」をつくり，交通網を整備した。
　d．金貨・銀貨を発行した。

③ エジプトに関する記述として，誤りを含むものはどれか。
　a．上エジプトが下エジプトを併合して，エジプトを統一した。
　b．太陰暦が考案され，ユリウス暦に受け継がれた。
　c．碑文などの表記にヒエログリフが採用された。
　d．ファラオが君臨する神権政治が行われた。

④ 中王国に関する記述として，誤りを含むものはどれか。
　a．ナイル川中流域のテーベを都とした。　b．紅海沿岸に進出した。
　c．クフ王がピラミッドを建設したとされる。　d．末期にヒクソスの侵入を受けた。

⑤ ヒッタイトに関する記述として，誤りを含むものはどれか。
　a．北メソポタミアに建国した。　b．鉄製の武器を用いた。
　c．バビロン第１王朝を滅ぼした。　d．シリアでラメス２世と戦った。

⑥ アッシリアに関する記述として，誤りを含むものはどれか。
　a．主に小アジアとの中継交易によって繁栄した。　b．一時期，ミタンニに服属した。
　c．オリエント全土の諸民族を服属させた。　d．サルデスに都を移した。

❶ ヒント

①d－「クテシフォン」はササン朝の首都。アケメネス朝の行政上の中心はスサに置かれた。

②b－エジプトは，前525年アケメネス朝のカンビュセス２世に征服された。

④c－「クフ王」は古王国時代のファラオ。

⑤a－ヒッタイトはアナトリア（小アジア）に建国し，この地の製鉄技術を発展させた。

⑥d－アッシリアはニネヴェを首都とした。サルデスは小アジア西部の都市で，リディア王国の都として栄え，アケメネス朝時代には「王の道」でスサと結ばれた。

❶ 解答欄

イ	
ロ	
①	
②	
③	
④	
⑤	
⑥	

A シャープール１世は，西方ではローマ帝国軍を破って皇帝ウァレリアヌスを捕虜とし，東方ではクシャーナ朝を破って領土を拡大した。国内では中央集権体制を確立した。

02 インド・東南アジアの文明

解答：別冊p.8

ココが出る！

［入試全般］

仏教やヒンドゥー教の特色，諸王朝と宗教の関わりが焦点。

［国公立二次・難関私大］

インダス文明は代表的遺跡と文明の特色が出題の焦点。ヴァルナの内容や仏教·ジャイナ教の成立の背景が頻出分野。アショーカ王·カニシカ王·チャンドラグプタ2世の事績に注意。

大学入試 最頻出ワード

■ヒンドゥー教
■大乗仏教　■上座部仏教
■法顕　■ヴェーダ
■ナーランダー僧院
■玄奘　■義浄

前26C

インダス文明
- モエンジョ＝ダーロ、ハラッパーの都市文明
- 青銅器の使用、インダス文字（未解読）

アーリヤ人の進入

前15C　ヴェーダ時代
- 『リグ＝ヴェーダ』の成立
- ①［　　　］による階層身分制
- バラモン教の成立 → ②［　　　］…ガウタマ＝シッダールタ / ジャイナ教…ヴァルダマーナ

都市国家の成立　**マガダ国**

アレクサンドロス大王の侵入

前4C

前317頃 **マウリヤ朝**（都：パータリプトラ）

③［　　　］**王**
- インド大半を統一 → ダルマ（法）による統治
- 仏教の保護 → スリランカ布教

前1C　後1C

1C ④［　　　］**朝**

カニシカ王 全盛期（都：プルシャプラ）
- 大乗仏教
- ⑤［　　　］美術 ⇒ 西域・中国へ

前1C **サータヴァーハナ朝**（都：プラティシュターナ）
- ドラヴィダ人 → デカン高原を支配
- 季節風貿易

4C

320頃 ⑥［　　　］**朝**（都：パータリプトラ）

チャンドラグプタ2世 全盛期
- ⑦［　　　］教の発展
- サンスクリット文学の隆盛
- 『マヌ法典』
- グプタ美術…アジャンター石窟寺院

エフタルの侵入

7C

606 **ヴァルダナ朝**（都：カナウジ）

ハルシャ王
- 唐の玄奘が渡来

分 裂 時 代 へ

空欄解答 ①ヴァルナ ②仏教 ③アショーカ ④クシャーナ ⑤ガンダーラ ⑥グプタ ⑦ヒンドゥー

大乗と呼ばれる新しい仏教がどのようなものか，80字以内で説明しなさい。（中央大）

1 インダス文明とアーリヤ人

インダス文明はモエンジョ=ダーロとハラッパー遺跡に代表される青銅器文明

インダス文明(前2600頃〜前1800頃) *1

1. 代表的遺跡 シンド地方のモエンジョ=ダーロ，パンジャーブ地方の①＿＿＿＿＿，グジャラートのロータルやドーラヴィーラーなど

2. 特色

❶ 整然とした都市計画(焼成煉瓦造りの家屋，給排水設備，倉庫や沐浴場)。神殿・王墓なし

❷ 青銅器・印章・彩文土器の使用。メソポタミアと交流

❸ ②＿＿＿＿＿文字は未解読

❹ 農耕・牧畜を営み，地母神を崇拝し，牛を神聖視した

3. 民族 ドラヴィダ系先住民が担ったと考えられる

アーリヤ人 ⇨インド=ヨーロッパ語系

1. 進入 前1500年頃，イラン東部からカイバル峠を経て③＿＿＿＿＿地方に進入，馬と戦車で先住民を征服して牧畜と農耕を営んだ。自然神を崇拝，神々への賛歌集『リグ=ヴェーダ』の成立

2. 拡大 前1000年頃，④＿＿＿＿＿川流域に進出拡大。この頃に⑤＿＿＿＿＿が普及，前6世紀頃から都市国家が成立

3. ⑥＿＿＿＿＿(種姓) アーリヤ人が征服・定住の間に形成した身分制度で，のち「出生」を意味する「ジャーティ(カースト)」と結合

- ⑦＿＿＿＿＿(司祭…宗教儀式を司る)
- ⑧＿＿＿＿＿(王侯・武士…政治・軍事を司る)
- ⑨＿＿＿＿＿(庶民…農・工・商・牧畜民)
- ⑩＿＿＿＿＿(隷属民…先住の被征服民)

〔特徴〕異種姓間の通婚・会食の禁止，職業・身分の世襲

4. ⑪＿＿＿＿＿の成立 バラモンが祭祀を独占。根本聖典は『⑫＿＿＿＿＿』*2で，多神教，また寺院は建造しない

社会の変革

1. クシャトリヤ・ヴァイシャの台頭 政治統合と商工業の発達が背景

2. ⑬＿＿＿＿＿哲学 バラモン教の祭式万能主義に対する反省として誕生 →宇宙の本体ブラフマン(梵)と人間の本体アートマン(我)の一致(梵我一如)による輪廻からの解脱を説く

＊1 インダス文明の滅亡

滅亡の原因については，①インダス川の洪水・河川流路の変更，②気候の乾燥化，③塩害による農業生産の減退，④アーリヤ人の進入による人為的な自然破壊説，など諸説ある。

アーリヤ人の初期社会

①政治…各部族はラージャン(首長)の統率。重要事項は部族の成年男子の集会で決定
②社会…家父長制家族で男性長子の相続制
③経済…初期は半農・半牧 →鉄器の普及により農耕中心に変化
④宗教…自然現象の神格化(太陽・雷電・風雨など)

＊2 4種のヴェーダ

①リグ=ヴェーダ…最古のヴェーダ
②サーマ=ヴェーダ…祭祀・詠歌の集録
③ヤジュル=ヴェーダ…祭祀で唱える詞の集録
④アタルヴァ=ヴェーダ…呪文の集録

A 従来の仏教が，出家者が厳しい修行を行って自己のみの救済を求めたのに対して，大乗仏教では出家しないまま，菩薩信仰に基づいて人々の救済を重視した。(71字)

仏教・ジャイナ教の成立 *3

1. 仏教

❶ 開祖はガウタマ＝シッダールタ(釈迦牟尼，ブッダ)

❷ 無常観に立脚，八正道の実践
➡悟りに至る八つの実践徳目

❸ 主に⑭＿＿＿＿層の支持

2. ジャイナ教

❶ 開祖は⑮＿＿＿＿(マハーヴィーラ)

❷ 禁欲・苦行と不殺生を説く

❸ ⑯＿＿＿＿，特に商人層の支持を得た

＊3 仏教とジャイナ教の比較

①創始者…ともにクシャトリヤ出身
②特徴…ともにバラモン教を批判し，カースト制を否定
③推移…仏教はインドでは衰退したが，ジャイナ教は主に現在でも商人に信徒が多い

2 北インドの統一王朝と南インド

マウリヤ朝はアショーカ王，クシャーナ朝はカニシカ王のとき全盛

◆ マウリヤ朝(前3世紀)

統一以前と統一王朝

1. ⑰＿＿＿＿国

❶ シャイシュナーガ朝：ガンジス川中下流域を支配，前5世紀に16大国の一つコーサラ国を滅ぼす

❷ 前4世紀にナンダ朝が成立，⑱＿＿＿＿のインダス川流域侵入で混乱

2. ⑲＿＿＿＿朝(前317頃～前180頃) ⇨都：⑳＿＿＿＿

❶ チャンドラグプタがナンダ朝を倒して建国

❷ 第3代㉑＿＿＿＿：南端を除くインド統一。㉒＿＿＿＿(守るべき人倫・法)に基づく統治 →各地に石柱碑・磨崖碑*4建立。カリンガ征服を機に仏教に帰依。第3回仏典結集(パーリ語使用)，セイロン島(スリランカ)布教，サーンチーにストゥーパ(仏塔)を造営
➡(前3世紀中頃)

❸ アショーカ王没後，財政破綻やバラモンの反発などで衰退 →北インドはシュンガ朝，西北インドはサカ人*5が侵入

*4 石柱碑・磨崖碑文には，カローシュティー文字やブラーフミー文字が使用された。

*5 サカ人は，イラン系遊牧民で，中央アジアのイリ地方からバクトリアを経て西北インドに侵入し，クシャーナ朝下で太守となる。

サータヴァーハナ(アーンドラ)朝(前1～後3世紀)

⇨都：プラティシュターナ

❶ ドラヴィダ系の王朝で，デカン高原を支配

❷ 仏教・バラモン教を保護，北インドの文化が伝播

❸ ローマ帝国(パックス＝ロマーナ期)と㉓＿＿＿＿貿易を展開 →『㉔＿＿＿＿』(ギリシア人の記録)に詳述

大乗仏教と部派仏教

◆大乗仏教
・菩薩信仰による衆生救済の他力本願
・大成者 ①ナーガールジュナ(竜樹)…『中論』を著す ②アサンガ(無著)とヴァスバンドゥ(世親)
・経典はサンスクリット語
・伝播…中央アジア・中国・朝鮮・日本(北伝仏教)

◆部派仏教(小乗仏教)
・出家者個人が解脱をめざし，修行を重視
・経典はパーリ語
・伝播…部派仏教のうち，上座部仏教はセイロン島，さらに東南アジアへ(南伝仏教)

記述 論述 Q ヒンドゥー教の特徴について，次の用語を用いて，50字以内で説明せよ。使用する箇所には下線を引くこと。
バラモン教 シヴァ神 (新潟大)

クシャーナ朝(1～3世紀)

1. 独立 イラン系クシャーン人が，バクトリア地方から西北インドに進出して建国

2. ㉕＿＿＿＿＿王(位130頃～170頃)

❶ ガンジス川中流域から中央アジアを領有
→シルク＝ロードの中継や季節風による海洋交易で繁栄 →ローマの金貨も流入

❷ 仏教を保護，第4回仏典結集(サンスクリット語使用)

❸ 首都を㉖＿＿＿＿＿(現ペシャーワル)とする

❹ 王の没後，ササン朝の圧迫で衰退

3. 文化 ㉗＿＿＿＿仏教と㉘＿＿＿＿＿美術(ギリシア風仏教美術)の発達

◆ クシャーナ朝・サータヴァーハナ朝(2世紀)

グプタ朝(320頃～550頃) ⇨都：㉙＿＿＿＿＿

1. 建国 チャンドラグプタ1世がマガダ地方に創建

2. 第3代㉚＿＿＿＿＿＿(位376頃～414頃)

❶ 東晋の僧㉛＿＿＿＿の来訪(旅行記『仏国記(ぶっこくき)』)

❷ 詩人㉜＿＿＿＿＿：戯曲『シャクンタラー』，叙情詩『メーガドゥータ』を著す

◆ グプタ朝(5世紀)

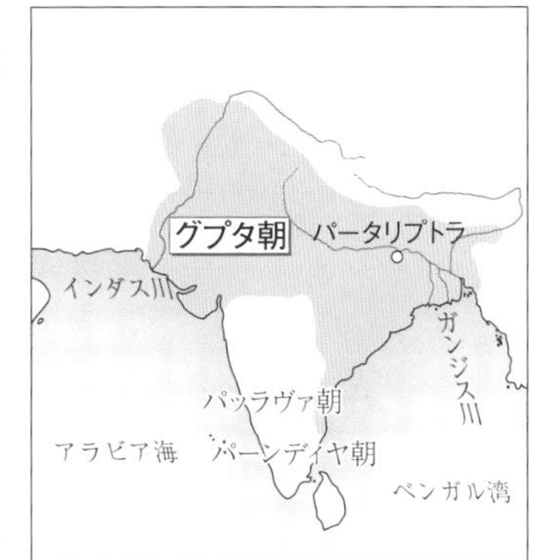

3. インド古典文化の隆盛

❶ ㉝＿＿＿＿＿文学：二大叙事詩『マハーバーラタ』・『㉞＿＿＿＿＿』の完成

❷ ㉟＿＿＿＿＿*6の普及：㊱＿＿＿＿・ヴィシュヌ・ブラフマーが三大神の多神教*7

❸ 『㊲＿＿＿＿＿』：ヒンドゥー教徒の生活規範の完成

❹ グプタ美術：純インド風の仏教美術
→アジャンター石窟寺院やエローラ石窟寺院

❺ ㊳＿＿＿＿＿僧院：仏教教学の研究の中心で，7世紀に唐僧の㊴＿＿＿＿(旅行記『大唐西域記(だいとうさいいきき)』)や義浄(ぎじょう)(旅行記『㊵＿＿＿＿＿』)らが留学・研修

4. 自然科学の発達 天文学・数学・医学・薬学が発達。特に㊶＿＿＿＿の概念は，のちに天文学・医学とともにアラビアに伝播

5. ㊷＿＿＿＿＿*8**の侵入** グプタ朝は衰退・分裂

＊6 ヒンドゥー教の特徴
①バラモン教の教義を基礎として仏教や民間信仰・習俗を取り込んで発展した多神教
②開祖や統一的教義，特定の聖典はない

＊7 6世紀半ばからシヴァ神・ヴィシュヌ神への絶対的帰依をささげるバクティ運動が起こり，仏教がインドで衰退する一因ともなった。

＊8 アム川上流域の騎馬遊牧民(イラン系が有力)で，5世紀半ばからササン朝を圧迫し，西北インドを支配。6世紀半ばにササン朝と突厥に挟撃されて滅亡した。

A バラモン教に民間の信仰や慣習が結合して徐々に形成され，シヴァ神やヴィシュヌ神などを信仰する多神教。(49字)

ヴァルダナ朝(606～647) ⇨都：カナウジ(曲女城)

❶ハルシャ王が7世紀前半に北インド統一

❷仏教・ヒンドゥー教の保護

❸唐僧の玄奘(げんじょう)が訪印(旅行記『㊸＿＿＿＿＿＿』)

❹王の死後，ヒンドゥー系諸勢力(ラージプート)の分立が続いた

◆ ヴァルダナ朝(7世紀)

南インド・デカン地方

1. パーンディヤ朝(前3世紀頃～14世紀)

❶ドラヴィダ系でインド最南端を支配

❷独自のタミル文化*9

❸14世紀初めにイスラーム軍(ハルジー朝)の侵入により滅亡

2. ㊹＿＿＿＿朝(前3世紀頃～4世紀頃，9～13世紀)

❶ドラヴィダ系タミル人

❷南インド東部を支配，インド洋交易で繁栄。北宋に使節派遣

❸11世紀，スマトラ島の㊺＿＿＿＿＿＿に遠征

❹1279年頃，パーンディヤ朝により滅亡

*9 ドラヴィダ系のタミル人は，主として南インドの東部一帯に居住し，タミル語を使用。宗教は主にヒンドゥー教。タミル語はドラヴィダ語族の中で最も古い歴史を持つ言語で，数多くの優れた文学作品を残している。

＊インドのイスラーム化▶p.076

3 インド文明の波及

インド洋交易を背景に，ヒンドゥー教や仏教などが東南アジアに受容された

＊ベトナム史▶p.248
＊東南アジア史▶p.254

港市国家の成立と発展

1. ㊻＿＿＿＿ 1世紀末に成立し，メコン川下流域を支配*10

2. チャンパー(林邑(りんゆう)) 2世紀末にベトナム中部にチャム人が建国

3. ㊼＿＿＿＿＿＿(7～8世紀) スマトラ島東南部のパレンバンを中心にマラッカ海峡を支配して繁栄。大乗仏教が栄える*11

4. ㊽＿＿＿＿**朝**(8～9世紀) マレー人がジャワ中部に建国。大乗仏教寺院の㊾＿＿＿＿＿＿を建設

港市国家とは？

海岸や河川沿いの港市を中心に成立した国家で，中継貿易や内陸の物産の輸出によって栄えた。

*10 扶南の港オケオは中継貿易で繁栄し，ローマの金貨や漢の銅鏡などが出土している。

*11 7世紀に唐の義浄がインドからの帰途滞在し，旅行記『南海寄帰内法伝』を著した。

内陸国家の発展

1. カンボジア(真臘(しんろう))(6～15世紀) クメール人がメコン川中流域に建国。7世紀半ばに扶南(ふなん)を併合。ヒンドゥー教を受容し，12世紀前半には㊿＿＿＿＿＿＿＿を建設

2. モン人とピュー人 モン人は7世紀頃チャオプラヤ川下流域にドヴァーラヴァティー王国を，ピュー人は8世紀にエーヤワディー(イラワディ)川流域にピュー国を建て，ともにインド商人を通じて(51)＿＿＿＿仏教を受容

記述論述 Q 6世紀半ばからインドの仏教が，衰退に向かったのはなぜですか。 (津田塾大)

実戦演習

❶ 次の文を読み，設問に答えなさい。

津田塾大－学芸〈国際関係〉〈改題〉

解答：別冊p.30 ▶

古代インド洋は，[1]風を利用した東西交易の要衝だった。夏に南西から，冬に北東から吹く[1]風を利用した交易は紀元前後にはじまっており，紀元1～2世紀にギリシア人航海者が著したとされる[2]は，この[1]風をヒッパロスの風と呼んだ。1世紀頃には，ヒッパロスの風を利用したアラビア半島と(A)インド半島西岸との直航ルートが確立し，紅海を経由して地中海世界とインド洋世界が結ばれた。

インドと東方の中国を結ぶ航路も紀元前後よりひらけていた。[3]が著した『漢書』地理志には，(B)東南アジアを経由してインドに至る航路が記されている。インド洋交易の活性化は南インドの諸王国の発展を支えた。デカン高原に成立した[4]朝は，2世紀末までに南インドの東西両海岸を支配下におさめてインド洋交易に参入した。また，インド半島南端部では，[5]朝やパーンディヤ朝が海上交易を基盤として長く栄えた。

ローマ帝国の衰退後，インド洋交易における中国や東南アジアの重要性が高まっていった。4世紀にはベンガル湾や南シナ海でも[1]風を利用した航路が確立し，その要衝に[6]国家が建設された。スリランカ，メコン川下流域の[7]，ベトナム中部沿岸の林邑などが，中継交易と熱帯産物の輸出で繁栄した。東南アジア最古の国家ともされる[7]の建国神話は，インドから来航したバラモンと土地の女性との結婚をモチーフとしている。

4世紀に興ったグプタ朝が北インドの大部分を統一すると，インド古典文化は成熟期をむかえた。インド古典文化は，南インドとの海上交易をつうじて東南アジア各地にもつたえられ，やがて，基層文化と融合した独自の様式がうみだされた。その代表が[8]朝下のカンボジアで12世紀に造営された宗教建築である。

問1． 空欄[1]～[8]に最も適当と思われる語を答えなさい。

問2． 下線部(A)について，インド原産でローマ時代の地中海世界に大量に輸出された香辛料の名称を答えなさい。

問3． 下線部(B)について，陸路でインドを訪れたのち，マラッカ海峡を経由する航路で中国に帰国した東晋の僧侶の名を答えなさい。

❶ ヒント

問1． 6－海上交易の中継港や内陸物産の積み出し港に成立した都市国家の名称。8－問題文の「12世紀に造営された宗教建築」は，スールヤヴァルマン2世によって建築されたヒンドゥー教寺院の「アンコール＝ワット」である(のちに仏教寺院となる)。

❶ 解答欄

問1	1	
	2	
	3	
	4	
	5	
	6	
	7	
	8	
問2		
問3		

❷ 次の文中の[　]（a～f）に，最も適当な語を記入せよ。

西南学院大

インド西北部は，アケメネス朝やアレクサンドロス大王などによって侵入を受けていたが，このことはインドの政治的統一を刺激した。そして紀元前317年ごろ，マガダ国の武将[a]はナンダ朝を滅ぼしてマウリヤ朝を開いた。彼は北部のギリシア勢力を斥け，南部はデカン高原まで支配地域を拡大し，インド史上最初の大帝国を形成した。第3代アショーカ王の時代に王朝は最盛期を迎え，その領域は南端部を除いて南アジア全域におよんだが，王の死後はバラモンなど非仏教勢力の反発もあって衰退した。その後，西北インドにはギリシア系のバクトリアや[b]系のサカ族など様々な民族が侵入し，その中のクシャーナ族が王朝を開いた。クシャーナ朝は，中央アジアから西北インドにおよぶ広大な領域を支配し，首都[c]を拠点に東西交易をおさえたカニシカ王の時代に全盛期を迎えたが，ササン朝ペルシアとの抗争などによって衰亡した。4世紀になると，ガンジス川中流域に[d]朝が興り，第3代の王の時代に全盛期を迎えた。この王朝時代では，地方勢力に統治権を認める分権的な体制がとられ，また[e]語が公用語とされ，インド固有の宗教としてヒンドゥー教が社会に定着した。[d]朝がエフタルの侵入などを受けて衰退すると，北インドでは小王国が割拠したが，7世紀前半に[f]王が統一して王朝を興した。

❷ 解答欄

a	
b	
c	
d	
e	
f	

A 経済活動の不振によって商人が没落してその支援を失い，またヒンドゥー教のシヴァ神やヴィシュヌ神への絶対的帰依を説くバクティ運動が盛んになったため。

解答：別冊p.9 ▶

03 中国諸王朝の変遷①(殷・周～魏晋南北朝)

ココが出る！

［入試全般］

春秋・戦国と南北朝の混乱期の文化と諸制度関連の出題に注意。

［国公立二次・難関私大］

殷・周時代は，政治的特徴と青銅器文化が出題の対象。春秋・戦国時代は，鉄器の発達と牛耕の普及，青銅貨幣に注目しよう。秦の始皇帝と漢の武帝の事績，魏晋南北朝は政治的変遷と諸制度の内容，文化史が中心。

大学入試 最頻出ワード

- 魏 ■洛陽
- 張騫 ■九品中正
- 董仲舒 ■郡県制
- 寇謙之 ■楽浪郡
- 陳勝・呉広の乱

黄河文明
- 彩陶文化…仰韶遺跡
- 黒陶文化…竜山鎮(城子崖)遺跡⇨邑の成立

前16C 殷（商）
- 邑の国家連合
- 殷墟（河南省安陽市）
- ① [　　] 文字の使用

前11C 周（西周）(都：鎬京)
- ② [　　] の実施

異民族の侵入 ⇨ **前770 東周**（都：洛邑）

前8C 春秋・戦国時代

「春秋の五覇」
「戦国の七雄」
- ③ [　　] 農具の発達
- 青銅貨幣の使用
- 諸子百家の活躍

前3C

前221 秦の統一（都：咸陽）
④ [　　]
- 郡県制の実施
- 文字・貨幣の統一
- 焚書・坑儒
- 匈奴討伐 ⇨ ⑤ [　　] の修築

陳勝・呉広の乱(前209～前208年)

前202 前漢（都：長安）

高祖（劉邦）
- 郡国制の採用

⑥ [　　]
- 儒学の官学化
- 専売制の実施
- ⑦ [　　] を大月氏に派遣
- 匈奴討伐 ⇨ 西域の確保

後1C

8 新（都：長安）
- ⑧ [　　] の復古的政治

赤眉の乱(18～27年)

25 後漢（都：洛陽）
- 劉秀（光武帝）による漢復興
- ⑨ [　　] の西域経営

⑩ [　　] **の乱**（184年）
- 太平道の張角

3C

三国時代
- **220 魏**（都：洛陽）
- **221 蜀**（都：成都）
- **222 呉**（都：建業）

魏晋南北朝時代

265 晋（西晋）(都：洛陽)
- 司馬炎（武帝）による天下統一

五胡十六国時代
- 五胡の侵入 ⇨ **八王の乱**(290～306年)
- 五胡十六国 ⇔ **317 東晋**（都：建康）

南北朝時代
- **北朝**
  - ⑪ [　　] の太武帝が華北を統一
  - 孝文帝による均田制の実施
- **南朝**（宋⇨斉⇨梁⇨陳）
  - 貴族文化の発達

6C

空欄解答 ①甲骨 ②封建制 ③鉄製 ④始皇帝 ⑤万里の長城 ⑥武帝 ⑦張騫 ⑧王莽 ⑨班超 ⑩黄巾 ⑪北魏

記述論述 Q 「封建」による支配と「郡県」による支配の相違について記しなさい。（名古屋大）

1 中華文明と殷・周王朝 周の封建制は，血縁関係に基づく君臣関係

仰韶文化と竜山文化

1. 仰韶文化(彩陶文化) 前5000年頃から，黄河中流域に発展

2. 竜山文化(黒陶文化) 前2900～前2000年頃に出現し，黄河下流域を中心に発展。黒陶や三足土器の灰陶(かいとう)が特色。城壁で囲まれた集落(邑(ゆう))も形成された

▶長江下流域の浙江(せっこう)省の河姆渡(かぼと)遺跡から，稲籾(もみ)や骨製の鋤(すき)が出土し，前5000年頃から稲作が行われ，新石器文化が展開(長江文明)。

殷(商，前16世紀頃～前11世紀頃) *1

1. 政治 大邑の商が中心の連合国家。祭政一致の神権政治

2. 文化 殷後半の遺跡の①______(河南省安陽市)から王墓や精巧な青銅器(祭具・武具)，②______ *2を記した獣骨が出土

周(前11世紀頃～前256)

1. 西周の政治

❶ 渭水(いすい)盆地に興起，武王が殷を倒し③______を都とした

❷ ④______：周王は一族・功臣や有力氏族の首長に封土と人民を与えて世襲の諸侯とし，軍事・貢納の義務を負わせた*3。王・諸侯は⑤______を世襲家臣とし，一定の土地(采邑)を与えた*4

2. 東周(前770～前256) 宗族関係は時代とともに薄れ，内乱や西方遊牧民の⑥______の侵入で，周は鎬京から⑦______(今の洛陽)に遷都(前770)。これ以前を西周，以後を東周という *5

春秋・戦国時代

1. 春秋時代(前770～前403) 有力諸侯は，「⑧______」を唱えて諸国間に会盟をつくり⑨______となる *6

2. 戦国時代(前403～前221)

❶ 晋の分裂(前403)後，実力のある諸侯は王を名乗り抗争

❷ 燕・斉・楚・秦・韓・魏・趙を，⑩______という

3. 社会・経済

❶ 春秋時代末から鉄製農具と鉄製の犂(すき)による⑪______農法が普及し，青銅貨幣*7が流通して大商人も出現した

❷ 旧秩序の崩壊と諸侯の富国強兵策を背景に⑫______が活躍

*1 司馬遷は『史記』で，禹(う)に始まる夏(か)王朝について記しているが，現在確認される最古の王朝は，殷とされる。一方，殷よりも古い青銅器文化の遺跡(河南(かなん)省の二里頭(にりとう)遺跡)を夏王朝の遺跡とする説もある。

*2 殷墟出土の亀甲・獣骨に刻まれた甲骨文字は，王(天子)が神(天帝)の意志を占った内容に関する記録(「卜辞(ぼくじ)」という)で，漢字の原形となった。

*3 封建制は，血縁を同じくするものが，本家の家長を中心に宗族(父系同族集団)を形成し，本家と分家を秩序づける規定である宗法によって支えられていた。

*4 周代には約400m四方の土地を井字形に9等分する井田(せいでん)法が行われたと孟子が伝える。

*5 東周の前半を春秋時代，後半を戦国時代という。
「春秋」の名は孔子の編纂とされる魯国の年代記『春秋』に，「戦国」の名は『戦国策』(前漢の劉向が校定)に由来する。

***6 春秋の五覇**
斉の桓公，晋の文公，楚の荘王の3人と，呉王夫差(ふさ)，越王勾践(こうせん)あるいは宋の襄(じょう)公，秦の穆(ぼく)公をいう。

*7 小刀を模した刀銭は，河北・山東方面(燕・斉など)で，農具を模した布銭は，河南・山西方面(韓・魏・趙など)で，蟻鼻銭(ぎびせん)は楚で流通した。

＊諸子百家▶p.268

A 「封建」は，血縁に基づき一族や功臣に土地と人民を与えて統治をまかせる間接的支配であるのに対して，「郡県」は郡の下に県を置き，それぞれに中央から官僚を派遣する直接的な支配。

2 秦・漢帝国 秦は郡県制，漢は郡国制で地方統治

秦(前221～前206) ⇨都：⑬＿＿＿＿

1. ⑭＿＿＿＿(位前221～前210)

❶ 秦王の政が他の6国を滅ぼし統一(前221) →「始皇帝」と称す

❷ ⑮＿＿＿＿：全土を直轄地として36郡(のち48郡)に分け，郡の下に県を置き，郡県に中央から官僚を派遣して統治

2. 統一事業

❶ 貨幣(⑯＿＿＿＿)・文字(小篆(しょうてん))・度量衡・車幅を統一

❷ ⑰＿＿＿＿：丞相⑱＿＿＿＿(法家)の建議で思想統制(農業・医薬・卜筮(ぼくぜい)関係の書を除いて焼き払い，儒者を穴埋めした)

❸ 民間兵器を没収，富豪を首都へ強制移住，馳道(ちどう)(幹線道路)の建設

3. 外征

❶ 北方：将軍蒙恬(もうてん)を派遣して⑲＿＿＿＿を討伐 ➡万里の長城修築

❷ 南方：華南に進出 ➡南海郡(今の広州)など3郡設置

4. 秦の滅亡

❶ 性急な改革の実施は旧勢力の反発を招いた

❷ 大土木工事(阿房宮(あぼうきゅう)・驪山陵(りざんりょう)・万里の長城など)による農民の疲弊
➡始皇帝没後⑳＿＿＿＿の乱(前209～前208)*8が起こる

❸ 農民出身の劉邦や楚の武将の項羽も挙兵し，秦は滅亡(前206)

前漢(前202～後8) ⇨都：㉑＿＿＿＿

1. ㉒＿＿＿＿*9(**高祖，位前202～前195**)

❶ 楚の項羽を垓下(がいか)の戦いで破って建国

❷ ㉓＿＿＿＿の実施：封建制(地方)と郡県制(首都周辺)の併用

2. 中央集権化 景帝は㉔＿＿＿＿の乱(前154)を鎮定 ➡郡県制化

武帝(位前141～前87)

1. 内政

❶ 官吏任用：㉕＿＿＿＿(地方長官に郷里の有徳者を推薦させる)

❷ 儒学の官学化：㉖＿＿＿＿の献策，五経博士の設置

2. 外交・外征

❶ 匈奴挟撃を策して㉗＿＿＿＿を中央アジア西南部の大月氏に派遣
→同盟に失敗したが西域*10の事情判明

統一前の秦

孝公(前4世紀)が商鞅(しょうおう)(法家)登用
⇨商鞅の変法…①郡県制 ②什伍(じゅうご)の制(隣保組織) ③開墾奨励と勧農政策 ④軍功による爵位

◆ 秦の官僚制度

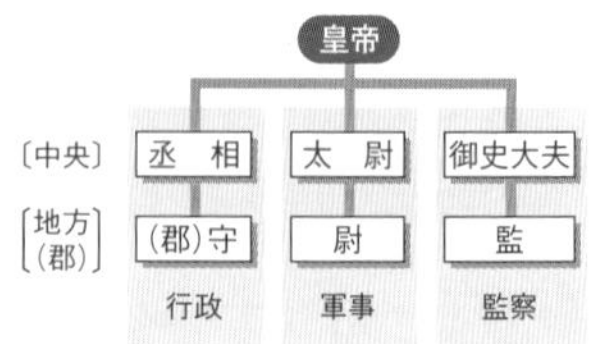

*8 陳勝の言葉とされる「王侯将相いずくんぞ種(家柄)あらんや」は，個人の実力を第一とする風潮を表している。

*9 高祖(劉邦)は，匈奴の冒頓単于に白登山の戦い(前200)で敗北し，以後，対外消極策をとった。

*10 狭義では東トルキスタンのタリム盆地をさす。

記述論述 Q

漢の武帝が，匈奴をはじめとする対外戦争の費用をまかなうために行った経済政策について，50字以内で説明しなさい。 (日本女子大)

❷ 匈奴を討伐 →㉘＿＿＿＿＿＿ など河西4郡*11を設置，西域諸国を服属させた
↳西域への門戸

❸ 将軍李広利(りこうり)，シル川上流の大宛(フェルガナ)遠征 →汗血馬の獲得

❹ 衛氏朝鮮を滅ぼし，㉙＿＿＿＿＿＿・玄菟(げんと)・真番(しんばん)・臨屯(りんとん)の朝鮮4郡を設置(前108)

❺ 南越国*12を滅ぼし，華南からベトナム北部に南海・交趾(こうし)・日南など9郡設置(前111)

*11 武帝は前2世紀に，内モンゴルと南山山脈に狭まれた河西回廊に武威・張掖・酒泉・敦煌の4つの郡を設置した。前60年には西域都護府を置いて西域を支配した。

*12 南越は，秦末の混乱の際，趙佗(ちょうだ)が広東を根拠地に建てた国(前203〜前111)。

3. 経済政策

❶ 桑弘羊(そうこうよう)の献策で㉚＿＿＿＿＿＿の専売を実施し，五銖銭(ごしゅせん)を鋳造

❷ ㉛＿＿＿＿＿＿(各郡に均輸官を置いて特産物を徴発し，その不足地に転売)・㉜＿＿＿＿＿＿(政府が物資を貯蔵し，物価高騰時に放出)

前漢末の混乱

①豪族の大土地所有が進展して農民が没落し，前7年発布の限田策も反対が多く未施行に終わった
②中央政界は，外戚・宦官の横暴で混乱した

新(8〜23) ⇨都：長安

1. 外戚(がいせき)㉝＿＿＿＿＿＿の帝位簒奪(さんだつ)*13(後8) 「周礼(しゅらい)」に基づく復古的政治
↳皇后の親族　↳儒教の経典のひとつ

2. ㉞＿＿＿＿＿＿の乱(18〜27)や豪族の挙兵により，23年，新は滅亡

*13 王莽は讖緯(しんい)思想(古代中国の予言思想)を利用した。

後漢(25〜220) ⇨都：㉟＿＿＿＿＿＿

1. ㊱＿＿＿＿＿＿**(光武帝，位25〜57)***14 豪族の支持を得て，25年漢を復興し，赤眉の乱を平定(27)，前漢の諸制度を復活させた

2. 全盛期(1世紀後半〜2世紀初め) 西域都護㊲＿＿＿＿＿＿は西域のオアシス都市国家を服属させ，部下㊳＿＿＿＿＿＿を大秦国に派遣

▶166年大秦王㊴＿＿＿＿＿＿(ローマ皇帝マルクス＝アウレリウス＝アントニヌス)の使者と称する者が日南郡に到着，入貢した。

3. 衰退

❶ ㊵＿＿＿＿＿＿(166，169)：外戚や宦官の専横に反対した儒学派官僚が宦官に弾圧された

❷ ㊶＿＿＿＿＿＿(184)：太平道の教祖㊷＿＿＿＿＿＿の率いる農民反乱

❸ 曹操の子の曹丕が220年後漢を滅ぼす

*14『後漢書』東夷伝に，57年に倭の奴国が朝貢し，光武帝から印綬を賜ったと記述されている。1784年に福岡県志賀島で発見された金印には「漢委奴国王(かんのわのなのこくおう)」と刻まれており，この記述を裏付けるものだと考えられている。

匈奴の分裂

匈奴は，冒頓単于(ぼくとつぜんう)(位前209頃〜前174)の時代に全盛となったが，前54年頃東西に，さらに後48年南北に分裂。南匈奴は後漢に服し，北匈奴は後漢に敗れて西走した。

漢代の社会

豪族が大土地所有を進め，没落農民を奴隷や小作人とし，牛耕を利用。また豪族は郷挙里選によって官界に進出した。

3 魏晋南北朝時代 三分(三国時代) → 統一(西晋) → 二分(南北朝)

三国時代と晋

1. 三国時代(220〜280)

❶ ㊸＿＿＿＿＿＿(220〜265)：曹操の子の㊹＿＿＿＿＿＿(文帝)*15が，後漢を滅ぼして建国。263年に蜀を滅ぼした ⇨都：洛陽

*15『魏志倭人伝』には，239年に邪馬台国の女王卑弥呼が魏に使者を送って朝貢し，「親魏倭王(しんぎわおう)」の称号と金印・銅鏡を賜ったと記述されている。

A 塩・鉄・酒の専売や物資の流通と物価の安定をはかる均輸・平準を実施し，商工業者に増税した。(44字)

❷ ㊺＿＿＿＿(221～263)：劉備が建国。諸葛亮が補佐 ⇨都：成都

❸ ㊻＿＿＿＿(222～280)：孫権が建国。江南を支配 ⇨都：建業*16

2. 晋(西晋，265～316) ⇨都：洛陽

❶ ㊼＿＿＿＿(武帝)：265年に魏を滅ぼして建国。280年には呉を滅ぼして天下を統一。占田・課田法を実施

❷ 武帝の死後，王族の八王の乱が起こり，五胡*17が華北に侵入し，五胡と漢人の十六国が乱立する五胡十六国時代(304～439)となった*18

❸ 永嘉の乱(311～316)で西晋が南匈奴に滅ぼされると，王族の司馬睿(しばえい)が，都を㊽＿＿＿＿に移して東晋を建国(317)

*16 建業は，東晋以降「建康」と呼ばれた。現在の南京。

*17 五胡は，匈奴・羯(けつ)・鮮卑・氐(てい)・羌(きょう)の遊牧民をさす。

*18 4世紀後半，氐の前秦が華北を統一したが，淝水(ひすい)の戦い(383)で東晋に敗れた。

南北朝時代

1. 南朝 東晋の後，建康を都に，㊾＿＿＿・㊿＿＿＿・(51)＿＿＿・(52)＿＿＿の4王朝が興亡し，門閥貴族が権勢を誇り，貴族文化が発達した

2. 北朝 北魏の(53)＿＿＿＿が5世紀に華北を統一したが，孝文帝の漢化政策に反発した武人たちの六鎮(りくちん)の乱を機に6世紀半ば東魏・西魏に分裂し，さらに東魏は北斉，西魏は北周に代わった

北魏(386～534) ⇨都：平城→洛陽

1. 建国と華北統一

❶ 鮮卑の拓跋珪(たくばつけい)(道武帝)が建国(386)

❷ 太武帝：439年華北を統一し，(54)＿＿＿＿の新天師道を保護*19

2. (55)＿＿＿＿(位471～499)

❶ 洛陽に遷都(494)し，(56)＿＿＿＿政策を徹底した

❷ 均田制・(57)＿＿＿＿の実施

孝文帝の政策 (1)均田制：男子15歳以上に露田40畝(ぼ)・桑田20畝・麻田10畝，女子にも露田(20畝)・麻田(5畝)を支給。(58)＿＿＿＿・耕牛にも給田した。(2)三長制：郷村を隣(5家)・里(5隣)・党(5里)に組織し，それぞれに長を置いて戸籍の作成や徴税にあたらせた。

*19 新天師道は寇謙之が開いた道教の一派。太武帝は道教を保護する一方，仏教を弾圧(廃仏)したが，その孫の文成帝は仏教を復興し，平城(大同)西郊に雲崗石窟を開いた。また，孝文帝の遷都により，洛陽南方に竜門石窟も開かれた。このことからも北朝では，仏教が国家仏教だったことがうかがえる。

魏晋南北朝時代の諸制度

1. (59)＿＿＿＿ 魏の文帝が創始(220)。州・郡に中央任命の中正官を置き，人材を9等級に評定して中央に推薦させた官吏任用制*20

2. 屯田制 魏で実施。国有地を土地を失った農民に耕作させた制度

3. 占田・課田法 晋の武帝が発布(280)。占田は地位に応じた土地所有制限，課田は農民に官有地を強制的に耕作させ税を徴収(諸説あり)

***20 九品中正の弊害**
「上品に寒門なく，下品に勢族なし」の言葉が示すように，豪族の子弟が上級官職を独占し，門閥貴族を形成した。

記述論述 Q 北魏では，太武帝の保護を受け，その後の中国で広く信仰される宗教が成立した。その宗教の名称とその特徴，およびその確立の過程について説明しなさい。 (東京大)

実戦演習

❶ 下の問い(問1～問11)に答えなさい。

龍谷大－全(文系)〈改題〉

解答：別冊p.30

問1. 殷に関する記述として誤っているものを，一つ選びなさい。
① 長江下流域を中心に繁栄した。 ② 王は多数の邑を統率した。
③ 王による神権政治が行なわれた。
④ 国事行為についての占いの内容を甲骨文字で記録した。

問2. 西周の都として正しいものを，一つ選びなさい。
①建業 ②北京 ③鎬京 ④成都 ⑤咸陽

問3. 春秋・戦国時代に関する記述として誤っているものを，一つ選びなさい。
① 春秋時代の代表的な覇者として，斉の桓公と晋の文公があげられる。
② 晋が韓・魏・趙に分裂した。 ③ 鉄製農具が使われた。
④ 春秋・戦国時代を通じて，諸侯は「尊王攘夷」をとなえて周王の権威を守った。

問4. 諸子百家に関する記述として正しいものを，一つ選びなさい。
① 孟子は性悪説をとなえ，礼の重要性を説いた。
② 墨家は孔子の仁を批判し，兼愛・非攻を説いた。
③ 名家は万物を二分し，天体と人間社会との関連を説いた。
④ 荀子の言行は，後に『論語』としてまとめられた。

問5. 秦の始皇帝に関する記述として誤っているものを，一つ選びなさい。
① 始皇帝につかえた商鞅は秦の強大化に貢献した。
② 北方からの侵入に対する防御のために長城を修築した。
③ 李斯は始皇帝に中央集権策を進言した。 ④ 貨幣を半両銭に統一した。

問6. 前漢の武帝に関する記述として誤っているものを，一つ選びなさい。
① 経済政策として塩・鉄・酒の専売を行なった。 ② 五銖銭を鋳造し流通させた。
③ 南海貿易の拠点として南海郡を置いた。
④ 税収を確保するため占田・課田法を実施した。

問7. 西域に関する記述として誤っているものを，一つ選びなさい。
① 大宛は汗血馬の産地であった。 ② 張騫が大秦(ローマ)に派遣された。
③ 敦煌は西域への門戸として機能した。 ④ 匈奴は西域を一時期支配していた。

問8. 西域を通る交易路が開かれて以降，その路を使用した仏教僧として誤っているものを，一つ選びなさい。
①法顕 ②玄奘 ③義浄 ④鳩摩羅什 ⑤仏図澄

問9. 中国の歴史書に関する記述として正しいものを，一つ選びなさい。
① 『春秋』は春秋時代の各国の年代記である。
② 『漢書』は前漢時代を記述した歴史書である。
③ 『資治通鑑』は皇帝の統治に役立つように紀伝体で記述された。
④ 『史記』は編年体で記された中国初の通史である。

問10. 後漢に関する記述として誤っているものを，一つ選びなさい。
① 都は長安に定められた。 ② 宦官が官僚を弾圧する党錮の禁がおこった。
③ 劉秀は王莽の軍を破り，漢王朝を再建した。 ④ 蔡倫が製紙法を改良した。

問11. 黄巾の乱に関する記述として誤っているものを，一つ選びなさい。
① 反乱は華北一帯に波及した。
② 飢饉があいついだことをきっかけに184年におこった。
③ 五斗米道の指導者であった張角が反乱をおこした。
④ 反乱鎮圧にあたった豪族たちが勢力争いをはじめた。

❶ ヒント

問1. ①－殷後期の遺跡である殷墟は黄河下流域南部の河南省安陽市にある。

問5. ①－法家の商鞅は，秦の孝公に仕えて変法を実施した。

問7. ①－大宛(フェルガナ)は中央アジアのシル川上流域の地名。

問9. ③－『資治通鑑』は宋の司馬光が著した編年体の通史。

問11. ③－五斗米道は2世紀後半に張陵が創始した宗教結社。太平道とともに道教の源流となった。

❶ 解答欄

問1	
問2	
問3	
問4	
問5	
問6	
問7	
問8	
問9	
問10	
問11	

A 寇謙之が，五斗米道など古くからの民間信仰と神仙思想・老荘思想などを取り入れて現世利益の傾向が強い道教を確立し，新天師道という教団を組織した。

解答：別冊p.9 ▶

04 中国諸王朝の変遷②（隋・唐・宋）

ココが出る！

［入試全般］

唐は政治制度と文化が，宋は産業と北方民族との関係が焦点。

［国公立二次・難関私大］

隋・唐の政治は，主な皇帝の事績をおさえること。唐の官制・均田制・府兵制・租調庸制と両税法の内容が頻出事項。唐と周辺諸民族・諸国家の国際関係（冊封体制）も頻出。宋代は，太祖（趙匡胤）の政治と王安石の新法が中心。

大学入試 最頻出ワード

■科挙 ■突厥 ■キタイ（契丹・遼） ■ウイグル ■長安 ■都護府 ■安史の乱 ■両税法 ■靖康の変 ■燕雲十六州 ■西夏

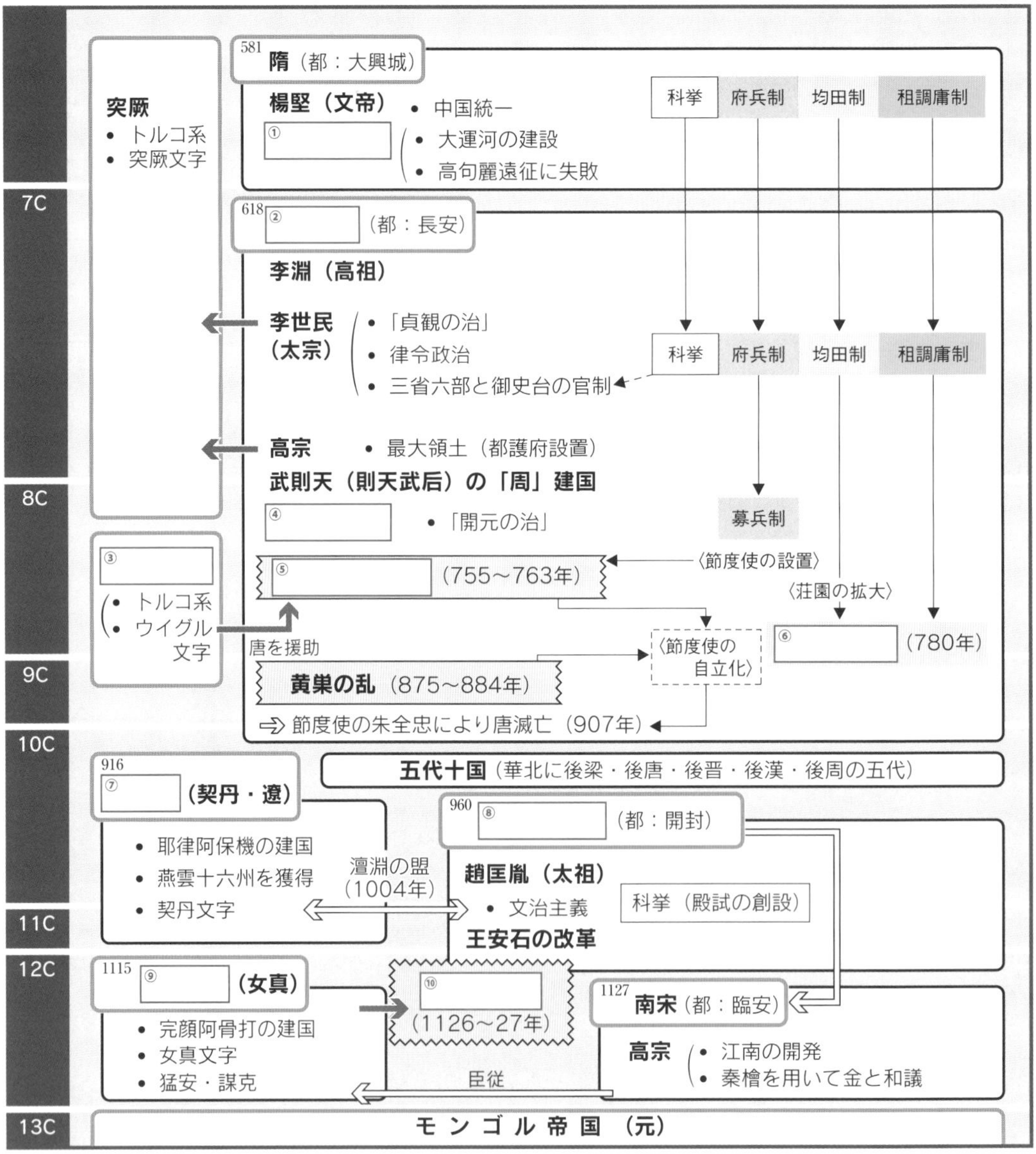

突厥
- トルコ系
- 突厥文字

581 **隋**（都：大興城）

楊堅（文帝） ・中国統一
① [　　　]
- 大運河の建設
- 高句麗遠征に失敗

科挙｜府兵制｜均田制｜租調庸制

7C

618 ② [　　　]（都：長安）

李淵（高祖）

李世民（太宗）
- 「貞観の治」
- 律令政治
- 三省六部と御史台の官制

科挙｜府兵制｜均田制｜租調庸制

高宗 ・最大領土（都護府設置）

武則天（則天武后）の「周」建国

8C

④ [　　　] ・「開元の治」

募兵制

⑤ [　　　]（755〜763年） ←〈節度使の設置〉

③ [　　　]
- トルコ系
- ウイグル文字

唐を援助

〈荘園の拡大〉

⑥ [　　　]（780年）

〈節度使の自立化〉

9C

黄巣の乱（875〜884年）

⇒ 節度使の朱全忠により唐滅亡（907年）

10C

五代十国（華北に後梁・後唐・後晋・後漢・後周の五代）

916 ⑦ [　　　] **（契丹・遼）**
- 耶律阿保機の建国
- 燕雲十六州を獲得
- 契丹文字

澶淵の盟（1004年）

960 ⑧ [　　　]（都：開封）

趙匡胤（太祖）
- 文治主義

科挙（殿試の創設）

11C

王安石の改革

12C

1115 ⑨ [　　　] **（女真）**
- 完顔阿骨打の建国
- 女真文字
- 猛安・謀克

⑩ [　　　]（1126〜27年）

1127 **南宋**（都：臨安）

高宗
- 江南の開発
- 秦檜を用いて金と和議

臣従

13C

モンゴル帝国（元）

空欄解答 ①煬帝 ②唐 ③ウイグル ④玄宗 ⑤安史の乱 ⑥両税法 ⑦キタイ ⑧宋〔北宋〕 ⑨金 ⑩靖康の変

Q 羈縻政策の意味を，その具体的内容を説明しながら述べよ。（東京学芸大）

1 隋・唐の盛衰 唐の均田体制は8世紀に解体した

隋(581～618) ⇨都：①＿＿＿＿

1. 楊堅(文帝，位581～604)

❶ 北周の武将で禅譲により隋を建国(581)，南朝の陳を滅ぼす(589)

❷ ②＿＿＿＿を攻略し，東西に分裂させる(583)

❸ 均田制*1・府兵制・租調庸制を実施

❹ 官吏任用制は九品中正に代わって③＿＿＿＿を実施

2. ④＿＿＿＿(煬広，位604～618)

❶ ⑤＿＿＿＿を完成させ，江南の穀倉地帯と華北を結ぶ

❷ ⑥＿＿＿＿遠征の失敗を機に各地で反乱勃発 ➡618年，隋は滅亡

唐(618～907) ⇨都：⑦＿＿＿＿

1. 初唐の政治

❶ 北周の有力軍団出身の⑧＿＿＿＿(高祖)が建国(618)

❷ ⑨＿＿＿＿(太宗)は諸制度を整え「⑩＿＿＿＿」を現出
(位626～649)

❸ 高宗：最大領土 →周辺統治のため⑪＿＿＿＿設置*2
(位649～683)

2. 律令体制

❶ 中央官制：三省・六部と御史台が中核

❷ 州県制：地方行政は，州の上に道，州の下に県，その下に郷里を置く

❸ ⑫＿＿＿＿(刑法)・⑬＿＿＿＿(行政法・民法)・格・式

❹ 科挙の実施：秀才・明経・進士などの科目による学科試験*3

3. 均田体制

❶ ⑭＿＿＿＿：成年男性「丁男」に口分田(1代限り)と永業田(世襲)を給田，女性は戸主以外は給田なし

❷ 租調庸制：租(穀物)，調(絹・綿など)，庸(労役)のほか，雑徭(ぞうよう)(地方での労役)も課された

❸ ⑮＿＿＿＿：均田農民を徴兵(兵農一致)して，全国に折衝府(せっしょうふ)を置き，農閑期に訓練*4

4. 武韋の禍

❶ 高宗の死後，皇后の⑯＿＿＿＿が女帝となり，国号を周(690～705)と改称(武周革命)

▶武則天は，周の制度を規範とし，科挙出身者を重用する一方，各

◆ 隋の大運河

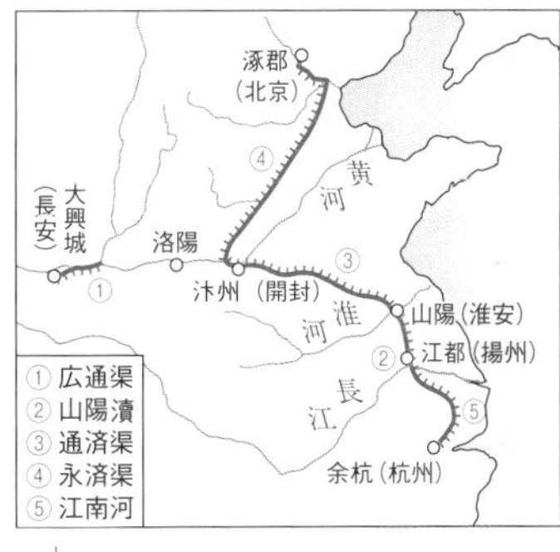

*1 隋の均田制は，耕牛への給田は行われず，煬帝のときには女性・奴婢への給田も廃止された。

初唐の対外活動
・太宗…東突厥を制圧
・高宗…西突厥を服属させ，新羅と結び百済・高句麗を滅ぼす

*2 都護府の長官(都護)や軍隊は中央から派遣されたが，その下の都督(ととく)や刺史(しし)には在地の部族長を任命する懐柔策をとった。この間接統治を羈縻(きび)政策という。

◆ 唐の中央官制

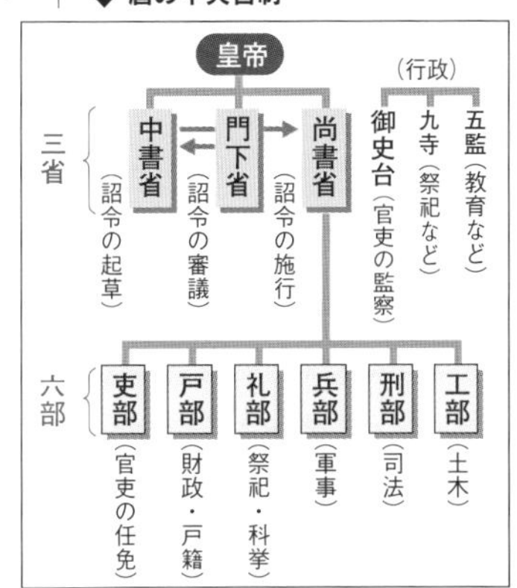

*門下省は詔令をさしもどす拒否権を持ち，貴族勢力の牙城となった。

*3 礼部による学科試験に合格したあと，吏部による人品・言語・筆蹟などの採用試験が課された。

*4 府兵は，衛士(国都守備)・防人(辺境守備)とも兵役期間中の租調庸は免除されたが，武器・衣服などは自弁であった。

前近代アジア史

04 中国諸王朝の変遷②(隋・唐・宋)

前6C以前 / 前6C / 前4C / 前2C / 2C / 4C / 6C / 8C / 10C / 12C / 14C / 16C / 18C / 20C / 現在

A 中国が周辺異民族に対してとった間接統治策のことで，唐は服属した異民族の自治を認めつつ，各地に都護府を置いて，中央から派遣した官僚と軍に監督させた。

州に大雲経寺を建立して仏教を保護した。

❷ 唐の復活後，中宗の皇后の韋后が専権。武則天と韋后が政権を握って政治を混乱させたことを「武韋の禍」という

5. ⑰________(位712～756)

❶ 治世前半は「開元の治」を現出した

▶この頃，均田制の動揺により，府兵制から⑱________に移行。また，辺境地帯には兵権，民政・財政権を持つ⑲________が募兵軍団を指揮して防衛にあたった。

❷ ⑳________(755～763)：楊貴妃や宰相楊国忠に対する節度使安禄山と部下史思明の反乱。反乱軍の内紛とトルコ系㉑________の援助で鎮圧 →乱後，国内にも㉒________が置かれ，各地に藩鎮が割拠

◆ 唐の最大領域

6. 唐の滅亡

❶ ㉓________*5の実施(780)：均田制の崩壊による租調庸制のゆきづまりから，徳宗が宰相㉔________の建言で実施

❷ ㉕________(875～884)：王仙芝の反乱に呼応して㉖________の密売人黄巣が山東で挙兵 →唐の権威は失墜

❸ 節度使㉗________により唐は滅亡(907)

＊5 両税法
住民を現在地に登録し，財産に応じた戸税と耕地面積に応じた地税を中心に，収穫物にあわせて夏と秋の2回に分けて徴収されたので「両税」と呼ばれた。銭納が原則で，事実上，土地私有を公認した。

2 五代と宋 門閥貴族の社会は崩壊し，荘園制を基盤に新興地主が台頭

五代十国(907～979)

1. 政治

❶ 華北：後梁(㉘________の建国)・後唐(李存勗の建国)・後晋(石敬瑭*6の建国)・後漢・後周の五代が興亡。後唐の洛陽以外，他の王朝の都はいずれも㉙________

❷ 華中・華南：金陵に都を置いた南唐*7など十国が興亡

❸ 五代は突厥出身の節度使(藩鎮)の国が中心で㉚________政治を行う

2. 社会 門閥貴族が没落，新興地主層が台頭して荘園制が発展

*6 後晋の石敬瑭は，建国に際してキタイ(契丹・遼)の援助を受け，その代償に燕雲十六州を割譲した。

*7 南唐は，唐の貴族文化を後継。

宋(北宋，960～1127) ⇨都：㉛________(汴京)

1. 建国 後周の武将㉜________(太祖)の建国(960)

2. 君主独裁体制

❶ ㉝________：節度使の軍隊を解体し，皇帝直属の禁軍に編入，節度使の欠員は文官を補充 →辺境軍団(廂軍)は弱体化

記述論述 Q 遼がとった二重統治体制について簡潔に説明しなさい。 (聖心女子大)

❷ 皇帝自ら科挙の最終試験を行う㉞＿＿＿＿の創設[*8]

*8 太祖は科挙を整備し，州試(地方試験)・省試(中央の礼部が行う試験)・殿試(皇帝自らが行う最終試験)の３段階とした。

3. ㉟＿＿＿＿の新法

❶ 第６代神宗が登用
(位1067～85)

❷ 背景：文治主義による官僚の増加，キタイや西夏の侵攻による軍事費の増大，キタイ・西夏への歳貢などによる財政難

富国策	㊱＿＿＿＿	貧農に春に低利で銭・穀物を貸し，秋に返還させる貧農救済策
	㊲＿＿＿＿	小商人の滞貨物資を買い上げ，低利で融資し，富商の独占を防止
	均輸法(きんゆほう)	政府が物産を買い上げ不足地に転売。国庫増収と大商人抑圧
	募役法(ぼえきほう)	富者に免役銭を課し，貧者を低賃金で雇い差額を国庫に納入
	方田均税法	検地により面積，地味を調査し，賦課税の公平化と脱税を防止
強兵策	㊳＿＿＿＿	民戸を編成して農閑期に軍事訓練。軍事費削減と軍事力の強化
	保馬法(ほばほう)	農民に軍馬を飼育させ，平時は農耕に利用し，戦時に徴発

❸ 結果：地主・大商人を背景とする㊴＿＿＿＿ら旧法党との党争

3 北方民族の自立化 キタイは燕雲十六州，金は淮河以北を支配

キタイ(契丹・遼，916～1125) ⇨都：上京臨潢府(じょうけいりんこうふ)

1. 建国

❶ キタイ(契丹)[*9]の㊵＿＿＿＿(太祖)が建国(916)
(位916～926)

❷ 渤海[*10]を征服(926)

❸ 後晋建国を援助した代償に㊶＿＿＿＿を獲得(936)

*9 キタイ(契丹)はモンゴル系の半牧半農民族。4～5世紀にシラ＝ムレン川流域に生活，ウイグルの衰退で自立化した。

*10 渤海は698年大祚栄(だいそえい)が高句麗遺民と靺鞨(まつかつ)人を率いて建国。都は上京竜泉府(じょうけいりゅうせんふ)。

2. ㊷＿＿＿＿(1004) 宋の真宗とキタイの聖宗

→宋を兄，キタイを弟とし，キタイは毎年絹20万匹，銀10万両の歳貢を得る

3. 社会

❶ ㊸＿＿＿＿体制：契丹人など狩猟民・遊牧民は㊹＿＿＿＿で，漢人など農耕民は州県制で支配し，それぞれ北面官・南面官が統治

❷ ㊺＿＿＿＿文字が作成され，仏教が隆盛した

西夏(大夏，1038～1227) ⇨都：興慶府(こうけいふ)(今の銀川(ぎんせん))

1. 建国 チベット系㊻＿＿＿＿(党項)族の李元昊(りげんこう)が建国(1038)

2. ㊼＿＿＿＿(1044) 宋に臣礼をとり，銀・絹・茶の歳貢を得た

3. 社会 ㊽＿＿＿＿文字が作成され，仏教が隆盛。内陸中継貿易で繁栄

金(1115～1234) ⇨都：上京会寧府(じょうけいかいねいふ)→燕京(えんけい)(中都)→開封(汴京)

1. 建国

A 支配下の狩猟民・遊牧民に対しては北面官が部族制に基づき，農耕民に対しては南面官が州県制に基づき統治した体制。

❶ 女真(ツングース系)の⑲＿＿＿＿＿(太祖)の建国(1115)

❷ 宋と同盟して⑳＿＿＿＿＿を滅ぼす(1125) *11

2. ㉑＿＿＿＿＿(1126〜27) 北宋の首都である開封を占領し，㉒＿＿＿＿＿・欽宗らを捕らえる ➡北宋の滅亡，金の華北支配

3. 社会

❶ 二重統治体制：軍事・行政制度の㉓＿＿＿＿＿ *12で女真人を，州県制で漢人を支配

❷ 女真文字の作成(漢字や契丹文字の影響)

❸ ㉔＿＿＿＿＿の濫発により経済が混乱し，衰退した

南宋(1127〜1279) ⇨都：㉕＿＿＿＿＿(今の杭州)

1. 建国 欽宗の弟の㉖＿＿＿＿＿が江南に逃れて建国(1127)

2. 金と和議(1142) 主戦派の㉗＿＿＿＿＿を和平派の㉘＿＿＿＿＿が破り，金と和した →㉙＿＿＿＿＿を国境とし，金に臣礼をとる

4 宋の社会・経済 佃戸制が発達し，商業都市が繁栄した

大土地所有制の発達

1. ㊿＿＿＿＿＿ 新興地主層で，荘園を佃戸(でんこ)*13に耕作させた。科挙に合格して官僚を出した戸は官戸と呼ばれ，(61)＿＿＿＿＿と称される支配層を形成。一部は，塩・茶の専売権をもつ大商人を兼ねた

2. 農業

❶ 日照りに強い(62)＿＿＿＿＿が普及し，長江下流域では圩田(うでん)・囲田など干拓も進む

❷ 江南開発が進み，「(63)＿＿＿＿＿＿＿＿＿＿」といわれた

産業の発達

1. 商業・貿易

❶ 商業活動の規制がゆるみ，交通の要地に草市や鎮・市が発展

❷ (64)＿＿＿＿＿(商人組合)・作(職人組合)も成立

❸ 銅銭のほか，(65)＿＿＿＿＿(北宋)・会子(南宋)など紙幣も流通

❹ 南海貿易の活況を背景に広州・泉州・明州などに(66)＿＿＿＿＿ *14を設置

2. 産業 江南では茶の栽培も盛行し，喫茶(飲茶)の風習*15が普及，(67)＿＿＿＿＿(江西省)の青磁・白磁が発展

*11 キタイ滅亡後，一族の耶律大石は中央アジアに逃れ，カラキタイ(西遼，1132〜1211)を建て，トルコ系イスラーム王朝のカラハン朝を支配下においた。

*12 猛安・謀克は軍事・行政制度で，300戸を1謀克，10謀克を1猛安に組織し，1謀克から100人を徴兵した。

◆ 宋と周辺諸国

*13 佃戸は農奴的小作人で，自由な移転は許されず，地主から土地を借りて収穫物を地主とほぼ二等分し，また地主の労役を負担した。法的には自由民であった点が西ヨーロッパの農奴とは異なる。

*14 市舶司は海上貿易事務を担当する役所で，ムスリム商人の来航などによる南海貿易の発展を背景に8世紀前半に広州に置かれたのが最初。

*15 喫茶(飲茶)の風習は8世紀に中国全土に普及し，宋代には周辺遊牧民族にも広がった。

記述論述 Q 北宋後半期の政治状況を，具体的な人名と党派の名前を挙げて説明しなさい。 (北海道大)

 出題大学…(63)：京都産業大

実戦演習

❶ 次の文章を読んで，空欄a～hに適切な語句を入れなさい。　東京都立大

解答：別冊p.30

618年，隋を倒して建国した唐は，第2代太宗が628年に中国を統一すると，対外的に北方における最大の敵であった［ a ］を630年に打倒し，北方・西北方の遊牧諸民族の君長から天可汗の称号を奉られた。その跡を継いだ［ b ］は，東方で新羅と連合して百済・［ c ］を滅ぼし，西方ではアラル海に至るオアシス諸都市を領有し，南方ではベトナム北部を押え，唐は大帝国となった。こうして服属した辺境の要所には6つの［ d ］を置き，羈縻(きび)政策によって領域内の異民族を統制した。

8世紀に入ると，内外の社会情勢の変化で唐の支配体制は動揺する。貨幣経済の発展などにより貧富の差が開き，没落して土地を捨て逃亡する農民が増えて，［ e ］・租調庸制とともに府兵制も維持できなくなり，府兵制は傭兵による［ f ］へと切り替わった。一方で，服属した諸民族の自立の動きも活発化し，これに備えて軍団の指揮官である節度使が辺境に置かれた。ソグド人を父にもつ安禄山は東北辺境の3節度使を兼ねて実力を蓄え，755年，その部将の［ g ］とともに唐に反旗を翻した。足かけ9年にわたる反乱は，［ h ］の援軍を得てようやく鎮定されたが，乱後内地にも置かれるようになった節度使が，軍事に加え民・財政の権限をも掌握し強大な勢力となり各地に割拠した。また，唐朝廷は，絹馬交易をせまる［ h ］の横暴と，吐蕃の侵攻に悩まされることとなった。

❶ ヒント

a－突厥は6世紀末に分裂し，西突厥はトルキスタンを支配したが7世紀半ば唐に攻略され，まもなく滅亡した。

❶ 解答欄

a	
b	
c	
d	
e	
f	
g	
h	

❷ (1)～(7)の文を読んで，下線部が正しければ○を，誤りがあれば適切な語句を答えよ。　札幌大－地域共創

(1)　唐の滅亡後，後梁に始まる5王朝が中原を支配し，他の地方では藩鎮による10の政権が乱立した。前者を五代，後者を十国という。この間，門閥貴族は没落し，他方新興の地主である<u>形勢戸</u>が成長した。

(2)　五代の後周の武将趙匡胤(太祖)が宋(北宋)を建国した。つづく2代皇帝太宗が十国の北漢を滅ぼし，中国主要部を統一する。宋の都は，黄河と淮河を結ぶ大運河の合流地点である<u>洛陽</u>(汴州)に置かれた。その繁栄の様子は「清明上河図」に描かれている。

(3)　宋の6代皇帝神宗は，宰相に<u>王莽</u>を登用し改革に当たらせた。中小の農民・商人を経済的に支援し，国力増強をめざすための諸法令が出され，それらは司馬光らの旧法に対して「新法」と称された。

(4)　中国東北部には，ツングース系の王朝金が成立した。遼を倒して燕雲十六州を回復するため，宋の8代皇帝徽宗は，金と手を結んだ。ところが，遼を滅亡させたのち，宋は盟約に反して金への背信をくり返したため，金は違約を責めて宋に侵攻した。宋の都を攻めた金は，上皇徽宗・9代皇帝欽宗らを連行し，宋を滅ぼした。このできごとを<u>安史の乱</u>という。

(5)　商業が発達した宋では，<u>交子</u>という紙幣が発行され，また大量の銅銭(宋銭)が流通していた。銅銭は，日本などアジア各国でも流通した。南宋の時代になると会子という紙幣が発行された。

(6)　従来の訓詁学を批判し，宇宙から人間に至るまでの原理を統一して理解しようとする理論体系として，宋学が成立した。宋学の大成者が<u>朱全忠</u>(朱子)であり，そのため宋学のことを朱子学ともいう。

(7)　宋代に普及した発明品として，木版印刷があり，仏典の叢書や辞書などが印刷された。また，<u>火薬</u>の改良が進み，12世紀後半の南宋で初めて使用された。羅針盤も11～12世紀には航海に利用され始めた。

❷ ヒント

(1)形勢戸は多くの官僚を出したので官戸形勢戸とも呼ばれ，また地域社会をリードする士大夫へと成長した。

(6)朱全忠は907年に唐を滅ぼし，後梁を建国した。

❷ 解答欄

(1)	
(2)	
(3)	
(4)	
(5)	
(6)	
(7)	

A　神宗が宰相に登用した王安石は，財政再建と富国強兵をめざして新法と呼ばれる改革を実行したが，政界はこれを支持する新法党と，反対する司馬光ら旧法党との対立が激化し，国政の混乱が続いた。

解答：別冊p.10 ▶

05 中国諸王朝の変遷③(元・明・清)

ココが出る！

[入試全般]

モンゴル・元は東西交流が，明・清は社会・経済が頻出分野。

[国公立二次・難関私大]

モンゴル帝国はその征服活動が，元はクビライの事績と衰亡の背景が頻出。明は，洪武帝の政治と永楽帝の事績が中心。清は，康熙・雍正・乾隆の3帝の事績が頻出である。

大学入試 最頻出ワード

■南京 ■北京 ■広州
■鄭和 ■永楽帝
■大都 ■一条鞭法
■李自成 ■康熙帝
■地丁銀制

13C

- ホラズム＝シャー朝を征服 ← ①＿＿＿＿ **の即位**(1206年) → 西夏を征服
- **オゴデイ＝カアン**
  - 首都カラコルムの建設 → 金を征服(1234年)
  - 駅伝制（ジャムチ）を整備
  - バトゥの西征 → ワールシュタットの戦い(1241年)
  - ⇩ 1243 **キプチャク＝ハン国（ジョチ＝ウルス）**
- **モンケ＝カアン**
  - ②＿＿＿＿ の西征 → アッバース朝の滅亡（1258年）
  - ⇩ 1258 **イル＝ハン国（フレグ＝ウルス）**
  - クビライの遠征 → チベット(吐蕃)・大理を征服
- ③＿＿＿＿ **(世祖)**
- **カイドゥ(ハイドゥ)の乱**(1266～1301年)

1271 **元（大元ウルス）**

14C

- ④＿＿＿＿（北京）に遷都（1264年） → 南宋を征服
- モンゴル人・色目人を重用
- **紅巾の乱**(1351～66年)

ネルチンスク
カラコルム
大都(北京)
南京
泉州
広州

1368 **明**

- ⑤＿＿＿＿ **(朱元璋)**
  - 六部を皇帝の直属に
  - 里甲制・衛所制施行・「魚鱗図冊」「賦役黄冊」 ⇐ 朝貢貿易
- **靖難の役**(1399～1402年)

15C

- ⑥＿＿＿＿ ⇒ 鄭和の南海遠征
  - 北京に遷都
  - 内閣大学士の設置
- **オイラト** — エセン＝ハーン → 北虜南倭 ← 倭寇
- **タタール** — アルタン＝ハーン → 北虜南倭

17C

- **万暦帝** ・一条鞭法の施行
- ⑦＿＿＿＿ **の乱** ⇒ 明の滅亡（1644年）

1616(36) **清**

- **順治帝** 北京入城
- ⑧＿＿＿＿
  - **三藩の乱**(1673～81年) ⇒ 平定 → 鄭氏台湾を攻略
  - ロシアと ⑨＿＿＿＿ 条約を締結

18C

- **雍正帝**
  - ⑩＿＿＿＿ 制の確立 ・軍機処を設置
  - キリスト教の厳禁
- **乾隆帝** ・外国貿易を広州1港に制限 → ジュンガルを征討

空欄解答 ①チンギス＝カン〔ハン〕 ②フレグ ③クビライ〔＝カアン〕 ④大都 ⑤洪武帝 ⑥永楽帝 ⑦李自成 ⑧康熙帝 ⑨ネルチンスク ⑩地丁銀

10世紀以降北方遊牧民が中国内の一部あるいは全体を支配した王朝の政治体制にはどのような特徴があるか。具体的に説明せよ。 （名古屋大）

1 モンゴル民族の盛衰

クビライ＝カアンは都を大都に移して国号を元とし，南宋を滅ぼした

大モンゴル国(イェケ＝モンゴル＝ウルス)の形成

1. チンギス＝カン(太祖，位1206～27)

❶ テムジンが①＿＿＿＿＿(「集会」の意)でカン(ハン)位に就く(1206)

❷ 千戸制(軍事・行政制度)の整備

❸ 厳格な規律(ヤサ)の制定　→慣習法の成文化

❹ 大西征：トルコ系の②＿＿＿＿＿征服(1218)，トルコ系の③＿＿＿＿＿攻略(1220)，西北インドに侵入*1，④＿＿＿＿＿を征服(1227)　➡東西貿易路を確保し，駅伝制(ジャムチ)を創設

2. オゴデイ＝カアン(オゴタイ＝ハン，位1229～41)

❶ 首都⑤＿＿＿＿＿を造営(オルホン川右岸の地)

❷ ⑥＿＿＿＿＿を征服(1234)し，華北を支配

❸ ⑦＿＿＿＿＿の西征(1236～42)
→⑧＿＿＿＿＿(リーグニッツ)の戦い(1241)*2に勝利
➡バトゥはサライを都に⑨＿＿＿＿＿国(ジョチ＝ウルス)樹立(1243)

3. モンケ＝カアン(憲宗，位1251～59)

❶ クビライは吐蕃・大理*3を征服，ベトナム(陳朝)遠征は失敗

❷ ⑩＿＿＿＿＿はアッバース朝を滅ぼす(1258)
➡タブリーズを都にイル＝ハン国(フレグ＝ウルス)の建国(1258)

❸ 高麗を服属させる(1259)

＊チンギス＝カンが政治顧問とした耶律楚材(やりつそざい)はキタイの皇族出身で，太宗オゴデイ＝カアンのときには中書令となり地方財政や税制の改革に努めた。

*1 チンギス＝カンの率いるモンゴル軍が侵入した頃の西北インドは，奴隷王朝の時代である。

*2 シュレジエン公ハインリヒ2世の率いるドイツ・ポーランド連合軍を撃破した。

*3 唐と友好関係にあった南詔の滅亡後，雲南に成立した国。

◆ モンゴル帝国

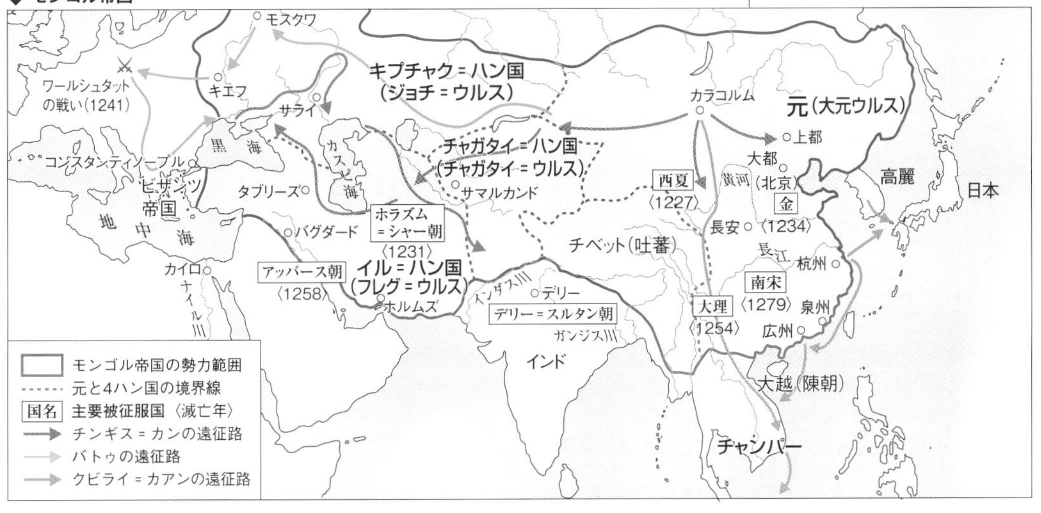

A 民族固有の制度や文化を維持したまま中国を支配した。キタイや金は部族制と州県制を併用する二重統治体制を実施し，元はモンゴル人第一主義を採用し，清は辮髪の強制など威圧策と懐柔策を併用した。

元(大元ウルス, 1271~1368) ⇨都：大都

1. クビライ＝カアン(フビライ＝ハン, 世祖, 位1260~94) *4

❶ カラコルムから⑪＿＿＿＿に遷都(1264)

❷ 国号を元と改称(1271)

❸ ⑫＿＿＿＿を滅ぼし(厓山(がいざん)の戦い, 1279), 中国全土を支配

❹ ビルマ人の⑬＿＿＿＿朝を攻略(1287)

❺ 日本(元寇, 文永の役(1274)・弘安の役(1281))・ベトナム(陳朝)・ジャワ(シンガサリ朝)への遠征は失敗

2. 元の中国支配

⑭＿＿＿＿第一主義により中央政府の重要官職独占*5, ⑮＿＿＿＿(西域諸国人)は財務担当。⑯＿＿＿＿(旧金朝治下の契丹・女真・高麗・渤海人などと漢民族)・南人(旧南宋治下の住民)が被支配階級。また, 行中書省(こうちゅうしょしょう)*6が地方を統治

3. 元の社会

❶ ⑰＿＿＿＿(駅伝制)*7や新運河の整備による海運の発達

❷ 銅銭や金・銀貨(銀錠(ぎんじょう))のほか, 紙幣として⑱＿＿＿＿を発行

❸ モンゴル語を公用語とし, 公文書にはパクパ文字*8を使用

❹ ⑲＿＿＿＿は一時廃止(1313年復活)され, 士大夫は優遇されず

4. 元の滅亡

❶ クビライの死後, 皇位継承争い

❷ ⑳＿＿＿＿の盲信 →財政難を招く

❸ ㉑＿＿＿＿の濫発と塩など専売制の強化による物価騰貴

❹ 白蓮教徒*9による㉒＿＿＿＿の勃発(1351~66) →朱元璋が台頭, 1368年, 大都を攻略されモンゴル高原へ退く(北元)

東西文化の交流

1. 修道士(フランチェスコ会)の渡来

❶ ㉓＿＿＿＿(教皇インノケンティウス4世の使節)・㉔＿＿＿＿(仏王ルイ9世の使節) →草原の道からカラコルム訪問

❷ ㉕＿＿＿＿は大都でカトリックを布教

2. 旅行家

❶ マルコ＝ポーロ(ヴェネツィア商人)：クビライに仕え, 泉州から海路帰国 →『㉖＿＿＿＿(東方見聞録)』

❷ ㉗＿＿＿＿(モロッコ出身) →『三大陸周遊記』

＊4 カイドゥ(ハイドゥ)の乱(1266~1301)
トゥルイ家のモンケ＝カアンやクビライ＝カアンの即位に, オゴデイ家のカイドゥが反発。クビライの弟アリクブケを擁して反抗した。乱は30余年続いたが, この間, モンゴル帝国は政治的に分裂した。

＊5 地方の長官(ダルガチ)もモンゴル人が任命された。

＊6 行中書省は元代の統治機関で, 行省ともいう。

＊7 駅伝制はチンギス＝カンが創設し, 元朝で完備された。官命旅行者には, 牌子(パイザ)(金牌・銀牌など)が発行された。

＊8 クビライが国師として招いたチベット仏教の僧パクパが作成した文字。

＊9 白蓮教
南宋頃からの阿弥陀信仰に発し, 弥勒仏が救世主としてこの世に現れるという信仰が中心で, 貧民に普及。元末には, 韓山童(かんざんどう)・韓林児(かんりんじ)父子が指導し, 紅巾の乱を起こした。

記述論述 Q 大元ウルス(元)の官僚制度について, 次の語句を用いて, 70字以内で説明せよ。使用する語句には下線を引くこと。　色目人　科挙　モンゴル人　(新潟大)

 出題大学…㉕：明治大, 名城大, 関西大／㉗：日本女子大

2 明の中国統一 江南を背景に中国統一を実現した唯一の王朝

朱元璋(洪武帝・太祖,位1368~98)

⇨都:金陵(南京)→北京*10

1. 建国 江南の穀倉地帯を背景,㉘＿＿＿＿(応天府)で即位(1368)*11

2. 君主独裁の専制支配

❶㉙＿＿＿＿・宰相(丞相)の廃止と六部の皇帝直属化,軍事でも五軍都督府を直轄

❷明律・明令の制定と科挙の実施による官僚制の整備

❸人民を,税役を課す民戸と兵役を課す軍戸などに大別して戸籍を作成。民戸は㉚＿＿＿＿,軍戸は㉛＿＿＿＿のもとで支配*12

❹税制:㉜＿＿＿＿(土地台帳)・㉝＿＿＿＿(戸籍・租税台帳)を作成

❺人民教化:㉞＿＿＿＿を制定し,儒教道徳を里老人が里内で教化

❻一世一元制(皇帝一代を一つの年号とする)

❼海禁政策:民間人の海上交易を禁じ,㉟＿＿＿＿貿易を推進

永楽帝(成祖, 位1402~24)

▶第2代建文帝の諸王勢力削減策に対し,燕王朱棣(えんおうしゅてい)が㊱＿＿＿＿の役(1399~1402)を起こし,帝位を奪って永楽帝として即位。

1. 内政

❶㊲＿＿＿＿に遷都(1421)

❷内閣大学士を設置し,皇帝の政務を補佐させた

❸㊳＿＿＿＿の官学化による編纂事業

❹大運河・万里の長城の修築

2. 外征 ㊴＿＿＿＿に自ら遠征。陳朝滅亡後のベトナムを支配

3. 南海遠征 宦官㊵＿＿＿＿の遠征*13(1405~33) →朝貢貿易の促進

北虜南倭

1. 北虜

❶㊶＿＿＿＿(1449):オイラト(瓦剌(ワラ))のエセンが正統帝(英宗)を捕囚 →明は長城を改修

❷㊷＿＿＿＿(韃靼(だったん))のアルタン=ハーンの北京包囲(1550) →のちアルタン=ハーンは明に帰順*14

*10 北京遷都は永楽帝のとき。

*11 モンゴル高原に退いた北元(1368~88)は,洪武帝の攻撃で敗れ,やがて滅亡した。

*12 里甲制は,民戸110戸を1里とし,富戸10戸を里長戸,残り100戸を10戸ずつ10甲に分け,各甲に甲首を置く村落行政制度で,里長・甲首は輪番で行政全般にあたった。衛所制は,軍戸112人で百戸所,10百戸所で千戸所,5千戸所(5600人)を1衛とする兵制。

永楽帝の編纂事業

『永楽大典』(類書),『四書大全』,『五経大全』,『性理大全』

*13 鄭和の遠征隊は,チャンパー(占城)や港市国家マラッカなど東南アジア,インド西岸へ,4回目以降はペルシア湾,アラビア,さらに東アフリカのマリンディに到達している。

*14 アルタン=ハーンは,その後,青海・チベットに勢力を伸ばし,14世紀にツォンカパが創始した黄帽派のチベット仏教に帰依した。

A 中国の官僚制度を採用したが,政府の中枢はモンゴル人が占め,中央・西アジア出身の色目人を財務面で重用し,実力主義から科挙を重視しなかった。(68字)

2. 南倭

❶ 前期㊸＿＿＿＿＿(14世紀)：日本人海賊が主体*15

❷ 後期倭寇(16世紀)：明の海禁策と朝貢貿易体制への不満から中国人の王直(おうちょく)など私貿易商人が南・東シナ海で活動 →明は海禁を緩和

明の中興と滅亡

1. 万暦帝(神宗，位1572～1620)

❶ 宰相㊹＿＿＿＿＿の改革：一条鞭法*16の全国的実施

❷ 東林派(㊺＿＿＿＿＿が中心，朱子学的立場から政府を批判)と非東林派(宦官の魏忠賢(ぎちゅうけん)が中心)の党争激化

❸ 豊臣秀吉の朝鮮侵略(㊻＿＿＿＿＿倭乱)に対する朝鮮(李朝)への援助で財政が困窮
(1592～93，1597～98)

2. 明の滅亡

重税と飢饉に苦しむ民衆が各地で反乱。特に㊼＿＿＿＿＿の率いる反乱軍は，1644年に北京を占領
→崇禎帝(すうてい)(毅宗(きそう))が自殺して明は滅亡

*15 倭寇の取り締まりに苦慮した明は海禁策をとり，15世紀初め，永楽帝は足利義満を日本国王に封じ，日明間で勘合貿易が行われた。また15世紀初め，中山王によって統一された琉球王国も明に朝貢し，東シナ海・南シナ海の中継貿易で栄えた。

*16 土地税(田賦)・人頭税(丁税)など諸税を一本化して銀納させる。

3 清の中国支配 女真の清は，威圧策と懐柔策で中国を支配

女真(ジュシェン)の発展 ⇨都：遼陽→瀋陽→北京

1. ㊽＿＿＿＿＿(太祖，位1616～26)

❶ 建州部の首長で，女真*17(女直，のち満洲と改称)を統合し，アイシン(金，後金(こうきん))を建国(1616)*18

❷ ㊾＿＿＿＿＿制度を創始し*19，満洲文字を作成

2. ホンタイジ(太宗，位1626～43)

❶ ㊿＿＿＿＿＿を平定し，元の印璽(いんじ)を得，大ハンとなる

❷ 国号を清と改称(1636)

❸ (51)＿＿＿＿＿を服属させる(1637)

3. 順治帝(世祖，位1643～61)

清に降服した明の武将(52)＿＿＿＿＿の先導で山海関から北京に入城(1644)し，李自成の乱を平定

清の中国支配

1. (53)＿＿＿＿＿(聖祖，位1661～1722)

❶ 藩王(清に服した漢人武将)の呉三桂らが起こした(54)＿＿＿＿＿(1673～81)を平定し，(55)＿＿＿＿＿一族の鄭氏台湾を征服(1683)して中国統一を実現

*17 ツングース系の女真は金滅亡後，元・明に服属し，薬用人参や毛皮の交易に従事していた。

***18 サルフの戦い(1619)**

アイシン建国後，ヌルハチは明(万暦帝時代)軍をサルフの戦いで破り，遼東進出の契機となった。

*19 八旗制度は清の行政・軍事制度で，1旗は7500人。旗に属す旗人は軍事義務を負い，生計維持の旗地が支給された。満洲八旗のほか，ホンタイジの時代に編制された蒙古八旗・漢軍八旗がある。また，清は中国本土進出後，漢人による緑営を編制し治安維持にあたらせた。

鄭氏台湾

福建地方の武装商人鄭芝竜(ていしりゅう)と日本人女性の子として生まれた鄭成功(せいこう)は，1661年台湾からオランダ人を駆逐し，台湾を拠点に反清復明の戦いをつづけた。

記述論述 Q 17世紀の台湾では鄭成功ら，清と敵対する勢力が活動していた。そうした勢力の活動およびその活動の終焉と，清の海上交易政策の変化との関係について，説明しなさい。 (慶應義塾大)

 出題大学…㊺：早稲田大／㊻：立命館大，上智大／㊿：早稲田大

❷ ロシアのアルバジン城建設とピョートル1世の東方進出に対して ⑯＿＿＿＿条約を締結(1689)して国境を画定

＊露清の国境条約▶p.161

2. 雍正帝(世宗，位1722～35)

❶ キリスト教布教の禁止(1724)

❷ ロシアと⑰＿＿＿＿条約を締結(1727)

❸ ⑱＿＿＿＿(皇帝直属の諮問機関)の設置

▶雍正帝は丁税(人頭税)を地銀(土地税)に繰り入れて銀納させる⑲＿＿＿＿制を全国で実施，課税対象を土地のみに一括化した。

3. 乾隆帝(高宗，位1735～95)

❶ ⑳＿＿＿＿(オイラトの一部族)・回部を征服し，新疆(しんきょう)と命名して藩部とする

❷ ㉑＿＿＿＿院の確立　→自治を認めた藩部を統制

清の統治策

1. 威圧策

❶ 辮髪(べんぱつ)令(女真の風習を漢人男性に強制)

❷ ㉒＿＿＿＿・禁書令(反満・反清思想の取り締まり)

2. 懐柔策

❶ 満漢併用制：中央官制の要職の定員を偶数とし，満洲人と漢人を同数任命

❷ 大編纂事業で，漢人学者を優遇

→学者優遇は，反満・反清思想の統制と編纂事業への集中が目的

❸ 科挙の実施

◆ 清の統治

直轄領	東北地方(満洲)・中国本土・台湾
藩部	内外モンゴル・青海・東トルキスタン(新疆)・チベット
属国	朝鮮(李朝) ベトナム(阮朝) タイ(ラタナコーシン朝) ビルマ(コンバウン朝)

▶藩部は理藩院の監督下に置かれ，その自治にゆだねられた。たとえば，新疆ではウイグル人指導者(ベグ)が，チベットでは黄帽派チベット仏教の最高権力者(ダライ＝ラマ)が清の派遣する監督官とともに支配した。

康熙・乾隆時代の編纂事業

①『康熙字典』(漢字字書)
②『古今図書集成』(類書)
③『四庫全書』(叢書(そうしょ))
④『大清一統志』(地誌)
⑤『五体清文鑑』(満・漢・蒙(モンゴル)・蔵(チベット)・回(ウイグル)を対照させた辞典)

4 明清時代の社会・経済　税制は，一条鞭法から地丁銀制へ

明代の社会・経済

1. 社会

❶ 官僚・地主・大商人による大土地所有が発展し，佃戸制は定着

❷ 郷紳(きょうしん)の成長[＊20]

❸ 農民の貧窮化：福建の鄧茂七(とうもしち)の乱(1448～49)など㉓＿＿＿＿の地主に対する抗租(小作料不払い)や，江南を中心に奴隷の反抗(奴変(ぬへん))，都市民衆の反抗(民変(みんぺん))が頻発

❹ ㉔＿＿＿＿(海外移住者)の増加(福建・広東出身者が多い)

＊20 郷紳とは退職官吏，任官しない科挙合格者など，儒教的教養人で，郷里の名士として社会的尊敬を受け，多くの特権を持った。

A 東シナ海の交易に活躍していた鄭成功一族が台湾を占領して清に抵抗する拠点にすると，清の康熙帝は遷界令を出して海禁を強化して鄭氏を抑圧した。鄭氏降伏後に清は海禁を解除し，開港場に海関を設けて民間貿易を認めた。

2. 農業・手工業

❶ 長江中流域が稲作地帯 ➡「⑥⑤＿＿＿＿熟すれば天下足る」

❷ 長江下流域(江南地方)は，綿花・桑などの商品作物 →農村家内手工業(木綿工業・絹工業)が発達し，蘇州・杭州などの都市繁栄

❸ ⑥⑥＿＿＿＿(江西省)：赤絵・染付の陶磁器

3. 商業・税制

❶ 客商(遠隔地商人)[*21]の活躍：山西商人(山西省出身)・⑥⑦＿＿＿＿(安徽省出身)が全国的に活動

❷ 同郷人や同業人の相互扶助のための⑥⑧＿＿＿＿の整備

❸ ⑥⑨＿＿＿＿の実施：海禁の緩和や万暦帝(神宗)と張居正の改革(16世紀後半)を背景に，日本銀やメキシコ銀(墨銀)が流入し，銀が普及 →田賦(土地税)と丁税(人頭税)，労役など諸税を一括して銀で納める →江南から全国に波及

*21 客商は塩の売買や綿花，綿布の販売で巨利を得た。特に山西商人は票号(為替銀行)経営で巨利を得た。

清の社会・経済

1. 税制改革

❶ 盛世滋生人丁(せいせいじせいじんてい)：康熙帝が1711年の人丁数を定数とし，以後増加した人丁を盛世滋生人丁として人頭税の徴収を免除

❷ ⑦⓪＿＿＿＿：雍正帝は，地銀(土地税)に丁税(人頭税)を繰り込んで単一税化して銀納させる →事実上，土地税に一本化[*22]

*22 清初には土地が官僚や商人に集中し，しかも彼らが丁税の回避を図って人頭税逃れを企てていたために生じた弊害を是正しようとした。

2. 産業

❶ 農業の発展[*23]：江南の水田は桑や綿の栽培に転化
→稲作の中心は湖広(現在の湖北・湖南省)に移動

❷ 農村家内手工業の発展：養蚕・製糸業，綿織物業，絹織物業など

❸ 特産品：松江(江蘇省)の綿織物，⑦①＿＿＿＿の絹織物，湖州(浙江省)の生糸，景徳鎮の陶磁器

*23 17世紀頃に輸入されたタバコ，サツマイモ，落花生，トウモロコシなどが主要な農産物となった。

3. 貿易

❶ 清初は海禁策：康熙帝は鄭氏台湾対策のため遷界令(1661)[*24]を発布

❷ 康熙帝の遷界令解除(1684)と海関(開港場の税関)設置
→ポルトガル，スペイン，オランダ，イギリスなどと貿易
→茶，絹織物，陶磁器などの輸出による⑦②＿＿＿＿の大量流入

❸ 乾隆帝は⑦③＿＿＿＿1港に制限(1757) →行商(こうしょう)(特許商人)の組合の⑦④＿＿＿＿(広東十三行)[*25]が貿易を管理・独占

*24 鄭成功一族の反抗に対処するため，沿岸部の住民に海岸から30里離れた内陸部への強制移住を命じた法令。鄭氏台湾の降伏後，解除された。

*25 公行は，アヘン戦争後の南京条約(1842)で廃止された。

記述論述 Q 中国で雍正帝の治世にキリスト教の布教が禁止された。その背景として，イエズス会の布教方式をめぐるカトリック内部の対立が挙げられる。そのイエズス会の中国における布教方法の特徴について説明しなさい。(慶應義塾大)

 出題大学…⑥⑦：同志社大／⑥⑧：同志社女子大，日本大／⑦①：早稲田大，法政大

実戦演習

❶ 次の文を読んで以下の設問に答えなさい。 獨協大－経済・国際教養・法〈改題〉

解答：別冊p.30 ▶

明を建国した洪武帝は，元末の混乱をおさめるため，皇帝独裁体制を強化していった。第３代の永楽帝の時代には，［Ⓐ］が南海諸国遠征を行い，広域的な朝貢体制をつくり上げた。永楽帝の死後，北方のモンゴル諸部族はしばしば明に侵入し，土木の変で［①］は捕虜とされた。16世紀，明は北虜南倭に苦しみ，軍事費の増加によって財政難に陥った。財政の再建がはかられたものの，党争などによって政治は混乱し，1644年，［②］の反乱軍によって明は滅ぼされた。(1)明代後期には，国際商業の活発化を背景として商工業が発達した。また，科学技術への関心が高まって(2)実学が発達し，ヨーロッパから来航したキリスト教宣教師はヨーロッパの科学技術を中国に伝えた。

女真諸部族を従えたヌルハチは，1616年に金(後金)を建国し，1625年に［③］を都とした。続くホンタイジは国号を清と称した。［②］が明を滅ぼすと清は北京に入城し，［②］を倒して北京に遷都した。清は康熙・雍正・乾隆の３代の皇帝の時代に最盛期をむかえた。康熙帝は，呉三桂らが起こした［④］を鎮圧し，(3)中国統治の基礎を固めた。雍正帝は，皇帝直属の諮問機関として［⑤］を創設した。乾隆帝の時代には，ジュンガルを滅ぼして東トルキスタン全域を占領し，この一帯を新疆と称した。清の版図は18世紀半ばに最大となり，その広大な領土は中国内地・東北地方などの直轄領と，モンゴル・チベット・新疆などの藩部にわけて統治された。

設問1. 文中の空欄［Ⓐ］にあてはまる語句を漢字で書きなさい。

設問2. 文中の空欄［①］～［⑤］にあてはまる語句を以下の語群から選びなさい。

〔語群〕

① (ア)万暦帝 (イ)正統帝 (ウ)建文帝 (エ)同治帝

② (ア)朱全忠 (イ)洪秀全 (ウ)李自成 (エ)李舜臣

③ (ア)盛京(瀋陽) (イ)上京竜泉府 (ウ)臨安 (エ)成都

④ (ア)八王の乱 (イ)呉楚七国の乱 (ウ)永嘉の乱 (エ)三藩の乱

⑤ (ア)御史台 (イ)軍機処 (ウ)都護府 (エ)理藩院

設問3. 下線部(1)の時代に起きた出来事として，正しいものを選びなさい。

(ア) 江戸幕府に対する最初の朝鮮通信使が派遣された。

(イ) 世宗がハングルを制定した。

(ウ) イギリスがマラッカを植民地化した。

(エ) 靖難の役がおこり，その後北京に首都が移された。

設問4. 下線部(2)に関連して，明代に刊行された科学技術書とその著者の組み合わせとして，正しいものを選びなさい。

(ア) 『天工開物』—徐光啓 (イ) 『天工開物』—李時珍

(ウ) 『本草綱目』—徐光啓 (エ) 『本草綱目』—李時珍

設問5. 下線部(3)に関連して，清の中国統治に関する記述として，正しいものを選びなさい。

(ア) 中央官制の主要職は満州人が担ったが，財務官僚には中央アジア・西アジア出身の色目人が重用された。

(イ) 『五経大全』，『古今図書集成』など大規模な編纂事業を行い，学者を優遇した。

(ウ) 反清的思想や言論に対しては文字の獄で厳しく弾圧し，禁書によって思想を統制した。

(エ) 漢人女性に対して満州人の風習である纏足を強制し，漢人男性に対しては辮髪を強制した。

❶ ヒント

設問1. ［Ⓐ］はムスリムで，宦官として明に仕えた。彼の率いる艦隊はチャンパーとマラッカを根拠地に，東アフリカのマリンディにまで遠征した。

設問3. (ア)－朝鮮国王と江戸の将軍との間で外交関係が成立したのは1607年で，最初の朝鮮通信使が日本に派遣された。

設問5. (イ)－『五経大全』は明の永楽帝の命で編纂された注釈書。(エ)－纏足は漢人女性の風習で，禁止にもかかわらず満洲人女性に流行した。

❶ 解答欄

設問1		
設問2	①	
	②	
	③	
	④	
	⑤	
設問3		
設問4		
設問5		

A イエズス会宣教師は布教に際して中国文化を重んじ，孔子崇拝や祖先祭祀などの儀礼や習慣を認めた。これに反対する他派の宣教師は教皇に訴え典礼問題が起こった。教皇はイエズス会の布教方式を異端とした。

解答：別冊p.11

06 漢族と北方遊牧民

テーマの流れ

前3〜後1C	2〜4C	5〜6C	6〜8C	8〜9C	10〜12C	12〜13C	13〜14C	14〜16C	17C
匈奴	鮮卑	柔然	突厥	ウイグル	キタイ（契丹）	女真	モンゴル	オイラト タタール	女真
秦・漢	魏・晋	北魏	隋・唐	唐	五代・宋	南宋	元	明	清

中央ユーラシア
ユーラシア大陸の中央部を中央ユーラシアと呼び，西は南ロシア草原，東はモンゴル高原におよぶ地域。草原地帯は遊牧民が活動し，砂漠周辺に沿ってオアシス都市が点在する。

1 中国と北方民族

秦・漢時代は匈奴，隋・唐時代は突厥・ウイグル，宋代はキタイ（遼）・金が中国北辺に台頭

（年表：春秋・戦国／221 秦／202 前漢／B.C.8 A.D. 新／25 後漢／220 魏・西晋／317 東晋・五胡十六国／北魏／南朝・北朝／552　北方：匈奴[*2]・鮮卑・柔然[*5]）

〔中央ユーラシア西方にスキタイ[*1]が遊牧国家を建設〕

始皇帝，将軍蒙恬（もうてん）を派遣して匈奴をオルドスから撃退（前215） ➡万里の長城の修築

匈奴の①＿＿＿＿が即位（前209），月氏を攻撃

冒頓単于，漢の高祖を破る（白登山の戦い，前200）

漢の武帝
- ②＿＿＿＿を大月氏に派遣（前139〜前126）
- 衛青・霍去病の匈奴征討
- 河西に③＿＿＿＿郡設置（前121）
- 李広利の大宛遠征（前104〜前102）

漢は西域都護府を設置（前60）

匈奴の東西分裂（前60頃）[*3] ➡西匈奴滅亡（前36）

東匈奴の南北分裂（後48頃）

➡南匈奴は後漢に服属し，長城付近に移る

竇固（とうこ）の北匈奴討伐（72） ➡北匈奴はイリ地方へ移動

④＿＿＿＿，西域都護となる（91）

鮮卑，モンゴル高原を統一（156）

五胡[*4]の侵入 ➡華北に十六国が興亡

⑤＿＿＿＿の乱（311〜316）で南匈奴が西晋を滅ぼす

淝水の戦い（383）：前秦が東晋に敗北

モンゴル高原に柔然が台頭

⑥＿＿＿＿の拓跋珪（道武帝）が北魏建国（386）

北魏の⑦＿＿＿＿が華北を統一（439）

北魏の⑧＿＿＿＿
- 漢化政策・均田制（485）
- ⑨＿＿＿＿遷都（494）

突厥が⑩＿＿＿＿を破り，建国（552）。絹馬貿易を行う

＊1 スキタイ
前7〜前3世紀頃，南ロシア草原地帯で活動した騎馬遊牧民。ペルシア・ギリシアの金属器文化の影響を受け，動物文様を持つ馬具や武器など独特の騎馬文化を形成した。

＊2 モンゴルのオルホン川支流付近のノイン＝ウラ遺跡は匈奴の古墳で，漢代の絹布・漆器，西方スキタイ風黄金飾板などが出土した。

＊3 東西に分裂した匈奴のうち，東匈奴の呼韓邪単于（こかんやぜんう）は漢に服属し，漢は王昭君（おうしょうくん）を降嫁させた。元の馬致遠（ばちえん）は元曲『漢宮秋（かんきゅうしゅう）』を著してその悲劇を描いた。

中華思想
漢族が古くから持つ自己中心の優越思想を中華思想（華夷思想）という。周辺諸民族を東夷・西戎（せいじゅう）・北狄（ほくてき）・南蛮と蔑視した。

＊4 五胡は，匈奴・羯（けつ）・鮮卑・氐（てい）・羌（きょう）をさし，4世紀後半にはチベット系の氐族の前秦が，一時，華北を統一した。

＊5 5世紀初めに，モンゴリアに勢力を拡大したモンゴル系遊牧民で，君主はカガン（「可汗」）と称した。東西交易路のタリム盆地一帯を支配し，また北魏と対立した。

記述論述 Q 漢の武帝の時代，中国の北辺の支配をめぐり激しい攻防を繰り返した騎馬遊牧民国家の前3世紀末頃の状況について記しなさい。（東京大）

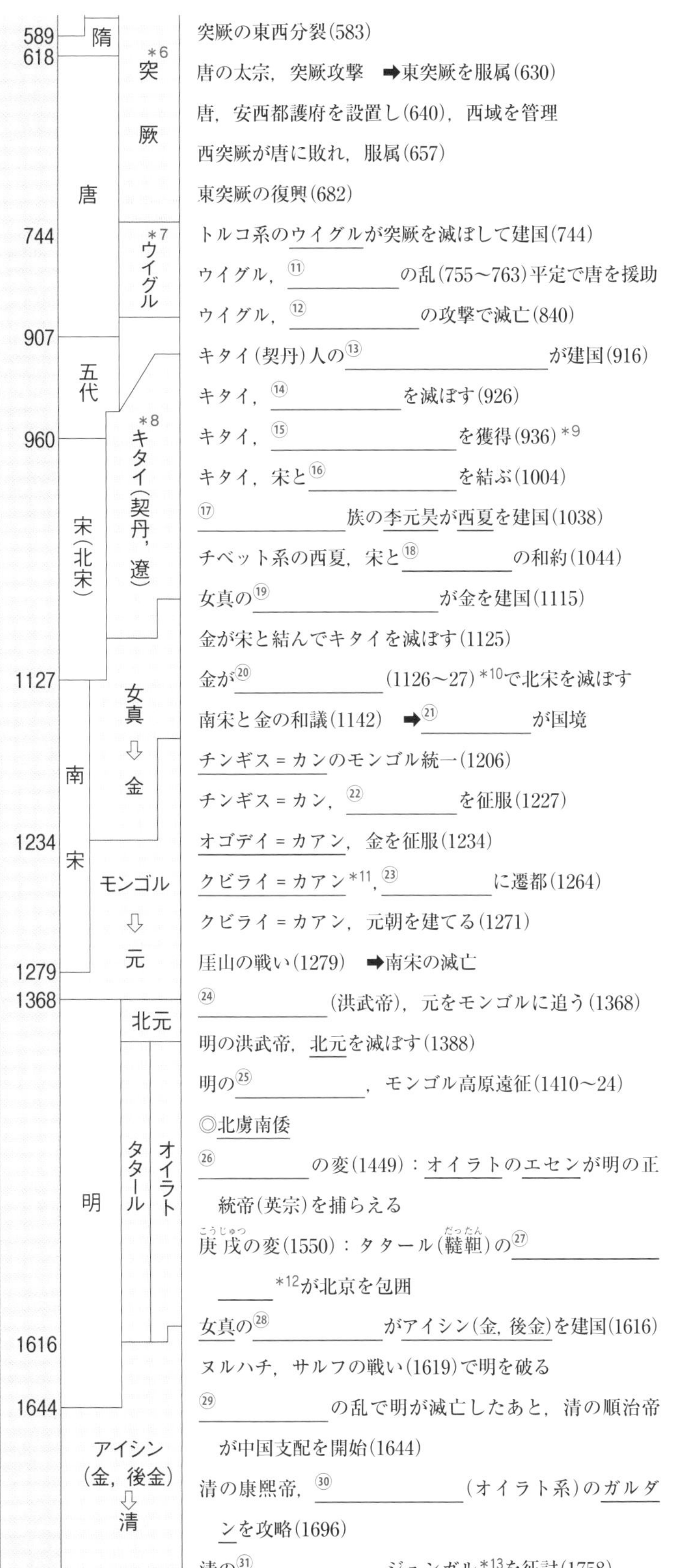

突厥の東西分裂(583)

唐の太宗，突厥攻撃 ➡東突厥を服属(630)

唐，安西都護府を設置し(640)，西域を管理

西突厥が唐に敗れ，服属(657)

東突厥の復興(682)

トルコ系のウイグルが突厥を滅ぼして建国(744)

ウイグル，⑪＿＿＿＿の乱(755～763)平定で唐を援助

ウイグル，⑫＿＿＿＿の攻撃で滅亡(840)

キタイ(契丹)人の⑬＿＿＿＿が建国(916)

キタイ，⑭＿＿＿＿を滅ぼす(926)

キタイ，⑮＿＿＿＿を獲得(936) *9

キタイ，宋と⑯＿＿＿＿を結ぶ(1004)

⑰＿＿＿＿族の李元昊が西夏を建国(1038)

チベット系の西夏，宋と⑱＿＿＿＿の和約(1044)

女真の⑲＿＿＿＿が金を建国(1115)

金が宋と結んでキタイを滅ぼす(1125)

金が⑳＿＿＿＿(1126～27) *10で北宋を滅ぼす

南宋と金の和議(1142) ➡㉑＿＿＿＿が国境

チンギス＝カンのモンゴル統一(1206)

チンギス＝カン，㉒＿＿＿＿を征服(1227)

オゴデイ＝カアン，金を征服(1234)

クビライ＝カアン *11，㉓＿＿＿＿に遷都(1264)

クビライ＝カアン，元朝を建てる(1271)

厓山の戦い(1279) ➡南宋の滅亡

㉔＿＿＿＿(洪武帝)，元をモンゴルに追う(1368)

明の洪武帝，北元を滅ぼす(1388)

明の㉕＿＿＿＿，モンゴル高原遠征(1410～24)

◎北虜南倭

㉖＿＿＿＿の変(1449)：オイラトのエセンが明の正統帝(英宗)を捕らえる

庚戌(こうじゅつ)の変(1550)：タタール(韃靼(だったん))の㉗＿＿＿＿ *12が北京を包囲

女真の㉘＿＿＿＿がアイシン(金，後金)を建国(1616)

ヌルハチ，サルフの戦い(1619)で明を破る

㉙＿＿＿＿の乱で明が滅亡したあと，清の順治帝が中国支配を開始(1644)

清の康熙帝，㉚＿＿＿＿(オイラト系)のガルダンを攻略(1696)

清の㉛＿＿＿＿，ジュンガル *13を征討(1758)

*6 トルコ系の突厥は6世紀半ば，ササン朝(ホスロー1世)と同盟してエフタルを滅ぼした。また，突厥が使用した突厥文字は，アラム文字に由来するとされる北アジア遊牧民最古の文字。

*7 ウイグル文字はアラム文字系のソグド文字に由来。モンゴル文字・満洲文字の原型となった。また，ウイグル人はイスラーム改宗以前，マニ教を信奉した。

*8 キタイは時期により，国号に契丹が用いられたり，遼が用いられたりした。

*9 モンゴル系のキタイ(契丹)は，五代の後晋建国に際して石敬瑭を支援し，その代償として燕雲十六州を獲得した。

*10 靖康の変で，宋の上皇の徽宗と皇帝の欽宗らが拉致され，徽宗の子高宗が南宋を建てた。

*11 クビライ＝カアンの即位に際し，その末弟アリクブケを擁して反抗したカイドゥ(ハイドゥ)の乱(1266～1301)は，モンゴル帝国の政治的分裂を決定づけた。

*12 アルタン＝ハーンは，1570年明と和して順義王の号を受け，また，1578年にはチベットのダライ＝ラマ3世を招いて黄帽派に改宗し，チベット仏教のモンゴル移入に努めた。

*13 乾隆帝はジュンガル・回部を平定したのち，ジュンガリア・タリム盆地を含む地方を新疆とし，藩部の一つとした。

A 前3世紀末に即位した冒頓単于の率いる匈奴は，東では漢の高祖を破って貢納を課し，西では月氏を攻撃してタリム盆地を支配下に置くなど，全盛期を迎えた。

2 北方民族系の王朝 キタイ・金は二重統治，元はモンゴル人第一主義，清は威圧・懐柔の併用

北魏 (鮮卑)*14

❶ ㉜＿＿＿＿＿の拓跋珪が建国(386)。太武帝が華北を統一(439)

❷ 孝文帝が均田制と三長制を実施，㉝＿＿＿＿＿遷都(494)，漢化政策→帝没後，六鎮(りくちん)の乱(523～530)をきっかけに東魏・西魏に分裂。西魏は府兵制を採用 →のち東魏は北斉，西魏は北周にかわった

*14 北魏以降の北朝，隋・唐の支配層は，鮮卑系拓跋部の出身が多く，連続性を重視して拓跋国家ともいう。

キタイ (契丹，遼)

❶ モンゴル系キタイ(契丹)の㉞＿＿＿＿＿が建国(916)

❷ 五代の後晋建国を援助して㉟＿＿＿＿＿を獲得・支配(936)

❸ 二重統治：契丹人は㊱＿＿＿＿＿制で北面官が，漢人など農耕民は㊲＿＿＿＿＿制で南面官が統治

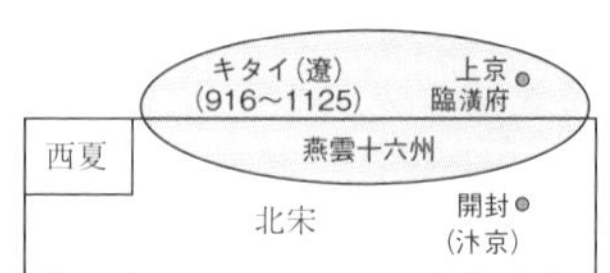

金 (女真，ジュシェン)

❶ 女真(ツングース系)の㊳＿＿＿＿＿が建国(1115)

❷ キタイを滅ぼし(1125)，㊴＿＿＿＿＿(1126～27)で北宋を滅ぼす

❸ 二重統治：女真人は㊵＿＿＿＿＿制で，㊶＿＿＿＿＿以北の漢人などは州県制で統治

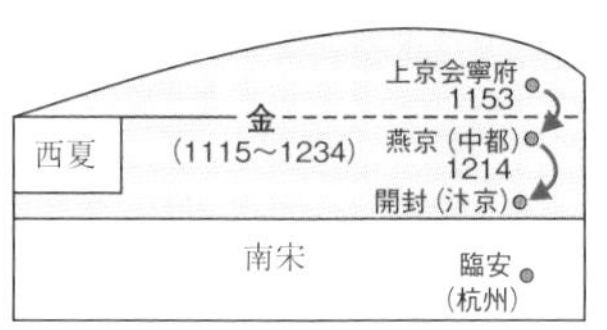

元 (モンゴル)

❶ チンギス＝カンがモンゴル帝国を建国(1206)

❷ クビライ＝カアンが大都に遷都し(1264)，国号を元とする(1271)

❸ モンゴル人第一主義：モンゴル人が重要官職を独占，色目人を財政などで重用。漢人・㊷＿＿＿＿＿を支配，儒学や科挙を軽視

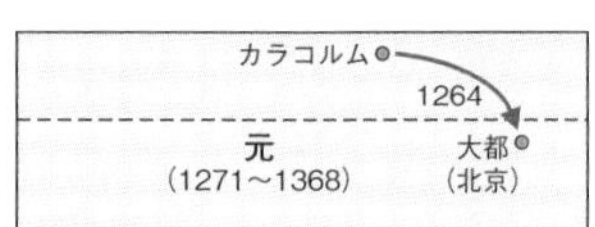

清 (女真)

❶ 女真の㊸＿＿＿＿＿がアイシン(金，後金)を建国(1616)。第2代のホンタイジは1636年に清と改称

❷ 李自成の乱に乗じて順治帝が北京に入城(1644)

❸ ㊹＿＿＿＿＿は三藩の乱を平定し，鄭成功一族の鄭氏台湾を滅ぼし，中国全土を統治

❹ 明の官制を継承する一方，懐柔策(朱子学や㊺＿＿＿＿＿の重視，満漢併用制，大編纂事業)と威圧策(辮髪令，㊻＿＿＿＿＿による思想統制)を併用

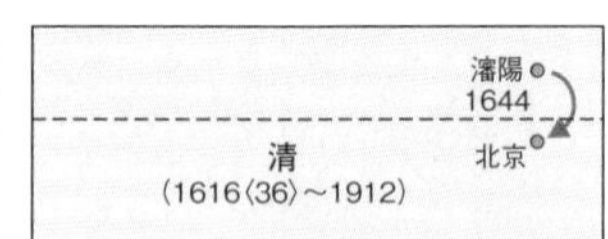

記述論述 Q 中国でさまざまな混乱が起きたことで，大元ウルス(元)はモンゴル高原に退却した。その混乱について，100字以内で説明せよ。(新潟大)

実戦演習

❶ つぎの文章を読み，下記の設問に答えなさい。

解答：別冊p.30 ▶

愛知学院大―文・商・経営・経済・法・総合政策・心身科学

1世紀中頃(1)匈奴は南北に分裂し，南匈奴は(2)後漢に服属して(3)長城以南の華北へ移住し，モンゴル高原東部には鮮卑が台頭した。南匈奴は後漢，(4)魏，(5)西晋の支配を受けたが，西晋の内乱をきっかけに自立し，鮮卑も華北に進出して諸政権を樹立した。鮮卑が南下したモンゴル高原では5世紀初め(6)柔然が台頭し，華北の(7)北魏と対立した。またモンゴル高原西部ではトルコ系の高車が勢力を拡大し，中央アジア西部を支配した(8)エフタルと争った。6世紀中頃には(9)突厥が柔然を滅ぼしてモンゴル高原を支配し，華北の(10)北周・北斉を従属下におき，さらにエフタルを撃破して中央アジアへ勢力を広げた。

問1. 下線部(1)に関して，前3世紀末に即位し，モンゴル高原を支配して匈奴の全盛期を築いた君主をつぎのなかから選びなさい。

ア．耶律阿保機　イ．完顔阿骨打　ウ．広開土王　エ．冒頓単于

問2. 下線部(2)について，後漢の首都をつぎのなかから選びなさい。

ア．北京　イ．長安　ウ．洛陽　エ．南京

問3. 下線部(3)に関して，匈奴の侵入を防ぐため戦国時代に北方に長城を築いた国をつぎのなかから選びなさい。

ア．斉　イ．楚　ウ．趙　エ．韓

問4. 下線部(4)に関して，魏の時代に創設された官吏登用制度をつぎのなかから選びなさい。

ア．九品中正　イ．科挙　ウ．骨品制　エ．郷挙里選

問5. 下線部(5)に関して，西晋で実施された土地制度をつぎのなかから選びなさい。

ア．占田・課田法　イ．均田制　ウ．三長制　エ．屯田制

問6. 下線部(6)に関して，柔然の君主の称号をつぎのなかから選びなさい。

ア．シャー　イ．カリフ　ウ．スルタン　エ．カガン(可汗)

問7. 下線部(7)に関して，439年に華北を統一した北魏の皇帝をつぎのなかから選びなさい。

ア．文帝　イ．武帝　ウ．孝文帝　エ．太武帝

問8. 下線部(8)に関して，エフタルの進出により衰退した北インドの統一王朝をつぎのなかから選びなさい。

ア．クシャーナ朝　イ．マウリヤ朝　ウ．グプタ朝　エ．ヴァルダナ朝

問9. 下線部(9)に関して，突厥が勃興した地域をつぎのなかから選びなさい。

ア．ウラル山脈　イ．カザフ草原　ウ．大興安嶺　エ．アルタイ山脈

問10. 下線部(10)に関して，西魏・北周で実施された徴兵制度をつぎのなかから選びなさい。

ア．府兵制　イ．屯田制　ウ．募兵制　エ．保甲法

❶ ヒント

問6. エ－カガン(可汗)の称号は4世紀頃，鮮卑が用い，柔然・突厥・ウイグルなど遊牧国家の君主に継承された。

❶ 解答欄

問1	
問2	
問3	
問4	
問5	
問6	
問7	
問8	
問9	
問10	

A 14世紀，ユーラシア全域で天災が続き中国でも飢饉や疫病がはびこり，さらに元による交鈔の濫発や専売制度強化など放漫財政は民衆を苦しめ，紅巾の乱など各地で反乱が起こり，元は明軍に大都を奪われた。(95字)

解答：別冊p.11 ▶

07 中国の諸制度

テーマの流れ

	前漢	魏	隋	唐	宋	明	清
官吏任用制	郷挙里選	九品中正	科挙 → (殿試追加) →				
税制	田租・算賦・徭役			租調庸制 → 両税法 →		一条鞭法 →	地丁銀制

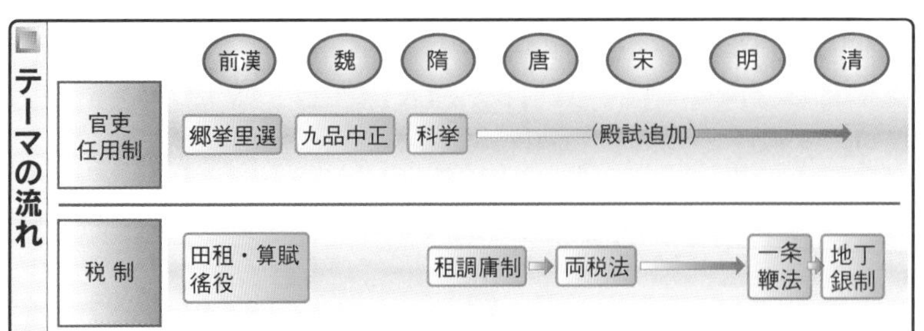

関連重要年表

280 西晋の占田・課田法
485 北魏の均田制実施
780 両税法の実施
16C後半 一条鞭法の実施
18C前半 地丁銀制の実施
1905 科挙の廃止

1 土地制度と税制の変遷

唐代半ばに均田制は荘園制に，租調庸制は両税法に変遷

土地制度の変遷[*1]	王朝	税制の変遷
【井田法(せいでん)】土地を井字形に9等分。孟子などが伝える理想化された土地制度	西周	
(大土地所有者の出現) ←	春秋・戦国	
【限田策(げんでん)】豪族の大土地所有を制限	漢	算賦(人頭税)・田租(土地税)・徭役(力役・兵役)
【屯田制(とんでん)】曹操や文帝(①＿＿＿＿)が施行	魏	戸調(戸ごとに絹・綿)・田租などを徴収
【占田・②＿＿＿＿】(武帝) 土地所有の限度規定 農民に官有地を給田	西晋	【戸調式】占田民の戸ごとに絹・綿を平等に課税，田租もある
【均田制(きんでん)】孝文帝が実施。成年男子・妻や奴婢，耕牛にも給田した	北魏	【租調制】夫婦単位に課税
【③＿＿＿＿】成年男子に口分田・永業田を給田	唐	【租調庸制】租(粟(ぞく)2石)・調(絹・綿)・庸(力役年20日)，雑徭もある
【佃戸制(でんこ)(荘園制)】唐末五代に貴族が没落し，新興地主階級(形勢戸)が成立し，④＿＿＿＿(農奴的小作人)を支配。収穫の約半分を収奪した	宋・元	【⑤＿＿＿＿】⑥＿＿＿＿後，宰相⑦＿＿＿＿が献策。夏と秋との2期に徴税[*2]
	明	【⑧＿＿＿＿】地税と丁税を一括して⑨＿＿＿＿納
	清	【⑩＿＿＿＿】丁税を地銀に繰り込み単一税化(人頭税廃止)

＊1 農耕社会の中国では，国家(王朝)の基礎は土地と農民支配に置かれた。そのため，豪族の大土地所有抑制(限田)と，土地の割り付け(給田)とが土地政策の基本であった。

近・現代の中国の土地制度

(1)天朝田畝制度
ⓐ太平天国の土地制度。原始キリスト教と「周礼(しゅらい)」の影響
ⓑ25家で共同体を組織し，農地を年齢に応じて均等に配分。私有財産制の否定
ⓒ未実施

(2)耕者有其田
ⓐ孫文の三民主義の一つ「民生」主義の「平均地権」を示す政策
ⓑ土地所有の不平等是正が目標
ⓒ未実施

(3)土地改革法
ⓐ中華人民共和国が1950年実施
ⓑ封建的地主制度の廃止と土地・農具・役畜の貧農再分配策
ⓒ1952年までに土地改革は完了した

＊2 両税法の実施は，国家(王朝)が土地公有の原則を否定し，私有制を公認したことを意味する。

記述論述 Q 地丁銀制の特徴を50字以内で説明しなさい。 (九州大)

2 儒学の発展と官吏任用制の変遷

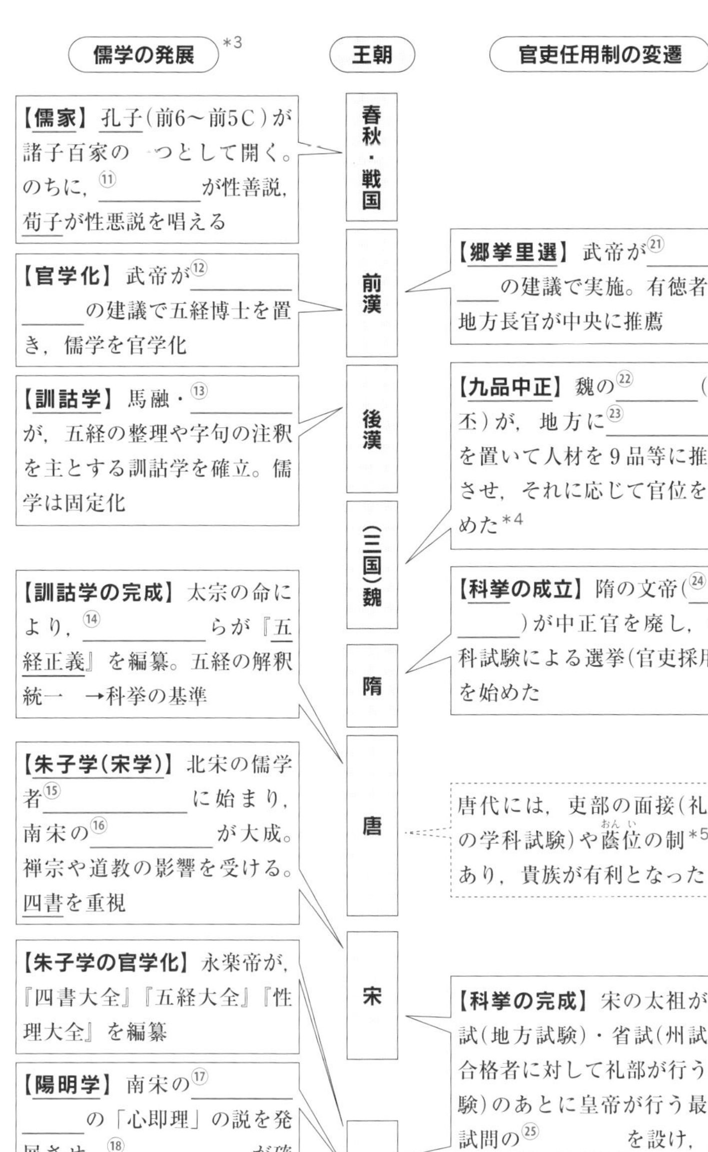

＊3 儒学の経典＝五経と四書

(1)**五経**…『詩経』・『書経』・『易経』・『春秋』・『礼記』

(2)**四書**…『大学』・『中庸』・『論語』・『孟子』

＊4 実際には「上品に寒門なく，下品に勢族なし」といわれたように豪族の子弟が上品とされ，門閥貴族を生んだ。

＊5 父祖の官位によって任官させる制度。

儒学の弾圧・批判

(1)**秦**…始皇帝は法家思想を採用，丞相李斯の建議で焚書・坑儒を行い，秦の記録・医薬・農業・卜筮(ぼくぜい)以外の書を焼きすてさせた

(2)**魏晋南北朝**…老荘思想による虚無的・超世俗的な清談が流行

(3)**元**…モンゴル人第一主義をとり，科挙を一時中止，元代では"一官二吏(→九儒十丐(きゅうじゅじっきゅう))"といわれ，儒学者は丐(乞食)の上の9番目に位置づけられた

(4)**中華民国**…辛亥革命後，文学革命で陳独秀・胡適らが儒教道徳を批判した

A 清の康熙帝代に始まった税制。人頭税(丁税)を土地税(地銀)に繰り込み丁税を廃止して一括銀納とした。(49字)

08 イスラーム世界の形成

解答：別冊p.12 ▶

ココが出る！

［入試全般］

トルコ系とシーア派の王朝が頻出。イスラーム関連用語も注意。

［国公立二次・難関私大］

イスラーム教成立の背景，教義の特徴を押さえよう。ウマイヤ朝・アッバース朝の成立過程が頻出。ファーティマ朝・セルジューク朝に関する出題も多い。

大学入試 最頻出ワード

- カイロ
- カリフ
- バグダード
- ムハンマド
- セルジューク朝
- スルタン
- メッカ

7C

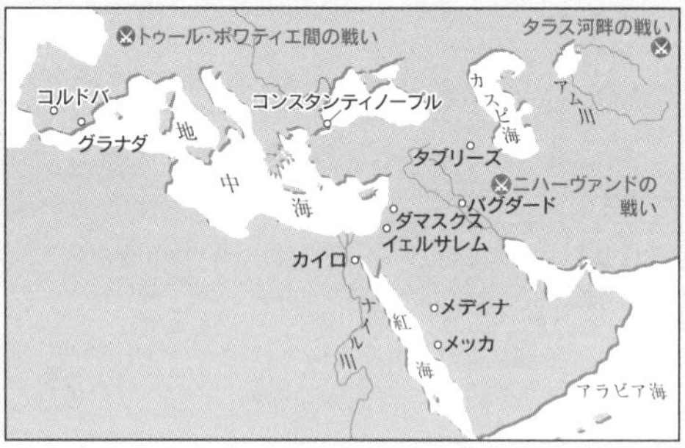

トゥール・ポワティエ間の戦い
タラス河畔の戦い
コルドバ
グラナダ
コンスタンティノープル
地中海
カスピ海
アム川
タブリーズ
ニハーヴァンドの戦い
バグダード
ダマスクス
イェルサレム
カイロ
ナイル川
紅海
メディナ
メッカ
アラビア海

ムハンマド

- メッカでイスラーム教を創唱
- ①［　　　　］（聖遷，622年）

正統カリフ時代

- エジプト・シリア征服
- ササン朝攻略

661 ②［　　　　］朝（都：ダマスクス）

8C

- イベリア半島征服 ⟶ トゥール・ポワティエ間の戦い（732年）で敗北
- アラブ人第一主義
- スンナ派と③［　　　　］派の対立

756 **後ウマイヤ朝**（都：コルドバ）

750 ④［　　　　］朝（都：バグダード）

- タラス河畔の戦い（751年）⇒ 唐に勝利
- ハールーン＝アッラシード時代に全盛期
- カリフの神格化
- 改宗したイラン人・トルコ人の台頭と自立

9C

10C

909 **ファーティマ朝**（都：カイロ）

932 ⑤［　　　　］朝
- イクター制

875 **サーマーン朝**

10C半 **カラハン朝**

977 **ガズナ朝**

11C

1056 **ムラービト朝**
- ベルベル人

1038 ⑥［　　　　］朝
- スルタン位獲得

1077 **ホラズム＝シャー朝**

12C

1130 **ムワッヒド朝**
- ベルベル人

1169 ⑦［　　　　］朝
- サラーフ＝アッディーン

1132 **カラキタイ**

1148頃 **ゴール朝**

レコンキスタ

十字軍

13C

1232 **ナスル朝**

1250 ⑧［　　　　］朝

1258 **イル＝ハン国**（都：タブリーズ）
- フレグが建国

1227 **チャガタイ＝ハン国**

1206 **奴隷王朝**

シーア派
イラン系
トルコ系

空欄解答 ①ヒジュラ ②ウマイヤ ③シーア ④アッバース ⑤ブワイフ ⑥セルジューク ⑦アイユーブ ⑧マムルーク

カリフ位をめぐる対立から生じたシーア派について，その教義の特徴を説明しなさい。（北海道大）

1 イスラーム政権の成立 "コーランか，貢納か，剣か"

イスラーム教の成立

1. 背景

❶ 6世紀後半，ササン朝とビザンツ帝国の抗争激化 ➡主要な東西交易路が途絶えたため，アラビア半島*1経由の通商路が発達

❷ ①＿＿＿＿・ヤスリブ(メディナ)の中継商業都市の繁栄

❸ 商業貴族の専制的支配と貧富の差の増大

2. ②＿＿＿＿(570頃～632)

❶ メッカの③＿＿＿＿族*2のハーシム家に誕生

❷ メッカ近郊のヒラー山で唯一神④＿＿＿＿の啓示(610頃)を受け，最高・最後の預言者と自覚

❸ メッカで迫害され，622年メディナに逃れ(＝聖遷：⑤＿＿＿＿)，この地でイスラーム共同体(ウンマ)を組織

❹ メッカを占領(630) ➡アラビア半島を統一*3

3. 正統カリフ時代(632～661) ⇨都：メディナ

❶ ムハンマドの死後，ムスリムの選挙で後継者(⑥＿＿＿＿)を選出

❷ 初代アブー＝バクル以後，第2代ウマル，第3代ウスマーン，第4代⑦＿＿＿＿の時代を正統カリフ時代という

❸ 領土の拡大：聖戦(ジハード)を展開*4し，エジプト・シリアを⑧＿＿＿＿帝国から奪取。⑨＿＿＿＿の戦い(642)に勝利し，ササン朝を滅ぼす(651)

ウマイヤ朝(661～750) ⇨都：⑩＿＿＿＿

1. 発展

❶ 第4代カリフのアリー暗殺後，シリア総督⑪＿＿＿＿が創始(661) ➡カリフはウマイヤ家が世襲

❷ ⑫＿＿＿＿王国を征服(711)，トゥール・ポワティエ間の戦い(732)ではフランク王国の宮宰⑬＿＿＿＿に敗北した

2. 政治

❶ 征服民から土地税(⑭＿＿＿＿)・人頭税(⑮＿＿＿＿)を徴収

❷ アラブ人に対しては，ザカート(喜捨)と十分の一税のみというアラブ人第一主義をとった*5

---

*1 アラビア半島は大部分が乾燥した砂漠で，アラブ人が遊牧し，一方，オアシスでは農業も営まれ，隊商による交易活動も行われた。この当時，多くのアラブ人は偶像を崇拝する多神教であった。

***2 クライシュ族**

メッカの商業貴族で，中継貿易の利益を独占し，政治と宗教(メッカのカーバ聖殿の黒石信仰)の実権を掌握した特権階級で，ウマイヤ家が最も優勢であった。

イスラーム教の主な特徴

①唯一神アッラーへの絶対的帰依
②信徒(ムスリム)の平等
③特権的聖職者の存在を否認
④偶像の徹底禁止
⑤経典『コーラン(クルアーン)』は啓示の記録
⑥六信五行の実践

*3 イスラーム教徒は，ユダヤ教徒・キリスト教徒を「啓典(聖典)の民」と呼び，人頭税(ジズヤ)の支払いにより信仰を保障した。正統カリフ時代以後は，ゾロアスター教徒や仏教徒も啓典の民と同じ扱いを受けた。

*4 征服地の要地には軍隊が駐屯する軍営都市(ミスル)がつくられ，アラブ人の総督が派遣されて支配した。

イスラーム教の分裂

アリーがハワーリジュ派の手によって暗殺されたあと，イスラーム教はスンナ派とシーア派に分裂した。スンナ派はムハンマドの言行(スンナ)を生活の規範とし，また正統カリフをすべて正統とする多数派。シーア派はアリーの子孫のみにカリフ権を承認する。

*5 アラブ人による広大な領域の支配を通じてアラビア語が公用語とされた。

A 第4代正統カリフのアリーとその子孫のみがムハンマドの正統な後継者で，『コーラン』を正しく解釈できる特別な能力が備わっていると信じ，イスラーム共同体(ウンマ)の指導者としての資格をもつと主張した。

アッバース朝(750〜1258) ⇨都：⑯＿＿＿＿

1. 創始 アラブ人優越に反発する改宗イラン人や⑰＿＿＿＿と結んだアブー＝アルアッバースがウマイヤ朝を倒す(750) *6

2. イスラーム帝国

❶ 第２代マンスールはバグダードを造営

❷ 第５代⑱＿＿＿＿時代が全盛期
(位786〜809)

❸ カリフは次第に神格化され，イスラームの学者(⑲＿＿＿＿)を裁判官(カーディー)に任命してイスラーム法(⑳＿＿＿＿)に基づく政治を進め，アラブ人以外の人々も官僚に登用された

❹ 改宗者(マワーリー)からの㉑＿＿＿＿徴収も廃止され，アラブ人土地所有者にはハラージュが課せられ，ムスリム間の不平等は解消

3. 衰退

❶ 9世紀以降，地方のアミール(総督)が自立し，㉒＿＿＿＿が台頭
(主にトルコ人の軍人奴隷)

❷ イドリース朝(モロッコ)・トゥールーン朝(エジプト)などの独立
(789〜985) (868〜905)

❸ ㉓＿＿＿＿の率いるモンゴル軍により滅亡(1258)

後ウマイヤ朝(756〜1031) ⇨都：㉔＿＿＿＿

1. 建国 ウマイヤ朝の一族がイベリア半島で自立

2. 動向

❶ アブド＝アッラフマーン３世がカリフを称し，全盛期(10世紀)

❷ キリスト教徒の国土回復運動(㉕＿＿＿＿)で衰退し，分裂

2 西方のイスラーム諸王朝

ファーティマ朝はカリフを称し，アッバース朝の権威を否定

エジプト

1. ㉖＿＿＿＿朝(909〜1171)

❶ イスマーイール派(シーア派の一派)がチュニジアに建国(909)し，君主はカリフを称してアッバース朝の権威を否定

❷ エジプトに進出し，㉗＿＿＿＿を建設した(969) *7

❸ 十字軍との戦いの中で傭兵軍団が台頭

2. アイユーブ朝(1169〜1250) ⇨都：カイロ

❶ クルド人㉘＿＿＿＿が建てたスンナ派王朝で，ファーティマ朝を滅ぼした

❷ ㉙＿＿＿＿を占領し(1187)，第３回十字軍を撃退 *8

*6 アッバース朝は，751年タラス河畔の戦いで唐軍(将軍高仙芝(こうせんし))を撃破した。これを機に，製紙法が西伝したとされる。

*7 972年ファーティマ朝がカイロに創建したアズハル学院は，世界最古の大学の一つで，イスラーム神学・法学研究の中心地である。

*十字軍▶p.101

*8 サラディンは，第３回十字軍のイギリス王リチャード１世と戦った。

記述論述 Q イクター制について簡単に説明しなさい。 (聖心女子大)

 出題大学…⑱：龍谷大／㉓：北海学園大

3. ㉚______朝(1250〜1517) ⇨都：カイロ*9

❶ アイユーブ朝のトルコ系マムルークのアイバクにより建国(1250)

❷ 第5代スルタンの㉛______(位1260〜77)は，フレグに滅ぼされたアッバース朝のカリフの後裔（こうえい）を保護し，モンゴル軍・十字軍と戦った

マグリブ*10と西スーダン・東アフリカ

1. モロッコとイベリア半島南部

❶ ベルベル人は，7世紀にアラブに征服され，急速にイスラーム化が進み，マラケシュを都に，㉜______朝(1056〜1147)・ムワッヒド朝(1130〜1269)を建て，イベリア半島にも進出

❷ ムラービト朝は，サハラの塩とギニアの金を交換するサハラ縦断交易で栄えたニジェール川流域の黒人国家の㉝______王国を攻略

❸ イベリア半島南部に成立したナスル朝(1232〜1492)は，首都㉞______にアルハンブラ宮殿を造営。1492年にスペインにより滅亡

2. 西アフリカ　7世紀頃からガーナ王国が金と塩の交易で繁栄

❶ 13世紀以降，ニジェール川流域に黒人のイスラーム教国の㉟______王国*11(1240〜1473)・ソンガイ王国(1464〜1591)が生まれた

❷ 交易都市の㊱______には，黒人最初の大学も設立された

3. 東アフリカ

❶ 10世紀以降，ムスリム商人は㊲______船を操ってアフリカ東岸のキルワ・モンバサ・マリンディなどの海港都市に来航し，インド洋交易の拠点とした

❷ アラビア語と現地のバントゥー語が混交した㊳______が形成

❸ アフリカ南部のザンベジ川流域には，ジンバブエを中心に㊴______王国が栄え，ムスリム商人が来航した

3 東方のイスラーム諸王朝　イラン系・トルコ系のイスラーム諸王朝が興亡

中央アジア・西アジア

1. ㊵______朝(875〜999)

❶ アッバース朝から独立。イラン系

❷ サマルカンドや㊶______は東西貿易で繁栄した*12

2. ㊷______朝(10世紀半ば〜12世紀半ば)

❶ 中央アジア最初のトルコ系イスラーム王朝で，東西トルキスタンの

*9 マムルーク朝の首都カイロはバグダードに代わってイスラーム世界の中心地として繁栄。『千夜一夜物語』(『アラビアン＝ナイト』)も完成し，また，カーリミー商人が地中海とインド洋を結ぶ香辛料貿易を独占した。

*10 マグリブとは「日の没する地」を意味するアラビア語で，モロッコ，アルジェリア，チュニジアなど北西アフリカをさす。

*11 14世紀前半のマンサ＝ムーサ王の時代が最盛期。

*12 サーマーン朝のもとでトルコ人奴隷傭兵(マムルーク)がイスラーム世界に供給された。

A 軍人・官僚に給与を支給するかわりに土地の管理権と徴税権を与えた制度。ブワイフ朝に始まり，イスラーム諸王朝に継承された。

イスラーム化を促進し，サーマーン朝を滅ぼす

❷ カラキタイ(西遼)の㊸＿＿＿＿の支配下に入る

3. ㊹＿＿＿＿**朝**(932〜1062)

❶ シーア派のイラン系軍事政権*13

❷ バグダードに入城(946)し，大アミールとして世俗的実権掌握

4. ㊺＿＿＿＿**朝**(1038〜1194)

❶ スンナ派のトルコ人王朝。創始者の㊻＿＿＿＿(位1038〜63)は，1055年にバグダードに入城してブワイフ朝を倒し，アッバース朝カリフから㊼＿＿＿＿の称号を獲得

❷ 全盛期：マリク＝シャー(位1072〜92)時代*14に㊽＿＿＿＿制*15が整備された

❸ 十字軍と抗争し，内紛で4小王朝に分裂して消滅した*16

5. ㊾＿＿＿＿**朝**(1077〜1231)

❶ アム川下流域に独立したトルコ系イスラーム王朝

❷ チンギス＝カンに攻撃され，やがて滅亡(1231)

6. イル＝ハン国(フレグ＝ウルス, 1258〜1353) ⇨都：㊿＿＿＿＿

❶ ⑤①＿＿＿＿がアッバース朝を滅ぼして建国(1258)

❷ 第7代⑤②＿＿＿＿(位1295〜1304)がイスラーム教を国教化し，イラン＝イスラーム文化が栄えた*17

インド・東南アジアのイスラーム化

1. ⑤③＿＿＿＿**朝**(977〜1187)

❶ サーマーン朝のマムルークのアルプテギンがアフガニスタンに建国(977)したトルコ系の軍事政権

❷ マフムード*18(位998〜1030)は11世紀初め，十数回のインド遠征を行った

2. ⑤④＿＿＿＿**朝**(1148頃〜1215)

❶ ガズナ朝を滅ぼしてアフガニスタンを支配

❷ デリーを占領し(1193)，ベンガル地方に進出

3. デリー=スルタン朝(1206〜1526) ⇨都：デリー

❶ ⑤⑤＿＿＿＿(1206〜90)：ゴール朝のマムルーク出身のアイバクが創始したインド最初のイスラーム王朝

❷ 以後，ハルジー朝・トゥグルク朝・サイイド朝・⑤⑥＿＿＿＿が興亡

4. ⑤⑦＿＿＿＿**王国**(14世紀末〜1511) 15世紀半ば，東南アジア有数のイスラーム国家となった

*13 ブワイフ朝は，軍人に対して従来のアター(給与)に代えて一定地域の徴税権を認めたイクター制を初めて実施した。

*14 マリク＝シャーの宰相ニザーム＝アルムルクは，ニザーミーヤ学院を創立してスンナ派神学と法学など学問を奨励した。またこの頃，イラン系の詩人ウマル＝ハイヤームも『四行詩集』(『ルバイヤート』)を著している。

*15 セルジューク朝で完備したイクター制は，功臣・軍人に分与地(イクター)を支給。分与地保有者は土地からの収入で兵士を養い，戦時にはこれら従者を率いて参戦する義務を負った。

*16 セルジューク朝の分派で，小アジアにルーム＝セルジューク朝(1077〜1308)が成立，アナトリア高原のイスラーム化，トルコ化が促進された。

*17 イル＝ハン国の宰相ラシード＝アッディーンはペルシア語で『集史』を著した。

*18 マフムード治世下では，叙事詩『シャー＝ナーメ』を著したフィルドゥシーや科学者ビールーニーが活躍した。

インドのイスラーム化の背景

ヒンドゥー教の神への絶対帰依を説く神秘主義的なバクティ信仰が北インドに広まるなか，イスラーム王朝の支配を背景に，イスラーム神秘主義者(スーフィー)の活動も活発化した。バクティ信仰とイスラーム教の教えには共通性があったため，スーフィーなどを通して，都市住民やカーストの差別に苦しむ人々の間にイスラーム教は広まり，イスラーム教とヒンドゥー教の融合をはかるカビールなどの思想家も現れた。

東南アジアのイスラーム王国

東南アジアは，8世紀以降，イスラーム商人の中国貿易の中継地となり，イスラーム教が伝播した。16世紀には，ジャワのバンテン王国(〜1813)，マタラム王国(〜1755)，スマトラ西北部のアチェ王国(〜1903)が栄えた。

記述論述 Q イスラーム世界におけるトルコ人の活動が，9世紀から10世紀にかけてどのように推移したか，その過程について，次の語句を用いて100字以内で説明しなさい。 サーマーン朝 ガズナ朝 アッバース朝 (九州大)

 出題大学…㊻：近畿大，中央大，高崎経済大／⑤①：北海学園大／⑤②：北海道大

実戦演習

❶ 次の文は，ウマイヤ朝以後のイスラーム社会について述べたものである。これを読んで，下の問(A・B)に答えよ。 西南学院大

解答：別冊p.31 ▶

神の啓示を受けた預言者としてイスラーム教を唱えたムハンマドが没すると，ムスリム共同体において預言者を後継する役職としてカリフが設立された。不満分子によって第[a]代正統カリフのアリーが暗殺されると，シリア総督の[b]は，661年にウマイヤ朝を開いた。

ウマイヤ朝は[c]に都を定め，征服活動を推し進めた。東方では中央アジアのソグディアナとインド西部を，西方では北アフリカを征服し，さらにイベリア半島に進出して711年に西ゴート王国を滅ぼした。その後，フランク王国に度々侵入したものの，[d]の戦いに破れ，ピレネー山脈の南に退く結果となった。

この時代は，アラブ人が支配者集団を形成して異民族とは異なる特権を与えられ，(ア)征服地の先住民には，国家財政の基礎となる税が課された。このような排他的な支配は，すべての信者は平等であるという『コーラン』の教えに背くものであるとして，ウマイヤ朝の政策を批判する人々が出現した。彼らの協力を得たアッバース家は，ホラーサーンで反乱を起こしてウマイヤ朝を滅ぼし，アッバース朝を開いた。ウマイヤ朝の一族はイベリア半島に逃れ，[e]年に後ウマイヤ朝を建てた。

アッバース朝の第2代カリフであるマンスールは首都[f]を造営し，新帝国の基礎を固めた。この時代には，アラブ人の特権が廃止され，(イ)異民族でもイスラーム教に改宗すれば同等の権利が得られるようになった。また，カリフの政治は，ウラマー（宗教知識人）によって整備が進められたイスラーム法（シャリーア）に基づいて実施されるようになった。

アッバース朝は第5代カリフである[g]の時代に繁栄の絶頂を迎えた。しかし，彼の死後から帝国内のイランや(ウ)エジプトに独立の王朝が成立し，カリフの主権がおよぶ範囲は次第に縮小することになった。

問A. 文中の[ ]（a～g）に，最も適当な語または数字を記入せよ。

問B. 文中の下線部（ア～ウ）について，最も適当な語を記入せよ。

ア. 下線部(ア)について，被征服地の先住民に課された人頭税のことを何というか。

イ. 下線部(イ)について，このような異民族の改宗者のことを何とよぶか。

ウ. 下線部(ウ)について，868年にエジプトで建てられた王朝は何か。

❶ ヒント

問B. イ－非アラブ人のイスラーム改宗者の「マワーリー」に対して，被征服地の改宗しない人びと（ユダヤ教徒やキリスト教徒）などは「ズィンミー」と呼ばれた。

問B. ウ－アッバース朝のエジプト総督イブン＝トゥールーンが，868年に自立して建設した。

❶ 解答欄

問A	a	
	b	
	c	
	d	
	e	
	f	
	g	
問B	ア	
	イ	
	ウ	

❷ 次の文章を読んで，以下の問い(1～2)に答えなさい。 東京都立大〈改題〉

イスラーム世界の拡大に大きく貢献した[a]朝も，9世紀半ばごろから衰えはじめ，地方政権が自立していった。カスピ海沿岸地方からおこった(1)ブワイフ朝の君主は946年に[b]を攻略した。北アフリカでは[c]朝が969年にエジプトを征服して首都カイロを造営した。両王朝ともにイスラーム教の一派である[d]派を奉じたが，後者は[a]朝の権威を認めず，自ら指導者の称号である[e]を名乗った。10世紀後半には，イベリア半島を支配する後ウマイヤ朝と合わせて3つの[e]政権が並び立った。

問1. 空欄a～eに適切な語句を入れなさい。

問2. 下線部(1)に関連して，ブワイフ朝の君主が任ぜられた役職を記しなさい。

❷ 解答欄

問1	a	
	b	
	c	
	d	
	e	
問2		

A 9世紀初め頃からアッバース朝はトルコ人軍人奴隷を活用し，トルコ人のイスラーム化が進み，10世紀には中央アジアでカラハン朝が成立してサーマーン朝を滅ぼし，アフガニスタンではガズナ朝が成立した。(95字)

解答：別冊p.12 ▶

09 イスラーム世界の拡大

ココが出る！

［入試全般］

オスマン帝国の領土拡大とムガル帝国の異教徒政策が頻出分野。

［国公立二次・難関私大］

ティムール朝は征服活動，サファヴィー朝はイラン史として狙われる。ムガル帝国はアクバルとアウラングゼーブの宗教政策，オスマン帝国は領土拡大の経過とスレイマン1世の事績，オスマン帝国独自の諸制度が出題の焦点。

大学入試 最頻出ワード

- ジズヤ
- バーブル
- アンカラの戦い
- イェニチェリ
- メフメト2世
- サマルカンド

西アジア

14C

1300頃 **オスマン帝国**

- バルカン半島へ進出

15C

バヤジット1世 → ⚔ ←（①朝）

② [　　　　] の戦い（1402年）

メフメト2世

- ③ [　　　　] 占領

⇒ビザンツ帝国滅亡（1453年）

16C

セリム1世

- マムルーク朝を滅ぼす

④ [　　　　]

- 第1次ウィーン包囲 失敗
- プレヴェザの海戦に勝利
- 帝国の最盛期

- ⑤ [　　　　] に敗北（1571年）

イラン・中央アジア

1227 **チャガタイ＝ハン国（チャガタイ＝ウルス）**

1370 ① [　　　　] 朝（都：サマルカンド）

遊牧ウズベク

- 後にブハラ＝ハン国やヒヴァ＝ハン国を建国

1501 ⑥ [　　　　] 朝

- シーア派を国教とする

アッバース1世

- イスファハーンに遷都
- 王朝の最盛期

インド

1206 **デリー＝スルタン朝**

- 奴隷王朝～ロディー朝のイスラーム5王朝
- インドのイスラーム化進行

1526 ⑦ [　　　　] 帝国

- バーブルが建国

⑧ [　　　　]

- アグラに遷都
- イスラーム・ヒンドゥー両教徒の融和策

タージ＝マハルの建設

17C

アウラングゼーブ

- 最大領土
- ジズヤの復活

↳ ラージプート族やシク教徒の反抗

⑨ [　　　　] 同盟が反抗

ウィーン包囲
コンスタンティノープル（イスタンブル）
アンカラの戦い
サマルカンド
ブハラ
カーブル
イスファハーン
パーニーパットの戦い
デリー
アグラ

空欄解答 ①ティムール ②アンカラ ③コンスタンティノープル ④スレイマン1世 ⑤レパントの海戦 ⑥サファヴィー ⑦ムガル ⑧アクバル ⑨マラーター

アクバルの統治機構はどのようなものか，述べよ。（松山大）

1 ティムール朝とムガル帝国　モンゴル帝国再建をめざしたイスラーム王朝

ティムール朝(1370～1507)

1. ティムール(位1370～1405)

❶ 西チャガタイ＝ハン国の混乱に乗じてトルコ化したティムールが台頭し，①＿＿＿＿を首都に建国(1370)

❷ 東西トルキスタンを統一し，旧イル＝ハン国やキプチャク＝ハン国の一部を併合，トゥグルク朝の北インドにも侵入して大帝国を建設

❸ ②＿＿＿＿の戦い(1402)でオスマン帝国の③＿＿＿＿に勝利したが，その後，明への遠征途上，オトラルで没す(1405)

2. 繁栄

❶ 東西貿易を独占し，サマルカンドやブハラが繁栄

❷ 第3代シャー＝ルフ(位1409～47)，第4代ウルグ＝ベク(位1447～49)の時代が全盛期

❸ トルコ＝イスラーム文化が発展し，細密画(④＿＿＿＿)・天文学・暦法・建築が隆盛

3. 滅亡　トルコ系⑤＿＿＿＿の侵入で分裂・滅亡(1507)

▶ウズベク人は，ティムール朝滅亡後，西トルキスタンにブハラ＝ハン国(1500～1920)・ヒヴァ＝ハン国(1512～1920)，さらにその後コーカンド＝ハン国(1710頃～1876)を建てたが，いずれも19世紀後半ロシアの支配下に入った。

◆ ティムール朝(15世紀初め)

ムガル帝国[*1](1526～1858)

1. 建国　ティムールの子孫⑥＿＿＿＿が，カーブルを拠点にパンジャーブへ侵入し，⑦＿＿＿＿の戦い(1526，第1次)でロディー朝を破り，⑧＿＿＿＿を占領し，建国した

2. ⑨＿＿＿＿(位1556～1605)

❶ パーニーパットの戦い(1556，第2次)でスール朝[*2]軍を破る

❷ デリーからジャムナー川西岸の⑩＿＿＿＿に遷都

❸ ヒンドゥー教徒のラージプート諸侯を懐柔・平定

アクバルの統治　(1)マンサブダール制の導入…有力な軍人に維持すべき騎兵と騎馬数を定め，その数に応じて俸給を与えた　(2)土地測量を実施し，租税制度を改革　(3)人頭税(⑪＿＿＿＿)を廃止してイスラーム・ヒンドゥー両教徒の融和を促進

3. シャー＝ジャハーン(位1628～58)

*1 ムガルの名は，「モンゴル」に由来する。

＊2 スール朝(1539～55)
ベンガル・ビハールに勢力をはったアフガン系のイスラーム王朝で，創始者のシェール＝シャー（位1539～45)はムガル帝国の第2代皇帝フマーユーンを破る一方，貨幣制度・土地調査・駅伝制などを採用し，その多くは，アクバルに引き継がれた。

A 全国の土地測量を実施し，面積に応じた地租を課し，また各地を州に分け，中央から派遣する官吏に統治させた。官吏には官位(マンサブ)に応じて土地の徴税権を与え，保持すべき騎兵・騎馬数を定めた。

❶ アグラからデリーへ遷都

❷ アグラに⑫＿＿＿＿＿を完成(1653)

→インド＝イスラーム文化の代表的建造物

4. ⑬＿＿＿＿＿(位1658〜1707)

❶ デカン高原の大部分を支配し，ムガル帝国の最大領土を実現

❷ 厳格な⑭＿＿＿＿＿派信仰を奉じ，ジズヤを復活(1679)した

5. 衰退

❶ ラジャスターン地方のラージプート諸侯の反抗

❷ パンジャーブ地方の⑮＿＿＿＿＿の反抗

❸ デカン高原では，シヴァージーがマラーター王国を建て，反抗

❹ イギリス・フランスの進出：イギリスはマドラス・⑯＿＿＿＿＿・カルカッタ，フランスは⑰＿＿＿＿＿・シャンデルナゴル

シク教　16世紀初め，⑱＿＿＿＿＿が創始したヒンドゥー教改革派。バクティ信仰を基礎に，偶像崇拝やカースト制を否定。19世紀初め，パンジャーブ地方を中心にランジット＝シングがシク王国を建てた

6. インド＝イスラーム文化

❶ ⑲＿＿＿＿＿*3の使用：ヒンディー語を主にアラビア語・ペルシア語を借用。アラビア文字を使う

❷ ムガル絵画(イスラーム風)・ラージプート絵画(インド風)の発達

◆ ムガル帝国の全盛期

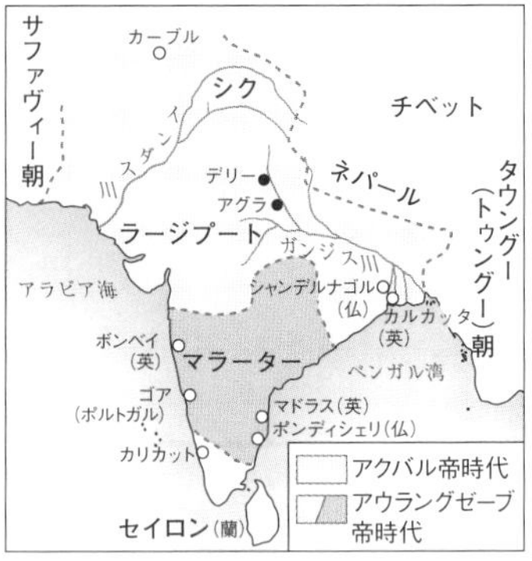

ヴィジャヤナガル王国(1336〜1649)

南インドに栄えたヒンドゥー教国。綿布・香辛料貿易で栄える一方，北方のイスラーム諸王朝と対立し，インド洋交易で西アジアから馬を輸入して軍事力を強化した。また，1498年ヴァスコ＝ダ＝ガマが港市のカリカットに到達した。以降，ポルトガルと活発に交易した。

*3　ムガル帝国ではペルシア語が公用語。北インドでペルシア語と地方語がまざって生まれたウルドゥー語は，現在パキスタンの国語である。現在インド共和国の主要な公用語はヒンディー語である。

2 サファヴィー朝とオスマン帝国

オスマン帝国はバルカン半島に進出してヨーロッパの政局を左右した

サファヴィー朝(1501〜1736)

1. 建国

❶ イランの神秘主義教団の⑳＿＿＿＿＿(位1501〜24)が，1501年タブリーズを占領して建国

❷ ㉑＿＿＿＿＿派のうちの十二イマーム派*4が国教。帝号はイラン伝統の㉒＿＿＿＿＿を使用し，ペルシア語を国語とする

❸ チャルディラーンの戦い(1514)で鉄砲や大砲など火器を装備したオスマン帝国軍に敗れる

2. ㉓＿＿＿＿＿(位1587〜1629)

❶ オスマン帝国からイラクを奪回

❷ ポルトガル人を㉔＿＿＿＿＿から駆逐(1622)

*4　シーア派では預言者ムハンマドの後継者アリー以下の直系12人をイマームと呼ぶ。十二イマーム派ではその12代目の「隠れイマーム」が，将来この世に再臨すると信じられている。

記述論述 Q　アウラングゼーブ帝の政策について60字以内で説明しなさい。　(東京都立大)

 出題大学…㉔：学習院大，上智大，日本大

❸ 1598年，㉕＿＿＿＿＿＿に遷都。「世界の半分」と称される

❹ インドやヨーロッパと絹織物などの交易

3. 滅亡　アフガン人に首都を占領され，やがて滅亡(1736)

サファヴィー朝後のペルシア

(1)アフシャール朝(1736〜96)…ナーディル＝シャーの建国したスンナ派イスラーム王朝

(2)ザンド朝(1750〜94)…イラン南部を中心に成立

⇨ともにガージャール朝により滅亡

オスマン帝国(1300頃〜1922)の発展

1. 建国

❶ ルーム＝セルジューク朝の進出後，小アジアに移住していたトルコ人がオスマンの下で建国(1300頃)

❷ 14世紀に入るとバルカン半島に進出し，ビザンツ帝国と抗争

2. 発展

❶ ムラト1世(位1359〜89)：アドリアノープルを占領，ブルサから遷都(1366，エディルネと改称)。㉖＿＿＿＿＿＿*5(新軍)の活躍

❷ ㉗＿＿＿＿＿＿(位1389〜1402)：ニコポリスの戦い(1396)でハンガリー王ジギスムントの率いるヨーロッパ連合軍を破ったが，㉘＿＿＿＿＿＿の戦い(1402)でティムールに敗北　➡帝国は一時混乱

*5 イェニチェリは，被征服地のキリスト教徒の子弟を強制徴用(デヴシルメ)し，イスラーム教に改宗させ，訓練を施し，「スルタンの奴隷」として編制した歩兵の常備軍。1826年マフムト2世のとき廃止された。

3. ㉙＿＿＿＿＿＿(位1444〜46，51〜81)　コンスタンティノープルを占領してビザンツ帝国を滅ぼし(1453)，この地をイスタンブルと改称して遷都

4. ㉚＿＿＿＿＿＿(位1512〜20)　サファヴィー朝を破り*6，エジプトのマムルーク朝を征服・併合(1517)，メッカ・メディナの保護権を掌握した

*6 セリム1世は，サファヴィー朝のイスマーイール(1世)をチャルディラーンの戦い(1514)で破り，アナトリア東部を奪った。

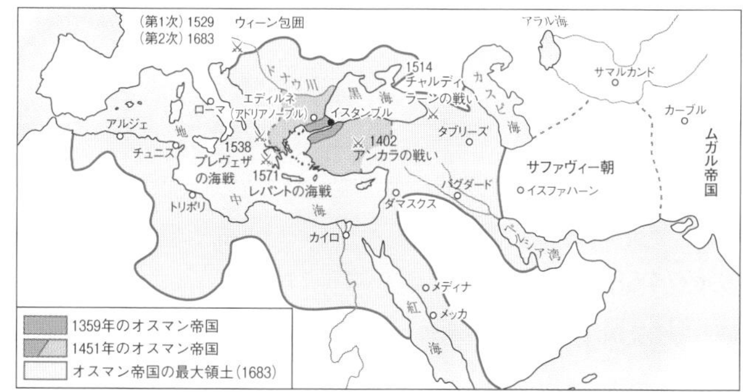

◆ **オスマン帝国の領土拡大**

オスマン帝国は，14世紀にはアナトリア西部とバルカン半島を征服し，15世紀にはビザンツ帝国を滅ぼした。16世紀にはマムルーク朝を滅ぼしてイスラーム世界の盟主としての地位を確保。さらにスレイマン1世の時代にはハンガリーを制し，ウィーンを包囲，地中海の制海権を奪うなど，当時のヨーロッパの国際政治に大きな影響を及ぼした。

最盛期・スレイマン1世(位1520〜66)

1. 内政

❶ スレイマン1世はイスラーム法(シャリーア)の施行と㉛＿＿＿＿＿＿信仰の擁護者として統治。大宰相などの補佐のもと重要政策を決定し，勅令を発布して，「立法者(カーヌーニー)」と呼ばれた

A 帝はイスラーム教に深く帰依し，人頭税の復活やヒンドゥー教寺院の破壊を命ずるなどヒンドゥー教徒の反発をまねいた。(55字)

❷ 地方は州・県に分け，州にはパシャ(総督)を，県にはシャリーアに通じた㉜＿＿＿＿(学者)を裁判・行政官(カーディー)として派遣

❸ 軍隊の主力であるトルコ系の騎士(シパーヒー)には軍事奉仕の代償に土地の徴税権を分与(ティマール制)

❹ スルタン直属の常備軍㉝＿＿＿＿を整備

2. 外征

❶ モハーチの戦い(1526) →ハンガリーの大半を領有

❷ ㉞＿＿＿＿(1529)：フランス王フランソワ1世と結んで，神聖ローマ皇帝㉟＿＿＿＿を圧迫*7

❸ ㊱＿＿＿＿(1538)：スペイン・ヴェネツィア・教皇の連合艦隊を破る ➡全地中海を制圧

㊲＿＿＿＿ 16世紀後半，オスマン帝国のスルタンがフランス・イギリス・オランダに通商関係を深める目的で与えた恩恵的な特権。オスマン帝国領内での治外法権，租税免除，身体・財産の安全や住居・通商の自由を保障した

＊7 ウィーン包囲と宗教改革

宗教改革でルター派諸侯と対立した神聖ローマ皇帝カール5世は，オスマン帝国軍の侵入に備えて，ルター派諸侯の援助を得ようと第1回シュパイエル帝国議会(1526)で「信仰自由選択」の権利を容認したが，オスマン軍がウィーン包囲から撤退すると，第2回シュパイエル帝国議会で再びルター派を禁止した。

3. 文化

❶ 建築家スィナンがスレイマン＝モスクをイスタンブルに建造

❷ 公用語はトルコ語で，アラビア文字で表記

❸ ビザンツ文化やトルコ文化を加味したトルコ＝イスラーム文化が発展し，天文学・数学などが発達

❹ 神秘主義(スーフィズム)の普及*8

ミッレト

オスマン帝国領内で公認された非ムスリムの共同体。ギリシア正教徒，ユダヤ教徒，アルメニア教徒らの共同体があり，各ミッレトは独自の言語・宗教・風俗習慣を保障されたが，納税義務と被保護民(ズィンミー)としての一定の制限があった。

＊8 16世紀頃からトルコ＝イスラーム神秘主義教団のマウラヴィー教団やベクターシュ教団が，前者は支配者層に，後者は民衆層に深く浸透し，政治・社会に大きな影響を持った。

衰退

1. ㊳＿＿＿＿(1571) スペイン(フェリペ2世)・教皇・ヴェネツィア連合艦隊に敗北 ➡地中海制海権は一時スペインが掌握

2. 第2次ウィーン包囲の失敗(1683)

❶ ロートリンゲン公とポーランド連合軍に敗退

❷ ㊴＿＿＿＿条約(1699)：ハンガリーの大半を㊵＿＿＿＿に割譲した。翌年にはロシアのアゾフ地方の領有を認めた

3. チューリップ時代＊9(18世紀前半) アフメト3世時代(位1703～30)

4. ロシアの南下 18世紀になると，2度のロシアとの戦争に敗れ，キュチュク＝カイナルジャ条約(1774)でクリミア半島の支配権をロシア(エカチェリーナ2世)に割譲

＊9 この時代，宮廷を中心に西洋趣味が流行し，文化の爛熟期を迎えた。チューリップ栽培の流行に由来。

記述論述 Q 16世紀のオスマン帝国について，次の語をすべて用いて書きなさい。「スレイマン1世 ウィーン プレヴェザ」(岡山大)

実戦演習

❶ イスラーム世界に関する次の文章を読み，問1～4に答えよ。成蹊大－経済〈改題〉

イスラーム商人を通じて(1)東南アジアへもイスラーム教やその文化が伝播し，15世紀以降，ヒンドゥー教勢力に代わって本格的なイスラーム王朝が成立した。

13世紀の末に成立した(2)オスマン帝国は，15世紀半ばにビザンツ帝国を滅ぼすと，16世紀前半にはメソポタミアから北アフリカにいたる領土を征服し，イスラーム世界の盟主となった。また，(3)イランにはサファヴィー朝が，(4)インドにもムガル帝国が成立し，イスラーム世界は3国鼎立の状況となった。

問1. 下線部(1)の東南アジアに関連する次の①～④の記述のうち，正しいものをひとつ選べ。

① マラッカ(ムラカ)王国は，15世紀半ばに支配者がイスラームに改宗し，東南アジアのイスラーム化の拠点となった。

② マジャパヒト王国は，建国当初ヒンドゥー教国家であったが，イスラーム教に改宗した。

③ ジャワ島西部のアチェ王国は，ポルトガルのマラッカ占領以降，ムスリム商人を受け入れ発展した。

④ イギリスからの独立を目指し，スカルノがイスラーム同盟(サレカット＝イスラーム)を結成した。

問2. 下線部(2)に関連する次の①～④の記述のうち，正しいものをひとつ選べ。

① アナトリアに建国後，14世紀にはバヤジット1世がイスタンブルに遷都した。

② キリスト教徒の子弟を強制的に徴用し，イスラームに改宗させて人材を育成するデウシルメ(デヴシルメ)がおこなわれた。

③ アブデュルハミト2世が，ギュルハネ勅令を発布してタンジマートを開始した。

④ アジア最初の憲法となるミドハト憲法が発布されたが，クリミア戦争の勃発を口実に停止された。

問3. 下線部(3)に関連して，イランを支配したイスラーム王朝について述べた次の①～④の記述のうち，誤っているものをひとつ選べ。

① バグダードに入城したブワイフ朝は，軍人や官僚に分与地の徴税権を与えるイクター制を創始した。

② 神秘主義教団の教主イスマーイールが，イスファハーンを都としてサファヴィー朝を開いた。

③ カージャール朝はロシアに敗北すると，トルコマンチャーイ条約によって治外法権などを承認した。

④ イラン立憲革命によって，議会が開設され憲法が制定されたが，イギリスとロシアの干渉で挫折した。

問4. 下線部(4)に関連して，インドのイスラーム王朝について述べた次の①～④の記述のうち，正しいものをひとつ選べ。

① ガズナ朝を打倒したゴール朝が，アフガニスタンから北インドにいたる地域を支配した。

② デリー＝スルタン朝からロディー朝までの5つのイスラーム諸王朝は，奴隷王朝と呼ばれる。

③ インドを統一したムガル帝国のバーブルは，マンサブダール制という官僚制度を整備した。

④ タージ＝マハル建立のため，シャー＝ジャハーンがジズヤを復活した。

解答：別冊p.31 ▶

❶ ヒント

問1. ③－アチェ王国は東南アジア海上交易の要衝にあたるスマトラ北端のイスラーム国。

問2. ③・④－アブデュルハミト2世は，ロシア＝トルコ戦争の勃発を口実に，ミドハト憲法を停止した。

問3. ②－イスマーイール(1世)はタブリーズを都にサファヴィー朝を建国した。アッバース1世がイスファハーンを首都とし，その繁栄は「世界の半分」と称賛された。

問4. ③－官位(マンサブ)の等級に応じて土地の徴税権を与えたマンサブダール制は，第3代アクバルが整備した。
④－アクバルが廃止したジズヤは，アウラングゼーブが復活させた。

❶ 解答欄

問1	
問2	
問3	
問4	

A オスマン帝国はスレイマン1世の時代に最盛期を迎え，1529年にはウィーンを包囲して宗教改革に揺れる神聖ローマ皇帝カール5世を圧迫し，1538年にはプレヴェザの海戦で地中海の制海権を掌握した。

解答：別冊p.12 ▶

10 古代地中海世界の展開

ココが出る！

［入試全般］

アテネと共和政ローマの政治的変遷が中心。奴隷制も頻出分野。

［国公立二次・難関私大］

アテネの民主化と民主政の特徴が焦点。ヘレニズムでは，マケドニアの台頭とアレクサンドロス大王の東征を押さえよう。共和政ローマでは身分闘争，帝政ローマでは各皇帝の事績が中心。

大学入試 最頻出ワード

■スパルタ
■テオドシウス
■デロス同盟 ■民会
■アレクサンドリア
■ディオクレティアヌス

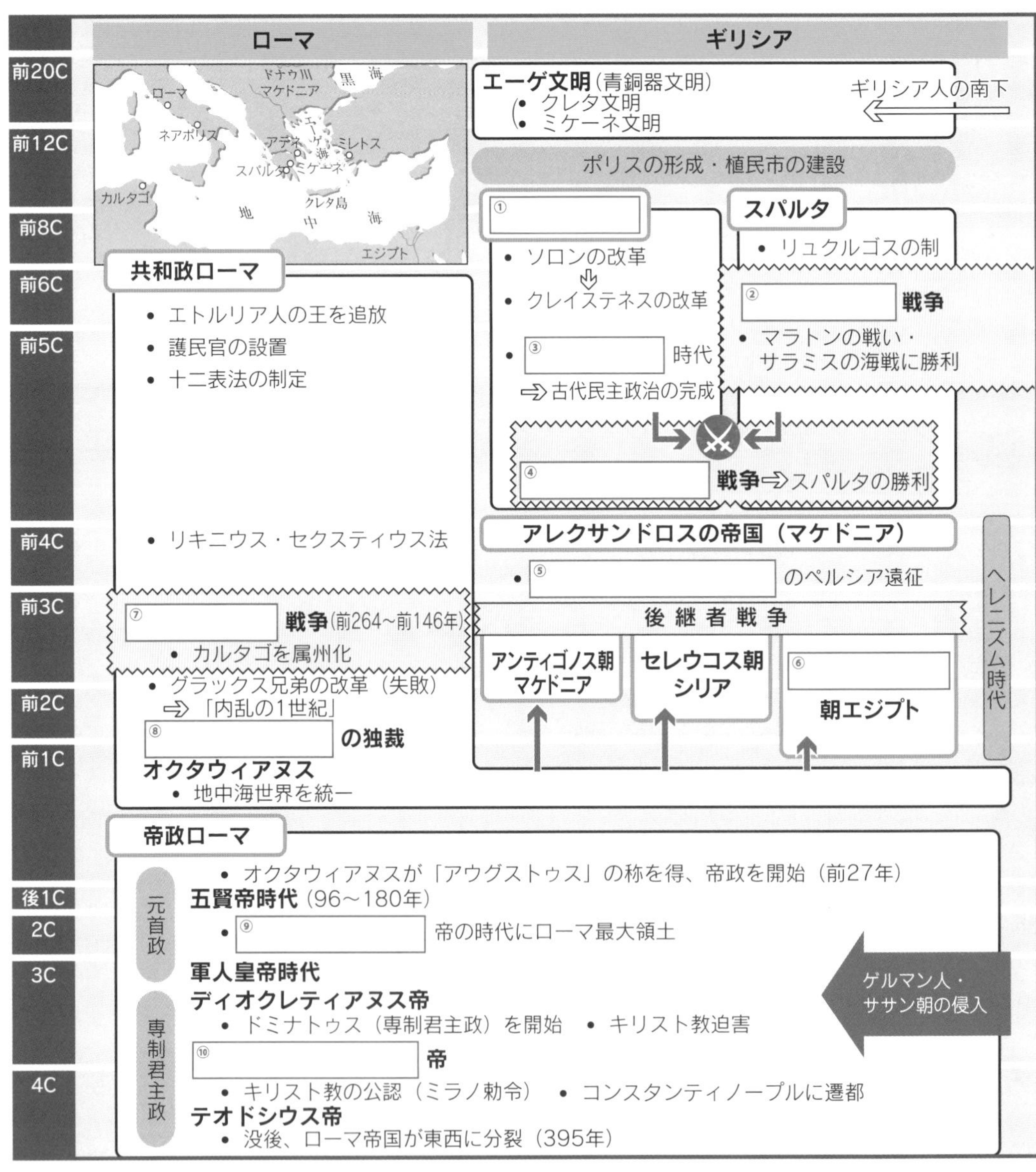

空欄解答 ①アテネ ②ペルシア ③ペリクレス ④ペロポネソス ⑤アレクサンドロス(大王) ⑥プトレマイオス ⑦ポエニ ⑧カエサル ⑨トラヤヌス ⑩コンスタンティヌス

記述論述 Q ポリスの成立とその都市景観について，以下の3つの語を用いて，100字以内で説明しなさい。使用した語句には下線を引くこと。 シノイキスモス アクロポリス アゴラ （東京都立大）

1 エーゲ文明

エーゲ文明は，青銅器文明。前期はクレタ文明，後期はミケーネ文明

	クレタ(ミノア)文明	ミケーネ文明
時期	前2000〜前1400頃	前1600〜前1200頃
民族	民族系統不詳	アカイア人(ギリシア人の一派)*1
中心	クレタ島の①＿＿＿＿宮殿	ギリシア本土の②＿＿＿＿・ティリンス
特色	宮殿に城壁なし。壁画は海洋的・写実的	巨大な城塞王宮を中心とした小王国が分立
文字	絵文字から線文字Aに発展(未解読)	線文字B →ヴェントリス(英)らが解読
滅亡	アカイア人が破壊	「海の民」が破壊(有力な説)
発掘	③＿＿＿＿(英)らが発掘	④＿＿＿＿(独)が発掘

*1 ギリシア人はインド＝ヨーロッパ語系。方言により，イオニア人・アイオリス人・ドーリア人に分かれる。ギリシア人は自らをヘレネス，異民族をバルバロイと呼んだ。

*2 ポリス(都市国家)は，城壁に囲まれ，城塞のアクロポリスと市民の集会・裁判・市場であるアゴラが特色。

2 アテネの政治的変遷

重装歩兵として活躍した平民が参政権を要求

ポリスの成立　イオニア人のポリス*2。有産の貴族(大土地所有者)を中心に⑤＿＿＿＿(集住)により成立

貴族政治　貴族は重装騎兵として国防を担い，アルコン(執政官)などに就任して軍事・政治を独占

平民の台頭　前7世紀に植民活動*3や貨幣経済・商工業の発達を背景に富裕化した平民が⑥＿＿＿＿として活躍し，参政権を要求

***3 ギリシア人の植民活動**

前8〜前6世紀に植民市を建設。植民者は土地喪失者や政争の敗者が中心。ビザンティオン(現イスタンブル)・マッサリア(現マルセイユ)・ネアポリス(現ナポリ)・シラクサ・キュメなどで，政治的に母市からは独立していた。

民主政治の発展

1. ⑦＿＿＿＿**の法**(前621頃)　従来の慣習法の成文化
2. ⑧＿＿＿＿**の改革**(前594)
   ❶ 負債帳消し，市民の債務奴隷化禁止
   ❷ 財産に応じて市民の参政権・軍務を規定　➡財産政治
3. ⑨＿＿＿＿僭主政治(6世紀半ば〜前527)　→中小農民保護
4. ⑩＿＿＿＿**の改革**(前508)
   ❶ デーモス(区域)に基づく10部族制や五百人評議会の設置
   ❷ ⑪＿＿＿＿(オストラキスモス)の実施　→僭主の出現防止

3 ペルシア戦争とアテネの民主政治

奴隷制に立脚した直接民主政

ペルシア戦争(前500〜前449)

1. **原因**　イオニア植民市の反乱(⑫＿＿＿＿が中心都市)

A ポリスは有力者の指導の下，軍事・経済的要地に人々が集まるシノイキスモスによって成立した。祭祀の場のアクロポリスや市民の公共生活の場であるアゴラを中心とする城壁に囲まれた市部と周囲の田園からなっていた。(100字)

前近代ヨーロッパ史　10 古代地中海世界の展開
前6C以前 前6C 前4C 前2C 2C 4C 6C 8C 10C 12C 14C 16C 18C 20C 現在

2. 経過・結果

❶ ⑬______の戦い(前490)：アケメネス朝(ダレイオス１世)軍をアテネ重装歩兵軍が撃破

❷ ⑭______(前480)：アテネ海軍(⑮______が指揮)の勝利 ➡三段櫂船の漕ぎ手として活躍した無産市民の発言権が増大

❸ プラタイアの戦い(前479)：アテネ・⑯______連合軍がペルシア軍を撃破

3. ⑰______**同盟**(前478頃) アテネ中心の対ペルシア軍事同盟

民主政の完成＝ペリクレス時代(前443～前429)

最高議決機関は⑱______(両親ともアテネの18歳以上男性市民で構成)。官職は将軍など一部を除き，全市民に開放，抽選で任期１年*4
➡直接民主政〔⑲______(総人口の1/3)・女性・在留外人は参政権なし〕

ペロポネソス戦争(前431～前404)

1. 原因と結果 アテネ中心のデロス同盟と⑳______中心のペロポネソス同盟によるギリシアの覇権争い ➡スパルタの勝利

2. 衆愚政治 アテネでは，㉑______(扇動政治家)が続出

4 ヘレニズム世界の展開 アレクサンドロス大王がアケメネス朝を滅ぼした

アレクサンドロス大王(位前336～前323)

1. 東征 マケドニア・ギリシア連合軍を率いてペルシアに侵攻(前334)→㉒______の戦い(前333)・アルベラの戦い(前331)でダレイオス３世を破り，アケメネス朝を滅ぼす(前330)
→中央アジア・インダス川流域も征服

2. ヘレニズム*5 各地に㉓______市を建設し，ギリシア人の移住を促し，ギリシア文化とオリエント文化の融合を図る

3. 分裂 大王の死(前323)後，ディアドコイ(後継者)戦争 →イプソスの戦い(前301)でエジプト(㉔______朝)・シリア(㉕______朝)・マケドニア(㉖______朝)などの諸王国に分裂

ヘレニズム諸国の分立

1. プトレマイオス朝エジプト(前304～前30) ⇨都：㉗______

❶ 王立研究所(㉘______)を中心に自然科学が発達

❷ 前30年，ローマの㉙______に滅ぼされる

スパルタの政治と社会

ドーリア人が先住民を征服して建国したスパルタは，完全市民(スパルティアタイ)が，ペリオイコイ(周辺民，商工業者で従軍の義務を負う)とヘイロータイ(ヘロット，被征服民で市民共有の農耕奴隷)を支配し，リュクルゴスの国制に基づいて，完全市民は商業活動や貴金属，鋳造貨幣の使用を禁止されていた。

*4 裁判も抽選された陪審員が，民衆裁判所で投票で判決をくだした。

前4世紀のギリシア

①**レウクトラの戦い**(前371)……テーベ(指導者エパメイノンダス)がスパルタに勝利。以後ポリス間抗争は激化，傭兵制が流行して市民皆兵の原理が崩壊

②**マケドニアの台頭**…フィリッポス２世は，カイロネイアの戦い(前338)でデモステネス指揮のアテネ・テーベ連合軍を撃破，前337年コリントス同盟(ヘラス同盟)(＝スパルタを除く全ギリシアのポリスの同盟)を結成した

*5 ヘレニズム(Hellenism)は，ドロイゼン(独)の造語で，“ギリシア風文化”の意。この時代，コイネーと呼ばれるギリシア語が共通語として普及し，アレクサンドリア・アンティオキア・ペルガモンを中心に，世界市民主義(コスモポリタニズム)・個人主義を基調とするヘレニズム文化が発展した。

記述論述 Q 紀元前5世紀中頃のアテネの民主政はどのようなものであったか説明せよ。 (新潟大)

 出題大学…㉑：名城大，学習院大

2. セレウコス朝シリア(前312〜前64) ⇨都：セレウキア →アンティオキア

❶ 前３世紀半ば，アム川上流域にギリシア人の㉚＿＿＿＿が，カスピ海東南部に遊牧イラン人の㉛＿＿＿＿が独立

❷ 前64年，ローマに滅ぼされる

3. アンティゴノス朝マケドニア(前276〜前168) ⇨前168年，ローマにより滅亡 →マケドニアは４つの共和国に分割

5 共和政ローマ ホルテンシウス法で民主共和政が確立した

都市国家ローマ

1. 建国 イタリア人の一派ラテン人がティベル河畔に建国

2. 貴族共和政

❶ 先住民㉜＿＿＿＿人から独立し，共和政を樹立(前６世紀末)

❷ 貴族(パトリキ)が，コンスル(執政官)・独裁官(ディクタトル)・元老院など主要機関を独占

貴族と平民の抗争

1. 背景 イタリア半島統一[*6]と並行して，平民(プレブス)が重装歩兵として活躍

2. ㉝＿＿＿＿**の設置**(前494) ➡コンスル・元老院への拒否権を持つ

3. ㉞＿＿＿＿**の制定**(前450頃) 慣習法の成文化

4. ㉟＿＿＿＿**法**(前367) コンスル２名のうち，１名は平民から選出，公有地の土地所有を制限

5. ㊱＿＿＿＿**法**(前287) 平民会の決議は，元老院の承認なしで国法となる ➡貴族・平民の法的平等化の達成

*6 ローマはエトルリア人・ラテン人を征服(前４世紀) →サムニウム人を征服(前３世紀) →ギリシア人のタレントゥム征服(前272) ⇨前３世紀前半，イタリア半島統一。分割統治の実施(征服都市を自由市・同盟市・植民市に分け，団結と反抗を予防)。

6 共和政の変質と内乱 自由農民の没落はローマ共和政の危機を招いた

ポエニ戦争(前264〜前146) ⇨カルタゴ[*7]との３回にわたる衝突

1. 経過

❶ 第１回 →ローマは㊲＿＿＿＿を属州化(前241)

❷ 第２回 →カルタゴの㊳＿＿＿＿がカンネーの戦い(前216)に勝利，㊴＿＿＿＿の戦い(前202)でローマの大スキピオに敗北

❸ 第３回 →カルタゴ滅亡。マケドニア・ギリシア属州化(前146)

2. 結果 属州(イタリア半島以外の征服地)の拡大

*7 カルタゴはフェニキア人の都市国家ティルスの植民市。

騎士階層の台頭

第２回ポエニ戦争以降，騎士(エクイテス)階層が公共土木事業や軍需品調達，属州の徴税請負，ラティフンディア(奴隷を使った大土地所有制)による農業経営などを営んで台頭した。

共和政の危機

1. 社会の変質

A 成年男性市民が参加する民会を最高機関とする直接民主政で，将軍などを除き抽選で役人や陪審員が選ばれた。在留外人・女性・奴隷は参政権が認められず，市民権も両親ともアテネ人の者に限られた。

❶ 従軍による離農，属州からの安価な穀物流入で自由農民が没落

❷ ㊵＿＿＿＿＿＿＿＿(奴隷を使役した大土地経営)の発展

2. ㊶＿＿＿＿＿＿＿＿**の改革**(前2世紀後半) 相ついで護民官となり，自作農の創設・市民軍団の再建を企図 →閥族派の反対で挫折

3. 内乱の1世紀

❶ 閥族派と㊷＿＿＿＿＿＿の対立激化*8
（閥族派→オプティマテス　㊷→ポプラレス）

❷ ㊸＿＿＿＿＿戦争*9(前91～前88) →閥族派のスラが平定

❸ 剣奴㊹＿＿＿＿＿＿の反乱(前73～前71) →ポンペイウスらが鎮圧

❹ 第1回三頭政治*10(前60) →カエサルが㊺＿＿＿＿＿＿を破り，インペラトルの称を得て独裁者となったが，前44年共和派が暗殺
（インペラトル→「皇帝」の意）

❺ 第2回三頭政治*11(前43) →オクタウィアヌスが㊻＿＿＿＿＿＿の海戦(前31)で㊼＿＿＿＿＿＿・クレオパトラ連合軍を破る →プトレマイオス朝滅亡(前30)

7 帝政ローマ 前期は元首政，後期は専制君主政

元首政(プリンキパトゥス)

1. オクタウィアヌス 元老院から㊽＿＿＿＿＿＿(尊厳者)の称を得(前27)，自らプリンケプス(市民のなかの第一人者)と称し，共和政形式を尊重

2. 「ローマの平和」 アウグストゥスから五賢帝*12時代(96～180)が全盛期，㊾＿＿＿＿＿＿帝のとき領土は最大。各地にローマ文化が波及
（「ローマの平和」→パクス＝ロマーナ）

3. 軍人皇帝時代*13(235～284) ゲルマン人やササン朝が侵入

専制君主政(ドミナトゥス)

1. ㊿＿＿＿＿＿＿＿＿**帝** 四帝分治制(テトラルキア)をしき，皇帝崇拝を強化してドミナトゥスを開始，キリスト教徒を大迫害
（㊿→(位284～305)）

2. コンスタンティヌス帝 四帝分治をやめ，51＿＿＿＿＿＿(313)でキリスト教を公認，52＿＿＿＿＿＿＿に遷都(330)，小作人のコロヌスの移動を禁じ，税収強化を図った
（コンスタンティヌス帝→(位306～337)）

▶ニケーア公会議(325)で53＿＿＿＿＿＿派は異端・追放された。

3. 54＿＿＿＿＿＿＿**帝** 55＿＿＿＿＿＿＿派(三位一体説)のキリスト教を国教化(392)。帝の死後，帝国は東西に分裂(395)
（54→(位379～395)）

4. 滅亡 西ローマ帝国は476年オドアケルに滅ぼされた。東ローマ(ビザンツ)帝国は1453年56＿＿＿＿＿＿＿に滅ぼされた

◆ **共和政ローマの領土拡大**

ローマ → ガリア 前51／マケドニア 前146／ギリシア 前146／イスパニア 前133／ペルガモン 前133／シチリア 前241／シリア 前64／カルタゴ 前146／プトレマイオス朝 前30

*8 閥族派は保守的元老院議員の一派でスラが代表。平民派は民会を基盤とする一派で，最初に傭兵制を導入したマリウスが代表。

*9 同盟市戦争の結果，ポー川以南のイタリアにローマ市民権が拡大。

*10 元老院に対抗して，閥族派のポンペイウス，平民派のカエサル，大富豪のクラッススの間で結ばれた私的な政治同盟。クラッススの戦死で解消。

*11 カエサルの養子オクタウィアヌス，カエサルの部下のアントニウス，レピドゥスの政治同盟。

***12 五賢帝**

①ネルウァ(後継養子制の導入)
②トラヤヌス(ダキア・メソポタミアを征服)
③ハドリアヌス(ブリタニアに長城の建設)
④アントニヌス＝ピウス
⑤マルクス＝アウレリウス＝アントニヌス(ストア派の哲人皇帝『自省録』)

ローマ市民権の拡大

カラカラ帝はアントニヌス勅令(212)で帝国内の全自由人にローマ市民権を付与した。

*13 各地の軍団が独自の軍人出身の皇帝を擁立。セプティミウス＝セウェルスが先例。また，ウァレリアヌスはササン朝のシャープール1世にエデッサの戦い(260)で敗北。

代表的なローマ都市

・ロンディニウム(現ロンドン)
・ルテティア(現パリ)
・ウィンドボナ(現ウィーン)

記述論述 Q ローマの市民権の拡大について，説明しなさい。 (東京大)

実戦演習

❶ 古代ギリシア・ローマに関連する以下の問いに答えなさい。

青山学院大－経済〈改題〉

問1. ギリシアのアテネの指導者で，新たな部族制を編成して血縁による支配を抑制し，民主政の基礎を築いた人物として，最も適切な人名を一つ選べ。

①ペイシストラトス　②クレイステネス　③テミストクレス　④ペリクレス

問2. 次のA～Cは，ペルシア戦争のなかの三つの出来事である。これらを古いものから順に正しく並べたものを一つ選べ。

A．サラミスの海戦　B．プラタイアの戦い　C．マラトンの戦い

①　A→B→C　②　A→C→B　③　B→A→C

④　B→C→A　⑤　C→A→B　⑥　C→B→A

問3. 古代ギリシアの文化について述べた次の①～④の記述のうち，最も適切なものを一つ選べ。

①　ヘシオドスの『イリアス』はトロイア戦争の英雄の活躍を描いた叙事詩である。

②　ソフォクレスは，『オイディプス王』など，多くの悲劇を書いた。

③　ヘロドトスは，『歴史』において，ペロポネソス戦争を描いた。

④　ピタゴラスは，ソフィストの代表的人物である。

問4. 次の文章の(　A　)と(　B　)に入る語の組み合わせとして，正しいものを一つ選べ。

アレクサンドロス大王は，紀元前333年の(　A　)において，(　B　)朝の王ダレイオス3世を破った。

①　A＝カイロネイアの戦い　B＝アケメネス

②　A＝カイロネイアの戦い　B＝セレウコス

③　A＝イッソスの戦い　B＝アケメネス

④　A＝イッソスの戦い　B＝セレウコス

問5. 共和政ローマにおける貴族と平民の争いのなかで平民の権利拡大に寄与したリキニウス・セクスティウス法に含まれる内容の説明として，最も適切なものを一つ選べ。

①　2名のコンスルのうち，1名は平民より選出することを定めた。

②　平民会での決議は元老院の承認を得ずとも国法となると定めた。

③　平民を保護するために護民官が設置された。

④　十二表法で禁じられていた貴族と平民の通婚を認めた。

問6. 共和政ローマにおける出来事の記述として<u>適切ではない</u>ものを一つ選べ。

①　ティベリウス・グラックスは護民官に就任し，自作農を増やす改革を実行しようとした。

②　属州統治を担った元老院議員は属州支配から大きな利益を得ていたが，騎士階層はその利益から排除されていた。

③　無産市民を軍隊に組み込んだマリウスは，平民派のリーダーとして閥族派のスラと対立した。

④　征服戦争を続けたローマは，紀元前2世紀半ばにマケドニアやギリシアの諸ポリスを支配下に置いた。

問7. ローマ帝国を東と西に分け，それぞれを正帝と副帝が統治する四帝分治制(テトラルキア)を敷いた皇帝として最も適切な人物名を一つ選べ。

①カラカラ帝　②ディオクレティアヌス帝

③コンスタンティヌス帝　④テオドシウス帝

解答：別冊p.31 ▶

❶ ヒント

問1. ②－クレイステネスは，地縁共同体である区(デーモス)を基礎として10部族制を採用し，僭主の出現を防止する陶片追放(オストラキスモス)の制度を整えた。

問3. ④－ソフィストの代表的人物は，プロタゴラスである。

問5. ②は，ホルテンシウス法の主内容。④は前445年のカヌレイウス法で，貴族・平民間の通婚が認められた。

問6. ②－騎士階級は，属州の徴税請負によって莫大な富を得ていた。

❶ 解答欄

問1	
問2	
問3	
問4	
問5	
問6	
問7	

A　ローマの自由人と一部の服属民に限られていたローマ市民権は，同盟市戦争でイタリア半島の全自由人に，さらに212年にカラカラ帝の勅令によって帝国領内の全自由人に与えられた。

11 ヨーロッパ世界の形成

解答：別冊p.13

ココが出る！

［入試全般］
フランク王国はカール大帝中心。ビザンツ帝国の出題が目立つ。

［国公立二次・難関私大］
ゲルマン人の大移動では，諸部族の建国地に注意。フランク王国の発展は，ローマ教会との関連で狙われる。ビザンツ帝国は，ユスティニアヌス大帝，テマ（軍管区）制が頻出。

大学入試 最頻出ワード

■西ゴート ■ヴァンダル
■東ゴート ■ラテン帝国
■クローヴィス ■タキトゥス
■ユスティニアヌス大帝
■カール大帝

---

①［　　］人の大移動（4C～6C） ← フン人の西進
↓
ローマ帝国の東西分裂（395年）

395 西ローマ帝国
- 476年に滅亡

481 フランク王国

395 ビザンツ帝国（東ローマ帝国）
- 1453年に滅亡

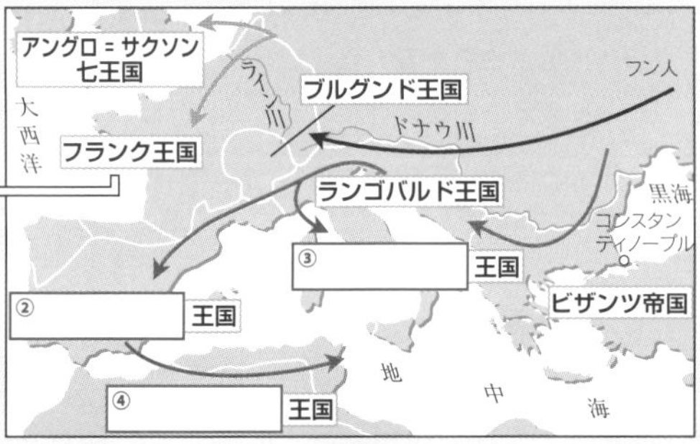

（地図）アングロ＝サクソン七王国／ライン川／ブルグンド王国／ドナウ川／フン人／大西洋／フランク王国／ランゴバルド王国／黒海／コンスタンティノープル／③［　　］王国／②［　　］王国／ビザンツ帝国／④［　　］王国／地中海

フランク王国

481 **メロヴィング朝**（481～751年）

クローヴィス
- フランク人を統一
- アタナシウス派に改宗

⑤［　　］**の戦い**（732年）
- 宮宰カール=マルテルの活躍

751 ⑥［　　］**朝**（751～987年）

ピピン3世
- 教皇領を寄進

⑦［　　］
- 西ヨーロッパの大部分を統一
- ローマ皇帝の帝冠を受ける（800年）

843 **ヴェルダン条約**（843年）・**メルセン条約**（870年）
- 西フランク王国 → カペー朝
- 東フランク王国 → 神聖ローマ帝国
- イタリア王国 → 分裂

ビザンツ帝国

4C 前期
⑧［　　］**大帝**（6C）
- ヴァンダル王国・東ゴート王国を征服
- 『⑨［　　］』を編纂
- ハギア=ソフィア聖堂を建立

7C 中期
- 帝国のギリシア化 ← スラヴ人の南下 ← イスラームの進出

ヘラクレイオス1世（7C 前半）
- テマ（軍管区）制による帝国再編

レオン3世（8C 前半）
- ⑩［　　］の発布 → **ローマ教会と対立**

11C 後期
← セルジューク朝の侵攻
- 第4回十字軍の⑪［　　］占領
  → ラテン帝国の建設（1204～61年）
← オスマン帝国のバルカン進出
- 首都陥落・滅亡（1453年）

空欄解答 ①ゲルマン ②西ゴート ③東ゴート ④ヴァンダル ⑤トゥール・ポワティエ間 ⑥カロリング ⑦カール大帝 ⑧ユスティニアヌス ⑨ローマ法大全 ⑩聖像禁止令 ⑪コンスタンティノープル

5世紀におけるフン族の最盛期とその後について，説明しなさい。（東京大）

1 ゲルマン人の大移動 西ゴート人のドナウ渡河が大移動の開始

ゲルマン人（インド=ヨーロッパ語族）

1. 原始ゲルマン人

❶ 原住地のバルト海沿岸から先住の①＿＿＿＿*1人を圧迫しつつ南下

❷ 政治：王（または首長）を持つ数十の部族（→キヴィタス）に分かれ，自由人の成年男性で構成する②＿＿＿が最高決定機関。王と自由人は従士制で結ばれた

原始ゲルマン史料 『③＿＿＿＿＿＿』（カエサル著）と『ゲルマニア』（④＿＿＿＿＿＿著）が重要史料

❸ 人口増・耕地不足のため，小集団でローマ帝国内に移住し*2，傭兵・下級官吏・⑤＿＿＿＿＿（小作人）となった

*1 ヨーロッパの先住民で，インド=ヨーロッパ語族の一派。ローマ人・ゲルマン人に征服・同化され，その習俗はアイルランド・ウェールズなどに残存する。

*2 ローマはアウグストゥス時代に，トイトブルク森の戦い（後9）でアルミニウス指揮のゲルマン軍に敗北。以後，ライン川・ドナウ川がローマ・ゲルマンの境界線となった。

2. 民族大移動

❶ 4世紀後半，アジア系の⑥＿＿＿＿人の西進　→東ゴート人を圧迫

❷ ⑦＿＿＿＿人は，376年ドナウ川を渡ってローマ帝国領に入り，アドリアノープルの戦い（378）に勝利

→以後，ゲルマン諸部族が移動を開始

	王国名（部族名）	原住地	建国地	存続期間	征服国家
東ゲルマン	西ゴート	黒海北西岸	イベリア半島	418～711	⑩＿＿＿＿朝
東ゲルマン	⑧＿＿＿＿	黒海北岸	イタリア半島	493～555	ビザンツ（東ローマ）帝国
東ゲルマン	ヴァンダル	ドイツ	北アフリカ	429～534	⑪＿＿＿＿帝国
東ゲルマン	ブルグンド	北ドイツ	ガリア東南部	443～534	フランク王国
東ゲルマン	⑨＿＿＿＿	パンノニア	北イタリア	568～774	フランク王国
西ゲルマン	フランク	ライン東岸	フランス	481～843	分裂
西ゲルマン	七王国（アングロ=サクソン）	ユトランド半島・エルベ下流	ブリタニア	449～829	⑫＿＿＿＿が統一

フン人のアッティラ パンノニア（ハンガリー地方）を平定。のちガリアに侵入したが⑬＿＿＿＿＿の戦い（451）で西ローマ・ゲルマン連合軍に敗北。翌年ローマ市を攻めたが教皇レオ1世の嘆願で撤退

3. 東ゲルマンの衰退

❶ 原住地を遠く離れてローマ帝国内部に移動したため，多数のローマ人と先進ラテン文化に同化された

❷ 異端の⑭＿＿＿＿＿派を信仰し，ローマ人のアタナシウス派と対立

A アッティラ王のときパンノニアを中心に大帝国を築いたが，451年にカタラウヌムの戦いで西ローマ・ゲルマンの連合軍に敗れ，王の死後に大帝国は崩壊した。

2 フランク王国 ローマ文化・キリスト教・ゲルマン民族を融合

フランク王国の発展

1. メロヴィング朝(481～751)

❶ 建国者⑮＿＿＿＿＿は，496年に⑯＿＿＿＿＿派に改宗

❷ 宮宰⑰＿＿＿＿＿は，トゥール・ポワティエ間の戦い(732)で⑱＿＿＿＿＿朝軍を撃退した
（→マヨル=ドムス）

2. カロリング朝(751～987)

❶ カール＝マルテルの子⑲＿＿＿＿＿が，751年に創始

❷ ピピンは，ランゴバルド王国を征討し，奪った⑳＿＿＿＿＿地方を教皇に寄進(754，756) →ローマ教皇領の起源

3. ㉑＿＿＿＿＿(シャルルマーニュ，位768～814)

❶ ランゴバルド王国を征服し(774)，イベリア半島のイスラーム教徒，ザクセン人やアルタイ語系の㉒＿＿＿＿＿人を征討した

❷ アーヘンの王宮に㉓＿＿＿＿＿らを招いて学芸を保護し，カロリング＝ルネサンスを現出

❸ 800年，教皇㉔＿＿＿＿＿からローマ皇帝の帝冠を受け，ここに西ローマ帝国が復活した＊3

カール大帝の中央集権体制　全国を州に分けて，地方の有力豪族を伯(グラーフ)に任命，巡察使を派遣して伯を監督させ，多くの勅令(カピトゥラリア)を発布した

フランク王国の分裂

1. 分裂　カール大帝の子ルートヴィヒ１世の没後，ヴェルダン条約(843)，さらに㉕＿＿＿＿＿条約(870)によってフランク王国は3分され，のちのドイツ・フランス・イタリアの基礎が成立

2. 西フランク王国　987年にカロリング朝が断絶。パリ伯ユーグ＝カペーが㉖＿＿＿＿＿朝を創始。当初諸侯が分立し，王権は弱体
（→(987～1328)）

3. 東フランク王国

❶ カロリング朝断絶(911)後，選挙王政

❷ ザクセン朝(ハインリヒ１世が創始)の㉗＿＿＿＿＿＊4は，962年，教皇ヨハネス12世によりローマ皇帝の帝冠を受ける
（→(919～1024)）（→(位936～973)）

➡神聖ローマ帝国の始まり

イタリア半島の変遷

395	ローマ帝国，東西分裂
410	西ゴート王アラリックが侵入
452	フン王アッティラの侵入
455	ヴァンダル王ガイセリックの侵入
476	ゲルマン傭兵隊長オドアケル，西ローマ帝国を滅ぼす
493	テオドリック，東ゴート王国建国(首都ラヴェンナ)
555	ユスティニアヌス大帝，イタリアをビザンツ帝国に編入
568	北伊にランゴバルド王国成立
774	フランク王カール大帝，ランゴバルド王国を征服

＊3 カール戴冠の意義

①政治的…西ヨーロッパの統一
②文化的…古典文化(特にローマ文化)とキリスト教とゲルマン民族の三要素の融合
③宗教的…ローマ教会のビザンツ皇帝からの独立

◆ ヴェルダン条約(843年)

◆ メルセン条約(870年)

＊4 オットー1世の統治

①マジャール人討伐(955，レヒフェルトの戦い)
②帝国教会政策…聖職者の官僚化と教会・修道院領の王領化
③イタリア政策による遠征(イタリア王兼任)

記述論述 Q　カールの戴冠が有する政治的・文化的な意義を説明せよ。　(新潟大)

 出題大学…⑰：法政大，佛教大

3 ノルマン人の活動 9～11世紀，第2次民族大移動のヴァイキング

移動と建国

1. 西フランク 911年，ロロが[28]＿＿＿＿公国を建設

2. イングランド(イギリス)

❶ 9世紀末にアルフレッド大王(位871～899)がデーン人の侵入を撃退したが，デーン人の[29]＿＿＿＿が11世紀初めに征服してデーン朝を創始(1016～42)

❷ ノルマンディー公[30]＿＿＿＿は，1066年ヘースティングズの戦いで勝利(ノルマンの征服)，ウィリアム1世*5(位1066～87)として[31]＿＿＿＿朝を創始(1066～1154)

3. 地中海 ルッジェーロ2世(位1130～54)が，1130年，ナポリ・シチリアをあわせて[32]＿＿＿＿王国(ノルマン＝シチリア王国)を建国

4. ロシア

❶ [33]＿＿＿＿国：9世紀中頃，ルーシ(ルス族)の首長リューリクが建国し，スラヴ諸族をまとめた

❷ [34]＿＿＿＿公国：ノヴゴロド国のオレーグがドニエプル中流域に建設(882) →[35]＿＿＿＿(位980頃～1015)はビザンツ皇帝の妹と結婚し，ギリシア正教に改宗。ロシア・スラヴのビザンツ化が進んだ

ノルマン人

ノルマン人は，スカンディナヴィア半島・ユトランド半島を原住地とする北ゲルマン人。ヴァイキングとも呼ばれる。航海術にすぐれ，商業や漁業のほか，海賊行為も行った。

*5 ウィリアム1世(征服王)は，イングランドに封建制度を導入し，「ドゥームズデー＝ブック」(土地台帳)を作って貴族を圧迫，司教任命権を握り，王権を強化した。

4 ビザンツ帝国 ローマ帝国の伝統とギリシア正教，ギリシア古典文化を融合

＊ローマ帝国の分裂▶p.088

帝国前期(4～6世紀)

1. 発展

❶ [36]＿＿＿＿帝の死後，395年アルカディウスが統治

❷ ゲルマン人の大移動による打撃は少なく，商業・貨幣経済が繁栄

2. ユスティニアヌス大帝(位527～565)

❶ 北アフリカの[37]＿＿＿＿王国(534)とイタリアの[38]＿＿＿＿王国(555)を征服し，西ゴート王国の一部を奪って旧ローマ帝国領の大半を回復。東方ではササン朝の[39]＿＿＿＿と対立

❷ [40]＿＿＿＿らに命じて『ローマ法大全』*6を編纂

❸ 首都コンスタンティノープルにビザンツ様式*7の[41]＿＿＿＿聖堂を建立し，また中国から養蚕技術を導入して絹織物業を興した

ユスティニアヌス大帝死後の没落 イタリアの大半は[42]＿＿＿＿人が，シリア・エジプトは[43]＿＿＿＿時代のイスラーム教徒が占領

皇帝教皇主義

ビザンツ帝国では皇帝がギリシア正教のコンスタンティノープル総主教の任免権を持つことで，政教両権を握るとともに教会を庇護下に置く体制がとられた。これを皇帝教皇主義という。

*6 勅法集・法学説・法学提要に，ユスティニアヌス大帝自ら公布した新勅集の4部からなる。

*7 ビザンツ様式の建築の特色は，①モザイク画，②上から見るとギリシア十字形で円蓋(ドーム)をもつこと。ラヴェンナのサン＝ヴィターレ聖堂もビザンツ様式である。また，聖像禁止令の解除(843)後には聖像画(イコン)が制作された。

A 民族大移動以来の混乱していた西ヨーロッパの主要部が統一され，ローマ文化とキリスト教的要素，ゲルマン的要素が融合して，ビザンツ帝国とは別の西ヨーロッパ文化圏が成立した。

帝国中・後期(7～12世紀) *8

1. ヘラクレイオス1世 ㊹＿＿＿＿制：領域をいくつかの軍管区
(位610～641)
(テマ)に分け，その長官に軍事・行政の権限を与えた。軍管区では兵役義務を課す屯田兵を置き，国防と農耕に当たらせた(屯田兵制)

2. レオン3世 ㊺＿＿＿＿(726)の発布 →ローマ教会と対立
(位717～741)

3. アレクシオス1世
(位1081～1118)

❶ ㊻＿＿＿＿制：地方の有力者に対し，軍事奉仕を条件に国有地の管理を委譲 →有力者は大土地所有者として勢力を拡大

❷ ㊼＿＿＿＿朝の小アジア侵入で，教皇ウルバヌス2世に救援を依頼 ➡西ヨーロッパから十字軍派遣

4. ㊽＿＿＿＿**帝国**(1204～1261) 第4回十字軍がコンスタンティノープルに建設 ➡ビザンツ皇帝はニケーアに亡命(ニケーア帝国)

*8 ビザンツ帝国では，7世紀にラテン語に代わってギリシア語が公用語となり，9世紀にはスラヴ人への布教のため，キリル文字が考案された。

帝国衰退期(13～15世紀)

1. 衰退 帝国再建(1261)後，バルカン半島のスラヴ人が自立化

2. 滅亡 オスマン帝国の㊾＿＿＿＿の攻撃によって，㊿＿＿＿＿年コンスタンティノープルが陥落し，滅亡

5 スラヴ人の移動 ポーランド人やチェック人はカトリック，セルビア人やロシア人はギリシア正教を受容

＊東欧史▶p.262

1. スラヴ人(インド＝ヨーロッパ語族) 原住地のカルパティア山麓から6世紀以降，東ヨーロッパ一帯に拡散

2. 西スラヴ人 ⇨ポーランド人やチェック人は，カトリックに改宗

❶ ポーランド王国*9は14世紀半ばの51＿＿＿＿のとき最盛
(位1333～70)

❷ チェック人のベーメン王国は，11世紀に神聖ローマ帝国に編入

*9 ポーランド王国は，1241年にワールシュタットの戦いで，バトゥの率いるモンゴル軍に敗北し，一時国土は荒廃した。

3. 南スラヴ人 ⇨バルカン半島に定住

❶ 52＿＿＿＿はビザンツ帝国に服属しギリシア正教に改宗，12世紀にセルビア王国を建国。14世紀末にオスマン帝国に征服された

❷ クロアティア人はカトリックに改宗し，ハンガリーに服属

ドナウ中流域のパンノニア地方

西スラヴと南スラヴの中間地帯のパンノニア地方には，フン人・アヴァール人のあと，10世紀末にウラル語系のマジャール人がハンガリー王国を建国し，カトリックを受容した。

4. 東スラヴ人 ⇨ロシア人・ウクライナ人はギリシア正教を信仰

❶ モスクワ大公国の53＿＿＿＿は，1480年にキプチャク＝ハン国(ジョチ＝ウルス)から独立し，「ツァーリ」(皇帝)を自称
(位1462～1505)

❷ イヴァン4世(雷帝)は，農奴制を強化し，「ツァーリ」を公称
(位1533～84)

5. ブルガール人*10 7世紀にブルガリア帝国を建てた

*10 ブルガール人はトルコ系で，やがてスラヴ人と同化し，ギリシア正教を受容した。14世紀にはオスマン帝国に征服された。

記述論述 Q ビザンツ帝国が7世紀以降導入した軍事・行政制度を，導入の理由も含めて説明しなさい。 (北海道大)

実戦演習

❶ 次の(1)〜(18)に適切な語句を入れよ。また，下記の[問1]〜[問4]に答えよ。

東北福祉大〈改題〉

解答：別冊p.31 ▶

5世紀末に西ローマ帝国が滅亡した後も，東ローマ帝国は存続し続けた。首都（ 1 ）の旧名にちなんで，（ 2 ）帝国とも呼ばれる。6世紀中頃の皇帝（ 3 ）は，北アフリカの（ 4 ）王国やイタリアの（ 5 ）王国を滅ぼすなどして，ローマ帝国の旧領の多くを一時的に回復した。彼は『（ 6 ）』を編纂させて国家体制を整備するとともに，中国から養蚕技術を取り入れて（ 7 ）産業を興した。また，（ 1 ）に建立(再建)した（ 8 ）は，イタリアのラヴェンナにある（ 9 ）と並んで，**[問1]**（ 2 ）様式の教会建築を代表するものである。

しかし，（ 3 ）の後，シリアやエジプトが7世紀前半に（ 10 ）勢力の手に落ちて，領土は失われた。このような中で，7世紀には，（ 11 ）制という新しい軍事行政制度が導入されている。偶像を厳しく否定する（ 10 ）教に対抗する必要などから，726年，皇帝（ 12 ）は（ 13 ）を発布する。これは**[問2]**ローマ教会の反発を招き，後に**[問3]**東西教会が分離する一因となった。11世紀以降に施行され，貴族に対し軍役奉仕と引きかえに国有地の管理を委ねる（ 14 ）制という土地制度は，やがて帝国の衰退を進めることとなる。また，11世紀後半の（ 15 ）朝による東からの攻勢は，十字軍の遠征の原因の1つとなった。13世紀の初めには，（ 16 ）商人の意向に従った第4回十字軍が首都（ 1 ）を占領し，帝国は一時中断した。13世紀の半ば過ぎに，第4回十字軍が建てた（ 17 ）帝国が倒されて（ 2 ）帝国が再興されることとなる。しかし，それはもはや1つの弱小国に過ぎず，15世紀半ばには（ 18 ）帝国によって滅ぼされた。

[問1]　（ 2 ）様式の1つの大きな特徴は壁画である。それは製作技法から何と呼ばれるか。

[問2]　ローマ教会の反発の理由はどのようなものか。

[問3]　互いに相手を破門して東西教会が分離したのは，何年のことか。

[問4]　東ローマ帝国は，政治・経済・文化などの面で，同時期の西ヨーロッパとは異なるいくつかの特徴をもっている。以下から正しいものを4つ選び，記号で答えよ。(順不同)

a．貨幣経済が維持され，商業が盛んであった。
b．皇帝は封建的主従関係の頂点に位置していたが，実力の上では臣下である諸侯と大差ない場合が多かった。
c．皇帝が聖俗両面におけるトップとして君臨した。
d．7世紀以降，ギリシア語が公用語として用いられた。
e．13世紀には教会の権力が皇帝権をしのぐまでになった。
f．聖職者や知識人の共通語としてラテン語が用いられた。
g．皇帝は官僚制を基盤にして，専制支配を行なうことができた。

❶ ヒント

(1)　コンスタンティノープルは，前7世紀半ばにギリシア植民市として建設され，ビザンティオンと呼ばれた。330年コンスタンティヌス帝の遷都でコンスタンティノポリス(コンスタンティノープル)と改称された。

❶ 解答欄

1	
2	
3	
4	
5	
6	
7	
8	
9	
10	
11	
12	
13	
14	
15	
16	
17	
18	
問1	
問2	
問3	
問4	

A　イスラーム勢力やスラヴ人などの侵入に対処するため，帝国を軍管区(テマ)に分け，その司令官に軍事・行政権を与えるテマ制を導入し，同時に農民に土地を与える代わりに兵役義務を課す屯田兵制を実施した。

解答：別冊p.14 ▶

12 西ヨーロッパの封建社会

1 西欧の封建制(フューダリズム)

荘園制を基礎とする領主間の主従関係。11～12世紀に成立

封建的主従関係

1. 封建社会の成立と構造

❶ ローマ末期からゲルマン人の大移動の間，西ヨーロッパでは都市や貨幣経済が衰退し，農村の自給自足経済に移行

❷ イスラーム勢力やノルマン人などの侵入に際して，弱者が強者の保護を求めて主従関係が結ばれ，荘園を経済的基盤とする封建社会が成立

❸ フランク王国分裂以後，ローマ帝政末期の①________制度と原始ゲルマンの②________制が結合して封建的主従関係が成立*1

❹ 主従関係は，封建領主(国王・諸侯・騎士)の私的契約で，主君は家臣に③________を与えて保護する代償に，家臣は主君に軍事奉仕と忠誠を負うという④________によって成立

2. 特色 封建領主は，⑤________と経済外的強制という2つの特権*2を持ち，王権から独立し，地方分権的傾向が強かった

荘園制

1. 起源と構造

❶ 起源はローマ末期のコロナトゥスやゲルマン社会の大土地所有制

❷ 領主の所領である荘園は，村落を中心に耕地や共有地からなった。耕地は領主の⑥________と農民保有地に分かれ，垣根や柵で区切られない開放耕地で，農作業は農奴が共同して行った

2. 農奴*3 領主に対して⑦________(労働地代)と⑧________(生産物地代)の義務を負い，教会への⑨________などを負担した

農業技術革新(中世農業革命) 鉄製の重量有輪犂(じゅうりょうゆうりんすき)や⑩________制*4の普及により，11～12世紀頃から農業生産が飛躍的に増大

2 中世都市

城壁 Burg の中の人が Bourgeoisie (ブルジョワジー)

中世都市の発展

1. 成立

❶ 荘園の生産力が向上し，余剰生産物の局地的交換が行われた

◆ 封建的主従関係

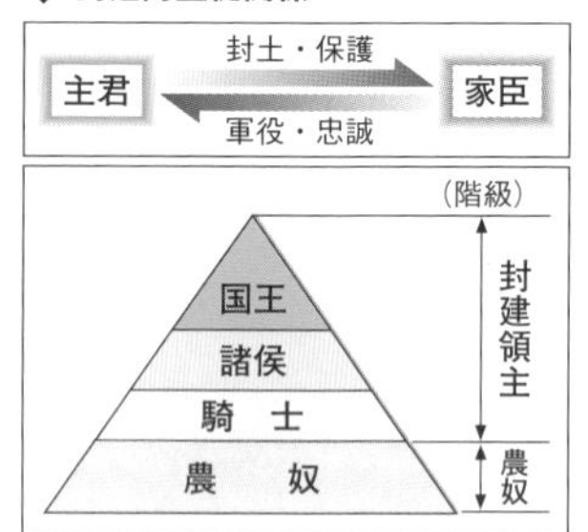

*1 恩貸地制度は主君が家臣に勤務の恩賞として土地の用益権を与える制度。従士制は王や族長が貴族や自由民に衣食や武器を与えて保護する代償に軍務に就かせる制度。

***2 封建領主の二大特権**

①**不輸不入権(インムニテート)**…領主が，自領内への国王の行政権・裁判権の立ち入りや課税を拒否する権利

②**経済外的強制**…領主が，領内の農民に対して，貢納や賦役など経済的支配のみでなく，警察権や領主裁判権なども持つこと

***3 農奴と奴隷の相違点**

移転や職業選択の自由がない農奴は，①領主から保有地を借り，②農具や家畜を保有し，③家族を構成し，④封建地代を負担した，などの点で，古代の奴隷とは異なる。

*4 耕地を春耕地・秋耕地・休耕地に三分し，3年間で一巡させる農法。農民は各地区の耕作を強制され，個人の自由な耕作は不可能であった。18～19世紀の集約的・合理的な農業の発達とともに三圃制は崩壊した。

記述論述 Q 14世紀から15世紀にかけての西ヨーロッパでは，農民による反乱が起こる以前から，農民の地位は向上しはじめていた。その複数の要因を説明しなさい。 (東京大)

→領主の城下，司教座の所在地，交通の要地などに定期市が成立

❷ ムスリムやノルマンの商業活動の刺激もあって⑪＿＿＿＿経済が復活。定期市に商人・手工業者が定住して都市に成長した

2. 遠隔地貿易　⑫＿＿＿＿の遠征を機に交通が発達すると，⑬＿＿＿＿＿＿貿易を中心とする地中海商業圏と北海・バルト海貿易を中心とする北ヨーロッパ商業圏を結ぶ遠隔地商業へと発展した

商業ルネサンス

11～12世紀の都市や市民の発展を商業ルネサンスと呼び，「商業の復活」を意味した。

ヨーロッパの二大商業圏と都市同盟

1. 地中海商業圏(イタリア都市)

❶ 海港都市：⑭＿＿＿＿＿＿・ジェノヴァ・ピサなどは，東方(レヴァント)貿易により⑮＿＿＿＿(特に胡椒)・絹織物などを輸入

❷ 内陸都市：ミラノ・⑯＿＿＿＿＿＿(メディチ家が台頭)が毛織物業や金融業で繁栄

2. 北ヨーロッパ商業圏

❶ 北ドイツ：⑰＿＿＿＿＿＿・ハンブルク・ブレーメンなどが毛皮・海産物・木材・穀物などの取り引き

❷ フランドル地方：毛織物工業が発展，ガン(ヘント)・⑱＿＿＿＿＿＿が繁栄

3. 二大商業圏を結ぶ内陸部

❶ ⑲＿＿＿＿＿＿地方：フランス東北部の国際的大定期市

❷ 南ドイツ：ニュルンベルクや西ヨーロッパ第一の銀の産地⑳＿＿＿＿＿＿＿(フッガー家の本拠)が繁栄

4. 都市同盟

❶ ㉑＿＿＿＿＿＿同盟：1167年に，ミラノなど北イタリア諸都市が，神聖ローマ皇帝㉒＿＿＿＿＿＿に対抗して結成

❷ ハンザ同盟*5：13世紀半ばのリューベックと㉓＿＿＿＿＿＿の防衛同盟が起源。リューベックを盟主とし，14世紀の最盛期には加盟市は100を超え共通の会議・貨幣・度量衡を持った。三十年戦争で消滅

◆ 東方(レヴァント)貿易

北イタリア諸都市 ← 香辛料(特に胡椒)・絹織物・染料(特にみょうばん) ← 地中海東部 沿岸諸都市
北イタリア諸都市 → 銀(南ドイツ産)・毛織物(フィレンツェやミラノ産)・奴隷 → 地中海東部 沿岸諸都市

◆ 中世都市と商業圏

● ハンザ同盟主要加盟都市
北ヨーロッパ商業圏　リューベック　ハンブルク　ダンツィヒ　ブレーメン　マクデブルク　アムステルダム　ロンドン　アントウェルペン　ブリュージュ　ガン　ケルン　フランドル　セーヌ川　ライン川　ヴェーザー川　エルベ川　マインツ　ニュルンベルク　クラクフ　パリ　ヴォルムス　シャンパーニュ　ドナウ川　アウクスブルク　ウィーン　地中海商業圏　ロワール川　ローヌ川　ボルドー　リヨン　ミラノ　ヴェネツィア　ジェノヴァ　ラヴェンナ　ガロンヌ川　マルセイユ　フィレンツェ

*5 ハンザ同盟はノヴゴロド・ベルゲン・ブリュージュ・ロンドンに在外商館を置き，バルト海・北海貿易を独占した。

都市と市民

1. 自治都市

❶ 領主の保護と支配を受けた都市の市民は，11～12世紀以降領主との闘争や買収で㉔＿＿＿＿＿＿を獲得し，自治権を取得*6

*6「都市の空気は自由にする」というドイツのことわざは，農奴が領主から逃れて1年と1日都市に居住すれば，農奴身分から解放されることを意味した。

A 商業と都市の発達とともに貨幣経済が普及し，貨幣を蓄えて経済力をつける農民が現れるようになった。また，凶作や黒死病の流行などで人口が減少すると，労働力を確保するために領主が農民の待遇を向上させた。

❷ 北イタリアの諸都市は自治都市(コムーネ)，ドイツでは皇帝直属の㉕＿＿＿＿＿(帝国都市)が多く，諸侯と同等の地位を取得

2. 市民の自治

❶ ギルド(同業組合)：商工業者の相互扶助・統制が目的。初めは商人ギルドが，やがて手工業者の同職ギルド(ツンフト)が成立

❷ 市政：都市の自治は，当初大商人が独占したが，13世紀以降には㉖＿＿＿＿＿を通じて同職ギルド(親方層)も市政に参加

3. 徒弟制度 同職ギルドに参加できたのは親方など独立した手工業者で，その下で働く職人・徒弟は参加できず，厳しい身分制度がしかれた

3 封建社会の変容 13～16世紀に西ヨーロッパでは農奴解放が進んだ

古典荘園から地代荘園へ(12～13世紀)

中世農業革命と遠隔地貿易の発展による貨幣経済の普及で，領主は㉗＿＿＿＿＿を分割して農民に貸与，地代も賦役(労働地代)に代わって生産物地代や貨幣地代に変化

地代(純粋)荘園 初期の直営地・賦役の形態の荘園を㉘＿＿＿＿＿といい，後期の生産物または貨幣の地代形態の荘園を地代(純粋)荘園という

荘園制の変遷
古典荘園(～12C)…直営地は労働地代。保有地は生産物地代
地代荘園(12～14C)…保有地のみで，生産物地代と貨幣地代
農奴解放(14C～)…ヨーマン(英)と自営農民(仏)の成立

農奴解放

1. 独立自営農民(ヨーマン)の出現 労働地代の廃止は，農奴の身分的隷属をゆるめ，貨幣を蓄えて富裕化した一部の農奴は，領主に解放金を支払った。封建的束縛からの農奴解放*7により，イギリスでは14世紀中頃以降ヨーマンと呼ばれる独立自営農民が出現

2. 農民一揆

❶ 14世紀，㉙＿＿＿＿＿(ペスト)の流行により人口激減
→労働力としての農民の社会的地位が向上

❷ 封建領主の賦役の復活など㉚＿＿＿＿＿も強まり，各地で農民一揆が起こった。フランスの㉛＿＿＿＿＿の乱(1358)やイギリスの㉜＿＿＿＿＿の乱(1381)は，百年戦争中に起こった

▶ワット＝タイラーの乱の思想的指導者㉝＿＿＿＿＿はウィクリフ*8の教説に共鳴したロラード派の僧侶。彼の「アダムが耕しイヴが紡いだとき，だれが貴族であったか」の説教は有名。

＊7 東ヨーロッパの農奴解放
プロイセンではシュタインのプロイセン改革(1807)と三月革命(1848)の法令で，ロシアではアレクサンドル２世の「農奴解放令」(1861)によるが，いずれも戦争敗北を機とする「上から」の解放で，体制の延命策である。

＊8 ウィクリフは，14世紀のイギリス・オックスフォード大学の神学教授。聖書こそ信仰の基礎と主張し，ローマ教会を批判し，また聖書を英訳した。死後，コンスタンツ公会議で異端と宣告された。

記述論述 Q 地中海商業圏とバルト海・北海商業圏は，交易で取り扱う物産の点で，それぞれいかなる特徴を有するのか。具体的な品名を含めて80字以内で説明しなさい。 (日本女子大)

 出題大学…㉕：高崎経済大／㉖：同志社大／㉜：大阪経済大

実戦演習

❶ 中世ヨーロッパに関する次の問1～4に答えよ。　成蹊大－経済

問1. 封建社会についての次の①～④の記述のうち，正しいものをひとつ選べ。

① 封建的主従関係では，主君と家臣の双方の契約を守る義務があり，家臣は一人で複数の主君をもつこともできた。

② ローマ＝カトリック教会内部ではクリュニー修道院を中心に改革の運動がおこったが，教皇グレゴリウス7世はこの運動を抑圧して教皇権を強化した。

③ 教皇権に反発してインノケンティウス3世に破門された皇帝ハインリヒ4世は，北イタリアのカノッサで謝罪するという屈辱を味わった。

④ 領主は領内の教区民に対する保護を名目に教会から十分の一税を徴収した。

問2. 十字軍についての次の①～④の記述のうち，正しいものをひとつ選べ。

① 11世紀に東地中海に進出し，聖地イェルサレムを支配下においたササン朝に対抗して第1回十字軍が始まった。

② 第2回十字軍は，イギリス国王，フランス国王，ドイツ皇帝が参加して大規模となり，イェルサレムを奪還してイェルサレム王国をたてた。

③ 第4回十字軍は，ヴェネツィア商人の要求に迫られて聖地回復の目的を捨てて，その商業上のライバルであるコンスタンティノープルを占領してラテン帝国をたてた。

④ 第7回十字軍の成功により教皇の権威は強まり，逆に国王の権威は失墜すると同時に，食料や商品の輸送によりイタリア諸都市の繁栄につながった。

問3. 中世都市についての次の①～④の記述のうち，正しいものをひとつ選べ。

① ロンバルディア平原のミラノなどの諸都市は，フランス王国の東方侵攻に対抗して，ロンバルディア同盟を結成した。

② 14世紀以降，ドイツで成立した帝国都市(自由都市)は皇帝に直属し，諸侯(地方領主)と同じ地位を与えられた。

③ リューベックを盟主とするハンザ同盟は北ドイツの諸都市からなり，神聖ローマ帝国皇帝の北上に対抗して結成された。

④ 各自治都市では手工業者の同職ギルド(ツンフト)が成立して政治・経済・社会生活の基本単位をなしたが，これに対抗して商人ギルドが結成された。

問4. 中世ヨーロッパの農村社会についての次の①～④の記述のうち，誤っているものをひとつ選べ。

① 経済的に困窮した領主が農民への束縛を強めようとした結果，14世紀後半にはフランスではジャックリーの乱，イギリスではワット＝タイラーの乱がおこった。

② イギリスで成立したヨーマンとよばれる独立自営農民は経営能力に秀で，休耕地を廃止することによって三圃制を改善するなど，合理的な農業をおこなった。

③ 西ヨーロッパでは13～16世紀においては農奴が領主裁判権・死亡税・結婚税などの封建的な束縛から解放される動きがあらわれた。

④ 14世紀に流行した黒死病(ペスト)により人口が激減して，領主の直営地経営が困難となった。

解答：別冊p.31 ▶

❶ ヒント

問1. ④－十分の一税は農民が教会に納めた貢納。

問3. ①－ロンバルディア同盟は，12世紀に神聖ローマ皇帝フリードリヒ1世のイタリア政策に対抗して結成された。

❶ 解答欄

問1	
問2	
問3	
問4	

A 地中海商業圏では，東方貿易により香辛料・絹織物などの奢侈品と銀・毛織物などが取引され，バルト海・北海商業圏では，海産物・木材・穀物などの生活必需品が取引された。(80字)

解答：別冊p.14 ▶

13 西ヨーロッパ中世世界の変容

ココが出る！

［入試全般］

キリスト教と教皇および農民・市民に関連する出題が主流。

［国公立二次・難関私大］

十字軍遠征の背景と第３・４回十字軍が焦点。結果は論述の対象ともなる。イギリスの身分制議会の変遷に留意。百年戦争は原因と結果が主流。

大学入試 最頻出ワード

■ヴェネツィア
■十字軍 ■フス
■クレルモン宗教会議
■グラナダ
■ラテン帝国

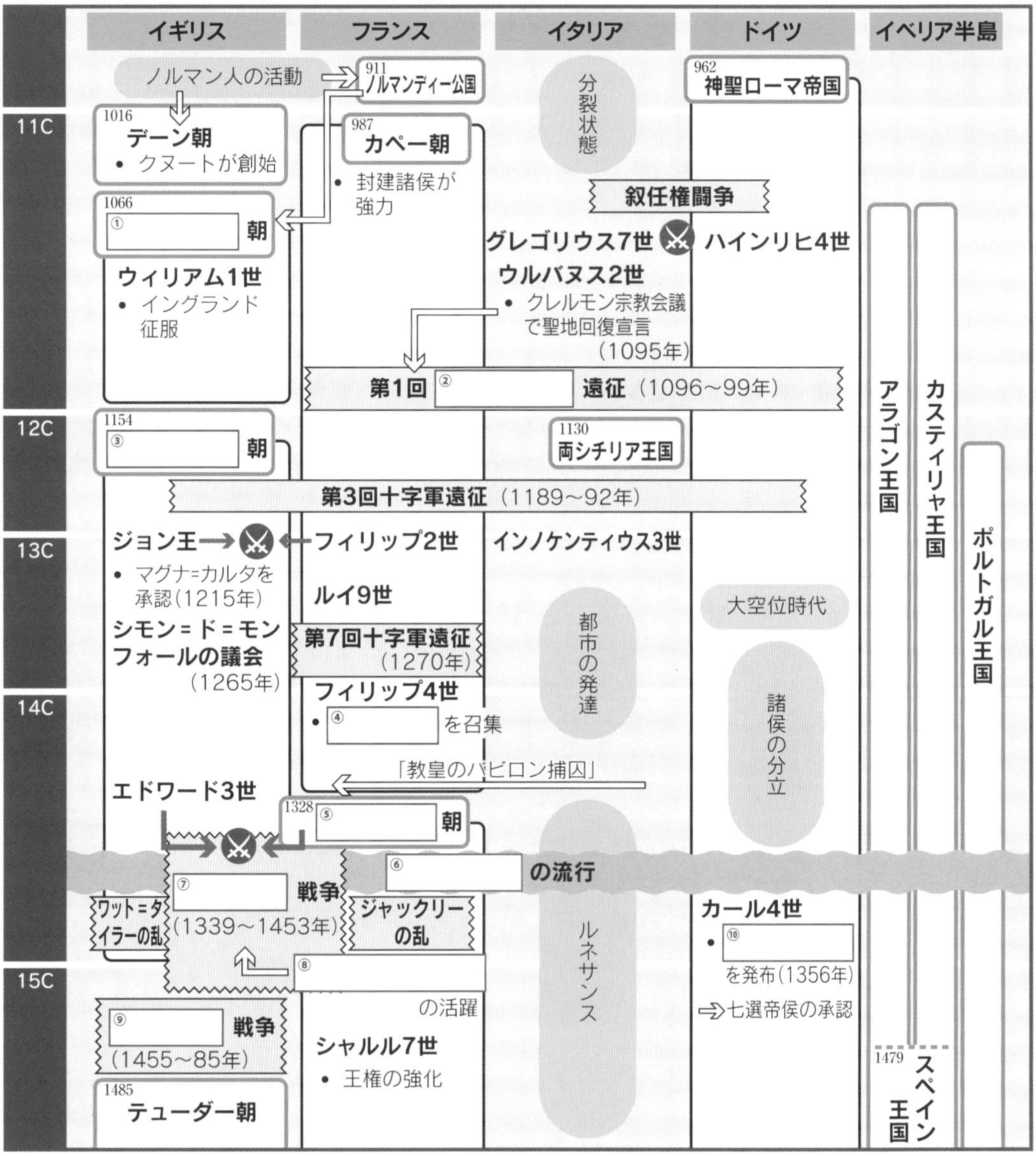

	イギリス	フランス	イタリア	ドイツ	イベリア半島
	ノルマン人の活動 ⇒	911 ノルマンディー公国	分裂状態	962 神聖ローマ帝国	
11C	1016 デーン朝 ・クヌートが創始 1066 ① ＿＿ 朝 ウィリアム1世 ・イングランド征服	987 カペー朝 ・封建諸侯が強力	叙任権闘争 グレゴリウス7世 ⚔ ハインリヒ4世 ウルバヌス2世 ・クレルモン宗教会議で聖地回復宣言（1095年）		
	第1回 ② ＿＿ 遠征（1096～99年）				アラゴン王国 / カスティリャ王国
12C	1154 ③ ＿＿ 朝		1130 両シチリア王国		ポルトガル王国
	第3回十字軍遠征（1189～92年）				
13C	ジョン王→ ⚔ ←フィリップ2世 ・マグナ=カルタを承認（1215年） シモン=ド=モンフォールの議会（1265年）	ルイ9世 第7回十字軍遠征（1270年）	インノケンティウス3世 都市の発達	大空位時代	
14C	エドワード3世	フィリップ4世 ・④ ＿＿ を召集 「教皇のバビロン捕囚」 1328 ⑤ ＿＿ 朝		諸侯の分立	
	⑥ ＿＿ の流行				
	ワット=タイラーの乱 ⑦ ＿＿ 戦争（1339～1453年）	ジャックリーの乱 ⑧ ＿＿ の活躍	ルネサンス	カール4世 ・⑩ ＿＿ を発布（1356年） ⇒七選帝侯の承認	
15C	⑨ ＿＿ 戦争（1455～85年） 1485 テューダー朝	シャルル7世 ・王権の強化			1479 スペイン王国

空欄解答 ①ノルマン ②十字軍 ③プランタジネット ④(全国)三部会 ⑤ヴァロワ ⑥黒死病〔ペスト〕 ⑦百年 ⑧ジャンヌ=ダルク ⑨バラ ⑩金印勅書

コンスタンツ公会議（1414～18年）の結果について簡潔に説明せよ。 （京都大）

1 ローマ教皇権の盛衰

教皇権の全盛期 ⇨カノッサの屈辱～アナーニ事件

布教期

313 ①＿＿＿＿：コンスタンティヌス帝のキリスト教公認

325 ②＿＿＿＿公会議 →正統はアタナシウス派(三位一体説)，異端はアリウス派

392 ローマ帝国の国教となる

496 クローヴィスの改宗

590 教皇③＿＿＿＿即位 ➡教皇首位権の基礎確立

教権・俗権の提携期

726 ビザンツ皇帝レオン３世が④＿＿＿＿発布 →ゲルマン布教に聖像を用いるローマ教会[*1]が反発

754, 756 ピピンの寄進 →ローマ教会とフランク王国の結合

800 教皇⑤＿＿＿＿のカール大帝加冠

962 教皇ヨハネス12世のオットー１世加冠

1054 ローマ＝カトリック教会とギリシア正教会の完全分裂

拡大期

1077 カノッサの屈辱：教皇⑥＿＿＿＿とハインリヒ４世の⑦＿＿＿＿闘争 ➡教皇権の優越

1095 教皇ウルバヌス２世が⑧＿＿＿＿宗教会議で十字軍提唱

全盛期〈十字軍〉

1122 ⑨＿＿＿＿[*2] →叙任権闘争は一応終結

1198 教皇⑩＿＿＿＿即位 ➡教皇権全盛

衰退期

1303 アナーニ事件：フランス王⑪＿＿＿＿[*3]が，教皇ボニファティウス８世を捕囚 ➡教皇権衰退の端緒

1309 ⑫＿＿＿＿(アヴィニョン捕囚，～1377)

1378 教会大分裂(大シスマ)，この頃⑬＿＿＿＿の教会批判

1414 ⑭＿＿＿＿公会議 (～1418) →ベーメンの⑮＿＿＿＿が異端・火刑(1415)[*4]，教会大分裂の終結(1417)

修道院運動

①⑯＿＿＿＿ →モンテ＝カシノ修道院(529創設) ⇨「祈り，働け」

②⑰＿＿＿＿修道院(910創設) →教会改革運動

③托鉢(たくはつ)修道会(13世紀)…財産所有を否定，都市民衆に布教 →⑱＿＿＿＿修道会・ドミニコ修道会

④修道院は，布教・貧民救済だけでなく，古典の保存や学問・教育の発達に寄与，シトー修道会は開墾運動を推進

*1 ローマは，使徒ペテロやパウロの殉教の地とされ，ローマ教会の司教(教皇)は第１使徒ペテロの後継者として全教会に対する首位権を持つと主張した。

*2 教皇カリクストゥス２世と皇帝ハインリヒ５世の間で成立し，皇帝は聖職叙任権を失った。

*3 聖職者課税問題で教皇と衝突。1302年に全国三部会を召集した。

*4 ベーメンではフス派の反乱(フス戦争，1419～36)が起こった。

2 十字軍

教皇は東西教会の統一を，諸侯・騎士は領土や戦利品を，商人は地中海貿易の利権をめざしたヨーロッパの膨張運動

1. 背景と経過

❶ 封建社会の確立：三圃制(さんぽせい)の普及や鉄製重量有輪犂(ゆうりんすき)，水車の改良などにより農業生産の増大と人口の増加 →ヨーロッパの膨張気運[*5]

*5 ヨーロッパの膨張気運として，シトー修道会の開墾事業，オランダの干拓，イベリア半島の国土回復運動(レコンキスタ)，エルベ川以東への東方植民，聖地(スペインのサンティアゴ＝デ＝コンポステーラやイェルサレムなど)への巡礼の流行など。

A 新教皇を選んで教会大分裂(大シスマ)を終わらせ，またウィクリフとフスを異端とし，フスを火刑に処した。

前近代ヨーロッパ史

13 西ヨーロッパ中世世界の変容

前6C以前　前6C　前4C　前2C　2C　4C　6C　8C　10C　12C　14C　16C　18C　20C　現在

❷ 北イタリア商人のイスラーム商業圏への参入

❸ イェルサレムを支配下に置いた⑲＿＿＿＿＿＿朝のアナトリア進出 →⑳＿＿＿＿＿＿の戦い(1071)に敗北したビザンツ皇帝アレクシオス1世が教皇に救援依頼(1095)

❹ 教皇ウルバヌス2世が㉑＿＿＿＿＿＿宗教会議で提唱(1095)

回	期間	原因・目的	主要事項
1	1096～99		聖地回復 →㉒＿＿＿＿＿＿王国(1099～1291)建設 →ロレーヌ公ゴドフロワが聖墳墓守護者となる
2	1147～49	セルジューク朝の反抗	フランス王ルイ7世参加 →失敗
3	1189～92	アイユーブ朝の㉓＿＿＿＿＿＿がイェルサレム奪還(1187)	皇帝フリードリヒ1世は客死，フランス王㉔＿＿＿＿＿＿は帰国。イギリス王㉕＿＿＿＿＿＿は休戦協定
4	1202～04	教皇㉖＿＿＿＿＿＿が提唱	㉗＿＿＿＿＿＿商人の要請でコンスタンティノープル占領 →㉘＿＿＿＿＿＿を建設(1204～61)
5	1228～29		皇帝㉙＿＿＿＿＿＿，外交交渉で一時聖地回復
6	1248～54	エジプトのマムルーク朝を攻撃	フランス王㉚＿＿＿＿＿＿，捕虜となる
7	1270		フランス王ルイ9世，チュニジアで没
	1291	マムルーク朝の攻撃でアッコンが陥落，十字軍は終わる	

2. 意義と影響

❶ 失敗による教皇の権威動揺と従軍した諸侯・騎士の没落

❷ 遠征を指揮した㉛＿＿＿＿＿＿の権力の伸長 →中央集権化促進

❸ 東方(レヴァント)貿易の活発化
→北イタリア諸都市の繁栄。ビザンツ文化やイスラーム文化の流入

❹ 宗教騎士団の創設*6

*6 宗教騎士団とはテンプル・ヨハネ・ドイツの三宗教騎士団。特にアッコンで創設されたドイツ騎士団は，のちにバルト海地方に入植。1525年に世俗的なプロイセン公国となる。

3 イギリスとフランスの状況 アンジュー帝国が英仏にまたがる大領土を支配した

イギリスとフランス

1. プランタジネット朝(1154～1399)

❶ ウィリアム1世の開いたノルマン朝(1066～1154)断絶後，フランスのアンジュー伯が㉜＿＿＿＿＿＿*7として即位し，プランタジネット朝を開く(1154)

❷ 次王㉝＿＿＿＿＿＿：第3回十字軍に参加 →サラディンと講和

❸ 3代㉞＿＿＿＿＿＿(位1199～1216)：教皇インノケンティウス3世に屈伏。フランス王フィリップ2世にブーヴィーヌの戦いで敗北しフランス内の領土を喪失。重税賦課 →1215年に㉟＿＿＿＿＿＿(マグナ＝カルタ)

*7 ヘンリ2世はアンジュー伯領やノルマンディー公領のほか，ギエンヌ(アキテーヌ)公国のエレアノールと結婚してギエンヌ公国をも領有し，英仏にまたがる広大な「アンジュー帝国」を樹立。またクラレンドン法を制定して国王裁判権を伸張した。

記述論述 Q 百年戦争が生じた原因について，100字以内で述べよ。 (首都大東京(※現東京都立大))

 出題大学…⑳：法政大／㉜：中央大，早稲田大，同志社大

を承認 →貴族や教会の既得権擁護，都市の特権を明文化

❹ヘンリ３世：大憲章を無視 →㊱＿＿＿＿＿＿＿＿らが反乱

→1265年に聖職者･貴族のほか州･都市の代表を含む身分制議会を設置

❺エドワード１世：㊲＿＿＿＿＿＿＿＿*8を召集(1295)
(位1272～1307)

❻㊳＿＿＿＿＿＿＿＿：貴族院・庶民院の二院制成立(14世紀半ば)

*8 聖職者・貴族のほか，各州２名の騎士，各都市２名の市民で構成された。

2. カペー朝(987～1328)

❶ユーグ＝カペーが創始したが，封建社会の確立でカペー王権は弱体

❷㊴＿＿＿＿＿＿＿＿：イギリス王ジョンを破り国内の大半のイギリス王領を奪い，異端㊵＿＿＿＿＿＿＿＿(カタリ派)*9を討伐した
(位1180～1223)

❸ルイ９世*10：アルビジョワ派を根絶し，第６・７回十字軍を主導

❹㊶＿＿＿＿＿＿＿＿：聖職者課税問題で教皇ボニファティウス８世と抗争 →1302年に㊷＿＿＿＿＿＿召集 →アナーニ事件(1303)
(位1285～1314)

→㊸＿＿＿＿＿＿＿＿(アヴィニョン捕囚,1309～77)を強行

*9 マニ教の影響を受けて12世紀以降，南フランスに盛行したキリスト教の異端。アルビジョワ派はカタリ派系の異端。

*10 ルイ９世は，1253年にフランチェスコ会修道士ルブルックを使節としてモンゴル帝国に派遣した。ルブルックは，カラコルムに至り，1254年にモンケ＝カアン(憲宗)に謁見した。

百年戦争(1339～1453)

1. 要因

❶㊹＿＿＿＿＿＿＿＿(毛織物工業地帯)やイギリス王領のギエンヌ(アキテーヌ)公領をめぐる英仏の対立

❷カペー朝の断絶と㊺＿＿＿＿＿＿＿＿の成立(1328)に，イギリス王㊻＿＿＿＿＿＿＿＿がフランス王位継承を主張してフランスに侵攻

2. 経過

❶初期はエドワード黒太子が活躍。㊼＿＿＿＿＿＿の戦い(1346)，ポワティエの戦い(1356)で自営農民の長弓隊が奮戦し，イギリスが優勢

❷黒死病(ペスト)の流行や㊽＿＿＿＿＿＿＿＿(1358)などでフランス国内は荒廃 →1429年に㊾＿＿＿＿＿＿＿＿がオルレアンを解放し戦況逆転 →1453年に㊿＿＿＿＿＿＿＿＿がカレー*11を除く全国土からイギリス軍を撃退

＊農民一揆▶p.098

*11 カレーは，イギリス女王メアリ１世治世の1558年にフランスが領有。

3. 結果

❶イギリスではランカスター・ヨーク両家*12による51＿＿＿＿＿＿戦争(1455～85) →諸侯・騎士の没落 →1485年ヘンリ７世が52＿＿＿＿＿＿＿＿朝を開く

❷フランスではシャルル７世が常備軍を設置し，財務監督官にジャック＝クールを登用して財政を立て直し，中央集権化が進展

*12 ランカスター家の国王ヘンリ６世に対して，ヨーク家が王位を要求して勃発。ランカスター家，ヨーク家の紋章がそれぞれ赤バラ，白バラであったことからバラ戦争の名があるとするのは後世の俗説。

＊英･仏の絶対王政▶p.115

A 毛織物業が発達したフランドル地方と大陸内の英領の支配をめぐる対立を背景に，カペー朝が断絶してヴァロワ朝が成立すると，母親がカペー家出身であるイギリス王エドワード3世がフランス王位継承権を主張した。(98字)

4 イベリア半島とドイツ・イタリア

スペインは中央集権化，ドイツは領邦国家が分立

イベリア半島

1. スペイン

❶ 国土回復運動(レコンキスタ)：8世紀以降キリスト教徒により進展 →アラゴン，カスティリャ*13，ポルトガルの3王国が成立

❷ スペイン王国の成立(1479)：カスティリャ王女㊸________とアラゴン王子フェルナンドの結婚(1469)後，統合 →㊹______年にナスル朝の㊺________を陥落させ，国土統一を実現

2. ポルトガル

カスティリャから独立(1143) →ジョアン1世の子である「航海王子」㊻________が西アフリカ探検を推進 →ジョアン2世は貴族を抑えて国内を統一し，積極的な海外進出策を展開

*13 カスティリャの首都トレドやシチリア島のパレルモなどで，イブン＝シーナー(『医学典範』)やイブン＝ルシュド(アリストテレス哲学の注釈)らのアラビア語の著作がラテン語に翻訳された。これに刺激されて学問や文芸も発展した。これを12世紀ルネサンスという。

ドイツ・イタリア

1. ドイツ

❶ 歴代神聖ローマ皇帝の㊼________政策 →帝権弱体

❷ シュタウフェン朝*14断絶後，皇帝不在の「㊽________」(1256～73) →ハプスブルク家のルドルフ1世の皇帝選出で終結

❸「㊾________」の発布(1356)：㊿________(ルクセンブルク朝)が皇帝選挙の手続きと七選帝侯*15の特権を規定 →大小の諸侯や自由都市など300ほどの領邦が分立

❹ 1438年以降，帝位は(61)________家が事実上世襲化

❺ ドイツ人の東方植民(12～14世紀) →エルベ川以東にブランデンブルク辺境伯領やドイツ騎士団領が成立

2. スイス

原初3州*16は，13世紀末以降，(62)________家の支配に反抗 →モルガルテンの戦いやゼンパハの戦いに勝利 →15世紀末に13州が事実上独立 →(63)________条約で国際的に承認

3. イタリア

教皇領，南の(64)________やナポリ王国，北部ではヴェネツィア・フィレンツェ・ジェノヴァなどの都市共和国が分立した。都市内部では教皇党(ゲルフ)と皇帝党(ギベリン)が抗争

4. 北欧

(65)________同盟：デンマークの王母マルグレーテの主導でデンマーク・スウェーデン・ノルウェーが同君連合(1397)*17になり，ハンザ同盟に対抗した

***14 シュタウフェン朝(1138～1254)**

12世紀後半のフリードリヒ1世(赤髭王)はイタリア遠征を繰り返し，教皇やロンバルディア同盟の抵抗に苦戦し，第3回十字軍の途中，アナトリア(小アジア)で水死した。フリードリヒ2世は，イタリア・シチリアの経営に没頭する一方，第5回十字軍を起こしてイェルサレムを一時回復した。「王座の上での最初の近代人」と呼ばれる。

*15 マインツ・ケルン・トリーアの3大司教とライン宮廷伯(ファルツ伯)・ザクセン公・ブランデンブルク辺境伯・ベーメン王をさす。多数決による皇帝選出や選帝侯の特権(貨幣鋳造権や関税権など)が認められた。

*16 原初3州とはウーリ・シュヴィッツ・ウンターヴァルデンの3州をさす。

*17 カルマル同盟は，1523年にスウェーデンが分離して解消した。

記述論述 Q レコンキスタとは何か。その地域，期間にも言及して説明しなさい。 (慶應義塾大)

実戦演習

❶ 次の文中の［　］に最も適当な語を語群から選び，また下線部に関する問いに答えなさい。

関西学院大－商・人間福祉・文・法〈改題〉

ヨーロッパは14世紀に大きな危機を迎えたと言われる。14世紀のはじめからヨーロッパの多くの地域が天候不順にともなう飢饉に見舞われた。同世紀の半ばからは①黒死病(ペスト)と呼ばれる疫病が襲来し，人口減少や都市経済の停滞を招いた。封建社会は動揺をきたし，②イギリスやフランスなどでは農民一揆が続発した。［イ］は「アダムが耕し，イヴが紡いだとき，誰が貴族であったか」と説教し，社会的平等を唱えた。こうした農民一揆の発生は封建貴族の没落につながった。また，十字軍を主導したローマ教皇の権威は低下していたが，14世紀末までには③教皇の権威失墜は決定的なものとなった。一方，各国では王権が伸長して国家統合が進んだが，イギリスとフランスは1339年から④百年戦争と呼ばれる断続的な戦乱に突入した。さらに中世の世俗権力を代表する⑤神聖ローマ皇帝の周辺でも諸侯の自立が進み，皇帝の権力が衰退し，混乱が絶えなかった。他方，北欧では，ハンザ同盟と対抗するために［ロ］同盟が世紀末に結成され，同君連合による政治秩序が形成された。

［語群］

イ．a．ワット＝タイラー　b．ジョン＝ボール　c．ウィクリフ　d．フス

ロ．a．シュマルカルデン　b．ライン　c．カルマル　d．ロンバルディア

［問い］

① 黒死病に関する記述として，誤りを含むものはどれか。
- a．ペトラルカは『デカメロン』で黒死病の流行する世相を叙述した。
- b．ヨーロッパの人口の3分の1が失われたとされる。
- c．黒海沿岸部との交易を通して，イタリアに入ったとされる。
- d．ホルバインの「死の舞踏」は，黒死病の流行を題材に用いた木版画である。

② イギリスの議会制度に関する記述として，誤りを含むものはどれか。
- a．マグナ＝カルタ(大憲章)によって議会の開設が認められた。
- b．シモン＝ド＝モンフォールは聖職者や貴族，州や都市の代表による議会を招集した。
- c．エドワード1世はいわゆる模範議会を招集した。
- d．14世紀後半までには議会は貴族院と庶民院の二院制となった。

③ 教皇に関する記述として，誤りを含むものはどれか。
- a．ボニファティウス8世がフィリップ4世によって捕らえられた。
- b．教皇庁がローマから南フランスのアヴィニョンに移された。
- c．14世紀後半から約40年にわたって複数の教皇が並存した。
- d．聖書の尊重を唱えて教会を批判したイングランドのノックスを破門した。

④ 百年戦争に関する記述として，誤りを含むものはどれか。
- a．エドワード3世がフランスの王位継承権を主張したことで始まった。
- b．エドワード黒太子率いるイギリス軍が，フランス南西部で戦った。
- c．ジャンヌ＝ダルクはオルレアンの包囲を破った。
- d．この戦争に敗れたイギリスは，フランスに有した全ての領土を失った。

⑤ 神聖ローマ皇帝に関する記述として，誤りを含むものはどれか。
- a．皇帝のイタリア政策を支持する皇帝党は，ボローニャやミラノを拠点とした。
- b．カール4世は金印勅書を発布し，皇帝選出の制度を定めた。
- c．フランソワ1世は，神聖ローマ帝国皇帝選挙でカルロス1世に敗れた。
- d．シュタウフェン朝の断絶後に「大空位時代」が生じた。

解答：別冊p.31 ▶

❶ ヒント

語群［イ］．b－「ジョン＝ボール」はウィクリフの教会改革に同調した聖職者。ワット＝タイラーの乱を理論的に支えた。

①．d－「死の舞踏」は，着飾った正者と骸骨の死者が手をとり合って踊る様子を描いた絵で，死と隣合せの中世末のヨーロッパ人の終末観を表している。ドイツの画家ホルバインもこのモチーフで木版画を残している。

③．d－「ノックス」はカルヴァンと親交のあったスコットランドの宗教改革者で，長老派教会を樹立した。

❶ 解答欄

イ	
ロ	
①	
②	
③	
④	
⑤	

A 8～15世紀にイベリア半島のキリスト教徒が，半島を征服したイスラーム教徒からの国土の回復をめざした再征服運動。

解答：別冊p.15 ▶

14 近世ヨーロッパの胎動

ココが出る！

［入試全般］
大航海時代はスペインの活動，宗教改革はカルヴァン派が焦点。

［国公立二次・難関私大］
ルネサンスの要因とその限界，活躍した人物と事績に注意。大航海時代については，その背景と影響が中心。ルターの改革運動とドイツの事情が狙われる。

大学入試 最頻出ワード

■ジュネーヴ
■マカオ　■ゴア
■ヴァスコ＝ダ＝ガマ
■ブラジル
■ポトシ銀山

ヨーロッパ世界の拡大

香辛料の需要増大 / 東方への関心 / 羅針盤・航海術の改良 → **新航路の開拓**

スペイン
- トスカネリの地球球体説 ⇩
- ① ＿＿＿＿ の西インド諸島到達（1492年）⇒ **トルデシリャス条約**（1494年）
- スペイン王カルロス1世の後援 → ② ＿＿＿＿ 艦隊の世界周航（1519～22年）
- ポトシ銀山の発見（1545年）⇒ 新大陸産の銀 ⇒ ⑤ ＿＿＿＿

ポルトガル
- 「航海王子」エンリケの奨励
- ③ ＿＿＿＿ の喜望峰到達（1488年）⇒ トルデシリャス条約
- ④ ＿＿＿＿ のカリカット到達（1498年）
- マラッカ占領（1511年）
- マルク（モルッカ）諸島到達（1512年）⇒ 香辛料貿易 ⇒ **商業革命**

宗教改革

新教 / 旧教

ルター
- 『⑥ ＿＿＿＿ 』（1517年）
- 聖書主義
- 信仰義認説
- 聖書のドイツ語訳

批判 → **教皇レオ10世**
- 贖宥状販売を許可

圧迫 ← **皇帝カール5世**
- ヴォルムス帝国議会（1521年）

ドイツ農民戦争（1524～25年）

⑦ ＿＿＿＿
- 『キリスト教綱要』(1536年)
- 予定説の主張
- ジュネーヴで改革 ⇩
- ピューリタン(イングランド)
- ゴイセン(ネーデルラント)
- ⑧ ＿＿＿＿ (フランス)

ルター派 ⚔ 皇帝派
- シュパイアー帝国議会で皇帝カール5世は新教派を黙認、のち否認
⇒ルター派の抗議（プロテスタント）
⇩
⑩ ＿＿＿＿ **の和議**（1555年）

対抗宗教改革（カトリック改革）
- ⑨ ＿＿＿＿
- イグナティウス＝ロヨラらが創設（1534年）

トリエント公会議（1545～63年）
- カトリック教義の再確認
- 禁書目録

空欄解答 ①コロンブス　②マゼラン　③バルトロメウ＝ディアス　④ヴァスコ＝ダ＝ガマ　⑤価格革命　⑥九十五カ条の論題　⑦カルヴァン　⑧ユグノー　⑨イエズス会　⑩アウクスブルク

記述論述 Q　1494年に締結されたトルデシリャス条約の取り決めを説明しなさい。　（津田塾大）

1 ヨーロッパの海洋進出 近代世界システムの始まり

大航海時代

1. 動機

❶ アジア産の物資，特に①＿＿＿＿＿など香辛料の需要の増大

❷ 十字軍の遠征や②＿＿＿＿＿＿＿の『③＿＿＿＿＿＿＿（東方見聞録）』などによる東方への関心*1

❸ ④＿＿＿＿＿＿＿による東方貿易路の支配に対し，地中海を経由しない新通商路の開拓の必要

❹ 遠洋航海の進歩　→造船技術の発達，⑤＿＿＿＿＿の実用化

❺ ⑥＿＿＿＿＿＿（イタリア）の地球球体説やマルティン＝ベハイム（ドイツ）の地球儀制作　→科学・技術の発達

❻ ⑦＿＿＿＿＿＿＿（レコンキスタ）を推進し，いち早く中央集権化を進めたスペイン・ポルトガルが探検事業を奨励

＊1 東方への関心
聖ヨハネ(プレスター＝ジョン)伝説（聖ヨハネが統治するキリスト教国がアジアに存在するという伝説）も新航路発見の一要因となったという説もある。

◆ 大航海時代

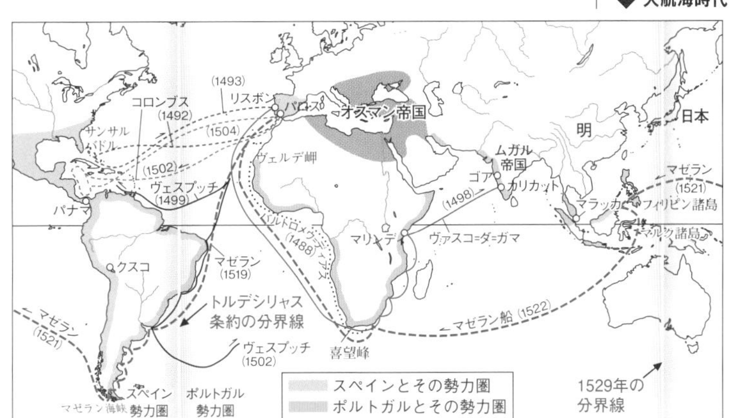

2. ポルトガルとインド航路

❶「航海王子」⑧＿＿＿＿＿：ジョアン1世の子で，航海を奨励。アフリカ西岸に派遣した探検隊が，15世紀半ばにヴェルデ岬に到達

❷ ⑨＿＿＿＿＿＿＿＿：アフリカ南端の「嵐の岬」（喜望峰）に到達（1488）*2

❸ ⑩＿＿＿＿＿＿＿：喜望峰を回ってインド西南岸のカリカットに到達（1498）*3

❹ アルメイダ：ディウ沖の海戦（1509）でマムルーク朝の海軍撃破

❺ アルブケルケ：⑪＿＿＿＿を占領（1510）し，マラッカを占領（1511）
➡インド洋交易に参入

＊2 ポルトガル国王ジョアン2世が「喜望峰」と命名。

＊3 ガマ船団をマリンディからカリカットに水先案内したのはイスラーム教徒のイブン＝マージド。

A ポルトガルとスペインの海外での領土紛争を避けるため，1493年ローマ教皇によって定められた植民地分界線を改め，境界線を西方に移動させた。

❻セイロン島(スリランカ)や香辛料の主産地⑫＿＿＿＿諸島を獲得し，1557年中国の⑬＿＿＿＿に居留権を得，南シナ海の交易に参入*4

❼⑭＿＿＿＿：ブラジルに漂着(1500)し，ポルトガル領有を宣言

❽首都⑮＿＿＿＿はアジア貿易で繁栄 ➡本質的には国営の中継貿易にとどまり，国内諸産業は未発達であった

*4 1543年ポルトガル人は種子島に漂着し，鉄砲を日本に伝え，貿易を始めた。また平戸を拠点に南蛮貿易を行った。

3. スペインのアメリカ大陸支配

❶コロンブス(ジェノヴァ出身)：フィレンツェのトスカネリの地球球体説を信じ，スペイン女王⑯＿＿＿＿の後援で，1492年カリブ海の⑰＿＿＿＿島に到達*5

❷⑱＿＿＿＿(フィレンツェ出身)
→「アメリカ」の名称の由来*6

❸⑲＿＿＿＿：パナマ地峡横断と「南の海」(太平洋)発見(1513)*7

❹コンキスタドール(征服者)の略奪：コルテスは⑳＿＿＿＿王国を征服(1521)。㉑＿＿＿＿はインカ帝国を征服(1533)

❺アメリカ大陸支配

ⓐ鉱山開発：先住民(インディオ)を酷使し，金・銀獲得
→㉒＿＿＿＿銀山(現在のボリビア)の発見(1545)

ⓑ㉓＿＿＿＿制：先住民の保護とキリスト教化を条件に，入植者に一定の土地と先住民に対する支配権・賦役使用権を委任
➡先住民は苛酷な労働と伝染病で人口激減*8 →黒人奴隷の輸入

*5 コロンブスが西インド諸島に到達した1492年，スペインはグラナダを占領して国土回復運動(レコンキスタ)を完成した。

*6「アメリカ」という名称は，1507年ヴァルトゼーミューラー(独)が使用し，以後一般化した。

*7 イタリア人カボット父子は，イギリス王ヘンリ7世の支援で北アメリカ大陸に，またフランス人カルティエはフランソワ1世の命でカナダに達した。

＊メソアメリカ文明▶p.237

*8 ドミニコ会修道士のラス＝カサスは，スペイン人植民者によるエンコミエンダ制に名を借りた先住民の搾取・虐待を批判した。

4. 世界周航

❶㉔＿＿＿＿条約(1494)：スペインとポルトガルは前年の教皇子午線を修正。これにより，中南米は㉕＿＿＿＿を除いてスペイン，アジアはフィリピンを除いてポルトガルの範囲とされた

❷ポルトガル人マゼラン(マガリャンイス)*9の艦隊の世界周航(1519～22) →スペイン王㉖＿＿＿＿の後援 →地球の球形を実証

*9 マゼランは，1521年フィリピンのマクタン島で先住民首長ラプラプに殺害された。

新発見の影響

1. ㉗＿＿＿＿**革命** 貿易の中心が地中海から大西洋沿岸へ移動し，リスボンやアントウェルペン(アントワープ)などが繁栄。北イタリア・南ドイツの諸都市は没落

2. ㉘＿＿＿＿**革命** アメリカ大陸産の銀の流入
➡ヨーロッパでの物価上昇・貨幣価値の下落

◆ 貿易構造の変化

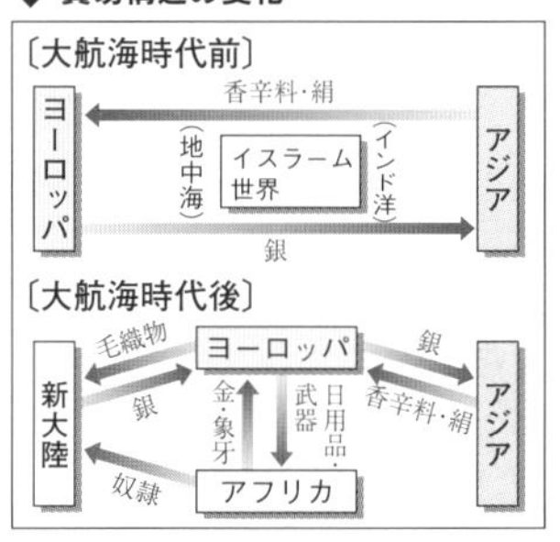

記述論述 Q スペイン王室がラテンアメリカに有する鉱山では奴隷が働いていた。その奴隷の主な出身地に触れつつ，奴隷も労働力として必要とされるにいたった経緯を，説明しなさい。 (慶應義塾大)

3.「世界の一体化」 世界史的世界の成立の端緒

2 ルネサンス 人文主義を基調に，14世紀にイタリアに始まり，やがて西欧に広まった

＊ルネサンス▶p.278

1．意味

❶ キリスト教会や封建社会の伝統的権威が動揺する中で，14〜16世紀に展開した新文化運動

❷ 古代ギリシア・ローマ文化の「再生(フランス語でルネサンス)」*10

❸ 現実肯定と人間性の自由と解放，個性の尊重を特色とする㉙＿＿＿＿＿＿(人文主義)に立脚

2．イタリアに起こった要因

❶ 東方貿易による北イタリア諸都市の繁栄と市民意識の高揚

❷ ビザンツ文化やイスラーム文化の流入，特に1453年のビザンツ帝国滅亡前後の古典学者や文化人のイタリアへの移住

❸ 古代ローマの遺跡が残存

❹ フィレンツェの㉚＿＿＿＿＿家*11やローマ教皇による学芸保護

3．イタリア=ルネサンスの限界

❶ 中産階級が未成熟で，一部の富豪や教皇*12の保護下に発展したため貴族的趣味の傾向が強く，社会改革に発展しなかった

❷ 商業・貿易の中心が地中海から大西洋へ移る㉛＿＿＿＿＿革命とフランスのシャルル８世の侵略を発端とする㉜＿＿＿＿＿戦争*13などでイタリア諸都市は衰退した

*10 19世紀のスイスの歴史家ブルクハルトは，『イタリア=ルネサンスの文化』で，ルネサンスを「自然と人間の再発見」と捉えた。

*11 メディチ家のコジモ=デ=メディチはフィレンツェ市政を握り，プラトン学院を創設して学芸を保護した。孫のロレンツォ=デ=メディチは，画家のボッティチェリを保護するなど，メディチ家の最盛期を現出し，その子のジョヴァンニは教皇レオ10世である。

*12 ルネサンスを保護した教皇は，16世紀前半のユリウス２世，レオ10世，パウルス３世などが有名で，ミケランジェロやラファエロ，ブラマンテらが保護された。

*13 イタリア戦争の動乱期にマキァヴェリは『君主論』を著して，君主は権謀術数的な統治手段をとるべきと説いた。

3 ルターの宗教改革 聖書への復帰 ⇨「信仰によってのみ義とされる」

ルターの改革運動

1．背景

❶「ローマの牝牛(めうし)」：領邦国家が分立するドイツはローマ教会の財源

❷ ロイヒリンやメランヒトンら人文主義者の聖書研究が進展

2．展開

❶ 教皇レオ10世は，㉝＿＿＿＿＿＿＿＿＿＿改築資金捻出のため，フッガー家と結んで㉞＿＿＿＿＿＿(免罪符)販売を許可

❷ ヴィッテンベルク大学の神学教授であったルター*14は，「㉟＿＿＿＿＿＿＿＿＿＿」を発表(1517)し，贖宥状を批判。教皇側のエ

＊14 ルターの教説
①聖書主義
②信仰義認説「信仰によってのみ義とされる」
③万人司祭主義を主張し，1520年『キリスト者の自由』を著した

A スペインが導入したエンコミエンダ制下での強制労働やヨーロッパから持ち込まれた疫病で先住民が激減し，代わりの労働力としてアフリカから黒人が奴隷として運び込まれた。

ックとのライプチヒ討論(1519)で教皇・教会の権威を否定した
→教皇はルターを破門

❸ ㊱＿＿＿＿帝国議会(1521)で皇帝カール5世[15](位1519~56)がルターを弾圧

❹ ルターは，ザクセン選帝侯フリードリヒの保護下で聖書のドイツ語訳を完成[16]

ドイツの動揺

1. ドイツ農民戦争(1524~25) シュヴァーベン地方(ドイツ南部)から拡大，十二カ条要求(農奴制廃止，封建的賦課軽減など) →㊲＿＿＿＿らの反乱が激化すると[17]，ルターは諸侯の鎮圧を支持

2. シュパイアー帝国議会

❶ オスマン帝国の㊳＿＿＿＿がハンガリー征服
➡皇帝カール5世は諸侯の支持を得るためルター派を黙認(1526)

❷ オスマン帝国がウィーン包囲(第1次，1529)から撤退すると，カール5世はルター派を再禁止(1529) ➡新教徒の抗議(プロテスタント)

❸ ルター派諸侯は㊴＿＿＿＿を結成(1530)して対抗

3. ㊵＿＿＿＿**の和議**(1555) 諸侯単位のカトリック・ルター派の選択権承認 ➡ルター派の地域では，領邦教会制が成立

*15 カール5世はハプスブルク家出身。母がスペイン王女であったため，スペイン王(カルロス1世)，また神聖ローマ皇帝として，宗教改革やイタリア戦争への対応におわれた。

*16 ルターはヴァルトブルクで，高ドイツ語・低ドイツ語を併用して『新約聖書』のドイツ語訳を完成させた。

*17 ルターの教説は，活版印刷の普及もあって反教皇・反皇帝の諸侯や市民・農民の間に急速に広まり，宗教改革を社会改革と結びつけようとする急進的な再洗礼派も現れた。

4 カルヴァンの改革と対抗宗教改革

予定説を説き，市民倫理を提供

カルヴァンの改革

1. 展開

❶ フランス人カルヴァンは，『㊶＿＿＿＿』を著して予定説を唱え，スイス[18]の㊷＿＿＿＿で神権政治を実施(1541)[19]

❷ 新興市民階級に支持され，近代資本主義の発展に寄与した[20]

2. 各国のカルヴァン派 ㊸＿＿＿＿(仏)・㊹＿＿＿＿(蘭)・ピューリタン(イングランド)・プレスビテリアン(スコットランド)

対抗宗教改革(カトリック改革)

1. ㊺＿＿＿＿**公会議**[21](1545~63) 皇帝カール5世の要請で教皇㊻＿＿＿＿が開催 →教皇・公会議の無謬(むびゅう)性とカトリック教義の再確認。宗教裁判や禁書目録，魔女狩りが強化された

2. イエズス会[22] 1534年㊼＿＿＿＿やザビエルらが創設

*18 スイスでは，1523年に，ツヴィングリがチューリヒで宗教改革を開始した。

***19 カルヴァンの教説**
①予定説：救いは神によってあらかじめ定められている
②カトリックの教会制度を否定し，長老制を主張
③勤労の結果としての営利・蓄財を是認

*20 ドイツの社会学者マックス=ヴェーバーは，『プロテスタンティズムの倫理と資本主義の精神』で，近代資本主義の発展におけるカルヴァン派の意義を価値づけている。

*21 トリエント公会議は，新教徒側がボイコット。ドイツではシュマルカルデン戦争(1546~47)が勃発した。

*22 設立後，1540年に教皇の認可を受け，ポルトガル・スペインの植民活動と結び，海外伝道で活躍した。

記述論述 Q マルティン=ルターの教えがどのようにして人々に伝わったのかを説明しなさい。 (名古屋大)

 出題大学…㊻：中央大／㊼：法政大

実戦演習

❶ 次の文を読み，下の問い（問1～問4）に答えなさい。　龍谷大〈改題〉

解答：別冊p.32 ▶

1556年，ハプスブルク家のスペイン王①カルロス１世が退位した後，スペインは息子の　2　の下で全盛期を迎え，③大航海時代（大交易時代）の到来の結果，所有した広域な④海外植民地とともに，「太陽のしずまぬ国」とたとえられるに至った。

問1． ①について。カルロス１世に関する記述として誤っているものを，次の中から一つ選びなさい。

① レパントの海戦に勝利した。　② 神聖ローマ皇帝に選出された。

③ 海外から流入してくる銀を宮廷の維持や戦争のために使った。

④ フランスとの対立を強めた。

問2． 空欄　2　に入れるのに適当なものを，次の中から一つ選びなさい。

①フアン＝カルロス１世　②フェルナンド２世

③ジョアン２世　④カルロス２世　⑤フェリペ２世

問3． ③について。スペイン王室の援助を受けて航海した人物として正しいものを，次の中から一つ選びなさい。

①「航海王子」エンリケ　②バルトロメウ＝ディアス

③マゼラン（マガリャンイス）　④ヴァスコ＝ダ＝ガマ　⑤ドレーク

問4． ④について。16世紀におけるスペインのラテンアメリカ征服に関する記述として誤っているものを，次の中から一つ選びなさい。

① オルメカ文明を征服した。　② コルテスがアステカ王国を滅亡させた。

③ エンコミエンダ制を導入した。　④ ラス＝カサスが先住民を救済した。

❶ ヒント

問1． ④－フランス王フランソワ１世と神聖ローマ皇帝位を争いイタリア戦争を戦った。

❶ 解答欄

問1	
問2	
問3	
問4	

❷ 次の問いに答えなさい。　関西学院大－経済・国際・総合政策〈改題〉

① ルネサンスに関する記述として，誤りを含むものはどれか。

a．スペインでは，セルバンテスが『ドン＝キホーテ』を著した。

b．フィレンツェのサンタ＝マリア大聖堂は，ルネサンス初期を代表する建築である。

c．ドイツでは，ファン＝アイク兄弟が「エラスムス像」を描いた。

d．ブリュージュでは北イタリア都市との交易により，北方ルネサンスが早くから始まった。

② 科学に関する記述として，誤りを含むものはどれか。

a．ポーランドのコペルニクスは『天球回転論』で地動説を説いた。

b．ドイツのケプラーは天体観測に基づき惑星運行の法則を発見した。

c．地動説を唱えたジョルダーノ＝ブルーノは，宗教裁判で自説を撤回させられた。

d．ガリレイは地動説を擁護したが，ローマ教皇庁によって撤回を強要された。

③ マルティン＝ルターに関する記述として，誤りを含むものはどれか。

a．「九十五カ条の論題」を発表した時の教皇はメディチ家出身のレオ10世である。

b．ザクセン選帝侯フリードリヒはヴォルムス帝国議会にルターを召喚した。

c．神への信仰だけによる救済を意味する信仰義認説を主張した。

d．当初ドイツ農民戦争を支持したが，後に農民たちを批判した。

④ カルヴァンに関する記述として，誤りを含むものはどれか。

a．スイスのバーゼルで主著『キリスト教綱要』を出版した。

b．人間の救済が予め神によって決定されているという「予定説」を唱えた。

c．牧師と信徒の代表が教会を運営する司教制を導入した。

d．神から与えられた職業に励んだ結果としての蓄財を肯定した。

❷ ヒント

①．c－「ファン＝アイク兄弟」はフランドルの画家。「エラスムス像」を描いたのはホルバイン。

③．b－「ザクセン選帝侯フリードリヒ」は，ルターをヴァルトブルク城にかくまった。この地でルターは『新約聖書』のドイツ語訳を完成させた。

❷ 解答欄

①	
②	
③	
④	

A　活版印刷と製紙法の普及によって，ルターの教えを視覚に訴えた版画やパンフレットが大量に印刷され，宣伝に使われた。

解答：別冊p.15 ▶

15 主権国家体制の成立

ココが出る！

［入試全般］

西欧諸国の国内情勢とフランスを軸とする国際関係が頻出。

［国公立二次・難関私大］

絶対王政の構造，特に重商主義政策が頻出。スペイン・イギリス・フランスの絶対王政を同時代史として押さえよう。ブルボン家とハプスブルク家の対立構図に注目。

大学入試 最頻出ワード

- ■東インド会社
- ■バタヴィア
- ■ウェストファリア条約
- ■フェリペ2世
- ■ネーデルラント

1500 / 1550 / 1600 / 1700

イギリス

1485 テューダー朝

ヘンリ7世
- バラ戦争を収拾

①［　　　］
- 首長法（国王至上法）を発布
⇒イギリス国教会創設

②［　　　］
- 毛織物工業の発達
- 統一法
⇒イギリス国教会確立

- ④［　　　］を撃破（1588年）
- ⑤［　　　］設立（1600年）

スペイン

1479 スペイン王国

カルロス1世（神聖ローマ皇帝カール5世）
- コルテス・ピサロの中南米征服
- ポトシ銀山の採掘

1556 スペイン（ハプスブルク家）

③［　　　］
- カトリックを保護
- レパントの海戦でオスマン帝国に勝利（1571年）
- ポルトガル王位を兼任（1580年）

（イギリス→オランダ独立戦争：独立を支援）

オランダ

オランダ独立戦争（1568～1609年）
- オラニエ公ウィレムの指導
⇒ユトレヒト同盟結成
⇒ネーデルラント連邦共和国の独立宣言（1581年）
⇒東インド会社設立（1602年）

フランス

1328 ヴァロワ朝

フランソワ1世

（カルロス1世×フランソワ1世）**イタリア戦争**

⑥［　　　］**戦争**（1562～98年）

1589 ブルボン朝

アンリ4世
- ナントの王令（1598年）
⇒ユグノー戦争終結

ルイ13世
- 全国三部会の停止
- 宰相⑦［　　　］の三十年戦争介入

⑧［　　　］

「太陽王」
- 宰相マザランの補佐
- コルベールの重商主義政策
- ナントの王令を廃止
- ⑨［　　　］宮殿の造営

→ **スペイン継承戦争**（1701～14年）

西欧諸国の海外進出

	インド・東南アジア	新大陸
ポルトガル	ゴア（インド）・マカオ（中国）	ブラジル
スペイン	フィリピン	アステカ王国やインカ帝国の征服
オランダ	⑩［　　　］（ジャワ）	ニューアムステルダム
	アンボイナ事件（1623年）・**英蘭戦争**（1652～74年）	
イギリス	マドラス・ボンベイ・カルカッタ（インド）	ヴァージニア・ニューヨーク
	アン女王戦争（1702～13年）・**フレンチ＝インディアン戦争**（1754～63年）	
フランス	シャンデルナゴル・ポンディシェリ（インド）	カナダ・⑪［　　　］

空欄解答 ①ヘンリ8世　②エリザベス1世　③フェリペ2世　④無敵艦隊〔アルマダ〕　⑤東インド会社　⑥ユグノー　⑦リシュリュー　⑧ルイ14世　⑨ヴェルサイユ　⑩バタヴィア　⑪ルイジアナ

スペインのアジアにおける支配拡大にともない，16世紀後半以降に本格化した，スペイン領ラテンアメリカ物産と中国物産の交易について，説明しなさい。（慶應義塾大）

1 絶対王政 主権国家の形成期に生まれた，強力な国王による一元的統治体制

絶対王政

1. イタリア戦争と主権国家の形成[*1] フランスと神聖ローマ帝国の対抗に始まったイタリア戦争(1494～1559)[*2]を機に，西欧各国で主権国家が形成 →16～18世紀には強力な王権による①＿＿＿＿＿＿＿＿が生まれた

2. 絶対王政の特色 国王は，常備軍と②＿＿＿＿＿制に支えられ，王権神授説を唱えた

> **王権神授説** 国王は地上での神の代理者で，王権は神から授けられたとする政治理論。イギリス王③＿＿＿＿＿＿＿＿やフィルマー(『家父長権論』)，フランス王ルイ14世や近代的主権概念を確立したボーダン(『国家論』)や④＿＿＿＿＿＿＿＿(『聖書による政治学』)が代表的

3. 重商主義 貿易差額主義：貿易差額(輸入の抑制と輸出の促進)による国富の増大政策。保護関税政策の17世紀前半のオランダや，産業の保護育成による輸出拡大策の17世紀後半のイギリス・フランスが典型。フランスのルイ14世の財務総監⑤＿＿＿＿＿＿＿が代表的推進者

4. 植民地政策 原料供給地・本国商品の販売市場として積極的に進出

商業の発展

1. 問屋制度(といや) 大商人が生産者に原料・用具を貸与し，加工賃を支払って製品を買い取る

2. ⑥＿＿＿＿＿＿＿＿＿＿**(工場制手工業)** 資本家が賃金労働者を工場に集め，分業と協業による手工業で大量生産を行う

*1 主権とは，国家がその領土および領土内のあらゆる集団や個人を支配する立法・行政・司法・軍事など最高の権力を意味する。

*2 イタリア戦争は1559年のカトー＝カンブレジ条約で終結したが，以後もハプスブルク家とフランス王家の対立は18世紀半ばまで続いた。

◆ **絶対王政の構造**

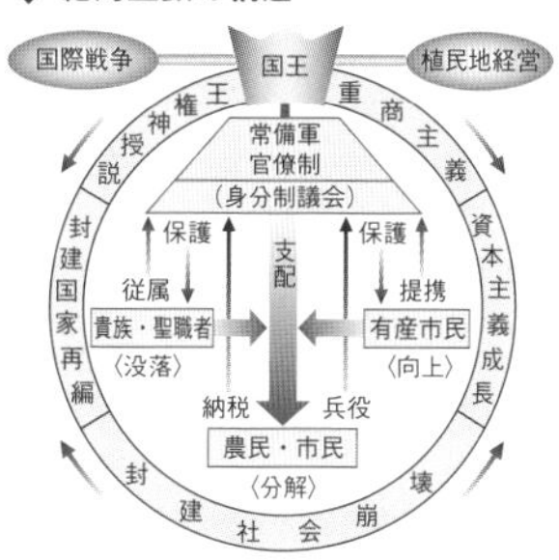

①貴族は免税などの特権を維持し，農民支配の軍事力を国王の常備軍に期待。国王の官僚(廷臣)や常備軍の将校などになった。

②有産市民層(ブルジョワ)は全国的商業圏の確立と外国貿易の拡大や経済上の特権を期待し，その代償に財政的援助を与えた。

2 スペインとオランダ オランダ独立戦争は史上最初の市民革命

フェリペ2世(位1556～98) ⇨スペイン＝ハプスブルク家

1. 領土 カルロス1世(位1516～56)の引退後，スペイン国王に即位し，スペイン本国・⑦＿＿＿＿＿＿＿＿・ナポリ・ミラノ・シチリア・サルデーニャ・中南米(ブラジルを除く)，フィリピン[*3]を領有

2. 「太陽の沈まぬ国」

❶ フランスとカトー＝カンブレジ条約を締結し，イタリア戦争終結(1559)

❷ ⑧＿＿＿＿＿＿＿＿(1571)でオスマン帝国艦隊を撃破

カルロス1世と植民活動

1519～22	マゼラン艦隊の世界周航
1521	アステカ王国征服(コルテス)
1533	インカ帝国征服(ピサロ)
1545	ポトシ銀山の採掘

*3 スペインは，1571年にレガスピがフィリピンにマニラ市を建設し，ガレオン船で太平洋を横断するアカプルコ貿易を展開した。

A スペインは16世紀後半，フィリピンにマニラを建設し，メキシコのアカプルコと結ぶ太平洋を横断する交易ルートを開き，ガレオン船を用いてメキシコ銀をマニラに運び，中国から運ばれた絹や陶磁器などの物産と交換した。

➡地中海の制海権を一時掌握

❸ ⑨＿＿＿＿＿王位を兼任(1580) →ポルトガルは1668年に独立

3. 衰退

❶ カトリックを擁護して異端審問を強化しプロテスタントを弾圧

→国内の商工業者が国外へ逃亡して毛織物業は衰退し，新大陸産の銀も宮廷が浪費

❷ 無敵艦隊(アルマダ)がイギリス海軍に敗北(1588)

❸ オランダの独立

オランダの独立 ⇨世界史上最初の市民革命的性格

ネーデルラント

①⑩＿＿＿＿＿派(ゴイセン)が多く，フランドル地方ではアントウェルペン(アントワープ)*4を中心に毛織物工業と中継貿易で繁栄

②15世紀後半ハプスブルク家領となり，1556年スペイン王⑪＿＿＿＿＿が，カール５世の領土分割で所領とした

1. オランダ独立戦争(1568～1609)

❶ フェリペ２世の自治権剝奪・重税賦課とカトリック強制に対し，⑫＿＿＿＿＿を指導者に独立戦争を起こした

❷ 南部10州の脱落に対し，北部７州(中心はホラント州)は⑬＿＿＿＿＿を結成(1579)し，イギリス(エリザベス１世)の支援を受けて抗戦 →⑭＿＿＿＿＿の独立を宣言(1581)

❸ 1609年の休戦条約後，1648年⑮＿＿＿＿＿条約で国際的にも独立が承認される ➡首都⑯＿＿＿＿＿の繁栄

2. 繁栄と限界

❶ 東インド会社の設立(1602)：セイロン島(スリランカ)・マラッカ・マルク(モルッカ)諸島をポルトガルより奪取し，長崎の出島に商館を置き，またアフリカ南端にケープ植民地を建設

❷ ジャワに⑰＿＿＿＿＿を建設(1619)して香辛料貿易に参入し，⑱＿＿＿＿＿事件(1623)でイギリス勢力を排除した

❸ 西インド会社の設立(1621)：ニューネーデルラント植民地を建設(中心はニューアムステルダム)

❹ 限界：〔政治〕オラニエ(オレンジ)家を総督とする連邦制で，中央集権化が未発達 〔経済〕中継貿易*5が中心で国民産業が不十分

*4 ネーデルラント南部のアントウェルペンは，新大陸への毛織物輸出でスペイン本国港市をしのいで繁栄したが，オランダ独立戦争中の1585年にスペイン軍により占領され，破壊された。以後，ネーデルラント北部のアムステルダムが，オランダの経済・政治・文化の中心地として繁栄した。

	南部10州(ベルギー)	北部7州(オランダ)
民族	ラテン系	ゲルマン系
言語	フランス語系	ドイツ語系
宗教	カトリック	カルヴァン派
産業	農牧業・毛織物工業	海運・商業

自然法

国際法の父といわれるオランダのグロティウスは，『海洋自由論』(1609)を著し，トルデシリャス条約(1494)に反対して自然法の立場から貿易・航海の国際的自由を主張した。

*5 イギリスの航海法の制定(1651)を機に始まった３回のイギリス＝オランダ(英蘭)戦争に敗れてオランダは衰退した。

記述論述 Q オランダのスペインからの独立過程について80字以内で記せ。 (首都大東京(※現東京都立大))

3 イギリスの絶対王政 エリザベス1世時代が全盛期

テューダー朝(1485～1603)

1. **ヘンリ7世**(位1485～1509) ⑲______を収拾し，テューダー朝を創始(1485)，王権を強化
   ➡(1455~85)

2. **ヘンリ8世**(位1509～47) 1534年に⑳______を発布して国王を首長とするイギリス国教会を創設。修道院解散法を制定して土地・財産を没収。1540年代に㉑______を設ける

イギリス国教会 エドワード6世治下の1549年に一般祈禱(きとう)書が制定され，教義面では義認論・聖書主義・予定説を採用してカルヴァン派に近いが，制度面ではカトリックに似た主教制度を採用

16世紀のイギリス
毛織物市場の拡大で，領主やジェントリ(郷紳)が小作人などの土地を取り上げ，柵や塀で囲い込み，牧羊地とした。これを第1次囲い込み(エンクロージャー)といい，(トマス＝)モアが『ユートピア』で「羊が人間を食い殺す」と批判した。

エリザベス1世(位1558～1603)

1. **内政** ㉒______(1559)により国教会を確立*6。徒弟法(1563)・㉓______(1601)を定めて労働力を確保し，毛織物産業を保護

2. **外政**
   ❶ スペインのフェリペ2世の制海権に挑戦し，オランダの独立を援助。私拿捕船(しだほせん)を率いたホーキンズ，㉔______らの活躍でアルマダの海戦(1588)に勝利
   ❷ ㉕______を設立(1600)し，アジア貿易の独占権を与えた

*6 エリザベス1世は，前女王メアリ1世がスペインのフェリペ2世と結婚したのちに復活していたカトリック政策を廃棄した。

イギリスの絶対王政の特徴
軍制は自営農民による民兵制度で，地方の司法権・行政権を持つ治安判事も在地のジェントリ(郷紳)が任命されたことから，常備軍・官僚制の整備は不完全であった。

*エリザベス時代の文化▶p.279

4 フランスの絶対王政 宰相リシュリューとマザランが基礎を確立した

ヴァロア朝からブルボン朝へ

1. **ユグノー戦争**(1562～98)
   ❶ カトリックのギーズ公がユグノー(カルヴァン派)弾圧→内乱勃発(1562)
   ❷ ㉖______(1572)：シャルル9世の母カトリーヌ＝ド＝メディシスがギーズ公と結び，多数のユグノーを殺害
   ❸ ヴァロワ朝断絶，㉗______が即位してブルボン朝成立(1589)
   ➡(位1589～1610)
   ❹ アンリ4世は，カトリックに改宗し，㉘______(1598)を発して，ユグノーに個人の信仰の自由を認め，内乱を収拾した*7

2. **ルイ13世**(位1610～43)
   ❶ ㉙______召集停止(1615年解散)
   ❷ 宰相㉚______は，高等法院の権限を縮小して王権の強化を

*7 内乱収拾後，アンリ4世は財務総監シュリの補佐で財政再建や農業の復興に努める一方，1604年に東インド会社を創設し，またカナダにケベック植民地を建設した(1608)。

A スペインの圧政に反抗して独立戦争が始まったネーデルラントでは，北部7州がユトレヒト同盟を結成して戦い，1581年独立を宣言，1609年の休戦で事実上独立した。(79字)

図る一方，三十年戦争に干渉し，㉛＿＿＿＿家に対抗してプロテスタント側を援助。またフランス学士院を設立(1635)
（→アカデミー＝フランセーズ）

ルイ14世(位1643～1715) ⇨「太陽王」・「朕は国家なり」

1. 宰相㉜＿＿＿＿時代

❶ 貴族らが起こしたフロンドの乱(1648～53)*8を鎮圧

❷ 三十年戦争のウェストファリア条約(1648)で㉝＿＿＿＿などを領有

2. ルイ14世の親政(1661～1715)

❶ 官僚制整備と陸軍大臣ルーヴォワの軍制改革

❷ ㉞＿＿＿＿の思想を取り入れて王権神授説を唱える

❸ 財務総監㉟＿＿＿＿を登用し，重商主義政策を推進

コルベール主義
①保護貿易政策，王立マニュファクチュアの設立と手工業ギルドの統制による国富の増加
②㊱＿＿＿＿の再建(1664)
→インドにポンディシェリ・㊲＿＿＿＿を獲得
③ルイジアナ植民地の建設(1682)

3. ルイ14世の侵略戦争*9 自然国境説・姻戚関係による相続権の主張

❶ ㊳＿＿＿＿(1701～14)：カルロス2世没後，スペイン＝ハプスブルク家の断絶とルイ14世の孫フェリペ5世のスペイン王位継承に対し，イギリス・㊴＿＿＿＿・オランダが反対して開戦
→イギリスとフランスは北米で㊵＿＿＿＿(1702～13)を戦った

❷ ㊶＿＿＿＿条約(1713)

ⓐフェリペ5世の王位承認。フランスとスペインの合邦は禁止

ⓑイギリスは，フランスから北米のニューファンドランド・アカディア・ハドソン湾地方を，スペインからミノルカ島・㊷＿＿＿＿を獲得

→ラシュタット条約(1714)：オーストリアはスペイン領㊸＿＿＿＿の領有を決定

4. 衰退

❶ ㊹＿＿＿＿の廃止(1685) →弾圧されたユグノーは国外(オランダやプロイセンなど)に逃亡し，国内商工業衰退

❷ 長年の戦争や宮廷の浪費 →財政は窮乏

***8 フロンドの乱と高等法院**
全国三部会の機能が失われたあと，王権に対抗する貴族の牙城となったのが高等法院である。司法権だけでなく法律登記権を持ち，ここに登記されなければ法律は発効しなかった。フロンドの乱の中心でもあった。

ルイ14世と宮廷文化の発達
①ヴェルサイユ宮殿(バロック式)
②古典主義文学
・コルネイユ…『ル＝シッド』
・ラシーヌ…『アンドロマック』・『フェードル』
・モリエール…『タルチュフ』・『人間嫌い』

***9 ルイ14世の侵略戦争とオランダ・イギリス**
①南ネーデルラント継承戦争(1667～68) ⇨オランダ・イギリスが阻止
②オランダ侵略戦争(1672～78)
⇨オランダ・イギリス・オーストリア・スペインが阻止
③ファルツ(継承)戦争(1688～97)
⇨オーストリア主導のアウクスブルク同盟・イギリス・オランダ・スペインが阻止
④スペイン継承戦争(1701～14)

記述論述 Q フランスの17世紀半ばの反王権の大規模な反乱について，次の語のうち四つを用いて書きなさい。
「ルイ14世・アンリ4世・マザラン・大貴族・フロンドの乱・ユグノー戦争」 (岡山大)

実戦演習

❶ 次の文章を読み，設問に答えなさい。

早稲田大－文

解答：別冊p.32 ▶

17世紀後半に親政を開始したルイ14世は，軍備を強化し対外戦争をたびたびひき起したが，とくにハプスブルク家の打倒を目指して，ピレネー・アルプス・ライン川・大西洋などの山脈・河川・海洋に基づく自然国境説や，a王朝間の血縁関係を口実に，侵略戦争を繰り返した。まず1667年の南ネーデルラント継承戦争ではスペイン領ネーデルラントの領有権を主張し，つづくbオランダ戦争ではオランダの貿易独占の打破を目指し，さらにアウクスブルク同盟戦争では［A］選帝侯領に対する領土継承権を主張した。

ルイ14世の対外戦争の中でも，とくに重要なのはスペイン継承戦争である。1700年にスペインのハプスブルク家が断絶し，ルイ14世の孫が［B］として即位すると，オーストリア＝ハプスブルク家がイギリス・オランダなどと連合して反対し，戦争が起こった。戦局はフランス側に不利であったが，対立候補が神聖ローマ皇帝に即位したことなどにより状況は変化し，講和への動きとなった。c1713年のユトレヒト条約と14年のラシュタット条約で戦争は終結し，ブルボン家のスペイン王位継承が認められたが，ルイ14世の覇権政策はとん挫し，一方でイギリスが海上帝国の土台を築いた。

設問1. 下線部aに関連して，近世・近代ヨーロッパの王国・王朝の血縁・婚姻関係について述べた次の文の中で，適切なものはどれか。

イ. カスティリャ王女イサベルとポルトガル王子フェルナンドの結婚により，両国は統合されてスペイン王国が成立した。

ロ. フランス＝カペー王朝の王妹とユグノーの首領であるブルボン家のアンリの結婚祝賀の折に，サンバルテルミの虐殺事件がおきた。

ハ. ルイ14世は，スペイン＝ハプスブルク家の王女マリ＝テレーズと結婚し，スペイン王家との関係を強化しようとした。

ニ. イギリスのジェームズ2世の長女メアリは，オランダ総督ウィレムと結婚し，名誉革命時にメアリ3世ならびにウィリアム2世として，ともに王位についた。

設問2. 下線部bに関連して，オランダについて述べた次の文の中で，適切なものはどれか。

イ. ネーデルラント北部10州はホラント同盟を結成して独立運動を進め，オラニエ公ウィレムの指導の下で，1581年にネーデルラント連邦共和国として独立を宣言した。

ロ. オランダは1602年にオランダ東インド会社を設立し，ジャワのバタヴィアを拠点に香辛料貿易の独占を図った。

ハ. 17世紀のオランダは黄金時代を迎え，法学者グロティウスが国際法の発展に寄与し，スピノザが単子論を唱え，フェルメールやエル＝グレコが新しい画風を展開した。

ニ. 17世紀前半に，オランダはイギリスと3回にわたりイギリス＝オランダ戦争を戦ったが，イギリス優勢ですすみ，これを契機としてイギリスに海上覇権が移っていった。

設問3. ［A］にあてはまる用語は何か。カタカナで答えよ。

設問4. ［B］にあてはまる人物は誰か。人名を答えよ。

設問5. 下線部cに関連して，ユトレヒト条約について述べた次の文の中で，適切なものはどれか。

イ. イギリスはスペインからジブラルタルを獲得した。

ロ. スペインはイギリスからフロリダを獲得した。

ハ. イギリスはフランスからミシシッピ川以東のルイジアナを獲得した。

ニ. フランスはイギリスからニューファンドランドを獲得した。

❶ ヒント

設問1. ロ－ブルボン家のアンリは，ヴァロワ朝のシャルル9世の妹マルグリートと結婚した。

設問2. ハ－エル＝グレコはスペインで活躍した画家。レンブラントがオランダ画派を代表する。

設問3. アウクスブルク同盟戦争は，ファルツ（継承）戦争ともいう。

❶ 解答欄

設問1	
設問2	
設問3	
設問4	
設問5	

A ルイ14世の下で王権強化に努める宰相マザランに対し，高等法院や大貴族が1648年にフロンドの乱を起こしたが鎮圧され，絶対王政が強化された。

16 東欧の動向と覇権競争

解答：別冊p.15 ▶

ココが出る！

［入試全般］

啓蒙専制君主の事績が頻出。蘭・英・仏の植民活動に注意。

［国公立二次・難関私大］

三十年戦争は幅広く狙われる。ウェストファリア条約の内容に注意。各国の啓蒙専制君主の事績を押さえておこう。西欧諸国の植民活動は，蘭・英・仏の進出拠点・勢力範囲が中心。

大学入試 最頻出ワード

- ■アンボイナ事件
- ■カルカッタ
- ■ベーメン（ボヘミア）
- ■ヴォルテール
- ■プラッシーの戦い

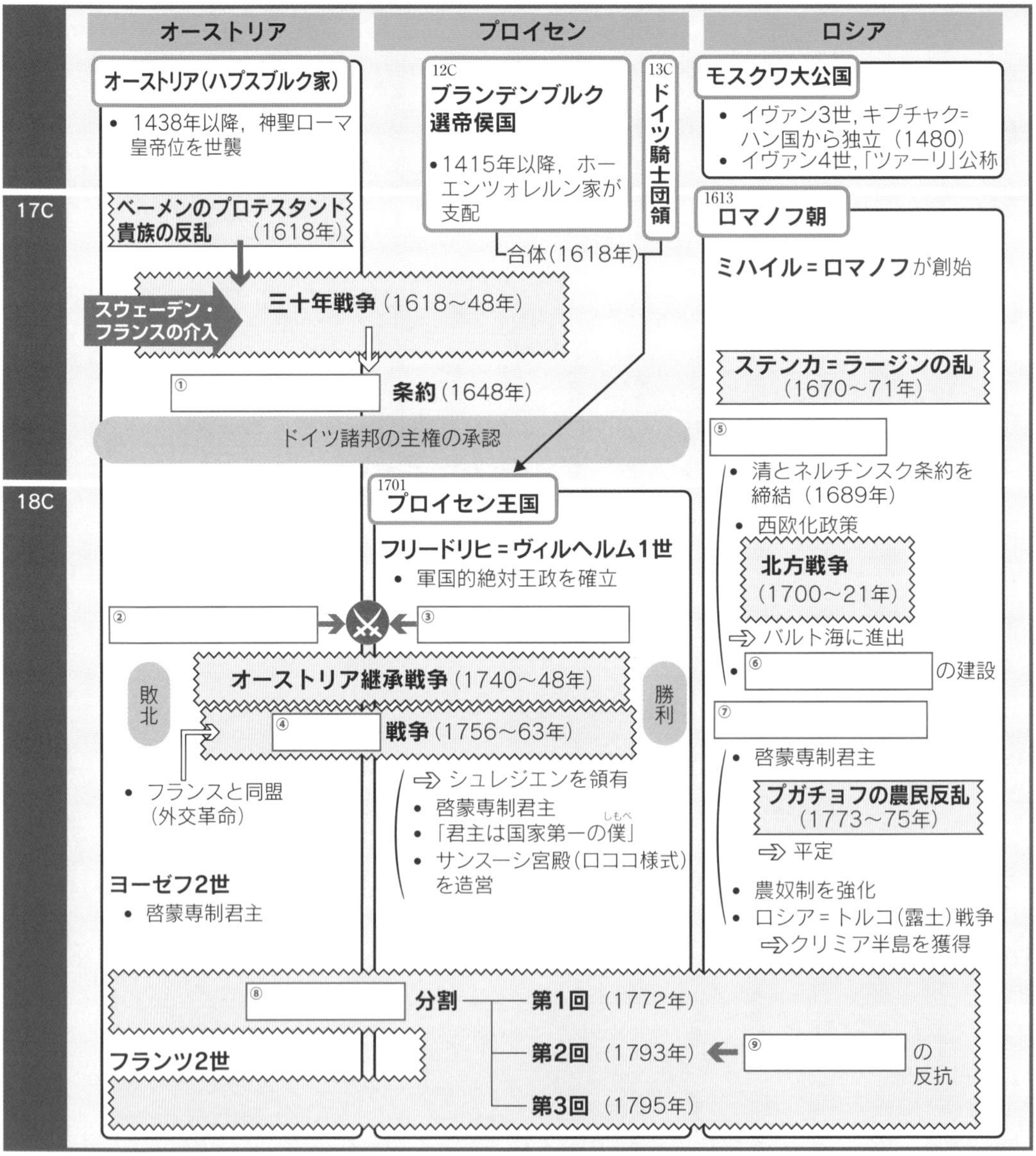

オーストリア

オーストリア（ハプスブルク家）
- 1438年以降，神聖ローマ皇帝位を世襲

17C

ベーメンのプロテスタント貴族の反乱（1618年）

スウェーデン・フランスの介入 → **三十年戦争**（1618～48年）

① ［　　　］**条約**（1648年）

ドイツ諸邦の主権の承認

18C

② ［　　　］ ⇔ ③ ［　　　］

オーストリア継承戦争（1740～48年）

④ ［　　　］**戦争**（1756～63年）

敗北（オーストリア）／勝利（プロイセン）

- フランスと同盟（外交革命）

ヨーゼフ2世
- 啓蒙専制君主

フランツ2世

プロイセン

12C **ブランデンブルク選帝侯国**
- 1415年以降，ホーエンツォレルン家が支配

13C **ドイツ騎士団領**

合体（1618年）

1701 **プロイセン王国**

フリードリヒ＝ヴィルヘルム1世
- 軍国的絶対王政を確立

（③）
⇒ シュレジエンを領有
- 啓蒙専制君主
- 「君主は国家第一の僕（しもべ）」
- サンスーシ宮殿（ロココ様式）を造営

ロシア

モスクワ大公国
- イヴァン3世，キプチャク＝ハン国から独立（1480）
- イヴァン4世，「ツァーリ」公称

1613 **ロマノフ朝**

ミハイル＝ロマノフが創始

ステンカ＝ラージンの乱（1670～71年）

⑤ ［　　　］
- 清とネルチンスク条約を締結（1689年）
- 西欧化政策

北方戦争（1700～21年）
⇒ バルト海に進出
- ⑥ ［　　　］の建設

⑦ ［　　　］
- 啓蒙専制君主

プガチョフの農民反乱（1773～75年）
⇒ 平定
- 農奴制を強化
- ロシア＝トルコ（露土）戦争
⇒クリミア半島を獲得

⑧ ［　　　］**分割**
- **第1回**（1772年）
- **第2回**（1793年） ← ⑨ ［　　　］の反抗
- **第3回**（1795年）

空欄解答 ①ウェストファリア ②マリア＝テレジア ③フリードリヒ2世〔大王〕 ④七年 ⑤ピョートル1世 ⑥ペテルブルク ⑦エカチェリーナ2世 ⑧ポーランド ⑨コシューシコ

Q ウェストファリア条約の歴史的意味について，「皇帝」「主権国家」の2つの語を用いてしるせ。（立教大）

1 三十年戦争(1618～48) ウェストファリア条約で神聖ローマ帝国は有名無実化

最大の宗教戦争

1. 発端

❶ アウクスブルクの和議(1555)以後も新旧両教徒が対立

❷ ①＿＿＿＿＿＿*1のプロテスタント貴族がハプスブルク家のフェルディナント2世のカトリック政策に反乱(1618)　→ドイツに広がる

2. 経過

❶ デンマーク王クリスチャン4世，バルト海の制海権を狙うスウェーデン王②＿＿＿＿＿＿がプロテスタント支援を名目に介入

❷ 皇帝側ではベーメン出身の傭兵隊長③＿＿＿＿＿＿が活躍

❸ ハプスブルク家打倒を掲げて，カトリックのフランスの④＿＿＿＿＿＿が反皇帝側を支援して介入*2

ウェストファリア条約(1648)*3

❶ アウクスブルクの和議の確認とカルヴァン派の承認

❷ オランダ・⑤＿＿＿＿＿＿の独立の国際的承認

❸ ドイツ諸領邦国家の主権の確立　➡神聖ローマ帝国の有名無実化

❹ フランスが⑥＿＿＿＿＿＿とロレーヌの一部を領有

*1 西スラヴ人のチェック人が居住，11世紀からドイツ人が来住。1348年に皇帝カール4世がプラハ大学を創設。15世紀にはフスの改革やフス戦争(1419～36)が起こり，16世紀以降ハプスブルク家の支配下に置かれた。

◆ 三十年戦争の構図

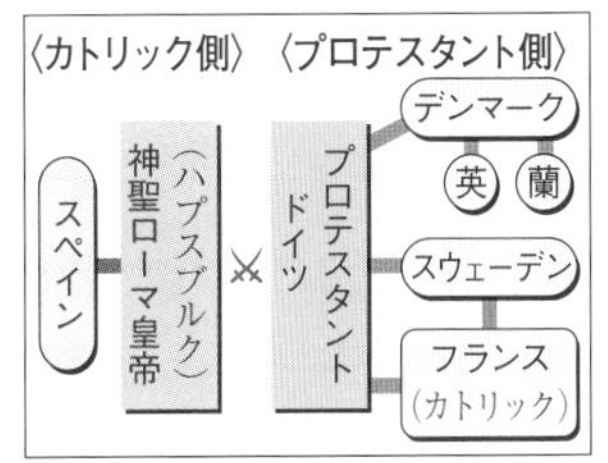

*2 国際法の父といわれるグロティウスは，三十年戦争の惨禍を見て，『戦争と平和の法』を著し(1625)，国際法規の確立を主張した。

*3 ヨーロッパにおける主権国家体制が確立された。

2 プロイセンの発展 プロイセン絶対王政の支柱はユンカー

プロイセン王国の成立

ブランデンブルク辺境伯領(12世紀)　　⑦＿＿＿＿＿＿領(13世紀)
↓　　↓
⑧＿＿＿＿＿＿家の支配(1415) ⟶ プロイセン公国(1525)*4
↓
ブランデンブルク＝プロイセン公国(1618) → フリードリヒ＝ヴィルヘルム(大選帝侯)
↓
プロイセン王国(1701，フリードリヒ1世)*5

プロイセン王国の発展

1. フリードリヒ＝ヴィルヘルム1世

(位1713～40)　重商主義政策を推進して産業を保護育成し，⑨＿＿＿＿＿＿を整え，軍国主義的な絶対王政を確立

2. フリードリヒ2世(大王，位1740～86)

❶ フランスの啓蒙思想家⑩＿＿＿＿＿＿と交流し，啓蒙専制君主*6

*4 エルベ川以東のドイツでは，15・16世紀以来，領主が農民保有地を直営化して賦役を強化する再版農奴制が進行し，ユンカー(領主貴族)による輸出用穀物の生産を目的とした農場領主制(グーツヘルシャフト)が成立した。

*5 フリードリヒ1世は，スペイン継承戦争の際に神聖ローマ皇帝側につき，1701年王号を許された。

*6 啓蒙専制君主とは，啓蒙思想の影響を受け，上から改良主義的な開明政治を展開。市民階級の未成熟な東欧に登場。フリードリヒ2世(普)，ヨーゼフ2世(墺)，エカチェリーナ2世(露)が典型とされる。フリードリヒ2世は，『反マキァヴェリ論』で「君主は国家第一の僕」の語を残した。ルイ14世の「朕は国家なり」と対比される。

A ドイツ各領邦の主権がほぼ完全に認められ，神聖ローマ帝国は有名無実化して皇帝の普遍的権威は低下した。国家主権の不可侵が確認され，ヨーロッパにおける主権国家体制が確立された。

出題大学…②：関西学院大，松山大，西南学院大／⑥：北海学園大，松山大，津田塾大

の典型とされる

❷ 領土の拡大

ⓐオーストリア継承戦争・七年戦争で⑪＿＿＿＿を確保

ⓑ第１回⑫＿＿＿＿(1772)で西プロイセン獲得

❸ ポツダムにロココ様式の繊細優美な⑬＿＿＿＿宮殿を造営

3 オーストリアの絶対王政 シュレジエンをめぐってプロイセンと2度戦った

複合民族国家 マジャール人に対する東部辺境伯領(オストマルク)が起源(10世紀)。1278年以来，⑭＿＿＿＿家が支配，1438年から神聖ローマ皇帝位を世襲。領内にはドイツ人・チェック人・マジャール人[*7]などが居住

*7 オーストリアは，1699年カルロヴィッツ条約で，オスマン帝国からハンガリーとその周辺地域を獲得した。

マリア=テレジア(位1740～80)

1. オーストリア継承戦争(1740～48)

❶ 皇帝カール６世の国事詔書によるマリア＝テレジアの家督継承に，バイエルン・ザクセン両公やフランス・スペインが反対して開戦。参戦したプロイセン王フリードリヒ２世に⑮＿＿＿＿を奪われた

❷ アーヘン和約(1748)でマリア＝テレジアのハプスブルク家領継承権は承認されたが，プロイセンのシュレジエン領有を規定

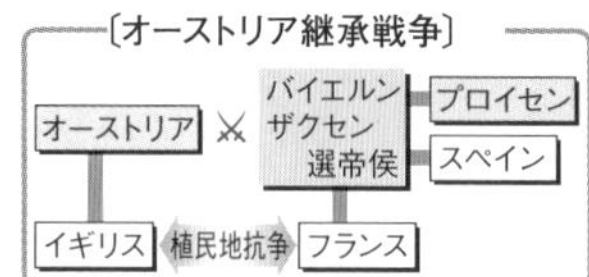

2. 七年戦争(1756～63)

❶「外交革命」：オーストリアは内政改革に努め，プロイセン孤立化を目的に長年の仇敵⑯＿＿＿＿と提携すると，プロイセンが宣戦

❷ プロイセンが勝利し，フベルトゥスブルク条約(1763)で，プロイセンはシュレジエン確保，オーストリアのヨーゼフ２世の帝位は承認[*8]

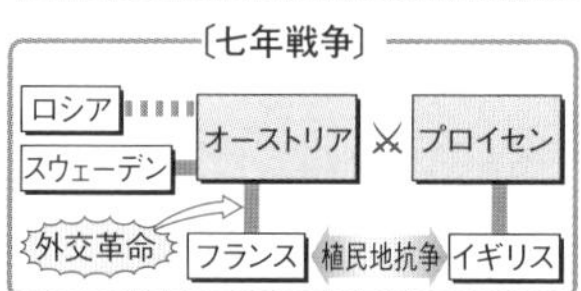

七年戦争とロシア

七年戦争勃発当初，ロシアはオーストリアと同盟していたが，1762年に，フリードリヒ２世に心酔するピョートル３世が即位し，プロイセンと攻守同盟を締結し，プロイセンに勝利をもたらした。

*8 オーストリアのヨーゼフ２世(位1765～90)は，啓蒙専制君主として宗教寛容令や農奴解放などを行ったが，保守派の反対や異民族の反乱で挫折した。

4 ロシアの絶対王政 農奴制を基盤とするツァーリズムが確立

ロシアの興起

1. モスクワ大公⑰＿＿＿＿(雷帝，位1533～84)

❶ ギリシア正教の首長を兼ね，公式に⑱＿＿＿＿の称号を使用

❷ シベリア経営 →コサック[*9]の首長⑲＿＿＿＿の遠征

*9 農奴制から逃亡した農民を起源とする自治的武装集団。ウクライナやロシア南部の辺境地帯に住んだ。

2. ロマノフ朝(1613～1917) 1613年，ミハイル＝ロマノフが創始

ピョートル1世(大帝，位1682～1725)

1. 西欧化政策 自らイギリス・オランダなどを視察し積極的に西欧

記述論述 Q 18世紀初頭に成立したプロイセン王国においては，領主と農民の関係はいかなるものであったか。またこの領主はなんと呼ばれ，以後のプロイセンにいかなる政治的役割を果たしたか，説明せよ。 (北海道大)

化改革を推進。ひげ税を課すなど社会習慣も西欧化

2. 領土拡大政策

❶ [20]＿＿＿＿条約(1689)：[21]＿＿＿＿帝時代の清と国境画定

❷ 南下政策：アゾフ海進出(オスマン帝国圧迫)

❸ 北方戦争(1700〜21)：スウェーデン王[22]＿＿＿＿と戦う

▶ピョートル１世はバルト海に注ぐネヴァ河口に[23]＿＿＿＿*10を建設(1703)し，ポルタヴァの戦い(1709)に勝利し，ニスタット条約(1721)でバルト海支配権を確立した。

*10「西欧への窓」と呼ばれ，1712年ロシアの首都となったペテルブルクは，正式にはサンクト＝ペテルブルクという。1914年，ロシア風にペトログラードと改称され，1924年，レニングラードと改称された。1991年，ソ連の解体に伴い，旧名のサンクト＝ペテルブルクに戻った。

エカチェリーナ2世(位1762〜96)*11

1. 内政

❶ 啓蒙思想家ヴォルテールやディドロと交遊した啓蒙専制君主

❷ 農奴制廃止を要求する[24]＿＿＿＿の農民反乱(1773〜75)や，フランス革命を経て反動化した

2. 外政　ロシア＝トルコ(露土)戦争でオスマン帝国を破り，1783年に[25]＿＿＿＿を併合，92年には[26]＿＿＿＿を日本に派遣

*11 エカチェリーナ２世は，アメリカ独立戦争の際，1780年武装中立同盟を提唱した。

ポーランド分割*12

1. 第1回(1772)　ロシア・プロイセン・オーストリア３国

2. 第2回(1793)　ロシア・プロイセン２国

▶[27]＿＿＿＿が1794年に蜂起　→ロシアが制圧

3. 第3回(1795)　ロシア・プロイセン・オーストリア３国

➡ポーランドの消滅

*12 14世紀後半，ポーランドはリトアニアと同君連合によりヤゲウォ朝リトアニア＝ポーランド王国となった。1572年，ヤゲウォ朝が断絶して選挙王政となり，貴族(シュラフタ)の内紛が続き，外国の干渉も強まった。

5 西欧諸国の植民活動　ヨーロッパの戦争が，植民地争奪にも飛び火した

オランダ

1. アジア・アフリカ

❶ 東インド会社設立(1602)：ジャワに[28]＿＿＿＿を建設(1619)

❷ [29]＿＿＿＿事件(1623)：マルク(モルッカ)諸島からイギリス勢力駆逐

❸ 台湾占領(1624)*13：ゼーランディア城を建設

❹ アフリカ南端に[30]＿＿＿＿植民地(1652)を建設

2. 北アメリカ　西インド会社設立(1621)，ニューネーデルラント(中心地はニューアムステルダム)の建設(1626)

＊ヨーロッパ諸国のアジア侵略
▶p.152
＊北アメリカ大陸の植民活動
▶p.227

*13 1624年，台湾を占領したオランダ人は，1661年鄭成功(ていせいこう)に駆逐された。鄭氏台湾も1683年康熙帝に攻略され，清の領土となった。

A 領主は，農民を土地にしばりつけ，賦役労働を強化して輸出穀物の増産を図った。ユンカーと呼ばれた領主貴族は，将校や高級官吏の職を独占し，王権を支えた。

イギリス

1. インド 東インド会社設立(1600)：マドラス・ボンベイ・㉛＿＿＿＿に商館を設置しインド綿布を輸入 →のち植民地化

2. 北アメリカ ㉜＿＿＿＿植民地(1607)建設
→18世紀前半までに13植民地が東海岸に成立

3. イギリス＝オランダ(英蘭)戦争

❶ クロムウェルの㉝＿＿＿＿(1651)を機に，3回のイギリス＝オランダ戦争(1652〜74)でイギリスが勝利

❷ イギリスは，1664年ニューアムステルダムを占領して㉞＿＿＿＿と改称した

フランス

1. インド ㉟＿＿＿＿の東インド会社再建(1664)，シャンデルナゴルと㊱＿＿＿＿が拠点

2. 北アメリカ ㊲＿＿＿＿植民地を建設(1608)してカナダに進出，1682年には㊳＿＿＿＿植民地を建設

インドでの英仏抗争
オーストリア継承戦争のとき，フランスはインド総督デュプレクスの活躍でインドにおいて優勢。七年戦争のときのプラッシーの戦い(1757)では，イギリスが東インド会社のクライヴの活躍でフランス・ベンガル太守連合軍に勝利。

イギリス・フランスの覇権争い

ヨーロッパ	植民地(北米)	(インド)
ファルツ戦争(1688〜97)	ウィリアム王戦争(1689〜97)	
ライスワイク条約		
スペイン継承戦争(1701〜14)	㊴＿＿＿＿戦争(1702〜13)	
㊵＿＿＿＿条約		
㊶＿＿＿＿戦争(1740〜48)	ジョージ王戦争(1744〜48)	カーナティック戦争(1744〜63)
アーヘン和約		
七年戦争(1756〜63) フベルトゥスブルク和約	㊷＿＿＿＿戦争(1754〜63)	㊸＿＿＿＿の戦い(1757)
	㊹＿＿＿＿条約*14	

1. ユトレヒト条約(1713) イギリスは，フランスから㊺＿＿＿＿・アカディア・ハドソン湾地方，スペインからジブラルタル・ミノルカ島を獲得。アシエント(奴隷供給契約)も取得

2. パリ条約(1763) イギリスは，フランスからカナダとミシシッピ川以東のルイジアナ，セネガルを獲得。またスペインからフロリダを獲得*15 ⇨勝利したイギリスは，大西洋で三角貿易を大規模に展開

*14 パリ条約は，七年戦争の関連諸国が結んだ講和条約でもある。

*15 スペインは，フランスからミシシッピ川以西のルイジアナを獲得した。

記述論述 Q オランダ東インド会社の活動について，簡単に説明しなさい。 (津田塾大)

 出題大学…㊷：立教大，関西大

実戦演習

❶ 次の文章を読み，あとの問い(問1～問4)に答えなさい。

昭和女子大ー国際・グローバルビジネス・人間社会・人間文化・環境デザイン・生活科学(健康デザイン・食安全マネジメント)

18世紀を通じてイギリスとフランスはヨーロッパにおいてのみならず，海外の植民地においても抗争を繰り広げた。北アメリカでは1754年に(a)フレンチ＝インディアン戦争がおこり，イギリスが勝利をおさめ，インドでは1757年に［ア］の戦いで［イ］が活躍しイギリスを勝利に導いた。七年戦争は(b)1763年のパリ条約により終結し，(c)七年戦争終結後の国際情勢においては，フランスに対するイギリスの優位が明らかとなった。

問1. 下線部(a)に関連して述べた文として正しいものを，次の①～④のうちから一つ選びなさい。

① フランスは16世紀初頭以来，ケベックを中心にカナダに進出していた。
② イギリスは，アメリカ先住民と敵対していたフランスに開戦した。
③ イギリスは，この戦争中にアメリカ東海岸にニューヨークを建設した。
④ この戦争の結果，フランスは北アメリカにおける植民地を失った。

問2. 空欄［ア］—［イ］に入る語句の組み合わせとして正しいものを，次の①～④のうちから一つ選びなさい。

①ア—ポンディシェリ　イ—デュプレクス
②ア—ポンディシェリ　イ—クライヴ
③ア—プラッシー　イ—デュプレクス
④ア—プラッシー　イ—クライヴ

問3. 下線部(b)について述べた文として誤っているものを，次の①～④のうちから一つ選びなさい。

① この条約は，イギリス・フランス・スペイン間の条約であった。
② アカディアが，フランスからイギリスへ割譲された。
③ ミシシッピ川以西のルイジアナが，フランスからスペインへ割譲された。
④ フロリダが，スペインからイギリスへ割譲された。

問4. 下線部(c)について述べた次の文aとbの正誤の組み合わせとして正しいものを，下の①～④のうちから一つ選びなさい。

a．フランスは南インドのカーナティック戦争でイギリスに勝利をおさめ，インドの植民地経営において優位に立ったが，この戦争は財政を圧迫しフランス革命の遠因となった。

b．北米13植民地ではイギリスからの独立戦争がおこり，植民地側に立ってフランスやスペインが参戦し，またロシアの提唱により武装中立同盟が成立し，イギリスを孤立させた。

①a—正　b—正
②a—正　b—誤
③a—誤　b—正
④a—誤　b—誤

解答：別冊p.32 ▶

❶ ヒント

問1. ①－ケベックは，カナダを探検したフランスのシャンプランによって，1608年に建設された。

問3. ②－アカディアは，スペイン継承戦争のユトレヒト条約(1713年)でニューファンドランドなどとともにイギリスに割譲された。

❶ 解答欄

問1	
問2	
問3	
問4	

A 1602年に設立され，17世紀には喜望峰から日本(長崎)に至る広大な海域に交易網をめぐらせ東南アジアの香辛料，インドの木綿，中国の絹，日本の銀・銅などの貿易で莫大な利益をあげた。

解答：別冊p.16 ▶

17 イギリス革命と議会政治の確立

1 ピューリタン革命 ステュアート朝の絶対王政に対する市民革命

中産階級の成長

16世紀後半から，①＿＿＿＿(郷紳)や富裕な独立自営農民(②＿＿＿＿)が農業労働者を雇用したり，毛織物③＿＿＿＿などを経営する中産階級が成長。彼ら中産階級の多くはカルヴァン派(④＿＿＿＿)で，地方行政や議会(下院)にも進出した

ステュアート朝

＊テューダー朝▶p.115

1. ジェームズ1世(位1603〜25)

❶ エリザベス1世[*1]の死でテューダー朝断絶 →スコットランド王ジェームズ6世がジェームス1世として即位し，ステュアート朝を創始(1603)

❷ ジェームズ1世は国教会と結び，中産階級に多かった⑤＿＿＿＿を弾圧し，⑥＿＿＿＿を唱えて議会を無視

❸ 議会は，1621年大抗議で議会の国政処理の権利を主張した

▶1620年，信仰の自由を求めたピューリタン(巡礼始祖)がメイフラワー号で北米に移住し，プリマス植民地を建設した。
(巡礼始祖→ピルグリム=ファーザーズ)

2. ⑦＿＿＿＿(位1625〜49)

❶ 議会は，1628年⑧＿＿＿＿[*2]を可決したが，王は翌年から11年間議会を開かず，専制政治を続行(無議会時代)

❷ チャールズ1世は長老派の多い⑨＿＿＿＿に国教会を強制したため反乱が勃発，王は鎮圧費捻出のため1640年に議会を開いたが，3週間で解散(短期議会)
(長老派→プレスビテリアン)

ピューリタン革命(1640〜49)

1. 経過

❶ 1640年に再び開かれた議会(〜1653，長期議会)は，王権抑制の改革法→ピューリタン革命始まる。長期議会は翌1641年に大諫議書(だいかんぎしょ)(大諫奏)[*3]を提出。1642年，王党(宮廷)派・議会(地方)派の内戦となった

❷ 最初は王党派優勢，議会派は⑩＿＿＿＿がヨーマン中心の鉄騎隊を率いて活躍し，1645年に王党派はネーズビーの戦いで大敗。1647年，議会派は国王を捕虜とした

＊1 エリザベス1世は治世約45年の間に，枢密院を重用し，議会を10回召集したのみ。議会は反国王的傾向を強めた。

＊2 権利の請願は，議会の同意なしの課税や不法な逮捕・投獄を禁じた内容。

＊3 議会がチャールズ1世の失政を非難した決議書。わずかの差で議会を通過した。その賛否をめぐって，議会は議会(地方)派・王党(宮廷)派に分裂した。

◆ ピューリタン革命の流れ

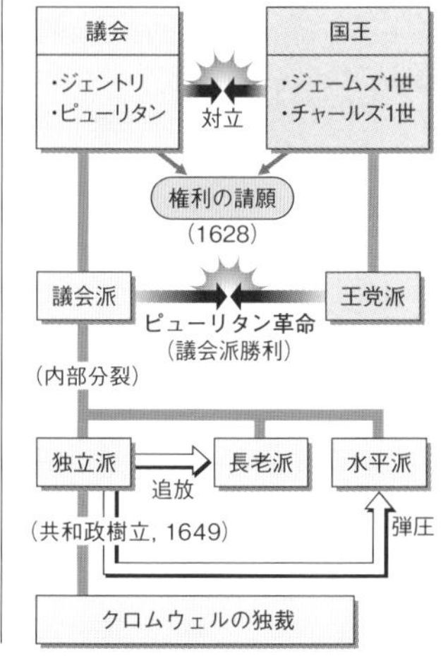

イギリスが定めた航海法とは，どのような法令ですか。 (津田塾大)

❸議会派の分裂　→1648年，クロムウェルらは議会から立憲君主政を主張する長老派を追放

議会派勢力	主張	主要文書	指導者
(プレスビテリアン) 長老派	立憲君主政・ 長老制教会	ニューカッスル提案	
(インディペンデンツ) 独立派	王権制限→共和政 教会の独立	建議要目	⑪
(レベラーズ) ⑫	共和政・普通選挙 信仰の自由	人民協約	リルバーン

❹1649年，チャールズ1世を処刑　➡共和政(コモンウェルス)成立

2. 共和政(1649〜60)とクロムウェル

❶クロムウェルは急進的な水平派を弾圧する一方，⑬＿＿＿＿に遠征して土地を収奪して植民地化し，スコットランドを征服した

❷⑭＿＿＿＿の発布(1651)　→重商主義政策を推進

航海法　貿易商品の輸送をイギリス船か生産国の船舶に限定。オランダの中継貿易に打撃を与え，3次にわたるイギリス＝オランダ戦争が起こった

❸クロムウェルは，1653年，議会(長期議会)を解散して⑮＿＿＿＿に就任し軍事的独裁*4を行う

クロムウェルの死後　彼の子リチャード＝クロムウェルが護国卿に就任。無為無策で政局は混迷し，長老派と王党派が妥協して王政復古となる

ピューリタン文学

17世紀後半，イギリスで名作が生まれた。
①ミルトン(クロムウェルの秘書)…『失楽園』
②バンヤン…『天路歴程』

***4 クロムウェルの独裁**

ピューリタン革命の推進勢力となった中産階級が，革命で獲得した成果を王党派・水平派など左右両勢力の攻撃から防衛することを背景に出現した。

*5　革命関係者の大赦(たいしゃ)，革命中に売却された旧王領・貴族領は新土地所有者に所有権を認めることなどを約した。

*6　イギリス国教会の教義や儀礼などに服さない人々を指し，カトリック教徒，ピューリタン，クウェーカー，ユニテリアンなどが含まれる。

2 名誉革命　立憲君主政が確立された

王政復古(1660)　⇨ステュアート朝の復活

1. ⑯＿＿＿＿(位1660〜85)

❶ブレダ宣言*5を発表し，フランスから帰国し即位した

❷フランス王ルイ14世とのドーヴァーの密約(1670)によりカトリックの復活を企てたため，議会は⑰＿＿＿＿(1673)を定めて非国教徒*6の公職就任を排除し，⑱＿＿＿＿(1679)を可決して不当な逮捕・投獄を禁じた

2. 政党の起源

王位継承をめぐり，王権と国教会を擁護する⑲＿＿＿＿(貴族・地主が中心)と，議会の権利と信仰の自由を主張する⑳＿＿＿＿(産業資本家が中心)が誕生

◆ イギリス議会政治の発達

1215	大憲章(マグナ＝カルタ)(ジョン王)
1265	シモン＝ド＝モンフォールの議会(身分制議会)
1295	模範議会
1341	貴族院・庶民院の二院制の成立
1628	「権利の請願」
1640	ピューリタン革命(〜1649)
1660	王政復古
1673	審査法(1828年廃止)
1679	人身保護法
1688	名誉革命(〜1689)
1689	「権利の章典」
1721	ウォルポールの責任内閣制
1832	第1回選挙法改正(グレー内閣)
1867	第2回選挙法改正(ダービー内閣)
1884	第3回選挙法改正(グラッドストン内閣)
1911	議会法(議院法)制定　→下院の優位
1918	第4回選挙法改正(ロイド＝ジョージ内閣)
1928	第5回選挙法改正(ボールドウィン内閣)

A　イギリス本国と植民地の間の貿易品の輸送はイギリス船に限り，外国からの輸入はイギリス船または産出国または最初の積み出し国の船に限定した法で，中継貿易で繁栄するオランダ船の締め出しを図った。

名誉革命(1688～89)

1. チャールズ2世の弟㉑＿＿＿＿＿＿＿＿＿(位1685～88)は，専制支配を行い，信仰自由宣言でカトリックの復活を企てた

2. 議会は，1688年，ジェームズ2世を廃位し，プロテスタントの長女メアリとその夫オランダ総督オラニエ公㉒＿＿＿＿＿＿を国王に迎え，議会主導の無血の名誉革命に成功

3. 1689年，2人は議会の発した「㉓＿＿＿＿＿＿」を承認し，メアリ2世(位1689～94)・ウィリアム3世(位1689～1702)として即位し，「権利の章典」*7として制定

議会政治の発展

1. ㉔＿＿＿＿＿＿**朝の成立**　アン女王(位1702～14)はイングランドとスコットランドを合併(1707)して㉕＿＿＿＿＿＿＿＿＿を樹立。女王の死後，1714年ドイツからジョージ1世(位1714～27)が迎えられて成立

2. **議院内閣制**　ジョージ1世は，内閣に国務を一任し，ホイッグ党の㉖＿＿＿＿＿＿の下で議院内閣制(責任内閣制)が成立，「王は君臨すれども統治せず」の体制が確立した(1721)

*7 「権利の章典」の主な内容は，王は議会の承認なしに法の停止・課税・軍隊の徴発は行わないこと，議会の言論の自由，残忍な刑罰の禁止などのほか，王位継承の順序をも定めており，立憲君主政が確立した。

3 選挙権の拡大

第4回選挙法改正で男性普通選挙と女性参政権，第5回選挙法改正で男女普通選挙が導入された

選挙法改正

1. **第1回**(1832)　㉗＿＿＿＿＿＿*8廃止と産業資本家層に選挙権拡大

2. ㉘＿＿＿＿＿＿**運動**　1837年頃から展開。労働者は㉙＿＿＿＿＿＿＿＿を掲げて議会に請願

> 人民憲章(1838年に発表)
> ①21歳以上男性普通選挙　②無記名秘密投票制　③議会の毎年改選
> ④議員に歳費支給　⑤議員の財産資格廃止　⑥均等選挙区

3. **第2回**(1867)　都市労働者に選挙権拡大

4. **第3回**(1884)　㉚＿＿＿＿＿＿自由党内閣が実現。農村・鉱山労働者に選挙権拡大

5. **第4回**(1918)　21歳以上の男性，30歳以上の女性に選挙権拡大

6. **第5回**(1928)　21歳以上の男女普通選挙が実現

*8 産業革命による人口分布の変化の結果，人口減少によって有権者数と議員数に大きな不均衡が生じた選挙区を腐敗選挙区という。

＊政党政治の発展▶p.142

議会の改革

議会法(1911)の制定で，法案の成立に関して，上院に対して，下院が優越することが確定した

記述論述 Q　イギリスでは，女性参政権はどのように獲得されたのか，簡潔に述べなさい。　(名古屋大)

実戦演習

❶ 次の問A～E に答えよ。

早稲田大－商〈改題〉

解答：別冊p.32 ▶

A. ステュアート朝時代に起こった事柄で誤った説明はどれか。

1. フランシス＝ベーコンは，主著『新オルガヌム』（1620年）において経験的方法を重視し，演繹法に対し帰納法を提唱した。
2. バンヤンの著した代表作『天路歴程』（1678年，1684年）は，ピューリタン的信仰を表した寓意物語である。
3. ハーヴェーは，主著『海洋自由論』（1609年）の中で国際法理論を発展させた。
4. ニュートンは，主著『プリンキピア』（1687年）の中で万有引力の法則など古典的物理学を体系化した。

B. ジェームズ１世の治世について誤った説明はどれか。

1. ジェームズ１世の支援によって出版された『欽定英訳聖書』は，英語訳聖書の規範とされた。
2. ジェームズ１世の発行した特許状によって，北米植民地ジェームズタウンが作られた。
3. ジェームズ１世は，アジアに関心を持ち徳川家康に書簡と贈り物を贈った。
4. ジェームズ１世は，特権商人の独占を批判し中小商人の自由な経済活動を保護した。

C. チャールズ１世について誤った説明はどれか。

1. チャールズ１世は，権利の請願の審議に介入しその成立を阻止した。
2. チャールズ１世は，1640年短期議会を開会したが，議会側の強い反発に遭いすぐ解散した。
3. ピューリタン革命においてチャールズ１世を支持した王党派は，イングランド西部，北部を中心に活動していた。
4. チャールズ１世は，1649年議会派によって有罪とされ処刑された。

D. イギリス革命（ピューリタン革命）の時代に起こった出来事で，年代順で古いものから３番目はどれか。

1. 第一次イギリス＝オランダ（英蘭）戦争が勃発した。
2. 長期議会が招集された。
3. 議会派の軍隊「ニューモデル軍」が結成された。
4. 王党派と議会派の間で内戦が勃発した。

E. チャールズ２世の治世での出来事について，正しい説明はどれか。

1. トーリ党は，議会の権利を支持し，商工業者，非国教徒などを主な支持母体とした。
2. チャールズ２世と議会は協力して，反カトリック立法である審査法を制定した。
3. イギリスは，オランダの北米植民地であったニューアムステルダムを奪い，ニューヨークと改名した。
4. 市民の公共的活動の場であったコーヒーハウスは，チャールズ２世の弾圧政策により17世紀末以降急速に衰退した。

❶ ヒント

問B. 3－1613年にジェームズ１世の国書を携えた使節が来航し，徳川家康が通商を許可した結果，イギリス東インド会社は平戸に商館を設置した。

4－ジェームズ１世は議会を解散して，増税・独占権賦与などを強行した。

問D. 1－第１次イギリス＝オランダ戦争は，クロムウェルの共和国が1651年に発布した航海法が原因。

3－クロムウェルが創設したヨーマン中心の鉄騎隊を中核に組織されたのが「ニューモデル軍」である。

❶ 解答欄

A	
B	
C	
D	
E	

A 1918年の第4回選挙法改正で30歳以上の女性に参政権が認められ，1928年の第5回選挙法改正で21歳以上の女性が参政権を得て，男女平等の普通選挙が確立した。

解答：別冊p.16 ▶

18 フランス革命とナポレオンの支配

ココが出る！

［入試全般］
国民議会と国民公会の改革およびナポレオン戦争の経過が焦点。

［国公立二次・難関私大］
フランス革命の原因としてアンシャン=レジームの実態に注意。革命の経過では，特に国民議会とジャコバン派の改革が中心。ナポレオン登場以降は対外戦争，特に大陸封鎖令が頻出。

大学入試 最頻出ワード

■国民議会
■アウステルリッツの戦い
■ライン同盟　■ピット
■ルイ16世　■テュルゴー
■アミアンの和約

絶対王政

全国三部会
- 旧体制（アンシャン=レジーム）の矛盾・財政破綻
- 国王①［　　　］が召集（1789年）

②［　　　］（1789～91年）
- 第三身分が結集
- 球戯場の誓い ⇒ ③［　　　］襲撃
- 封建的特権の廃止
- 『④［　　　］』…ラ=ファイエットらの起草
- 1791年憲法の制定 ← **ピルニッツ宣言**(1791年)
  - プロイセン・オーストリアの干渉

1791 立憲君主政

立法議会（1791～92年）
- ⑤［　　　］派が政権を掌握 ⇒ **対オーストリア宣戦**
- 8月10日事件 ⇒ 王権の停止

1792 第一共和政

⑥［　　　］（1792～95年）
- 王政の廃止・共和政
  ⇒ ルイ16世処刑（1793年） ← **第1回**⑦［　　　］
  - 英首相ピットの主導

⑧［　　　］**派の独裁**
- 封建地代の無償廃止
- ⑨［　　　］の恐怖政治

テルミドールの反動
- 1795年憲法の制定

総裁政府（1795～99年）
- ナポレオンのエジプト遠征（1798～99年）
- ブリュメール18日のクーデタ（1799年） ← **第2回対仏大同盟**

統領政府（1799～1804年）
- ナポレオンが第一統領
- アミアンの和約（1802年）
- 「⑩［　　　］」の公布（1804年）

1804 第一帝政 1815

⑪［　　　］**の即位**
- ⑫［　　　］の発令（1806年） ← **第3回～第7回対仏大同盟**
- ロシア遠征の失敗（1812年）
- ライプツィヒの戦いに敗北 ← **第3回～第7回対仏大同盟**
- ワーテルローの戦いに敗北

空欄解答 ①ルイ16世 ②国民議会 ③バスティーユ牢獄 ④人権宣言 ⑤ジロンド ⑥国民公会 ⑦対仏大同盟 ⑧ジャコバン〔山岳〕 ⑨ロベスピエール ⑩ナポレオン法典 ⑪ナポレオン1世 ⑫大陸封鎖令

Q 人権宣言の内容について説明せよ。（新潟大）

1 革命の原因　アンシャン=レジームの矛盾が根本的要因

＊フランス絶対王政▶p.115

革命前夜

1. 旧体制(アンシャン=レジーム)　第一身分(聖職者)・第二身分(貴族)の特権身分は，重要官職を独占し，①＿＿＿＿特権や領民支配権を持ち，土地の40%を所有。人口の98%近くの第三身分(②＿＿＿＿)は，無権利で市民・農民とも上・中・下の階層に分化*1

2. 絶対王政批判*2　啓蒙思想*3・アメリカ独立への共感などが背景

3. 財政再建

❶ルイ14世以来の対外戦争，③＿＿＿＿(位1774～92)のアメリカ独立戦争支援などで国家財政は破綻*4

❷ルイ16世の財務総監となった重農主義者④＿＿＿＿や銀行家⑤＿＿＿＿らの財政再建策は，特権身分の反対で失敗

革命の勃発

1. 全国三部会　1789年5月⑥＿＿＿＿で開会*5，議決方法で特権身分(1身分1票)と第三身分(個人別票決)が対立

2. 国民議会

❶第三身分の代表により成立。⑦＿＿＿＿の誓いを経て，特権身分の進歩派も合流し，憲法制定国民議会と改称

❷ルイ16世が国民議会の武力弾圧を企図したことから，7月14日にパリ市民が⑧＿＿＿＿を襲撃し，暴動は全国に波及

*1 この頃，都市の経済活動を基盤に富を蓄積し，独自の文化を形成した有産市民をブルジョワという。

*2 聖職者出身のシェイエスは1789年，『第三身分とは何か』を著し，特権身分を激しく攻撃し，「第三身分とはすべてである」と主張した。

*3 啓蒙思想とは，伝統的偏見を打破し，理性を重視して民衆を無知の状態から解放しようとする思想。ヴォルテール(『哲学書簡』)，モンテスキュー(『法の精神』)，ルソー(『人間不平等起源論』・『社会契約論』)，ディドロ・ダランベール(百科全書派)，エルヴェシウス(唯物論的認識論)などが活躍した。

*4 1786年の英仏通商条約(イーデン条約)後，イギリス商品の大量流入で国内産業は不振となり，重なる凶作は，食料難と物価高騰をもたらし，革命の要因となった。

*5 1787年カロンヌ，1788年ネッケルが，聖職者・貴族の代表者を招集した名士会で特権身分への課税を企図。貴族はこれに反対し，全国三部会の開催を要求した。

2 革命の流れ　立憲君主政から第一共和政へ移行した

国民議会(1789.6～91.9)

1. 指導層　⑨＿＿＿＿・ラ=ファイエットら自由主義貴族や富農・上層ブルジョワの⑩＿＿＿＿主義者が指導

2. ⑪＿＿＿＿の廃止(1789.8.4)　十分の一税や領主裁判権は無償廃止，封建地代は⑫＿＿＿＿廃止　→農民解放は不十分

3. 「人権宣言」(「人間および市民の権利の宣言」)の発布(1789.8.26)　ラ=ファイエットらが起草，アメリカ独立宣言や⑬＿＿＿＿の思想的影響

4. ヴェルサイユ行進(十月事件，1789)　食料危機から女性を先頭にパリ民衆がヴェルサイユへ行進し，国王一家をパリへ連行

国民議会の改革

①全国の行政区画の改編
②教会財産の没収と売却
③ギルド廃止と営業の自由
④不換紙幣アッシニアの発行

史料　人権宣言

第1条　人は自由かつ権利において平等なものとして生まれ，また，存在する。……

第2条　あらゆる政治的結合の目的は，人間の……権利の保全である。それらの権利とは，自由・所有権・安全および圧政への抵抗である。

第17条　所有権は神聖かつ不可侵の権利であるから，……それを奪われることはない。

A　人間の生まれながらの自由と平等や，自由・財産・安全・圧政への抵抗を自然権とし，政治的結合の目的はこれらの権利の保全にあるとし，さらに主権在民，私有財産の不可侵などを定めた。

5. 共和派の台頭

❶ ⑭＿＿＿＿＿＿＿＿事件(1791.6)：立憲君主主義者のミラボーの死を機に，革命の急進化を恐れた国王一家が王妃⑮＿＿＿＿＿＿＿＿の母国オーストリアへ逃亡を企てたが失敗
→共和派が台頭

❷ ピルニッツ宣言(1791.8)：オーストリア皇帝(レオポルト２世)とプロイセン王(フリードリヒ＝ヴィルヘルム２世)の対仏内政干渉

6. 1791年憲法の制定(1791.9)⇨一院制議会の立憲君主政・制限選挙

立法議会(1791.10〜92.9)

1. 議会

党派	支持層
⑯＿＿＿＿＿＿派(立憲君主派)	自由主義貴族・富裕市民
⑰＿＿＿＿＿＿派(穏健共和派)	商工業ブルジョワジー
⑱＿＿＿＿＿＿派(急進共和派)	農民・小市民・労働者

2. 革命戦争

❶ 1792年３月に成立したジロンド派内閣の対オーストリア宣戦

❷ 普・墺連合軍のフランス侵入に対して⑲＿＿＿＿＿＿が編制された*6

❸ 1792年９月20日，義勇軍がヴァルミーの戦い*7で勝利

3. 8月10日事件(1792) ジャコバン派の主導でパリ民衆・義勇兵がテュイルリー宮殿を襲撃して国王を幽閉し，王権を停止

*6 義勇軍が歌った「ラ＝マルセイエーズ」は，1879年に正式にフランス国歌となった。

*7 プロイセンに従軍していたゲーテは「ここから，そしてこの日から世界史の新しい時代が始まる」と記した。

国民公会(1792.9〜95.10) ⇨男性普通選挙で1792年９月成立

1. 第一共和政

❶ 国民公会は大半をジロンド派とジャコバン派が占め，王政の廃止と共和政を宣言(1792.9)

❷ ルイ16世の処刑(1793.1) →イギリス首相⑳＿＿＿＿＿＿の提唱で第１回㉑＿＿＿＿＿＿＿を結成(ヨーロッパ諸国家間の反仏軍事同盟)

2. ジャコバン派の恐怖政治

❶ 国民公会が徴兵制を導入すると，これに反対してヴァンデー地方で大反乱が起こった。この危機の中，ジャコバン派左派(山岳派)が，㉒＿＿＿＿＿＿＿(下層市民)の支持でジロンド派を追放し独裁を開始

❷ マラーの死後，ジャコバン派の㉓＿＿＿＿＿＿＿＿は左派のエベール，右派の㉔＿＿＿＿＿＿らを一掃して恐怖政治を展開

国民公会の機関

①公安委員会…政治・軍事指導
②保安委員会…治安・警察担当
③革命裁判所…政治犯審理

3つの憲法

①1791年憲法(国民議会が制定)…立憲君主政・財産資格選挙・一院制など。ブルジョワ憲法
②1793年(ジャコバン)憲法(国民公会で制定)…主権在民・人民の生活権・労働権・男性普通選挙などを認めた民主的憲法→実施されず
③1795年憲法(国民公会が採択)…共和政・財産資格選挙・二院制・五人総裁制を規定。ブルジョワ憲法

記述論述 Q 大陸封鎖令の具体的な内容について，60字以内で答えなさい。 (日本女子大)

革命政策
①1793年(ジャコバン)憲法(未実施)
②最高価格令による物価統制
③[25]＿＿＿＿＿＿＿＿：自営農民の最終的解放
④[26]＿＿＿＿(共和暦)の制定，徴兵制実施*8，キリスト教の否定と理性崇拝(最高存在の崇拝)の宗教，メートル法の制定

*8 徴兵制の実施(1793)に反対してヴァンデーの農民反乱が起こった。

3. [27]＿＿＿＿＿＿の反動(1794.7.27) 国民公会の穏健共和派が結集してクーデタを起こしロベスピエールらを処刑，恐怖政治は終結
→国民公会は穏健共和派のテルミドリアン(テルミドール派)が掌握

4. 1795年憲法(共和暦3年憲法)の制定

総裁政府(1795.10〜99.11) ⇨ブルジョワ共和政府

1. 不安定な国内事情

❶ 王党派の反乱 →ナポレオン(=ボナパルト)が鎮圧
❷ 秘密結社「平等者」を組織し，私有財産廃止を唱える[28]＿＿＿＿＿＿の政府転覆の陰謀(1796) →逮捕・処刑された

2. ナポレオン=ボナパルト*9の登場

❶ 第1回イタリア遠征(1796〜97)：オーストリア軍を破り，カンポ=フォルミオの和約(1797) ➡第1回対仏大同盟崩壊
❷ [29]＿＿＿＿＿＿遠征*10(1798〜99)：イギリスとインドの連絡路遮断の目的，アブキール湾の戦い(1798)でイギリス海軍の[30]＿＿＿＿＿＿に敗北 ➡イギリス首相ピットの提唱で第2回対仏大同盟
❸ [31]＿＿＿＿＿＿＿＿のクーデタ(1799.11.9)
➡総裁政府打倒，統領政府樹立。

*9 コルシカ島出身。フランス革命中，一時ジャコバン派を支持。ヴァンデミエール(革命暦のぶどう月)の王党派の反乱を鎮圧して総裁政府の信任を得た。

*10 ナポレオンのエジプト遠征中にナイル河口でロゼッタ＝ストーンが発見され，これを資料にシャンポリオンが神聖文字(ヒエログリフ)の解読に成功した(1822)。

3 ナポレオン時代 ナポレオン戦争は，革命防衛から大陸制覇の戦争へ

統領政府(1799〜1804) →ナポレオンが第一統領*11

1. 内政 資本主義の発展と市民社会の秩序維持を図る

❶ フランス銀行の創設(1800)
❷ ローマ教皇ピウス7世と[32]＿＿＿＿＿＿(コンコルダート)を締結し，カトリック教会と和解
❸「民法典([33]＿＿＿＿＿＿＿)」*12(1804)：法の前の平等・個人の自由の尊重・[34]＿＿＿＿＿＿の不可侵などを規定

*11 ナポレオンは，3人の統領のうち，第一統領(任期10年)として事実上軍事独裁を行い，さらに1802年には国民投票により終身統領に就任した。

*12「ナポレオン法典」は，全文2281条からなる。家族の尊重，私的所有権の絶対，個人の意志の自由を基本的原則とする世界最初の近代的民法典である。

A イギリスを経済的に締め付け，大陸をフランス産業の市場として確保することをめざして，イギリスと大陸諸国間の通商を禁じた。(59字)

2. 外交

❶ 第2回イタリア遠征(1800)：オーストリア軍を破り，リュネヴィルの和約(1801)を締結し，ライン左岸を獲得

❷ ㉟＿＿＿＿＿＿の和約(1802)：英と講和 →第2回対仏大同盟解消

❸ ルイジアナ売却(1803)：アメリカ合衆国(ジェファソン大統領)へ売却

◆ ナポレオン時代のヨーロッパ

フランス帝国領	a トラファルガー 1805	d ボロディノ 1812
ナポレオンの従属国	b アウステルリッツ 1805	e ライプツィヒ 1813
● 条約締結地	c イエナ 1806	f ワーテルロー 1815

第一帝政(1804～15)

1. ナポレオン1世(位1804～14・15)

1804年，国民投票で皇帝となり，第一帝政を開始

2. 大陸制覇[*13]

1805 第3回対仏大同盟(イギリス首相ピットの提唱)の成立

トラファルガーの海戦 →イギリス海軍(ネルソン)に敗北

㊱＿＿＿＿＿＿の戦い(三帝会戦)で，オーストリア(フランツ2世)，ロシア(アレクサンドル1世)両軍を撃破

➡第3回対仏大同盟崩壊

1806 ㊲＿＿＿＿＿＿同盟結成 ➡神聖ローマ帝国の消滅

㊳＿＿＿＿＿＿(ベルリン勅令) →対イギリス経済封鎖・フランス産業資本の商品市場確保を企図

1807 ㊴＿＿＿＿＿＿条約[*14]：旧ポーランド領に㊵＿＿＿＿＿＿大公国，エルベ左岸にウェストファリア王国を設立

3. ナポレオンの没落

1808 スペイン反乱(半島戦争，～14)[*15]

1812 ロシアが大陸封鎖令を守らないため，ロシア遠征(失敗)

→各国が解放戦争を始める

1813 ㊶＿＿＿＿＿＿の戦い(諸国民戦争) →ナポレオン軍大敗

1814 ナポレオン退位(エルバ島へ) →㊷＿＿＿＿＿＿のブルボン朝復活

1815 ナポレオン，エルバ島脱出後復位 →㊸＿＿＿＿＿＿の戦いに敗れ(百日天下)，セントヘレナ島へ配流

＊13 ナポレオンの大陸制覇

ナポレオン1世は，兄ジョゼフをナポリ王(1806～08)，スペイン王(1808～13)に，弟ルイをオランダ王(1806～10)に，弟ジェロームをウェストファリア王(1807～13)とし，協力させた。

＊14 プロイセン改革

ナポレオンに敗れて領土と人口が半減したプロイセンでは，シュタインとハルデンベルクが農民解放や都市自治制度などを導入。またベルリン大学のフィヒテは「ドイツ国民に告ぐ」の講演でドイツの再建を訴えた。

＊15 スペインの画家ゴヤは「1808年5月3日」を描き，フランス軍の残虐を訴えた。

記述論述 Q ナポレオンの大陸制覇はドイツ諸領邦の全面的再編をもたらした。1806年におけるドイツの国家連合の変容について簡潔に説明せよ。 (京都大)

実戦演習

❶ 次の文章を読み，下の設問に答えよ。
北海学園大－経済・人文(英米文化)

解答：別冊p.32 ▶

フランスでは，(a)1791年に憲法が制定され，立憲王政が目指された。しかし憲法制定の直前に国王一家がオーストリアへ亡命をくわだて，パリに連れ戻されるという(1)逃亡事件がおこり，国王の信用は失墜した。1791年10月に立法議会が発足したが，1792年8月10日，パリでは国王がいた(2)宮殿が襲撃され，王権が停止された。

その後成立した国民公会では，急進共和主義のジャコバン派が勢いを増し，(b)1793年1月にルイ16世が処刑された。同年6月には穏健共和主義のジロンド派が議会から追放され，(c)ロベスピエールを中心とするジャコバン派政権は，強力な権限をもった公安委員会を中心に施策を行い，反対派を処刑し，恐怖政治を行った。しかし，1794年7月，(3)9日のクーデタがおき，ロベスピエールらは処刑された。

革命の終結を求める穏健派は1795年憲法を制定し，これにより(4)人の総裁からなる総裁政府が樹立された。しかし，(d)革命派や王党派の動きもあって政局は安定しなかった。この機会をとらえたのが，ナポレオン＝ボナパルトであった。ナポレオンは，エジプト遠征から帰還して，1799年11月，(5)18日のクーデタによって総裁政府を倒し，その後に成立した統領政府において，自ら第一統領となり事実上の独裁権を握った。

ナポレオンは，革命以来フランスと対立関係にあったローマ教皇と和解した。また1802年にはイギリスとフランスの間で(6)の和約が締結された。しかし，すぐに英・仏の戦いは再開された。1805年10月の(7)の海戦では，フランス海軍はネルソンが率いたイギリス海軍に敗北した。しかしヨーロッパ大陸では，ナポレオンは同年12月，オーストリア・ロシアの連合軍を(8)の戦い(三帝会戦)で破り，1806年に西南ドイツ諸国をあわせて(9)同盟を結成した。さらに，プロイセン・ロシアの連合軍を破って，1807年に(10)条約を結ばせ，ワルシャワ大公国をたてた。また，この間の1806年にはベルリンで大陸封鎖令を発し，大陸諸国にイギリスとの通商を禁止し，(e)フランスの産業のために大陸市場を独占しようとした。

問1. 文中の空欄(1)～(10)に当てはまる語句を答えよ。なお，(4)には数字が入る。

問2. 下線部(a)に関連して，アメリカ独立戦争に参加し，その後パリ国民軍司令官となった人物で，1791年憲法の前文として掲げられた人権宣言の起草にもたずさわった人物は誰か，答えよ。

問3. 下線部(b)に関連して，同年にプロイセンとロシアはポーランド分割を行った。1794年にこれに対して義勇軍をひきいて抵抗し，かつてアメリカ独立戦争に参加したこともあった人物は誰か，答えよ。

問4. 下線部(c)に関連して，この恐怖政治下に処刑され，かつて1791年に「女性の権利宣言」を発表していた人物を，次のア～エから1つ選び，記号で答えよ。

ア. シェイエス　**イ.** オランプ＝ド＝グージュ　**ウ.** ミラボー　**エ.** ネッケル

問5. 下線部(d)に関連して，私有財産の廃止をとなえて政府の転覆を計画し，1796年に逮捕された人物を，次のア～エから1つ選び，記号で答えよ。

ア. マラー　**イ.** ダントン　**ウ.** ブリッソ　**エ.** バブーフ

問6. 下線部(e)に関連して，この頃イギリスでは産業革命が進展していたが，綿織物の生産量が急速に増えることをうながした，1733年にジョン＝ケイが発明したものは何か，次のア～エから1つ選び，記号で答えよ。

ア. ミュール紡績機　**イ.** ジェニー紡績機　**ウ.** 飛び杼(とびひ)(梭)　**エ.** 力織機(りきしょっき)

❶ ヒント

問4. イ－オランプ＝ド＝グージュは，フランスの女性劇作家で，1789年の「人権宣言」が主に男性の権利をうたっていることを不満とし，「女性の権利宣言」を発表して男女平等の権利を要求した。

❶ 解答欄

問1	1	
	2	
	3	
	4	
	5	
	6	
	7	
	8	
	9	
	10	
問2		
問3		
問4		
問5		
問6		

A ナポレオンの保護下に西南ドイツ諸邦をあわせてライン同盟が結成され，神聖ローマ帝国は名実ともに消滅した。

解答：別冊p.17 ▶

19 ウィーン体制と1848年の革命

ココが出る！

［入試全般］

ウィーン体制下の自由主義運動と七月革命・二月革命が頻出。

［国公立二次・難関私大］

ウィーン会議の基本思想とウィーン議定書の領土変更に注意。また，その後の自由主義運動，特にラテンアメリカ諸国の独立が焦点。七月革命・二月革命は原因・意義・影響を中心に押さえよう。

大学入試 最頻出ワード

- ■メッテルニヒ
- ■クリオーリョ
- ■(シモン=)ボリバル
- ■ルイ=フィリップ
- ■シャルル10世

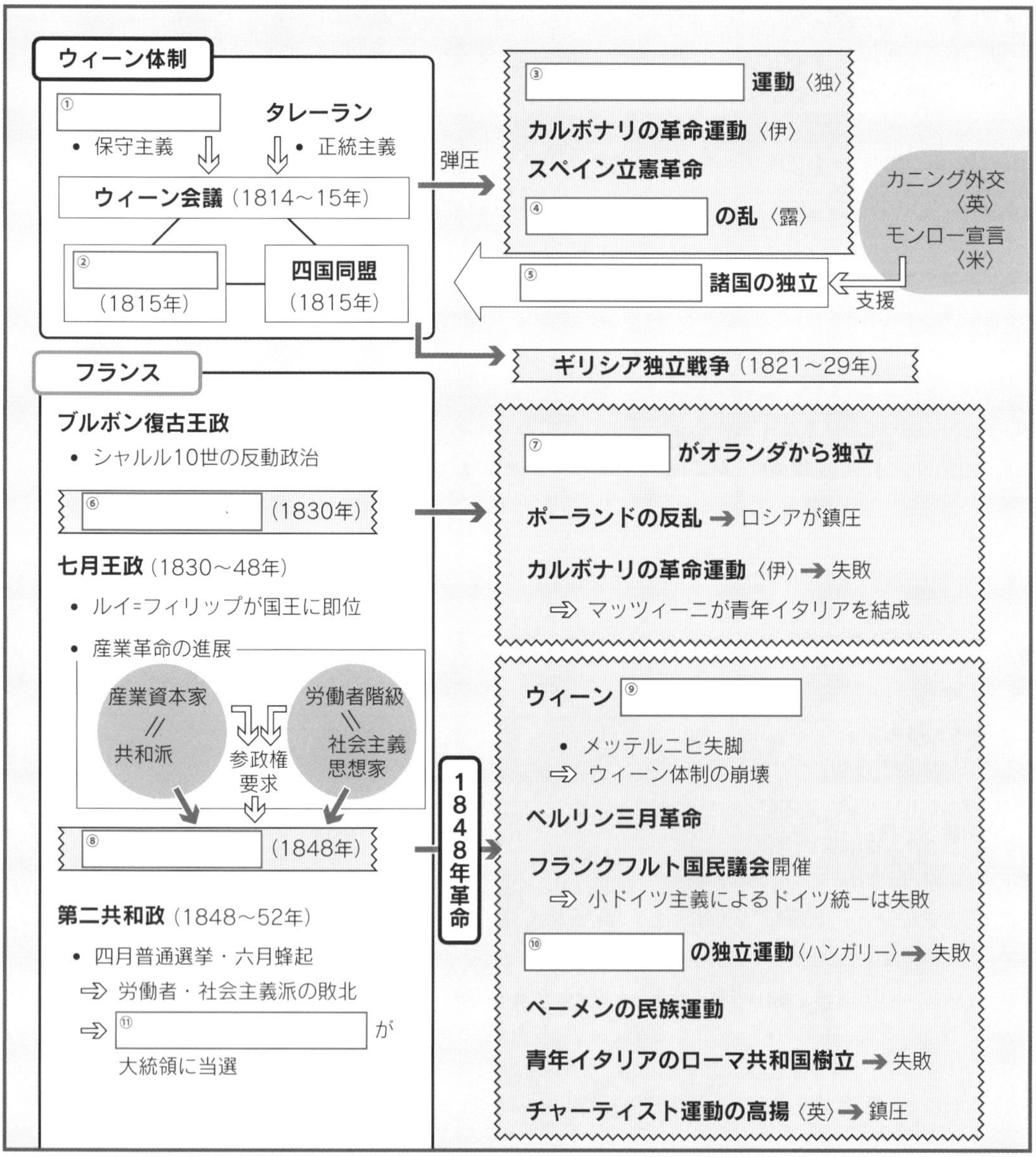

ウィーン体制

- ①［　　　］
  - 保守主義
- タレーラン
  - 正統主義
- **ウィーン会議**（1814～15年）
  - ②［　　　］（1815年）
  - **四国同盟**（1815年）

弾圧 →

- ③［　　　］**運動**〈独〉
- **カルボナリの革命運動**〈伊〉
- **スペイン立憲革命**
- ④［　　　］**の乱**〈露〉

⑤［　　　］**諸国の独立** ← 支援 ← カニング外交〈英〉／モンロー宣言〈米〉

→ **ギリシア独立戦争**（1821～29年）

フランス

ブルボン復古王政

- シャルル10世の反動政治

⑥［　　　］（1830年） →

- ⑦［　　　］**がオランダから独立**
- **ポーランドの反乱** ➔ ロシアが鎮圧
- **カルボナリの革命運動**〈伊〉➔ 失敗
  - ⇨ マッツィーニが青年イタリアを結成

七月王政（1830～48年）

- ルイ=フィリップが国王に即位
- 産業革命の進展
  - 産業資本家 // 共和派
  - 労働者階級 \\ 社会主義思想家
  - 参政権要求

⑧［　　　］（1848年） → **1848年革命**

- **ウィーン** ⑨［　　　］
  - メッテルニヒ失脚
  - ⇨ ウィーン体制の崩壊
- **ベルリン三月革命**
- **フランクフルト国民議会**開催
  - ⇨ 小ドイツ主義によるドイツ統一は失敗
- ⑩［　　　］**の独立運動**〈ハンガリー〉➔ 失敗
- **ベーメンの民族運動**
- **青年イタリアのローマ共和国樹立** ➔ 失敗
- **チャーティスト運動の高揚**〈英〉➔ 鎮圧

第二共和政（1848～52年）

- 四月普通選挙・六月蜂起
  - ⇨ 労働者・社会主義派の敗北
  - ⇨ ⑪［　　　］が大統領に当選

空欄解答 ①メッテルニヒ　②神聖同盟　③ブルシェンシャフト　④デカブリスト　⑤ラテンアメリカ　⑥七月革命　⑦ベルギー　⑧二月革命　⑨三月革命　⑩コシュート〔コッシュート〕　⑪ルイ＝ナポレオン

ナポレオンの敗北後に形成されたヨーロッパの国際秩序について，以下の語句を使用して100字以内で説明しなさい。　神聖同盟　メッテルニヒ　ウィーン会議　正統主義　（東京外語大）

1 ウィーン体制　保守・反動体制，オーストリアのメッテルニヒが主導

ウィーン会議(1814～15)　⇨「会議は踊る，されど進まず」

1. 目的　フランス革命・ナポレオン戦争後のヨーロッパ秩序の回復と戦後の処理　→オーストリア外相①＿＿＿＿が主導

2. 基本思想

❶②＿＿＿＿主義：フランス外相③＿＿＿＿の主唱で，革命前の領土・主権を正統とする

❷メッテルニヒは保守主義，イギリスのカースルレーは④＿＿＿＿を強調

◆ ウィーン会議による領土変更

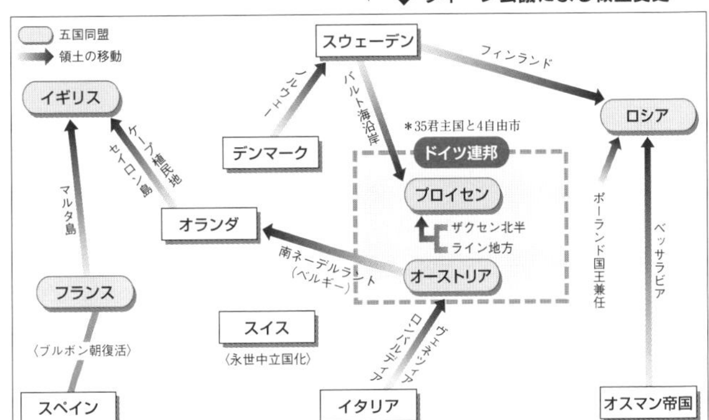

3. ウィーン議定書(1815)

⇨ナポレオンのエルバ島脱出を機に妥協

❶⑤＿＿＿＿・スペイン・ナポリにブルボン朝復活

❷ロシアは，皇帝が⑥＿＿＿＿王国の王位を兼任*1

❸プロイセンはザクセン北半・ライン地方・バルト海沿岸を獲得*2

❹オーストリアは，⑦＿＿＿＿を放棄,*3 ⑧＿＿＿＿・ロンバルディアを獲得

❺イギリスは，フランス領マルタ島，旧オランダ領のセイロン島と⑨＿＿＿＿を領有

❻神聖ローマ帝国は復活せず，ライン同盟の廃止。ドイツは35君主国と4自由市*4からなる⑩＿＿＿＿を組織

❼⑪＿＿＿＿は永世中立国。スウェーデンはノルウェーを併合

ウィーン体制の堅持

1. 神聖同盟(1815)　ロシア皇帝⑫＿＿＿＿の提唱，キリスト教の友愛精神に基づく全ヨーロッパの君主間盟約　→ただしイギリス・オスマン帝国・⑬＿＿＿＿は不参加*5

2. 四国同盟(1815)　ウィーン体制維持のためのイギリス・ロシア・オーストリア・プロイセンの軍事同盟

→1818年にフランスも加盟して五国同盟となる*6

*1 ロシアは，フィンランドやベッサラビアを獲得した。

*2 歴史的にドイツ・フランス間の係争地であったライン地方をプロイセンが獲得したことは，プロイセンのドイツ連邦に対する政治的発言力の増大を意味した。

*3 オーストリアが放棄した南ネーデルラント(ベルギー)は，立憲王国となったオランダが領有した。

*4 4自由市は，ハンブルク，リューベック，ブレーメン，フランクフルト。ドイツ連邦議会はフランクフルトに設けられ，議長国はオーストリア。

*5 イギリス国王は，「国法は大臣の副署を必要とする」という理由で，ローマ教皇はカトリック教理に合わないキリスト教他派の存在，オスマン帝国のスルタンはイスラーム教国のゆえに，それぞれ神聖同盟に参加しなかった。

*6 1822年のヴェローナ会議でスペインへの革命干渉にイギリスが反対，五国同盟は瓦解した。

A　オーストリア外相メッテルニヒの主導でウィーン会議が開かれ，フランス革命前の政治秩序の復活をめざす正統主義と大国の覇権を認めない勢力均衡が原則とされ，会議の結果，国際秩序を維持する神聖同盟がつくられた。(100字)

2 ウィーン体制への反抗とその動揺 中南米諸国・ギリシアが独立達成

自由主義運動とその抑圧

1. ⑭＿＿＿＿＿＿＿＿[*7] ドイツの統一と自由を要求した学生組織。メッテルニヒがカールスバートの決議(1819)で弾圧

2. ⑮＿＿＿＿＿**の革命運動** ナポリ(1820)，ピエモンテ(1821)で蜂起したが，オーストリア軍が弾圧

3. **スペイン立憲革命**(1820) ブルボン朝の専制に対してリエゴらが立憲革命に成功。フランスの干渉で挫折(1823)

4. ⑯＿＿＿＿＿**(十二月党員)の乱**(1825) ニコライ1世即位を機にロシア青年将校が憲法制定を要求して蜂起したが，鎮圧された

*7 ブルシェンシャフトは，1815年イエナ大学で結成されて全国に広がり，1817年宗教改革記念のヴァルトブルク祝祭で気勢をあげた。

ラテンアメリカ諸国の独立

＊ラテンアメリカ諸国の独立▶p.238

1. **背景** アメリカ合衆国の独立，フランス革命の影響，ナポレオン戦争中の本国(スペイン・ポルトガル)の支配のゆるみ

2. **独立**(1810〜20年代) ベネズエラ・コロンビア・アルゼンチン・チリ・メキシコ・ペルーやポトシ銀山のある⑰＿＿＿＿＿などがスペインから，⑱＿＿＿＿＿[*8]がポルトガルから独立を達成

独立の指導者

①ハイチ(フランス領サン＝ドマング)は，フランス革命の影響で黒人の⑲＿＿＿＿＿＿＿＿が独立運動を指導(ハイチ革命)。1804年に世界最初の黒人共和国として独立。

②南米北部やペルー・ボリビアの独立の指導者⑳＿＿＿＿＿，アルゼンチン・チリ・ペルーの独立の指導者サン＝マルティン，メキシコの独立の指導者イダルゴは，いずれも㉑＿＿＿＿＿＿(植民地生まれの白人)で，独立後も政治・経済の支配権をにぎった

環大西洋革命

アメリカ独立革命・フランス革命・ラテンアメリカ諸国の独立など大西洋両岸の一連の変革を環大西洋革命と呼ぶ。

*8 ナポレオン戦争で避難していたポルトガル王子が，1822年に本国から帝国として独立した。

◆ ラテンアメリカ諸国の独立

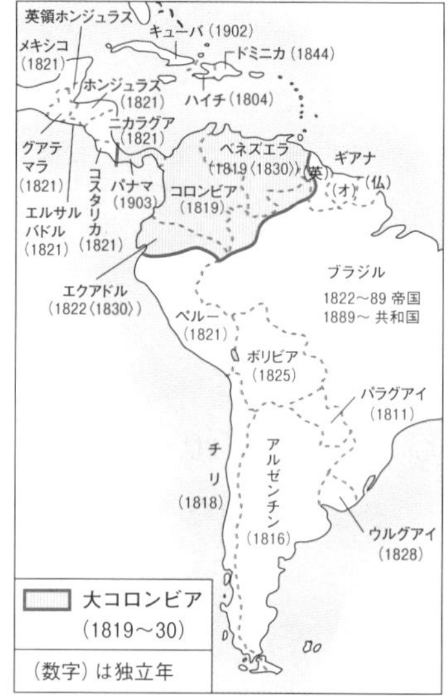

3. **英・米の支援**

❶ イギリス外相㉒＿＿＿＿＿は，新市場の確保のため，メッテルニヒ(墺)の干渉に反対

❷ アメリカ合衆国も㉓＿＿＿＿＿＿(1823)を発表して，新旧両大陸の相互不干渉を主張

ギリシアの独立

1. **オスマン帝国からの独立戦争**(1821〜29) メッテルニヒ(墺)の干渉に対し，イギリス・ロシア・フランスは東地中海やバル

記述論述 Q イギリスがラテンアメリカ諸国の独立を支持した背景としては，どのようなことが考えられるか。 (埼玉大)

 出題大学…⑳：成蹊大，神奈川大，関西学院大

カン半島での利権拡大を狙ってギリシアを支援し*9，ナヴァリノの海戦(1827)でオスマン帝国・エジプト艦隊を撃破

2. 独立　1830年のロンドン会議で，ギリシアの独立が国際的に承認

***9 ギリシアの独立とロマン主義**
イギリスのロマン派詩人バイロンは，独立軍に参加してミソロンギの陣中で客死した。フランスのロマン主義画家ドラクロワは「キオス島(シオ)の虐殺」を描いてギリシア救援を訴えた。

3 七月革命とその影響

シャルル10世の反動政治に対する自由主義革命。その影響でベルギーが独立

自由主義運動とその抑圧

1. ブルボン復古王政

❶ ルイ18世：自由主義者を抑圧，五国同盟参加
(位1814～24)

❷ ㉔＿＿＿＿＿＿＿＿：亡命貴族の財産賠償や言論の統制強化など反動政治，㉕＿＿＿＿＿＿＿＿出兵(1830)後の七月勅令*10に対し，パリ市民が蜂起　→七月革命起こる　⇨「栄光の三日間」
(位1824～30)

*10 1830年6月の選挙で反政府派が多数を占めたため，ポリニャック内閣が出した勅令。言論・出版の統制や未召集議会の解散，選挙資格の制限などが主な内容。

2.「栄光の三日間」(1830.7.27～29)

❶ シャルル10世がイギリスに亡命　→ブルボン朝崩壊

❷ オルレアン家の㉖＿＿＿＿＿＿＿＿が上層ブルジョワジーの支持で即位　➡七月王政(1830～48)の成立

3. 影響　㉗＿＿＿＿＿＿＿＿がオランダから独立するなど，自由主義運動が高揚した

*11 ポーランドの作曲家ショパンは，蜂起の失敗を知り，練習曲「革命」を作曲した。

ベルギー	1830年8月，㉘＿＿＿＿＿＿＿＿で革命が起こり，独立を宣言 1831年，ロンドン条約で列国が承認。立憲王国となる 1839年，永世中立国となる
ポーランド	1830年11月，ワルシャワで革命が起こり，翌年1月，独立を宣言したがロシア軍が鎮圧*11 →ポーランド王国は滅び，ロシアの1州に
ハンガリー	1830年の独立運動はオーストリアが鎮圧
ドイツ	1830年，各地で立憲運動が発生。ザクセンなどで自由主義的憲法が成立 1834年，プロイセンを中心に㉙＿＿＿＿＿＿＿＿が発足
イタリア	1831年，カルボナリの革命運動が展開されたが，オーストリアが鎮圧 1831年，㉚＿＿＿＿＿＿＿＿が青年イタリアを結成
イギリス	第1回選挙法改正(1832)や未成年者の労働時間を制限する㉛＿＿＿＿制定(1833)など自由主義的改革が進む

A　イギリス外相カニングは，自由主義外交の立場からラテンアメリカ諸国の独立を支持し，自国製品の市場として確保することを期待した。

4 二月革命とその影響 1848年革命により，ウィーン体制は崩壊

七月王政(1830～48)*12 ⇨金融・大商業資本家を優遇する政治

1. 産業革命の進展 産業資本家・労働者が成長し，選挙法改正を要求

2. 反動政治 ギゾー内閣の反動政治
(1847～48)

二月革命(1848)*13

1. 発端 ギゾー内閣の「改革宴会」(選挙法改正を要求する集会)弾圧にパリ民衆が蜂起 →ルイ＝フィリップとギゾーはイギリスへ亡命

2. 臨時政府の共和政(第二共和政)宣言

第二共和政(1848～52)

1. 臨時政府

❶ブルジョワ共和派のラマルティーヌや社会主義者の㉜＿＿＿＿＿＿らが参加

❷男性普通選挙制の採用，言論・出版・結社の自由承認

❸㉝＿＿＿＿＿＿の創設など社会主義政策の実施

2. 四月普通選挙 小農民の支持でブルジョワ共和派の勝利

3. 六月蜂起 国立作業場の閉鎖に反対した労働者の暴動 →鎮圧

4. 第二共和国憲法制定 主権在民・三権分立・大統領制を規定

5. ㉞＿＿＿＿＿＿の大統領就任
ナポレオン1世の甥

*12 七月王政では，市町村に小学校の設置を義務づける初等教育法や鉄道整備を促進する鉄道法などが制定された。

*13 二月革命の直前，マルクスとエンゲルスが起草した『共産党宣言』がロンドンで発表され，彼らは革命による社会主義の実現を説いた。さらにマルクスは，1864年の第1インターナショナルの結成に尽力した。

＊14 1848年の革命

フランスの二月革命が導火線となってヨーロッパ各地に革命や暴動が広がった。フランス革命以来の自由の精神やナショナリズム・人権思想が普及した状態を「諸国民の春」といい，1848年革命とも総称される。

二月革命の影響*14

オーストリア・ドイツ	㉟＿＿＿＿＿＿革命 ❶1848年3月，オーストリアの首都ウィーンで革命勃発，メッテルニヒはイギリスに亡命，ウィーン体制は崩壊。4月，皇帝は自由主義的改革を約したが，パリ六月蜂起の失敗の情報を得てから反動化した ❷1848年3月，プロイセンの首都ベルリンでも三月革命勃発，国王は憲法制定を約束。パリ六月蜂起鎮圧後，保守派が盛り返し，弾圧された ❸5月開催の㊱＿＿＿＿＿＿国民議会は，ドイツ統一に失敗
ハンガリー	1849年4月，㊲＿＿＿＿＿＿が共和国独立を宣言，オーストリアがロシアの援助で鎮圧
ベーメン	1848年6月，プラハで㊳＿＿＿＿＿＿会議。パラツキーは民族平等を主張
イタリア	1848年3月，サルデーニャ王国のオーストリア宣戦は敗北 1849年2月，マッツィーニらがローマ共和国を樹立したが，フランスが打倒
イギリス	㊴＿＿＿＿＿＿運動が高揚したが，政府が鎮圧

＊ドイツの統一▶p.146

＊イタリアの統一▶p.145

記述論述 Q 1830年にフランスで起こった事件はどのようなものであったか，簡潔に説明せよ。 (名古屋大)

実戦演習

❶ 次の文章をよく読み，下線(1～5)に関連するそれぞれの問(1～5)にもっとも適するものを(A～D)の中から一つ選びなさい。 明治大－商〈改題〉

解答：別冊p.32 ▶

1ウィーン会議の結果，当時ヨーロッパ各地にひろまっていた自由主義とナショナリズムの台頭は抑圧され，保守主義が優位になった。列強の協議によって勢力均衡のもとに平和を維持する国際秩序が確立し，それはウィーン体制とよばれた。しかしウィーン体制成立後も，ヨーロッパ諸国で自由主義的改革を求める動きはとまらなかった。これらの動きはすぐに鎮圧されたものの，これがやがて2 1848年革命へとつながっていくのである。また，19世紀は自由主義やナショナリズムの台頭とともに，3近代諸科学が発展した時代でもあった。

ヨーロッパが革命と反革命，工業化の進展，4社会主義思想の高揚などに揺れ動くなか，5イギリスはその経済的繁栄と強大な海軍力を背景に日の沈まぬ帝国を築きあげ，この突出した影響力のもとに国際的には比較的平和がたもたれた。

問1. 下線部1に関連して，ウィーン議定書で認められた事柄として誤っているものを次のなかから選びなさい。

A．ワルシャワ大公国の建国が認められた。
B．イギリスはマルタ島の領有を認められた。
C．オーストリアはロンバルディア・ヴェネツィアの領有を認められた。
D．プロイセンはラインラントの領有を認められた。

問2. 下線部2に関連して，1848年革命にかかわる事柄について述べた次の文章のうち，もっとも適切なものを選びなさい。

A．スラヴ民族会議が開催された。
B．ウィーンで二月革命がおこった。
C．イタリアではカルボナリの蜂起がおこった。
D．ドイツでは自由主義者らがブルシェンシャフトに結集した。

問3. 下線部3に関連して，エネルギー保存の法則を提唱した人物を次のなかから選びなさい。

A．サヴィニー　B．ボイル　C．マイヤー　D．リービヒ

問4. 下線部4に関連して，19世紀の社会主義思想に関する次の文章のうち，誤っているものを選びなさい。

A．ルイ＝ブランは国立作業場の設置を提案した。
B．プルードンは無政府主義運動に影響をあたえた。
C．オーウェンは実験的な共同社会ニューハーモニーの設立を試みた。
D．サン＝シモンは生産と消費を共同でおこなう団体「ファランジュ」の設立を説いた。

問5. 下線部5に関連して，19世紀イギリスの諸改革にかかわる事柄について述べた次の文章のうち，もっとも適切なものを選びなさい。

A．議会法の制定により，腐敗選挙区が廃止された。
B．疾病保険と失業保険を内容とする，国民保険法が制定された。
C．教育法の制定により，初等教育の公的整備がはじまった。
D．工場法の制定により，労働組合の結成が許可された。

❶ ヒント

問2. A－スラヴ民族会議は，1848年6月，パラツキーの主導でオーストリア内のスラヴ民族の結束を目的にプラハで開催された。

問4. C－オーウェンは，アメリカのインディアナ州で共同社会の「ニューハーモニー」を創設したが失敗した。
D－「ファランジュ」の実現を主導したのは，フーリエである。

問5. B－「国民保険法」は，ドイツの社会保険にならって1911年に制定された。
C－教育法は1870年，グラッドストン内閣で制定された法律。

❶ 解答欄

問1	
問2	
問3	
問4	
問5	

A ブルボン朝のシャルル10世の反動政治に対してパリ民衆が蜂起して七月革命が起こり，国王は亡命し，自由主義者のオルレアン家のルイ＝フィリップが新国王に即位した。

解答：別冊p.17

20 イギリス産業革命と自由主義的改革

1 産業革命
産業革命は，生産手段が道具から機械に移行することによってもたらされた産業・社会上の変革

産業革命の背景と技術革新

1. イギリス産業革命の背景

❶ 資本の蓄積：毛織物工業を中心とした問屋制（といや）や①＿＿＿＿（工場制手工業）の発達と国際商業の覇権の掌握によって資本が蓄積され，また大西洋の三角貿易（奴隷貿易）で莫大な利益を得た

❷ 広大な市場：植民地戦争に最終的に勝利し，海外植民地を獲得

❸ 豊富な②＿＿＿＿：農業革命*1の進展と第２次③＿＿＿＿*2
→近代的地主制の成立と農業の資本主義的経営の結果，土地を失った農民の賃金労働者化が進展

❹ 豊富な④＿＿＿＿（石炭や鉄鉱石など）

❺ 市民革命によるギルド規制など封建的束縛の除去

❻ 自然科学の発達：フランシス＝ベーコン以来の経験論や⑤＿＿＿＿の数学・物理学など →「科学革命」の進行

2. 機械の発明

❶ 18世紀以降，インド産綿布の需要が増大 →綿織物の国産化へ

❷ ⑥＿＿＿＿工業部門（織布と綿紡績）で技術革新
→ギルド規制がなく，新技術導入が容易

1733	⑦＿＿＿＿：飛び杼（飛び梭） →織布生産の倍増
1764頃	⑧＿＿＿＿：多軸（ジェニー）紡績機 →人力
1769	⑨＿＿＿＿：水力紡績機
1779	⑩＿＿＿＿：ミュール紡績機 →前２機の長所
1785	⑪＿＿＿＿：力織機 →蒸気機関（織布増産）
1793	⑫＿＿＿＿（米）：綿繰り機

❸ 動力革命：⑬＿＿＿＿が蒸気機関を実用化（1712）
→⑭＿＿＿＿が蒸気機関を改良（1769）

❹ 製鉄業：⑮＿＿＿＿父子の石炭・コークス製鉄法（18世紀前半）
→コートの不純物除去の攪拌（かくはん）製鉄法（1784）
→石炭業・製鉄業の発達

◆ 大西洋三角貿易

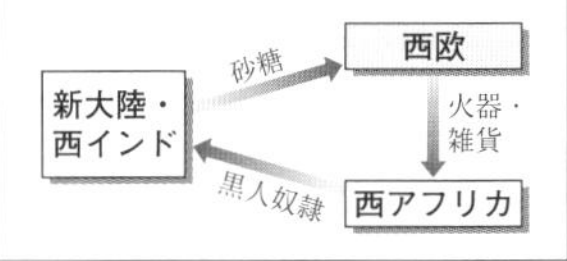

スペイン継承戦争後，イギリスがスペインから奴隷貿易権（アシエント）を奪った。リヴァプールやブリストルは奴隷貿易で繁栄した。

*1 農業革命では，肥料の改良や三圃制に代わるノーフォーク農法（大麦→クローヴァー→小麦→カブの４年周期の輪作法）が普及した。

＊2 第2次囲い込み
18世紀後半から19世紀にかけて穀物増産のため議会が奨励する合法運動として大規模に展開された。15世紀末から17世紀前半の第１次囲い込みは，羊毛増産が目的で非合法であったため，規模も小さい。

記述論述 Q 第一次と第二次の囲い込みの性格の違いについて述べよ。（津田塾大）

❺ 交通革命：大量の原料・製品・鉄鉱石などを速く安く輸送

1804	トレヴィシック(英)が最初の蒸気機関車を発明
1814	⑯＿＿＿＿＿＿(英)が実用的蒸気機関車を発明
1825	⑰＿＿＿＿＿＿～ダーリントン間を走行運転(英)
1830	マンチェスター～リヴァプール間，ロケット号の運転(英)
1807	⑱＿＿＿＿＿＿(米)の蒸気船(ハドソン川遡航)
1819	サヴァンナ号が大西洋横断航海に成功(米)

各国の産業革命

▶イギリスでは1774年に機械輸出禁止令　→一部解禁(1825)
→禁止令廃止(1843)
⇨産業革命が各国に波及

①**フランス**…1830年代，七月王政下に進展。小農民が多く，労働力不足。第二帝政期に本格化
②**ベルギー**…1830年代以降，豊富な鉄・石炭を背景に進展
③**ドイツ**…1840年代から，ライン地方中心。ドイツ関税同盟(1834)の成立を機に促進
④**アメリカ**…米英戦争で北部の綿工業が発達。南北戦争後本格化
⑤**ロシア**…1861年の農奴解放令後，フランス資本の導入で発展

産業革命の影響

1. 産業資本主義の確立

❶ 機械制工場の出現　➡マニュファクチュアや問屋制度は衰退

❷ 産業資本主義の確立　→商業資本家・大地主に代わって，大工場を経営する産業資本家が経済・社会の主導権を握る

❸ 商工業都市の発達：⑲＿＿＿＿＿＿(木綿工業)，バーミンガム(製鉄・機械)，⑳＿＿＿＿＿＿(貿易港)

2. 労働問題・労働運動

❶ 機械の導入や分業体制により，未熟練の女性や児童の労働も可能になり，賃金労働者(➡プロレタリアート)の低賃金・長時間労働・劣悪な労働環境などの改善を求める労働問題が深刻となり，社会主義思想も生まれた

❷ 労働者は資本家(➡ブルジョワジー)と対立しながら団結し，㉑＿＿＿＿＿＿も結成された

❸ 機械打ちこわし運動(ラダイト運動)：手工業者や労働者が生活苦の原因は機械にあるとして，19世紀初めに起こしたが弾圧された*3。労働組合も団結禁止法(1799)で禁止

*3　マンチェスターでは穀物法廃止などを要求した労働者が弾圧されたピータールー事件(1819)が起こった。

2 イギリスの自由主義的改革

個人の自由な活動を重視。第1回選挙法改正で産業資本家が参政権を得た

自由主義の展開

1. 宗教の自由化

❶ 17世紀半ば，アイルランドはクロムウェルの征服で植民地化*4
→フランス革命の影響を受けてアイルランド人の抵抗運動が激化

❷ イギリスは合同法を制定してアイルランドを併合し，「グレートブリテン＝アイルランド連合王国」を樹立(1801)　→㉒＿＿＿＿＿＿教徒のアイルランド人は審査法により公職から締め出された

❸ 審査法廃止(1828)：カトリック教徒を除く非国教徒に公職を開放

*4　アイルランド人はイギリス人不在地主の小作人とされ，1840年代半ばには大飢饉(ジャガイモ飢饉)におそわれた。

A　第一次囲い込みは，羊毛の増産を目的として非合法的に行われ，第二次囲い込みは，穀物の増産を目的として議会主導で行われた。

❹ ㉓＿＿＿＿＿＿法(1829)：アイルランド人の㉔＿＿＿＿＿＿らの努力でカトリック教徒の被選挙権と公職就任を承認

2. 政治・経済の自由主義化*5

❶ 東インド会社：茶を除くインド貿易独占権廃止(1813)
→1833年，茶と中国貿易独占権廃止(1834年に実施)
→東インド会社はインド統治機関に

❷ 第１回選挙法改正(1832)
→㉕＿＿＿＿＿＿の廃止，産業資本家に選挙権

❸ 奴隷貿易の禁止(1807)，植民地での奴隷制廃止(1833)

❹ ㉖＿＿＿＿＿＿*6廃止(1846)：マンチェスター学派の㉗＿＿＿＿＿＿やブライトらの「反穀物法同盟」の運動

❺ ㉘＿＿＿＿＿＿の廃止(1849) →自由貿易体制の実現*7

3. 社会・労働立法

❶ 団結禁止法の廃止(1824) →労働組合結成の公認

❷ ㉙＿＿＿＿＿＿運動(1837～58)：労働者は第１回選挙法改正に不満 →「㉚＿＿＿＿＿＿(ピープルズ＝チャーター)」を掲げ，オコンナーやオーウェン*8らが指導

❸ ㉛＿＿＿＿＿＿の制定(1833)：児童の就労禁止，青少年の労働時間制限

ヴィクトリア女王時代(1837～1901) ⇨政党政治が定着

1.「世界の工場」 ロンドン万国博覧会(1851)で工業力を誇示

2. 第2回選挙法改正(1867) 都市労働者に選挙権

3. ㉜＿＿＿＿＿＿自由党内閣*9 ⇨小英国主義*10を主張

❶ 教育法(1870) →初等教育の普及

❷ 労働組合法(1871)を制定して労働組合を合法化

❸ 秘密投票制実施(1872) →第３回㉝＿＿＿＿＿＿(1884)で農村・鉱山労働者の多数が選挙権を得る

❹ アイルランド土地法(1870，1881)の制定 →小作権の安定・売買の自由，土地購入権承認，アイルランド自治法は失敗

4. ㉞＿＿＿＿＿＿保守党内閣

❶ スエズ運河会社株の買収(1875)

❷ インド帝国が成立(1877)し，㉟＿＿＿＿＿＿がインド皇帝

❸ ㊱＿＿＿＿＿＿条約(1878)でキプロス島の統治権獲得

*5 産業資本家は従来の重商主義政策に対して，アダム＝スミスら古典派経済学者が唱えた自由主義経済・自由貿易を要求した。

＊イギリスの選挙法改正▶p.126

*6「穀物法」とは，ナポレオン戦争直後の1815年に，外国産穀物の輸入による穀物価格の下落を防ぐために，輸入穀物に高関税を設けた地主保護の法。

*7 イギリスでは圧倒的な工業生産力と強力な海軍力を背景に，自由貿易による世界市場を支配する動きをとった。このような動きを「自由貿易帝国主義」という。

*8 オーウェンは，スコットランドのニューラナークで紡績工場を経営。環境改善による人間性の回復を確信して工場労働者の福祉の向上に努めた。

*9 自由党は，ホイッグ党が産業資本家と結合して成立。名称は1830年頃から使用。同じ頃，トーリ党は地主層の支持を得て保守党に発展。

*10 小英国主義とは，植民地問題による財政負担の増加を避けることを主張。アングロ＝サクソン系移民からなる植民地に自治権を付与→カナダ連邦(1867)，オーストラリア連邦(1901)，ニュージーランド(1907)，ニューファンドランド(1907)，南アフリカ連邦(1910)などが成立した。

記述論述 Q
パクス＝ブリタニカについて以下の語句を用いて，100字以内で論じなさい。
産業革命，世界の工場，穀物法廃止，自由貿易，植民地 (中央大)

実戦演習

❶ 次の文中の□に最も適当な語を語群から選び，また下線部に関する問いに答えなさい。

関西学院大ー商・人間福祉・文・法

イギリスは1815年の イ の戦いでフランスとの「第二次百年戦争」に終止符を打った。その頃，対仏戦争の戦後処理を目的としてウィーン会議が開催されていたが，イギリスはこの会議でいくつかの領土を確保した。19世紀の前半にパクス＝ブリタニカの礎を築いたイギリスは，その後アジアやアフリカに進出していく。

イギリス国内では，対仏戦争の終結後に政治・社会・経済にわたる自由主義的な改革が進められた。たとえば，プロテスタントが優位を占めていたイギリスでは，カトリック教徒は政治や社会において差別的な扱いを受けていた。19世紀初頭にカトリック教徒が多数派を占めるアイルランドが連合王国内に編入されても，こうした状況はすぐには改善されなかった。しかし，イギリス本国による差別に抵抗する運動を指導していた ロ の議員選挙における当選が無効とされた事件をきっかけとして，1820年代末に改革が実施された結果，ようやくカトリック教徒への差別が法律上撤廃された。

また当時，①産業革命の進展と人口の増加を背景に，議会改革運動が盛んになっていた。その結果，有権者数は1832年の②第１回選挙法改正によって増加をみた。しかし，この選挙法による改革に不満を持つ労働者階級を中心とする人々は，その後もさらなる参政権の改革をもとめて③チャーティスト運動を展開した。他方，この頃には近代的な政党がしだいに確立されていったが，保守党と名を改めたトーリ党の勢力は，1840年代に政権を獲得して長年にわたり懸案とされていた④自由貿易を実現した。

〔語群〕

イ．a．ワーテルロー　b．プラッシー　c．アウステルリッツ　d．ライプツィヒ

ロ．a．ウェリントン　b．ブライト　c．オコンネル　d．オーウェン

〔問い〕

① イギリスの産業革命に関する記述として，誤りを含むものはどれか。
　a．ジョン＝ケイが発明した飛び杼(梭)によって綿布生産が激増した。
　b．鉄道技術者であるスティーヴンソンは蒸気機関車を実用化した。
　c．リヴァプールはマンチェスター産の綿製品の輸出で発達した。
　d．カートライトは綿糸を生産する力織機を発明した。

② 第１回選挙法改正に関する記述として，誤りを含むものはどれか。
　a．有権者が著しく減少した腐敗選挙区が多く残っていたことが背景となった。
　b．トーリ党内閣によって改正が実現された。
　c．新興の商工業都市や人口の多い州へ議席が割り当てられた。
　d．選挙法が改正された後も，地主階級は長く政治的な影響力を保持した。

③ チャーティスト運動に関する記述として，誤りを含むものはどれか。
　a．議員の財産資格の撤廃が要求された。
　b．21歳以上の男女の普通選挙権が要求された。
　c．綱領である人民憲章が議会に提出された。
　d．参政権を求める請願は，議会によって拒否された。

④ イギリスの自由貿易に関する記述として，誤りを含むものはどれか。
　a．コブデンが反穀物法同盟を組織して，自由貿易の推進を主張した。
　b．国産農業保護法である穀物法は，保守党のディズレーリ内閣の下で廃止された。
　c．アダム=スミスやリカードは，対外取引に関する国家の管理や統制の排除を主張した。
　d．諸外国に自由貿易の実施を求めることで，事実上の植民地を拡大していった。

解答：別冊p.32 ▶

❶ ヒント

①．d－「綿糸」は綿繊維から糸を紡ぐこと。力織機は蒸気機関を動力に使用した織機。

②．b－七月革命の影響を背景にホイッグ党のグレイ内閣によって実現した。

③．b－21歳以上男女普通選挙制は，1928年の第５回選挙法改正で実現した。

④．b－穀物法は1846年保守党のピール内閣により廃止された。

❶ 解答欄

イ	
ロ	
①	
②	
③	
④	

A いち早く産業革命を達成したイギリスは，圧倒的な工業力を背景に穀物法廃止など自由貿易政策をとり，強力な海軍力で広大な植民地を支配して19世紀半ばには世界の工場と呼ばれ，イギリスの最盛期を現出した。(97字)

解答：別冊p.17 ▶

21 ヨーロッパ諸国の再編

ココが出る！

［入試全般］

英の自由主義と独の統一，露の南下政策や近代化が頻出分野。

［国公立二次・難関私大］

イタリア統一は青年イタリア・サルデーニャ王国の統一運動，ドイツ統一はビスマルクの鉄血政策による軍事的統一を押さえよう。ロシアの農奴解放令発布の要因やその影響がよく狙われる。

大学入試 最頻出ワード

- ■ビスマルク
- ■クリミア戦争
- ■カヴール
- ■ナポレオン3世
- ■アレクサンドル2世

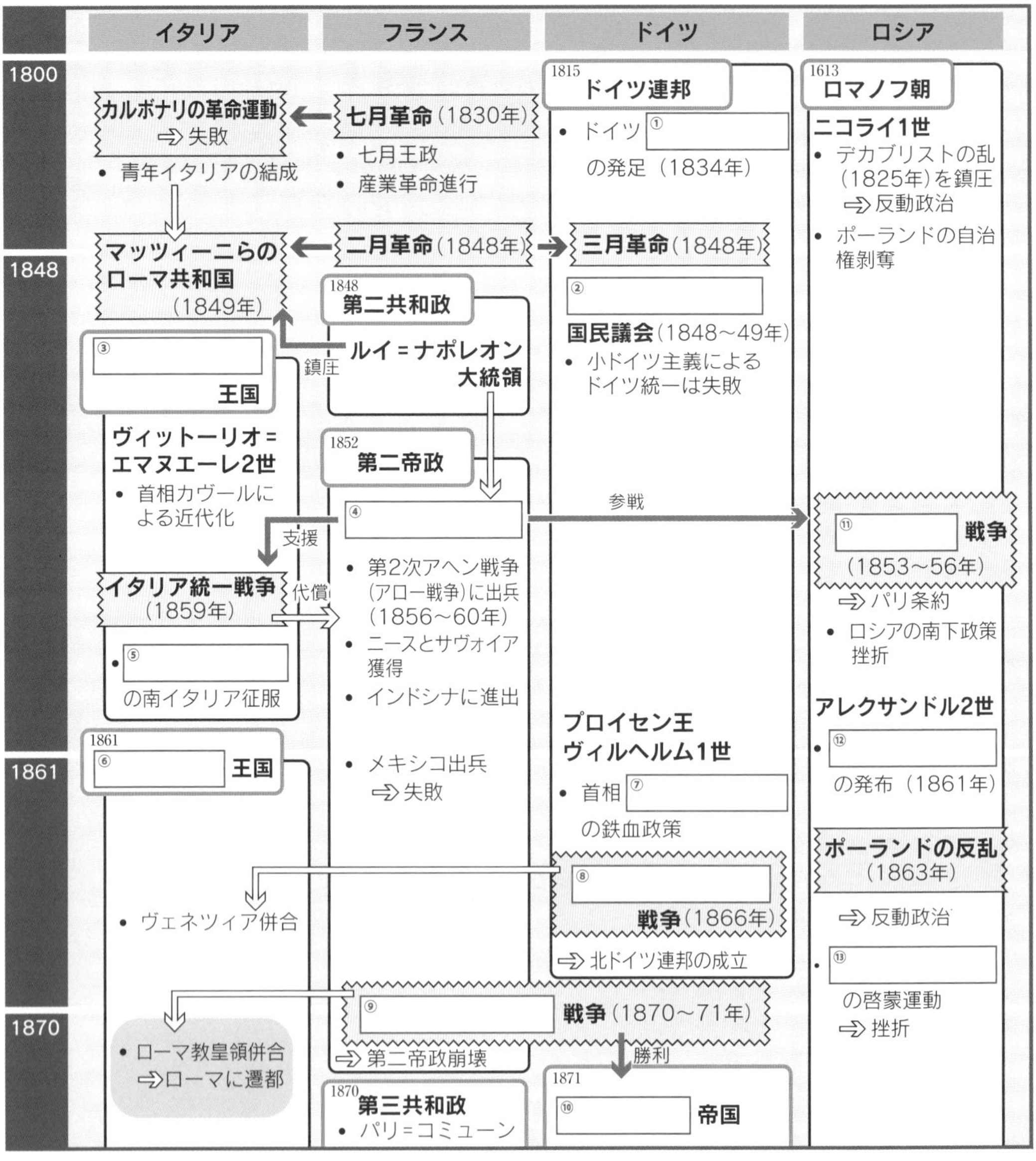

イタリア

- 1800
- **カルボナリの革命運動** ⇒失敗
- 青年イタリアの結成
- 1848
- **マッツィーニらのローマ共和国**（1849年）
- ③［　　　］**王国**
- **ヴィットーリオ＝エマヌエーレ2世**
  - 首相カヴールによる近代化
- **イタリア統一戦争**（1859年）
  - ⑤［　　　］の南イタリア征服
- 1861 ⑥［　　　］**王国**
  - ヴェネツィア併合
- 1870
  - ローマ教皇領併合 ⇒ローマに遷都

フランス

- **七月革命**（1830年）
  - 七月王政
  - 産業革命進行
- **二月革命**（1848年）
- 1848 **第二共和政**
  - **ルイ＝ナポレオン大統領**（鎮圧）
- 1852 **第二帝政**
  - ④［　　　］（支援／参戦）
  - 第2次アヘン戦争（アロー戦争）に出兵（1856～60年）
  - ニースとサヴォイア獲得（代償）
  - インドシナに進出
  - メキシコ出兵 ⇒失敗
- ⑨［　　　］**戦争**（1870～71年）⇒第二帝政崩壊
- 1870 **第三共和政**
  - パリ＝コミューン

ドイツ

- 1815 **ドイツ連邦**
  - ドイツ①［　　　］の発足（1834年）
- **三月革命**（1848年）
- ②［　　　］**国民議会**（1848～49年）
  - 小ドイツ主義によるドイツ統一は失敗
- **プロイセン王ヴィルヘルム1世**
  - 首相⑦［　　　］の鉄血政策
- ⑧［　　　］**戦争**（1866年）⇒北ドイツ連邦の成立
- 勝利
- 1871 ⑩［　　　］**帝国**

ロシア

- 1613 **ロマノフ朝**
- **ニコライ1世**
  - デカブリストの乱（1825年）を鎮圧 ⇒反動政治
  - ポーランドの自治権剥奪
- ⑪［　　　］**戦争**（1853～56年）⇒パリ条約
  - ロシアの南下政策挫折
- **アレクサンドル2世**
  - ⑫［　　　］の発布（1861年）
- **ポーランドの反乱**（1863年）⇒反動政治
  - ⑬［　　　］の啓蒙運動 ⇒挫折

空欄解答 ①関税同盟 ②フランクフルト ③サルデーニャ ④ナポレオン3世 ⑤ガリバルディ ⑥イタリア ⑦ビスマルク ⑧プロイセン＝オーストリア〔普墺〕 ⑨プロイセン＝フランス〔普仏，ドイツ＝フランス〕 ⑩ドイツ ⑪クリミア ⑫農奴解放令 ⑬ナロードニキ

ウィーン体制下にイタリアで起こった変革を求める動きについて記せ。（立教大）

1 イタリアの統一　オーストリアからの解放運動

＊ウィーン会議▶p.135

統一前のイタリア

1. 分裂

❶ ウィーン体制下，イタリアではサルデーニャ王国[*1]・教皇領・両シチリア王国などが分立

❷ ロンバルディア・①＿＿＿＿＿＿はオーストリアが領有

*1 1720年にサヴォイア家が建国し，サヴォイアと北イタリアのピエモンテ地方，サルデーニャ島を領有。

2. 統一運動

❶ ②＿＿＿＿＿＿の革命運動(1820年代～1831)は挫折

❷ サルデーニャ王カルロ＝アルベルトは墺に宣戦したが敗北(1848)

❸ ③＿＿＿＿＿＿の青年イタリアの一部がローマ共和国を建国(1849)。フランス大統領④＿＿＿＿＿＿の干渉で崩壊

◆ イタリアの統一

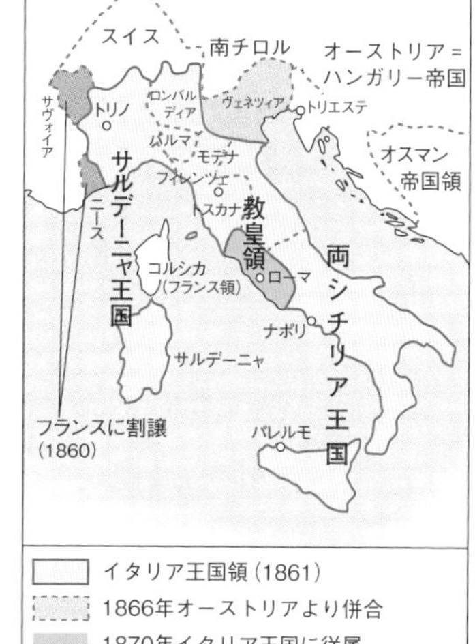

統一の過程

1. サルデーニャ王国

❶ 国王⑤＿＿＿＿＿＿(位1849～61)に登用された首相⑥＿＿＿＿＿＿は，軍制改革・産業育成・鉄道建設など近代化を推進する一方，⑦＿＿＿＿＿＿戦争に参戦し，フランスに接近

❷ ナポレオン3世とプロンビエール密約(1858)[*2]を結び，翌1859年オーストリアと開戦

*2 プロンビエール密約は，サヴォイア・ニースをフランスに割譲，フランスはサルデーニャの対オーストリア戦争を援助するという内容。

2. イタリア統一戦争

❶ サルデーニャはフランスの援助でオーストリア軍に連勝[*3]。ナポレオン3世は，サルデーニャの強大化を恐れてオーストリアとヴィラフランカの講和(1859)を結び，サルデーニャも講和して⑧＿＿＿＿＿＿を獲得

❷ 1860年⑨＿＿＿＿＿＿とニースをフランスに割譲することを条件に，中部イタリア(トスカナ大公国など)を併合

❸ 青年イタリア出身の⑩＿＿＿＿＿＿は，1860年，「赤シャツ隊(千人隊)」を率いて両シチリア王国を占領し，サルデーニャ王に献上

*3 サルデーニャは，1859年にマジェンタの戦いに次いで，ソルフェリーノの戦いでもオーストリア軍に勝利した。

イタリア王国の成立(1861)

1. ヴィットーリオ＝エマヌエーレ2世(位1861～78)　イタリア国王に即位(1861)

2. ⑪＿＿＿＿＿＿併合(1866)　プロイセン＝オーストリア(普墺)戦争でプロイセンと同盟し，併合

A カルボナリと呼ばれる秘密結社が憲法の制定と外国勢力からのイタリアの解放などを求めてナポリやトリノで革命を起こしたが，鎮圧された。

近・現代史

21 ヨーロッパ諸国の再編

前6C以前 前6C 前4C 前2C 2C 4C 6C 8C 10C 12C 14C 16C 18C 20C 現在

3. ⑫＿＿＿＿＿**併合**(1870) プロイセン＝フランス(普仏，ドイツ＝フランス)戦争でフランス軍撤退後，ローマを占領*4。翌1871年に首都をフィレンツェからローマに移した

▶1870年の統一後，⑬＿＿＿＿＿・南チロルなど未回復のイタリア人居住地域は，「⑭＿＿＿＿＿＿＿」と呼ばれた。

*4 イタリア王国のローマ占領後，教皇は「ヴァチカンの囚人」と宣言してイタリア王国と対立した。1929年にラテラノ条約でヴァチカン市国が成立するまでこの断交状態は続いた。

2 ドイツの統一 プロイセン主導で関税同盟と鉄血政策で統一

ウィーン会議後の情勢

1. ドイツ連邦の成立(1815) 35君主国と4自由市で構成

2. ⑮＿＿＿＿＿＿＿**の発足**(1834) プロイセン主導の下，オーストリアを除き発足*5 →域内関税の撤廃や対外共通関税率を採用

3. ⑯＿＿＿＿＿＿＿＿＿**開催** 三月革命(1848)後，憲法制定・統一問題を協議。大ドイツ主義と小ドイツ主義が対立*6

→ドイツ帝国憲法を制定(1849)し，⑰＿＿＿＿＿主義が優位を占めたが，皇帝に推戴したプロイセン王フリードリヒ＝ヴィルヘルム4世が拒否し，ドイツ統一は失敗 →国民議会は解散

*5 歴史学派経済学を創始した(フリードリヒ＝)リストは，保護貿易主義を主張し，ドイツ関税同盟の形成と発展に貢献した。

*6 大ドイツ主義はオーストリアのドイツ人居住地域とベーメンを含むドイツ統一を，小ドイツ主義はオーストリアすべてを除いてプロイセンを中心に，ドイツ統一を達成しようとする立場。

ビスマルクの統一運動

1. ⑱＿＿＿＿＿**政策** プロイセン王ヴィルヘルム1世(位1861～88)が1862年に首相に任命した⑲＿＿＿＿＿出身の⑳＿＿＿＿＿＿は軍備拡張を強行

2. デンマーク戦争(1864) ㉑＿＿＿＿＿＿＿＿＿＿両公国をめぐる対立からプロイセンはオーストリアとともに出兵し，デンマークに勝利して両公国を奪った

3. ㉒＿＿＿＿＿＿＿＿**戦争**(1866)

❶ シュレスヴィヒ・ホルシュタインの管理問題でオーストリア・南ドイツ諸邦と開戦 →プロイセンはモルトケの電撃作戦で7週間で圧勝

プラハ条約(1866) ①プロイセンのシュレスヴィヒ・ホルシュタイン併合 ②墺は㉓＿＿＿＿＿＿から離脱し，伊に㉔＿＿＿＿＿＿を割譲

❷ ㉕＿＿＿＿＿＿＿＿の成立(1867)：プロイセン王を盟主とするマイン川以北22国の君主連合体

4. ㉖＿＿＿＿＿＿＿＿**戦争**(1870～71)

❶ メキシコ出兵(1861～67)に失敗したフランスの㉗＿＿＿＿＿＿＿＿が，スペイン王位継承問題からビスマルクの挑発(エムス電報事件)に乗

ビスマルクの鉄血演説(1862)

ドイツが注目するのはプロイセンの自由主義ではなく，その力にである。……時代の大問題は言論や多数決によってでなく，……鉄と血によって解決されるのである。
(鉄は軍備，血は犠牲を意味する)

◆ ドイツの統一

記述論述 Q オーストリアが，プロイセンのようにドイツ民族主義の旗印とした統一運動に主導権をとれなかった理由を簡潔に述べよ。 (京都大)

り，1870年プロイセンに宣戦

❷ プロイセン軍がフランス軍を撃破し，ナポレオン３世は㉘＿＿＿＿＿で包囲され降伏。1871年１月パリは陥落し，フランスの臨時政府は降伏した。ドイツはフランクフルト講和条約で㉙＿＿＿＿＿＿＿＿＿＿＿地方と50億フランの賠償金を獲得

❸ ドイツ帝国の成立：1871年１月，㉚＿＿＿＿＿＿＿宮殿で，プロイセン王ヴィルヘルム１世が皇帝に推挙され，ドイツ帝国が成立*7

＊7 ドイツ帝国の体制
①連邦制国家
②連邦参議院（各邦政府代表）と帝国議会（25歳以上の男性普通選挙）との二院制
③帝国宰相は議会でなく皇帝にのみ責任を負う

3 ビスマルク時代 フランスの孤立化と平和協調外交を展開した

ビスマルクの内政

1. 経済政策　鉱産資源の豊かな㉛＿＿＿＿＿＿＿＿を中心に，ドイツ工業の発展と㉜＿＿＿＿＿＿（1879）による産業の保護育成

2. ㉝＿＿＿＿＿＿（1871～80）　南ドイツなどのカトリック勢力を基盤とする中央党と抗争　→社会主義勢力への対抗の必要から妥協

3. 社会政策

❶「ムチの政策」：ドイツ社会主義労働者党の成立（1875）と皇帝狙撃事件を機に㉞＿＿＿＿＿＿＿＿＿＿を制定（1878）し，社会主義的結社の禁止，集会・出版を制限

❷「アメの政策」：疾病保険法（1883）・災害保険法（1884）・養老保険法（1889）など社会保険制度を実施

◆ ドイツの社会主義政党

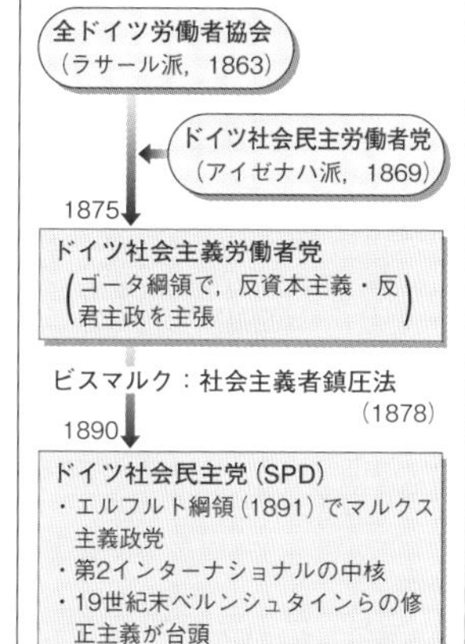

ビスマルク体制　⇨平和協調外交とフランスの孤立化が基調

1. 三帝同盟（1873）　ドイツ（ヴィルヘルム１世）・オーストリア（フランツ＝ヨーゼフ１世）・ロシア（㉟＿＿＿＿＿＿＿＿）間で締結

2. ㊱＿＿＿＿＿＿（1882）　フランスの㊲＿＿＿＿＿＿保護国化（1881）に反発した㊳＿＿＿＿＿がドイツ・オーストリアに接近して成立

3. ㊴＿＿＿＿＿＿**条約**（1887）　ロシアとフランスの接近を防ぐ目的からドイツ・ロシア間で締結　→ヴィルヘルム２世の更新拒否（1890）で消滅

◆ ビスマルク外交

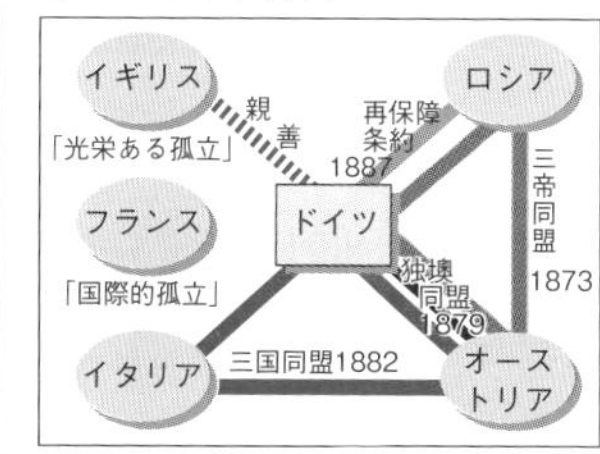

オーストリア＝ハンガリー（二重）帝国　プロイセン＝オーストリア戦争での敗北後，オーストリアは1867年に㊵＿＿＿＿＿＿人に自治権を与えてハンガリー王国を認め，オーストリア皇帝がハンガリー王を兼ねるオーストリア＝ハンガリー帝国を成立させた（アウスグライヒ：妥協）。両国は個々の政府・国会を持つこととなった。

A　オーストリアのハプスブルク領内は，ドイツ人以外にハンガリーのマジャール人やベーメンのチェック人などを抱え，多民族複合国家であったから。

4 フランス第二帝政

ナポレオン3世は，国内産業の育成を図りパリの大改造を実施し，対外的には積極的政策を追求した

第二共和政から第二帝政へ

1. 第二共和政 第二共和国憲法制定(1848) →㊶＿＿＿＿＿＿大統領当選 →1851年のクーデタで独裁権 →1852年，国民投票で皇帝就任 ➡「ナポレオン３世」として㊷＿＿＿＿＿を開始

2. ナポレオン3世の政治[*8]（位1852～70）

❶ 内政：パリの大改造(市長オスマンが推進)，パリで万国博覧会開催(1855，1867)など，産業の保護・育成

❷ 外交：フランス資本主義の市場獲得が目的

ⓐ㊸＿＿＿＿＿戦争(1853～56)に介入 →パリ条約

ⓑ第２次アヘン戦争(アロー戦争)（1856～60)でイギリスと共同出兵 →中国で利権拡大

ⓒ㊹＿＿＿＿＿に出兵し，サイゴン条約(1862)でコーチシナ東部を獲得。翌1863年には㊺＿＿＿＿＿を保護国化

ⓓ英仏通商条約(1860)の締結による自由貿易で国内工業化

ⓔイタリア統一戦争に介入(1859～60) →サヴォイア・ニース獲得

ⓕ㊻＿＿＿＿＿出兵[*9](1861～67)はファレスらの抵抗で失敗

ⓖスペイン王位継承問題でビスマルクに口実を与え，㊼＿＿＿＿＿戦争を開始，㊽＿＿＿＿＿で降伏 ➡第二帝政崩壊

3. 第三共和政(1870～1940)

❶ 臨時国防政府が成立 →ドイツと仮講和条約(1871)

❷ 対ドイツ講和に反対したパリ市民らが，㊾＿＿＿＿＿＿樹立（1871.3.18～5.28）(史上初の革命的自治政府) →ティエール首班の政府により鎮圧

❸ 第三共和国憲法(1875) →三権分立・二院制・７年任期の大統領制

❹ 第三共和政：小党分立で政治は不安定 →ドイツ復讐を掲げたブーランジェ事件(1887～89)や，国論を二分したドレフュス事件[*10]

❺ 政教分離法(1905)：国家の宗教的な中立を規定

*8 ナポレオン３世の統治体制は，国内のブルジョワジーとプロレタリアートの階級対立の調停者を装いながら，独裁権力を握る政治体制で，この統治と権力構造を「ボナパルティズム」という。

*9 メキシコの外債利子不払い宣言を口実に，合衆国の南北戦争に乗じてイギリス・スペインと共同出兵。オーストリア皇帝フランツ＝ヨーゼフ１世の弟マクシミリアンをメキシコ皇帝に擁立したが，ファレスらの抵抗を受けて退却した。

*10 ユダヤ系将校ドレフュスがドイツのスパイであると嫌疑をかけられた事件(1894～99)。共和政権擁護派と反共和派の政治対立に発展。共和諸派が急進社会党を結成してカトリック教会に対抗し，政教分離が進んだ。自然主義作家のゾラは「私は弾劾する」と政府・軍部を批判した。

5 ロシアの近代化

上からの近代化は表面的改革に終わった

ツァーリズム[*11]

1. ニコライ1世(位1825～55)

❶ ㊿＿＿＿＿＿(十二月党員)の乱[*12](1825)を鎮圧

***11 ツァーリズム**
19世紀になってもロシアでは，ミール(村落共同体)を基盤に農奴制が強固であった。皇帝は農奴制を基礎に貴族・教会・大商業資本家を隷属させ，専制支配を継続した。

*12 ロシアの青年貴族将校による，憲法制定や農奴制・ツァーリズムの廃止を求めた反乱。

Q ドレフュスにまつわる事件について簡潔に述べなさい。 （名古屋大）

❷ 警察制度の強化・ポーランド蜂起を鎮圧・ハンガリー独立運動の弾圧など「ヨーロッパの憲兵」として自由主義・革命運動を弾圧

❸ ギリシア独立の支援やエジプト事件に介入し，㉛＿＿＿＿政策を推進

2. ㉜＿＿＿＿＿＿＿＿(位1855～81)

❶ クリミア戦争の敗北から後進性克服を企図し，上からの近代化を推進したが，1863～64年の㉝＿＿＿＿＿の反乱を機に専制政治が復活

❷ ㉞＿＿＿＿＿＿(1861)：領主制を廃止し，農奴に人格的自由を与えたが，農地の分与は農村共同体(ミール)を単位に有償であった

アレクサンドル2世の改革　①ゼムストヴォ(地方自治会)設置
②司法制度改革　③国民皆兵制の実施など

社会改革運動

1. ㉟＿＿＿＿＿＿(人民主義者)の啓蒙運動

❶ 都市の知識人階級*13(→インテリゲンツィア)は，「ヴ＝ナロード(人民のなかへ)」を標語に，農民の啓蒙とミールを基盤に社会主義改革の運動を展開

❷ 官憲の弾圧と農民の無関心で挫折

2. 混迷する社会

❶ ニヒリズム(虚無主義)*14：一切の権威や価値，秩序を否定

❷ アナーキズム(無政府主義)：国家権力の否定，バクーニンらが主張

❸ テロリズム：1870年代に横行*15

*13 ロシアのインテリゲンツィアのうち，ザパドニキ(西欧主義者)は，西欧文化の移入と立憲的・資本主義的体制への改革を主張。スラヴォフィル(スラヴ主義者)は，ロシア文化とギリシア正教の優秀性を強調しパン＝スラヴ主義の基となった。

*14 ニヒリズムを代表する作品として，トゥルゲーネフの『父と子』がある。

*15 アレクサンドル2世は，1881年ナロードニキのテロで暗殺された。これをきっかけに，社会的不満のはけ口としてユダヤ人が攻撃・虐殺される事件が発生した。これをポグロムという。

6 東方問題　19世紀，オスマン帝国の衰退に乗じた領土・民族問題をめぐる国際的紛争

エジプト=トルコ戦争(エジプト事件)

1. 第1次エジプト＝トルコ戦争(1831～33)

❶ ギリシア独立戦争でオスマン帝国を支援したエジプト総督(→パシャ)㊱＿＿＿＿＿＿＿が，独立とシリア領有を要求しオスマン帝国と戦う

❷ ロシアはオスマン帝国を援助し，ウンキャル＝スケレッシ条約(1833)で，㊲＿＿＿＿＿＿＿＿＿両海峡の自由航行権を確保

❸ イギリス・フランス・オーストリアはエジプトを支援

2. 第2次エジプト＝トルコ戦争(1839～40)

❶ ムハンマド＝アリーの世襲権要求に対して，オスマン帝国が拒否して開戦。フランスはエジプトを支援し，イギリス・ロシア・オーストリア・プロイセンが四国同盟を締結してオスマン帝国を支援

◆ 東方問題と国際関係

A ユダヤ系フランス人将校ドレフュスが，ドイツのスパイ容疑で有罪にされ，流刑に処せられた。作家ゾラら共和政支持派の救済運動もあって冤罪と判明し，最終的に無罪となった。

❷ ロンドン協定(5国海峡条約, 1841)で外国軍艦の両海峡通航は禁止

➡ロシアの南下政策は挫折, イギリス外交の勝利

クリミア戦争(1853~56)

1. 聖地管理権問題

❶ フランスの[58]＿＿＿＿が聖地イェルサレムの管理権を取得, ロシア皇帝ニコライ1世が反対し, オスマン帝国領内のギリシア正教徒保護を口実にモルダヴィア・ワラキアを占領してオスマン帝国と開戦(1853)

❷ 1854年にイギリス・フランスがオスマン帝国と同盟して参戦し, 1855年に[59]＿＿＿＿要塞が陥落してロシアは降伏

2. [60]＿＿＿＿条約(1856)

ロシアは南ベッサラビアを放棄, オスマン帝国領の保全, ドナウ川航行の自由, [61]＿＿＿＿の中立化

ロシア=トルコ(露土)戦争(1877~78)

1. バルカン情勢

❶ パン=スラヴ主義(スラヴ民族の独立と連合をめざす)の高揚

❷ ボスニア・ヘルツェゴヴィナの反乱(1875)をきっかけに, オスマン帝国がバルカンのスラヴ民族を弾圧

2. ロシア=トルコ戦争

❶ ロシアがキリスト教徒保護を理由に開戦, オスマン帝国はプレヴナの戦い(1877)に敗北

❷ [62]＿＿＿＿条約締結(1878)

→ブルガリア自治公国をロシアの保護下に置き, 南下政策を実現

➡イギリス・オーストリアが反対

ベルリン会議(1878)

⇨ビスマルクが「誠実な仲買人」として開催

1. ベルリン条約

❶ サン=ステファノ条約の破棄

❷ [63]＿＿＿＿*16・セルビア・モンテネグロの独立承認

❸ ブルガリアの領土縮小とオスマン帝国内の自治国化

❹ オーストリアはボスニア・ヘルツェゴヴィナの行政権を獲得

❺ イギリスは[64]＿＿＿＿を領有

2. 結果

パン=スラヴ主義とパン=ゲルマン主義の対立が深刻化

東方問題での列強の狙い

①**ロシア**…穀物輸出の通商路と不凍港の獲得

②**イギリス**…植民地インドとの交通路確保とオスマン帝国領の保全

③**フランス**…エジプトなど北アフリカへの勢力拡大

④**オーストリア**…バルカン半島への勢力拡大

◆ベルリン会議(1878年)前後のバルカン半島

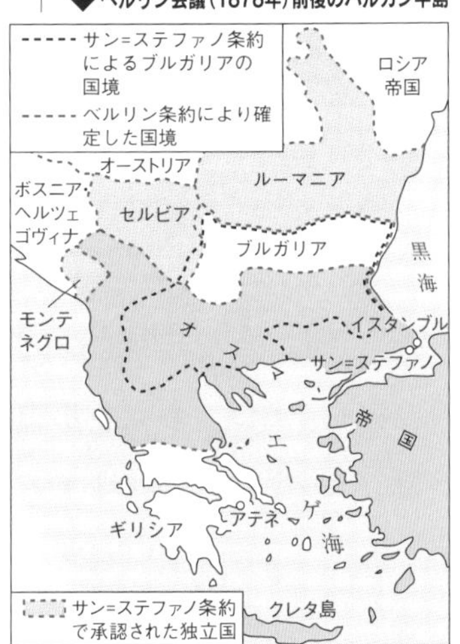

*16 クリミア戦争後, 1859年, モルダヴィア=ワラキア連合公国が形成され, 1878年, ベルリン会議で独立が承認されたのち, 1881年, ルーマニアは王国となった。

*バルカン問題▶p.174

記述論述 Q ロシアの農奴解放令によって農民の身分は自由になったが, 農民の生活状況はあまり改善されなかった。それはなぜだったのかを説明しなさい。(東京大)

 出題大学…62:中央大, 慶應義塾大/64:東海大, 同志社女子大, 関西学院大

実戦演習

❶ 次の文章を読んで，後の各問に答えなさい。

解答：別冊p.32 ▶

東京経済大－キャリアデザインプログラム・コミュニケーション・経営・経済・現代法〈改題〉

クリミア戦争後，ロシアは国内改革に専念し，(a)イギリスも(b)インド大反乱などの対応に追われた。ほかのヨーロッパ諸国も，それぞれの国内問題の解決に集中した。その結果，列強による規制がゆるみ，各国家がその干渉を受けずに比較的自由に行動できる国際状況が生まれた。そうしたなかで，(c)イタリアや(d)ドイツは統一国家の樹立に成功し，19世紀後半にはウィーン体制に代わる新たな列強体制が構築されることになった。

問1. 下線部(a)に関連して，クリミア戦争後に行なわれたイギリスの国内改革についての記述として最も適切なものを，次の①～④の中から一つ選びなさい。

① カトリック教徒が公職に就けるようになった。 ② 航海法が廃止された。

③ 穀物法が廃止された。 ④ 労働組合法が制定された。

問2. 下線部(b)についての記述として最も適切なものを，次の①～④の中から一つ選びなさい。

① 大反乱のきっかけには，ヒンドゥー教とイスラーム教における信仰上の禁忌が関係していた。

② 東インド会社は，大反乱の時にはインド貿易を独占していた。

③ 大反乱をきっかけに，イギリスはムガル皇帝を傀儡化して統治を行なうようになった。

④ 大反乱を受けて，政府は藩王国をとりつぶして併合する政策をとるようになった。

問3. 下線部(c)に関連して，イタリアの統一についての記述として最も適切なものを，次の①～④の中から一つ選びなさい。

① 「青年イタリア」出身のマッツィーニが両シチリア王国を占領し，国王に献上した。

② 国王ヴィットーリオ・エマヌエーレ2世の下，カヴールが首相を務めるサルデーニャ王国が統一の拠点となった。

③ 教皇の賛同を得て，教皇領を併合した。

④ トリエステ，南チロルなどが「未回収のイタリア」として残され，第一次世界大戦ではその獲得のためにイタリアは同盟国側で参戦した。

問4. 下線部(d)に関連して，ドイツの統一についての記述として最も適切なものを，次の①～④の中から一つ選びなさい。

① フランクフルト国民議会による自由主義的統一が試みられたが，失敗に終わった。

② プロイセン首相ビスマルクが，「世界政策」を採用し，積極的な対外膨張政策によって統一を主導した。

③ プロイセン・オーストリア戦争(普墺戦争)に勝利したことで，プロイセンを盟主とするドイツ連邦が成立した。

④ プロイセン・フランス戦争(普仏戦争)に勝利したことで，プロイセンはシュレスヴィヒ・ホルシュタインを獲得した。

❶ ヒント

問1. クリミア戦争は1856年パリ条約で終結した。④－労働組合法は自由党のグラッドストン内閣が1871年に制定した。

問2. ④－大反乱後にイギリスが成立させたインド帝国は，イギリス政府直轄領と500程度の藩王国で構成された。

問3. ③－イタリア王国は1870年にローマ教皇領を占領・併合した。これに対して教皇は，「ヴァチカンの囚人」と宣言してイタリア王国と対立を続け，両者の断絶状態は，1929年ラテラノ条約でムッソリーニがヴァチカン市国を認めたことで対立は終わった。

❶ 解答欄

問1	
問2	
問3	
問4	

A 農民が土地の所有権を得るには，高額の買い戻し金を支払わねばならず，その土地も私有はできず，農村共同体であるミールの所有になり，各人に分配されたため，農民はミールにしばり付けられた。

解答：別冊p.18 ▶

22 アジア地域の変容

ココが出る！

［入試全般］

英のインド植民地化の過程とアジア各地の民族運動が頻出。

［国公立二次・難関私大］

西アジアは，19世紀の東方問題と関連して狙われる。インドは，イギリスによる植民地化の過程が出題の対象。フランスのベトナム進出とイギリスの東南アジア進出の経緯も頻出分野。

大学入試 最頻出ワード

- ■バタヴィア
- ■アンボイナ事件
- ■クリミア戦争
- ■シパーヒー
- ■プラッシーの戦い

エジプト

- ナポレオンのエジプト遠征（1798～99年）
- 1800
- ・① の改革と自立
- エジプト＝トルコ戦争（1831～33年，39～40年）
- 1850
- ・④ の完成（1869年）
- イギリス・フランスの進出
- ⑦ 運動（1881～82年）
- イギリスの占領

トルコ

- 1300頃 オスマン帝国
- ・カルロヴィッツ条約（1699年）
- ⇒オーストリアにハンガリーなどを割譲
- ・ギリシアの独立承認（1829年）
- ・② の開始
- ③ 戦争（1853～56年）
- ⇒パリ条約（1856年）
- ・⑤ の制定（1876年）
- ⑥ 戦争（1877～78年）
- ⇒憲法の停止
- ベルリン会議（1878年）
- ・セルビア・ルーマニア・モンテネグロの独立
- ⇒「青年トルコ人」の結成

ロシアの南下政策・東方問題

インド

- 1526 ムガル帝国
- プラッシーの戦い（1757年）
- ⇒インドでのイギリス覇権
- イギリス東インド会社
- マイソール戦争（1767～99年）
- マラーター戦争（1775～1818年）
- ⇒東インド会社の貿易独占権廃止（1813年）
- シク戦争（1845～49年）
- ⑧ の反乱（インド大反乱）（1857～59年）
- ⇒ムガル帝国滅亡
- ⇒東インド会社解散（1858年）
- イギリス本国の直接統治
- 1877 インド帝国
- ・⑨ がインド皇帝を兼任

ベトナム

- 1778 西山政権
- 1802 阮朝（越南国）
- 阮福暎の建国
- フランスの進出
- フランス＝ベトナム戦争（1858～62年）
- ⇒サイゴン条約（1862年）
- フランスのカンボジア保護国化
- 黒旗軍の反仏闘争
- ・フエ（ユエ）条約（1883年）
- 清仏戦争（1884～85年）
- フランス領 ⑩ 成立（1887年）

空欄解答 ①ムハンマド＝アリー ②タンジマート ③クリミア ④スエズ運河 ⑤ミドハト憲法〔オスマン帝国憲法〕 ⑥ロシア＝トルコ〔露土〕 ⑦ウラービー〔オラービー〕 ⑧シパーヒー ⑨ヴィクトリア女王 ⑩インドシナ連邦

記述論述 Q タンジマートの内容を説明しなさい。（慶應義塾大）

1 イスラーム諸国の動揺 オスマン帝国は，法治主義的な近代国家への転換を図った

オスマン帝国の動揺

1. 領土の縮小*1

❶ 第2次①＿＿＿＿に失敗(1683)し，②＿＿＿＿条約(1699)で③＿＿＿＿・トランシルヴァニアをオーストリアに割譲

❷ ロシアに敗れてキュチュク＝カイナルジャ条約(1774)などでロシアのエカチェリーナ2世にクリミア＝ハン国・黒海北岸を割譲

❸ アドリアノープル条約(1829)で④＿＿＿＿の独立を承認

❹ ⑤＿＿＿＿のエジプトが自立(エジプト＝トルコ戦争)

2. 改革

❶ マフムト2世はイェニチェリを解散(1826)し，西欧式常備軍を創設

❷ ⑥＿＿＿＿*2(1839～76)：アブデュルメジト1世(位1839～61)のギュルハネ勅令(1839)に始まる西欧化改革　→成果はあがらず，⑦＿＿＿＿戦争(1853～56)後はイギリス・フランス両国の工業製品が流入

❸ 大宰相ミドハト＝パシャの改革：二院制議会・責任内閣制などを基本とする⑧＿＿＿＿を制定(1876)したが，⑨＿＿＿＿(1877～78)の勃発を口実に，アブデュルハミト2世(位1876～1909)が議会停会・憲法を停止*3

❹ 戦後の⑩＿＿＿＿会議(1878)でセルビア・⑪＿＿＿＿・モンテネグロが独立

アラビア半島とエジプト

1. ワッハーブ王国(1744頃～1889)

ワッハーブ派*4とナジュド(ネジド)地方の豪族⑫＿＿＿＿家が提携して建国

▶ワッハーブ王国は，1818年ムハンマド＝アリーに一時滅ぼされた。1902年イギリスの支援でサウード家が復活し，イブン＝サウードがアラビア半島の大部分を統一して，1932年に⑬＿＿＿＿王国を建国した。

2. エジプト

❶ ⑭＿＿＿＿(位1805～48)：エジプト総督(パシャ)*5として軍事や工業などの近代化や綿花栽培を奨励推進

❷ 2度のエジプト＝トルコ戦争(1831～33，1839～40)を戦い，1840年のロンドン会議でエジプト・スーダン総督の世襲権を獲得

*1　1571年，オスマン帝国はレパントの海戦でスペインに敗れたが，17世紀末まで西欧諸国との力関係に大きな変化はなかった。

オスマン帝国の経済的従属化

16世紀後半以降，西欧諸国はカピチュレーションを利用して権益を拡大してきた。1838年，オスマン帝国はイギリスと通商条約を結んで綿花やタバコなどを輸出したが，かえってイギリスの安価な綿製品が低関税で輸入され，国内産業は没落した。

*2　タンジマートでは，信仰と民族の差別なく全国民の生命・財産・名誉の保証，オスマン銀行創設，教育省設置など西欧的近代化をめざした。

*3　反体制派の知識人が立憲体制の確立を目指して組織した「統一と進歩委員会」が，1890年代末からパリを拠点に反政府運動を展開した。フランスでは彼らを「青年トルコ人」と呼んだ。

*4　ワッハーブ派(ワッハーブ運動)は，18世紀中頃，イブン＝アブドゥル＝ワッハーブがナジュド(ネジド)地方で創始。神秘主義や聖者崇拝を否定し，原始イスラーム教への復帰を主張し，厳格な禁欲主義を唱えた。現在，サウジアラビア王国の国教である。

*5　ナポレオンのエジプト侵攻に抗戦し，1805年にオスマン帝国からエジプトのパシャに任ぜられた。

A　19世紀前半からオスマン帝国で開始された改革で，ムスリムと非ムスリムの区別なく，全臣民の法のもとでの平等を認め，軍事・財政・法制・教育などの西欧化と中央集権化をめざした。

❸ イギリス・フランスの財務管理下に置かれ，スエズ運河会社*6の株式をイギリス(首相⑮＿＿＿＿＿＿)に売却(1875)

❹ ⑯＿＿＿＿＿運動(1881～82)：イギリスは単独でエジプトを軍事占領し，保護国化(1882〈正式には1914〉)

イラン・アフガニスタン

1. ⑰＿＿＿＿＿＿**朝**(1796～1925)*7 ⇨都：テヘラン

❶ ロシアとの戦争に敗れ⑱＿＿＿＿＿＿＿＿条約(1828)でロシアに東アルメニアなどを割譲，治外法権を承認し，関税自主権を失う

❷ バーブ教徒の乱(1848～52)*8：イギリス・ロシアなど外国勢力への屈従と封建制に反対して農民が蜂起し，鎮圧された

❸ ⑲＿＿＿＿＿＿＿＿＿運動(1891～92)：国王専制とイギリスの進出に抵抗

❹ イラン立憲革命(1905～11)は，イギリス・ロシアの干渉で挫折

2. アフガニスタン*9 イギリスとの２次にわたる⑳＿＿＿＿＿戦争(1838～42, 1878～80)に敗れ，事実上保護国とされた

3. ㉑＿＿＿＿**協商**(1907) イラン北部はロシア，イラン南部とアフガニスタンはイギリスの勢力範囲とした

*6 スエズ運河はフランス人技師レセップスにより1859年起工。1869年に完成した。

パン=イスラーム主義

アフガーニーは，ムハンマド=アブドゥフとともに，イスラーム諸国の立憲的改革や全ムスリムの団結を説くパン=イスラーム主義を主張し，エジプトのウラービー(オラービー)の運動やイランのタバコ=ボイコット運動に影響を与えた。

*7 1796年，アーガー=ムハンマドがザンド朝を倒して建国したトルコ系のイスラーム王朝。

*8 バーブ教は，シーア派系の神秘主義的新宗派。既成の宗教儀礼の廃止や階級的差別撤廃などを唱え，運動を展開したが弾圧された。

*9 イランのアフシャール朝のナーディル=シャーの殺害に乗じてアフマド=シャー=アブダリーが，ドゥッラーニー朝(アフガン王国)を建国(1747～1842)。なお，アフガニスタンは第一次世界大戦後の1919年に独立を回復した(第３次アフガン戦争)。

2 インドの植民地化 シパーヒーの反乱はインド初の民族独立運動

イギリス・フランスの進出

1. イギリス マドラス(チェンナイ)・ボンベイ(ムンバイ)・㉒＿＿＿＿＿＿(コルカタ)に東インド会社*10の商館設置(17世紀)

2. フランス ㉓＿＿＿＿＿＿・シャンデルナゴルを領有(17世紀)

3. 英・仏の抗争

❶ ㉔＿＿＿＿＿＿戦争(1744～61〈63〉) ➡南インドをイギリスが支配

❷ ㉕＿＿＿＿＿の戦い(1757)：イギリス東インド会社の㉖＿＿＿＿＿＿の活躍で，仏・ベンガル太守連合軍を破り，イギリスが覇権を握る

イギリスのインド統治

1. 東インド会社のベンガル支配

❶ ブクサールの戦い(1764)でムガル皇帝とベンガル太守連合軍を破る

❷ ムガル皇帝から，㉗＿＿＿＿＿・ビハール・オリッサの地租徴税権(ディーワーニー)を獲得(1765)*11

＊10 英・仏の東インド会社

1600年に設立されたイギリス東インド会社は，1623年のアンボイナ事件でオランダによってマルク(モルッカ)諸島から追われ，インド進出に努めた。一方，フランスは，ルイ14世の財務総監コルベールが1664年に東インド会社を再興し，重商主義政策を推進した。

*11 1773年にベンガル総督が設置された(初代総督はヘースティングズ)。ベンガル総督は，1833年にインド総督と改称。

記述論述 Q イギリスが導入した土地制度のうち，ザミンダーリー制度とライヤットワーリー制度についてそれぞれ40字以内で説明せよ。 (新潟大)

2. 東インド会社の変貌

❶ イギリス本国での産業革命の進展を背景に，自由貿易主義が台頭
→東インド会社のインド貿易独占権廃止(1813)

❷ 東インド会社の商業活動停止(1833，34年実施)
➡東インド会社はインド統治機関となる

3. 統治領域の拡大

❶ ㉘＿＿＿＿＿戦争(4回) ➡南インド(マイソール王国)を制圧
(1767～99)

❷ ㉙＿＿＿＿＿戦争(3回)*12 ➡中西部インド征服
(1775～1818)

❸ シク戦争(2回) ➡シク王国を破り，㉚＿＿＿＿＿地方併合(1849)
(1845～49)

インド社会の変質

1. 自給自足的農村社会の崩壊

❶ イギリスは，近代的税制の導入*13，納税不能農民からの土地取り上げ，強制貸付制度による綿布の取り立てなどを強行

❷ イギリス本国の㉛＿＿＿＿＿の進行による機械織りの安価な綿布の輸入で，インドの伝統的な手織りの綿布は衰退した

❸ 輸出用作物(綿花・㉜＿＿＿＿＿・藍など)の栽培が強制された

2. ㉝＿＿＿＿＿(1857～59)

❶ 東インド会社のインド人傭兵(シパーヒー)の蜂起 →デリーを占領

❷ 小作農･地主･手工業者･王侯などが参加し，ムガル皇帝の統治復活を宣言

❸ 1858年，バハードゥル＝シャー2世を最後に，ムガル帝国は滅亡し，㉞＿＿＿＿＿は解散。反乱は1859年に鎮圧

インド帝国の成立

1. イギリスの直接統治
1858年のインド統治(改善)法で，イギリスの直轄領と内政権を持つ㉟＿＿＿＿＿国がインド総督に統括された

2. インド帝国(1877)
㊱＿＿＿＿＿女王がインド皇帝を兼任

イギリスによる周辺地域の植民地化*14

1. ネパール
ネパール戦争に勝利し，のちインド帝国に編入
(1814～16)

2. ビルマ
ビルマ戦争(3回)で㊲＿＿＿＿＿朝を倒し，ビルマ(ミャンマー)をインド帝国に編入(1886)
(1824～86)

3. 東南アジア

❶ ペナン島(1786)・㊳＿＿＿＿＿(1819)*15・マラッカ(1824)を獲得，1826年にこれらの地域による㊴＿＿＿＿＿を編成

＊12 マラーター同盟
中部インドの西海岸地方に住むヒンドゥー教徒のマラーター族は17世紀にシヴァージーの指導でマラーター王国(1674～1818)を形成。18世紀初めに宰相が実権を握り，王国は諸侯の連合体であるマラーター同盟となった。マラーター戦争敗北後，同盟下にあった諸国の一部は藩王国となり，それ以外はイギリス東インド会社領に編入され，同盟は解体した。

＊13 イギリスによるインドの地税制度
(1)**ザミンダーリー制**…旧来の地主・領主であるザミンダールを地租納入の責任者とする制度で，主にベンガル管区など北インドで実施された
(2)**ライヤットワーリー制**…ライヤット(農民)に土地所有権と納税責任を負わせた制度で，マドラス管区やボンベイ管区の南インドやシンド地方で実施された

＊14 イギリスは1815年，ウィーン議定書によって，オランダからセイロン島を獲得した。(▶p.135)

＊15 シンガポールは，イギリス人ラッフルズが1819年にジョホール王と条約を結んで租借し，1824年買収した。

A
〈ザミンダーリー制度〉領主や地主のザミンダールに土地所有権を認め，彼らを地租納入の責任者とした。(37字)
〈ライヤットワーリー制度〉ライヤットと呼ばれる実際に耕作する農民に土地保有権を認めて，直接納税させた。(38字)

❷ マレー連合州の樹立(1895) *16，北ボルネオを領有(1888)

3 東南アジアの植民地化 オランダはジャワ・スマトラに，フランスはベトナムに進出

オランダの進出

1. ジャワの領有

❶ 東インド会社を設立(1602)し，㊵＿＿＿＿に商館を設け(1619)，香辛料貿易を独占

❷ ㊶＿＿＿＿事件(1623)でイギリス勢力を駆逐

❸ 18世紀半ば，イスラーム教国の㊷＿＿＿＿を征服してジャワの大半を支配

❹ 東インド会社の解散(1799)後，オランダ政庁が直接統治 *17

㊸＿＿＿＿**制度** ジャワ戦争 *18を鎮圧したオランダの東インド総督ファン＝デン＝ボスが1830年に実施。農地の5分の1に，コーヒー・サトウキビ・藍などヨーロッパ向け輸出作物を強制的に栽培させた →ジャワの農村経済は一部破壊され，飢饉も起こった

2. オランダ領東インドの形成(20世紀初頭)

スマトラ・ジャワ・ボルネオ(カリマンタン)南部，セレベス(スラウェシ)などで構成

フランスの東南アジア侵略

1. 阮朝(越南国)(1802～1945)

❶ ㊹＿＿＿＿(位1802～20)が，タイ *19やフランス人宣教師㊺＿＿＿＿の援助で1802年に西山(タイソン)政権 *20を倒し建国，都をフエ(ユエ)に置く

❷ 清から越南国王に封ぜられ(1804)，清への朝貢国となった

2. フランス＝ベトナム(仏越)戦争(1858～62)

❶ カトリック教徒迫害を口実に㊻＿＿＿＿が出兵

❷ ㊼＿＿＿＿条約(1862)：コーチシナ東部3省とサイゴンをフランスへ割譲。フランスは翌1863年にカンボジアを保護国化

3. ㊽＿＿＿＿戦争(1884～85) *21

❶ フランスがフエ(ユエ)条約(1883)でベトナム全土を保護国化

❷ これに対し，清が越南国に対する宗主権を主張して開戦

❸ 清は敗北，㊾＿＿＿＿条約(1885)でフランスのベトナム保護国化を承認

4. ㊿＿＿＿＿の成立(1887) *22

*16 マレー半島では錫(すず)やゴムの生産が発展し，錫生産には中国人，ゴム生産にはインド人が労働力として導入された。

＊東南アジア史▶p.254

*17 オランダは1824年にイギリスと英蘭協定を結び，イギリスのマレー半島支配を認める一方，マラッカ海峡の西と南の地域の支配権を得た。

*18 ジャワではオランダの暴政に対し，ディポネゴロの指導でイスラーム教徒を中心にジャワ戦争(1825～30)が起こったが鎮圧された。また，スマトラ北部のイスラーム教国のアチェ王国もオランダに抵抗してアチェ戦争(1873～1912)を起こしたが，結局，敗北した。

*19 1782年にラーマ1世が創始したラタナコーシン朝(チャクリ朝)のタイ王国はイギリス・フランスの圧迫を受け，ラーマ4世は不平等条約を認めて独立を維持。次のチュラロンコン(ラーマ5世)は西欧的近代化の改革を進めた。

＊20 西山政権(1778～1802)

黎朝末，阮文岳ら3兄弟が西山(タイソン)の乱を起こし，黎朝を滅ぼすとともに，兄弟で征服地を分割支配した。

*21 太平天国の乱後，ベトナムに逃げ，阮朝に仕えた劉永福(りゅうえいふく)は，黒旗軍を編制してフランスの侵略に抵抗し，清仏戦争では清軍に協力した。

*22 総督府はハノイ。ベトナム・カンボジアで構成，のちラオスを編入(1899)。

オランダの東インド総督が1830年代にジャワ島を中心に実施した経済政策はどのようなものであったか，簡潔に説明せよ。 (愛知教育大)

実戦演習

❶ 次の文中の[　]に最も適当な語を語群から選び，また下線部に関する問いに答えなさい。

関西学院大－教育・経済・国際・社会・神・総合政策〈改題〉

解答：別冊p.33 ▶

中国商人とムスリム商人の独壇場であった東南アジア海域は，16世紀以降のヨーロッパ諸国の進出によって様相を一変させた。ポルトガルがマレー半島の[イ]を占領したのを嚆矢とし，続いてスペインがフィリピンの支配に乗り出した。17世紀に入るとオランダ・イギリスが進出し，ともに①東インド会社を置いて東南アジア島嶼部で覇権を争った。イギリスを駆逐したオランダがジャワ島などを手中にし，一方のイギリスはインドに拠点を築き，18世紀にはオセアニア地域へ勢力圏を広げた。フランスは17世紀後半に東南アジアに進出したが，フランスの狙いはベトナムから中国へのルートであり，タイに宣教師団が入ったのを契機に，タイとの外交関係を結んでその足掛かりとした。

19世紀にはヨーロッパ諸国の勢力交替のなかで，東南アジアも激動の時期を迎えた。さらに強固な植民地支配が進む一方で，民族運動の萌芽も見られた。島嶼部における勢力図も塗り替えられ，イギリスが②マレー半島に進出し，オランダは③オランダ領東インドの植民地経営に専心した。フィリピンではスペインからの独立に向かって民族運動が高まった。フランスは④インドシナの植民地を建設し，東南アジアの勢力圏がほぼ確定した。

[語群]　イ．a．ペナン　b．ゴア　c．マカオ　d．マラッカ

[問い]

① オランダ東インド会社に関する記述として，誤りを含むものはどれか。
- a．喜望峰以東で条約締結の権限を持っていた。
- b．バタヴィアにアジア交易の拠点を置いた。
- c．ケープ植民地を建設した。
- d．ウィーン会議の結果，解散させられた。

② イギリスによるマレー半島と周辺の支配に関する記述として，誤りを含むものはどれか。
- a．シンガポールを関税のかからない自由港とした。
- b．イギリスは錫鉱山の開発を進め，移民が労働力として流入した。
- c．南米から持ち込まれたゴムのプランテーションが発展した。
- d．19世紀初めに，イギリスがマレー連合州を成立させた。

③ オランダ領東インドに関する記述として，誤りを含むものはどれか。
- a．イギリスとの協定により，オランダがボルネオ南部を支配した。
- b．ジャワ戦争の結果，オランダはマタラム王国を滅ぼした。
- c．強制栽培制度により，コーヒーや藍などの作物をつくった。
- d．カルティニが女子教育の普及に努めた。

④ インドシナの植民地に関する記述として，誤りを含むものはどれか。
- a．ナポレオン3世は，宣教師の処刑を口実にベトナムを攻撃した。
- b．劉永福の率いる黒旗軍はフランスへの抵抗戦争に参加した。
- c．ユエ(フエ)条約によってカンボジアを保護国とした。
- d．第1次サイゴン条約で，コーチシナ東部3省が割譲された。

❶ ヒント

[語群イ] d　「マラッカ」は，1511年にポルトガル，1641年にオランダ，ナポレオン戦争中にイギリスが占領し，1824年には正式にイギリス領となった。

[問い]①．d－オランダ東インド会社は，18世紀末，フランス革命軍のオランダ占領を機に解散させられた。

③．b－マタラム王国は内紛とオランダ東インド会社の介入によって分裂・解体し，18世紀半ばに滅亡した。ジャワ戦争は19世紀前半に起こった。

④．c－フランスはフエ(ユエ)条約(1883年)によりベトナムを保護国化したが，宗主権を主張する清との間で清仏戦争が起こった。

❶ 解答欄

イ	
①	
②	
③	
④	

A　ジャワ島の農民にコーヒーやサトウキビ，藍などの商品作物を強制栽培させ，生産物を公定価格で提出させてオランダ本国に送られた。これらの産物を国際市場で販売したオランダは莫大な利益を得た。

23 清の動揺と辛亥革命

解答：別冊p.19 ▶

ココが出る！

［入試全般］

清が結んだ諸条約と洋務運動･変法(自強)運動･孫文の革命運動が焦点。

［国公立二次・難関私大］

イギリスと清の貿易形態の変化，中国社会への影響は頻出分野。南京条約･北京条約，洋務運動･変法運動の内容に注意。辛亥革命は，孫文中心で，その背景と経過が出題の焦点。

大学入試 最頻出ワード

■広州　■上海　■台湾
■袁世凱　■天津
■アロー戦争
■アヘン戦争
■国民党　■孫文

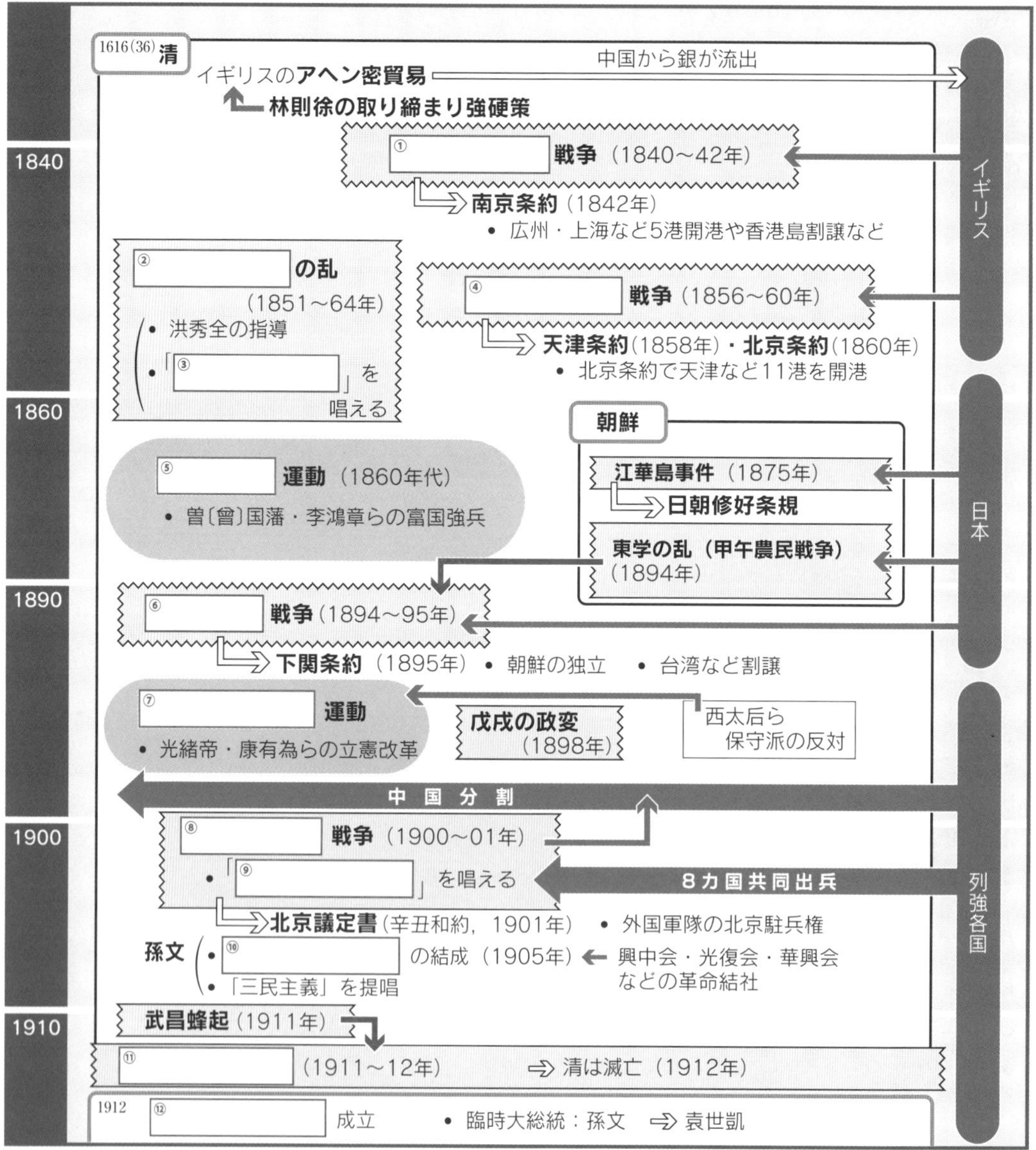

空欄解答 ①アヘン　②太平天国　③滅満興漢　④第2次アヘン〔アロー〕　⑤洋務　⑥日清　⑦変法(自強)　⑧義和団　⑨扶清滅洋　⑩中国同盟会　⑪辛亥革命　⑫中華民国

記述論述 Q イギリスが19世紀にアジアにおいて展開した三角貿易について，説明しなさい。（明治大）

1 中国の動揺 アヘン戦争・アロー戦争に敗北して中国の半植民地化が進んだ

清末の情勢 *1

1. ①＿＿＿＿＿＿**の乱**(1796～1804)　弥勒下生を信仰する農民の反乱　→郷勇が鎮圧に活躍(清の八旗・緑営の弱体を露呈)

2. 貿易政策

❶乾隆帝：②＿＿＿＿＿1港での公行(行商)による制限貿易の実施(1757)

❷イギリスは輸入超過で，③＿＿＿＿＿＿(1793)やアマースト(1816)の使節団を派遣して貿易条件の改善や外交使節の交換を要求　→清は拒否

3. 三角貿易の結果

❶アヘン密貿易 *2　➡中国から④＿＿＿＿が大量流出

❷銀納による農民の租税負担の増大

❸アヘン中毒者の激増　➡アヘン輸入の厳禁策

◆ イギリスと清の貿易

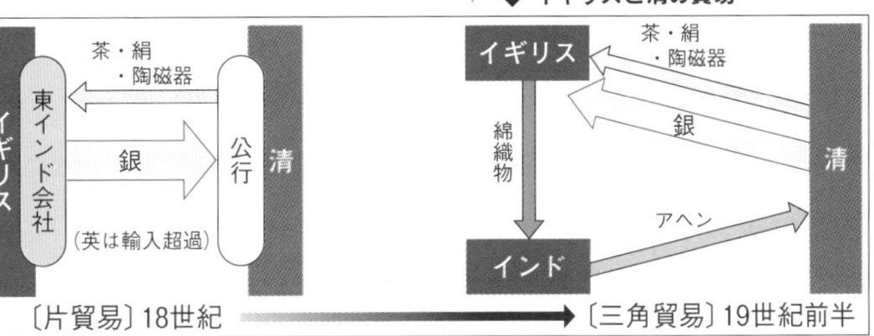

アヘン戦争(1840～42)

1. 原因

❶道光帝(位1820～50)は欽差大臣⑤＿＿＿＿＿＿を広州に派遣(1838)

❷アヘン没収(1839)とアヘン貿易厳禁に対し，1840年にイギリスが開戦 *3·4　→清は敗北

2. 南京条約(1842) *5と追加条約

❶広州・厦門・福州・寧波・⑥＿＿＿＿＿の5港開港

❷⑦＿＿＿＿＿の割譲　❸⑧＿＿＿＿＿廃止と賠償金の支払い

❹1843年，五港通商章程で⑨＿＿＿＿＿＿＿(治外法権) *6を，虎門寨追加条約で片務的最恵国待遇・協定関税制(関税自主権の喪失)などを認めた

第2次アヘン戦争(アロー戦争，1856～60)

1. 原因

❶中華思想を背景とする清の排外主義と条約の不履行

❷⑩＿＿＿＿＿事件(英) *7・宣教師殺害事件(仏)で，英・仏が共同出兵

＊1 清朝支配への反発

乾隆帝末から和珅に代表される官僚の腐敗が目立ち，地主や官僚の収奪で農民は窮乏し，各地に抗租抗糧運動が起こり，青幇・紅幇など下層民衆の相互扶助的結社や，三合会・哥老会など反清復明を唱える秘密結社の活動が活発化した。

＊2 1832年にマカオに設立されたジャーディン＝マセソン商会(中国名は「怡和洋行」)は，翌1833年に東インド会社の中国貿易独占権の廃止(34年実施)により茶・絹の輸出やアヘン密貿易を行い，イギリスの対中国進出の中心的存在であった。

＊3 イギリス外相パーマストンは，自由貿易主義を唱えて清との開戦論を主張した。

＊4 アヘン戦争中の1841年，広州北郊の三元里の住民がイギリス軍を包囲攻撃した平英団事件は，中国最初の反英民族闘争であった。

＊5 清は南京条約に準じて，1844年にアメリカ合衆国と望厦条約を，フランスと黄埔条約を締結した。

＊6 1845年にイギリスは上海に中国の主権が及ばない「租界」(外国が行政権を行使する区域)を初めて設置した。

＊7 イギリス領香港船籍を主張するアロー号の中国人乗組員が，海賊容疑で清朝官憲に逮捕された事件。

A イギリスでは中国茶の輸入が増大し，代金としての銀の中国への流出が続いた。そこで銀流出を抑制するため，19世紀初めから中国茶をイギリスへ，イギリスの綿製品をインドへ，インド産のアヘンを中国に運ぶ三角貿易を始めた。

2. 経過

❶ 英仏軍は広州占領後，天津に進撃し，⑪＿＿＿＿＿＿を締結(1858)

❷ 英・仏の批准書交換使節を，清軍が大沽で砲撃し，戦争再開

❸ 英仏軍の北京占領[*8] →清は降伏

3. ⑫＿＿＿＿＿＿(1860) ⇨天津条約の批准交換と追加条約として締結

❶ 外国公使の北京駐在 →清は総理各国事務衙門(総理衙門)設立

❷ ⑬＿＿＿＿＿＿や外国人の内地旅行の自由

❸ 漢口・南京など10港と⑭＿＿＿＿＿＿の開港

❹ ⑮＿＿＿＿＿＿の南部をイギリスに割譲

❺ 賠償金の支払い(関連協定でアヘン貿易も公認)

*8 1860年に北京を占領した英仏軍は，イエズス会宣教師カスティリオーネが18世紀に設計に加わったバロック式の円明園の離宮を略奪・破壊した。

太平天国の乱(1851～64) ⇨咸豊帝(文宗)・同治帝(穆宗)の治世

(位1850～61) (位1861～75)

1. 背景

❶ 南京条約後の銀価騰貴と租税・貢納増加で農民は困窮化

❷ イギリス産綿製品の流入で，華中・華南の農村家内工業の崩壊

2. 経過

❶ 広東省の客家[*9]出身の⑯＿＿＿＿＿＿は，キリスト教的な宗教結社⑰＿＿＿＿＿＿を組織，客家や貧農の間に信徒を得た

❷ 広西省金田村で挙兵(1851)し[*10]，太平天国を創設した。南京を占領(1853)して⑱＿＿＿＿＿＿と改称し，太平天国の首都とした

太平天国の政策

①「⑲＿＿＿＿＿＿」を唱える

②⑳＿＿＿＿＿＿制度：土地を均分し，私有財産を否定(未実施)

③男女平等，女性の纏足・アヘン吸飲などの禁止，辮髪を拒否

*9 客家は華北などからの移住者に対する呼称で，広東・広西・江西・福建などの山間部に住んだ人びと。

*10 太平天国とほぼ同時期に，河南・安徽・山東・江蘇の境界地域を中心に捻軍(捻匪)による反乱が起こったが，太平天国崩壊後の1868年に平定された。

太平天国と列強

太平天国の乱は清朝打倒をめざす内乱であったが，初め列強はキリスト教的主張を掲げる太平天国に好意的であった。しかし天津・北京両条約の締結後は，権益確保のため清朝擁護に転換した。

3. 太平天国の滅亡

❶ 内部の権力闘争と政策不履行で民心が離反

❷ ㉑＿＿＿＿＿＿の湘軍(湘勇)，㉒＿＿＿＿＿＿の淮軍(淮勇)などの郷勇[*11]や㉓＿＿＿＿＿＿[*12]の攻撃により，1864年天京が陥落

*11 郷勇とは，漢人地主・官僚が土地を守るため編制した郷土自衛軍。

*12 常勝軍は，1860年にアメリカ人ウォードが組織。彼の戦死後はイギリス人ゴードンが指揮をとった。

同治帝(穆宗)の改革 ⇨「㉔＿＿＿＿＿＿」

1. 漢人官僚の登用 曽(曾)国藩・李鴻章・㉕＿＿＿＿＿＿らが中心(洋務派)

2. ㉖＿＿＿＿＿＿運動 西洋の軍事技術の導入による富国強兵

→兵器・紡績・電信など西洋技術の導入，留学生派遣など

記述論述 Q 香港がイギリスの植民地となった経緯を説明しなさい。 (北海道大)

3. 結果

❶「中体西用」*13の立場　→政治制度・社会体制の改革は未実施

❷ 清仏戦争・㉗＿＿＿＿＿戦争に敗北し，その欠陥が露呈
(1884~85)　(1894~95)

*13 中国の伝統的な道徳倫理を根本に，西洋技術を利用するという立場を「中体西用」という。

清とロシアの国境条約

1. ㉘＿＿＿＿＿**条約**(1689) *14　アルグン川とスタノヴォイ山脈(外興安嶺(そとこうあんれい))を両国の国境と画定

*14 康熙帝(清)とピョートル1世(露)との間で締結されたネルチンスク条約は，清がヨーロッパの国際法に準じて結んだ最初の条約である。

2. ㉙＿＿＿＿＿**条約**(1727)　外モンゴルとシベリアの国境画定，国境での交易場の設置など

3. アイグン(愛琿)条約(1858)

❶ アロー戦争と太平天国の乱に乗じて東シベリア総督㉚＿＿＿＿＿が強制

❷ 黒竜江(アムール川)以北をロシア領とし，ウスリー川以東(㉛＿＿＿＿＿)を共同管理とした

4. ㉜＿＿＿＿＿**条約**(1860)　アロー戦争の調停報酬→沿海州のロシア領化：㉝＿＿＿＿＿の建設(ロシアの極東経営の根拠地)

◆ ロシアの中国進出

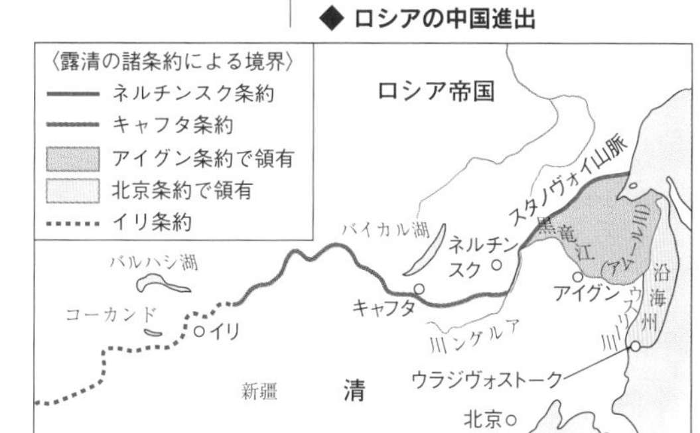

5. ㉞＿＿＿＿＿**条約(ペテルブルク条約，1881)**

❶ イリ事件(1871～81)：イリ地方のイスラーム教徒の反乱にロシア軍が出兵して占領

❷ イリ地方の清への返還と中央アジアの国境画定 *15

*15 清は周辺が植民地化されると，国防の強化を図って，1880年代に新疆(しんきょう)や台湾を省として直轄支配を始めた。

2 日本の近代化と朝鮮の開港

1. 日本の開国と明治維新

❶ アメリカ合衆国のペリーの来航(1853・54)を機に，㉟＿＿＿＿＿条約(1854)，さらに日米修好通商条約(1858)を締結して開国

❷ 1867年江戸幕府が大政奉還し，翌68年に明治政府が成立(㊱＿＿＿＿＿)。新政府は富国強兵・殖産興業による近代化をめざす

❸ 大日本帝国憲法の公布(1889)と国会の開設(1890)→立憲国家へ

❹ 外交：㊲＿＿＿＿＿条約(1875)でロシアとの北方の国境を画定。台湾出兵(1874) *16・琉球領有(1879) *17で清を威圧

*16 台湾に漂着した琉球島民が殺害されたことを理由に日本が出兵した事件。

*17 琉球を日本の領土に取り込んで，清への朝貢を断絶させ，1879年に沖縄県を設置した。

2. 朝鮮の開国

❶ 高宗の摂政の大院君は排外攘夷。その引退後は外戚閔(びんし/ミン)氏が政権掌握

A　イギリスは，アヘン戦争後の南京条約で香港島を，第2次アヘン(アロー)戦争後の北京条約で九竜半島南部を清に割譲させ，1898年に九竜半島北部(新界)を租借して植民地とした。

❷ 日本は㊳＿＿＿＿(1875)*18を起こして開国を迫り，翌1876年に不平等条約の㊴＿＿＿＿によって釜山(プサン)などの3港の開港，日本の領事裁判権などを承認させた

❸ ㊵＿＿＿＿らの急進改革派(開化派)と閔氏中心の親清派が対立し，攘夷派軍隊による壬午(じんご)軍乱(1882)や急進改革派のクーデタである㊶＿＿＿＿(1884)が起こった →いずれも清軍によって鎮圧された

❹ 日清戦争後，朝鮮は国号を大韓帝国と改称(1897)

*18 日本の軍艦が朝鮮沿岸の江華島付近で朝鮮側と衝突した事件。

日本とロシア

1855年に日露和親条約が結ばれ，千島列島は択捉(えとろふ)島とウルップ島間を国境とし，サハリン(樺太)は両国の雑居地とした。その後，1875年の樺太・千島交換条約で，千島列島は日本，樺太はロシア領と定められた。

3 中国の半植民地化 日清戦争に敗北し，列強による中国分割が進行

*朝鮮史▶p.242

日清戦争と三国干渉

1. 日清戦争(1894～95)

❶ 全琫準(ぜんほうじゅん)が指導する東学の乱(㊷＿＿＿＿)が朝鮮の全羅(ぜんら)道(どう)で発生(1894)

❷ 朝鮮が清に派兵を要請すると，日本も出兵。乱鎮定後，居留民保護を口実に撤兵を拒否した両国が開戦 →日本が勝利

東学

1860年頃，崔済愚(さいさいぐ)が，キリスト教の西学に対して，民間信仰をもとに儒・仏・道の3教を融合して東学を創始した。

2. ㊸＿＿＿＿条約(1895)

❶ 伊藤博文と㊹＿＿＿＿が交渉

❷ 清は，朝鮮の独立，遼東半島・㊺＿＿＿＿・澎湖(ほうこ)諸島の日本への割譲，日本の通商上の特権，賠償金の支払いなどを承認

3. 三国干渉(1895) 日本の遼東半島獲得に反対したロシアが，ドイツ・フランスを誘って日本に圧力を加え，遼東半島を返還させ(三国干渉)，その代償にロシアは1896年に東清鉄道の敷設権*19を得た

*19 東清鉄道の支線の旅順～長春間は日露戦争後のポーツマス条約(1905)により日本に譲られ，南満洲鉄道と呼ばれた。

◆ 列強の中国分割

中国分割

1. 形態

❶ 借款(しゃっかん)の代償に，鉄道敷設権・鉱山採掘権・企業設立権・租借地の取得

各国の租借地 イギリスは威海衛(いかいえい)・九竜(きゅうりゅう)半島(新界(しんかい))，ドイツは膠州湾(こうしゅうわん)，ロシアは遼東半島南部，フランスは㊻＿＿＿＿を租借した

❷ 不割譲条約により，特定地域に勢力範囲を設定

2. ㊼＿＿＿＿宣言(1899，1900) アメリカ国務

記述論述 Q ジョン=ヘイの発表した門戸開放宣言の基本原則を示しつつ，宣言の目的を説明しなさい。 (北海道大)

長官ジョン＝ヘイが，中国の門戸開放・機会均等・領土保全の3原則を列国に提唱

戊戌(ぼじゅつ)の変法

1. 背景　清仏戦争・日清戦争の敗北と洋務運動の挫折，列強の侵略

2. ㊽＿＿＿＿(1898)　㊾＿＿＿＿(徳宗)(位1875〜1908)は，公羊学派(くようがく)*20の㊿＿＿＿＿や梁啓超(りょうけいちょう)らを登用し，日本の明治維新を模範とする51＿＿＿＿制の樹立など制度改革の実施を試みる

3. 52＿＿＿＿(1898)　53＿＿＿＿(同治帝の母)と結ぶ満洲人貴族や洋務派官僚の保守派は，54＿＿＿＿の武力を利用してクーデタを起こし，変法派を失脚させ，改革は百日維新で挫折

*20 公羊学とは『春秋』の「公羊伝」に孔子の哲学的基礎を求め，孔子を革命主義者と位置づけて，彼が説く理想の社会実現をめざした学問で，康有為(こうゆうい)は公羊学説に基づいて『大同書(だいどうしょ)』を著した。

義和団戦争(1900〜01)

1. 背景

❶ 列強の侵略による中国民衆の生活の破綻から排外運動が激化

❷ 反キリスト教運動(55＿＿＿＿運動)による衝突事件(教案)が頻発

2. 義和団戦争

❶ 白蓮教系の義和団が，56＿＿＿＿省で蜂起(1898)

❷「57＿＿＿＿」を唱え，華北一帯で教会・鉄道を破壊
→1900年に北京に入り，日本・ドイツの外交官を殺害

❸ 西太后(せいたいこう)ら清朝保守派は，義和団を支援して列国に宣戦

❹ 8カ国(日・露・英・米・独・仏・伊・墺)が在留外国人保護を名目に共同出兵(日本とロシアが主力)し，義和団を鎮圧して北京を占領

3. 58＿＿＿＿(**辛丑(しんちゅう)和約，1901**)　清朝は降伏，外国軍隊の北京駐屯権の承認と賠償金支払い　➡中国の半植民地化は決定的

義和団戦争と英・米

義和団戦争に際して出兵した8カ国のうち，地理的に近い日本と極東進出を狙うロシアが連合軍の主力であった。当時，イギリスは南アフリカ戦争，アメリカはフィリピンのアギナルドの独立闘争に対して出兵中で，ともに兵力に余裕がなかった。

4 辛亥革命　中華民国が成立し，清朝は滅亡した

革命勢力の結集

革命勢力の成長

①紡績業など軽工業を中心に59＿＿＿＿が成長し，外国資本の排除を呼びかけ，清の専制政治に反発。鉄道などの利権回収運動を展開

②60＿＿＿＿や留学生も革命勢力*21を支援

1. 61＿＿＿＿

❶ 興中会・光復会・華興会など革命諸団体を東京で結集し，62＿＿＿＿

***21 革命結社**

(1)**興中会(広東派)**…孫文がハワイで組織(1894)，広州蜂起(1895)・恵州蜂起(1900)　→失敗

(2)**光復会(浙江派)**…章炳麟(しょうへいりん)・蔡元培(さいげんばい)らが組織(1904)

(3)**華興会(湖南派)**…黄興(こうこう)らが結成(1903)

A　アメリカ＝スペイン戦争でフィリピンを獲得したアメリカは，中国での利権獲得競争に出遅れたため，国務長官ジョン＝ヘイが中国の門戸開放・機会均等・領土保全を提唱して他の列強を牽制した。

______を結成(1905)

❷ ⑥³______と四人綱領が基本方針，機関紙『民報』を発刊

⑥⁴______の独立	駆除韃虜(たつりょ) 恢復(かいふく)中華	満洲人の支配から独立
⑥⁵______の伸長	創立民国	共和政の樹立
⑥⁶______の安定	平均地権	土地不平等是正

2. 光緒新政(こうしょしんせい)(清朝の改革)

❶ 新軍(洋式の近代的軍隊)の創設

❷ ⑥⁷______の廃止(1905)と学校制度の整備

❸ ⑥⁸______の発布と国会開設の公約(1908)

❹ 内閣・⑥⁹______の廃止と責任内閣制の採用(1911) *22

辛亥革命

1. 発端
⑦⁰______国有化*23：清朝が英・米・独・仏の4国借款団から借款を得るため，湖広鉄道を買収・国有化し，これに反対して四川(しせん)暴動が起こった

2. 武昌(ぶしょう)蜂起(1911.10.10)
武昌の新軍の革命派が，黎元洪(れいげんこう)を擁して独立を宣言，各地に波及して同年中に14省が独立宣言*24

3. ⑦¹______の成立(1912.1.1)
革命軍は南京で中華民国の建国を宣言し，⑦²______が臨時大総統に就任した(第一革命)

4. 清の滅亡
清は北洋軍の⑦³______を内閣総理大臣に登用。袁世凱は孫文と密約し，⑦⁴______を退位させ，清は滅亡(1912.2)

5. 袁世凱の独裁

❶ 袁世凱が⑦⁵______で臨時大総統に就任 →革命派が主導してつくられ，議会を重視する⑦⁶______(憲法制定までの暫定(ざんてい)基本法)が公布され，袁世凱と対立

❷ 孫文は⑦⁷______(党首は宋教仁(そうきょうじん))を結成し，国会議員選挙に大勝→袁の弾圧に対する第二革命(1913)が失敗し，解散*25

❸ 袁世凱は，1913年正式に大総統に就任し，翌年には国会を停止。1915年に帝政復活を企図したが，国民党系の地方軍人による第三革命が起こり，内外の反対で帝政取り消しを宣言し，1916年病死した

6. 軍閥の抗争
袁没後，黎元洪が大総統に就任したが，1916年から28年まで各地に軍事指導者(軍閥)が割拠

*22 この間，戊戌の政変後に幽閉されていた光緒帝や西太后が没し，宣(せん)統帝(とうてい)(溥儀(ふぎ))が即位した(1908)。

*23 鉄道国有令(1911)でまずその対象にされたのは粤漢(えつかん)・川漢(せんかん)両鉄道(湖広鉄道)であったため，湖広・四川・広東で反対運動が起こり，四川では地主・郷紳(現職または退職官吏で郷里居住者)を中心に保路同志会が結成され，四川暴動の中核となった。

*24 辛亥革命勃発直後の1911年には外モンゴルが，1913年にはチベットがそれぞれ独立を宣言した。

*25 国民党解散後，孫文は1914年に東京で秘密結社の中華革命党を結成し，1919年の五・四運動後，同年，これを中国国民党に改組し，大衆政党へ脱皮させた。

＊中国の民族運動▶p.191

三民主義とはなにか。また，その主張には，ヨーロッパの政治思想の影響が強く見られる。その点をあわせて説明しなさい。 (聖心女子大)

 出題大学…⑦⁰：千葉大／⑦⁶：明治大，成城大，明治学院大

実戦演習

❶ 清朝末期の変動について述べた文章を読み，下線部に関する問いについて，a～dの選択肢から答えを選びなさい。 早稲田大－教育（文科系）〈改題〉

1842年，(1)アヘン戦争に敗北した清はイギリスとの間に自由貿易の原則を掲げた(2)南京条約を締結した。さらにイギリス・フランスとの間でおきた(3)アロー戦争に敗れ，ロシアも東方への進出を続ける中で，ヨーロッパ諸国に有利な内容の国際条約の締結が続いたため，(4)知識人は西洋諸国の地理を研究し，近代化の必要性を提唱した。

(1) アヘン戦争前の状況について，誤っている説明はどれか。
　a．アヘンを常飲した人が廃人となり，清の社会問題となっていた。
　b．イギリスは清のアヘンをインドに，インドの茶をイギリスに，イギリスの綿製品を清に輸出する三角貿易を行った。
　c．清は林則徐を広州に派遣し，アヘン貿易の中止を迫った。
　d．米英の商人，華商も参画してアヘン貿易は拡大していた。

(2) 南京条約の内容に含まれるものはどれか。
　a．外国公使の北京滞在　b．外国人内地旅行の自由
　c．上海・厦門・福州・広州・天津五港の開港　d．香港島の割譲

(3) アロー戦争の際，英仏軍が略奪した清朝の離宮はどれか。
　a．円明園　b．紫禁城　c．盛京皇宮　d．熱河離宮

(4) このような世界情勢を受け，魏源が編纂した世界地理書はどれか。
　a．『海国図志』　b．『海国兵談』　c．『皇輿全覧図』　d．『天工開物』

❷ 次の文の①～㉑の下線部の語句が正しい場合には○を，誤っている場合には正しい語句に訂正せよ。 東北福祉大〈改題〉

19世紀末当時の中国の現状を憂えた①曾国藩やその弟子②李鴻章たちは，立憲君主政の樹立を目指す政治改革，すなわち③洋務運動を唱えた。1898年④同治帝は彼らを登用し，行政機構や教育制度の改革に着手する。この改革を⑤戊戌の変法という。しかし，保守派の力はなお強く，彼らの性急なやり方も災いして，皇帝の伯母である⑥閔妃のクーデタ，すなわち⑦戊戌の政変を招き，改革は失敗してしまう。

同じ頃，山東省では⑧太平天国が，排外的な⑨抗租運動の急先鋒として「⑩滅満興漢」を唱えて，キリスト教会や鉄道，電信を破壊し，キリスト教徒を襲撃するなどの活動を始めていた。彼らは急速に勢力を拡大して，天津や北京を席巻した。⑥閔妃などの清朝の保守派は彼らを利用して，欧米列強に宣戦布告する。これに対して，列強は⑪ドイツとロシアを主力とする8カ国の連合軍を組織して，北京を占領し⑧太平天国を制圧した。これを⑧太平天国事件という。1901年に，清朝は講和条約として⑫望厦条約を列強と結び，巨額の賠償金の支払い，北京と北京から天津方面の沿岸に至る地域への⑬公使の駐屯などを認めさせられたのであった。

この⑧太平天国事件の後，なお実権を握っていた⑥閔妃は清朝の延命のために，かつて自分が潰した⑤戊戌の変法を再び取り上げざるを得なかった。この時立憲君主政の樹立を目指して行われた政治改革を，当時の年号にちなんで⑭同治の中興という。1908年には⑮臨時約法を発布して，⑯国会開設も公約した。また，対外交渉のために，それまでの⑰都察院に代わる外務部の設置，教育改革の一環としての隋代以来の⑱九品中正の廃止，西洋式の軍隊，いわゆる⑲淮軍の整備なども行われた。しかし，時すでに遅く，1911年の武昌蜂起を発端として⑳五・四運動が起こり，翌年最後の皇帝㉑嘉慶帝が退位するに及んで，清朝の命運も尽きたのであった。

解答：別冊p.33 ▶

❶ ヒント

(4)－魏源（ぎげん）はアヘン戦争での清の敗北に直面し，『海国図志』で西洋諸国の実情を紹介した。

❶ 解答欄

(1)	
(2)	
(3)	
(4)	

❷ 解答欄

①	
②	
③	
④	
⑤	
⑥	
⑦	
⑧	
⑨	
⑩	
⑪	
⑫	
⑬	
⑭	
⑮	
⑯	
⑰	
⑱	
⑲	
⑳	
㉑	

A 孫文が唱えた中国革命の理論で，同一民族として国家を築く「民族主義」，国民主権に基づく共和政国家の樹立を説く「民権主義」，貧富の格差の是正を説く「民生主義」をいう。

24 帝国主義時代の欧米諸国

解答：別冊p.19

ココが出る！

［入試全般］

英･仏･独の国内情勢と列強間の衝突及び民族運動が出題の中心。

［国公立二次･難関私大］

帝国主義の特色が中心で，第1次･第2次産業革命の比較も頻出。欧米列強の帝国主義については，英･仏･独が出題の中心。アフリカ分割は，英･仏の競争･衝突の過程が出題される。

大学入試 最頻出ワード

- ■フィリピン
- ■エチオピア
- ■アルジェリア
- ■セオドア=ローズヴェルト
- ■ウラービー運動

1 帝国主義の成立

国内では軍備拡張・排外主義が優先され，対外的には植民地拡大と支配地域の収奪が行われた

帝国主義時代(1880年代～)

1. 背景 資本主義の発展と第２次産業革命の進展

2. 特色

❶ 生産と資本の集中・独占[*1] →巨大企業が市場を独占

❷ 金融資本の形成：銀行資本と産業資本の結合

❸ 余剰資本は，後進地域に商品輸出のほか，国外投資(資本輸出)

❹ 金融資本は，国家権力と結んで膨張主義的傾向を強めた

❺ 列強は，軍備を増強し，植民地分割をめぐる対立が激化

イギリス

⇨自由貿易体制を維持しつつ，海外への①＿＿＿＿を積極的に行い，「②＿＿＿＿」から「世界の銀行」に移行した →ロンドンのシティが金融取引の中心として繁栄

1. ③＿＿＿＿内閣(保守党)

❶ ④＿＿＿＿会社の株式の買収(1875)

❷ ⑤＿＿＿＿の樹立(1877)

❸ ベルリン会議(1878)で⑥＿＿＿＿をオスマン帝国から獲得

2. ソールズベリ内閣(保守党)

❶ 植民相⑦＿＿＿＿の活躍

❷ ファショダ事件(1898)・南アフリカ戦争(1899～1902)・⑧＿＿＿＿の締結(1902)

3. グラッドストン内閣(自由党) エジプト保護国化(1882)

4. 自治領の成立 白人系植民地との連携強化，植民地経営の負担軽減

→⑨＿＿＿＿(1901)・ニュージーランド(1907)[*2]・南アフリカ連邦(1910)など

◆ 産業革命の比較

	第１次	第２次
動力源	蒸気力･石炭	電力・石油
工業の種類	軽工業(繊維工業)	重工業(鉄鋼･化学･電気)
時期	1760年代～	1870年代～

＊1 企業の独占・集中

(1)**カルテル(企業連合)**…同一種の企業が，相互に販売条件・価格・生産量などを協定

(2)**トラスト(企業合同)**…同一種の企業を同一資本系統で結合し，市場の独占を図る。アメリカで発展

(3)**コンツェルン**…金融資本による多種の企業の統合支配。ドイツ・日本で発達

＊2 オーストラリアとニュージーランドは18世紀後半，クックの探検でイギリス領となった。オーストラリアは当初は流刑植民地であったが，自由移民も増え牧羊業や19世紀半ばの金鉱発見で発展したが，先住民アボリジナルは奥地に追われた。ニュージーランドでは，先住民のマオリ人の抵抗を平定した。

記述論述 Q 19世紀末，アメリカ合衆国がキューバに干渉した結果，どのような事態が生じたか簡潔に述べなさい。 (名古屋大)

 出題大学…①：龍谷大／⑦：西南学院大

フランス

⇨1875年の第三共和国憲法成立後，海外侵略を強め，イギリスにつぐ植民地を獲得。資本輸出による海外投資が特色

1. 植民地獲得

❶ ⑩＿＿＿＿保護国化(1881)*3

❷ フランス領インドシナ連邦の樹立(1887)

2. 第三共和政の動揺

❶ ⑪＿＿＿＿事件(1887～89)：対ドイツ強硬派の元陸相ブーランジェによる政府転覆のクーデタ未遂事件

❷ ⑫＿＿＿＿事件(1894～99)*4･5：ユダヤ系軍人ドレフュスのスパイ容疑事件 ➡共和派・社会主義派が勝利

❸ 政教分離法(1905)：カトリック教会による政治介入を排除

ドイツ

1. ⑬＿＿＿＿(位1888～1918)

❶ ビスマルクの引退(1890)

❷ 積極的な対外膨張政策「⑭＿＿＿＿」→海軍増強法(1898)による大海軍の建設 ➡イギリスとの対立が深まる(建艦競争)

❸ 重化学(鉄・石炭)工業の発展*6

2. ⑮＿＿＿＿主義

❶ ロシアのパン＝スラヴ主義に対抗

❷ バグダード鉄道敷設権の獲得(1899)

➡⑯＿＿＿＿政策*7で西アジア進出企図

ロシア

⇨⑰＿＿＿＿(1861)以降，資本主義が発達したが，国内市場は狭小。⑱＿＿＿＿同盟(1891～94)の締結を機に，フランスの援助でシベリア鉄道を建設*8

アメリカ

⇨19世紀末，工業生産力は世界第1位に。1890年に⑲＿＿＿＿の消滅を政府が発表。東欧・南欧からの新移民が増大

1. ⑳＿＿＿＿会議(1889)

ワシントンで第1回会議，ラテンアメリカ諸国を軍事・経済的に制圧

2. ㉑＿＿＿＿大統領(任1897～1901，共和党)

❶ 産業保護*9を目的に高関税政策の採用

❷ カリブ海政策を推進し，キューバ反乱*10と米軍艦メイン号の爆沈事件を口実に，㉒＿＿＿＿戦争を開始(1898)

*3 フランスは，1830年にシャルル10世がアルジェリアを占領し，七月王政下の1842年に直轄領としていた。

*4 ドレフュス事件で自然主義作家ゾラ(代表作『居酒屋』)は，人間と真実のため「私は弾劾する」の論陣をはり，政府・軍部を批判し，国民を啓蒙した。

*5 ドレフュス事件を機に，パレスチナにユダヤ人国家を建てようとするシオニズム運動が起こった。

*6 ドイツにおける独占企業としては，電気機械のジーメンス，兵器生産のクルップなどが有名。

*7 ベルリン・ビザンティウム・バグダード3都市の頭文字に基づくドイツの西アジア進出の帝国主義政策。

*8 フランス資本を背景に1891年に着工されたシベリア鉄道は，1916年にチェリャビンスク・ウラジヴォストーク間を結んで開通した。

*アメリカ合衆国史▶p.226

***9 反トラスト法**

アメリカでは，19世紀末以降，独占の弊害を防止し，自由競争を維持する目的で，シャーマン反トラスト法(1890)，クレイトン反トラスト法(1914)が制定されたが，効果はうすかった。

*10 スペインからのキューバ独立運動を指導したホセ＝マルティは，1895年に革命中に敗死した。フィリピンの民族運動家でフィリピン(民族)同盟(1892)を結成したホセ＝リサールと混同しないこと。

A キューバの独立運動に介入して1898年にアメリカ＝スペイン戦争を引き起こした。勝利したアメリカはフィリピンなどを獲得するとともに，独立したキューバを保護国化した。

㉓＿＿＿＿＿条約(1898)
①キューバの独立(1901年の㉔＿＿＿＿＿＿＿で，事実上アメリカが保護国化)
②プエルトリコ・グアム・㉕＿＿＿＿＿＿*11をスペインから獲得

❸㉖＿＿＿＿＿の併合(1898)*12

❹門戸開放宣言(1899，1900)：国務長官の㉗＿＿＿＿＿＿＿が，中国の門戸開放・機会均等・領土保全の3原則を列国に提唱

3. ㉘＿＿＿＿＿＿＿＿＿**大統領***13(任1901～09，共和党)

❶㉙＿＿＿＿＿＿(「大きな棍棒をたずさえ，おだやかに話せ」)
→英・独・伊のベネズエラ干渉を調停，㉚＿＿＿＿＿保護国化(1905)

❷㉛＿＿＿＿＿＿共和国からパナマ共和国を独立(1903)させ，パナマ運河の建設権・地峡地帯の永久租借権を獲得(運河完成は1914年)

*11 フィリピンでは，スペイン支配に反抗して，1896年にフィリピン革命が起こった。アメリカ＝スペイン戦争でアメリカ軍に協力したアギナルドは，1899年フィリピン共和国を樹立したが，アメリカがこれを認めず，フィリピン＝アメリカ戦争が勃発し，フィリピンは敗北した。

*12 アメリカ系白人がハワイに入植して製糖業を発展させた。ハワイ王国の女王リリウオカラニは彼らの影響を排除しようとしたが，1893年にアメリカ合衆国の圧力で退位させられ，ハワイは1898年に合衆国に併合された。

*13 独占の規制，労働者保護をめざす革新主義(進歩主義)を唱えた。

2 帝国主義時代の社会主義運動

19世紀末，ドイツ社会民主党では修正主義が台頭

イギリス*14

1. 労働団体の結成

❶第1インターナショナルの結成(1864)：マルクスを中心にロンドンで結成

❷労働組合法(1871) →グラッドストン内閣(自由党)

❸㉜＿＿＿＿＿＿＿結成(1884)：ウェッブ夫妻・バーナード＝ショーらの指導，漸進的改良主義

2. 労働代表委員会(1900) 社会主義団体と65の労働組合で結成され，1906年に労働党*15と改称，書記長は㉝＿＿＿＿＿＿＿

フランス

1. フランス労働総同盟(CGT)結成(1895) 議会主義を否定し，㉞＿＿＿＿＿＿＿を採用*16

2. フランス社会党(1905) 社会主義政党や団体の連合組織

ドイツ

1. ㉟＿＿＿＿＿＿＿＿**(SPD)**

❶1890年，社会主義者鎮圧法の廃止でドイツ社会主義労働者党が改称

❷第2インターナショナル*17の中心

❸1896年頃から，議会政治による社会主義実現を説く㊱＿＿＿＿＿＿＿＿＿＿らの修正主義が台頭

*14 19世紀末からイギリスでは，女性運動も活発化し，フォーセットや女性社会政治同盟を設立(1903)したパンクハーストなどが活躍した。

*15 イギリス労働党は，マルクス主義を採らず，漸進主義的改良による社会主義の実現をめざし，1911年，自由党内閣に協力して国民保険法を制定させた。

*16 サンディカリスムは，労働組合の直接行動による革命で，生産手段の共有化を実現しようとする立場。

*17 1889年にフランス革命100周年を記念して欧米の社会主義政党を中心にパリで結成された。ドイツ社会民主党が指導的役割を果たした。

記述論述 Q アメリカ合衆国がパナマ運河建設を計画してから工事に着手するまでの経緯を説明しなさい。 (北海道大)

 出題大学…㉗：上智大，立命館大／㉘：早稲田大，神奈川大，立命館大／㉚：福井大／㉜：関西大，西南学院大，早稲田大／㉟：南山大，西南学院大，学習院大

アメリカ

1886年，ゴンパーズらが熟練労働者を主体とし，労資協調を方針とした㊲＿＿＿＿(AFL)を組織した*18

ロシア

1. ロシア社会民主労働党 1898年，㊳＿＿＿＿やレーニンによってマルクス主義政党として結成され，1903年に2派に分裂*19

2. エスエル(社会革命党〔社会主義者・革命家党〕)の結成(1901)

㊴＿＿＿＿の流れをくむ

3 アフリカ分割

ベルリン会議を機に，ヨーロッパ諸国のアフリカ分割が激化

列強の進出以前のアフリカ

1.「暗黒大陸」 砂金や黒人奴隷の貿易，インド航路の寄港地を除き，アフリカ内陸部はヨーロッパ人にとって未知の大陸であった

2. 列強の着目 19世紀半ば，㊵＿＿＿＿(英)やスタンリー(米)らのアフリカ内陸部の探検により，列強が着目

3. ベルリン会議(ベルリン＝コンゴ会議，1884～85)

❶ベルギー国王レオポルド2世が，1883年にコンゴ領有を宣言 →イギリス・ポルトガルが反発

❷㊶＿＿＿＿がベルリン会議(ベルリン＝コンゴ会議)を主催し，「無主の地」に対する「先占権」「実効支配」が承認された*20

イギリスの進出

1. アフリカ縦断政策 ㊷＿＿＿＿政策の一環

▶3C政策は，ケープタウン(Cape Town)・カイロ(Cairo)・カルカッタ(Calcutta)の3地点を結ぶイギリス帝国主義政策。ドイツの3B政策と対立。

❶スエズ運河会社の株式買収(1875)：㊸＿＿＿＿内閣(保守党)が㊹＿＿＿＿家の融資で，エジプトから買収

❷「エジプト人のエジプト」を唱えた㊺＿＿＿＿運動(1881～82)を鎮圧 →エジプトを保護国化(正式には1914年)

❸スーダンの㊻＿＿＿＿運動(1881～98)*21を鎮圧

❹ケープ植民地：㊼＿＿＿＿でオランダから獲得(1815)，ケープ植民地首相㊽＿＿＿＿がローデシアを建設(1895)

2. ㊾＿＿＿＿**戦争**(1899～1902)

❶植民相㊿＿＿＿＿はブール(ボーア)人の建てた

*18 一方，1905年には低賃金・未熟練労働者を中心に世界産業労働者同盟(IWW)も結成された。

＊19 ボリシェヴィキとメンシェヴィキ

ボリシェヴィキは，労働者を社会主義革命の主体とし，農民との同盟と少数精鋭の革命を主張。メンシェヴィキは大衆を基盤に置き，中産階級とも妥協してゆるやかな革命を主張。

＊20 ベルギー領コンゴ

ベルリン会議によって，1885年にベルギー王の私有地としてコンゴ自由国が成立。1908年にベルギー領コンゴとなり，カタンガ銅山が開発され，ベルギー繁栄の一因となった。

*21「導かれた者」を意味するマフディーを称するムハンマド＝アフマドが指導したイスラーム教徒の反乱。太平天国の乱で常勝軍を指揮して活躍したゴードンがハルツームで戦死した。

A 「棍棒外交」と呼ばれるカリブ海政策を進めたセオドア＝ローズヴェルト大統領は，1903年パナマをコロンビアから分離独立させたうえで，パナマから運河の工事権と運河地帯の永久租借権を取得した。

(51)＿＿＿＿＿・トランスヴァール共和国[*22]を破る

❷ 1910年に自治領の南アフリカ連邦を組織

南アフリカ連邦　南アフリカ戦争に勝利したイギリスは，1906年，ブール人に現地民バンツー族への優越を前提に自治を与え，除外された黒人によるバンバタの反乱も鎮圧した。この際の優越を前提に，人種差別と人種隔離の(52)＿＿＿＿＿が連邦成立時から行われた

＊22 ブール人の国家

(1)**オレンジ自由国(1854～1902)**…1867年にダイヤモンド鉱が発見されると(セシル＝)ローズに侵略された

(2)**トランスヴァール共和国(1852～1902)**…1860年代にダイヤモンド鉱，1886年頃に金鉱が発見されたことからイギリスが侵入し(ジェームソン侵入事件)，1899年に南アフリカ戦争が勃発した。共和国大統領クリューガーの反英闘争も失敗した

フランスの進出

1. (53)＿＿＿＿＿**占領**(1830)　七月革命の直前，シャルル10世による出兵で占領し，1842年，直轄領として現地民(54)＿＿＿＿＿人を支配

2. 横断政策

❶ (55)＿＿＿＿＿の保護国化(1881)[*23]

❷ サハラとアフリカ東岸の(56)＿＿＿＿＿を結ぶ横断政策は，イギリスの縦断政策と衝突し，1898年，(57)＿＿＿＿＿事件を引き起こした

(58)＿＿＿＿＿(1904)　エジプト・スーダンにおけるイギリスの優越権，モロッコにおけるフランスの優越権を相互に承認

＊23 チュニジア獲得に敗れたイタリアでは反仏感情が高揚し，フランスの孤立化を企てるビスマルクに誘われ，1882年にドイツ・オーストリアと同盟して三国同盟を形成した。

◆ アフリカ分割

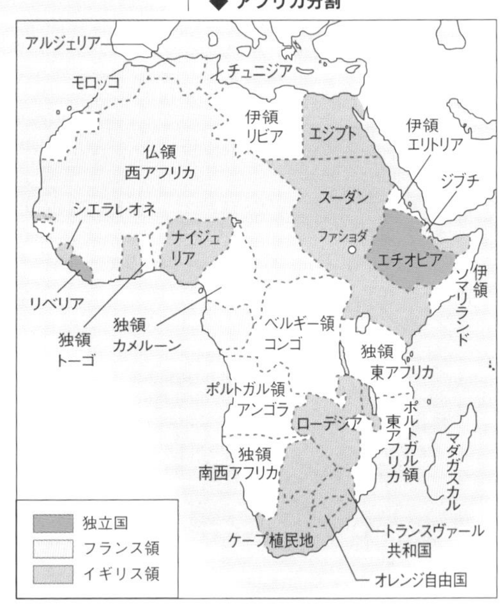

ドイツの進出

1. ビスマルク時代　南西アフリカ・(59)＿＿＿＿＿・トーゴ・東アフリカを領有[*24]

2. ヴィルヘルム2世(位1888～1918)　2度の(60)＿＿＿＿＿事件(1905，タンジール事件・1911，アガディール事件)を起こし，イギリス・フランスと対立した

イタリアの進出

1. アフリカ進出　エリトリア(1885)・ソマリランド(1889)を領有し，第1次エチオピア戦争(1895～96)では，アドワの戦いに敗れた

2. イタリア＝トルコ(伊土)戦争(1911～12)　第2次モロッコ事件(1911)に乗じてオスマン帝国と戦い，(61)＿＿＿＿＿(トリポリ・キレナイカ)を1912年併合

＊ビスマルク時代▶p.147

＊24 アフリカ現地民の反抗

20世紀初め，ドイツ領南西アフリカ(現ナミビア)ではヘレロ族・ナマ族の反乱が，ドイツ領東アフリカ(現タンザニア)ではマジ＝マジ反乱が起こり，ともに鎮圧された。

20世紀初のアフリカの独立国

1. (62)＿＿＿＿＿**共和国**　1822年にアメリカの解放奴隷の居住地として開拓され，1847年に独立を宣言

2. (63)＿＿＿＿＿**帝国**　皇帝メネリク2世(位1889～1913)がイタリアの侵入を阻止

記述論述 Q　1884～85年のベルリン会議で承認された，列強によるアフリカの植民地化に関係する原則を説明しなさい。(慶應義塾大)

実戦演習

❶ 帝国主義に関する下記の設問に答えなさい。 南山大－外国語(英米)・総合政策

(1) 19世紀のフランスの対外政策に関するつぎの二つの文について正誤を判断し，aとbの両方が正しければ㋐を，aが正しくbが誤っていれば㋑を，aが誤っておりbが正しければ㋒を，aとbの両方が誤っていれば㋓を選びなさい。

a．シャルル10世の在位中にアルジェリアに出兵した。

b．ナポレオン3世の在位中にイギリスとともにアロー戦争をおこした。

(2) つぎの文の空欄a，bに入る語の組合せとして正しいものを選びなさい。

1884～85年の［ a ］でアフリカ植民地化の原則が定められ，［ b ］国王の所有地としてコンゴ自由国の設立が認められた。

㋐ a．ロンドン会議 b．スペイン ㋑ a．ロンドン会議 b．ベルギー

㋒ a．ベルリン会議 b．スペイン ㋓ a．ベルリン会議 b．ベルギー

(3) 19世紀後半におけるアフリカ植民地化に関するつぎの二つの文について正誤を判断し，aとbの両方が正しければ㋐を，aが正しくbが誤っていれば㋑を，aが誤っておりbが正しければ㋒を，aとbの両方が誤っていれば㋓を選びなさい。

a．スーダンではマフディー派がイギリスに抵抗した。

b．ファショダ事件はフランスが譲歩して解決した。

(4) 20世紀初めにおけるヨーロッパの国とそのアフリカ植民地の組合せとして誤っているものを選びなさい。すべて正しい場合は㋔を選びなさい。

㋐イギリス――ナイジェリア ㋑フランス――シエラレオネ

㋒ドイツ――トーゴ ㋓ポルトガル――アンゴラ

(5) つぎの文の空欄に入る語を選びなさい。

イタリア＝トルコ戦争の結果，イタリアは［ ］を獲得した。

㋐エリトリア ㋑リビア ㋒ソマリランド ㋓ジブチ

(6) ヨーロッパ諸国のエジプト・西アジア進出に関する記述として正しいものを選びなさい。

㋐ イギリスは保守党のグラッドストン首相のもとでエジプトを事実上の保護国とした。

㋑ ドイツはヴィルヘルム2世の時代にバグダード鉄道の敷設権を得た。

㋒ イランでは，政府がタバコ販売の利権をフランス人に与えたことをきっかけに，タバコ＝ボイコット運動がおこった。

㋓ 第3次アフガン戦争ののち，アフガニスタンはイギリスの保護国となった。

(7) アフガーニーに関する以下の記述の下線部のうち，誤っているものを選びなさい。すべて正しい場合は㋔を選びなさい。

アフガーニーは，ヨーロッパ列強の帝国主義に対抗し，パン＝イスラーム主義による全世界のムスリムの団結を唱えた。彼は弟子の㋐ムハンマド＝アフマドとともにパリで雑誌㋑『固き絆』を創刊した。アフガーニーの思想は㋒エジプトのウラービー運動などに大きな影響を与えた。またオスマン帝国では，ミドハト憲法を停止した㋓アブデュルハミト2世が，パン＝イスラーム主義を体制の維持に利用した。

(8) 帝国主義諸国の中国進出に関する記述として誤っているものを選びなさい。すべて正しい場合は㋔を選びなさい。

㋐ イギリスは山東半島の威海衛を租借した。

㋑ ドイツは山東半島の膠州湾を租借した。

㋒ 日本は下関条約で遼東半島を獲得したが，三国干渉により清に返還した。

㋓ ロシアは露清密約によって東清鉄道の敷設権を得た。

解答：別冊p.33 ▶

❶ ヒント

(2)－ベルリン会議(1884～85年)はベルギーのコンゴ領有をめぐる紛争を調停するためビスマルクが開催し，「先占権」が確認された。

(4)－シエラレオネは西アフリカの大西洋岸に位置する。15世紀後半にポルトガル人が渡来。16世紀にイギリス人が来訪して奴隷や象牙の貿易が行われ，19世紀初めにはイギリスの支配権が確立した。

(7)－アフガーニーとともに，パリで，アラビア語の雑誌『固き絆』を刊行したのは，エジプトのムハンマド＝アブドゥフである。ムハンマド＝アフマドは，スーダンでマフディー派を創始し，マフディー国家を起こしてイギリスと戦った。

❶ 解答欄

(1)	
(2)	
(3)	
(4)	
(5)	
(6)	
(7)	
(8)	

A 会議では，アフリカは「無主の地」とみなされ，先に占領した国がその地域の領有権を獲得するという先占権を確認した。

解答：別冊p.20 ▶

25 列強の対立と第一次世界大戦

ココが出る！

［入試全般］

大戦前のバルカンや大戦末期の情勢,ヴェルサイユ条約が頻出。

［国公立二次・難関私大］

大戦前の三国同盟,三国協商の成立過程が問われる。バルカン問題から大戦勃発までの独・墺と露・セルビアの動向に注意。ウィルソンの十四カ条・ヴェルサイユ条約の内容が出題の対象。

大学入試 最頻出ワード

- ■国際連盟 ■セルビア
- ■ブルガリア
- ■ラインラント
- ■十四カ条
- ■ヴェルサイユ条約

イタリア／ドイツ／オーストリア：三国同盟
- ドイツ：• 3B政策 • パン＝ゲルマン主義

ロシア／フランス／イギリス：三国協商
- ロシア：• 南下政策 • パン＝スラヴ主義

オーストリア：① を併合（1908年）

オスマン帝国
- 青年トルコ革命（1908年）
- イタリア＝トルコ戦争（1911～12年）

→ 第１次バルカン戦争（1912～13年）← ③ 同盟

② （1908年独立）、モンテネグロ、セルビア、ギリシア

セルビア → ④ 事件（1914年6月28日）
- オーストリア帝位継承者夫妻の暗殺

→ 第一次世界大戦（1914～18年）

	同盟国	協商国（連合国）
1914	ドイツの対ロシア・フランス宣戦	
	ドイツの ⑤ 侵犯	← ⑥ の対ドイツ宣戦
1915		イタリアが協商国側で参戦
1917	ドイツの ⑦ 作戦	ロシア革命 ⇒ ソヴィエト政権成立
	↑	⑧ の参戦
1918		ウィルソン大統領が ⑨ を発表
	⑩ 条約 • ドイツとソヴィエト政権が単独講和	
	ドイツ革命 ⇒ 臨時政府成立 → 休戦条約	

⑪ 会議（1919年）• ウィルソン（米）・ロイド＝ジョージ（英）・クレマンソー（仏）が主導

⑫ 条約（対ドイツ）⇒ ⑬ の成立（1920年）

サン＝ジェルマン条約（対オーストリア）
トリアノン条約（対ハンガリー）— 東欧に新興独立国誕生
ヌイイ条約（対ブルガリア）
セーヴル条約（対オスマン帝国）

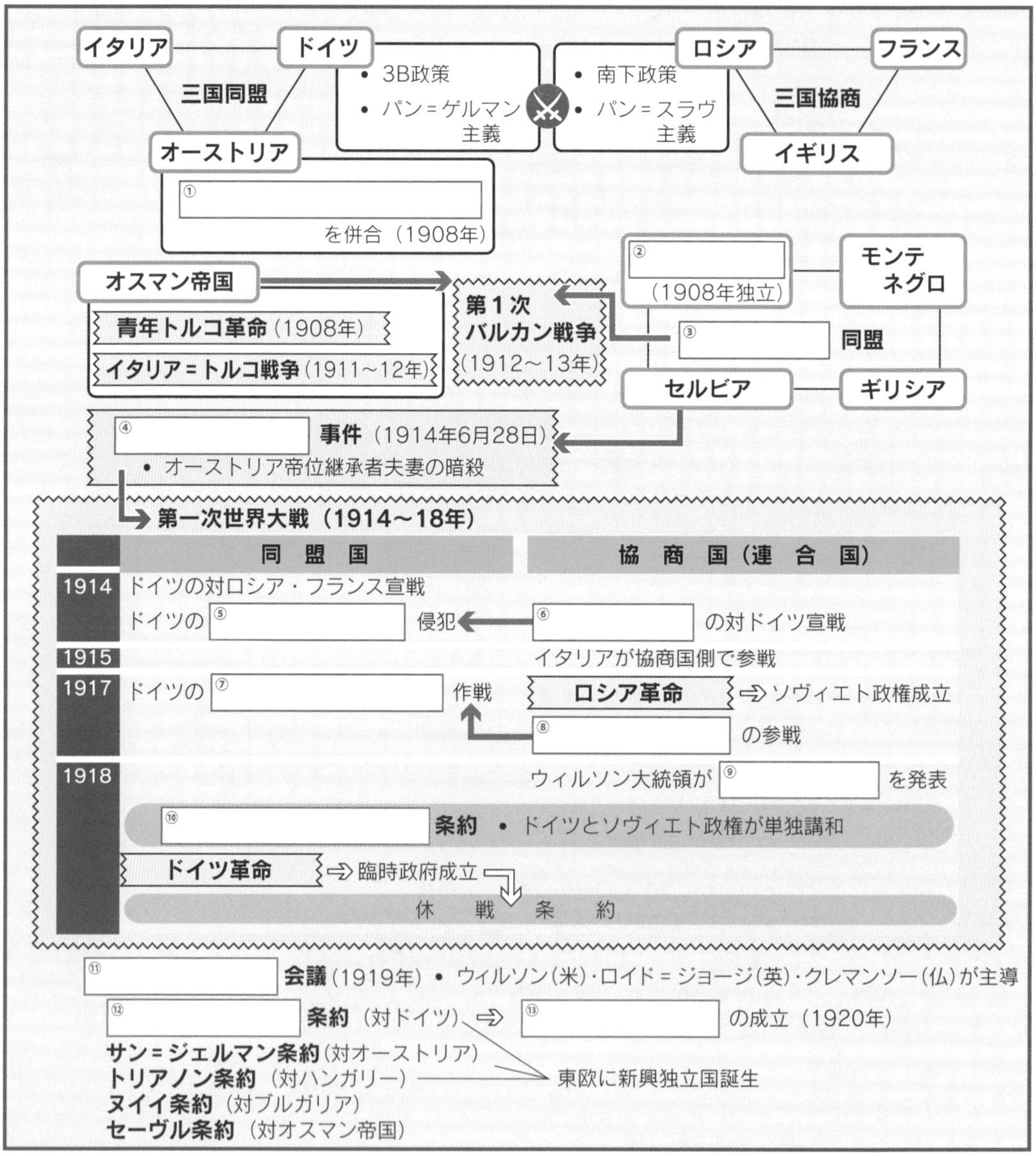

空欄解答 ①ボスニア・ヘルツェゴヴィナ ②ブルガリア ③バルカン ④サライェヴォ ⑤ベルギー ⑥イギリス ⑦無制限潜水艦 ⑧アメリカ合衆国 ⑨十四カ条 ⑩ブレスト＝リトフスク ⑪パリ講和 ⑫ヴェルサイユ ⑬国際連盟

記述論述 Q 19世紀末にドイツ・フランス・ロシアの間で起こった外交関係の変容を100字以内で説明しなさい。（東京都立大）

1 国際対立の激化 三国同盟と三国協商が対立した

日露戦争と韓国併合

1. 日露戦争(1904～05)の背景と戦況

❶ロシアは，義和団戦争後も中国の東北地方(満洲)で軍事力を増強，朝鮮半島への勢力圏拡大を図り，日本と対立

❷1902年，①＿＿＿＿が成立し，アメリカも日本に好意的[*1]

❸1904年に宣戦布告した日本は，05年の奉天(ほうてん)会戦・日本海海戦で勝利

2. ②＿＿＿＿条約(1905)

❶アメリカ合衆国大統領セオドア＝ローズヴェルトの調停

❷日本は，韓国の指導・監督権，③＿＿＿＿南部の租借権，④＿＿＿＿(長春～旅順)経営権，南樺太領有権などを獲得

❸日本の勝利は，アジアの民族運動を刺激する一方，戦後，中国東北地方の権益を定めた日露協約，アフガニスタン・イランでの勢力範囲を定めた英露協商が成立(1907)

3. 韓国併合

❶日本は日露戦争後，第２次⑤＿＿＿＿(1905)で，韓国の外交権を奪って保護国化し，翌年統監府を置いた

❷高宗が⑥＿＿＿＿に密使を送ったこと(ハーグ密使事件，1907)を口実に，日本は高宗を退位させ，軍隊を解散させた

❸日本は韓国の反日武装闘争(義兵闘争)を武力弾圧し[*2]，1910年韓国併合を強行し，ソウルに朝鮮総督府を設置した

第一次世界大戦前の国際関係

1. ドイツ皇帝⑦＿＿＿＿(位1888～1918)

❶ロシアとの再保障条約[*3]を破棄(1890)，また軍拡法案可決(1893)

❷バグダード鉄道敷設権をオスマン帝国から獲得(1899)

➡⑧＿＿＿＿政策(ベルリン・ビザンティウム・バグダード)推進
(Berlin　Byzantium　Baghdad)

❸パン＝ゲルマン主義：バルカン半島のゲルマン系住民の民族運動をオーストリアとともに支援

2. 三国協商[*4]

❶⑨＿＿＿＿(1891～94)：ドイツの再保障条約更新拒否後，成立

❷⑩＿＿＿＿(1904)：モロッコでのフランスの優越権，エジプ

*1 1891～94年に露仏同盟を結んだフランスはロシアを支持。ドイツは，ロシアがバルカン半島から東アジアに重心を転じることを期待してロシアを支持した。

*2 1909年，初代統監だった伊藤博文が韓国の愛国者の安重根(あんじゅうこん)(アンジュングン)によってハルビン駅で射殺された。

*3 ドイツとロシアとの再保障条約は，三帝協商の満期後の1887年に締結されたのでこの名が使われた。

*4 国家間の同盟は，第三国に対する攻撃または防御のために相互に援助する義務を持つ。協商は国家間の親善関係を規定したもので，武力的援助義務の規定は持たない。露仏同盟・英仏協商・英露協商によるイギリス・フランス・ロシアの協力を三国協商という。

A ドイツ皇帝ヴィルヘルム２世が，ロシアとの再保障条約の更新を拒否したことから，ロシアはフランスに接近し，露仏同盟を結んだ。これによってフランスを孤立化させる政策をとってきたビスマルク体制は崩壊した。(98字)

ト・スーダンでのイギリスの優越権を相互に承認

❸ ⑪＿＿＿＿(1907)：イラン(北部はロシア，南部はイギリス)・アフガニスタン(イギリス)における勢力範囲を設定。⑫＿＿＿＿は相互不干渉

▶イタリアは，三国同盟に参加したが，1902年に仏伊協商で，モロッコにおけるフランスの，⑬＿＿＿＿(トリポリ・キレナイカ)におけるイタリアの優越権を相互に承認。一方「⑭＿＿＿＿＿＿」をめぐってオーストリアと対立した。

＊三国同盟▶p.147

モロッコ事件

1. 第1次モロッコ事件(⑮＿＿＿＿事件)

❶ 1905年，ドイツのヴィルヘルム2世が英仏協商によるフランスのモロッコでの優越権に抗議し，モロッコのタンジール港に上陸

❷ アルヘシラス会議(1906)で，イギリスがフランスを支援してドイツは孤立　→モロッコはフランスとスペインの勢力範囲

2. 第2次モロッコ事件(⑯＿＿＿＿事件) 1911年に現地民ベルベル人の反乱が起こると，ドイツ軍艦がアガディール港に入港*5

*5 フランスは，独仏協定でフランス領コンゴの一部をドイツに割譲し，1912年，モロッコを正式に保護国化した。

2 バルカン問題 バルカンは「ヨーロッパの火薬庫」となった

「ヨーロッパの火薬庫」

1. 対立の激化

❶ オーストリアは，ベルリン会議(1878)で⑰＿＿＿＿・ヘルツェゴヴィナ*6の行政権を獲得し，以後，バルカン半島に積極進出

❷ セルビアも，ロシアの支援を受け，大セルビア主義を主唱

❸ ドイツ・オーストリアのパン＝ゲルマン主義とセルビア・ロシアの⑱＿＿＿＿主義が対立

❹ ⑲＿＿＿＿革命(1908)*7に乗じて，⑳＿＿＿＿が独立を宣言し，オーストリアはボスニア・㉑＿＿＿＿を併合。これに対し，㉒＿＿＿＿の反オーストリア感情が激しくなった

*6 ボスニア・ヘルツェゴヴィナの住民の大半はスラヴ系で，セルビアが編入を望んでいた地域。

＊ベルリン会議▶p.150

*7 青年トルコ(人)革命は，1908年，サロニカでの軍の蜂起により専制支配から憲法(ミドハト憲法)を復活させ，アブデュルハミト2世を退位させた無血革命。

バルカン戦争

バルカン同盟 オーストリアのバルカン半島進出を阻止しようとするロシアの指導で，1912年にセルビア・㉓＿＿＿＿・ギリシア・ブルガリアの4国が結成した反オーストリアの同盟

記述論述 Q セルビア人が，なぜオーストリア人に対して反感を抱いたのか。簡単に記せ。 (北海道大)

1. 第1次バルカン戦争(1912～13)

❶ イタリア＝トルコ(伊土)戦争(1911～12)に乗じて，バルカン同盟がオスマン帝国に宣戦

❷ ロンドン条約(1913)でオスマン帝国は㉔＿＿＿＿＿を除くバルカン半島の領土とクレタ島を喪失。アルバニアが独立

2. 第2次バルカン戦争(1913)

❶ マケドニアの領土をめぐり，㉕＿＿＿＿＿がバルカン同盟国に宣戦し，ルーマニア・オスマン帝国も参戦

❷ ブルガリアは降伏し，㉖＿＿＿＿＿・オーストリアに接近

◆ バルカン戦争の国際関係

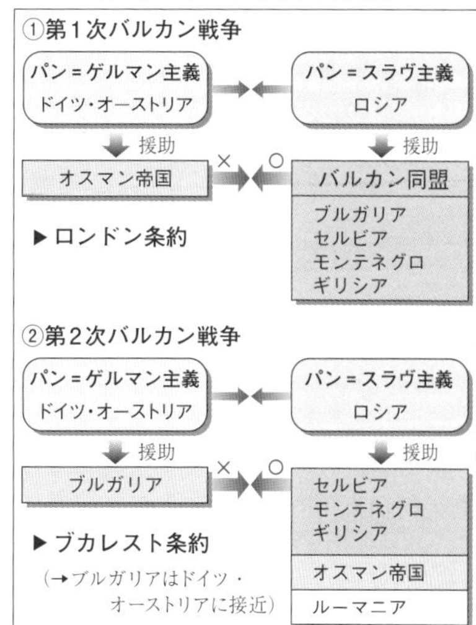

3 第一次世界大戦

31カ国が参戦し，国民の生産力を背景とする総力戦となった

第一次世界大戦

1. ㉗＿＿＿＿＿事件

(1914.6.28)

オーストリアの帝位継承者フランツ＝フェルディナントとその妻が，ボスニアのサライェヴォでセルビア青年により暗殺

→7月28日，ドイツの支持を得て，オーストリアはセルビアに宣戦布告

◆ 第一次世界大戦前の国際関係

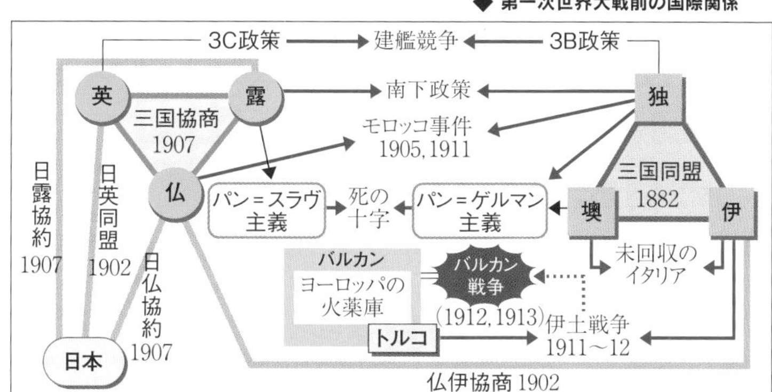

2. 戦争の経過

1914 .8 ドイツはロシア・フランスに宣戦，中立国㉘＿＿＿＿＿侵犯＊8

イギリスが宣戦，日本も㉙＿＿＿＿＿を名目に対独宣戦

.8 東部戦線：㉚＿＿＿＿＿の戦いで独が露を破る

.9 西部戦線：㉛＿＿＿＿＿の戦いで仏が独の侵入を阻止

1915 .5 ㉜＿＿＿＿＿が協商国(連合国)側に参戦＊9

.10 ㉝＿＿＿＿＿が同盟国側に参戦

1916 .2 ヴェルダン要塞の攻防(～1916.12)＊10　.6 ソンムの戦い

1917 .2 ドイツの㉞＿＿＿＿＿作戦

.3 ロシア革命勃発　.4 ㉟＿＿＿＿＿参戦

1918 .3 ㊱＿＿＿＿＿条約：ロシアがドイツと単独講和

.9 以降　ブルガリア・オスマン帝国・オーストリアは降伏

＊8 シュリーフェン作戦

ドイツの対仏露二面作戦計画で，ベルギーを通過してフランスを打倒し，反転してロシアを叩く作戦をいう。

＊9 イタリアは初め中立を堅持したが，1915年にイギリス・フランス・ロシアとロンドン密約(「未回収のイタリア」の回復を約束)を結び，三国同盟を破棄して，オーストリアに宣戦した。

＊10 第一次世界大戦は女性や植民地人も含めた総力戦となり，毒ガス・戦車・飛行機など新兵器も登場した。

A 露土戦争後，セルビア系住人の多いボスニア・ヘルツェゴヴィナの行政権を得たオーストリアが，1908年の青年トルコ革命に乗じてボスニア・ヘルツェゴヴィナを併合したため，この地域の併合をねらっていたセルビアが強く反発した。

1918 .11 ドイツ革命：㊲＿＿＿＿の水兵反乱を機に革命拡大
→ヴィルヘルム2世のオランダ亡命，各地にレーテ(評議会)成立，㊳＿＿＿＿を首班に臨時政府が成立
➡連合軍とドイツ，休戦条約に調印(11.11)

パリ講和会議(1919) ⇨ヨーロッパの新秩序＝ヴェルサイユ体制

1. ㊴＿＿＿＿ アメリカ大統領ウィルソンが発表(1918.1) *11
▶㊵＿＿＿＿の廃止，海洋の自由，関税障壁の除去，軍備縮小，植民地問題の公正な解決，㊶＿＿＿＿，国際平和機構の設立。

2. パリ講和会議
❶ 連合国のみ参加(ドイツなど同盟国やソヴィエト政府は招かれず)
❷ 主要参加人物は，㊷＿＿＿＿(英)・ウィルソン(米)・㊸＿＿＿＿(仏)・オルランド(伊)など

3. ヴェルサイユ条約(1919.6.28調印) ⇨ドイツとの講和条約
❶ 領土問題：㊹＿＿＿＿をフランスに割譲，㊺＿＿＿＿地方は国際連盟が15年間管理，ポーランド回廊をポーランド*12に割譲，㊻＿＿＿＿は自由市，海外植民地の放棄，オーストリアとの合併禁止
❷ 軍備制限：㊼＿＿＿＿(ライン右岸50キロの地帯)非武装化，ライン左岸は連合軍の15年間保障占領，㊽＿＿＿＿制の廃止
❸ 賠償金：1921年の㊾＿＿＿＿で1320億金マルクに決定

4. ㊿＿＿＿＿**条約(1919)** ⇨オーストリアとの講和
❶ イタリアに南チロル・(51)＿＿＿＿など「未回収のイタリア」を割譲
❷ (52)＿＿＿＿はセルブ＝クロアート＝スロヴェーン王国(のちのユーゴスラヴィア)に割譲

5. その他の講和条約 ヌイイ条約(1919，対ブルガリア)，トリアノン条約(1920，対ハンガリー*13)，(53)＿＿＿＿(1920，対オスマン帝国)

独立国家の誕生
①オーストリア＝ハンガリー帝国が解体し，(54)＿＿＿＿・ハンガリーが独立。セルブ＝クロアート＝スロヴェーン王国の成立
②ポーランドの復活
③フィンランド・エストニア・ラトヴィア・リトアニアの独立

第一次大戦中のイギリス外交
(1)フセイン・マクマホン協定(1915)…戦後のアラブ人の独立国家の承認
(2)サイクス・ピコ協定(1916)…オスマン帝国領のイギリス・フランス・ロシアによる分割
(3)バルフォア宣言(1917)…パレスチナにおけるユダヤ人国家の建国を支持

*11 十四カ条はウィルソンが1917年に発表した「勝利なき平和」の内容を具体化し，レーニンの「平和に関する布告」(1917)と，その後の秘密条約の暴露による連合国側の動揺を抑えることをめざしたもの。

*国際連盟▶p.185

*12 ポーランドは第一次世界大戦末の1918年に独立を宣言し，パリ講和会議で承認された。しかし東部国境(カーゾン線)に不満を持ち，ソヴィエト＝ポーランド戦争(1920～21)で，ベラルーシとウクライナの一部を獲得。1926年以降，ピウスツキの独裁が続いた。

*13 領土の約7割を失ったハンガリーでは，1919年にクン＝ベラらのハンガリー革命が起こったが，フランスの支援を受けたルーマニア軍が侵入して革命政権は崩壊し，1920年以降，ホルティが反動的独裁政治を強行した。

ヴェルサイユ体制の特異性
(1)ドイツ制裁とソヴィエト政府に対する警戒
(2)民族自決は東欧の旧同盟国と旧ロシア帝国にのみ適用
(3)アジア・アフリカの民族自決は適用されず
(4)東欧の独立国は，ソヴィエト政府の西進防止の防波線となった

記述論述 Q ヴェルサイユ条約の内容を簡潔に述べなさい。 (名古屋大)

 出題大学…㊷：北海学園大，明治大／㊿：明治大

実戦演習

❶ 次の文章を読み，設問 A～J に対する答えを選択肢1～4から一つ選べ。

解答：別冊p.33 ▶

京都産業大－現代社会・外国語・文化・法・経済・経営・国際関係・生命科学(産業生命科学)

帝国主義時代には，ヨーロッパ諸国は世界中に植民地を持っていたものの，aイギリスの植民地が圧倒的に多かった。この時期のイギリスのインド・アフリカにおける帝国主義政策は，b3C 政策と呼ばれる。

ヨーロッパにおいては，（　c　）系諸民族の一体性を主張するロシアの支援で，バルカン同盟がdオスマン帝国に宣戦したため，1912年，e第一次バルカン戦争がはじまった。

第一次バルカン戦争は，バルカン同盟側の勝利に終わり，オスマン帝国は，（　f　）条約で，バルカン半島のほとんどの領土を喪失した。すると今度は，オスマン帝国が割譲した領土をめぐり，（　g　）とほかのバルカン同盟諸国が対立し，第二次バルカン戦争がはじまった。

1914年には，（　h　）でオーストリア＝（　i　）帝国の皇太子夫妻がセルビア人の青年に暗殺され，これをきっかけとして，j第一次世界大戦が勃発することになった。

A．下線部aに関連して，「イギリスの植民地」でなかったものはどれか。
　1．ニュージーランド　2．アルジェリア　3．カナダ　4．オーストラリア

B．下線部bに関連して，「3C 政策」と関係のない都市はどれか。
　1．カイロ　2．ケープタウン　3．カルカッタ　4．カレー

C．（　c　）にあてはまる語句はどれか。
　1．スラヴ　2．ゲルマン　3．ラテン　4．北欧

D．下線部dに関連して，1908年の青年トルコ革命時の「オスマン帝国」のスルタンはだれか。
　1．イスマーイール　2．アブデュルハミト２世
　3．セリム１世　4．セリム２世

E．下線部eに関連して，「第一次バルカン戦争」がはじまったとき，オスマン帝国が戦っていた国はどれか。
　1．ベルギー　2．スペイン　3．イタリア　4．フランス

F．（　f　）にあてはまる語句はどれか。
　1．リスボン　2．ベルリン　3．ロンドン　4．パリ

G．（　g　）にあてはまる語句はどれか。
　1．ギリシア　2．モンテネグロ　3．アルメニア　4．ブルガリア

H．（　h　）にあてはまる語句はどれか。
　1．サライェヴォ　2．ウィーン　3．ベオグラード　4．ローマ

I．（　i　）にあてはまる語句はどれか。
　1．ハンガリー　2．チェコ　3．スロヴァキア　4．スロヴェニア

J．下線部jに関連して，「第一次世界大戦」の期間，一貫して中立を維持した国はどれか。
　1．ポルトガル　2．日本　3．アメリカ　4．スイス

❶ ヒント

E－バルカン同盟は，1912年にロシアの後援でセルビア・ブルガリア・モンテネグロ・ギリシアが結成し，イタリア＝トルコ戦争に乗じてオスマン帝国に宣戦した(第１次バルカン戦争)。

F－第１次バルカン戦争に敗れたオスマン帝国は，1913年のロンドン条約でイスタンブルを除くヨーロッパ領とクレタ島を失った。

❶ 解答欄

A	
B	
C	
D	
E	
F	
G	
H	
I	
J	

A ドイツに対して，海外領土の放棄，アルザス・ロレーヌのフランスへの割譲，軍備の制限と徴兵制廃止，ラインラントの非武装化，賠償金の支払い義務などを規定した。

解答：別冊p.20 ▶

26 ロシア革命とソ連邦の成立

ココが出る！

[入試全般]
ロシア革命の推移とソヴィエト政権の経済政策が頻出分野。

[国公立二次・難関私大]
ロシア革命は，19世紀末の社会民主労働党の成立以降からが出題対象。二月革命・十月革命の背景・経過を押さえよう。新経済政策，第二次世界大戦までのスターリンの内政・外交も頻出。

大学入試 最頻出ワード

- ■ニコライ2世
- ■コミンテルン
- ■モスクワ
- ■レーニン
- ■スターリン

1905

第1次ロシア革命（1905年革命，1905年）
- ペテルブルクで ① ＿＿＿＿ 事件
⇒十月宣言の発布で鎮静化

→ ソヴィエト（評議会）の成立

ストルイピン首相の反動政治

1917

② ＿＿＿＿ **（三月革命）**（1917年）
- ペトログラードで暴動 ← 第一次世界大戦の長期化
⇒ ③ ＿＿＿＿ の退位（ロマノフ朝の滅亡）

→ ソヴィエト（評議会）の組織
- メンシェヴィキとエスエルが主導
⇩
ボリシェヴィキが勢力拡大

⇒ **臨時政府の成立**
⇒立憲民主党中心，エスエルも支持
- 戦争を継続

レーニン → ボリシェヴィキが勢力拡大
- ④ ＿＿＿＿ を指導
- 「四月テーゼ」を発表

⑤ ＿＿＿＿ **（十一月革命）**（1917年）
- ボリシェヴィキの武装蜂起⇒ ⑥ ＿＿＿＿ の臨時政府打倒

⇒ 人民委員会議の成立（議長レーニン）

ソヴィエト政権
- 「⑦ ＿＿＿＿ に関する布告」・「土地に関する布告」
- ドイツと ⑧ ＿＿＿＿ 条約を締結（1918年）

1918

- 戦時共産主義を採用（1918～21年）
- 赤軍を組織 → ⚔ ← **連合軍**
- ⑩ ＿＿＿＿ を結成（1919年）
- ⑪ ＿＿＿＿（ネップ）を採用（1921年）

⑨ ＿＿＿＿ **戦争**（1918～22年）

1922

ソヴィエト社会主義共和国連邦の樹立（1922年）
- 1924年，レーニン没 ⇒ ⑫ ＿＿＿＿ の一国社会主義論

空欄解答 ①血の日曜日 ②二月革命 ③ニコライ2世 ④ボリシェヴィキ ⑤十月革命 ⑥ケレンスキー ⑦平和 ⑧ブレスト=リトフスク ⑨対ソ干渉 ⑩コミンテルン ⑪新経済政策 ⑫スターリン

ロシアのソヴィエト政権はどのようにして成立し，どのような政策を打ち出したのか。 （名古屋大）

1 ロシア革命 二月革命でロマノフ朝は崩壊した

革命前のロシアの情勢

1. ①＿＿＿＿＿(位1894〜1917)の治世

❶ロシア社会民主労働党やエスエル(社会革命党)が結成された*1

❷1895年に三国干渉で日本に遼東半島を清に返還させ，1896年に②＿＿＿＿＿敷設権を獲得，1898年に③＿＿＿＿＿・大連を租借

❸日露戦争に敗北(1905)*2

2. 第1次ロシア革命(1905年革命)

❶④＿＿＿＿＿事件(1905)：首都ペテルブルクで司祭ガポンを先頭に，生活苦と平和を訴える市民・労働者に対して，軍隊が発砲

❷全国的なゼネストに拡大し，大都市には労働者代表の自治組織として⑤＿＿＿＿＿(評議会)が成立

❸皇帝は十月宣言(十月勅令)を発布*3し，憲法制定，⑥＿＿＿＿＿(国会)の開設などを約し，首相に⑦＿＿＿＿＿を登用した。

❹モスクワの労働者蜂起も弾圧され，第1次ロシア革命は鎮静化

3. ⑧＿＿＿＿＿首相の改革

❶自由主義・革命運動を弾圧してツァーリズムを強化

❷農業改革：農村共同体(⑨＿＿＿＿＿)解体により共有地を廃止し，自営農民を創設して革命の防壁とする改革

二月革命(1917，三月革命)

1. 背景

❶怪僧ラスプーチンが政務を左右

❷第一次世界大戦の長期化で，経済不安・食料不足・兵士の士気低下

2. 経過

❶首都⑩＿＿＿＿＿*4で暴動が発生，各地に拡大し，兵士・労働者からなるソヴィエトが組織された

❷ニコライ2世の退位により，⑪＿＿＿＿＿は滅亡

❸臨時政府の成立*5：立憲民主党のリヴォフを首班に成立し，⑫＿＿＿＿＿(社会革命党〔社会主義者・革命家党〕)も協力 ➡戦争を継続する臨時政府と，「平和とパンと土地」を求める兵士・労働者・農民のソヴィエト*6とが並立する二重権力の状態が出現

*1 マルクス主義を掲げるロシア社会民主労働党は，1903年にボリシェヴィキ(多数派)とメンシェヴィキ(少数派)に分裂。エスエル(社会革命党〔社会主義者・革命家党〕)はナロードニキの流れをくむ。(▶p.169)

*2 日本海海戦(1905)でバルチック艦隊が壊滅した直後，オデッサで戦艦ポチョムキン号の水兵の反乱が起こり，ロシア政府は日露戦争継続を断念した。

*3 十月宣言後，立憲君主政をめざす立憲民主党(カデット)が，自由主義的知識人・地主により結成された。

*4 ペテルブルクは，第一次世界大戦勃発時にペトログラードと改称され，レーニン没後レニングラードと改称された。1991年には旧名のサンクト＝ペテルブルクに戻された。

***5 二月革命の性格**

ツァーリズムの打倒に成功し，共和政府を樹立したブルジョワ革命であった。

*6 二月革命で成立したソヴィエトでは，エスエルとメンシェヴィキが主導権を握ったが，レーニンが四月テーゼを発表したあと，ボリシェヴィキへの支持が急速に拡大した。

A 1917年にレーニンらに指導されたボリシェヴィキが十月革命を起こし，臨時政府を倒してソヴィエト政権を樹立し，戦争の即時停止を訴える「平和に関する布告」と土地私有の廃止をうたう「土地に関する布告」を発表した。

2 ソヴィエト政権の成立 ボリシェヴィキの武装蜂起で臨時政府は打倒された

十月革命(1917，十一月革命)

1. レーニンとボリシェヴィキ

❶ レーニンは，二月革命が起こると亡命先のスイスから帰国し，四月テーゼ*7を発表して「すべての権力をソヴィエトへ」と提唱

❷ 七月蜂起(労働者・兵士・ボリシェヴィキの武装蜂起)は，臨時政府の⑬＿＿＿＿(エスエル〔社会革命党〕)に弾圧された

❸ ⑭＿＿＿＿はコルニーロフの反乱(右翼・反革命軍の反乱)の鎮圧に活躍し，ソヴィエト内部で多数派となった

2. 十月革命

❶ 1917年，レーニンと⑮＿＿＿＿の指導でボリシェヴィキが武装蜂起し，ケレンスキーの臨時政府を打倒

❷ 全ロシア＝ソヴィエト会議がペトログラードに招集され，革命政府の内閣にあたる人民委員会議は，「⑯＿＿＿＿」・「土地に関する布告」を発表*8

❸ 1917年末に実施された憲法制定会議の選挙で，エスエルが第一党となり，ボリシェヴィキは第二党に

❹ 1918年1月，レーニンは武力で憲法制定会議を解散し，ボリシェヴィキによる一党独裁を樹立した

❺ ⑰＿＿＿＿条約(1918)*9　ドイツとの単独講和

ソヴィエト政権

1. プロレタリア独裁体制

ボリシェヴィキは共産党(ロシア共産党)と改称し(1918)，首都を⑱＿＿＿＿に移してクレムリン宮殿に中枢機関を移転

2. 反革命と対ソ干渉戦争

❶ 地主・貴族・帝政派将校やボリシェヴィキ以外の諸政党が反革命軍(白軍)を結成し，内戦が続いた

❷ 革命の波及を恐れたイギリス・フランスにつづいて，アメリカや日本は，チェコ兵救出を口実に⑲＿＿＿＿に出兵し，対ソ干渉戦争(1918～22)を展開

❸ ソヴィエト政府は⑳＿＿＿＿を組織し，反革命運動を抑える㉑＿＿＿＿

*7 四月テーゼは，ボリシェヴィキの基本方針で，戦争継続反対・すべての権力のソヴィエトへの集中・土地没収・生産の国家管理など10項目からなる。

***8 ソヴィエト新政権の第一声**

(1)**「平和に関する布告」**…無併合・無償金・民族自決の和平を提示(連合国側は黙殺した)

(2)**「土地に関する布告」**…地主所有地の無償没収を含む土地私有権の廃止で社会主義化の第一歩

*9 ポーランド・リトアニア・エストニアなどの主権を放棄し，フィンランドから撤退，ウクライナの独立を承認した。この条約はドイツ革命の勃発によりソヴィエト政権が無効を宣言した。

記述論述 Q ソヴィエト政権は「平和に関する布告」を発表したが，この布告の具体的な内容についてしるせ。　(立教大)

 出題大学…⑰：北海学園大，早稲田大，甲南大／⑳：学習院大／㉑：同志社大，上智大

＿＿＿(非常委員会)を設置して対抗

❹ レーニンは，㉒＿＿＿＿＿＿(共産主義インターナショナル，第3インターナショナル)をモスクワに組織(1919)＊10

❺ ソヴィエト＝ポーランド戦争(1920～21)：ポーランドが領土回復を目的に開始，ソヴィエトはベラルーシとウクライナの一部を失う

ソヴィエトの経済政策

1. ㉓＿＿＿＿＿＿**主義**(1918～21)

❶ 背景：内戦と対ソ干渉戦争などによる経済混乱

❷ 内容：私企業の禁止，工業・貿易・銀行の国家管理，労働義務制と食料配給制，農民から穀物強制徴発＊11

2. ㉔＿＿＿＿＿＿(1921～28)

❶ 内容：穀物の強制徴発中止，余剰農産物の自由販売，中小私企業・私営商業・小農の経営の承認

❷ 結果：農業は1926年，工業は1927年までに戦前の水準に回復したがクラーク(富農)・ネップマン(小所有者階級)が出現した

＊10 コミンテルンは，1920年末までは世界革命をめざす急進政策をとったが，以後，1928年までは社会民主勢力との統一戦線戦術に，ファシズム台頭の中で1935年以降は人民戦線戦術に転じた。独ソ戦開始後，連合国との協調の必要性から1943年に解散した。

＊11 戦時共産主義は，労働者の生産意欲の低下，食料難や工業生産の激減などを招き，農民一揆やストライキが頻発した。

3 ソ連邦の成立　レーニン没後，スターリンの一国社会主義論が採択された

ソヴィエト社会主義共和国連邦の成立(1922)

1. 成立　ロシア＝ソヴィエトは，内戦中に成立した㉕＿＿＿＿＿・ベラルーシ(白ロシア)・ザカフカースの3つの共和国と連合してソヴィエト社会主義共和国連邦(ソ連邦・ソ連)が成立。のちウズベク共和国やキルギス共和国などが加盟し，15共和国で構成された

2. ソ連の承認

❶ ㉖＿＿＿＿条約(1922)：ドイツとソヴィエト間で締結＊12

❷ イギリス(マクドナルド労働党内閣)は1924年，フランス(エリオ左派連合内閣)も1924年，イタリア(ムッソリーニ内閣)も1924年，日本(加藤高明(かとうたかあき)護憲三派連立内閣)は1925年，アメリカ合衆国(㉗＿＿＿＿＿＿＿＿大統領)は1933年にソ連を承認

＊12 ソ連が出席した初の国際会議
第一次世界大戦後のヨーロッパ経済復興計画を討議するジェノヴァ会議(1922)にソ連が参加し，この会議の途中，ドイツとソヴィエト政権はラパロ条約を締結した。

スターリン時代(1924～53)

1. レーニンの死　レーニン没後，スターリンの一国社会主義論と㉘＿＿＿＿＿の世界革命論が対立，1925年の党大会で一国社会主義論が採択され，27年にトロツキーは除名された

A　第一次世界大戦の即時停戦と，無併合・無償金・民族自決の原則に基づく講和交渉の即時開始を全交戦国に訴えるとともに，秘密外交を批判した。

2. 第1次五カ年計画(1928～32)

社会主義計画経済に着手し，重工業の育成と農業の機械化・集団化を図る[*13]

*13 コルホーズ(集団農場)・ソフホーズ(国営農場)の集団化に成功した。

■ソ連の五カ年計画(国家権力による統制経済政策)

第1次(1928～32)	農業国から工業国への転化を目標とする。**重工業中心。**消費物資節約
〈関　連〉	農業集団化運動(コルホーズ・ソフホーズ)
第2次(1933～37)	**基礎産業の拡大強化，軽工業分野にも範囲拡大**　→工業生産は米国に次ぎ2位
〈関　連〉	農家93%，耕地99%　コルホーズ編入

3. 内政

❶ スターリン憲法の制定(1936)：社会主義の原則に立脚し，18歳以上の男女に普通・平等・秘密選挙権などを規定

❷ 粛清(1934～38)：反スターリン派に対する粛清により幹部を大量処刑　→スターリン体制

4. 外交

❶ 日本・ドイツの国際連盟脱退とアメリカ合衆国のソ連承認(1933)を機に，国際連盟に加盟(1934)

❷ ドイツの再軍備宣言に対抗して1935年に仏ソ相互援助条約を，さらにソ連＝チェコ相互援助条約を締結した

❸ イギリス・フランスの対ドイツ宥和政策への不信から㉙＿＿＿＿＿＿条約[*14]を締結(1939)

*14 独ソ不可侵条約の付属議定書では，ポーランドの分割やバルト3国のソ連への併合などが秘密にされた。

❹ ドイツのポーランド侵攻(1939.9.1)直後にソ連軍もポーランド進撃

❺ ソ連のフィンランド侵攻でソ連＝フィンランド戦争(1939～40，41～44)が開始(1939年にソ連は国際連盟から除名)

❻ バルト3国(エストニア・ラトヴィア・㉚＿＿＿＿＿＿)を併合(1940)

ロシア革命の影響

1. ハンガリー

1919年，クン＝ベラが㉛＿＿＿＿＿＿革命を指導して共産党政権を樹立したが，侵攻したルーマニア軍によって崩壊した

2. 外モンゴル

チョイバルサンらは，1920年に赤軍の支援を得てモンゴル人民党(のち，モンゴル人民革命党に改称)を結成し，1924年㉜＿＿＿＿＿＿共和国を樹立した

記述論述 Q 資本主義国が経済復興に苦しむなかで独自の経済建設を進めたソ連の経済政策の特徴を，50字以内で記せ。
(首都大東京(※現東京都立大))

実戦演習

❶ 次の文中の下線部に関する問いに答えなさい。

解答：別冊p.33 ▶

関西学院大－経済・国際・総合政策〈改題〉

1917年11月7日の革命で誕生したソヴィエト政権は，成立とほぼ同時に「平和に関する布告」で即時停戦を，「土地に関する布告」では地主からの土地の没収と国有化，農民の土地利用の自由を掲げて，民衆の期待に応える姿勢を鮮明にした。だが，新政権は内戦と干渉戦争に苦しみ，①戦時共産主義という収奪的政策を取らざるをえなかった。こうした状況下，政権の指導者②レーニンは世界革命推進のため③コミンテルンを結成，ソヴィエト政権も連邦制国家としての形を整え，1922年にはソヴィエト社会主義共和国連邦が成立した。

レーニンに続いて指導者になった④スターリンは，急速な社会主義建設と彼個人への権力の集中を進めていった。⑤独ソ戦・第二次世界大戦を勝ち抜いたことでスターリン個人の権威は強化されたが，その外交姿勢によって資本主義国との間の緊張が高まり冷戦が本格化した。

[問い]

① 戦時共産主義に関する記述として，誤りを含むものはどれか。
- a．中小工場が国有化された。
- b．コルホーズの建設が強行された。
- c．農作物の強制徴発が実施された。
- d．労働義務制がしかれた。

② レーニンに関する記述として，誤りを含むものはどれか。
- a．農民を基盤とする社会革命党を結成した。
- b．ウクライナの独立を武力で阻止した。
- c．四月テーゼを発表し臨時政府を批判した。
- d．『国家と革命』や『帝国主義論』などの著作を発表した。

③ コミンテルンに関する記述として，誤りを含むものはどれか。
- a．モスクワで創設された。
- b．当初は植民地など従属地域における民族解放運動を重視した。
- c．反ファシズムの人民戦線戦術を採用した。
- d．第二次世界大戦で勝利したのを契機に解散した。

④ スターリンに関する記述として，誤りを含むものはどれか。
- a．ソ連だけで社会主義が建設可能とする一国社会主義論を掲げた。
- b．信教の自由を規定したスターリン憲法を発布した。
- c．カイロ会談に参加し対日処理方針を定めた。
- d．ソ連領東部の朝鮮人を中央アジアに強制移住させた。

⑤ 独ソ戦とその前後の出来事に関する記述として，誤りを含むものはどれか。
- a．ソ連は，独ソ不可侵条約の秘密付属議定書によりダンツィヒを併合した。
- b．アメリカが武器貸与法により，ソ連にも物資援助を行った。
- c．スターリングラードの戦いでソ連が勝利し，戦況が転換した。
- d．英ソ関係の改善が進み，英ソ相互援助協定が結ばれた。

❶ ヒント

①．b－コルホーズ(集団農場)はソフホーズ(国営農場)とともに，第1次五カ年計画で推進された。

②．a－社会革命党(エスエル)はナロードニキの系譜を引く。

③．d－コミンテルンは，第二次世界大戦中の1943年にアメリカ・ソ連の協力推進のため，解散した。

④．c－カイロ会談(1943年)はチャーチル(英)・ローズヴェルト(米)・蔣介石(中国)の首脳会談。満洲・台湾・澎湖諸島の中国返還，朝鮮の独立などがカイロ宣言に規定された。

❶ 解答欄

①	
②	
③	
④	
⑤	

A 社会主義計画経済に基づく五カ年計画で重工業の建設と集団農場や国営農場による農業の集団化を進めた。(48字)

解答：別冊p.21 ▶

27 ヴェルサイユ体制下の欧米

ココが出る！

［入試全般］

戦後の国際協調と軍縮会議，国際連盟に関する出題が多い。

［国公立二次・難関私大］

第一次世界大戦後の主要な条約が頻出。ドイツ賠償問題を主題に仏・独を中心とした欧米の国際関係を押さえよう。アイルランド問題は，大テーマのもとで出題されることもある。

大学入試 最頻出ワード

- ■ロカルノ条約
- ■ラインラント
- ■ルール占領
- ■シュトレーゼマン
- ■ブリアン

第一次世界大戦（1914～18年） ⇒ パリ講和会議（1919年）

ヴェルサイユ体制

国際連盟

- アメリカ合衆国の不参加

アメリカ合衆国

- 債務国 ➔ 債権国
- 女性参政権（1920年）

共和党時代

- ハーディング・クーリッジ・フーヴァー

⇒「永遠の繁栄」

- 孤立主義

イギリス

- 第4回 ⑧［　　　］（1918年）
  ➔ 初の女性参政権
- 第5回選挙法改正（1928年）
  ➔ 21歳以上男女普通選挙

⑨［　　　］**労働党内閣の成立**（1924，29年）

イギリス連邦の成立（1926年）

- アイルランドで ⑩［　　　］党結成

⇒アイルランド自由国の成立（1922年）

賠償問題

- ドイツの賠償総額 1320億金マルク

フランス・ベルギーの ①［　　　］占領（1923～25年）

⇒ドイツのインフレ急進

②［　　　］**案**（1924年）

- アメリカ資本によるドイツ経済再建策

③［　　　］**案**（1929年）

- 賠償減額と支払い期間延長

ローザンヌ会議（1932年）

⇒ヒトラーの賠償支払い破棄

ドイツ

ドイツ革命（1918年）

⇒ヴィルヘルム2世の亡命

ドイツ共和国の成立

- ⑪［　　　］の制定（1919年）
- 大統領：エーベルト
- ⑫［　　　］の協調外交

⇒ロカルノ条約調印

⇒国際連盟加盟

国際協調

④［　　　］**会議**（1921～22年）

- **四カ国条約**
  ➔ 太平洋地域の現状維持（日英同盟の解消）
- ⑤［　　　］**条約**
  ➔ 主要国の主力艦保有比率を規定
- **九カ国条約**
  ➔ 中国の主権・独立尊重，門戸開放，機会均等など

⑥［　　　］**条約**（1925年）

- ラインラントの非武装

⑦［　　　］**条約**（1928年）

ロンドン軍縮会議（1930年）

イタリア

ファシスト党の「⑬［　　　］」（1922年）

⇒ムッソリーニ内閣樹立

- ラテラノ条約（1929年）

⇒ヴァチカン市国成立

空欄解答 ①ルール ②ドーズ ③ヤング ④ワシントン ⑤ワシントン海軍軍備制限 ⑥ロカルノ ⑦不戦 ⑧選挙法改正 ⑨マクドナルド ⑩シン=フェイン ⑪ヴァイマル憲法 ⑫シュトレーゼマン ⑬ローマ進軍

ヴェルサイユ条約のドイツに対する戦後処理政策の内容を70字以内で記せ。（新潟大）

1 国際協調の進展とアメリカの繁栄 東アジア・太平洋地域のワシントン体制，西ヨーロッパのロカルノ体制

国際協調主義

1. 国際連盟

❶ ヴェルサイユ条約の規約により，1920年１月，国際連盟が発足

❷ 本部はスイスの①＿＿＿＿＿。総会・理事会・事務局により運営され，常設国際司法裁判所（オランダのハーグ）や国際労働機関も設置

❸ 提唱国アメリカ合衆国が参加せず*1，ドイツなど敗戦国やソヴィエトは当初排除され，全会一致制を採用，有効な制裁規定はなかった

2. ②＿＿＿＿＿会議（1921〜22） ワシントン体制の成立*2

❶ アメリカ大統領③＿＿＿＿＿の提唱

❷ ④＿＿＿＿＿条約（1921）：アメリカ・イギリス・フランス・日本による太平洋地域の領土・権益の相互尊重 ➡⑤＿＿＿＿＿の解消

❸ ワシントン海軍軍備制限条約（1922）：主力艦の保有比率を，アメリカ５：イギリス５：日本３：フランス1.67：イタリア1.67と規定

❹ ⑥＿＿＿＿＿条約（1922）：中国の主権・独立の尊重，領土保全，機会均等，門戸開放を約した

3. ⑦＿＿＿＿＿条約（1925）

❶ イギリス・フランス・ドイツ・イタリアなど７カ国が締結*3

❷ ⑧＿＿＿＿＿の非武装と国境維持（ライン保障条約），相互不可侵と不戦，紛争の仲裁裁判による解決を約す

❸ ドイツは，1926年に⑨＿＿＿＿＿に加盟

4. ジュネーヴ軍縮会議（1927） 米・英の対立，仏・伊は不参加で失敗

5. ⑩＿＿＿＿＿条約（1928）*4

❶ アメリカ国務長官⑪＿＿＿＿＿，フランス外相⑫＿＿＿＿＿の提唱

❷ 国策遂行の手段として⑬＿＿＿＿＿によらないことを規定

▶自衛戦争の容認や制裁規定の欠如などが指摘される。

6. ロンドン軍縮会議（1930）*5 補助艦の保有比率を，アメリカ10：イギリス10：日本７弱と規定（仏・伊は条約に調印せず）

アメリカ合衆国の繁栄

1. 国際的地位の向上

❶ ⑭＿＿＿＿＿主義：ヴェルサイユ条約批准拒否，⑮＿＿＿＿＿加

*1 上院の多数を占めた共和党は，行動の自由を主張し，孤立主義を唱えてヴェルサイユ条約の批准を拒否した。

*2 ワシントン会議により，東アジア・太平洋地域に関するワシントン体制が確立。日本は，⑴山東半島・膠州湾の利権の中国返還　⑵石井・ランシング協定（1917年，アメリカが日本の満洲における特殊権益を承認など）の廃棄（1923）　⑶シベリア撤兵（1922）　など国際協調を図った。

*3 フランス外相ブリアンとドイツ外相シュトレーゼマンが主導した。

*4 不戦条約は1928年に15カ国が調印し，のちソ連を含めて63カ国が参加した。

*5 ロンドン軍縮会議後，日本では海軍軍令部を中心に統帥権干犯問題が起こり，以後，軍部・右翼が台頭した。

A すべての植民地の放棄，アルザス・ロレーヌのフランスへの返還，ラインラントの非武装化，軍備の制限，賠償金支払い義務などがドイツに課せられた。（69字）

入の否決，高率の保護関税設定，移民法(東欧・南欧系移民の制限，⑯＿＿＿＿＿などアジア系移民の禁止)の設定(1924)など

❷ 戦後，債務国から債権国に転換し，ニューヨーク(ウォール街)が世界金融の中心地となった。また，ワシントン会議や⑰＿＿＿＿＿(1924)・ヤング案(1929)などドイツ賠償問題にかかわった

2. 内政

❶ ウィルソン大統領(民主党)(任1913～21)：「新しい自由」を唱え，⑱＿＿＿＿＿を承認(1920)，またクレイトン反トラスト法を制定

❷ 共和党時代(大統領ハーディング(任1921～23)・クーリッジ(任1923～29)・⑲＿＿＿＿＿(任1929～33))
➡自由放任と高率保護関税政策により，好況期を迎える

3.「黄金の20年代」と陰

❶ フォード社の自動車や家庭電化製品の普及など大量生産・大量消費を迎え，ラジオ放送・ハリウッド映画・プロスポーツ・ジャズなど大衆文化が普及

❷ ワスプ(WASP)(White Anglo-Saxon Protestant)をアメリカ人の典型とみなす風潮が生まれ，黒人差別や社会主義運動への迫害*6なども強まった

2 ヨーロッパ諸国の模索

仏のブリアン，独のシュトレーゼマンを中心に国際協調が進展した

イギリス

1. 選挙法改正 ⇨総力戦を担った女性に参政権

❶ 第4回(1918，⑳＿＿＿＿＿挙国一致内閣)：21歳以上の男性と30歳以上の女性に参政権

❷ 第5回(1928)：男女21歳以上の普通選挙が実現

2. ㉑＿＿＿＿＿の躍進 第1次㉒＿＿＿＿＿内閣(1924)：自由党と提携し，年金法・失業保険法の改善や㉓＿＿＿＿＿の承認

3. イギリス連邦 1926年のイギリス帝国会議で，自治領に外交上の自主権と政治上の独立権を認め，本国と対等の立場でイギリス連邦が成立し，1931年に㉔＿＿＿＿＿で法制化された

4. アイルランド問題 ➡右の年表参照

❶ ㉕＿＿＿＿＿法の成立(1914) →第一次世界大戦で実施延期

❷ 1916年にダブリンでイースター蜂起が起こったが鎮圧 →デ＝ヴァ

女性参政権獲得年代

ニュージーランド	1893
オーストラリア	1902
フィンランド	1906
ノルウェー	1913
デンマーク	1915
ソヴィエト＝ロシア	1917
イギリス(30歳以上)	1918
ドイツ	1919
アメリカ合衆国	1920
フランス	1944
日本	1945

*6 1920年，イタリア生まれの2人のアナーキストが証拠不十分のまま殺人犯とされ，1927年に死刑とされたサッコ・ヴァンゼッティ事件は，当時のアメリカ社会の陰湿さを象徴している。

アイルランド問題の歴史

5世紀	カトリック伝来(**ケルト**系アイルランド人に布教)
1649	**クロムウェル**の征服
1801	グレートブリテン＝アイルランド連合王国成立 **審査法**のため，カトリック教徒の多いアイルランド人は公職より除外
1828	審査法廃止(カトリック教徒には適用除外)
1829	**カトリック教徒解放法**
1845	「ジャガイモ飢饉」おこる
1881	**アイルランド土地法**成立(グラッドストン内閣)
1886	アイルランド自治法案否決
1905	**シン＝フェイン**〈われら自身〉党の成立(完全自治を要求)
1914	アイルランド自治法成立(第一次世界大戦により実施延期)
1916	**イースター蜂起**(ダブリンでの蜂起)
1922	**アイルランド自由国**成立
1932	**デ＝ヴァレラ**の共和政宣言
1937	**エール**と改称し，憲法制定，完全独立を宣言
1949	**アイルランド共和国**と改称 イギリス連邦から正式離脱
1973	EC に加盟

記述論述 Q 「第一次世界大戦後，空前の経済的な繁栄は，アメリカ社会に大きな変化をもたらした。」この変化の具体的な内容について，以下の二つのキーワードを必ず用いて，80字以内で答えなさい。 フォード車 ハリウッド映画 (日本女子大)

レラを中心とする㉖＿＿＿＿党は，独立運動を継続

❸ 1922年，アイルランド自由国として自治領となる（東北部の㉗＿＿＿＿地区を除く）

フランス

1. 大戦後のフランス経済

❶ 大戦で国土が荒廃し，英・米に対する多額の戦債支払い義務を負う

❷ ロシアへの投下資本は，ソヴィエト政権の債務破棄宣言で回収不能

2. 対独強硬策

㉘＿＿＿＿占領（1923〜25）：ポワンカレ内閣がドイツの賠償不履行を理由に㉙＿＿＿＿と共同出兵したが失敗

3. ㉚＿＿＿＿外相の国際協調外交*7

❶ ソ連の承認（1924），ルール撤兵（1925），ヨーロッパの安全保障体制構築のための㉛＿＿＿＿条約を調印（1925）

❷ 不戦条約（ブリアン・ケロッグ条約）の調印（1928）

＊7 フランスの東欧政策
1920〜21年チェコスロヴァキア・ルーマニア・ユーゴスラヴィアの間にそれぞれ小協商と呼ばれる同盟が成立。フランスはこの小協商と結んで東欧に足場を築こうとした。

ドイツ

1. ドイツ革命（1918）

❶ 社会民主党のエーベルトを首班に共和国臨時政府の樹立

❷ リープクネヒトやローザ＝ルクセンブルクらの㉜＿＿＿＿*8を押え込み，ドイツ共産党の武装蜂起（1919）も鎮圧した

＊8 社会民主党左派の組織で，ドイツ共産党のもととなった。

2. ドイツ（ヴァイマル）共和国（1919〜33）

❶ ヴァイマル国民議会の開催
→ヴェルサイユ条約調印，㉝＿＿＿＿憲法の制定（1919）*9

❷ 初代大統領に社会民主党の㉞＿＿＿＿が就任
（任1919〜25）

＊9 ヴァイマル憲法の主な内容
①主権在民
②20歳以上男女平等の普通選挙
③労働者の団結権・団体交渉権の保障
④7年任期の大統領制

ヴァイマル憲法の問題点
①大統領の非常大権の行使規定（48条）や②比例代表制の採用による小党分立は，のちにナチス政権の道を開くことになった。

3. 国内の混乱

❶ カップ一揆（1920）：帝政派のクーデタは，労働者のゼネストで鎮圧

❷ フランス・ベルギーが賠償金支払い遅延を理由に㉟＿＿＿＿占領（1923〜25）　→ドイツ政府は生産停止（消極的抵抗）で対抗し，大インフレーションとなる*10

❸ ミュンヘン一揆（1923）：ルール占領とインフレで動揺するヴァイマル政府の打倒と政権獲得をめざして，ヒトラーを中心とするナチ党がクーデタを起こしたが，軍により鎮圧

＊10 ドイツの物価指数は，1913年を1とすると，1923年12月には1兆2616億に暴騰した。

4. 再建策

❶ ㊱＿＿＿＿大連合内閣が「消極的抵抗」の中止と賠償支
（任1923）

A フォード社の自動車や家電製品（冷蔵庫・洗濯機など）の大量生産・大量消費の生活様式が生み出され，ハリウッド映画・ラジオ放送・プロスポーツなど大衆文化も普及した。（79字）

近・現代史

27 ヴェルサイユ体制下の欧米

前6C以前　前6C　前4C　前2C　2C　4C　6C　8C　10C　12C　14C　16C　18C　20C　現在

払い履行政策を表明

❷ レンテンマルクを発行し，1兆マルクを1レンテンマルクに交換して，インフレを克服*11

*11 シュトレーゼマンは首相辞任後，外相として協調外交を推進。ドーズ案の成立により，1925年にはフランスのルール撤兵に成功し，ロカルノ条約を締結，翌1926年には国際連盟に加盟して常任理事国としてドイツを国際政局に復帰させた。

5. 賠償問題

❶ ロンドン会議(1921)：1320億金マルクに決定(支払い不能)

❷ ㊲＿＿＿＿＿案(1924)：アメリカ資本の貸与によるドイツ復興策

❸ ㊳＿＿＿＿＿案(1929)：賠償総額を軽減，支払い期間を延長

❹ フーヴァー＝モラトリアム(1931)：世界恐慌下，ドイツ賠償金とイギリス・フランスの戦債支払いを1年間猶予

❺ ローザンヌ会議(1932)：30億金マルクに削減

❻ ヒトラーの賠償支払い破棄宣言(1933)

◆ドーズ案(1924)

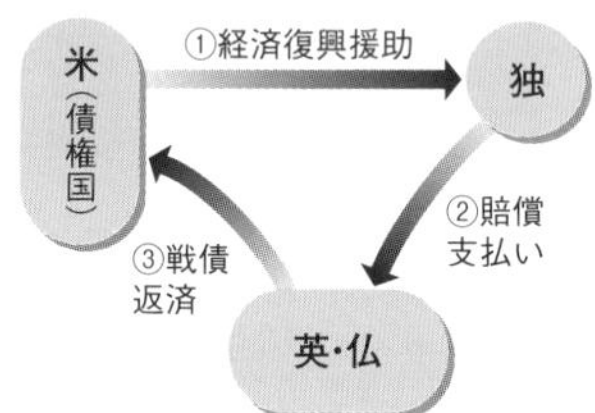

イタリア

1. 戦勝国イタリアの混乱

❶「未回収のイタリア」の回復は成功したが，㊴＿＿＿＿＿などアドリア海沿岸は未回収でヴェルサイユ体制に不満*12
（→南チロル・トリエステ）

❷ 社会主義勢力が台頭し，北イタリアでは労働者の工場占拠・経営管理が行われ，南イタリアでは農民による土地闘争が激化した

*12 国粋詩人ダヌンツィオらは1919年セルブ＝クロアート＝スロヴェーン王国(のちのユーゴスラヴィア)領となったフィウメを占領。フィウメは1920年に自由市とされ，1924年にムッソリーニ政権がユーゴスラヴィアと交渉して併合した。

2. ファシスト党の政権獲得

❶ 1919年に㊵＿＿＿＿＿がミラノで組織

❷ 1922年，「㊶＿＿＿＿＿」により政権を獲得*13

❸ ファシスト党以外の政党を禁止し，一党独裁体制を確立(1926)。1928年にファシズム大評議会を正式に国家の最高議決機関とした*14

＊13 ファシスト党の支持者層

ヴェルサイユ体制に不満な国民感情を背景に，社会主義革命を恐れる資本家・地主や中産階級・軍部・官僚の支持を受けた。

3. 政策

❶ 1929年㊷＿＿＿＿＿条約を教皇庁と結び，ヴァチカン市国の独立を承認

❷ フィウメの併合(1924)，㊸＿＿＿＿＿の保護国化(1926)

＊14 ファシズムの特徴

極端なナショナリズム，一党独裁，指導者崇拝，言論・思想の統制などを特徴とする。

＊全体主義国家▶p.200

東ヨーロッパ諸国

1. ハンガリー　クン＝ベラの社会主義革命失敗後，ホルティが独裁

2. ポーランド　ソヴィエト＝ポーランド戦争(1920～21)に勝利し，領土拡大。1926年独立の指導者㊹＿＿＿＿＿が実権を握り，独裁体制

3. セルブ＝クロアート＝スロヴェーン王国　南スラヴ人を統合。1929年に㊺＿＿＿＿＿(「南スラヴ人の国」の意)と改称した

記述論述 Q アメリカ合衆国はドイツ賠償問題に強い利害関係を持っていた。その内容を記せ。(立教大)

実戦演習

❶ 次の文章を読み，設問 A～I に対する答えを選択肢1～4から一つ選べ。

京都産業大－現代社会・外国語・文化・法・経済・経営・国際関係・生命科学(産業生命科学)

解答：別冊p.33 ▶

　第一次世界大戦後，ヨーロッパ諸国は経済的打撃から回復できず，不況に苦しんだ。イギリスでは，自由党に代わって，a労働党が保守党に次ぐ第二党の地位につき，(b)が連立内閣を組織した。アイルランドはイギリスからの独立を求め，cアイルランド自由国として自治領になった。フランスは敗戦国のドイツに対し賠償金支払いを厳しく要求し，(d)を強行した。しかし，この強硬外交は国際的非難を招き，1924年に成立したe連合政権はドイツとの和解に努めることとなった。

　ドイツでは民主的な(f)が制定されたが，経済と政治は安定しなかった。そのため，(g)はレンテンマルクを発行した。ドイツはアメリカ資本による経済復興を目指したが，世界恐慌にみまわれた。イタリアは戦勝国であったが，領土拡大を実現できず，またインフレーションで国民は政府への不信を強めた。その中で，(h)の率いるファシスト党が勢力を拡大した。スペインでは王政が倒れた後，1936年に人民戦線派が政府を組織したが，iフランコによって内戦が拡大し，イタリアやドイツはこれを支持した。

A． 下線部aに関連して，「労働党」に関する説明として間違っているものはどれか。
　1．労働代表委員会が改称して成立した。
　2．フェビアン協会からはウェッブ夫妻などが参加した。
　3．労働組合からの参加はなかった。　4．改良主義的路線で社会改革を目指した。

B． (b)にあてはまる人物はだれか。
　1．バーナード＝ショー　2．マクドナルド
　3．ロイド＝ジョージ　4．ジョゼフ＝チェンバレン

C． 下線部cに関連して，「アイルランド自由国」に関する説明として間違っているものはどれか。
　1．1931年のウェストミンスター憲章でイギリス連邦内の独立国となった。
　2．1918年にシン＝フェイン党が総選挙で勝利した。
　3．北アイルランドを含めた完全独立を実現した。
　4．イギリス連邦を離脱したのは第二次世界大戦後である。

D． (d)にあてはまる語句はどれか。
　1．ザール編入　2．ラインラント進駐　3．アルバニア併合　4．ルール占領

E． 下線部eに関連して，「連合政権」に関する説明として正しいものはどれか。
　1．ブリアンが外相を務めた。　2．エーベルトが大統領となった。
　3．ロカルノ条約を破棄した。　4．ジュネーヴ軍縮会議を開いた。

F． (f)にあてはまる語句はどれか。
　1．人民憲章　2．ローラット法　3．ヴァイマル憲法　4．国民保険法

G． (g)にあてはまる人物はだれか。
　1．ブハーリン　2．シュトレーゼマン　3．ケロッグ　4．ヒンデンブルク

H． (h)にあてはまる人物はだれか。
　1．アサーニャ　2．ヒトラー　3．サラザール　4．ムッソリーニ

I． 下線部iに関連して，「フランコ」に関する説明として間違っているものはどれか。
　1．フランコは左翼共和派の政治家であった。
　2．フランコは内戦後，独裁政治体制をしいた。
　3．フランコは国際義勇軍と戦った。　4．フランコの死後，ブルボン王朝が復活した。

❶ ヒント

A． イギリスの労働党は，独立労働党・フェビアン協会・社会民主連盟と，65の労働組合が参加して成立した労働代表委員会が，1906年に改称した政党。

C． 3－北アイルランド(アルスター地方)は，プロテスタントのイギリス系住民が多く，1922年のアイルランド自由国の成立後もイギリス領にとどまった。

H． 1－アサーニャは，スペイン人民戦線内閣の中心人物。スペイン内戦でフランコに敗れた。3－サラザールは，ポルトガルの首相(任1932～68年)。カトリック的，ファシズム的な独裁政治を行った。

❶ 解答欄

A	
B	
C	
D	
E	
F	
G	
H	
I	

A ドーズ案に基づいてアメリカ資金をドイツに貸与して産業を復興させ，賠償支払い能力をつけさせた。イギリス・フランスはドイツからの賠償金によって戦時中の対アメリカ債務を返済した。

近・現代史

27 ヴェルサイユ体制下の欧米

前6C以前 / 前6C / 前4C / 前2C / 2C / 4C / 6C / 8C / 10C / 12C / 14C / 16C / 18C / 20C / 現在

解答：別冊p.21 ▶

28 アジアの民族運動

ココが出る！

［入試全般］
中国・インド・東南アジアを中心に各国の民族運動が頻出分野。

［国公立二次・難関私大］
中国の民衆運動の出発点となった五・四運動は論述も含めて頻出。そこから中華人民共和国成立までの展開にも注意。インドの民族運動は，国民会議派の動きとガンディーの主張に注意。

大学入試 最頻出ワード

■ホー＝チ＝ミン
■五・四運動　■陳独秀
■ガンディー　■毛沢東
■周恩来
■ムスタファ＝ケマル

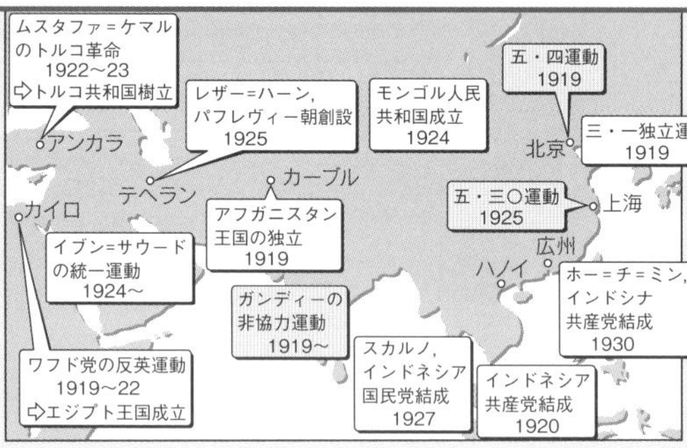

ムスタファ＝ケマルのトルコ革命 1922～23 ⇨トルコ共和国樹立
アンカラ
レザー＝ハーン，パフレヴィー朝創設 1925
テヘラン
カーブル
モンゴル人民共和国成立 1924
五・四運動 1919
北京
三・一独立運動 1919
五・三〇運動 1925
上海
広州
ハノイ
カイロ
アフガニスタン王国の独立 1919
イブン＝サウードの統一運動 1924～
ガンディーの非協力運動 1919～
ホー＝チ＝ミン，インドシナ共産党結成 1930
ワフド党の反英運動 1919～22 ⇨エジプト王国成立
スカルノ，インドネシア国民党結成 1927
インドネシア共産党結成 1920

中国

⑤［　　　］（1910年代後半）
- 陳独秀：『新青年』刊行
- ⑥［　　　］：白話運動（文学革命）
- 魯迅：『狂人日記』『阿Q正伝』

⑦［　　　］（1919年）
- 反帝国主義・反封建主義・軍閥打倒

中国国民党（1919年）	中国共産党（1921年）

第1次 ⑧［　　　］（1924～27年）
- 孫文 病死

五・三〇運動（1925年）

- ⑨［　　　］が北伐を開始

上海クーデタ（1927年）
国共分裂

中国国民党	中国共産党
⑩［　　　］ **樹立**（1927年） ・北京占領 ⇨ 北伐完了 ・張作霖爆殺事件（1928年）	・毛沢東：井崗山（せいこうざん）を拠点に革命運動 ⑪［　　　］ **臨時政府樹立**（1931年）
掃共戦 ⇨	⑫［　　　］（1934～36年） ・瑞金 ➔ 延安
⑭［　　　］（1936年） ・張学良が蒋介石を監禁	⇦ ⑬［　　　］（1935年）

⑮［　　　］**事件**

日中戦争（1937～45年）

抗日民族統一戦線（第2次国共合作）

インド

- 第一次世界大戦後，独立運動が高揚
- イギリスの ②［　　　］法 発布（1919年）

③［　　　］の **非暴力・不服従・非協力**（1919～22年）

国民会議派ラホール大会（1929年）
- 「④［　　　］（完全独立）」決議

英印円卓会議（1930～32年）
⇨ 失敗

新インド統治法（1935年）
- 連邦制と各州の自治確立

イギリスの委任統治
⇩
①［　　　］
トランスヨルダン
イラク

フランスの委任統治
⇩
シリア
レバノン

空欄解答 ①パレスチナ ②ローラット ③ガンディー ④プールナ＝スワラージ ⑤新文化運動 ⑥胡適 ⑦五・四運動 ⑧国共合作 ⑨蒋介石 ⑩南京国民政府 ⑪中華ソヴィエト共和国 ⑫長征〔大西遷〕 ⑬八・一宣言 ⑭西安事件 ⑮盧溝橋

新文化運動について，以下の語句をすべて用いて，説明しなさい。
〔語句〕『阿Q正伝』 胡適 ロシア革命 『新青年』
（首都大東京（※現東京都立大））

1 中国の民族運動 五・四運動は中国の反帝国主義的民衆運動の出発点

文学革命と五・四運動

1. ①＿＿＿＿＿＿＿＿(1915) 第一次世界大戦中，日本(大隈重信(おおくましげのぶ)内閣)の要求に袁世凱(えんせいがい)政権が屈服し，排日運動が激化*1

主な要求 ①②＿＿＿＿の旧ドイツ権益の譲渡
②旅順・大連の租借期限延長 ③南満洲・内モンゴルでの日本の特権承認
④漢冶萍公司(かんやひょうコンス)の日中合弁化 ⑤中国政府に日本人顧問を採用

2. 新文化運動 ⇨中国文化を改革することで社会変革を目指す

❶ ③＿＿＿＿が，1915年に雑誌『④＿＿＿＿』刊行
➡西欧近代合理主義の紹介，中国の儒教的旧道徳・旧体制を批判，「民主と科学」を旗印に新文化運動を展開

❷ ⑤＿＿＿＿運動：⑥＿＿＿＿が「文学改良芻議(すうぎ)」を発表(1917)，口語による文学を提唱 ⇨文学革命

❸ ⑦＿＿＿＿：『狂人日記』(1918，家族制度と旧思想を批判)・『阿Q正伝』(1921，中国民衆の奴隷根性を風刺)

❹ ⑧＿＿＿＿は北京大学*2でマルクス主義研究会を創設

3. 五・四運動(1919)

❶ 背景：民族資本の成長と文学革命の進展*3

❷ 展開：パリ講和会議で中国の主張(二十一カ条の取り消しなど)が拒否されたことから，北京大学の学生を中心に⑨＿＿＿＿年5月4日，ヴェルサイユ条約調印反対・反日運動が起こり，全国に拡大した

❸ 意義：反帝国主義・反封建主義・軍閥打倒の性格を明確にし，中国の民主主義革命の出発点となった

国民革命の進展

1. 政党の結成

❶ 中国国民党(1919)：孫文*4は五・四運動の影響下で，⑩＿＿＿＿＿＿を改組して結成

❷ 中国共産党(1921)：ソヴィエト政権が1919年のカラハン宣言で帝政ロシア時代の不平等条約を廃棄すると，中国に親ソ的気運が高まり，⑪＿＿＿＿の支援で⑫＿＿＿＿(委員長)・李大釗(りたいしょう)らを中心に⑬＿＿＿＿で結成された

*1 日本は，1922年にワシントン会議で九カ国条約を締結し，「二十一カ条の要求」の大部分を放棄した。

第一次世界大戦後の日本

大正デモクラシーの風潮が広がり，1918年の米騒動や政党内閣の成立を背景に，1925年に普通選挙法が成立する一方，社会運動を抑制するための治安維持法が成立した。

*2 北京大学は，1898年創設の京師(けいし)大学堂が前身。新文化運動や五・四運動の中心となった。

*3 新文化建設のための基盤となった文学革命は，五・四運動を文化面・思想面から準備した。

1919年の朝鮮

日本の朝鮮総督府の武断政治下にあった朝鮮のソウルで，パリ講和会議の「民族自決」の適用を信じて1919年3月1日独立が宣言され，各地に「朝鮮独立万歳」を叫ぶデモ行進が決行された。日本の武力で鎮圧されたが，この三・一独立運動を機に，大韓民国臨時政府が上海で結成された。一方日本は，「文化政治」と呼ばれる同化政策に転換した。

***4 孫文と政治結社**

(1)興中会(1894，ハワイ)
(2)中国同盟会(1905，東京)
(3)国民党(1912)
(4)中華革命党(1914，東京)
(5)中国国民党(1919)

A 陳独秀は「民主と科学」を旗印に『新青年』を発刊し，胡適は白話文学を唱えて文学革命を推進し，魯迅が『阿Q正伝』を著して中国社会を批判した。またロシア革命の影響で李大釗が中国にマルクス主義を紹介した。

近・現代史
28 アジアの民族運動
前6C以前 前6C 前4C 前2C 2C 4C 6C 8C 10C 12C 14C 16C 18C 20C 現在

2. 第1次⑭________(1924) 中国国民党第1回全国代表大会(一全大会，広州)で「⑮________」の政策を決定*5

3. ⑯________**(1925)** 上海の日本人経営の紡績工場で労働争議が激化し，全国的な反帝国主義運動へ発展

4. 国民革命

袁世凱没後の軍閥の動き

①北洋軍閥は，安徽派(段祺瑞，西原借款で日本が支援)，直隷派(馮国璋・呉佩孚，アメリカ・イギリスが支援)に分裂し，安直戦争(1920)で直隷派が勝利

②奉天軍閥(⑰________，日本が支援)は奉直戦争(1922, 24)に勝利し，北京に軍閥政権を樹立(1927)

❶ 孫文の死(1925.3) →「革命いまだならず」が遺言

❷ 中国国民党は，広州国民政府(中華民国国民政府)を樹立(1925)

❸ 国民政府の⑱________は国民革命軍を率いて，1926年に中国統一を目標に⑲________を開始し，武漢・上海・南京を占領*6

❹ ⑳________(1927)：蔣介石は共産党を排除し，南京国民政府を樹立(国共分裂)

❺ 1928年に蔣介石は北伐を再開し，北京から奉天軍閥の㉑________を追い*7，国民党による全国統一(国民革命)を完成し，㉒________や米英の援助の下に一党独裁の統一政権をめざした*8

▶蔣介石の国民革命に対し，日本の田中義一内閣は，1927〜29年に山東出兵を強行し，1928年に北伐軍と済南事件を起こした。

*5 ソ連と提携し，共産党員が党籍を持ったまま個人として国民党に入党することを認め，労働者・農民を支援するという意味。また，国民革命軍の育成を目的に黄埔軍官学校の設立も決定された。

◆ 北伐(1926〜28)

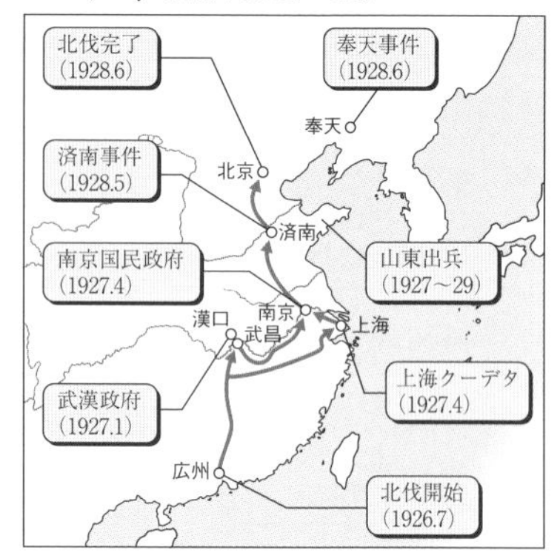

*6 1927年1月，汪兆銘ら国民党左派と共産党は，武漢に国民政府を移した。武漢政府は，コミンテルンから派遣されたボロディンが主導したが，経済不安や内部対立で分裂した。その後，国民党左派は，上海クーデタ後の1927年9月に南京国民政府に合流した。

*7 張作霖は，奉天への帰途，日本の関東軍に爆殺された(奉天事件)。その子張学良は反日に転じ，東北地方(満洲)も蔣介石に帰属した(1928)。

*8 国民政府は，関税自主権を回復(1928〜30)する一方，幣制改革を進め，法定通貨(法幣)を定めて通貨を統一した(1935)。

抗日民族統一戦線の結成

1. 国共内戦

❶ 1927年の国共分裂後の中国共産党は，南昌蜂起(1927)に失敗したあと，紅軍を育成しつつ，井崗山を拠点に農村で土地改革を実施

❷ 中華ソヴィエト共和国臨時政府の樹立(1931)：江西省㉓________に毛沢東を主席として成立し，国民政府との内戦が激化

❸ ㉔________(大西遷，1934〜36)：蔣介石の国民政府軍の攻撃を受けた中国共産党の紅軍は，瑞金から陝西省㉕________へ移動

▶長征途上の1935年，遵義会議によって王明(陳紹禹)らモスクワ留学派が失脚し，毛沢東の党指導権が確立した。

◆ 1930年代の中国

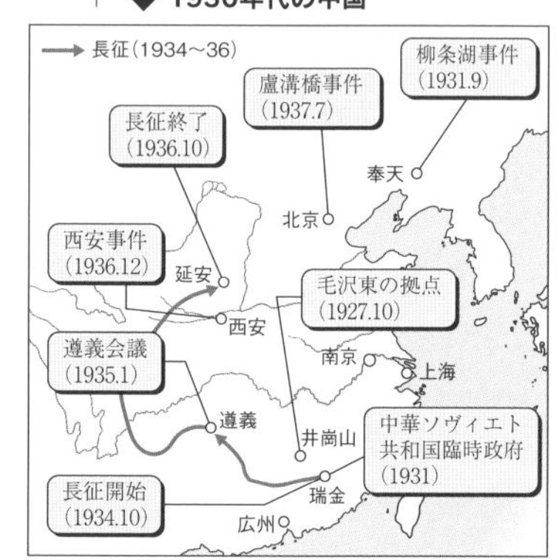

記述論述 Q イギリスがベンガル分割令を発表したねらいについて説明せよ。 (新潟大)

 出題大学…㉒：早稲田大，同志社大，明治大

2. 第2次国共合作(1937～45)

❶ ㉖＿＿＿＿宣言(1935)：中国共産党は，コミンテルンの人民戦線戦術に呼応して内戦の停止と抗日民族統一戦線の結成を提唱

❷ ㉗＿＿＿＿(1936)：八・一宣言に共鳴した㉘＿＿＿＿・楊虎城(ようこじょう)らが蔣介石を西安で監禁，㉙＿＿＿＿らの説得で解決 →1937年の㉚＿＿＿＿を機に日中戦争が開始された直後に，第2次国共合作が成立

2 インドの民族運動

ベンガル分割令を機にスワデーシ・スワラージが決議され，ローラット法に対してサティヤーグラハの運動が起こる

第一次世界大戦前の民族運動

1. ㉛＿＿＿＿の開催(1885，ボンベイ，現ムンバイ) 地主・商人・知識人・㉜＿＿＿＿教徒中心の対イギリス協調的組織

＊インド帝国成立(1877)▶p.155

2. 民族運動の激化＊9

❶ ㉝＿＿＿＿(1905)：イギリスのインド総督カーゾンがベンガル州を，ヒンドゥー教徒の州とムスリムの州に分割し，民族運動の分断を図った

❷ インド国民会議＊10 ㉞＿＿＿＿大会(1906)は，英貨排斥・㉟＿＿＿＿(国産品愛用)・㊱＿＿＿＿(自治獲得)・民族教育の4綱領を決議 →国民会議は政治組織の国民会議派へ変質＊11

▶イギリスはヒンドゥー教徒の多い国民会議派に対抗させるため，ムスリムに親英的な㊲＿＿＿＿を結成させた(1906)。指導者はジンナー。

＊9 日露戦争における日本の勝利がインド民族運動に影響した。

＊10 ナオロジーとティラク
インド国民会議の創立に貢献したナオロジーは穏健派，急進派のティラクは国民会議派を指導してスワラージ運動を展開し，「ローカマーヤ(大衆に敬愛される人)」と呼ばれた。

＊11 ベンガル分割令は1911年に撤回。また翌12年にはインド帝国の首都を反英運動のはげしいカルカッタからデリーに移した。

第一次世界大戦後の民族運動

⇨イギリスは大戦中，インドに参戦の代償として戦後の自治を約束した。

1. イギリスのインド統治策

❶ 1919年インド統治法では形式的に地方自治を承認するだけで，実権は総督が掌握

❷ ㊳＿＿＿＿(1919)：令状なしの逮捕，裁判ぬきの投獄の権限をインド総督に付与 ➡反英民族運動を弾圧＊12

2. ㊴＿＿＿＿の第1次㊵＿＿＿＿運動(1919～22) ヒンドゥー教の不殺生と禁欲の教理にもとづくサティヤーグラハ(真理の把握)の運動を展開。全インド＝ムスリム連盟も同調

＊12 1919年，ローラット法に対する抗議集会をイギリス軍が弾圧したアムリットサール事件が起こり，反英運動は高揚した。

A 反英運動の激しいベンガル州を，ムスリムの多い東と，ヒンドゥー教徒の多い西に2分割し，両教徒の宗教的対立を利用して反英運動を分断することをねらった。

3. 国民会議派ラホール大会(1929) 急進派の㊶＿＿＿＿が議長となり，㊷＿＿＿＿＿＿＿(完全独立)を決議

4. 第2次非暴力・不服従・非協力運動(1930～34) 1930年，ガンディーは塩の専売法に反対して「塩の行進」を行い，これを皮切りに，大規模な反英抵抗運動を始めた

5. イギリスの対応

❶㊸＿＿＿＿会議(1930～32，ロンドンで３回)は，国民会議派のボイコットで失敗

❷新インド統治法(1935)：連邦制の樹立と各州の責任自治制の確立
➡完全独立の要求は実現されず

❸ビルマ統治法(1937)により，ビルマはインド帝国から完全分離*13

❹全インド＝ムスリム連盟のジンナーは，パキスタン建設を主唱

*13 ビルマでは，1930年代にタキン党が結成され，アウン＝サンらが指導して反イギリス独立運動を展開した。

3 東南アジアの民族運動 インドネシアではスカルノが，ベトナムではホー＝チ＝ミンが民族運動を指導

インドネシア

1. 第一次世界大戦前 オランダ領東インドでは，1911～12年に，ムスリムがイスラーム同盟(㊹＿＿＿＿＿＿＿)を組織した*14

*14 1908年には伝統文化を通じて民族意識の確認をめざす団体のブディ＝ウトモ(「最高の知恵」)も成立した。

2. 第一次世界大戦後

❶1920年に成立したインドネシア共産党(アジア最初の共産党)が蜂起したが，オランダ軍に鎮圧されてほぼ壊滅

❷1927年，㊺＿＿＿＿がインドネシア国民党を結成したが，1929年末に指導者の大半が逮捕されて運動は停滞した

ベトナム

1. 第一次世界大戦前

❶1904年に㊻＿＿＿＿＿＿が，維新会を組織。日露戦争に勝利した日本に留学生を派遣する㊼＿＿＿＿＿を起こした*15

❷ファン＝チュー＝チンは，ドンキン義塾を設立し啓蒙活動に努めた

❸1912年にファン＝ボイ＝チャウがベトナム光復会を設立したが，弾圧された

*15 1907年に日仏協約が結ばれて，ベトナムの留学生はフランス政府の要請により日本から追放された。

2. 第一次世界大戦後 1930年，㊽＿＿＿＿＿＿はベトナム青年革命同志会を母体にベトナム共産党(同年10月にインドシナ共産党に改称)を結成して蜂起したが，フランス軍に鎮圧された

記述論述 Q 1905～1906年に起こったインドの反英運動を説明しなさい。 (津田塾大)

 出題大学…㊸：明治大／㊼：大阪学院大

4 大戦後のイスラーム世界 オスマン帝国はトルコ革命で崩壊し，イランにはパフレヴィー朝が成立

トルコ共和国

1. トルコ革命(1922～23)

❶ 第一次世界大戦に敗れたオスマン帝国は，1920年のセーヴル条約で領土の削減，軍備の縮小，治外法権などを押しつけられる一方，連合国に支援されたギリシア軍の侵攻を受けて㊾＿＿＿＿＿(スミルナ)も占領された

❷ ㊿＿＿＿＿＿(のちのケマル＝アタテュルク)は，1920年にトルコ大国民議会を開催してアンカラに臨時政府を樹立

❸ 1922年，ケマルはギリシア軍を撃退してイズミルを奪回し，㊿①＿＿＿＿＿制を廃止 →オスマン帝国は滅亡

2. ㊿②＿＿＿＿＿条約(1923) セーヴル条約に代わって連合国と締結し，治外法権・外国による財政管理権の廃止や関税自主権の回復に成功し，㊿③＿＿＿＿＿を樹立した(トルコ革命)

3. ケマルの改革 トルコ共和国初代大統領となったケマルは，カリフ制の廃止による政教分離，㊿④＿＿＿＿＿の採用，女性参政権の実施など女性解放，トルコ語のローマ字表記(文字改革)，マドラサの廃止など，近代国家の建設に努めたが，土地解放は放置され，共和人民党の一党独裁が続いた

イランとアフガニスタン

1. ㊿⑤＿＿＿＿＿朝(1925～79)

❶ イランのガージャール朝は第一次世界大戦中，中立を宣言したが，イギリス・ロシア両国軍が介入し，戦後イギリス軍が占領した*16

❷ 1921年，軍人㊿⑥＿＿＿＿＿はクーデタを起こして実権を握り，主権を回復し*17，1925年にガージャール朝を廃止してパフレヴィー朝を開いた

❸ レザー＝ハーン(位1925～41)は，自ら「シャー(国王)」を称し，1935年には国号をペルシアからイランと改称して民族の自立を進め，不平等条約の撤廃も実現したが，石油利権はイギリスに握られた

2. アフガニスタン 1919年第3次アフガン戦争で，イギリスに勝利して独立を回復

*16 ロシア軍はロシア革命(1917)でイランから引き揚げ，イギリス軍が残留した。

*17 レザー＝ハーンは，不平等条約の撤廃に成功し，国際連盟にも加盟した。

A 1905年イギリスが反英運動を抑えこむためのベンガル分割令を発すると，翌年国民会議はカルカッタ大会を開催して英貨排斥・スワデーシ・スワラージ・民族教育の4綱領を採択して抵抗運動を強化した。

エジプト

1. エジプト王国

❶ 1914年，正式にイギリスの保護国とされたが，戦後，1919年から ⑰________党を中心に独立運動(1919年革命)が起こった

❷ 1922年にイギリスは保護権の放棄を宣言し，エジプト王国が成立

2. スエズ運河駐屯権 1936年にエジプト＝イギリス同盟条約が結ばれ，イギリスのスーダンとスエズ運河地帯の駐屯権を条件にエジプトの独立は達成された

大戦中のイギリスの矛盾外交 ⇨パレスチナ問題の発生

1. ㊿________(1915) イギリスの高等弁務官マクマホンとアラブの指導者フセイン(フサイン)*18との間で，戦後のオスマン帝国からのアラブ人の独立が約束された

2. ㊾________(1916) オスマン帝国領をイギリス・フランス・ロシア(三国協商)で３分割する秘密協定

3. ⑥⓪________(1917) イギリスはユダヤ人の経済協力を得るため，パレスチナでのユダヤ人国家の建設(シオニズム*19)を支持

4. 委任統治 大戦後，サイクス・ピコ協定が優先され，シリア・レバノンは⑥①________の，パレスチナ・トランスヨルダン・イラクは⑥②________の委任統治領とされた

アラブ国家の独立

1. イラク王国 イギリスの委任統治領から，1921年にフセインの子のファイサルを国王に独立，1932年に完全独立した

2. ヨルダン イギリスの委任統治領から1923年にトランスヨルダン首長国が成立し，1946年に王国として完全独立

3. シリア・レバノン フランスの委任統治領。1941年にレバノンがシリアから分離し，1944年に共和国として独立を達成した。シリアは1946年に共和国として完全独立

> **クルド人** イラン・イラク・トルコなどにまたがって住む山岳民族で，スンナ派イスラーム教徒が多い。第一次世界大戦後，イギリス・フランスなどの分割境界線引きで民族は分断された

4. サウジアラビア王国 イスラームの聖都メッカ・メディナを併合した⑥③________が1932年に建国した

*18 フセインはマクマホンとの協定は破られたが，大戦中にアラビア半島西部にヒジャーズ王国を建てた。しかし1924年にワッハーブ派の指導者イブン＝サウードに敗れ，ネジド王国に併合された。イブン＝サウードは1932年にサウジアラビア王国を建国した。

*19 フランスのドレフュス事件などを機に，19世紀末からユダヤ人の間で広がった，パレスチナに民族的故郷を建設しようとする運動。

◆ パレスチナ問題の原因

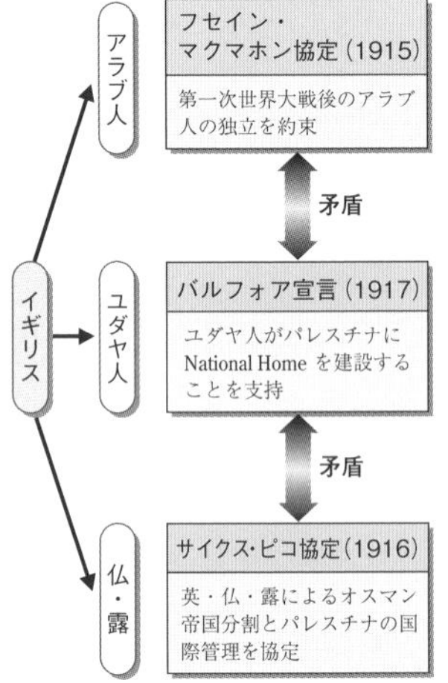

記述論述 Q バルフォア宣言について，この内容を説明しなさい。 (北海道大)

実戦演習

❶ 中近東の現代史に関する次の問1～3に答えよ。

成蹊大－経済

問1. 第一次世界大戦中の中近東に関する次の①～④の記述のうち，正しいものをひとつ選べ。

① イギリス・フランス・ドイツはサイクス・ピコ協定により，戦後のオスマン帝国の扱いを定めた。

② イギリスはフセイン(フサイン)・マクマホン協定によってアラブ人にオスマン帝国からの独立を約束する一方で，バルフォア宣言によってユダヤ人のシオニズムを援助する姿勢を見せた。

③ イブン＝サウードは，イギリスの支援を得てアラビア半島の大部分を統一してサウジアラビア王国を建設した。

④ オスマン帝国は第一次世界大戦で連合国(協商国)側について戦ったが，やぶれて同盟国と休戦条約を締結した。

問2. トルコ革命に関する次の①～④の記述のうち，誤っているものをひとつ選べ。

① スルタン制とカリフ制が廃止された。

② アラビア文字が廃止され，ラテン文字(ローマ字)が採用された。

③ トルコ共和国の首都はアンカラにおかれた。 ④ 政教分離が廃止された。

問3. 第二次世界大戦直後の中近東に関する次の①～④の記述のうち，正しいものをひとつ選べ。

① イラク王国がイギリスの委任統治から離れて独立した。

② シリアがフランスの委任統治から離れて独立した。

③ レザー＝ハーンがイランにパフレヴィー朝をたてた。

④ アフガニスタンがイギリスから独立した。

❷ 20世紀前半の中国に関する下記の設問に答えなさい。

南山大－人文(心理人間・日本文化)

(1) 新文化運動に関する記述として誤っているものを選びなさい。すべて正しい場合は㋔を選びなさい。

㋐ 魯迅は『阿Q正伝』を著した。 ㋑ 陳独秀は『新青年』を刊行した。

㋒ 胡適は『儒林外史』を著した。 ㋓ 李大釗はマルクス主義を研究した。

(2) つぎの文の空欄に入る語を選びなさい。

第一次世界大戦後に結ばれた［　　］によって，中国に対する門戸開放などの原則が確認された。

㋐九カ国条約 ㋑四カ国条約 ㋒ヴェルサイユ条約 ㋓アーヘン条約

(3) つぎの文の空欄に入る語を選びなさい。

中国国民党は1925年に［　　］で国民政府を樹立した。

㋐武漢 ㋑広州 ㋒南京 ㋓重慶

(4) 上海クーデタをおこした人物を選びなさい。

㋐蔣介石 ㋑汪兆銘 ㋒張学良 ㋓林彪

(5) つぎの文の空欄a，bに入る語の組合せとして正しいものを選びなさい。

日本の関東軍は［ a ］で鉄道を爆破し，軍事行動をおこして中国東北地方を占領した。その後，清の［ b ］であった溥儀を執政として満州国がたてられた。

㋐ a．柳条湖 b．光緒帝 ㋑ a．柳条湖 b．宣統帝

㋒ a．盧溝橋 b．光緒帝 ㋓ a．盧溝橋 b．宣統帝

解答：別冊p.33 ▶

❶ ヒント

問1. ③－イブン＝サウードはワッハーブ派を率いて，ヒジャーズ王国のフセイン(フサイン)を破り，1932年にサウジアラビア王国を建てた。

❶ 解答欄

問1	
問2	
問3	

❷ ヒント

(1). ウ－『儒林外史』は，清の呉敬梓の小説。

(2). ア－ワシントン会議での九カ国条約(1922年)で，中国に対する門戸開放，機会均等などの原則が確認された。

❷ 解答欄

(1)	
(2)	
(3)	
(4)	
(5)	

A 1917年イギリス外相バルフォアが，パレスチナにユダヤ人が民族的郷土を建設することを認め，シオニズム運動を支援することを表明した。

29 世界恐慌とファシズム

解答：別冊p.22 ▶

ココが出る！

［入試全般］

米・英の恐慌対策は頻出。独・日の動向とそれへの対応も焦点。

［国公立二次・難関私大］

世界恐慌は，原因と米・英の対応策が具体的に問われる。日本の大陸侵略は，二十一カ条の要求から日中戦争勃発までが頻出。ドイツは，ヒトラー政権の成立から第二次世界大戦勃発までが中心。

大学入試 最頻出ワード

- ■フランクリン＝ローズヴェルト
- ■フーヴァー
- ■ニューディール
- ■マクドナルド
- ■金本位制

空欄解答 ①1929 ②ニューディール〔新規まき直し〕 ③全国産業復興法 ④ワグナー法 ⑤善隣 ⑥マクドナルド ⑦オタワ連邦〔イギリス連邦経済〕 ⑧国民社会主義ドイツ労働者党 ⑨ヒトラー ⑩ラインラント ⑪ミュンヘン ⑫フランコ ⑬満洲事変 ⑭盧溝橋

記述論述 Q 世界恐慌の時期に経済建て直しのためにイギリスがとったブロック経済の内容を簡潔に説明しなさい。（北海道大）

1 世界恐慌 恐慌とは供給が需要を上まわった結果起こる経済現象

世界恐慌とアメリカ

1. 恐慌の発生 ①＿＿＿＿年10月24日「暗黒の木曜日」，ニューヨークの②＿＿＿＿街*1での株価大暴落に始まる金融恐慌は，工業・商業を巻き込み，農業恐慌と合流して大恐慌となり，世界へ波及

2. 背景

❶ 共和党政権下の自由放任政策で③＿＿＿＿が発展し，アメリカ合衆国に集中していた資金が過剰な投機に使われた

❷ 設備投資・合理化による失業者の増大，農村の慢性的不況
→アメリカ国内の購買力の低下

❸ ヨーロッパの経済復興・ソ連の経済的成長および諸国の④＿＿＿＿政策による国際市場の狭小化*2

アメリカ合衆国の対応

1. ⑤＿＿＿＿**大統領**(任1929〜33，共和党)*3

⑥＿＿＿＿(1931)：ドイツの賠償および各国の対米戦債支払いの1年間延期を実施したが，効果はなかった

2. ⑦＿＿＿＿**大統領**(任1933〜45, 民主党)

❶ 内政：修正資本主義*4の理論による⑧＿＿＿＿(新規まき直し)政策(救済・復興・改革の3R政策が基本目標)を実行
→Relief · Recovery · Reform

政策	目的
⑨＿＿＿＿ (AAA，1933.5)	農作物の作付制限・生産制限で農作物の価格を引き上げ，農民の購買力の上昇をめざした
⑩＿＿＿＿ (NIRA，1933.6)*5	国家権力による産業統制を強化し，物価や労働賃金の安定を図る
⑪＿＿＿＿(TVA，1933.5)	民間企業の電力独占を規制，政府資金によるテネシー川流域の総合開発と失業者救済
⑫＿＿＿＿(1935.7)	労働者の団結権・団体交渉権の保障

▶1935年，AFL（アメリカ労働総同盟)内に未熟練労働者を中心に⑬＿＿＿＿(CIO)が成立,1938年分離·独立*6。

❷ ⑭＿＿＿＿：モンテビデオの⑮＿＿＿＿会議(1933)で，中南米諸国との互恵的関税引き下げとドル＝ブロックの形成を表明

*1 ウォール街は，第一次世界大戦後，ロンドンのシティにあるロンバード街に代わって世界金融市場の中心地となった。

恐慌がヨーロッパに波及した原因
フーヴァー＝モラトリアム(1931)によりドイツ賠償金の支払い猶予措置がとられたため，従来賠償金を復興・戦債支払いにあてていたイギリス・フランスなど各国の経済を直撃することとなった。

*2 ローザンヌ会議(1932)後のロンドン世界経済会議(1933)でも成果はあがらなかった。

*3 フーヴァー大統領は「資本主義の自然回復力」を主張して無為無策だった。

***4 修正資本主義**
従来の自由放任経済に対して，公共投資による有効需要の創出など，経済への国家の介入の必要性を主張。イギリスの経済学者ケインズ(主著『雇用・利子および貨幣の一般理論』)に代表される。

*5 NIRA は1935年，AAA は1936年に連邦最高裁判所で違憲判決が出た。

*6 アメリカの2つの労働組織は1955年に合同して AFL＝CIO となった。

A イギリス連邦内の商品は無税または低関税，連邦外の商品には高率の関税を課す排他的な特恵関税制度をとり，金融面でもイギリス通貨を用いるスターリング(ポンド)＝ブロックを形成した。

▶ソ連を承認(1933)[*7]，プラット条項を廃止して⑯＿＿＿の独立を承認(1934)，10年後のフィリピン独立承認(1934)などを推進。

*7 日本とドイツの国際連盟脱退(1933)後，ソ連はフランスの支持で1934年に国際連盟に加盟した。

2 イギリス・フランスの対応 英・仏はブロック経済で対応した

イギリスの対応

1. ⑰＿＿＿**挙国一致内閣**(1931～35)[*8]

❶ ⑱＿＿＿制の停止(1931)・保護関税法(1932)の制定

❷ ⑲＿＿＿憲章(1931) ➡イギリス連邦の成立

❸ オタワ連邦会議(イギリス連邦経済会議，1932)：本国と各自治領間の特恵関税制度を中心とするオタワ協定を締結し，ブロック経済(スターリング＝ブロック)を形成し，連邦外の国に高関税を課す

2. ボールドウィン保守党内閣(1935～37)

❶ イギリス＝ドイツ(英独)海軍協定(1935)：ドイツの再軍備公認

❷ ドイツのラインラント進駐(1936)を黙認し，対独宥和政策[*9]

*8 第2次マクドナルド労働党内閣(1929～31)では，失業保険費の削減などによる国費節約案をきっかけにマクドナルドが党から除名されて崩壊した。恐慌を克服するため，マクドナルドは保守党・自由党と連立内閣を組織した。

*9 イギリスはナチスの侵略目標が反ソ反共であることを期待した。ドイツによるズデーテン地方(チェコスロヴァキア)の要求に譲歩する外交路線をとったミュンヘン会談は宥和政策の典型であった。

フランスの対応

1. 不安定な政局 世界恐慌下，短命な内閣[*10]が続出し，⑳＿＿＿[*11]の呼びかけで共産党・社会党・急進社会党が㉑＿＿＿を結成

2. 人民戦線内閣(1936～37・38) ブルムを首相に成立し，週40時間労働制や有給休暇制など労働者保護政策を実施した

*10 フランスは，1934年に植民地経済会議を開催して，ブロック経済政策(フラン＝ブロック)を決定した。

*11 コミンテルン(共産主義インターナショナル，第3インターナショナル)は1919年にロシア共産党を中心に設立。

3 全体主義国家の台頭 独のナチズム，伊のファシズム，日本の軍国主義が典型

日本の動き

1. 軍部の台頭

❶ 幣原(しではら)外交(国際協調)に対する軍部の不満

❷ 金融恐慌(1927)・世界恐慌で経済は混乱し，政党政治はゆきづまる

2. ㉒＿＿＿(1931～33)

❶ 関東軍[*12]は奉天郊外での㉓＿＿＿事件(南満洲鉄道爆破)を張学良のしわざとして軍事行動を起こし，中国東北地方の大半を占領，翌1932年に日本海軍は上海事変を起こした

❷ ㉔＿＿＿の建国(1932)

→清朝の最後の皇帝の㉕＿＿＿が執政(1934年以後皇帝)

❸ 内モンゴルの熱河(ねっか)を占領(1933)して，満洲国に編入[*13]

全体主義

国家や民族を最高の自己目的とし，個人はこれに従属・奉仕すべきものとする。基本的人権や自由を否定し，議会主義政治を排斥して独裁制をとる。

*12 関東州(遼東半島南端の日本の租借地)と南満洲鉄道の警備を目的に1919年に設置された日本陸軍部隊。

*13 塘沽(タンクー)停戦協定(1933)で日中両軍の停戦が実現し，中国(国民政府)に満洲国の存在を事実上承認させた。さらに日本軍は，1935年に河北省東部に冀東(きとう)防共自治政府を設けた。

Q エチオピアが独立を失うにいたった経緯を，次の語をすべて用いて，説明しなさい。
アドワの戦い　国際連盟　(慶應義塾大)

❹ ㉖＿＿＿＿の報告で満洲事変が日本の侵略行為とされ，さらに満洲国承認が国際連盟総会で否決 →1933年日本は国際連盟から脱退，翌1934年に㉗＿＿＿＿を破棄

▶日本では五・一五事件(1932)で政党内閣が終わり，二・二六事件(1936)で軍部の政治支配が決定的となった。

3. 日中戦争(1937～45)

❶ ㉘＿＿＿＿事件(1937.7.7)を機に勃発，南京占領(南京事件)

❷ 国民政府は㉙＿＿＿＿に移転し，米・英・ソの支援を受けて抗戦*14

ナチ党の台頭

1. ナチ党(㉚＿＿＿＿)の成立(1920)*15

❶ 前身はドイツ労働者党(1919年にミュンヘンで結成され，1921年からヒトラーが党の指導権掌握)

❷ ルール占領やインフレによる社会混乱を背景に，ミュンヘン一揆(1923)を起こしたが失敗，ヒトラーは獄中で『わが闘争』を口述

2. ナチ党台頭の背景

❶ 世界恐慌*16でドイツの経済危機は深刻化し，共産党の進出を恐れる資本家や軍部，恐慌に苦しむ中産階級や農民などが支持*17

❷ 大統領㉛＿＿＿＿の非常大権に頼る少数派の短命内閣の続出で政治が混乱

ナチス*18＝ドイツ

1. ヒトラー内閣の成立

❶ 1932年の総選挙で第一党となり，1933年1月，ヒトラー内閣が誕生

❷ ㉜＿＿＿＿事件(1933)を理由に共産党を弾圧し，㉝＿＿＿＿*19(1933)を制定

❸ ヴァイマル憲法を停止し，ナチ党による一党独裁体制を実現

❹ 大統領ヒンデンブルク没後，1934年にヒトラーは，大統領・首相・党首を兼ねる㉞＿＿＿＿(フューラー)に就任 ➡ドイツ第三帝国

❺ 経済再建：公共事業(アウトバーン建設など)・軍事産業の振興*20

❻ 全体主義：民主主義を否定して他党を禁止，ゲシュタポ(秘密警察)や親衛隊(SS)による思想統制の強化，㉟＿＿＿＿の迫害

2. ドイツの軍備拡大と侵略

❶ 軍備平等権が認められず，㊱＿＿＿＿を脱退(1933)

*14 日本は，「東亜新秩序」を掲げ，1940年，南京に汪兆銘(おうちょうめい)の親日政権を樹立。また朝鮮では「創氏改名」など皇民化政策をとり，労働力不足を補うため強制連行を行った。

*15 ナチ党が発表した二十五カ条綱領(1920)では，ヴェルサイユ条約破棄，オーストリアと合併，植民地要求，徴兵制復活，ユダヤ人排斥のほか，トラスト国有化，大資本経営の利益分配などが主張された。

＊16 イタリアのエチオピア侵略

1922年の「ローマ進軍」で政権を獲得したファシスト党のムッソリーニは，同じく世界恐慌によって国内の経済危機に直面したが，国民の不満をそらすため第2次エチオピア戦争(1935～36)でエチオピアを併合し，1937年に日独伊三国防共協定調印後，経済制裁を不満として国際連盟を脱退した。

＊イタリアのファシズム▶p.188

*17 大衆宣伝や突撃隊(SA)・親衛隊(SS)などの行動力もナチ党を拡大させた。

*18 ナチ党員やナチ関連組織の加入者を「ナチス」とも呼んだ。

*19 議会の承認なしに，ヴァイマル憲法と異なる立法権をヒトラー政権に承認した法案。

*20 ナチスは，1936年からの四カ年計画で「バターよりは大砲を」の軍事最優先の軍国主義経済を強行した。

A エチオピアは19世紀末にイタリアによって侵攻され，アドワの戦いでこれを撃退したが，1935年ムッソリーニ政権の侵攻を受け，国際連盟によるイタリアへの経済制裁も効果はうすく，翌36年エチオピアはイタリアに併合された。

❷住民投票により，ザール地方を回復(1935)

❸ヴェルサイユ条約の軍事条項を破棄して㊲＿＿＿＿＿を復活し，㊳＿＿＿＿＿を宣言(1935)

各国の対応

①ストレーザ会議(1935)：英・仏・伊がロカルノ条約再確認の声明を出す

②フランスとソ連は仏ソ相互援助条約(1935)を結び，㊴＿＿＿＿＿もこれにならってソ連と相互援助条約を締結(1935)

③イギリス＝ドイツ(英独)海軍協定(1935)：イギリスはドイツの再軍備を公認，対独宥和政策

④コミンテルン第7回大会(1935)で，㊵＿＿＿＿＿戦術が採択された

❹ヒトラーは，仏ソ相互援助条約の締結を口実として，ロカルノ条約を破棄し，㊶＿＿＿＿＿に進駐(1936)

❺1936年，スペイン内戦を機にドイツとイタリアは接近してベルリン＝ローマ枢軸を結成。また国際共産主義の防止を目的とする㊷＿＿＿＿＿を締結。翌1937年には日独伊三国防共協定を締結

3. スペイン内戦(1936～39)*21

❶1931年，スペイン革命によってブルボン朝が倒され，共和政が成立

❷社会党と共産党などが協力してアサーニャを首班とする人民戦線政府が成立(1936)，土地改革や教会の特権剥奪に着手

❸㊸＿＿＿＿＿将軍は，1936年に右派勢力を背景に，スペイン領モロッコで反乱を起こし，1939年にマドリードを占領して勝利*22

❹ドイツとイタリアはフランコ側を，ソ連と国際義勇軍*23は人民戦線政府側を支援。イギリス・フランスは㊹＿＿＿＿＿政策をとった

❺ポルトガルでもサラザールの独裁体制(1932～68)が続いた

4. 国際対立の激化

❶ヒトラーは，ドイツの生存権を東方進出に求め，1938年に㊺＿＿＿＿＿を併合

❷㊻＿＿＿＿＿会談(1938)*24後，ドイツ系住民の多いチェコスロヴァキアの㊼＿＿＿＿＿地方を併合。翌年，チェコスロヴァキアを解体し，チェコを併合，スロヴァキアを保護国化

❸1939年リトアニアのメーメルを併合し，㊽＿＿＿＿＿の返還とポーランド回廊での鉄道敷設権を要求。ソ連との㊾＿＿＿＿＿条約締結後，ポーランドに侵攻 ➡第二次世界大戦勃発

*21 ファシズム 対 民主主義の戦いの前哨戦といわれる。

*22 1937年のドイツ空軍のゲルニカ爆撃に対して，ピカソはファシズムへの怒りをこめて「ゲルニカ」を描いた。

*23 国際義勇軍に参加したヘミングウェー(米)はその経験から『誰(た)がために鐘は鳴る』を，オーウェル(英)は『カタロニア賛歌』を著した。

***24 ミュンヘン会談(1938)**

ヒトラー(独)・ムッソリーニ(伊)・ネヴィル＝チェンバレン(英)・ダラディエ(仏)の会談。当事国チェコのベネシュは除外され，スターリン(ソ)も招かれなかった。

記述論述 Q スペイン内戦の経過と結果について簡潔に述べよ。 (愛知教育大)

実戦演習

❶ 以下の文章を読み，下の問いに答えよ。　札幌大－地域共創

ニューヨーク株式市場における株価暴落に始まる世界恐慌は，次のような経済的影響をもたらした。すなわち，工業生産の急落，企業倒産，商取引の沈滞，そして，［1］である。

世界恐慌の影響は，経済的範囲を越えて，ヨーロッパ諸国の社会や国際関係にも多大な影響をもたらした。例えば，①後の第二次世界大戦において同盟関係を結ぶことになるイタリアとドイツでは，市民的自由や人権を無視する国家主義を掲げる政治体制や思想，すなわち［2］が現れた。この時期，日本でも軍部主導の全体主義的な傾向が顕著となった。

経済政策においては，各国は自国経済の浮揚を優先させた。アメリカは，［3］大統領の下で，銀行の救済，農業調整法，金の流出防止，［4］を通じた工業製品の価格調整，公共事業による失業者救済を行った。またイギリスは，連邦内の関税を引き下げ，連邦外の国家に対しては高関税を課すことで，［5］を結成した。フランスもまた，自国の植民地を囲い込むことで，イギリスと同様に［6］を築いた。

こうした国際社会の風潮は外交にも影を落とし，1932年以降に開催されたジュネーヴ軍縮会議は成果なく終わり，第一次大戦後に設立された国際連盟の活動を含め，国際協調の動きは低迷した。

問1．［1］～［6］に入るものとして最も適切な語句を下記の語群から選べ。

〔語群〕

ア．雇用の増加　**イ．**スターリング・ブロック

ウ．全国産業復興法　**エ．**フラン・ブロック

オ．ファシズム　**カ．**反トラスト法

キ．ドル・ブロック　**ク．**失業者の増加

ケ．フランクリン・ローズヴェルト

コ．セオドア・ローズヴェルト　**サ．**カリブ海政策

シ．サンディカリズム

問2．下線部①について，以下の問いに答えよ。

(1) ドイツでは，1932年の選挙で第1党に躍進したナチ党が，1933年1月にヒトラー内閣を樹立した。その後のヒトラーはわずか半年で一党独裁体制を築き上げるが，その過程で国会の立法権を政府に与える法案を成立させた。この法案はなにか。下から選べ。

ア．四月テーゼ　**イ．**ドーズ案　**ウ．**全権委任法

(2) イタリアのムッソリーニ政権が，恐慌による国内の経済危機から国民の目をそらすため，1935年に侵攻し，翌年に併合したのはどこか。下から選べ。

ア．エジプト　**イ．**エチオピア　**ウ．**コンゴ

(3) 以下の文中の［A］と［B］に入るものとして最も適切な語句を入れよ。

1936年，選挙でスペイン人民戦線派が勝って政府を組織すると，軍人の［A］による軍事反乱が勃発し，ドイツ・イタリアは反乱軍に武器援助を行った。この内戦の過程で，ドイツ・イタリアは，［B］と呼ばれる提携を強めた。

解答：別冊p.33 ▶

❶ ヒント

問1． 5－マクドナルド挙国一致内閣は，1932年オタワ連邦会議(イギリス連邦経済会議)を開いて，スターリング(ポンド)＝ブロックを形成した。

❶ 解答欄

問1	1		
	2		
	3		
	4		
	5		
	6		
問2	(1)		
	(2)		
	(3)	A	
		B	

A 人民戦線政府に対してフランコ将軍が反乱を起こし，内戦が始まった。ドイツとイタリアがフランコ側を，ソ連や国際義勇軍が人民戦線政府を支援し，イギリス・フランスは不干渉政策をとり，1939年フランコ側が勝利した。

30 第二次世界大戦と「冷戦」

解答：別冊p.22

ココが出る！

［入試全般］

連合国の首脳会談・諸会議と戦後の冷戦構造が出題対象の中心。

［国公立二次・難関私大］

独ソ戦・太平洋戦争，テヘラン・ヤルタ・ポツダムの3会談が頻出。冷戦は，1955年頃までの対立構造を押さえておこう。戦後の欧米では，歴代の米大統領をテーマとする出題が目立つ。

大学入試 最頻出ワード

- フルシチョフ
- トルーマン
- ド＝ゴール
- マーシャル＝プラン
- チャーチル

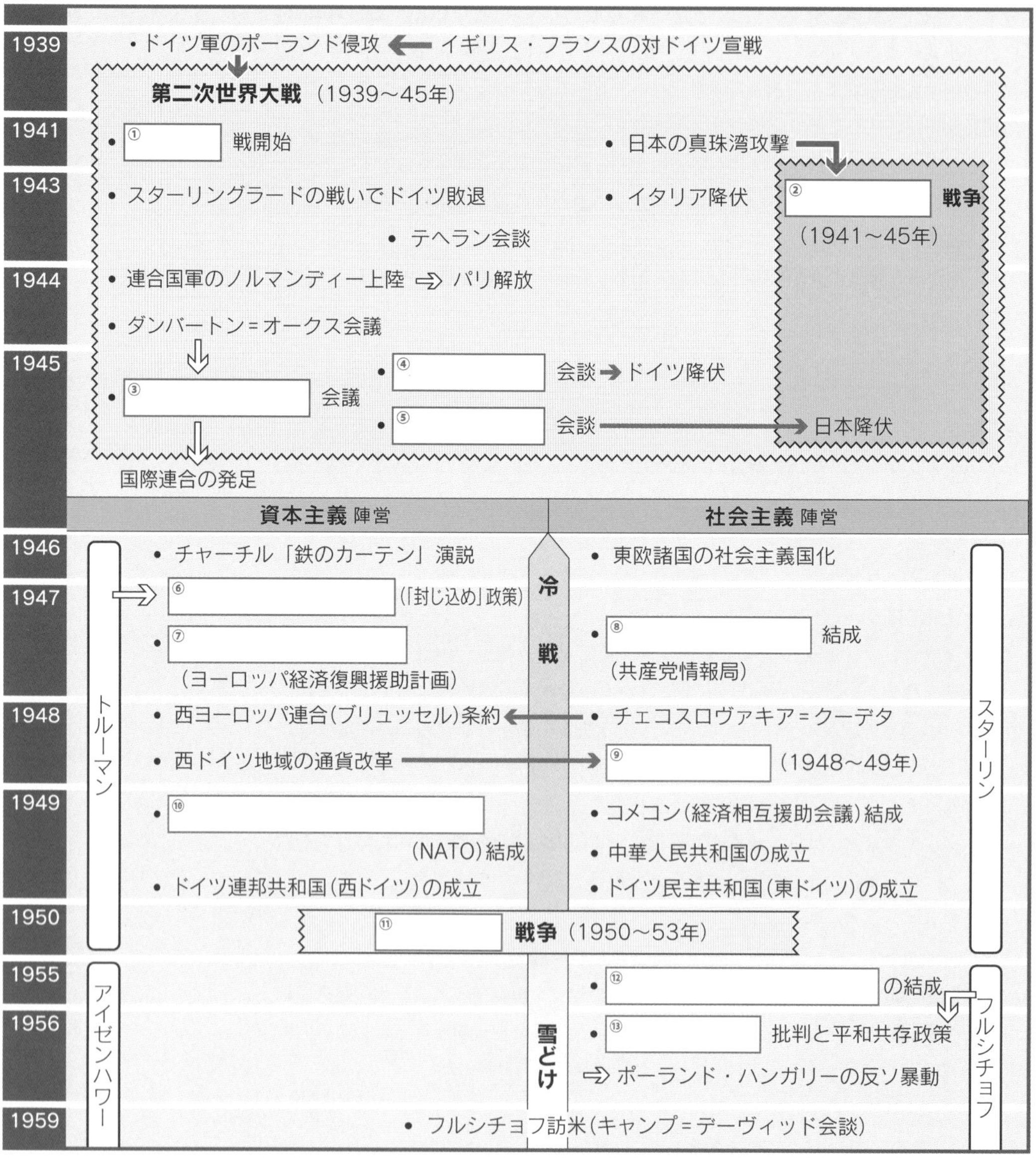

1939 ・ドイツ軍のポーランド侵攻 ← イギリス・フランスの対ドイツ宣戦

第二次世界大戦（1939～45年）

1941
- ・①［　　］戦開始
- ・日本の真珠湾攻撃 → ②［　　］戦争（1941～45年）

1943
- ・スターリングラードの戦いでドイツ敗退
- ・イタリア降伏
- ・テヘラン会談

1944
- ・連合国軍のノルマンディー上陸 ⇒ パリ解放
- ・ダンバートン＝オークス会議

1945
- ・③［　　］会議 ⇒ 国際連合の発足
- ・④［　　］会談 → ドイツ降伏
- ・⑤［　　］会談 → 日本降伏

年	**資本主義** 陣営		**社会主義** 陣営
1946	トルーマン：・チャーチル「鉄のカーテン」演説	冷戦	・東欧諸国の社会主義国化（スターリン）
1947	⇒ ⑥［　　］（「封じ込め」政策） ・⑦［　　］（ヨーロッパ経済復興援助計画）		・⑧［　　］結成（共産党情報局）
1948	・西ヨーロッパ連合（ブリュッセル）条約 ・西ドイツ地域の通貨改革 →		← ・チェコスロヴァキア＝クーデタ ⑨［　　］（1948～49年）
1949	・⑩［　　］（NATO）結成 ・ドイツ連邦共和国（西ドイツ）の成立		・コメコン（経済相互援助会議）結成 ・中華人民共和国の成立 ・ドイツ民主共和国（東ドイツ）の成立
1950	⑪［　　］**戦争**（1950～53年）		
1955	アイゼンハワー	雪どけ	・⑫［　　］の結成 ⇒ フルシチョフ
1956			・⑬［　　］批判と平和共存政策 ⇒ ポーランド・ハンガリーの反ソ暴動
1959	・フルシチョフ訪米（キャンプ＝デーヴィッド会談）		

空欄解答 ①独ソ ②太平洋〔アジア・太平洋〕 ③サンフランシスコ ④ヤルタ ⑤ポツダム ⑥トルーマン＝ドクトリン ⑦マーシャル＝プラン ⑧コミンフォルム ⑨ベルリン封鎖 ⑩北大西洋条約機構 ⑪朝鮮 ⑫ワルシャワ条約機構 ⑬スターリン

記述論述 Q ポーランドに侵攻したドイツに対してイギリス・フランスが宣戦して，第二次世界大戦が始まった。ドイツは，領土に関する要求をポーランドが拒否したため，同国に侵攻した。この要求の具体的な内容を説明しなさい。（慶應義塾大）

1 第二次世界大戦と国際連合 ヤルタ会談が，戦後の国際政治を決定した

戦争の経過と戦後処理

1. 第二次世界大戦の勃発 1939年9月1日，ドイツ軍が① ________ に侵攻し，9月3日，イギリス・フランスがドイツに宣戦布告。ドイツ軍がポーランド西半部を占領*1

2. 経過(1940～41年)

1940
.5 ドイツ軍，中立国のオランダ・ベルギーに侵攻
.5 イギリスに② ________ 戦時内閣成立
.6 イタリアがイギリス・フランスに宣戦布告
.6 フランス降伏，フランス北半部をドイツが占領
.6 ロンドンに③ ________ の自由フランス政府
→レジスタンス運動*2
.7 フランス南半部に，④ ________ 将軍のヴィシー政府成立
.9 日本軍，フランス領インドシナ北部へ進駐
.9 日独伊三国同盟の結成

1941
.3 アメリカ合衆国が武器貸与法成立
.4 ドイツ軍がバルカンに侵攻。ソ連が⑤ ________ 条約締結
.6 ドイツ軍がソ連領に侵攻 →「独ソ戦」開始
.7 日本軍，フランス領インドシナ南部へ進駐*3
.8 アメリカ・イギリス両首脳が「大西洋憲章」発表
.12 8日，日本がハワイの⑥ ________ を攻撃してアメリカ・イギリスに宣戦布告 →⑦ ________ の勃発
▶日本はマレー半島・ジャワ・スマトラ・フィリピン・ビルマなどを占領(1941～42)，「大東亜共栄圏」を推進*4。

3. 戦局の転換(1942～45)

1942
.6 ミッドウェー海戦で日本海軍は致命的敗北
.11 連合国軍，北アフリカに上陸

1943
.2 ドイツ軍，⑧ ________ の戦いでソ連軍に敗北
(⑧ → 今のヴォルゴグラード)
.7 連合国軍，シチリア島に上陸 →ムッソリーニは失脚し，代わったバドリオ政権は9月，連合国軍に無条件降伏

1944
.6 連合国軍は⑨ ________ に上陸し，8月，パリを解放

*1 ソ連も独ソ不可侵条約の秘密協定によりポーランド東半部を占領した。ソ連はさらにフィンランドに侵攻し(国際連盟から除名)，1940年にはバルト3国(リトアニア・ラトヴィア・エストニア)を併合，ルーマニアからベッサラビアを割譲させた。

*2 ドイツは占領地で物資徴発や強制労働などを強行し，またアウシュヴィッツ(現ポーランドのオシフィエンチム)強制収容所などでユダヤ人絶滅を図った(ホロコースト)。ナチスに反抗して各地でレジスタンスやパルチザンと呼ばれる抵抗運動が起こった。

*3 日本軍の南進に対してアメリカ・イギリス・中国・オランダがABCD包囲網を形成した。アメリカは対日石油禁輸などの措置をとった。

*1941年秋，ハンガリー・ブルガリア・ルーマニアが枢軸国側で参戦。ヨーロッパでの中立国はエール(アイルランド)・スペイン・ポルトガル・スウェーデン・スイスなど。

*4 日本の支配は資源の収奪で，フィリピンではフク団(フクバラハップ)，ベトナムではホー=チ=ミンの率いるベトナム独立同盟会(ベトミン)，ビルマでは反ファシスト人民自由連盟などによる抗日抵抗運動が激化した。

A ヴェルサイユ条約によって国際連盟の管理下で自由市となったダンツィヒの返還と，ポーランド回廊を横断して東プロイセンにいたる治外法権の鉄道敷設や道路建設を要求した。

1945 .4 アメリカ軍が，沖縄本島に上陸

.5 ベルリン陥落，⑩＿＿＿＿は無条件降伏

.8 広島（6日），長崎（9日）に原子爆弾を投下。また8日にソ連が対日参戦。日本は8月14日に⑪＿＿＿＿を受諾して無条件降伏

＊5 首脳会談の参加者

アメリカはフランクリン＝ローズヴェルト，イギリスはチャーチル，中国は蔣介石，ソ連はスターリン。ポツダム会談ではアメリカはトルーマン，イギリスは途中からアトリー。

4. 連合国の首脳会談＊5

	会談（参加国）	協議内容
1943.1	カサブランカ会談（米・英）	ソ連の要請で第2戦線を協議
1943.11	カイロ会談（米・英・中）	1914年以降日本が獲得した太平洋諸島の剝奪，中国東北地方と台湾の返還，朝鮮の独立などを取り決めた
1943.11〜12	⑫＿＿＿＿会談（米・英・ソ）	北フランス上陸作戦（第2戦線）決定
1945.2	⑬＿＿＿＿会談（米・英・ソ）	ドイツの無条件降伏と4国（米・英・仏・ソ）の占領管理。ドイツ戦犯の裁判。ドイツ降伏後3カ月以内に⑭＿＿＿＿の対日参戦と千島・南樺太の奪取
1945.7〜8	ポツダム会談（米・英・ソ）	日本の無条件降伏勧告（ポツダム宣言）

戦後処理と国際連合

1. ドイツ

❶ アメリカ・イギリス・フランス・ソ連の4国が分割占領・共同管理し，ソ連管理地域のベルリンも4国が分割管理した＊6

❷ ニュルンベルク国際軍事裁判でナチス＝ドイツの戦犯が処罰された

＊6 オーストリアも連合国4カ国によって分割管理された。1955年，オーストリア国家条約により中立国として独立した。

2. 日本

❶ アメリカ軍中心の連合軍が占領。連合国軍総司令部（GHQ，マッカーサー最高司令官）の指示の下に，財閥解体・農地改革などが進められ，1946年日本国憲法が公布（翌年施行）された

❷ 極東国際軍事裁判（東京裁判）が開かれ，東条英機らが処罰された

パリ講和条約（1947）

イタリア・ハンガリー・ルーマニア・ブルガリア・フィンランドの旧5枢軸国と連合国が講和した。

3. 国際連合

❶ 大西洋憲章（1941）：アメリカ大統領フランクリン＝ローズヴェルトとイギリス首相チャーチルが，戦後の国際平和機構の構想を発表

❷ ⑮＿＿＿＿会議（1944）：国際連合憲章の素案が成立

❸ ⑯＿＿＿＿会議（1945）：6月に国際連合憲章を採択し，10月に国際連合が発足

第二次世界大戦後の冷戦体制成立のきっかけとなったアメリカの外交政策に，「トルーマン＝ドクトリン」がある。その内容を80字以内で説明せよ。 （成城大）

国際連合　加盟国が平等の権利を持つ総会(多数決が原則)と，連合国の中心であった米・英・仏・中・ソの5カ国が拒否権を持つ⑰＿＿＿＿＿＿＿＿が中心機関。本部は⑱＿＿＿＿＿＿＿＿

戦後の国際通貨体制

1944年，連合国の代表がブレトン＝ウッズ会議によって国際通貨基金(IMF)と国際復興開発銀行(IBRD，世界銀行)の設立に合意。1947年には「関税と貿易に関する一般協定(GATT)」が成立した。

2 「冷戦」 アメリカを軸とする資本主義陣営とソ連を中心とする社会主義陣営の「2つの世界」が対立

「冷戦」の始まり

1. ヨーロッパの東西分断

❶ ソ連圏のハンガリー・ブルガリア・ルーマニアやポーランドでは，人民民主主義に基づく社会主義が採用され，ソ連の影響力が拡大*7

❷ ⑲＿＿＿＿＿＿＿＿(1947)：アメリカ大統領トルーマンは，ギリシア・トルコへの共産主義の拡大を阻止するため，両国に援助を与えてソ連の拡大に対抗する「⑳＿＿＿＿＿＿政策」(ジョージ＝ケナンの造語)　→米ソ二大陣営による「冷戦」の開始

❸ ㉑＿＿＿＿＿＿＿＿(ヨーロッパ経済復興援助計画，1947)：アメリカ国務長官マーシャルが発表　→西欧諸国は，受け入れるため，翌年にヨーロッパ経済協力機構(OEEC)を設立

❹ ㉒＿＿＿＿＿＿＿＿(共産党情報局，1947)：マーシャル＝プランに対抗して，ソ連は東欧6カ国とイタリア・フランスの共産党で組織*8

*7 東欧諸国での共産主義政党の政権の成立やフランス・イタリアなどでの共産党の躍進を警戒したイギリスの前首相チャーチルは，1946年に「ソ連がバルト海のシュテッティンからアドリア海のトリエステまで『鉄のカーテン』をおろしている」と講演し，ソ連への警戒を表明した。

*8 ティトーに率いられて自力でナチス＝ドイツからの解放に成功したユーゴスラヴィアは，ソ連に対して自主的な姿勢をとったため，1948年コミンフォルムから除名され，独自の社会主義をとった。

2. 冷戦構造の成立

❶ 1948年，チェコスロヴァキアで共産党がクーデタで政権を奪取すると，イギリス・フランス・ベネルクス3国が反共軍事同盟の西ヨーロッパ連合条約(ブリュッセル条約)を締結

❷ ㉓＿＿＿＿＿＿＿＿(1948～49)：米・英・仏3国は管理下に置く西ドイツ地区で，政府を樹立する前提として㉔＿＿＿＿＿＿を断行　→ソ連は対抗して，西ドイツ地区から西ベルリンへの交通路を封鎖

❸ 経済相互援助会議(㉕＿＿＿＿＿＿，1949)：ソ連と東欧諸国がマーシャル＝プランとブレトン＝ウッズ体制に対抗して組織

❹ ㉖＿＿＿＿＿＿＿＿(NATO，1949)：アメリカ合衆国を中心にカナダを含む西側12カ国が結成した

❺ 1949年にベルリン封鎖は解除されたが，同年，㉗＿＿＿＿＿＿＿＿共和国(西ドイツ，首都はボン)と，㉘＿＿＿＿＿＿＿＿共和国(東ドイツ，首都はベルリン)が成立し，ドイツは東西に分裂した

A　拡張する共産主義勢力との内戦で不安定化したギリシア・トルコに対して経済・軍事援助を与えることを宣言した。ソ連勢力の拡張に対する「封じ込め」政策の始まり。(76字)

近・現代史
30 第二次世界大戦と「冷戦」
前6C以前 前6C 前4C 前2C 2C 4C 6C 8C 10C 12C 14C 16C 18C 20C 現在

❻ パリ協定(1954)によって，西ドイツが再軍備とNATO加盟をすると，1955年，ソ連は東欧7カ国と東ヨーロッパ相互援助条約を結んで㉙＿＿＿＿を結成し，NATOに対抗

冷戦の激化

1. ㉚＿＿＿＿(1950～53)

❶ 日本の敗戦後，朝鮮は北緯㉛＿＿＿＿線を境に南をアメリカ軍が，北をソ連軍が進駐して分割管理

❷ 1948年，南に㉜＿＿＿＿(大統領㉝＿＿＿＿)，北に㉞＿＿＿＿(首相㉟＿＿＿＿)が成立

❸ 1950年，北朝鮮軍が北緯38度線を越えて侵攻し，朝鮮戦争が勃発

❹ 国連安全保障理事会(ソ連は欠席)は，北朝鮮の侵略と断定してアメリカ軍を主力とする㊱＿＿＿＿を派遣*9，戦線は膠着した

❺ 1953年に板門店(パンムンジョム)で休戦協定が成立

*9 中華人民共和国は，朝鮮民主主義人民共和国を支援して，人民義勇軍を派遣した。

2. 西側陣営の結束　⇨社会主義陣営を包囲する軍事同盟

❶ ㊲＿＿＿＿(OAS，1948)：アメリカ合衆国は，アメリカ大陸への共産主義浸透を防ぐため，1947年にリオデジャネイロ条約(リオ協定)を結び，翌1948年に発足させた

❷ 1951年，米比相互防衛条約，太平洋安全保障条約(ANZUS)*10の締結

❸ 朝鮮休戦協定成立後，米韓相互防衛条約を締結(1953)

❹ ㊳＿＿＿＿(SEATO，1954)：ANZUS 3国・イギリス・フランス・フィリピン・タイ・パキスタンの8カ国が結成

❺ バグダード条約機構(中東条約機構，METO，1955)*11：イギリス・イラク・イラン・トルコ・パキスタンの5カ国で成立

*10 アメリカ・オーストラリア・ニュージーランド3国が結成。また，1951年にアメリカは日米安全保障条約を締結した。

*11 バグダード条約機構は，1958年のイラク革命後にイラクが脱退したため，1959年，中央条約機構(CENTO)に改組されたが，1979年のイラン革命とパキスタン・トルコの脱退で解体した。

3 戦後の欧米諸国　アメリカ合衆国が西側の覇権を握り，イギリスが衰退した

アメリカ合衆国

1. ㊴＿＿＿＿大統領(任1945～53，民主党)

❶「封じ込め政策」と北大西洋条約機構(NATO)の結成，朝鮮戦争への介入など，「冷戦」を激化させた

❷ フェア＝ディール政策による福祉増進に努める一方，タフト・ハートレー法(1947)で労働組合の活動を規制するなど労働者の権利を削減。また中央情報局(CIA)が設置された*12

*12 1950年，マッカラン国内治安法が制定され，左翼運動や共産主義思想を追放する「赤狩り(マッカーシズム)」が起こった。

記述論述 Q 朝鮮戦争が，日本の政治と経済に与えた影響を60字以内で記せ。　(首都大東京(※現東京都立大))

2. ㊵__________**大統領**(任1953～61，共和党)

朝鮮休戦協定(1953)，ジュネーヴ4巨頭会談(1955)，ソ連の㊶__________とのキャンプ＝デーヴィッド会談(1959)など，「雪どけ」を推進した一方，キューバ革命(1959)で成立したカストロ政権との対立を深め，キューバと断交した(1961)*13

*13 2015年，アメリカのオバマ大統領はキューバとの国交を正常化した。

イギリス

1. 債権国から債務国に転落

2. ㊷__________**労働党内閣**(1945～51)

❶重要産業の国有化や社会福祉政策を推進する一方，NATOに加盟

❷インドの独立など植民地の独立を承認

❸1949年にエール*14が共和政を宣言し，㊸__________から離脱

*14 現在のアイルランド。1937年に国号をエール(アイレ)と改称していた。第二次世界大戦では中立を堅持した。

フランス

1. 第四共和政(1946～58)　小党分立で政治の不安定が続き，インドシナ戦争やアルジェリアの反仏抵抗運動などで政治的混迷

2. 第五共和政(1958～)　アルジェリア戦争(1954～62)の泥沼化の中で，㊹__________政権が樹立

ドイツ

1. ドイツ連邦共和国(西ドイツ)

❶㊺__________首相は，パリ協定で，再軍備やNATO加盟を実現する一方，「奇跡の経済復興」を成しとげた
(任1949～63，キリスト教民主同盟)

❷1952年の㊻__________(ECSC)，1958年の㊼__________(EEC)，ヨーロッパ原子力共同体(EURATOM)の発足に指導的役割を果たす

2. ドイツ民主共和国(東ドイツ)　ワルシャワ条約機構に加盟し，1961年には㊽__________を構築し，西側への脱出を阻止した

その他

❶イタリアは，1946年に国民投票で王政が廃止され，共和政に移行

❷スペインは，1939年以降，㊾__________の独裁が続いた*15

❸ポルトガルでも，1932年以降，サラザールの独裁が続いた*16

*15 スペインでは，1975年にフランコが没し，フアン＝カルロスが即位してブルボン朝が復活した。

*16 ポルトガルでは，1974年の軍事クーデタで新政権が成立し，民主化が進展した。また，翌75年アンゴラやモザンビークなどの植民地の独立を認めた。

ソ連と東欧諸国

1. ソ連　1953年にスターリンが没し，1956年に開催されたソ連共産党第20回大会で，㊿__________は，個人崇拝と大量粛清などを

A　軍需品などの特需で経済が回復し，サンフランシスコ平和条約により主権を回復，日米安全保障条約を結び，西側に取り込まれた。(59字)

理由に㉛＿＿＿＿＿＿批判を展開し，西側との平和共存政策を発表

2. 反ソ暴動

❶ 1956年，スターリン批判を機に，ポーランドのポズナニでは反ソ暴動が起こり，ゴムウカが自主解決し，ソ連の軍事介入を阻止

❷ ハンガリーでも反ソ暴動が起こり，改革派の㉜＿＿＿＿＿＿が民主化を表明すると，ソ連が軍事介入して抑圧(ハンガリー事件)

4 平和共存の動き 1950年代後半から「雪どけ」の気運が芽生えた

緊張緩和の芽生え

1. 冷戦の緩和

❶ インドのネルーと中国の周恩来が㉝＿＿＿＿＿＿を発表(1954)

❷ 1955年の㉞＿＿＿＿＿＿(バンドン)会議で反帝国主義・反植民地主義など平和十原則を発表

→米ソ両陣営に属さない「第三世界」の結束が進展

❸ ジュネーヴ4巨頭会談(1955)*17：紛争解決は話し合いの精神

❹ ソ連のフルシチョフが㉟＿＿＿＿＿＿路線を表明(1956)

❺ 日ソ共同宣言により日本とソ連の国交回復(1956)

❻ キャンプ＝デーヴィッド会談(1959)：ソ連のフルシチョフが訪米し，アメリカの㊱＿＿＿＿＿＿大統領と首脳会談*18

2. 核兵器廃絶への努力

❶ 1945年にアメリカが開発に成功した原子爆弾は，ソ連につづいてイギリス，さらにフランス・中国などが保有した

❷ 1952年，アメリカは水素爆弾の実験に成功し，翌53年にはソ連も水爆を保有した

❸ 核弾頭を搭載できる大陸間弾道ミサイルは，1957年にソ連が，対抗してアメリカが開発に成功し，核戦争の危機が高まった

❹ 1954年，アメリカが中部太平洋のビキニ環礁で行った核実験で日本漁船が被爆し，㊲＿＿＿＿＿＿運動が高まり，1955年に広島で第1回原水爆禁止世界大会が開催

❺ ㊳＿＿＿＿＿＿会議(1957)：イギリスの哲学者ラッセルとアメリカの物理学者㊴＿＿＿＿＿＿が提唱し，世界の科学者が核兵器廃絶を訴える

*17 アメリカ・イギリス・ソ連・フランス4首脳による会談で，第三勢力の台頭に対抗した。

*18 フルシチョフの訪米の背景には，1957年のソ連の大陸間弾道ミサイル(ICBM)の開発や世界最初の人工衛星打ち上げの成功による軍事・技術面での優越が働いていた。

記述論述 Q ソ連によるベルリン封鎖について，i)その理由，ii)西側諸国の対応を記せ。 (立教大)

 出題大学…㊲：津田塾大

実戦演習

❶ 次の文中の［　］に最も適当な語を語群から選び，また下線部に関する問いに答えなさい。 関西学院大－教育・経済・国際・社会・神・総合政策〈改題〉

第二次世界大戦後，大戦の反省から国際連合をはじめ様々な①国際的な組織が設立され，世界の平和と繁栄が目指された。しかし，ソ連に対しアメリカは警戒感を強め②「封じ込め政策」を採用，具体的措置としてマーシャル＝プランを実施した。これにソ連は激しく反発したため，世界はアメリカを中心とする陣営とソ連を中心とする陣営の対立局面に入った。③核兵器を保有する両陣営の対立はときに④キューバ危機のような高度な緊張状態に陥り，また⑤ドイツなどのように両陣営の占領下にあったために2つの国に分断されるという状況も生じた。とはいえ，対立解消のための努力もなされた。⑥フルシチョフによる平和共存の提唱や，［イ］による東方外交の展開などが事例として挙げられるだろう。

［語群］イ．a．ブラント　b．アデナウアー　c．ホネカー　d．コール

［問い］

① 第二次世界大戦後の国際的な組織に関する記述として，誤りを含むものはどれか。
- a．国際司法裁判所がジュネーヴに設けられた。
- b．国際通貨基金は国際復興開発銀行とともに設立された。
- c．世界貿易機関はGATTを受け継いで成立した。
- d．世界保健機関は国際連合の専門機関である。

② 「封じ込め政策」に関する記述として，誤りを含むものはどれか。
- a．トルーマン＝ドクトリンはギリシアとトルコに軍事援助を与えることを提唱していた。
- b．マーシャル＝プランの受け入れに当たって経済協力開発機構が設立された。
- c．北大西洋条約機構結成時の加盟国にはカナダも含まれる。
- d．これに対抗して，ソ連はコミンフォルムの形成を主導した。

③ 核兵器に関する記述として，誤りを含むものはどれか。
- a．核兵器廃絶を求めて，科学者によるパグウォッシュ会議が開催された。
- b．イギリスがオーストラリアで実施した核実験ではアボリジニーも被害を受けた。
- c．部分的核実験禁止条約は地下実験を禁止している。
- d．包括的核実験禁止条約は国連総会で採択された。

④ アメリカとキューバの関係に関する記述として，誤りを含むものはどれか。
- a．アメリカはプラット条項によってキューバを事実上の保護国とした。
- b．フランクリン＝ローズヴェルト政権はキューバの独立を認めた。
- c．ケネディ政権はキューバと断交した。
- d．21世紀になってアメリカとキューバは国交を回復した。

⑤ 第二次世界大戦後のドイツに関する記述として，誤りを含むものはどれか。
- a．米・英・ソ・仏の4国による分割占領が行われた。
- b．ミュンヘンに国際軍事裁判所が置かれた。
- c．パリ協定で西ドイツの主権回復が認められた。
- d．ベルリン封鎖に対し米・英・仏は生活必需品の空輸で対抗した。

⑥ フルシチョフに関する記述として，誤りを含むものはどれか。
- a．中ソ論争以来，悪化していた中国共産党との関係改善を成功させた。
- b．スターリン批判を行った。　c．首相在任中アメリカを訪問した。
- d．農政失政などを批判され失脚した。

解答：別冊p.33 ▶

❶ ヒント

イ．a－社会民主党のブラント首相は，ポーランドとの国境(オーデル＝ナイセ線)を承認するなどソ連や東欧諸国との協調を図った。

①．a－国際司法裁判所はハーグに設置された。

②．b－マーシャル＝プランの受け入れのために結成されたのは，ヨーロッパ経済協力機構(OEEC)。1961年に経済協力開発機構(OECD)に発展した。

❶ 解答欄

イ	
①	
②	
③	
④	
⑤	
⑥	

A i）米英仏3国が管理する西ドイツで，政府の樹立を前提として行われた通貨改革に対抗するため。
ii）西側3国は封鎖された西ベルリンへ生活必需品を空輸し，ソ連に対抗した。

解答：別冊p.23

31 戦後のアジア・アフリカ諸国

ココが出る！

［入試全般］

戦後の中国など新興国の動向と地域紛争に関する出題が主流。

［国公立二次・難関私大］

中華人民共和国は成立過程と建国後の内政・外交が焦点。ベトナムは，ベトナム戦争などを軸に70年代末まで出題。西アジアは，中東問題をテーマに幅広く扱われる。アフリカは増加傾向。

大学入試 最頻出ワード

- ■イスラエル
- ■中華人民共和国
- ■スカルノ
- ■バルフォア宣言
- ■ナセル　■毛沢東

戦後のアジア・アフリカ

年	事項
1945	①［　　　　］の建国 → フランスと②［　　　　］**戦争**が勃発（1946〜54年）
1947	**インド・パキスタンの分離独立**
1948	**大韓民国の成立** **朝鮮民主主義人民共和国の成立**
1949	**中華人民共和国の建国** ・主席③［　　　　］
	④［　　　　］**戦争**（1950〜53年）
1952	エジプト革命
1953	⇒ **エジプト共和国の成立**
1954	⑤［　　　　］協定 → 仏のベトナム撤退 ネルー・周恩来会談 → 平和五原則
1955	⑥［　　　　］会議 → 平和十原則 **ベトナム共和国の成立**
1957	⑦［　　　　］**がイギリスから独立**
1960	**「アフリカの年」→ アフリカ17カ国の独立** 南ベトナム解放民族戦線結成
1962	**アルジェリアがフランスから独立**
1965	アメリカの北爆開始 → ⑧［　　　　］**戦争**（1965〜73年）
1973	ベトナム（パリ）和平協定
1979	⑨［　　　　］指導のイラン=イスラーム革命
1980	**イラン=イラク戦争**（1980〜88年）

中東問題

年	事項
	シオニズム運動（19C末〜） ・ユダヤ人国家建設運動
1915	⑩［　　　　］ ・アラブ人の独立を承認
1916	**サイクス・ピコ協定** ・英・仏・露のトルコ領分割協定
1917	⑪［　　　　］ ・ユダヤ人国家建設支持
	（1915〜1917：イギリスの矛盾外交） 第一次世界大戦後，パレスチナはイギリスの委任統治領
1945	アラブ連盟結成
1947	国連によるパレスチナ分割案 → 反対
1948	⇒ ⑫［　　　　］**の建国宣言** **第1次中東戦争（パレスチナ戦争）**（1948〜49年） パレスチナ難民発生
1956	エジプト大統領ナセルの⑬［　　　　］国有化宣言 → **第2次中東戦争（スエズ戦争）**（1956〜57年）
1964	パレスチナ解放機構（PLO）結成
1967	**第3次中東戦争** ⇒ イスラエルが占領地を拡大
1973	**第4次中東戦争** ⇒ アラブ石油輸出国機構（OAPEC）の⑭［　　　　］→ 第1次石油危機
1979	エジプト=イスラエル平和条約
1993	**パレスチナ暫定自治協定**

空欄解答 ①ベトナム民主共和国　②インドシナ　③毛沢東　④朝鮮　⑤ジュネーヴ休戦　⑥アジア=アフリカ〔バンドン〕　⑦ガーナ　⑧ベトナム　⑨ホメイニ　⑩フセイン・マクマホン協定　⑪バルフォア宣言　⑫イスラエル　⑬スエズ運河　⑭石油戦略

中ソ論争における外交面での中国側の対ソ批判点について，40字以内で説明しなさい。
（首都大東京（※現東京都立大））

1 戦後の中国と日本 毛沢東は中華人民共和国を建国し，社会主義の建設に努めた

中国

1. 国共内戦

❶ 大戦中，租借地の回収や不平等条約撤廃を実現。戦後は戦勝国

❷ 国民党が政治協商会議(1946)の国共停戦協定を破棄し，内戦

▶アメリカの援助で蒋介石は共産党の根拠地①＿＿＿＿を占領(1947)したが，大戦中から土地改革を進めた共産党は各地に解放区を拡大し，人民解放軍の活躍で形勢が逆転した。

2. ②＿＿＿＿の成立(1949.10)*1

❶ 北京での人民政治協商会議で政権の大綱を決定

❷ 主席③＿＿＿＿，首相周恩来の下で新民主主義*2の実現へ

❸ ④＿＿＿＿条約(1950)：日本を仮想敵国とする軍事同盟(1980年解消)

❹ ⑤＿＿＿＿(1954)：ネルー・周恩来会談で発表

➡主権尊重・相互不可侵・内政不干渉・平等互恵・⑥＿＿＿＿

台湾　日本の敗戦後，台湾は⑦＿＿＿＿の施政下に入ったが，1947年国民党政権への反発から大規模な暴動が起こり武力弾圧された(二・二八事件)。⑧＿＿＿＿の率いる国民党は内戦に敗れて台湾に逃れ，中華民国政府を維持し，アメリカ合衆国の支援を受け続けた。1960年代から急速に経済発展し，⑨＿＿＿＿地域(NIES)の一つに加えられ，民主化も進み*3，2000年に民進党の陳水扁(ちんすいへん)が総統に選ばれた。

日本

1. 民主的改革　日本国憲法施行(1947)・財閥解体・農地改革など

2. ⑩＿＿＿＿会議(1951)　48カ国と平和条約*4を調印，⑪＿＿＿＿条約を締結して反共軍事体制に加担

3. 日ソ国交回復(1956)　→日本は⑫＿＿＿＿へ加盟

▶朝鮮戦争中に，国連軍向けの物資供給(朝鮮戦争特需)などによって経済復興の足がかりをつかんだ。1960年代の日本は，高度経済成長を背景に，1964年には東京オリンピックを開催した。さらに1965年には韓国と日韓基本条約を締結し，国交を正常化した。

***1 中国の承認**
蒋介石の率いる国民政府は台湾に逃れ(1949.12)，ソ連・東欧諸国は中華人民共和国を建国直後に承認。インド(1949)，イギリス(1950)，フランス(1964)がその後承認した。アメリカや日本は蒋介石の国民政府を支持し，中国と対立した。

***2 新民主主義**
1940年に毛沢東が提唱した中国革命の理論。労働者階級が指導する労働者・農民の同盟を基礎に革命的民族資本家をも含む人民民主統一戦線の政権樹立をめざす。五・四運動から人民共和国成立までが第1段階。以後は社会主義への過渡期とする。

*3 1988年に初の台湾出身の総統に就任した李登輝(りとうき)のもとで民主化が進展した。

*4 サンフランシスコ平和条約は，中国・インド・ビルマ・ユーゴスラヴィア・ソ連・ポーランド・チェコスロヴァキアとは調印できず，「片面講和」となった。そのため，これらの国々との国交正常化が課題として残った。

A ソ連の平和共存路線とキューバ危機での譲歩，部分的核実験禁止条約の調印などを批判。(40字)

2 西アジアとアフリカ 民族運動が高揚し，イランは石油国有化，エジプトはスエズ運河国有化

戦後のイスラーム諸国

アラブ連盟 1945年，アラブ諸国民の主権擁護と相互協力を目標に，エジプト・レバノン・シリア・ヨルダン・イラク・サウジアラビア・イエメンの7カ国が結成*5

*5 アラブ連盟結成の背景にはアラブ民族主義の高揚がある。

1. エジプト

❶エジプトはエジプト＝イギリス同盟条約を破棄し(1951)，イギリスのスエズ駐兵権を破棄

❷1952年，自由将校団によるエジプト革命で，ファールーク王は追放，翌1953年に共和国に移行(大統領はナギブ)

❸1956年，大統領となった⑬＿＿＿＿(任1956～70)は，アスワン＝ハイダム建設資金をアメリカが凍結したことから，スエズ運河国有化を宣言
→第2次中東戦争(スエズ戦争)が勃発

2. シリア・レバノン・ヨルダン*6

❶シリアは，フランスの委任統治から，1936年に自治を認められ，1946年に共和国として完全独立

❷レバノンは，1944年に共和国として独立

❸ヨルダンは，イギリスの委任統治から，1946年に王国として完全独立

*6 イギリスの保護国であったクウェートは，1961年に独立した。1990年にイラクが侵攻し，1991年に湾岸戦争が勃発してアメリカ軍中心の多国籍軍が反攻してイラク軍を撤退させた。

3. イラン

❶1951年，⑭＿＿＿＿首相が石油国有化を断行し，アングロ＝イラニアン石油会社を接収したが，1953年に国王派のクーデタで失脚

❷⑮＿＿＿＿(位1941～79)は，「白色革命」と呼ばれる近代化を推進

❸イラン＝イスラーム革命：1978年頃から反米・反国王運動が激化し，1979年にシーア派の⑯＿＿＿＿が指導するイラン＝イスラーム共和国が成立*7，イスラーム(原理)主義に立ち，反米政策を展開

❹国境問題からイラン＝イラク戦争が起こる(1980～88)

*7 イラン＝イスラーム革命により，パフレヴィー朝は1979年に崩壊した。一方イラン＝イスラーム革命を機に原油価格が高騰し，第2次石油危機が起こった。

イスラエルの建国と中東戦争

1947 イギリスのパレスチナ委任統治の終了 →国際連合は⑰＿＿＿＿を決議。アラブ側は拒否

1948 ⑱＿＿＿＿の建国宣言 →アラブ諸国軍の侵攻で第1次中東戦争(⑲＿＿＿＿戦争)が勃発，アメリカ・イギリ

記述論述 Q 第二次世界大戦後，多数のパレスティナ難民が発生した経緯を，1947年から1948年について，説明しなさい。(慶應義塾大)

スはイスラエルを支持し，アラブ側が敗北*8

1956 エジプトの⑳＿＿＿＿大統領の㉑＿＿＿＿＿＿＿＿宣言に対して，イスラエル・イギリス・フランス3国がエジプトへ侵攻し，第2次中東戦争(㉒＿＿＿＿＿)が勃発
→国連の即時停戦決議やソ連・国際世論の非難で3国は撤退

1964 パレスチナ人の土地と権利回復を目標に，㉓＿＿＿＿＿＿＿＿＿＿(PLO)が結成

1967 エジプトのアカバ湾封鎖から第3次中東戦争が起こり，6日間の戦闘で圧勝したイスラエルは，ガザ地区・シナイ半島・ゴラン高原・ヨルダン川西岸を占領

1973 ナセルを後継したエジプトの㉔＿＿＿＿＿(任1970~81)大統領が，失地回復を図ってシリアとともに第4次中東戦争を起こす
→OAPEC*9が石油戦略を発動し，世界経済は第1次石油危機(オイル＝ショック)となった

1979 エジプト＝イスラエル平和条約：エジプト大統領サダトとイスラエル首相ベギンが調印　→アラブ諸国は反対*10

1982 イスラエルがシナイ半島をエジプトに返還

1993 PLO（アラファト議長)とイスラエルが相互承認し，パレスチナ暫定自治協定(オスロ合意)*11に調印

1994 ガザ地区とヨルダン川西岸のイェリコで自治政府が成立

*8 パレスチナ戦争でイスラエルが占領地を拡大した結果，100万人を超えるパレスチナ難民が発生した。

*9 OAPEC（アラブ石油輸出国機構）は，反イスラエルのアラブ産油国が1968年に結成した。

*10 1981年にサダト大統領は，イスラエルとの和平に不満をもつイスラーム(原理)主義者によって暗殺された。

*11 イスラエル占領地域のガザ地区やヨルダン川西岸でパレスチナ人のインティファーダ(民衆蜂起)が続いた。

アフリカ諸国の独立

1. 新興独立国

❶ イタリアの旧植民地リビアが，国連の承認で連合王国として独立(1951)したが，1969年にカダフィらの革命で共和国に移行

❷ フランスから，チュニジア・モロッコが独立(1956)

❸ ㉕＿＿＿＿＿共和国(エンクルマ(ンクルマ)大統領)が，イギリスから独立(1957)

❹ ギニア共和国(セク＝トゥーレ大統領)が，フランスから独立(1958)

◆ アフリカの独立

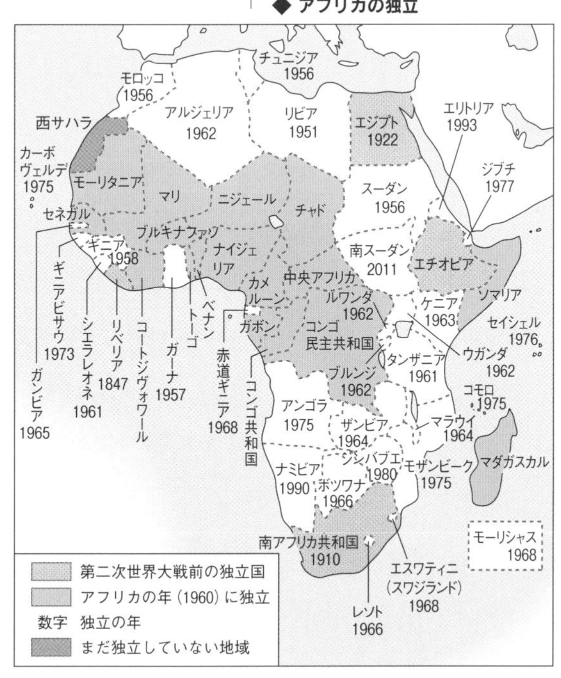

A 1947年国際連合はパレスチナを分割する決議を行った。翌48年にユダヤ人がイスラエルの建国を宣言すると，これに反対するアラブ諸国との間でパレスチナ戦争が起こり，アラブ人は郷土を追われ，パレスチナ難民となった。

❺ 1960年には17カ国が独立を達成し，「㉖＿＿＿＿」と呼ばれた

2. アルジェリア 1954年から民族解放戦線(FLN)の反仏独立闘争が激化，1962年にフランスの㉗＿＿＿＿政権が独立を承認

3. ㉘＿＿＿＿(OAU) 1963年にアフリカ独立国がアフリカ統一機構憲章を採択して発足 →2002年にアフリカ連合(AU)に改組

4. 南アフリカ共和国*12

❶ 黒人に対する人種差別・隔離政策の㉙＿＿＿＿を強行 →アフリカ民族会議(ANC)の黒人解放運動が激化

❷ 1991年にデクラーク政権がアパルトヘイト関連法を廃止

❸ 1994年にはANCの指導者㉚＿＿＿＿が大統領に就任（任1994～99）

5. 紛争*13

❶ ㉛＿＿＿＿動乱(1960～65)：旧宗主国ベルギーの支援を受けたカタンガ州の分離独立の内戦 →国連軍の介入で分離独立は失敗

❷ ナイジェリア内戦(1967～70)：イボ人のビアフラ分離独立の内戦

❸ ルワンダ内戦(1990～94)：部族対立から内戦に発展

*12 1961年にイギリス連邦から離脱して南アフリカ共和国と改称(南アフリカ共和国は1994年，イギリス連邦に復帰)。

*13 多くの独立国では，経済構造が旧宗主国に属してモノカルチャー経済から脱却できず，さらに，社会資本(インフラ)も整備されず，国家内部での部族間抗争や権力闘争などにより，大量虐殺や難民の発生など悲惨な状況に陥り，しばしば軍事独裁政権が生まれた。

3 南アジアと東南アジア インドとパキスタンが分離独立し，カシミールの帰属をめぐって衝突した

南アジア

1. 独立の背景 1947年にイギリスの㉜＿＿＿＿政権がインドの独立許容を宣言し，イギリス議会でインド独立法が可決*14

2. インド連邦

❶ 1947年，ヒンドゥー教徒を主体に独立し，1950年にインド憲法*15を制定して共和国となる

❷ インド首相㉝＿＿＿＿（任1947～64）は，非同盟中立外交を推進

❸ 中印国境紛争(1959～62)：中国軍のチベット侵攻とチベット反乱による㉞＿＿＿＿のインド亡命(1959)を背景に衝突

3. パキスタン 1947年にイギリス連邦内の自治領として独立，全インド＝ムスリム連盟が主体となり，㉟＿＿＿＿が国政を指導*16

カシミール問題 インド北西部のカシミール地方では，住民の大半がムスリムで，藩王がヒンドゥー教徒だった。その帰属をめぐって，インドとパキスタンは激しく対立し，しばしば印パ戦争を起こした(帰属問題は未解決)

*14 ガンディーは統一インドの独立を目標に，1944年にインド国民政府案を提出していたが，全インド＝ムスリム連盟に反対された。

*15 インド憲法ではカースト制度を否定した。

*16 独立当初のパキスタンは，インドを間にはさんで東西に飛び地の領土を領有していたが，1971年に東パキスタンが独立を宣言し，インドのインディラ＝ガンディー首相が支持し(第3次印パ戦争)，バングラデシュとして独立した。

記述論述 Q 1990年代，南アフリカ共和国においてアパルトヘイト政策が撤廃された。この政策の内容，および，この政策が撤廃された背景について説明しなさい。 (東京大)

 出題大学…㉖：愛知大／㉗：聖心女子大，立教大，同志社大

4. セイロン(スリランカ)

❶ 1948年にイギリス連邦内の自治領として独立

❷ 1972年にスリランカ共和国と改称した*17

*17 1980年代から，多数派で仏教徒のシンハラ人に対して，少数民族でヒンドゥー教徒のタミル人による分離独立運動が起こり，内戦は2009年に終結した。

東南アジア

1. インドネシア

❶ 日本の敗戦直後，国民党の㊱＿＿＿＿＿＿らはオランダと抗戦して，1949年，ハーグ協定によりインドネシア共和国の独立を達成

❷ スカルノ大統領は，インドネシアのバンドンで開かれたアジア＝アフリカ(バンドン)会議(1955)や，ユーゴスラヴィアのベオグラードで開かれた第1回㊲＿＿＿＿＿＿を主導して非同盟政策を進め，「第三世界」*18をリードした
(スカルノ：任1945~67)

*18 アジア・アフリカ・ラテンアメリカの開発途上国を「第三世界」と呼んでいる。

❸ スカルノは国内では，ナサコム(NASAKOM)体制(民族主義・イスラーム教・共産主義)を提唱した

❹ 1965年，軍部右派による九・三〇(きゅう・さんまる)事件で共産党は崩壊し，1967年にスカルノは失脚した

❺ 政権を握った㊳＿＿＿＿＿＿大統領は，親米政策に転換し，経済発展に努めたが，開発独裁の弊害が表面化し，1997年のアジア通貨危機に直面して1998年に大統領を辞任，民主的選挙による政権へ
(㊳：任1968~98)

2. ビルマ(ミャンマー)

❶ 1948年，イギリス連邦から離脱して独立，非同盟中立を進めた

❷ 1962年，ネ＝ウィンが政権を握り，社会主義建設路線をとった
→1988年からの㊴＿＿＿＿＿＿(独立運動の指導者アウン＝サンの娘)らの反体制運動で崩壊，選挙で民主勢力が圧勝*19

*19 この直後の軍事クーデタで実権を握った軍事政権は，1989年に国名をミャンマーと改称した。

3. フィリピン

❶ 1946年にアメリカから独立し，1951年に米比相互防衛条約を結び，東南アジア条約機構(SEATO)に加盟するなど反共体制を維持

❷ 1965年以降マルコス大統領の開発独裁体制が続いたが，1986年崩壊
(マルコス：任1965~86)

4. マレーシア

❶ 1957年，イギリス連邦内の自治領としてマラヤ連邦が独立，1963年にシンガポール・サバ・サラワクを加えて㊵＿＿＿＿＿＿を形成

❷ マレー人優遇政策に反発して，1965年に華人(中国系)の多い㊶＿＿＿＿＿＿が分離・独立　→リー＝クアンユーが経済発展に尽力
(リー＝クアンユー：在1965~90)

A アパルトヘイトは少数の白人支配を維持するため，黒人など多数の非白人を隔離・差別した政策。国際連合の経済制裁やマンデラを中心とするアフリカ民族会議の抵抗，国際世論の批判などで，1991年アパルトヘイト関連法は全廃された。

5. ベトナム

❶ 1945年，ベトナム独立同盟(会)(ベトミン)を中心にベトナム民主共和国の独立宣言(大統領㊷＿＿＿＿＿＿＿＿)
(任1945~69)

❷ フランスが再植民地化を図ったため，㊸＿＿＿＿＿＿戦争が勃発，フランスは㊹＿＿＿＿＿＿を元首にベトナム国を樹立(1949)したが，1954年，㊺＿＿＿＿＿＿＿＿＿＿の戦いに敗北
(1946~54)

❸ 1954年，ジュネーヴ会議が開かれ㊻＿＿＿＿＿＿＿＿＿＿が調印され*20，北緯17度線を暫定軍事境界線とし，南北統一選挙の実施が規定された →フランスはベトナムから撤兵

*20 アメリカ合衆国とバオダイ政権は調印しなかった。

4 第三勢力の結集 ※ソ二大陣営に属さず，非同盟・積極中立を主張

新興独立諸国の連帯

1. コロンボ会議(1954) セイロンのコロンボでインド・インドネシア・セイロン・パキスタン・ビルマ５カ国が，インドシナ戦争の早期解決とアジア＝アフリカ会議の開催などを提唱

2. ㊼＿＿＿＿＿＿＿＿の発表 1954年，中国首相周恩来とインド首相㊽＿＿＿＿＿＿が会談して発表*21

*21 平和五原則は，領土保全と主権尊重，相互不侵略，内政不干渉，平等互恵，平和共存が内容。

3. アジア＝アフリカ(バンドン)会議(1955)

❶ インドネシアのバンドンで開催されたアジア・アフリカ29カ国代表の会議，日本も参加

❷ インド首相ネルー，インドネシア大統領スカルノ，中国首相㊾＿＿＿＿＿＿らが主導し，平和共存・反植民地主義など㊿＿＿＿＿＿＿が採択された

4. 非同盟諸国首脳会議(1961)

❶ ユーゴスラヴィアのベオグラードで開催。アジア・アフリカ・ラテンアメリカ25カ国が参加

❷ ユーゴスラヴィアの51＿＿＿＿＿＿，エジプトの52＿＿＿＿＿＿，インドネシアのスカルノ，インドのネルーらが主導し，非同盟主義*22が宣言された

*22 非同盟主義は，平和共存・反植民地主義・東西軍事ブロック不参加などを基調とした。

5. 53＿＿＿＿＿＿＿＿＿＿(ASEAN) 1967年，インドネシア・タイ・シンガポール・マレーシア・フィリピン５カ国により組織され，東南アジアの自立を求めた政治・経済の協力機構*23

*23 1999年までにブルネイ・ベトナム・ミャンマー・ラオス・カンボジアが参加し，ASEAN10が実現した。

記述論述 Q バンドン会議は，世界史上画期的な出来事であったといわれる。その理由について記せ。 (立教大)

実戦演習

❶ 下記の設問に答えなさい。
南山大－外国語(英米)・総合政策

(1) 第二次世界大戦後の中東に関する記述として誤っているものを選びなさい。すべて正しい場合は㋔を選びなさい。
　㋐ イスラエルの建国宣言をきっかけに第1次中東戦争がおこった。
　㋑ エジプトのティラクはアスワン＝ハイダムの建設をめざした。
　㋒ アラファトはパレスチナ解放機構の議長を務めた。
　㋓ パレスチナ人によるインティファーダがおこった。

(2) 1951年にイランの石油国有化をおこなった人物を選びなさい。
　㋐モサデグ　㋑イブン＝サウード　㋒アフマディネジャド　㋓ベングリオン

(3) つぎの文の空欄に入る語を選びなさい。
　スエズ戦争で，イギリスと［　　］はイスラエルとともに3カ国でエジプトに侵攻した。
　㋐アメリカ合衆国　㋑フランス　㋒イタリア　㋓ソ連

(4) 第3次中東戦争でイスラエルが占領した地域のうち，最も北に位置するものを選びなさい。
　㋐シナイ半島　㋑ガザ地区　㋒ヨルダン川西岸地区　㋓ゴラン高原

(5) 第4次中東戦争が勃発したときのエジプト大統領を選びなさい。
　㋐ナギブ　㋑ベギン　㋒サダト　㋓サダム＝フセイン

解答：別冊p.34 ▶

❶ ヒント
(1). ㋑－アスワン＝ハイダム建設援助をアメリカ・イギリスが撤回したため，ナセルはイギリス・フランスが経営権をもつスエズ運河の国有化を宣言し，スエズ戦争(第2次中東戦争)が勃発した。

❶ 解答欄
(1)	
(2)	
(3)	
(4)	
(5)	

❷ 次の文章を読んで，後の各問に答えなさい。
東京経済大－キャリアデザインプログラム・コミュニケーション・経営・経済・現代法〈改題〉

日中戦争の終結後，中国国民党と中国共産党の対立が再燃し，(a)内戦へと発展した。その結果，1949年に(b)中華人民共和国が成立した。一方，内戦に敗れた中国国民党は，中華民国政府を台湾へ移した。そして1950年に勃発した［ア］が，(c)その後の中国と台湾の関係を固定化することになった。

問1. 文中の空所アに入れるのに最も適切なものを，次の中から一つ選べ。
　①ベトナム戦争　②スエズ戦争　③朝鮮戦争　④インドシナ戦争

問2. 下線部(a)に関連して，この内戦期についての記述として最も適切なものを，次の中から一つ選べ。
　① 中国国民党政権は，インフレーションの抑制に成功した。
　② 中国国民党政権は，中華民国憲法の公布を断念した。
　③ 中国共産党は，都市社会を中心に掌握していった。
　④ 中国共産党は，支配地域で土地改革を実施した。

問3. 下線部(b)についての記述として最も適切なものを，次の中から一つ選べ。
　① 1953年からの第1次五か年計画では，軽工業が重視された。
　② 大躍進の失敗後，鄧小平が国家主席に就任した。
　③ 1959年，ダライ・ラマ14世がアメリカへ亡命した。
　④ 中ソ対立の一因は，ソヴィエト社会主義共和国連邦(ソ連)による平和共存路線であった。

問4. 下線部(c)についての記述として適切でないものを，次の中から一つ選べ。
　① 中国では，1966年からのプロレタリア文化大革命で，毛沢東が復権した。
　② 中国との関係正常化のため，1972年にアメリカのニクソン大統領が訪中した。
　③ 台湾の中華民国は，1971年に国際連合での代表権を失った。
　④ 台湾では，2000年に選挙による初の政権交代が実現し，共産党政権が成立した。

❷ ヒント
問2. ②－国民政府は1946年に中華民国憲法を制定し，翌47年施行した。
問3. ③－チベットで1959年に反中国暴動が起こり，チベット仏教の指導者ダライ＝ラマ14世は，インドに亡命した。
問4. ④－台湾では，2000年に民進党の陳水扁が当選し，平和裏に政権交代が行われた。

❷ 解答欄
問1	
問2	
問3	
問4	

A 1955年開かれた史上初のアジア・アフリカ諸国代表だけによる国際会議で，東西両陣営のいずれにも属さない非同盟中立の第三勢力として，平和共存・反植民地主義など平和十原則を採択し，第三勢力の結集を促したため。

解答：別冊p.24 ▶

32 国際秩序の動揺と今日の世界

1 グローバル化の試金石 西ヨーロッパの統合が進み，フランスも独自外交を展開

西ヨーロッパ

1. 西ヨーロッパの統合

❶フランス外相シューマンの提案（シューマン＝プラン）に基づいて1952年，フランス・西ドイツ・ベネルクス3国・イタリアの6カ国は①＿＿＿＿＿＿（ECSC）を発足させた

❷6カ国は，1958年に②＿＿＿＿＿＿（EEC）*1・ヨーロッパ原子力共同体（EURATOM）を設立

❸1967年，ECSC・EEC・EURATOMの3共同体が合併して③＿＿＿＿＿＿（EC）となった*2

❹1992年，EC加盟国は④＿＿＿＿＿＿条約を結び，翌1993年に⑤＿＿＿＿＿＿（EU）が発足*3。1999年には，共通通貨の「⑥＿＿＿＿＿＿」の利用が始まった

2. イギリス

❶ウィルソン労働党内閣（1964～70）：北アイルランド紛争*4に苦慮

❷1973年にECへの加盟を実現したが，経済は低迷

❸⑦＿＿＿＿＿＿保守党内閣（1979～90）：国営企業の民営化など新自由主義の政策を進める一方，1982年の⑧＿＿＿＿＿＿戦争でアルゼンチンを破り，1984年には中国と⑨＿＿＿＿＿＿返還協定を調印

❹ブレア労働党内閣（1997～2007）：2001年にアメリカで起こった9.11同時多発テロ事件以降，アメリカと共同歩調をとり，2003年には⑩＿＿＿＿＿＿戦争に介入し，イラクのフセイン政権を打倒

❺国民投票の実施により，2020年にEUから離脱

3. フランス

❶1958年に政権を握った⑪＿＿＿＿＿＿は，大統領権限を強化した新憲法を制定し，第五共和政が発足した

❷ド＝ゴール大統領（任1959～69）：核実験に成功（1960），⑫＿＿＿＿＿＿の独立承認（1962），中国の承認（1964），NATO軍事機構からの脱退（1966）など，独自外交を展開

*1 EECに対抗して，1960年にイギリス・スウェーデン・ノルウェー・デンマークなど7カ国は，ヨーロッパ自由貿易連合（EFTA）を結成し，のち，フィンランドやアイスランドも加盟した。

＊2 拡大EC

当初の6カ国に，イギリス・アイルランド・デンマーク（1973），ギリシア（1981），ポルトガル・スペイン（1986）が加盟した。

*3 アメリカ合衆国は，西欧経済圏の統合に対抗して，1994年アメリカ・カナダ・メキシコによる北米自由貿易協定（NAFTA）を成立させた。なお，NAFTA 3カ国は，2020年に，より保護主義色の強いアメリカ・メキシコ・カナダ協定（USMCA）を発効させた。

*4 1922年，アイルランド自由国成立の際，イギリス領とされた北アイルランド（アルスター地方）では，その後もプロテスタント（イギリス系）と，カトリック（アイルランド系）との間で対立が続き，1970年以降，過激派組織のアイルランド共和軍（IRA）によるテロ活動と，これに対抗するプロテスタント系組織による報復テロで紛争は泥沼化した。1998年，両者の間で和平合意が成立した。

記述論述 Q EEC以来EUに至るまで，経済統合を進めるために行われてきた経済政策を2つ記せ。 （立教大）

❸ 1968年のド＝ゴール政権に反対する市民・学生らの活動(五月革命)を経て，1969年にド＝ゴールは退陣。以後，保革両勢力が拮抗

4. 西ドイツ

❶ 1963年，経済復興を成しとげた⑬＿＿＿＿首相が引退

❷ 1969年，社会民主党を中心とする⑭＿＿＿＿連立内閣が成立し，⑮＿＿＿＿を推進[*5] →デタント(緊張緩和)が進展

❸ 1989年の東欧革命の流れの中での⑯＿＿＿＿の開放を機に，1990年，コール首相は東西ドイツの統一を実現した

＊5 ブラント首相の東方外交
ソ連＝西ドイツ武力不行使条約(1970)，西ドイツ＝ポーランド条約(1970)による「オーデル＝ナイセ線」での国境画定，東西ドイツ基本条約(1972)などの成果をあげ，西ドイツは1973年，東ドイツとともに国際連合に同時加盟した。

2 改革・経済発展をめざすアジア 中国では，鄧小平が改革・開放を推進

中国

1. 中ソ論争

❶ 1956年，ソ連の⑰＿＿＿＿によるスターリン批判と平和共存路線，社会主義建設などをめぐって中国とソ連は対立し[*6]，1959年にソ連は一方的に中ソ技術協定を破棄した

❷ 1969年には珍宝島(ちんぽうとう)(ダマンスキー島)で，中ソ国境紛争が起こった

＊6 1959年以来の中印国境紛争や1962年のキューバ危機，1963年の部分的核実験禁止条約などについても中国はソ連を非難した。中ソ対立は，1989年，ソ連のゴルバチョフ書記長の中国訪問で終止符が打たれた。

2. ⑱＿＿＿＿(1966～77)

❶ 1958年から始まった人民公社の設立などの「大躍進」政策は失敗し，1959年，毛沢東に代わって国家主席に⑲＿＿＿＿が就任 (任1959～68)

❷ 劉少奇(りゅうしょうき)は，⑳＿＿＿＿らと自力更生の調整政策に転換し，1964年にはフランスと国交を樹立し，また自力で核開発に成功した

❸ 毛沢東は，1966年から軍を率いる㉑＿＿＿＿と結び，㉒＿＿＿＿を動員して大衆運動を展開した

❹ 劉少奇や鄧小平(とうしょうへい)らは，「実権派(走資派)」と非難されて失脚

❺ 1971年，毛沢東の後継者とされた㉓＿＿＿＿が失脚

❻ 1976年，周恩来・毛沢東が没して華国鋒(かこくほう)が後継者となり，1977年には㉔＿＿＿＿が復権し，文化大革命の終息が宣言された[*7]

▶文化大革命の中で，中国は1971年に台湾に代わって国連代表権を獲得。1972年にアメリカの㉕＿＿＿＿大統領が訪中し，日本も田中角栄首相が北京を訪問して日中国交を正常化した。

＊7 文化大革命末期に，毛沢東の権威を利用して江青(こうせい)ら「四人組」が台頭したが，1976年に華国鋒首相に逮捕された。

3. 改革開放

❶ 鄧小平は，「㉖＿＿＿＿」(農業・工業・国防・科学技術

A 域内関税の撤廃，資本・労働の自由移動〔農業製品の統一価格，市場統合による共通通貨の導入〕

近・現代史

32 国際秩序の動揺と今日の世界

前6C以前 前6C 前4C 前2C 2C 4C 6C 8C 10C 12C 14C 16C 18C 20C 現在

の近代化)を決定し，人民公社の解体や社会主義市場経済を進めた

❷ 1978年に日本と日中平和友好条約を締結し，1979年には米中国交正常化を実現

❸ ㉗＿＿＿＿＿＿(1989)：民衆の民主化要求が人民解放軍により弾圧 →最高指導者になった江沢民(こうたくみん)(任1989～2002)・胡錦濤(こきんとう)(任2002～12)は，経済発展に努めた

❹ ㉘＿＿＿＿の返還(1997)，マカオの返還(1999)を実現し，一国二制度*8で統治する方式を採用した

*8 2012年に総書記に就任した習近平(しゅうきんぺい)の中国政府は，2020年に香港市民の民主的権利を制限する国家安全維持法を制定し，一国二制度は形骸化された。

朝鮮半島とベトナムの動向

1. 大韓民国(韓国)

❶ 1961年に軍事クーデタで政権を握り，1963年大統領となった㉙＿＿＿＿＿＿は，1965年に日韓基本条約を結び，開発独裁体制をとった

❷ 1979年，反共独裁の朴正熙(パクチョンヒ)が暗殺され，民主化を求めた㉚＿＿＿＿＿＿も軍部に弾圧された(1980)。軍部を基盤とする全斗煥(チョンドゥホアン)・盧泰愚(ノテウ)政権は経済成長*9に努め，1991年には北朝鮮とともに国連に加盟した

*9 1970年代以降に急速な工業化をとげた韓国は台湾・シンガポール・香港とともにアジアNIES(新興工業経済地域)と呼ばれた。

❸ 1993年に文民出身の金泳三(キムヨンサム)政権が成立し，1998年には㉛＿＿＿＿＿＿(任1998～2003)が大統領に就任し，2000年に南北朝鮮首脳会談を実現した

2. 朝鮮民主主義人民共和国(北朝鮮)

❶ 朝鮮戦争後，朝鮮労働党を基盤に㉜＿＿＿＿＿＿が独裁体制を強化

❷ 1994年に金日成(キムイルソン)が没し，長子の金正日(キムジョンイル)が後継者となった*10

*10 2011年には金正日が死去し，その子の金正恩(キムジョンウン)が後継者となり，核兵器開発を進めている。

3. ベトナム戦争

❶ 1955年，アメリカの支援を受けた㉝＿＿＿＿＿＿＿＿＿＿が，バオダイを追放して南部にベトナム共和国を樹立し，ジュネーヴ休戦協定を無視した

❷ 1960年，親米独裁政権打倒をめざして南ベトナム解放民族戦線が結成され，南ベトナムは内戦になった

❸ 南ベトナム政府を支援するアメリカの㉞＿＿＿＿＿＿大統領は，解放戦線を支援するベトナム民主共和国(北ベトナム)に対して，1965年に爆撃(北爆)を開始，アメリカ地上部隊も南ベトナムに派遣された →ベトナム戦争(1965～73)*11

*11 ベトナム戦争の泥沼化により，アメリカ国内や世界各地でベトナム反戦運動が高まった。

❹ ジョンソン大統領は，和平を提案し，パリ和平会談が始まった

❺ 1973年に㉟＿＿＿＿＿＿＿＿が調印され，アメリカ大統領

文化大革命の1つの原因は指導者間の政策をめぐる対立であるが，どのような対立があったのか，簡単に説明しなさい。 (聖心女子大)

 出題大学…㉝：上智大，成城大／㉟：上智大

㊱＿＿＿＿＿は，アメリカ軍のベトナム撤兵を開始した

❻ 1975年，解放勢力により㊲＿＿＿＿＿(現ホーチミン)が陥落

❼ 1976年，南北は統一されて㊳＿＿＿＿＿が成立

❽ 1986年から「㊴＿＿＿＿＿(刷新)」を採用して経済再建に努め，1995年にはアメリカと国交を樹立し，ASEANに加盟した

3 ソ連の崩壊と東欧革命　ゴルバチョフは「ペレストロイカ」を提唱した

社会主義体制の動揺

1. ソ連

❶ 1964年，フルシチョフ解任後に政権を握った㊵＿＿＿＿＿(任1964～82)は，平和共存をとる一方，制限主権論で国内や社会主義国への統制を強化[*12]し，1979年には親ソ派政権の支援のため㊶＿＿＿＿＿に侵攻

❷ 1985年，共産党書記長に就任した㊷＿＿＿＿＿は㊸＿＿＿＿＿(建て直し)を掲げ，1986年に起こった㊹＿＿＿＿＿原子力発電所事故をきっかけにグラスノスチ(情報公開)に着手

❸ ゴルバチョフは「新思考外交」[*13]を展開し，アメリカのレーガン大統領と㊺＿＿＿＿＿(INF)全廃条約を調印(1987)，またブッシュ(父)大統領とのマルタ会談(1989)で冷戦終結を宣言し，戦略兵器削減条約(START Ⅰ)にも調印した(1991)

❹ 1990年，憲法が改正されて複数政党制や大統領制が導入された。1991年の共産党保守派のクーデタは㊻＿＿＿＿＿らに阻止され，ソ連共産党は解散

❺ バルト3国の独立と独立国家共同体(CIS)の成立により，1991年にソ連は消滅　→実権はロシア連邦へ移行

2. ロシア連邦

㊼＿＿＿＿＿(任1991～99)大統領は，1993年にアメリカとSTART Ⅱを調印する一方，独立を主張するチェチェンに軍事介入した。後継のプーチン大統領(任2000～08，2012～)は，ロシア経済の復興に成果をあげた[*14]

東欧革命

1.

「㊽＿＿＿＿＿」1968年に㊾＿＿＿＿＿の指導のもと，チェコスロヴァキアで自由化運動が始まった

→ソ連・東欧の5カ国が軍事介入し，この自由化は阻止された

2. ポーランド

1980年，経済改革が進まない状況下のグダニスクで

*12 1968年にはチェコスロヴァキアで起こった自由化運動「プラハの春」に軍事介入して自由化を抑圧した。一方，アルバニアはソ連と断交し，ルーマニアのチャウシェスクも独自外交を展開した。

*13 ゴルバチョフは，社会主義圏へのソ連の指導体制(ブレジネフ＝ドクトリン)を否定し(新ベオグラード宣言)，1989年にはアフガニスタンから撤退した。また，1991年にはコメコンとワルシャワ条約機構も解散した。

*14 プーチン大統領は国内では言論統制を強化する一方，2014年にウクライナのクリミア半島に侵攻してロシア領に併合し，2022年にはウクライナに軍事侵攻した。

A 毛沢東は社会主義の建設をめざしたが，劉少奇らは強引な社会主義化を緩和し，部分的な市場経済の復活などを図ったため，毛沢東によって資本主義の復活を図る修正主義者・走資派と批判された。

㊿＿＿＿＿を指導者とする自主管理労組の「51＿＿＿＿」が発足，1989年の自由選挙で勝利し，翌年ワレサが大統領になった（任1990～95）

3. 東欧革命 ソ連のペレストロイカや新ベオグラード宣言をきっかけに，1989年にハンガリー・ブルガリア・ポーランド・チェコスロヴァキア*15など東欧諸国の民主化が進み，社会主義体制が崩壊*16

4. 東ドイツ 1989年にホネカー政権が倒れ，52＿＿＿＿＿＿が開放され，翌1990年に東ドイツが西ドイツに吸収されてドイツは統一された

5. ユーゴスラヴィア

❶ 連邦の主導権を握るギリシア正教の53＿＿＿＿への反発が表面化し，1991年にカトリックの54＿＿＿＿＿とクロアティアが独立を宣言し，内戦となったが，EC諸国も独立を承認

❷ 1992年には連邦を離脱した55＿＿＿＿＿＿＿＿で，民族問題・宗教対立から内戦が激化し，1995年に和平が成立

❸ 2006年，セルビア*17と56＿＿＿＿＿の連邦も解消された

南北問題と環境問題

1. 南北問題

❶ 北の先進工業国と南の発展途上国の経済格差が拡大

❷ 1964年，57＿＿＿＿＿＿＿＿（UNCTAD）で，南の諸国は「援助より貿易を」を主張

❸ 1973年の第1次58＿＿＿＿＿以後*18，産油国や新興工業経済地域（NIES）などの富裕化した国々が現れ，発展途上国の間にも格差が顕著となり南南問題が生まれた

❹ 1995年，GATT（「関税と貿易に関する一般協定」）を発展させて59＿＿＿＿＿＿＿（WTO）が発足

2. 環境問題

❶ 地球温暖化・オゾン層の破壊・酸性雨・森林破壊・砂漠化などで環境問題が深刻化し，1972年には国連人間環境会議が開かれた

❷ 1992年，リオデジャネイロで開催された「地球サミット」（環境と開発に関する国連会議，国連環境開発会議）では，NGO（非政府組織）も参加し，「持続可能な開発」が採択された*19

*15 チェコスロヴァキアは，1993年にチェコとスロヴァキアに分離。

*16 ルーマニアでは，独裁者チャウシェスクが処刑された。チェコスロヴァキアでは，市民フォーラムのハヴェルが大統領に就任した。

*17 アルバニア系住民の多いコソヴォ地方がセルビアからの分離独立を求めて起きたコソヴォ紛争（1998～2008）では，1999年にNATO軍が介入してセルビアを空爆した。コソヴォは2008年独立を宣言した。

*18 石油危機による世界経済の混迷に対処するため，先進工業国は1975年パリ郊外のランブイエで初の「サミット（先進国首脳会議）」を開催した。

*19 1997年に京都議定書が結ばれ，先進国に二酸化炭素排出量削減を求めた。2015年には，すべての国に排出量削減を求めるパリ協定が結ばれ，「持続可能な開発目標（SDGs）」が取り決められた。

記述論述 Q 緊張緩和をヨーロッパで進めた西ドイツのブラント首相の外交政策について記せ。（立教大）

実戦演習

❶ 冷戦後の世界に関する下記の設問に答えなさい。

南山大－外国語(英米)・総合政策

(1) つぎの文の空欄a，bに入る語の組合せとして正しいものを選びなさい。

1990年に[a]が[b]に侵攻したことをきっかけとして，翌年に湾岸戦争がおこった。

㋐ a．イラク b．クウェート ㋑ a．イラン b．クウェート

㋒ a．イラク b．アフガニスタン ㋓ a．イラン b．アフガニスタン

(2) ユーゴスラヴィア連邦の解体に関するつぎの二つの文について正誤を判断し，aとbの両方が正しければ㋐を，aが正しくbが誤っていれば㋑を，aが誤っておりbが正しければ㋒を，aとbの両方が誤っていれば㋓を選びなさい。

a．セルビアが独立を宣言すると，ユーゴスラヴィアで内戦が始まった。

b．コソヴォ紛争では，NATO軍がクロアティアに空爆をおこなった。

(3) つぎの文の空欄に入る語を選びなさい。

軍部政権が続いていた韓国では，1993年に文民出身の[   ]が大統領に就任した。

㋐全斗煥 ㋑金泳三 ㋒盧泰愚 ㋓金大中

(4) パレスチナ暫定自治協定が調印されたときのイスラエル首相を選びなさい。

㋐アラファト ㋑シャロン ㋒ラビン ㋓ペロン

(5) 1990年代に採択された条約に含まれないものを選びなさい。すべて含まれる場合は㋔を選びなさい。

㋐包括的核実験禁止条約 ㋑化学兵器禁止条約

㋒対人地雷全面禁止条約 ㋓核拡散防止条約

(6) つぎの文の空欄a，bに入る語の組合せとして正しいものを選びなさい。

20世紀末のロシアでは[a]を引き継いで[b]が大統領に就任した。

㋐ a．ミロシェヴィッチ b．プーチン

㋑ a．ミロシェヴィッチ b．ブレジネフ

㋒ a．エリツィン b．プーチン

㋓ a．エリツィン b．ブレジネフ

(7) NAFTAを発足させた国に含まれないものを選びなさい。すべて含まれる場合は㋔を選びなさい。

㋐カナダ ㋑アメリカ合衆国 ㋒メキシコ ㋓オーストラリア

(8) ヨーロッパ連合を発足させた条約を選びなさい。

㋐エリゼ条約 ㋑ブリュッセル条約 ㋒ローマ条約 ㋓マーストリヒト条約

(9) 冷戦後の国際経済に関する記述として正しいものを選びなさい。

㋐ 1990年代前半のアジア通貨危機は，タイの通貨暴落をきっかけにおこった。

㋑ 「関税と貿易に関する一般協定」にかわって世界貿易機関が設置された。

㋒ ブラジル・ロシア・インド・チリ・南アフリカ共和国はBRICSと呼ばれる。

㋓ ユーロ危機はイギリスの財政問題をきっかけにおこった。

(10) 環境問題に関するつぎの二つの文について正誤を判断し，aとbの両方が正しければ㋐を，aが正しくbが誤っていれば㋑を，aが誤っておりbが正しければ㋒を，aとbの両方が誤っていれば㋓を選びなさい。

a．リオデジャネイロで国連環境開発会議がひらかれた。

b．京都議定書で温室効果ガスの排出量削減の数値目標が設定された。

解答：別冊p.34

❶ ヒント

(4). 1993年アメリカのクリントン大統領の調停のもと，パレスチナ解放機構のアラファト議長とイスラエルのラビン首相がパレスチナ暫定自治協定(オスロ合意)に調印した。

(9). ㋐－アジア通貨危機は1997年のタイでの為替自由化をきっかけに，1990年代後半に広がった。

㋓－2009年以降，ギリシアの財政問題などでユーロ危機が起こった。

(10). b－2015年の気候変動枠組条約締結国会議(COP)では，京都議定書に代わる新たな温室効果ガス削減の数値目標を定めたパリ協定を採択した。

❶ 解答欄

(1)	
(2)	
(3)	
(4)	
(5)	
(6)	
(7)	
(8)	
(9)	
(10)	

A ソ連と武力不行使条約を結び，ポーランドとの国境(オーデル＝ナイセ線)の承認，東西ドイツ基本条約による主権の相互確認など，東欧やソ連との協力をはかる「東方外交」を展開した。

解答：別冊p.24 ▶

33 アメリカ合衆国の歴史

ココが出る！

［入試全般］

独立戦争と領土の拡大,南北戦争前後および冷戦期が出題の主流。

［国公立二次・難関私大］

独立戦争の原因･経過が頻出。独立宣言は史料問題として出題。領土拡大は地図併用。南北戦争の原因，戦後の資本主義の発展も頻出。マッキンリー以降の各大統領の事績を問う出題も多い。

大学入試 最頻出ワード

- ■フランクリン＝ローズヴェルト
- ■ウィルソン
- ■ワシントン
- ■トルーマン
- ■ジェファソン

13植民地

- イギリスの ①＿＿＿ 植民地建設（1607年）
- 茶法の制定 ⇒ ②＿＿＿ 事件（1773年）

独立戦争

独立戦争（1775～83年）
- 1776年,「独立宣言」を採択
- パリ条約（1783年）

⇒ **独立達成**

領土の拡大

初代大統領 ③＿＿＿
- 1803年，④＿＿＿ を買収

米英戦争（1812～14年）
- 1823年，⑤＿＿＿ 表明 ⇒ 孤立外交

西部開拓
- 1848年，カリフォルニアを獲得

南北戦争

北部 ⚔ 南部

南北戦争（1861～65年）

⑥＿＿＿ **大統領**

⇒ 奴隷解放宣言（1863年）
- 1865年，北軍の勝利

独占資本主義と帝国主義

- 1880年代，世界第1位の工業国へ
- 1890年代，⑦＿＿＿ の消滅
- カリブ海政策の推進

米西戦争（1898年）
- 門戸開放宣言 ➔ 対中国政策

⑧＿＿＿（1914～18年）
- 1917年，アメリカ参戦

⑨＿＿＿ **大統領**
- 十四カ条の平和原則（1918年）

永遠の繁栄

共和党政権（1921～33年）
- 孤立主義 ⇒ 国際連盟不参加
- 国際協調 ⇒ ワシントン会議・ドーズ案

- 1929年，ニューヨーク株式市場の株価暴落

世界恐慌

⇒ **大恐慌**

⑩＿＿＿ **大統領**
- ニューディール
- 善隣外交
- ソ連を承認（1933年）

第二次世界大戦

太平洋戦争（1941～45年）
- 真珠湾攻撃 ⇒ 日米開戦
- ヤルタ会談・ポツダム会談（1945年）⇒ 終戦

冷戦

⑪＿＿＿（1947年）
- 対ソ封じ込め政策

⇒ **「冷戦」**
- 1949年，北大西洋条約機構（NATO）結成

キューバ危機（1962年）
- 1963年，⑫＿＿＿ 大統領暗殺
- 1964年，公民権法の制定

ドル危機

ベトナム戦争（1965～73年）
- 1971年，金ドル交換停止
- 1972年，ニクソン大統領の訪中

冷戦終結

⑬＿＿＿（1989年）⇒ 冷戦終結

9.11 同時多発テロ事件（2001年）

空欄解答 ①ヴァージニア ②ボストン茶会 ③ワシントン ④ルイジアナ ⑤モンロー宣言〔教書〕 ⑥リンカン ⑦フロンティア ⑧第一次世界大戦 ⑨ウィルソン ⑩フランクリン=ローズヴェルト ⑪トルーマン＝ドクトリン ⑫ケネディ ⑬マルタ会談

17世紀におけるイギリスの北アメリカへの進出過程について，以下の語句をすべて用いて80字以内で説明しなさい。〔語句〕ヴァージニア　ニューイングランド　ニューヨーク　（首都大東京（※現東京都立大））

1 北アメリカ大陸の植民活動 イギリスは18世紀前半までに13植民地を建設

植民地時代

1. 北アメリカの植民地

❶オランダ：西インド会社を設立(1621)。ニューネーデルラント植民地を建設(中心地はニューアムステルダム)

❷フランス：アンリ4世時代にセントローレンス川河口にシャンプランが①＿＿＿＿を建設(1608)。ルイ14世時代には，②＿＿＿＿が重商主義政策を展開し，ラ＝サールはミシシッピ川流域をフランス領*1(1682)とし，この地は③＿＿＿＿と命名された

2. イギリスの13植民地

❶④＿＿＿＿*2(1607)：太平洋進出とインド貿易が目的

❷⑤＿＿＿＿(1630)：ピルグリム＝ファーザーズがメイフラワー号で上陸・建設したプリマス植民地(1620)が基礎となり，ニューイングランド植民地に発展

❸⑥＿＿＿＿(1664)：イギリス＝オランダ(英蘭)戦争でイギリス領となる

❹1732年のジョージア植民地まで13植民地が成立*3

3. 英仏植民地戦争

❶アン女王戦争(1702~13) →⑦＿＿＿＿条約(1713)で，イギリスはフランスからニューファンドランド・アカディア・ハドソン湾地方を獲得

❷⑧＿＿＿＿戦争(1754~63) →パリ条約(1763)で，イギリスはフランスからカナダ・ミシシッピ川以東の⑨＿＿＿＿を獲得*4

*1 フランスの北米植民地は，国王直轄領で，毛皮の取り引きやカトリック布教が主目的で定着性に欠けた。

*2 エリザベス1世時代の1584~85年，ローリーによって行われたヴァージニア植民地開拓は失敗した。

13植民地の"初めて"集

(1)代議制議会…ヴァージニア植民地議会(1619)
(2)黒人奴隷移入…ヴァージニア植民地(1619)
(3)ハーバード大学創立(1636)
(4)成文憲法…コネティカット基本法(1639)

◆ 13植民地

①ニューハンプシャー ②マサチューセッツ ③ロードアイランド ④コネティカット ⑤ニュージャージー ⑥デラウェア ⑦ニューヨーク ⑧ペンシルヴェニア ⑨メリーランド ⑩ヴァージニア ⑪ノースカロライナ ⑫サウスカロライナ ⑬ジョージア

*3 イギリス本国は，植民地に対して羊毛品法(1699)・帽子法(1732)など重商主義政策を実施したが，運用は緩やかであった。

*4 ミシシッピ川以西ルイジアナはスペイン領とされ，スペイン領フロリダはイギリス領に変更された。

2 アメリカ独立革命 イギリスの重商主義政策・課税強化に植民地人が反抗

七年戦争(1756~63)，北米ではフレンチ＝インディアン戦争
→ パリ条約(1763)

13植民地	イギリス本国政府
フランス勢力の消滅 本国の保護不要・自治権拡大の要求	国王ジョージ3世(位1760~1820) →重商主義政策の完全実施・直接課税政策の強化を図る 1763　国王の宣言*5

*5 アパラティア山脈以西への白人の移住を禁止した。

A ヴァージニアに最初の植民地を建設したのち，ピューリタンが移住してニューイングランド植民地を築いた。また英蘭戦争でオランダから奪った地をニューヨークと改めた。(78字)

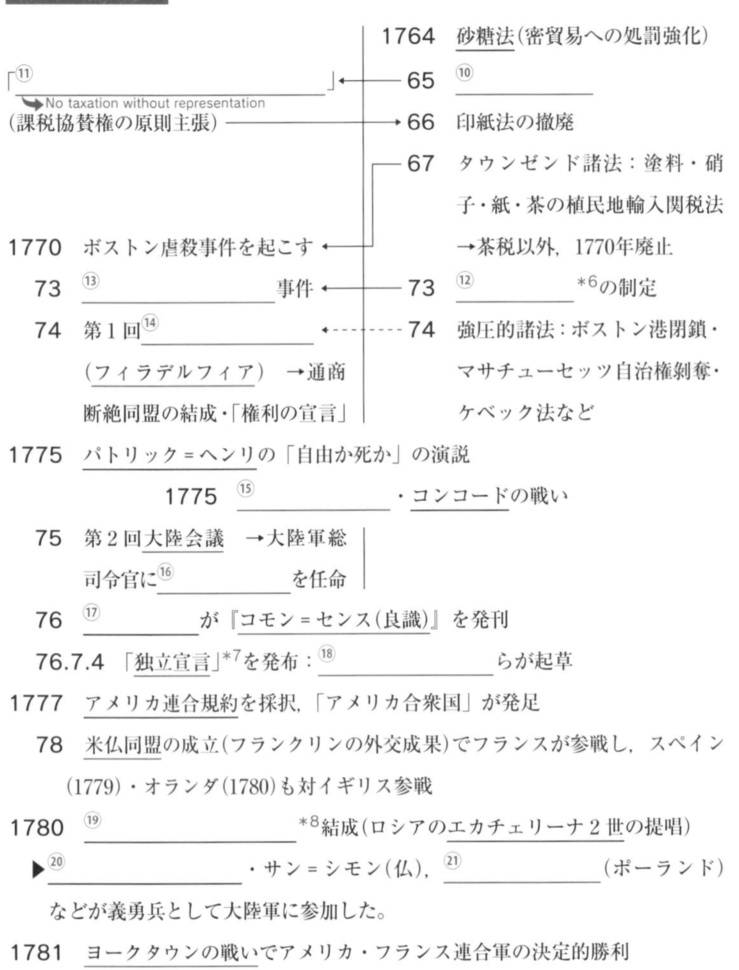

1764 砂糖法(密貿易への処罰強化)

「⑪＿＿＿＿＿＿」← 65 ⑩＿＿＿＿
No taxation without representation
(課税協賛権の原則主張) → 66 印紙法の撤廃

67 タウンゼンド諸法：塗料・硝子・紙・茶の植民地輸入関税法 →茶税以外，1770年廃止

1770 ボストン虐殺事件を起こす ←

73 ⑬＿＿＿＿事件 ← 73 ⑫＿＿＿＿*6の制定

74 第1回⑭＿＿＿＿(フィラデルフィア) →通商断絶同盟の結成・「権利の宣言」 ←--- 74 強圧的諸法：ボストン港閉鎖・マサチューセッツ自治権剝奪・ケベック法など

1775 パトリック＝ヘンリの「自由か死か」の演説

1775 ⑮＿＿＿＿・コンコードの戦い

75 第2回大陸会議 →大陸軍総司令官に⑯＿＿＿＿を任命

76 ⑰＿＿＿＿が『コモン＝センス(良識)』を発刊

76.7.4 「独立宣言」*7を発布：⑱＿＿＿＿らが起草

1777 アメリカ連合規約を採択，「アメリカ合衆国」が発足

78 米仏同盟の成立(フランクリンの外交成果)でフランスが参戦し，スペイン(1779)・オランダ(1780)も対イギリス参戦

1780 ⑲＿＿＿＿*8結成(ロシアのエカチェリーナ2世の提唱)

▶⑳＿＿＿＿・サン＝シモン(仏)，㉑＿＿＿＿(ポーランド)などが義勇兵として大陸軍に参加した。

1781 ヨークタウンの戦いでアメリカ・フランス連合軍の決定的勝利

1783 ㉒＿＿＿＿条約*9：イギリスはアメリカの完全独立を承認，ミシシッピ川以東のルイジアナを合衆国に割譲

1787 憲法制定会議でアメリカ合衆国憲法制定(1788年発効)

▶(1)世界最初の成文憲法

(2)基本的特色…㉓＿＿＿＿主義・三権分立主義・民主主義(人民主権)*10

*6 茶法では，財政難の東インド会社を救済するために，中国から13植民地への茶の直送と独占販売権を東インド会社に与え，さらに免税特権を認めた。

植民地人の態度

(1)**愛国派(パトリオット)**…プランター・自営農民・中小商工業者など

(2)**国王派(ロイヤリスト)**…高級官吏・貿易業者・大商人・領主的地主など

(3)**中立派**…日和見主義

***7 独立宣言**

最初に人間の平等，「生命・自由・幸福の追求」の不可侵の権利など基本的権利と暴政への革命権を主張，ロックの社会契約論の影響が強い。

*8 武装中立同盟は，イギリスの中立国船舶捕獲宣言に対抗。ロシアのエカチェリーナ2世が提唱し，イギリスは外交的に孤立。

***9 ヴェルサイユ条約(1783)**

パリ条約とともにイギリスがフランス・スペインと締結。イギリスはセネガルと西インド諸島の一部をフランスに，ミノルカ島とフロリダをスペインに割譲した。

*10 黒人奴隷や先住民の権利は無視。

3 領土の拡大と民主主義の進展

米英戦争は第2次独立戦争，南北戦争は北部の連邦主義が南部の州権主義に勝利

独立後の発展

1. ワシントン大統領(任1789～97)

❶ 連邦派と反連邦派(州権派)*11の対立

❷ フランス革命への中立宣言(1793) ⇨孤立主義政策

2. ㉔＿＿＿＿大統領*12(任1801～09)

❶ 民主主義を発展させ，1808年に奴隷貿易を禁止

❷ フランスからルイジアナを買収する(1803)一方，ナポレオン戦争には中立

***11 連邦派と反連邦派(州権派)**

連邦派(フェデラリスト)…中央集権・産業保護主義を主張。財務長官ハミルトンを指導者とし，東部の商工業階級の利害を代表

反連邦派(アンチ＝フェデラリスト)…各州の自治・主権を主張する州権主義に立ち，ジェファソンを指導者とし，南部の農民の利害を代表

*12 1800年，ワシントン特別区が建設され，首都となったが，この首都で最初に大統領に就任したのがジェファソンである。

記述論述 Q アメリカ独立宣言に影響を与えたとされるジョン＝ロックの抵抗権・革命権の思想とはどのようなものか，簡潔に説明せよ。 (愛知教育大)

 出題大学…⑰：南山大，同志社大，龍谷大／⑲：東北福祉大，津田塾大，同志社大／⑳：早稲田大，南山大

3. ㉕＿＿＿＿＿＿**戦争**[*13] (1812～14) ナポレオンの大陸封鎖に対抗するイギリスの海上封鎖でアメリカ(大統領マディソン)(任1809～17)の通商が妨害されたため開戦

4. モンロー大統領(任1817～25)

❶ ㉖＿＿＿＿＿＿(1823)でラテンアメリカ諸国の独立を支持するとともに，建国当初の㉗＿＿＿＿＿＿外交を再確認した

> **モンロー宣言** アメリカ・ヨーロッパ両大陸の相互不干渉・独立の尊重・干渉の場合の実力的反抗を内容としたが，その背景には，アラスカから南下しつつあったロシアに対抗する意味もあった。ただし，アジアは対象外

❷ ㉘＿＿＿＿＿＿(1820)：ミズーリ州設置のとき，ミズーリを奴隷制度を認める州(奴隷州)とする一方，以後は州昇格[*14]に際して北緯36度30分以南は奴隷州，以北は自由州(奴隷制禁止)とすることを協約した

5. ㉙＿＿＿＿＿＿**大統領**(任1829～37)

❶ 西部出身の最初の大統領：ジャクソン支持者が民主党を形成

❷ ジャクソニアン＝デモクラシー：白人男性普通選挙法，スポイルズ＝システム(猟官制)[*15]，土地の安価払い下げなど

▶ジャクソンは，1830年に㉚＿＿＿＿＿＿を制定し，先住民をミシシッピ川以西の保留地に強制移住させた。

*13 米英戦争によってアメリカ合衆国の北部では綿工業を中心に産業資本が発達して経済的自立がすすみ，また，戦争を通じて国民的自覚も高揚した。そのため，米英戦争は第2次独立戦争と呼ばれる。1814年のガン条約で終結。

*14 1787年の北西部条例で，領地内で自由な成年男性人口が5千人に達したときに準州とし，6万人に達したときには州として連邦に加入できることが規定されていた。

*15 大統領選挙で勝った党派の者に連邦政府の主要官職を任命し，公務員の交替によって政党政治を遂行する制度。

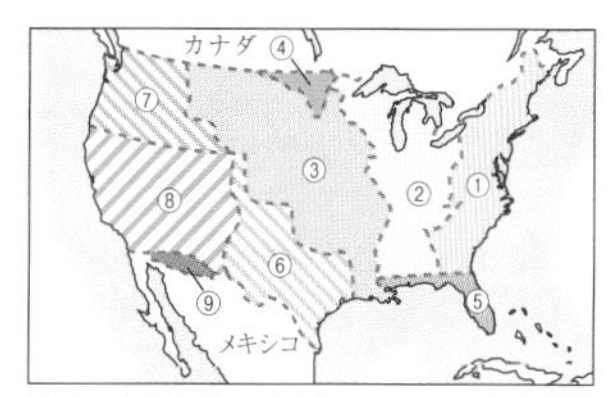

①独立当時の領土 1783
②建国時イギリスより割譲 1783
③ルイジアナ 1803（フランスより買収）
④北ダコタ 1818（イギリスより割譲）
⑤フロリダ 1819（スペインより買収）
⑥テキサス 1845（併合）
⑦オレゴン 1846（併合）
⑧カリフォルニア 1848（メキシコより割譲）
⑨ガズデン 1853（メキシコより買収）

領土の拡大

㉛＿＿＿＿	1803	ジェファソンのとき仏のナポレオンから買収，領土2倍に
北ダコタ	1818	北ルイジアナをイギリスに譲り，交換して獲得
フロリダ	1819	米が占領後，㉜＿＿＿＿から買収
㉝＿＿＿＿	1845	1836年，米系移民がメキシコから独立宣言。1845年，米併合
オレゴン	1846	米英戦争後，米英で共有，1846年，北緯49度で分割領有
カリフォルニア ニューメキシコ	1848	1846～48年，㉞＿＿＿＿＿＿戦争が起こり，米の圧勝後，割譲させた。1848年，カリフォルニアに金鉱が発見され，ゴールドラッシュが起こる
㉟＿＿＿＿	1867	ロシアのアレクサンドル2世から買収
ハワイ	1898	㊱＿＿＿＿＿＿戦争中に，ハワイ共和国を併合

▶西漸運動(西部開拓)は，白人のマニフェスト＝ディスティニー(明白なる運命)として正当化され，㊲＿＿＿＿＿＿(開拓地と未開拓地の境界)は西進し，先住民は保留地へ。

A 個々人が自然権を守るために社会契約によってつくるものが政府であると考え，政府がこの権利を侵害すれば，人民には抵抗権があると主張した。

南北戦争(Civil War, 1861~65)

	北　部	南　部
産　業	資本主義の商工業	綿花栽培のプランテーション
貿　易	㊳________主義	㊴________主義
政　治	㊵________主義(共和党)	㊶________主義(民主党)
奴隷制	反対(自由な労働力が必要)	存続(大農園(プランテーション)に黒人奴隷が必要)

1. 共和党の成立

❶ カンザス・ネブラスカ法の制定(1854)：カンザス・ネブラスカを準州とする際，将来に自由州・奴隷州の決定は住民投票と規定。1820年のミズーリ協定が破棄された

❷ 1854年，奴隷制反対の北部資本家・西部農民を地盤に，共和党の結成

2. 内戦(Civil War)

❶ 1860年，奴隷制に反対する共和党の㊷________が大統領に当選

❷ 南部諸州は連邦を離脱して1861年，㊸________を結成

❸ 初め南軍が有利であったが，リンカンは1862年に㊹________法(自営農地法)*16を制定し，西部農民の北部支持を獲得

❹ リンカンは南部反乱地域を対象に㊺________宣言を発表(1863)

❺ 北軍はグラント将軍の反攻と㊻________の戦い(1863)で勝利，リンカンは「人民の，人民による，人民のための政治」の演説

❻ 1865年，南部連合の首都㊼________が陥落して南軍が降伏

3. 結果

❶ 共和党主導の政治的再統一と連邦制の確立

❷ 憲法修正13条(1865)で奴隷制廃止*17(人種差別問題は未解決)

❸ 解放黒人の多くはシェアクロッパー(分益小作人)*18となる

資本主義の発展

1. 産業革命の進展

❶ 南北戦争後，西部の農業が発展し，また東部の工業が飛躍的に発達

❷ 有線電信の開通に続き，㊽________が開通(1869)

❸ 労働運動の展開：1886年，㊾________(AFL)*19が結成された

▶19世紀末にアメリカ合衆国の工業生産は世界一となり，鉄鋼王の㊿________，スタンダード石油のロックフェラー，USステ

奴隷解放運動

(1)**ウィリアム＝ガリソン**…ボストンで機関紙『解放者』を発行

(2)**ストウ**…『アンクル＝トムの小屋』を刊行し，人道主義から奴隷制を批判した

◆ **アメリカ政党の変遷**

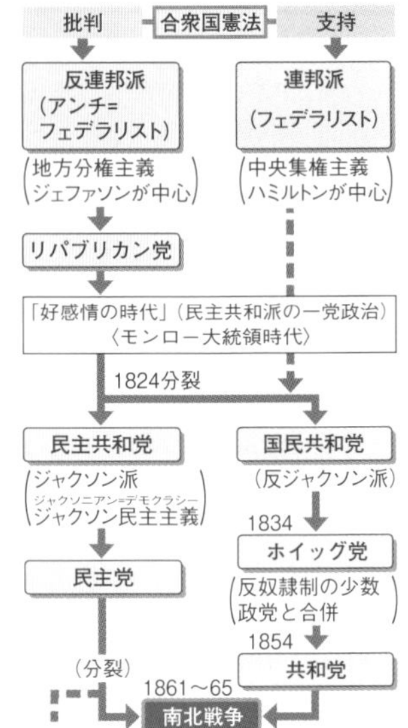

*16 ホームステッド法(自営農地法)は，5年間公有地に定住・開墾した者に160エーカー(約65ha)の土地を無償給付する土地立法で，西漸運動(西部開拓)を促進した。

*17 男性解放黒人に市民権や参政権が付与されたが，南部諸州は州法その他で黒人の権利を制限し，一部白人はクー＝クラックス＝クラン(KKK)などを組織し，暴力で黒人を迫害した。

*18 地主が農地や農具などを提供し，小作農はその農地の耕作による収穫の3分の1～3分の2程度を地主に支払った。

*19 AFLは，熟練労働者の職業別連合組織。経済闘争が中心。

記述論述 Q 南部と北部の利害は，奴隷制の問題ばかりでなく，貿易政策をめぐっても対立していた。その対立の内容とその背景について，80字以内で説明せよ。(成城大)

 出題大学…㊳：龍谷大／㊿：慶應義塾大

ィールのモルガンなど独占資本*20が成長した。

2. ㊿＿＿＿＿**の消滅** 西部は移民*21の増加や機械化によって農業生産(特に小麦)が増加し，1890年代にフロンティアも消滅

3. 南北戦争後の外交問題

❶ ㊾＿＿＿＿(仏)のメキシコ干渉(出兵)に抗議

❷ ロシアからアラスカを買収(1867)

❸ ㊿＿＿＿＿会議*22の開催(1889，ワシントン) →ラテンアメリカ諸国と通商協定・仲裁裁判などを定め，主導権を握る

4 19世紀末～20世紀前半の合衆国 「永遠の繁栄」も大恐慌で崩壊

帝国主義時代

1. ㊹＿＿＿＿**大統領**(任1897～1901，共和党)

❶ アメリカ＝スペイン(米西)戦争(1898)：米艦メイン号のハバナでの爆沈を口実に，㊺＿＿＿＿の独立運動に介入してスペインと開戦。㊻＿＿＿＿条約(1898)*23でプエルトリコ・グアム・㊼＿＿＿＿を獲得。戦争中に㊽＿＿＿＿を併合した

❷ 国務長官㊾＿＿＿＿が，中国の門戸開放・機会均等・領土保全の三原則(門戸開放宣言)を提唱(1899・1900)

2. セオドア＝ローズヴェルト大統領(任1901～09，共和党)*24

❶ 革新主義の立場から反トラスト法による独占企業の規制を図る

❷ コロンビア共和国から㊿＿＿＿＿共和国を独立させ(1903)，パナマ運河建設権・地峡地帯の永久租借権を獲得し，ドミニカの保護国化(1905)など，軍事力を背景に(61)＿＿＿＿外交を展開した

3. (62)＿＿＿＿**大統領**(任1913～21，民主党)

❶ 「新しい自由」*25を掲げ，関税の引き下げ，クレイトン反トラスト法(1914)による独占規制などを実施

➡New Freedom

❷ 女性参政権を実現(1920)

第一次世界大戦とヴェルサイユ体制下のアメリカ

1. 第一次世界大戦

❶ 当初，ウィルソンは中立，1917年に「勝利なき平和」を発表したが*26，ドイツの(63)＿＿＿＿作戦に対抗して参戦(1917)

❷ ウィルソンは1918年に(64)＿＿＿＿の平和原則を発表した

*20 独占資本の形成過程で，1890年に中小企業の保護を目的にシャーマン反トラスト法が制定され，また1892年に南・中西部の農民を地盤に人民党が結成された。

*21 19世紀後半まではアイルランドなど西欧・北欧からの移民(旧移民)が中心。19世紀末から20世紀初めには，東欧・南欧の移民(新移民)が流入した。

*22 パン＝アメリカ会議は，1826年のパナマ会議に始まる。シモン＝ボリバルやヘンリ＝クレーらがパン＝アメリカ主義を提唱した。

アメリカ文学の成長

(1)**エマーソン**…人間の神性の自覚を主張し，個人主義と楽天主義を説く。『自然論』

(2)**ホーソン**…清教徒の立場から良心と罪の意識を追求。『緋文字』

(3)**ホイットマン**…自然と自由なキリスト教精神と民主主義を讃美。『草の葉』

(4)19世紀末から20世紀初め，シンクレア(『ジャングル』)などマックレーカー(暴露文士)が登場し，社会腐敗を攻撃した

*23 パリ条約で独立を承認されたキューバに対して，アメリカはプラット条項(1901)を強制し，事実上，保護国化するなど，カリブ海政策を推進した。

*24 セオドア＝ローズヴェルト大統領は，日露戦争後のポーツマス会議(1905)や第1次モロッコ事件のアルヘシラス会議(1906)なども主催した。

*25 「新しい自由」は，1890年以降の改革運動プログレシヴィズムの一つである。

*26 1917年のウィルソン大統領の「勝利なき平和」演説の意図は，両陣営の共倒れによる対米債務の不払いを恐れたためでもある。

A 南部は黒人奴隷を用いたプランテーションでタバコ・綿花を栽培し，西欧に輸出する自由貿易を主張したのに対し，北部は自由な労働力と工業を守るため保護関税を主張した。(79字)

2. パリ講和会議(1919)

❶ ウィルソンの理想は，イギリス・フランスの対独報復の主張で崩壊

❷ 孤立主義の⑥⑤＿＿＿＿党が上院で国際連盟への加盟を拒否

3. 第一次世界大戦後の繁栄

債務国から債権国へ転換し，1921年から1933年まで⑥⑥＿＿＿＿[*27](任1921～23)・クーリッジ(任1923～29)・フーヴァー(任1929～33)の共和党政権 →対外的には移民法(1924)による移民制限(日本を含むアジア系移民禁止)や高率保護関税政策をとり，国内では大衆消費社会が実現する一方，北部都市部の白人中産階級ワスプ(WASP：White, Anglo-Saxon, Protestant)が台頭し，禁酒法(1919)も制定された

＊アメリカの繁栄▶p.185

*27 ハーディングは「常態(平常)への復帰」を唱えた。また，この年(1920年)の大統領選挙開票速報でラジオ放送が始まった。

4. 国際協調

❶ ⑥⑦＿＿＿＿会議(1921～22)：ハーディング大統領が提唱。四カ国条約で太平洋地域の領土と権益の尊重，ワシントン⑥⑧＿＿＿＿条約で主要国の主力艦保有比率の規定，九カ国条約[*28]で中国の主権尊重・機会均等・門戸開放を確認するなど，アメリカ合衆国の国際的威信が増大した

❷ ⑥⑨＿＿＿＿条約(1928)：アメリカ国務長官⑦⓪＿＿＿＿とフランス外相ブリアンが協定

❸ ロンドン軍縮会議(1930)：フーヴァー大統領とイギリス首相マクドナルドが協力し，米・英・日の補助艦制限と保有比率を規定

*28 九カ国条約の締結により，中国における日本の特殊権益を認めた石井・ランシング協定(1917)は失効し，また四カ国条約の締結で日英同盟が解消されたことなどにより，日米両国の対立は深まった。

アメリカとドイツ賠償問題

(1)**ドーズ案**(1924)…アメリカ資本のドイツへの貸与と支払い方法・期限緩和 ⇨フランスのルール撤兵の要因
(2)**ヤング案**(1929)…賠償総額の軽減(約358億金マルクに削減)
(3)**フーヴァー＝モラトリアム**(1931)…ドイツの経済救済のため，戦債・賠償支払い1カ年停止

世界恐慌とニューディール

1. 大恐慌

❶ ⑦①＿＿＿＿年10月24日(暗黒の木曜日)，ニューヨーク⑦②＿＿＿＿街の株式市場での株価暴落

❷ フーヴァー大統領のフーヴァー＝モラトリアムは効果あがらず

＊世界恐慌▶p.199

2. フランクリン＝ローズヴェルト大統領(任1933～45，民主党)

❶ ニューディール(新規まき直し) →資本主義体制内で国家権力が経済に介入(経済学者ケインズの修正資本主義)

❷ 1933年に⑦③＿＿＿＿(NIRA)・農業調整法(AAA)・テネシー川流域開発公社(TVA)を百日議会で制定，1933年に金本位制停止，1935年に⑦④＿＿＿＿法[*29]と社会保障法を制定

❸ ソ連を承認(1933)する一方，パン＝アメリカ会議(1933)で⑦⑤＿＿＿＿外交を推進 ➡キューバ独立の承認(1934)。ドル＝ブロック形成

*29 ワグナー法の成立を機に，1938年未熟練労働者の産業別組織(組合)会議(CIO)が成立し，AFLと対抗したが，1955年AFLと合同。

記述論述 Q 第一次世界大戦後，1920年代のアメリカ合衆国では，移民や黒人に対する排斥運動が活発化した。これらの運動やそれに関わる政策の概要を，記しなさい。 (東京大)

❹ 中立法(1935) →交戦国への軍需品の輸出・借款の禁止

第二次世界大戦

＊第二次世界大戦▶p.205

1. F. ローズヴェルト

❶ ⑯＿＿＿＿＿＿法(1941)：フランスの降伏後，イギリスを支援

❷ イギリス首相チャーチルと大西洋上会談(1941)

→⑰＿＿＿＿＿＿を発表(国際連合成立の基本となる)

2. 太平洋戦争(アジア・太平洋戦争1941～45) *30

❶ 日本機動部隊の真珠湾(パールハーバー)攻撃(1941.12.8)

❷ アメリカ軍の反攻：ミッドウェー海戦(1942)，サイパン占領(1944)，広島・長崎に原爆投下(1945)，ポツダム宣言で日本は降伏

*30 中国からの日本軍の撤退や日本の日独伊三国同盟からの脱退を中心議題とした日米交渉(1941)は成果なく，太平洋戦争に突入した。

5 第二次世界大戦後のアメリカ 「冷戦」でソ連と対立した

1. トルーマン(任1945～53，民主党)

❶ 対外的には，トルーマン＝ドクトリン*31(1947.3)で対ソ「封じ込め政策」，⑱＿＿＿＿＿＿(1947.6)の提案，⑲＿＿＿＿＿＿(1949.4)(NATO)の結成など，米ソ間の「冷戦」が深刻化*32

❷ ⑳＿＿＿＿＿＿戦争(1950.6～53.7)では国連軍の名の下で参戦

*31 トルーマン＝ドクトリンは，伝統的孤立主義の放棄であった。

*32 冷戦を背景に，反共・赤狩りのマッカラン法が制定され(1950)，マッカーシズム(赤狩り旋風)が起こった。

2. アイゼンハワー(任1953～61，共和党)

❶ 朝鮮休戦協定(1953.7)を締結したが，インドシナではゴ＝ディン＝ジエムのベトナム共和国を支援 →対ソ「巻き返し政策」を展開

❷ ジュネーヴ4巨頭会談(1955.7)で「雪どけ」をもたらす

❸ キャンプ＝デーヴィッド会談(フルシチョフの訪米，1959.9)を実現

❹ ソ連に対抗して大陸間弾道ミサイル(ICBM)と人工衛星を開発

3. ケネディ(任1961～63，民主党)

❶ ㉑＿＿＿＿＿＿政策で福祉や黒人公民権の拡大を訴える

❷ ㉒＿＿＿＿＿＿(1962.10)でソ連と対立したが，1963年に㉓＿＿＿＿＿＿条約を米・英・ソ3国で締結した

❸ 1963年11月，ダラスで暗殺

4. ジョンソン(任1963～69，民主党) *33

❶ 公民権法(1964)を制定したが，㉔＿＿＿＿＿＿牧師らの人種差別撤廃をめざす黒人解放運動が高揚

❷ 1965年，北ベトナム爆撃(北爆)の開始と南ベトナムへの派兵により

*33 ジョンソン大統領は，1965年「偉大な社会」計画を発表し，差別と貧困をなくすことを唱えたが，失敗した。

＊ベトナム戦争▶p.222, p.252

A 白人至上主義のKKKが活動を復活させ，南部から北部に移住してきた黒人が差別・迫害された。1924年に制定された移民法では，東欧系や南欧系の移民が制限され，日本を含むアジア系の移民は事実上禁止された。

⑧⑤＿＿＿＿＿戦争は泥沼化し，国内外に反戦運動が高まった

5. ニクソン(任1969～74，共和党)

❶ベトナム戦争への支出を機にドル危機が深刻化し，金とドルの交換停止(1971)を発表，⑧⑥＿＿＿＿＿が起こり，主要国は変動相場制へ

❷1972年，中国を訪問し，米中和解が成立*34。沖縄を日本に返還

❸パリ(ベトナム)和平協定(1973)に調印し，ベトナム撤兵が実現

❹ウォーターゲート事件*35により辞任(1974)

→後継はフォード(任1974～77，共和党)

6. カーター(任1977～81，民主党)*36

❶人権外交(人権をふみにじる国に対して制裁を科す外交)を推進

❷エジプト＝イスラエルの和平を仲介(1978)*37

7. レーガン(任1981～89，共和党)

❶内政では財政・貿易の「双子の赤字」が深刻化し*38，行政改革を推進

❷外交では「強いアメリカ」をめざし，戦略防衛構想(SDI)を発表する一方，ソ連の⑧⑦＿＿＿＿＿と軍縮交渉を進め，中距離核戦力(INF)全廃条約に調印(1987)

8. ブッシュ〈父〉(任1989～93，共和党)　ソ連のゴルバチョフとの⑧⑧＿＿＿＿＿(1989)で冷戦の終結を宣言し，戦略兵器削減条約(START)も調印した(1991)。1991年の湾岸戦争でイラクを攻撃

9. クリントン(任1993～2001，民主党)

❶経済成長を持続させ，「双子(財政・貿易)の赤字」解消を実現*39

❷パレスチナ暫定自治協定(オスロ合意)を仲介(1993)

10. ブッシュ〈子〉(任2001～09，共和党)

❶⑧⑨＿＿＿＿＿事件発生(2001.9.11)　→イスラーム急進派組織アル＝カーイダの犯行と断定し，それを保護するターリバーン政権下のアフガニスタンを攻撃(「対テロ戦争」)

❷イラク戦争(2003)　→イラクのフセイン政権を崩壊させた

11. オバマ(任2009～17，民主党)　核兵器の廃絶を訴え，アメリカ大統領として初めて被爆地・広島を訪問(2016)

12. トランプ(任2017～21，共和党)　移民の規制など「アメリカ第一」主義を掲げ，国際協力に消極的政策をとった

13. バイデン(任2021～，民主党)

アポロ11号

アメリカの宇宙船。1969年に人類初の月面到達に成功した。

*34 ニクソン訪中やベトナム和平協定など，ニクソン外交を支えたのはキッシンジャー。

*35 1972年の大統領選挙の際，民主党選挙事務所に盗聴器を設置した事件。

*36 カーター政権は1979年，米ソ間で戦略兵器制限交渉(SALT Ⅱ)に調印したが，同年のソ連のアフガニスタン侵攻で発効しなかった。

*37 1979年，エジプト＝イスラエル平和条約が調印された。

*38 レーガン大統領は，新自由主義の考え方に立って緊縮財政政策をとった。

*39 クリントン政権下の1994年には，カナダ，メキシコとの北米自由貿易協定(NAFTA)が発効した。

記述論述 Q 国際基軸通貨としてのドルの地位は，1960年代末から1970年代初めにかけて大きく動揺する。その背景について60字以内で説明せよ。(東京大)

 出題大学…⑧⑥：慶應義塾大，日本大

実戦演習

❶ 次の文章を読み，空欄［1］〜［13］について，適切な語句を記入せよ。

早稲田大－商

解答：別冊p.34 ▶

17世紀以降北アメリカ大陸では，ヴァージニア植民地にはじまり1732年成立の［1］植民地に至る13のイギリス植民地が建設された。長らくイギリスは緩やかな統制を行っていたが，フレンチ＝インディアン戦争などの勝利によりミシシッピ川以東の［2］などを獲得し北アメリカでの支配権を確立すると，植民地への規制や課税を強化した。1765年の印紙法や1773年の［3］の成立は本国による支配への反発を強め，1775年には武力衝突が起こった。植民地側は第２回大陸会議で総司令官となった［4］のもとヨークタウンの戦いなどに勝利し，1783年パリ条約にて独立が承認された。

独立後，初代財務長官［5］は1791年に議会に提出した「製造工業報告書」(Report on Manufactures)において，発展の初期段階にある「幼稚製造工業」(Infant Manufactures)を保護育成することを提案した。その後1812年に始まる［6］によるイギリスとの貿易の途絶は北部の工業発展を促し，産業資本家を中心に保護関税政策を望む声が高まった。一方南部では，18世紀末の発明の成果もあり，19世紀前半に［7］の生産量が急激に増加した。イギリスに［7］を輸出し工業製品を輸入する構造が確立した南部は自由貿易を支持した。北部と南部の経済的な構造の違いは対立を生み南北戦争につながった。

南北戦争に至る頃，ヨーロッパはイギリス主導の自由貿易の時代を迎えていた。イギリスでは，1846年保守党［8］内閣のもとでの穀物法廃止に続き，1849年にはおよそ２世紀にわたり貿易を規制した［9］も廃止された。1860年の英仏通商条約には，最も有利な通商条件を与える第三国と同等の条件で相手国との交易を行う［10］の無条件適用も盛り込まれた。一方アメリカは［10］の条件付適用を原則とし，南北戦争から第二次世界大戦に至る間，1910年代の一時期を除き，概ね高関税を維持した。1890年関税法は後に大統領となり米西戦争を主導した［11］の提案で成立したが，この関税法の下で関税収入が課税品輸入額に占める割合はおよそ50％と高いものであった。また1930年に成立したスムート＝ホーリー法は世界的なブロック経済化を誘発し国際的な緊張を高めた。

第二次世界大戦後，アメリカは「関税と貿易に関する一般協定」(GATT)のもとで国際的な通商政策秩序の形成をはかる中心的役割を担った。1964年から1967年まで続いた［12］では工業品に課される関税の一律引き下げを基本とした交渉が行われるなど，広範かつ大幅な関税障壁の削減が進められた。

その後もアメリカは世界の通商に大きな影響を与えている。1980年代のレーガン政権下では1988年包括通商競争力法が成立し，他国の不公正貿易慣行に対する対抗措置が強化された。トランプ政権下では米中貿易摩擦が激化する中，連邦政府や民間企業が行う取引に対する制限が強化された。例えば，2019年５月には安全保障上の懸念がある企業からの調達を禁止する大統領令の署名がなされた。また商務省は，安全保障や外交上の利益に反する企業などを列挙したエンティティリスト(Entity List)に中国の代表的な通信機器企業［13］とその関連企業を追加した。同年５月16日発効となったこの措置は，同企業に対する事実上の禁輸措置の一環であった。こうしたアメリカの動向は日本を含めた近隣諸国にも大きな影響を及ぼし，通商問題は現在でも国際的緊張を高める側面を持っている。

❶ ヒント

7. 1793年，ホイットニーの綿繰り機の発明で，アメリカ南部の綿花栽培が促進された。

12. 世界貿易拡大のため，1963年ケネディ大統領が提唱し，翌64年に始まった関税一括引き下げ交渉(ケネディ＝ラウンド)は，1967年に妥結した。
なお，問題文中の「スムート＝ホーリー法」は，関税の大幅引き上げを定めた法案で，この結果，各国の関税引き上げ競争が激化し，アメリカの不況が世界恐慌に広がった元凶とされている。

❶ 解答欄

1	
2	
3	
4	
5	
6	
7	
8	
9	
10	
11	
12	
13	

A ベトナム戦争でアメリカの貿易収支は赤字に転じ，金準備も減少してドル危機が起こり，金・ドル本位制の維持が困難になった。(58字)

34 ラテンアメリカの歴史

解答：別冊p.25 ▶

ココが出る！

［入試全般］
古代アメリカ文明とスペインの征服・支配，諸国の独立が頻出。

［国公立二次・難関私大］
スペインによる征服過程と植民地経営の具体的内容が問われる。独立はウィーン体制の挫折や自由主義・国民主義の進展として，現代史はアメリカとの関係の中で出題される。

大学入試 最頻出ワード

- ■クリオーリョ
- ■(シモン＝)ボリバル
- ■ポトシ銀山
- ■エンコミエンダ制
- ■インカ帝国

- 先住インディオの文明
- ①［　　　］やジャガイモを栽培
- 鉄器や車は使用せず

前10C

メソアメリカ文明

オルメカ文明（前12C～前4C）
テオティワカン文明（前1C～後6C）
②［　　　］**文明**（前10C頃～後16C）
- 太陽暦
- マヤ文字

10C

③［　　　］**文明**（14C～16C）
- 都はテノチティトラン

アンデス文明

チャビン文化（前10C～前2C）
④［　　　］**帝国**（15C半ば～16C）
- 都はクスコ
- 駅伝制やキープが特色

⑤［　　　］のアメリカ到達（1492年）

16C

スペインの支配
⑥［　　　］の征服（1521年）　⑦［　　　］の征服（1533年）
エンコミエンダ制導入と疫病による先住民の激減　⇐ ⑧［　　　］の移入

19C

ラテンアメリカ諸国の独立 ⇐ 支援
- ⑨［　　　］やサン=マルティンの指導により，次々とスペインから独立
- ⑩［　　　］はポルトガルから独立

アメリカ
- ⑪［　　　］（1823年）

イギリス
- カニング外交

- パン=アメリカ会議（1889年）
- **アメリカ＝スペイン（米西）戦争**（1898年）⇒ ⑫［　　　］の独立（アメリカの事実上の保護国化） ⇐ **アメリカの進出**

20C

- パナマの独立（1903年）⇒ アメリカのパナマ運河建設

民族主義・民主化の高揚

メキシコ： ⑬［　　　］・サパタらのメキシコ革命（1910～17年）
アルゼンチン： ⑭［　　　］大統領の社会主義政策
キューバ： ⑮［　　　］らのキューバ革命（1959年）
チリ： ⑯［　　　］大統領の人民連合政権

⇐ **アメリカの圧力・干渉（親米軍事政権支持）**

空欄解答 ①トウモロコシ　②マヤ　③アステカ　④インカ　⑤コロンブス　⑥コルテス　⑦ピサロ　⑧黒人奴隷　⑨(シモン＝)ボリバル　⑩ブラジル　⑪モンロー宣言〔教書〕　⑫キューバ　⑬マデロ　⑭ペロン　⑮カストロ　⑯アジェンデ

Q ㋐インカ帝国の統治制度を簡潔に説明し，また㋑そこで用いられた記録方法の特徴を述べなさい。（北海道大）

1 スペインの支配 アステカ文明・インカ帝国を滅ぼしたスペインは過酷な植民地経営を展開した

メソアメリカ文明とアンデス文明

1. 先住アメリカ人(アメリカ＝インディアン・インディオ) モンゴロイド系人種が陸続きであったベーリング海峡から渡来

2. マヤ文明(前10世紀頃～16世紀)

❶ メキシコ湾岸のオルメカ文明の影響を受けてグアテマラ・ユカタン半島に発達，4～9世紀が最盛期

❷ 神殿・ピラミッドなどの石造建築，二十進法，①＿＿＿＿暦，マヤ文字

❸ トルテカ族に続いてチチメカ族の侵入などにより衰退

3. ②＿＿＿＿＿文明(14～16世紀)

❶ アステカ族がメキシコ中央高原に築く。都は③＿＿＿＿＿＿(現メキシコシティ)

❷ 神殿・階段状ピラミッド・太陽暦・神権政治が特色

4. ④＿＿＿＿帝国(15世紀半ば～16世紀)

❶ ケチュア族が首都⑤＿＿＿＿＿を中心に発展し，アンデス地帯を支配(15世紀)。皇帝は太陽の化身(子)として神権政治を行った

❷ 高度な石造技術を持ち，灌漑施設・道路が建設され，駅伝制も整えられた。マチュ＝ピチュはインカ帝国の都市遺跡

❸ 文字はなく，意味・数量を示す⑥＿＿＿＿＿(結縄)が使用された

5. ヨーロッパ人のアメリカ大陸への到達・探検

❶ ⑦＿＿＿＿＿＿＊1：1492年カリブ海のサンサルバドル島に到達

❷ カボット父子(伊)＊2：北アメリカ東岸を探検(1497～98)

❸ カブラル(葡)：ブラジルに漂着し(1500)，ポルトガル領を宣言

❹ ⑧＿＿＿＿＿＿＿＿＿(伊)＊3：アメリカ大陸の確認

❺ ⑨＿＿＿＿＿(西)：パナマ地峡横断，南の海(太平洋)を発見(1513)

❻ マゼラン(葡)：スペイン王の命で西航。マゼラン海峡を通過して「太平洋」を命名・横断し，その艦隊は世界を周航(1519～22)

6. 古代アメリカ文明の破壊

❶ スペイン人の⑩＿＿＿＿＿＿＿＿(征服者)による破壊

❷ ⑪＿＿＿＿＿＿によるアステカ王国征服(1521)

❸ ⑫＿＿＿＿＿によるインカ帝国征服(1533)

古代アメリカ文明の特色

①農耕はトウモロコシ，ジャガイモなどが中心で小麦・米はない
②牧畜はリャマ・アルパカを飼育し，牛・馬など大型家畜はない
③金・銀・青銅器は使用したが，鉄器の製作はない
④犂・車・ろくろの使用もない

＊前1200年頃から，メキシコ湾岸にオルメカ文明が興り，メキシコ高原には前1～後6世紀に巨大なピラミッド型神殿を持つテオティワカン文明が栄えた。

◆ アメリカの古代文明

＊大航海時代▶p.107

＊1 コロンブスはジェノヴァ出身で，トスカネリの地球球体説を信奉し，スペイン女王イサベルの後援を受けた。

＊2 カボット父子はイギリス王ヘンリ7世に後援された。

＊3 「アメリカ」はアメリゴ＝ヴェスプッチにちなんでドイツの地理学者ヴァルトゼーミュラーが1507年に刊行した『世界誌入門』の中で使用して一般化。

A (ア)皇帝は太陽の子(化身)とされ，絶大な宗教的権力を持って神権政治を行い，多くの部族を統治した。
(イ)文字はなく，キープと呼ばれる縄の結び方で数量などを記録した。

植民地時代

1. スペインの植民地経営

❶ 鉱山開発：⑬＿＿＿＿＿銀山(1545年にボリビア南部で発見)*4

❷ 大農園(プランテーション)経営：サトウキビ・タバコなど栽培

❸ 労働力：先住インディオ・黒人奴隷を大量に使役*5

⑭＿＿＿＿＿制　先住民の保護とキリスト教布教を条件にスペイン国王から一定の土地とその先住民に対する支配権・賦役使用権などが委任された制度で，18世紀中頃まで行われた*6

2. 植民地社会 ⑮＿＿＿＿＿(植民地生まれの白人，主に地主階層級)・⑯＿＿＿＿＿(白人とインディオの混血者)・ムラート(白人と黒人の混血者)が，独立と解放を望んだ

*4 スペインは1548年，メキシコでサカテカス銀山を開いた。スペインは，メキシコで鋳造したメキシコ銀をガレオン船でメキシコのアカプルコからフィリピンのマニラに運ぶアカプルコ貿易を展開した。

*5 先住民は，過酷な労働やスペイン人植民者がもたらした天然痘やペストなどの疫病で人口が激減した。その労働力を補うため，西アフリカから黒人奴隷が輸送された。

*6 ドミニコ会修道士ラス＝カサスは，インディオに対するスペインの非道な行為を告発し，エンコミエンダ制の廃止を訴えた。

アシエンダ制

17〜18世紀に，エンコミエンダ制に代わってアシエンダ制が発展した。これは，債務を負った農業労働者(ペオン)を主な労働力とする半封建的大農園制をさす。

2 ラテンアメリカ諸国の独立とその後の動き

アメリカ合衆国と政治・経済の面で密接につながった

植民地の独立

1. 背景

❶ スペインやポルトガル本国の専制支配への反発

❷ 啓蒙思想の普及やアメリカ合衆国の独立・フランス革命の影響

❸ ナポレオン戦争中，特に⑰＿＿＿＿＿により本国との関係が疎遠となり，クリオーリョを中心に自立化を推進

2. 独立

❶ フランス領サン＝ドマング(ハイチ)*7：フランス革命に際し，1791年，黒人奴隷の独立運動(ハイチ革命)が起こる(指導者⑱＿＿＿＿＿)→1804〜06年，ハイチ共和国の独立

❷ メキシコ：⑲＿＿＿＿＿を指導者として1810年に独立運動が起こり，1821年，スペインから独立を達成し，1824年に共和国となる

❸ ベネズエラ：フランシスコ＝ミランダの指導で，1811年，独立を宣言

❹ ブラジル：ポルトガル国王ジョアン6世の子ペドロが，1822年に独立を宣言し，帝政を樹立した(1889年，共和国に移行)

独立運動の指導者*8 ⑳＿＿＿＿＿は，アルゼンチン(1816)・チリ(1818)・ペルー(1821)の独立を指導。㉑＿＿＿＿＿は，コロンビア(1819〈30〉)・ボリビア(1825)の独立を達成した。新独立国の大半は共和国となり，奴隷制も廃止された

*7 ハイチはコロンブスが発見し，スペイン領となったが，1697年にフランス領となり，18世紀後半には世界最大のコーヒーと砂糖の生産地となった。

*8 イダルゴ，サン＝マルティン，(シモン＝)ボリバルはいずれもクリオーリョであり，独立は達成されたものの，旧封建的社会組織は温存され，クリオーリョの大土地所有制が継続し，モノカルチャー経済が維持され，メスティーソやインディオの不満は解消されなかった。

記述論述 Q 18世紀末から19世紀はじめにフランス植民地のハイチで起こった出来事を説明せよ。(新潟大)

 出題大学…⑳：成蹊大／㉑：成蹊大，神奈川大，関西学院大

独立への干渉と支援 ラテンアメリカ諸国の独立運動に対してウィーン体制を主導したオーストリア宰相メッテルニヒが干渉したが，イギリス外相㉒＿＿＿＿＿は新市場獲得のため独立を支持し，アメリカも㉓＿＿＿＿＿(1823)により，ウィーン体制諸国の干渉を排除

独立後のメキシコ

1. アメリカ＝メキシコ(米墨)戦争(1846～48)

❶ アメリカ合衆国の㉔＿＿＿＿＿併合(1845)とテキサス南境での紛争から開戦し(1846)，アメリカ合衆国が勝利した

❷ メキシコはアメリカにニューメキシコ・㉕＿＿＿＿＿などを割譲*9

2. メキシコ内戦(1858～67)

❶ ㉖＿＿＿＿＿(任1858～72)大統領の自由主義的改革(教会財産や大地主の土地没収など) →カトリック教会を基盤とする保守派との間で内戦勃発

❷ 債権国のイギリス・フランス・スペインが保守派を支援して1861年に干渉し，㉗＿＿＿＿＿が，1864年にオーストリア皇帝の弟マクシミリアンをメキシコ皇帝としたことからメキシコ民衆が抵抗*10

❸ 1867年，フランス軍は撤退し，マクシミリアンも銃殺された

▶1877年，軍人ディアスが大統領に選ばれ，長期間の独裁政治。

3. メキシコ革命(1910～17)

❶ ㉘＿＿＿＿＿らの指導で，1911年，ディアス独裁政権を打倒

❷ 革命派の分裂：地主・ブルジョワ勢力(カランサが指導)と，土地改革・自由を求める貧農勢力(㉙＿＿＿＿＿，ビリャらが指導)とに分裂し，1914年から内戦となる

❸ 1916年，内戦はブルジョワ派の勝利に終わり，翌年，大統領にカランサ(任1917～20)が就任し，民主的・民族的憲法を制定*11

アメリカ合衆国とラテンアメリカ

1. パン＝アメリカ会議

アメリカ大陸諸国の団結と協力をめざすパン＝アメリカ主義に基づいて，1889年，ワシントンで第1回パン＝アメリカ会議が開かれ，以後アメリカ合衆国の干渉が強化された*12

2. アメリカ＝スペイン(米西)戦争(1898)

❶ スペインに対しマルティらがキューバ独立運動を起こす(1895～98)

*9 合衆国が獲得したカリフォルニアで，1848年，金鉱が発見され，ゴールドラッシュとなった。

*10 南北戦争後のアメリカはモンロー宣言(教書)の立場からフアレス政権を支持。

＊11 メキシコの民主化
1934年，大統領に就任したラサロ＝カルデナスは，労働者の保護・農地改革を進める一方，外国石油資本の国有化(1938)など民族主義的政策を進めた。

*12 1933年，モンテビデオでの第7回パン＝アメリカ会議で，アメリカのF.ローズヴェルト大統領の「善隣外交」政策により，干渉政策は変更。

A フランス領サン＝ドマングでフランス革命の影響を受けて黒人奴隷が反乱を起こし，やがてトゥサン＝ルヴェルチュールを指導者とする独立革命に発展し，1804年に世界初の黒人国家が独立し，06年共和政が宣言された。

❷ ハバナ港内での米艦メイン号の爆沈事件を口実に開戦したアメリカ(大統領㉚＿＿＿＿)が勝利し，パリ条約(1898)でフィリピン・グアム・㉛＿＿＿＿をスペインから獲得*13

3. パナマ運河

❶ 1903年，㉜＿＿＿＿共和国から米の支援でパナマ共和国が独立

❷ アメリカはパナマ運河*14の建設権・租借権を獲得

第二次世界大戦後のラテンアメリカ

1. ㉝＿＿＿＿(OAS)

冷戦を背景に，1948年の第9回パン＝アメリカ会議のボゴタ憲章で成立したアメリカ大陸諸国間の協力組織

2. キューバ革命(1959)

❶ ゲバラ・㉞＿＿＿＿らが蜂起し，親米バティスタ独裁政権を打倒

❷ 政権を握ったカストロ首相(任1959～2008)は，アメリカ(アイゼンハワー大統領)と対立・断交した。さらに1961年，社会主義を宣言し，ソ連に接近

❸ キューバにソ連のミサイル基地が建設されるとアメリカ大統領ケネディが海上封鎖で対抗し，㉟＿＿＿＿(1962)が起こる

❹ ソ連の㊱＿＿＿＿がケネディ大統領に譲歩して危機は回避*15

3. ラテンアメリカの民族主義

❶ アメリカ経済に依存する比率が高く，対外債務も累積

❷ 国内の経済格差も大きく，反米的民族主義運動が高揚

ラテンアメリカ諸国の民族主義的改革

①ブラジル…ヴァルガス大統領(任1930～45，51～54)による農地改革や労働者保護

②アルゼンチン…㊲＿＿＿＿大統領(任1946～55，73～74)による民族主義の強調と国家社会主義政策*16

③ペルー…ベラスコ大統領(任1968～75)の農地改革や国有化政策などペルー改革

④チリ…㊳＿＿＿＿大統領(任1970～73)の米系資本や大農地接収，大企業の国有化

❸ 民主化政権の多くはアメリカ支援による軍部のクーデタで崩壊し，1970年代後半から長期の軍事政権が成立し，外資を導入して開発独裁体制がとられた。80年代から民政への移行が進んだが，不安定な状態*17が続いた。21世紀に入り多くの国で民主化が進んでいる

❹ 現地のカトリック教会を中心に，民衆の解放のための改革運動を展開すべきだとする「解放の神学」が普及した

❺ メキシコは，1994年にアメリカ・カナダと㊴＿＿＿＿(NAFTA)を形成

*13 米西戦争の結果，独立したキューバは，1901年にアメリカからプラット条項(キューバと他国との条約や借款の制限，アメリカの干渉権や海軍基地建設権)を押し付けられ，事実上保護国とされた。

*14 パナマ運河は，1914年に完成した。

*15 キューバ危機に際して，ソ連のフルシチョフのアメリカへの譲歩に対し，中国共産党が批判し，中ソ論争が激化した。

*16 アルゼンチンのペロン大統領は，外国資本の排除・初等教育の拡充と高等教育の抑制・経済自立など国家主義的政策を断行した。

*17 アルゼンチンではペロンの妻のイサベル＝ペロン政権(1974～76)を倒した軍事政権が，1982年，英領フォークランド(マルビナス)諸島を占領したが，イギリス(サッチャー首相)に降伏し，民政に移行した。チリでは1973年にアジェンデ政権を倒したピノチェト軍事政権が，1988年に信任国民投票で敗北。またニカラグアではソモサ一族の長期独裁政権が1979年に左翼ゲリラに倒され，1990年，選挙による中道政権が成立。

記述論述 Q キューバにおける独立運動は，米西戦争後，どのような帰結をむかえたか，アメリカとの関係に言及しながら簡潔に述べなさい。 (千葉大)

 出題大学…㉝：早稲田大，学習院大，南山大

実戦演習

❶ 次の文章を読み，それぞれ(1)～(10)の設問について〔　　〕内の語句から最も適切と思われるものを選びなさい。 学習院大－法・国際社会科学

16世紀におけるスペインとポルトガルによる植民地化以降，ラテンアメリカにおいては，現在のボリビアにある(1)〔①クスコ　②サンティアゴ　③サカテカス　④ポトシ〕の銀山での鉱物資源採掘や(2)〔①プランテーション　②コルホーズ　③ソフホーズ　④キブツ〕において栽培されたサトウキビ・綿花などが生産物の中心であり，これらの産品が欧州に運ばれた。

その後，ラテンアメリカでは植民地生まれの白人である(3)〔①クリオーリョ　②ペニンスラール　③ムラート　④メスティーソ〕出身のシモン＝ボリバルやサン＝マルティンらが指導した独立運動によって本国からの独立を達成した国々が生まれた。しかし独立を経てもなお，鉱物資源や小麦や牛肉など単純な一次産品を生産し欧州に輸出，欧州からは機械製品などを輸入する，いわゆる(4)〔①モノカルチャー　②加工貿易　③三角貿易　④重商主義〕経済の構図が続いた。

第二次世界大戦終了後には，19世紀中頃以降のアメリカによるラテンアメリカへの干渉に対して反発する動きが活発になり，キューバでは，カストロとその協力者(5)〔①ゲバラ　②サンディニスタ　③ソモサ　④モラレス〕らが，バティスタ政権をアメリカ資本と結びつき腐敗していると批判し，ゲリラ戦によって同政権を打倒した。アルゼンチンでは，都市化の進展と共に，都市の労働者や中間層を支持基盤とし大衆迎合的な政策を進める(6)〔①ポピュリズム　②ファシズム　③ナショナリズム　④コミュニズム〕の動きが見られるようになり，1946年から1955年及び1973年から74年にかけて大統領となった(7)〔①ペロン　②ヴァルガス　③カルデナス　④サパタ〕が民族主義を掲げ一次産品依存型経済から脱却し工業化を推し進めた。(7)の設立した政党は現在でもアルゼンチン政界で有力であり，2000年代にはキルチネルが夫妻で続いて大統領となり大衆迎合的な政策を推し進めた。チリでは，1970年にアジェンデを首班とする左翼連合政権が樹立されたが，1973年には(8)〔①ピノチェト　②ノリエガ　③マデロ　④ルラ〕を中心とする軍部によるクーデターにより同政権は倒され，(8)が軍事政権を樹立し，共産主義者など反対勢力を粛清するなど，人権侵害が頻繁に行われた。1980年代に入るとラテンアメリカの民主化が進んだ。

アルゼンチンでは，1982年，イギリスと(9)〔①ジブラルタル半島　②マルタ島　③マルビナス諸島　④キプロス島〕の領有権をめぐる戦争で敗れた軍部政権が翌1983年に倒れた。また，ブラジルでも1985年に民政移管が決定され，チリにおいても1988年の国民投票にて民政移管が決定した。1989年以降には，ブラジルのカルドーゾ政権やアルゼンチンのメネム政権，チリのラゴス政権，コロンビアのウリベ政権など多くのラテンアメリカ諸国にて新自由主義に基づく経済自由化を進める政権が樹立された。しかしながら，近年では，自らの政策を同国出身のシモン＝ボリバルにちなみボリバル革命と称して原油輸出からの収入を基に貧困層への各種補助金配布など社会主義的な政策を推し進める(10)〔①ウルグアイ　②ボリビア　③エクアドル　④ベネズエラ〕のチャベス政権とそれを引き継いだマドゥーロ政権や，同じく社会主義的な政策を標榜するメキシコのオブラドール政権なども現出している。

解答：別冊p.34 ▶

❶ ヒント

(3). ②ペニンスラールは，スペイン本国生まれの白人を指す。

(9). ③イギリス領フォークランド諸島のアルゼンチン名がマルビナス諸島。

❶ 解答欄

(1)	
(2)	
(3)	
(4)	
(5)	
(6)	
(7)	
(8)	
(9)	
(10)	

A 米西戦争後にキューバは独立したが，キューバの新憲法にアメリカの干渉権や基地設定権などを認めたプラット条項が強制挿入されたため，アメリカの事実上の保護国とされた。

解答：別冊p.25 ▶

35 朝鮮の歴史

ココが出る！

［入試全般］

諸王朝の政治と文化および日本の進出から韓国併合前後が頻出。

［国公立二次・難関私大］

朝鮮史は各統一王朝を扱う問題が主流で，中国史との関連にも注意。近代以降は日本との関連で扱われ，1880～1910年代が中心。戦後では，朝鮮戦争の背景が国際政治との関係で問われる。

大学入試 最頻出ワード

■高麗 ■両班 ■百済
■李成桂 ■楽浪郡
■李承晩 ■開城
■王建 ■金日成
■朝鮮戦争 ■訓民正音

前漢

前2C **衛氏朝鮮** • 衛満が建国

武帝の遠征 ⇒ ①［　　　　］など4郡を設置

3C　魏晋南北朝

3C

⇒

5C

②［　　　　］　③［　　　　］

7C　唐

新羅（都：④［　　　　］）
• 唐と同盟し，百済（660年）・高句麗（668年）を滅ぼす ⇒ 朝鮮半島の統一（676年）
• ⑤［　　　　］（血縁的氏族制）の発達　• 仏教が隆盛（仏国寺が有名）

10C　キタイ・金・元

918 ⑥［　　　　］（都：開城）
• 王建の建国　• 仏教の国教化 ⇒ 高麗版大蔵経
• キタイ（契丹・遼）（11C）や金（12C）の侵入　• 元（13C）に服属

← 倭寇（日本）

明　15C

1392 ⑦［　　　　］（都：漢城）
• ⑧［　　　　］の建国（1392年）　• ⑨［　　　　］（ハングル）の制定
• 朱子学の官学化　• 両班（特権官僚）

壬辰・丁酉倭乱（1592～93年，97～98年） ← 豊臣秀吉の侵略（日本）

19C　清

• 江華島事件（1875年）⇒ ⑩［　　　　］締結（1876年） ← 日本

⑪［　　　　］**の乱（甲午農民戦争）**（1894年）

⑫［　　　　］（1894～95年） ⇒ **下関条約**（1895年） ← 日本

20C

⑬［　　　　］（1910年）　• ソウルに朝鮮総督府
• ⑭［　　　　］（1919年） ← 弾圧（日本）

第二次世界大戦

北緯38度線

1948 **朝鮮民主主義人民共和国**
• 首相　金日成

1948 **大韓民国**
• 大統領　李承晩

⑮［　　　　］（1950～53年）

空欄解答 ①楽浪郡 ②百済 ③新羅 ④金城〔慶州〕 ⑤骨品制 ⑥高麗 ⑦朝鮮〔朝鮮王朝〕 ⑧李成桂 ⑨訓民正音 ⑩日朝修好条規〔江華条約〕 ⑪東学（党） ⑫日清戦争 ⑬韓国併合 ⑭三・一独立運動〔三・一運動〕 ⑮朝鮮戦争

記述論述 Q 7世紀における新羅をめぐる国際関係を述べよ。（埼玉大）

1 朝鮮半島の統一　新羅が百済・高句麗を滅ぼして7世紀に統一を実現

新羅の統一まで

1. 箕子(きし)朝鮮　殷滅亡の際，殷王族が朝鮮半島北西部に開国(伝説)

2. ①＿＿＿＿**朝鮮**　前漢の初め(前190頃)に，中国の燕(えん)から亡命した衛満(えいまん)が西北部に建国，都は王険城(おうけんじょう)(今の平壌)

3. 中国(漢)の支配

❶ 前漢の②＿＿＿＿が，前108年に衛氏朝鮮を滅ぼし，③＿＿＿＿・真番(しんばん)・臨屯(りんとん)・玄菟(げんと)の4郡を設置　→後者3郡はまもなく廃止

❷ ④＿＿＿＿郡：後漢末(204頃)に遼東の豪族の公孫氏(こうそんし)が楽浪(らくろう)郡南部に新設　→のち魏・西晋の支配下に置かれた

4. 高句麗(前1世紀～後668)

❶ ツングース系夫余(ふよ)(扶余)族が中国東北地方に建国。しだいに南下し，楽浪郡を滅ぼす(4世紀初)

❷ 最盛期(5世紀)：⑤＿＿＿＿(位391～412)(好太王)*1は領域を拡大，長寿王(位413～491)は427年に都を丸都(がんと)から平壌に移す

❸ 隋の⑥＿＿＿＿の3度の侵入(612～614)を撃退

> 三韓　3世紀頃，朝鮮南部には韓族の⑦＿＿＿＿・弁韓(べんかん)・辰韓(しんかん)の三韓(部族国家連合)が成立し，主に帯方郡の管轄下にあった

5. 三国時代*2

❶ ⑧＿＿＿＿：馬韓の伯済(はくさい)国を中心に半島南西部を統一(4世紀半ば)，6世紀に伽耶諸国をめぐって新羅と争い，倭と同盟した。のち唐・新羅により滅亡(660)*3

❷ 高句麗：668年，新羅(しんら)(しらぎ)と唐(高宗)の連合軍に滅ぼされた

❸ 新羅：辰韓の斯盧(しろ)国を中心に半島南東部を統一(4世紀半ば)，伽耶(かや)(加羅(から))を併合(6世紀)

新羅(4世紀半ば～935)　⇨都：金城(⑨＿＿＿＿)

1. 統一

❶ 唐と同盟し，百済(ひゃくさい)(くだら)(660)・高句麗(668)を滅ぼす*4

❷ 唐の⑩＿＿＿＿を平壌から遼陽に退かせ，半島統一(676)

2. 社会・文化

❶ 唐の冊封(さくほう)を受け，律令制を導入

◆ 朝鮮史上の重要地名

*1 「広開土王碑」は王の事績を漢字で記す。

*2 弁韓地域は政治的に統合しない小国(伽耶諸国)が連合し，倭と交流した。

*3 百済復興の援助に向かった倭(日本)の水軍は白村江の戦い(はくそんこう(はくすきのえ))(663)で唐・新羅水軍に大敗し，倭は朝鮮半島から一掃された。

＊4 渤海

靺鞨(まっかつ)人の大祚栄(だいそえい)は高句麗の遺民を率いて中国東北部・朝鮮半島北部に698年，震国(しんこく)(のちの渤海(ぼっかい))を建国し，713年，唐から渤海郡王に封ぜられた。都の上京竜泉府(じょうけいりゅうせんふ)は長安がモデル。日本とも通交した。

A 高句麗・新羅・百済が乱立するなか，唐と連合した新羅が百済を，次いで高句麗を滅ぼし，この間，百済復興のため援軍を送った日本の水軍を白村江の戦いで破った。さらに唐の勢力を排除して676年半島を統一した。

❷ 仏教文化の発展 →都の金城(慶州)にある⑪＿＿＿＿が有名

❸ ⑫＿＿＿＿：出身氏族によって身分を5段階に区別，位階・官職・婚姻などを規制

3. 衰退 中央貴族の政争・地方豪族の台頭で混乱し*5，935年に滅亡

*5 新羅末期に，後高句麗や後百済が台頭した。これを後三国時代という。3国は10世紀前半，高麗に滅ぼされた。

2 高麗と朝鮮(朝鮮王朝)

高麗は仏教を国教とし，朝鮮は朱子学を官学化した

高麗(918～1392) ⇨都：⑬＿＿＿＿

1. 建国

❶ ⑭＿＿＿＿(太祖)が918年に建国し，936年に半島を統一

❷ 科挙制を導入して官僚制を整備した*6

*6 高麗の官僚制は文官(文班)と武官(武班)に区分されて両班と呼ばれた。官僚は，王朝から土地(農荘)と俸禄と公奴婢が支給されて特権化し，12世紀後半から特権的武臣が政権を握った(武臣政権)。

2. 外寇

❶ キタイ(契丹・遼)(10世紀末～11世紀)・金(12世紀)に侵攻され，武臣(軍人)が台頭

❷ 1259年にはモンゴルの属国とされ*7，⑮＿＿＿＿の日本侵攻(元寇：文永の役(1274)，弘安の役(1281))の基地とされた

*7 モンゴル軍の侵入で高麗王室は江華島に移ったが降伏。軍団の三別抄(さんべつしょう)は抵抗を続けたが，1273年に平定された。

3. 衰退 14世紀中頃から⑯＿＿＿＿が沿岸を略奪し，親元派と反元派の対立激化

4. 文化

❶ 宋文化の影響大 →官撰歴史書の『三国史記』も編纂(12世紀)

❷ ⑰＿＿＿＿の国教化 →高麗版⑱＿＿＿＿*8の刊行(11～13世紀)

❸ 金属活字印刷(世界最古，13世紀中頃)

❹ 高麗⑲＿＿＿＿は世界的名品が多い

*8 モンゴル軍退散を祈願して1251年に完成した高麗版大蔵経の板木が，慶尚南道(けいしょうなんどう)の海印寺(かいいんじ)に現存している。

朝鮮(朝鮮王朝，1392～1910) ⇨都：⑳＿＿＿＿(現ソウル)

1. 建国

❶ 倭寇や紅巾軍の撃退で名をあげた㉑＿＿＿＿(位1392～98)(太祖)が高麗を倒して建国(1392)，明の冊封を受け，朝貢した

❷ ㉒＿＿＿＿を官学とし，科挙が実施され，科田法*9を施行

*9 科田法は，高麗末の農荘(私的所有地)の拡大に対する田制改革の一つ。貴族の農荘を没収して官僚には官階に応じて科田を給する法で，土地に対する国家の支配力の強化と国家が土地を支給することで官僚体制をつくり上げ，中央集権を強化する狙いがあった。

2. 社会・文化

❶ ㉓＿＿＿＿(ヤンバン)：文班・武班の世襲官僚で大地主であり，種々の特権を享受

❷ 1403年，銅活字がつくられ活版印刷術が発達

❸ 1446年，世宗(位1418～50)は㉔＿＿＿＿(ハングル)を制定・公布

記述論述 Q 朝鮮が，「小中華」意識をもつようになった背景および，その結果起こった儒教受容における変化について，以下の4つの語句を用いて，80字以内で説明しなさい。 夷狄 満洲人 中国文明 儀礼 (東京都立大)

3. 衰退

❶ 両班の政争激化(16世紀後半)

❷ 豊臣秀吉の侵略(㉕＿＿＿＿倭乱，文禄の役，慶長の役)＊10
(1592〜93)　(1597〜98)
→㉖＿＿＿＿が亀船(亀甲船)で抵抗，明(万暦帝)も援軍派遣

❸ 1637年，清に服属し＊11，党争が激化して国勢は衰退

▶1811〜12年，不平官僚・窮民を糾合した両班出身の洪景来(こうけいらい)の乱が起こり，19世紀後半には列強の圧力も加わった。

❹ 高宗の父で摂政の㉗＿＿＿＿は，鎖国攘夷政策を展開
(位1863〜1907)

＊10 日本で徳川政権が成立すると，日朝は国交を回復，1607年から朝鮮通信使が派遣された。

＊11 清に服属した朝鮮では，満洲人の王朝である清への反発が強く，朝鮮こそ中華文明の正統な継承者とする「小中華」の意識を強くもった。

3 19世紀以降の朝鮮半島 朝鮮は日朝修好条規で開国した

日本の圧力

1. ㉘＿＿＿＿(**江華条約**，1876)

❶ 日本軍艦へ朝鮮軍が砲撃した㉙＿＿＿＿事件(1875)を機に締結＊12

❷ ㉚＿＿＿＿・仁川(インチョン)・元山(ウォンサン)の開港，日本公使館の設置，日本の領事裁判権承認などが主内容の不平等条約

＊12 鎖国攘夷を主張した大院君に代わって1873年以降，閔氏(高宗妃である閔妃の一族)が政権を掌握し，1876年には日朝修好条規が締結された。

2. ㉛＿＿＿＿(1882)

❶ 閔氏(びんし)の専横と日本の干渉に対して大院君派の軍隊が漢城で反乱，大院君が政権掌握

❷ 日清両国が出兵し，清は大院君を捕らえ，閔氏政権が復活。清は宗主権を回復し，閔妃政権は清に接近

3. ㉜＿＿＿＿(1884)

❶ 開化派(独立党)＊13のうちの急進改革派の金玉均(きんぎょくきん)らが日本の支援により漢城でクーデタを起こしたが，清軍の介入で失敗

❷ ㉝＿＿＿＿条約(1885)で日清両国軍の朝鮮からの撤兵と出兵の予告義務を約す

＊13 事大党と開化派(独立党)
清に依存して政権の維持を図った閔氏中心の守旧保守派の事大党に対し，日本にならって国政改革を図ろうとする金玉均・朴泳孝(ぼくえいこう)らの開化派(独立党)が対立した。

4. **東学(党)の乱**(㉞＿＿＿＿，1894)

❶ 東学＊14の㉟＿＿＿＿が全羅道(ぜんらどう)で蜂起

❷ 閔氏政権は清軍の出兵要請，日本も居留民保護を口実に出兵し鎮圧

＊14 西学(キリスト教)に対し，東学は民間信仰に儒・仏・道3教を融合して1860年頃に崔済愚(さいさいぐ)が創始した。

5. ㊱＿＿＿＿(1894〜95) 日本が勝利し，㊲＿＿＿＿条約(1895)で，清は朝鮮の独立を承認(清の宗主権放棄)

▶日清戦争後，ロシアに接近した閔妃は，1895年日本公使の陰謀で暗殺された(閔妃殺害事件)。1897年，高宗は国号を大韓帝国と改称。

A 朝鮮では，満洲人のたてた清を夷狄とみて軽蔑する意識が強く，朝鮮こそ正統な中国文明の継承者だとする「小中華」意識をもち，特に両班は儒教の儀礼を厳格に守ろうとした。(80字)

地域史
35 朝鮮の歴史
前6C以前 前6C 前4C 前2C 2C 4C 6C 8C 10C 12C 14C 16C 18C 20C 現在

日本の韓国併合

1. 日露戦争(1904～05)と韓国 日露戦争が始まると，日本は第1次日韓協約(1904)で韓国の財政・外交への発言権を強め，1905年の㊳________(韓国保護条約)で外交権を奪って保護国とし，翌年㊴______を置く(初代統監は伊藤博文(いとうひろぶみ))

2. ハーグ密使事件(1907) 高宗はハーグ万国平和会議*15に密使を派遣して日本の侵略を提訴

3. 第3次日韓協約(1907) 日本は高宗を強制退位，内政権接収・韓国軍解散を強行 →義兵闘争*16が激化。初代統監であった㊵________がハルビン駅で㊶______に射殺される(1909)

4. 韓国併合(1910) ソウルに設置された朝鮮総督府が軍事・行政を統轄し，日本による植民地支配が始まる

5. ㊷______運動(1919) ロシア革命の影響やパリ講和会議の「民族自決」の適用を信じ，1919年3月1日，「朝鮮独立万歳」のデモが各地に波及*17

現代の朝鮮

1. 二つの朝鮮

❶ 1945年，日本の㊸________受諾，無条件降伏で朝鮮解放*18

❷ 北緯㊹______線を境界に北をソ連が,南をアメリカが占領下においた

❸ 1948年，南部に大韓民国(㊺______大統領)が，北部に朝鮮民主主義人民共和国(㊻______首相)が独立を宣言した

2. 朝鮮戦争(1950～53)

❶ 北朝鮮軍が北緯38度線を突破して韓国に侵攻*19(1950)

❷ 板門店(はんもんてん)で休戦協定成立(1953)

3. 韓国

❶ 民主化を求める反政府運動(1960)で，李承晩(イスンマン)政権は崩壊

❷ ㊼______が1961年のクーデタで政権を掌握。日韓基本条約を締結*20する(1965)一方，反共独裁体制を強化

❸ 1980年の光州での民主化運動は，軍部によって弾圧された(光州事件)

4. 朝鮮民主主義人民共和国

❶ 金日成(キムイルソン)が国家主席に就任し(1972)，主体思想(チュチェ)が唱道される

❷ 金正日(キムジョンイル)が後継(1994) →閉鎖的な政治体制をとり*21，経済は低迷

*15 ハーグ万国平和会議は，ロシア皇帝ニコライ2世が提唱した軍備縮小を目的とした国際会議。第1回は1899年，第2回は1907年に開催された。

＊16 義兵闘争
1905年の第2次日韓協約以来の日本の対韓国植民地化政策に対して朝鮮民衆が展開し，約10年間各地で日本軍と衝突を繰り返した。

*17 三・一独立運動は朝鮮総督府に弾圧されたが，この結果，日本の武断政治は「文化政治」と呼ばれる同化政策に転換された。日中戦争開始後は，創氏改名など皇民化政策や朝鮮人の強制連行などが行われた。

*18 朝鮮の独立は，1943年のカイロ宣言で蔣介石(中)・チャーチル(英)・フランクリン=ローズヴェルト(米)が約束。

*19 国連の安全保障理事会の決定で，国連軍が派遣された。

*20 韓国は1990年にソ連と，1992年に中国と国交を樹立。1991年，南北朝鮮は国連に同時加盟し，2000年に南北朝鮮首脳会談を実現した。

*21 2011年の金正日の死後，金正恩(キムジョンウン)が後継者となり，核兵器開発を進めた。

記述論述 Q 甲午農民戦争とはどのような事件だったか。次の語をすべて用いて説明しなさい。
「東学，日清戦争，宗主権，下関条約，崔済愚，全琫準」 (岡山大)

 出題大学…㊳：九州大／㊷：早稲田大

実戦演習

❶ つぎの文章を読んで，下記の設問に答えよ。　成城大－経済

解答：別冊p.34 ▶

7世紀の朝鮮半島では，[a]が唐と連合して勢力を伸ばし，半島を統一した。この王朝は，唐に倣って律令制をしくとともに，仏教を国教として，仏教文化が栄えた。また，[b]とよばれる身分制度をつくり，王族・貴族・平民などを階層に分けて統制した。やがて[a]が衰えると，半島北部の豪族王建が[c]を建国し，936年に半島を統一した。この王朝では，科挙制度に基づく官僚制度がしかれ，[d]と呼ばれる特権的官僚階層中心の国家運営がおこなわれた。またこの時代でも(A)仏教が国教とされ，独自の文化が花開いた。

13世紀，[c]はモンゴルの侵入を受けてこれに降伏し，その後元朝の冊封を受けてこれに服属した。中国で明朝が興ると，朝鮮半島では1392年，武臣[e]が国号を朝鮮とする王朝を建て，[f]に都を定めた。朝鮮王朝では，第4代国王[g]の治世にいたり，人民を良人と賤人に大別する身分制と，[d]による支配を確立させた。(B)またこの時期では，文治を重んずる風潮とともに多くの文化事業が展開された。

16世紀末の豊臣秀吉による二度の侵入，また17世紀の女真の侵入を相次いで受けた朝鮮は，清朝との間に朝貢関係を築き，儒教規範をさらに厳格に守るようになった。19世紀初め，第22代国王正祖が死去したことによる党派間の争いの再燃や，民衆反乱など社会不安の増大に加えて，19世紀後半に入ると，欧米諸国が開国を要求する。このような中で，第26代国王高宗の父[h]が実権を握ると，王権の強化のため様々な施策を講じた。この間日本は，1875年に[i]事件を起こして開国を迫り，76年には領事裁判権や釜山・元山・仁川の開港など，不平等な条項を含む[j]を締結させた。

1894年，全羅道一円に広がった[k]をきっかけとして日清両国が朝鮮へ出兵し，日清戦争となった。この戦争の講和条約である下関条約において，朝鮮の独立が確認され，97年には国号を大韓帝国と改称した。しかしながら，日本とロシアの朝鮮半島の支配権をめぐる対立の結果，1904年日露戦争が勃発した。講和条約として両国間で結ばれたポーツマス条約では，日本が朝鮮に優先的な政治的・軍事的・経済的利益を有することを認める，とする条項が含まれていた。その後日本は，第2次[l]で韓国の外交権を奪い，これを保護国化した。そして1910年，「韓国併合条約」によって，韓国は日本の領土に編入された。こうして，500年以上続いた朝鮮王朝はついに幕を閉じた。

問1. 文中の空欄a～lを埋めるのに最も適切な語句を記せ(同一記号は同一語句)。

問2. 下線部(A)について，

この時代に編纂された，一切経とも言われる仏教経典の名を記せ。

問3. 下線部(B)について，

この時代に考案された表音文字の名称を記せ。

❶ ヒント

問1. l－第2次日韓協約(韓国保護条約)で韓国を保護国化した日本は，韓国統監として伊藤博文を派遣した。

問2. モンゴルの撃退を祈願して高麗版『大蔵経』が作られた。その板木が，慶尚南道の海印寺に現存する。

❶ 解答欄

問1	a	
	b	
	c	
	d	
	e	
	f	
	g	
	h	
	i	
	j	
	k	
	l	
問2		
問3		

A 崔済愚が創始した東学の信徒を中心に，1894年に全琫準の指導で起こった農民の蜂起。この東学の乱を機に出兵した日清両国間で日清戦争が起こり，敗れた清は，下関条約で朝鮮の独立を認め，朝鮮に対する宗主権を放棄した。

36 ベトナムの歴史

解答：別冊p.26

ココが出る！

[入試全般]

陳朝と阮朝が頻出。20世紀前半の民族運動も出題頻度が高い。

[国公立二次・難関私大]

特に陳朝・阮朝に関する出題、フランスのベトナム進出の経過などが中心。現代では，ベトナム民主共和国の独立からベトナム社会主義共和国の成立までが頻出で，ベトナム戦争が焦点。

大学入試 最頻出ワード

- ■ホー=チ=ミン
- ■チャンパー
- ■ファン=ボイ=チャウ
- ■ドンズー運動
- ■阮朝 ■ドイモイ

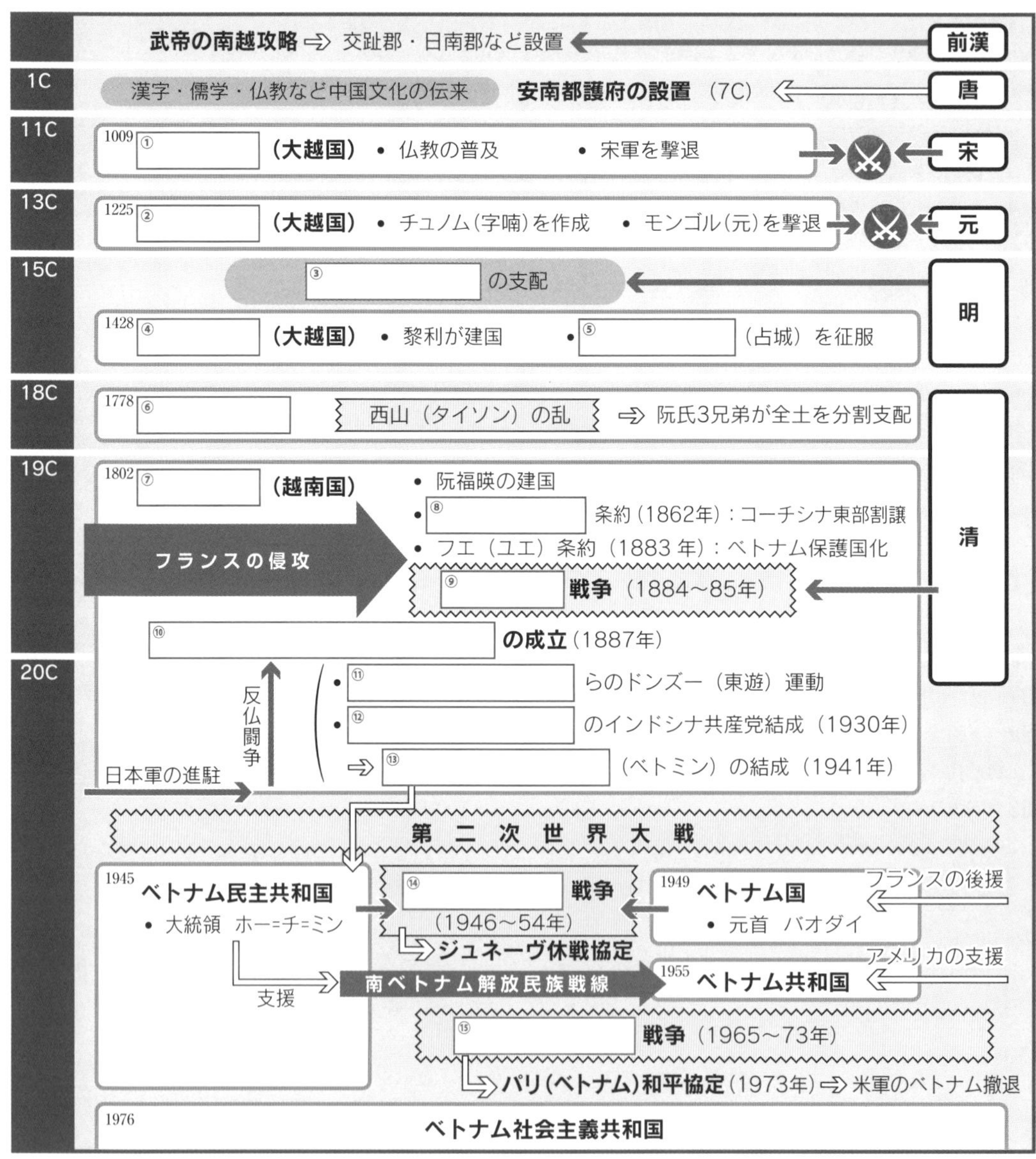

空欄解答 ①李朝 ②陳朝 ③永楽帝 ④黎朝 ⑤チャンパー ⑥西山〔タイソン〕政権 ⑦阮朝 ⑧サイゴン ⑨清仏 ⑩フランス領インドシナ連邦 ⑪ファン=ボイ=チャウ ⑫ホー=チ=ミン ⑬ベトナム独立同盟(会) ⑭インドシナ ⑮ベトナム

記述論述 Q アヘン戦争を経て，清朝の政治的影響力が急速に弱まっていった事例を，ベトナムについて，簡潔に説明しなさい。（北海道大）

1 中国支配下のベトナム 秦・漢・唐のベトナム支配で中国文化が流入

南越 *1

1. ドンソン文化 前4世紀からベトナム北部を中心に発達した青銅器・鉄製農具を使用する文化で，青銅製の銅鼓(祭器)が特徴的

2. 秦の始皇帝の華南征討により，南海郡など3郡設置(前214)

3. 南越国の成立 秦滅亡の混乱期に南海郡の趙佗(ちょうだ)が建国(前203)

中国の支配

❶ 前漢の①＿＿＿＿は南越国を攻略し，南海・交趾(こうし)・②＿＿＿＿*2(フエ付近)など9郡を設置(前111)

❷ 徴側(チュン=チャク)・徴弐(チュン=ニ)姉妹の反乱(40～43)
→後漢の③＿＿＿＿に反抗したが，馬援(ばえん)の率いる漢軍に敗れた

❸ 唐の④＿＿＿＿*3の設置(現ハノイ付近，679)
→漢字・儒学・仏教など中国文化の流入

*1 南越は，現在の広東・広西両省とベトナム北部地方。

*2 166年，大秦王安敦(あんとん)の使者が海路を経て「日南」に現れたと『後漢書』西域伝にある。

*3 安南都護府は唐末の860年と863年に南詔の攻撃で一時陥落し，ベトナム人の独立とともに消滅した。しかし，以後ベトナムはアンナンの名で呼ばれるようになった。

2 ベトナムの独立 李朝は宋軍を，陳朝はモンゴル軍を，黎朝は明軍を撃退した

大越(ダイベト) *4

1. 李朝(1009～1225) ⇨都：昇竜(現ハノイ)

❶ 李公蘊(りこううん)(太祖)が建国(1009)，国号は大越(ダイベト)

❷ 11世紀後半に北宋を撃退し，12世紀前半に⑤＿＿＿＿(占城)*5を一時征服

❸ 宋から仏教や儒学をとり入れ，科挙も実施

2. ⑥＿＿＿朝(1225～1400) ⇨都：昇竜

❶ 李朝最後の女帝昭皇の夫の陳煚(ちんけい)が創始(1225)

❷ モンゴル(元)の3度の侵入を撃退(1257・1285・1288)

❸ 漢字をもとに民族文字の⑦＿＿＿＿(字喃)が作成され，黎文休(レヴァンヒウ)は『大越史記』を編纂した

❹ 1400年，帝位は胡季犛(こきり)に奪われ，その後，明の⑧＿＿＿＿により征服された

***4 初期の独立王朝**

(1)**呉朝**(939～963)…呉権(ゴーグエン)の独立

(2)**丁朝**(966～980)…丁部領(ていぶりょう)が創始。国号は大瞿越(だいくえつ)(ダイコヴェト)。宋と通交

(3)**前黎朝**(980～1009)…黎桓(れいかん)(レホアン)が宋軍を撃退して建国

***5 チャンパー**

インドシナ半島東南部にチャム人が建てた国。インド文化を取り入れ，南シナ海の海上交易で栄えた。後漢末(2世紀末)に中国の支配から独立し，中国では，林邑(りんゆう)(～7世紀頃)・環王(かんおう)(8世紀頃)・占城(せんじょう)(9世紀頃～)と呼ぶ。隋の煬帝(ようだい)の攻撃を受け，唐には朝貢した。この地原産の占城稲は11世紀に宋に入った。その後チャンパーは17世紀末まで存続した。

黎朝(1428～1527，1532～1789) ⇨都：東京(トンキン，現ハノイ)

1. 建国

❶ ⑨＿＿＿＿(レロイ)が明軍を撃退し，大越国を建国(1428)

A フランスがフエ(ユエ)条約でベトナムを保護国にすると，清朝が宗主権を主張し，清仏戦争が起こった。しかし，清朝は敗れ，1885年の天津条約でフランスのベトナムに対する保護権を認めた。

❷ 明に朝貢し，⑩＿＿＿＿を振興するなど中国的国家体制

❸ 聖宗は律令を制定，また1471年にはベトナム南部の⑪＿＿＿＿を圧迫した
（位1460～97）

2. 南北分裂

17世紀に入るとハノイ(北部)を鄭(てい し)氏が，フエ(ユエ，南部)を阮(げん)氏が支配し(広南王国ともいう)，ベトナムは鄭・阮両氏の抗争の場となり，黎朝は衰えた

西山(タイソン)政権(1778～1802)

❶ 西山邑出身の阮氏３兄弟(阮文岳・阮文呂・阮文恵)が1771年西山の乱を起こす

❷ 西山党は，阮氏，鄭氏につづいて，1789年に黎朝を滅ぼし，兄弟が領土を三分した

阮(グエン)朝(1802～1945) ⇨都：フエ(ユエ，順化)

1. 建国

広南王国の阮氏一族の⑫＿＿＿＿(嘉隆帝)＊6が，フランス人宣教師の⑬＿＿＿＿らの援助で西山政権を滅ぼし，1802年，阮朝を建てた →清から⑭＿＿＿＿国王に封ぜられた

＊6 阮福暎(嘉隆帝)は親フランス的でキリスト教にも寛大であったが，のちの諸帝は反フランス的で1825年にはキリスト教の布教は禁止された。

2. フランスの進出

❶ フランス＝ベトナム(仏越)戦争(1858～62)：宣教師殺害事件を口実にフランスの⑮＿＿＿＿が侵略を開始(1858)した

❷ ⑯＿＿＿＿条約(1862)：コーチシナ(ベトナム南端)東部３省＊7の割譲とサイゴンなど３港の開港，キリスト教布教・通商の自由を認めた

▶フランスは，1863年，⑰＿＿＿＿を保護国化した。

＊7 フランスは，1874年にはコーチシナ全省を領有した。

❸ 広東の客家(はっか)出身の劉永福(りゅうえいふく)は，太平天国の乱後，ベトナムに逃れて阮朝に仕え，⑱＿＿＿＿を編制し，1873～85年，フランス軍と戦った

❹ ⑲＿＿＿＿(アルマン)条約(1883)でフランスがベトナムを保護国化

❺ ⑳＿＿＿＿戦争(1884～85)：フランスは越南国の宗主権を主張する清と開戦し，天津条約(1885)でフランスのベトナム保護国化を清に承認させた

3. フランス領㉑＿＿＿＿の成立(1887)

ベトナムとカンボジアをあわせて構成＊8 →総督府はハノイ

▶この間，メコンデルタ地域が開墾され，米の増産が図られた。

＊8 1893年，フランスはラオスを保護国とし，1899年，フランス領インドシナ連邦に編入した。

記述論述 Q フランスのインドシナ植民地支配に終止符を打ったジュネーヴ休戦協定がベトナムの分断につながった経緯を説明しなさい。 （大阪大）

 出題大学…⑭：駒澤大，法政大／⑱：明治大

3 現代のベトナム 第二次世界大戦後，インドシナ戦争に続いてベトナム戦争が起こった

独立運動

1. ㉒＿＿＿＿＿ **運動** ファン＝ボイ＝チャウ*9らが中心となった日本留学運動。日露戦争後一時盛んになったが，日仏協約(1907)の締結後，日仏両国政府に弾圧された

▶フランスとの協力で啓蒙的近代化を推し進めたファン＝チュー＝チンは，1907年，ハノイにドンキン義塾を設立して民族運動を支えた。

2. 政治結社の成立

❶ベトナム(越南)㉓＿＿＿＿＿：ファン＝ボイ＝チャウが，孫文の民権思想に共鳴して1912年に設立した反フランス秘密結社*10

❷ベトナム青年革命同志会：1925年，㉔＿＿＿＿＿らが広東で結成し，知識人を中心に反フランス運動を展開

❸ベトナム共産党(のちのインドシナ共産党)：ホー＝チ＝ミンらがコミンテルンの支援でベトナム青年革命同志会を母体に結成(1930)*11

3. ㉕＿＿＿＿＿：1941年，ホー＝チ＝ミンの指導で結成された民族統一戦線で，対日武装闘争を，さらに戦後には対フランス独立闘争を展開

第二次世界大戦後のベトナム

1. インドシナ戦争(1946〜54)

❶1945年8月，日本が降伏するとベトミンが蜂起し，9月に㉖＿＿＿＿＿の独立を宣言(大統領ホー＝チ＝ミン，首都ハノイ)

❷再植民地支配をめざすフランスは，1946年，ハノイ協定で独立を承認しながら，一方的に協定を破り，インドシナ戦争が起こった

❸フランスは阮朝最後の王㉗＿＿＿＿＿を擁立してベトナム南部にベトナム国を樹立(1949，首都サイゴン)

❹ベトナム民主共和国軍は，㉘＿＿＿＿＿の戦い(1954)でフランス軍に圧勝した

❺㉙＿＿＿＿＿*12(1954)が調印され，北緯17度線を暫定境界線とし，2年後の南北統一選挙の実施が約束された

*9 ファン＝ボイ＝チャウは，1904年に反フランスの維新会を結成し，抵抗運動を始めた。1905年に来日した際，戊戌の政変後，日本に亡命中の梁啓超(りょうけいちょう)にベトナムの惨状を伝える目的で，『ベトナム亡国史』を著した。

*10 ベトナム光復会が解体したあとの1927年，孫文を信奉する青年・知識分子がベトナム国民党を結成し，1930年に武装蜂起したが，フランス軍に鎮圧された。

*11 インドシナ共産党は，1951年にベトナム労働党と改称。

*12 アメリカとベトナム国のバオダイ政府はジュネーヴ休戦協定に調印しなかった。

A 休戦協定で，北緯17度線を暫定境界線とし，南北統一選挙の実施が約束されたが，社会主義勢力の拡大を阻止するため，アメリカは協定の調印を拒否し，選挙も実施されなかった。

地域史 36 ベトナムの歴史

前6C以前 前6C 前4C 前2C 2C 4C 6C 8C 10C 12C 14C 16C 18C 20C 現在

2. 南ベトナム内戦

❶ 1955年，ゴ＝ディン＝ジエムがアメリカの支援を得てベトナム共和国を樹立し，ジュネーヴ休戦協定の統一選挙を拒否

❷ 1960年，アメリカの干渉とゴ＝ディン＝ジエムの反共独裁政治に反対する南ベトナム解放民族戦線が結成され，ベトナム民主共和国(北ベトナム)の協力を得，内戦が激化

3. ベトナム戦争(1965～73)

❶ アメリカは南ベトナム内戦へ直接介入し，1965年に解放民族戦線を支援するベトナム民主共和国への爆撃(㉚＿＿＿＿)*13を開始し，戦争はベトナム全土に拡大

❷ 世界各地でベトナム反戦運動が高まる一方，1968年，南ベトナム解放軍の攻勢でアメリカ軍・南ベトナム政府軍は敗北

❸ アメリカのジョンソン大統領は，1968年パリ和平会談を開始

❹ 1969年，南ベトナム解放民族戦線を母体に南ベトナム臨時革命政府が成立

❺ 1973年，㉛＿＿＿＿＿＿＿＿が調印され，アメリカ大統領のニクソン(共和党)は，アメリカ軍を撤兵させた

❻ 1975年，臨時革命政府が南ベトナム全土を解放し，サイゴン(現ホーチミン)を占領

*13 アメリカ大統領のジョンソン(民主党)は，1964年，アメリカ駆逐艦が北ベトナム魚雷艇の攻撃を受けたという「トンキン湾事件」を口実に，北爆を開始した。「トンキン湾事件」は1970年にアメリカのでっち上げと判明した。

4. ベトナム社会主義共和国の成立(1976)

❶ 南北の統一が実現，1977年，国際連合に加盟

❷ ベトナム＝ソ連友好協力条約を締結(1978)

▶ベトナムは，1978年にカンボジアのヘン＝サムリンを支援してカンボジアに侵攻*14し，親中国のポル＝ポトを首相とする民主カンプチア政府を打倒した。さらに，国境をめぐって㉜＿＿＿＿(1979)が勃発し，ベトナムと中国の関係は悪化した。

❸ 1986年以来，経済再建を目標に「ドイモイ(刷新)」を推進し，企業の自主活動や対外経済開放など市場経済へ移行

❹ 1991年に中国との国交を正常化し，1995年には東南アジア諸国連合(ASEAN)に加盟

❺ 1995年，クリントン政権のアメリカと国交正常化

*14 ベトナム軍は1989年にカンボジアから撤退した。

記述論述 Q ベトナム戦争がアメリカ経済に与えた影響について，説明せよ。 (東京学芸大)

実戦演習

❶ 次の文章の□に入る最も適当な語句を下記の語群から選べ。

駒澤大－経済(商)・仏教・文(心理)・法(法律)・グローバルメディアースタディーズ

秦末，現在の広東省に建国した［1］はベトナム北部まで勢力をのばすが，前漢によって滅ぼされた。以後，ベトナム北部は中国に併合され，唐代には安南［2］が置かれた。この間，後漢の支配に抵抗した［3］姉妹など，しばしばベトナム人による独立運動が起こるが，そのたびに失敗した。ベトナムが中国の支配から脱するのは，10世紀のことである。土豪の呉権が［4］の一つである南漢の軍を破り，事実上の独立を果たした。しばらく政情は不安定であったが，11世紀初め，最初の長期政権である［5］朝が成立した。［5］朝は国号を［6］と定め，北宋の軍事介入を退けて独立を認めさせるとともに，南下してチャム人の国である［7］と争った。モンゴル帝国が出現すると，東南アジアでも変動が起こり，ビルマの［8］朝やジャワの［9］朝が滅び，カンボジアも衰退した。ベトナムでは，13世紀初め，［5］朝に代わった［10］朝が，モンゴルの侵攻を防ぐとともに，紅河デルタ地帯の経済発展を背景に，中央集権的な国家体制を整えた。15世紀初め，ベトナムは明の支配をうけるが，［11］朝が成立して独立を回復すると，［7］を事実上滅亡させ，国際貿易への参入を図った。16世紀初め，［11］朝は一時，臣下に位を奪われ，再興後も，重臣たちが南北に分かれて抗争した。18世紀後半，［12］の乱が起こり，南北を統一して［12］朝を開くが，まもなく衰え，19世紀初め，［13］朝によって滅ぼされる。［13］朝は国号を［14］と改め，清の制度を取り入れ，国家体制を確立するが，［12］朝との戦いの際，フランス人の宣教師［15］の支援をうけたことは，のちにフランスがベトナムに介入する遠因となった。

［語群］

あ．シャイレンドラ　い．シンガサリ　う．スコータイ　え．タウングー　お．タレーラン
か．チャンパー　き．ドヴァーラヴァティー　く．パガン　け．ピニョー
こ．レセップス　さ．越南　し．郡　す．阮　せ．五胡十六国　そ．五代十国　た．呉
ち．西山　つ．斉　て．節度使　と．楚　な．大越　に．大理　ぬ．徴　ね．陳
の．都護府　は．南越　ひ．南詔　ふ．南北朝　へ．扶南　ほ．李　ま．梁　み．黎

解答：別冊p.34 ▶

❶ ヒント

3．後漢の支配に対して，徴側・徴弐姉妹が40～43年に挙兵したが，後漢軍に敗死した。

❶ 解答欄

1	
2	
3	
4	
5	
6	
7	
8	
9	
10	
11	
12	
13	
14	
15	

❷ 以下の文章を読んで，後の問に答えなさい。

聖心女子大－現代教養

東南アジアでは第二次世界大戦後，植民地が次々と独立していった。これは，植民地時代の民族独立運動や戦時の抗日運動のほか，植民地宗主国が戦争によって疲弊した結果である。ただし，(1)宗主国が独立を認めず，戦争となるケースもあった。東南アジア諸国は，旧宗主国と同じ国民国家を構築した。植民地は(2)列強の都合で支配されたまとまりに過ぎず，歴史，民族，文化に特別な共通性があったわけでない。そのため，独立の過程において，新たな国民意識を育てていくことになった。

問1． 下線部(1)に該当する国名を以下の①～⑤から二つ選びなさい。

①ベトナム　②インドネシア　③パキスタン　④フィリピン　⑤タイ

問2． 独立した国とその時点で旧宗主国となった国の組み合わせが正しいものを①～⑤から一つ選びなさい。

①フィリピン―スペイン　②インドネシア―イギリス　③タイ―オランダ
④カンボジア―フランス　⑤ベトナム―アメリカ

問3． 下線部(2)に関連して，バンテン王国，アチェ王国やマタラム王国の領土だった地域を支配下に置いた国の名称を①～⑤から選びなさい。

①イギリス　②オランダ　③フランス　④ドイツ　⑤中国

❷ ヒント

問3．バンテン王国やマタラム王国は，ジャワ島に建てられたイスラーム王国。また，アチェ王国はスマトラ島北部に建てられたイスラーム王国。

❷ 解答欄

問1	
問2	
問3	

A 戦争による莫大な戦費支出などによって，アメリカの貿易収支は悪化し，ドル危機が起こり，ニクソン大統領は，1971年ドルと金の交換を停止した(ドル＝ショック)。

解答：別冊p.26 ▶

37 東南アジア諸国の歴史

ココが出る！

［入試全般］

ジャワを中心に東南アジアは，時代・地域とも幅広く扱われる。

［国公立二次・難関私大］

地域史が主流，特に各地域の植民地化の過程と民族運動が焦点。真臘・アユタヤ朝・コンバウン朝・シュリーヴィジャヤは頻出。フィリピン・インドネシアなどの独立運動がよく狙われる。

大学入試 最頻出ワード

- ■バタヴィア
- ■アンボイナ事件
- ■ボロブドゥール
- ■マジャパヒト王国
- ■スカルノ

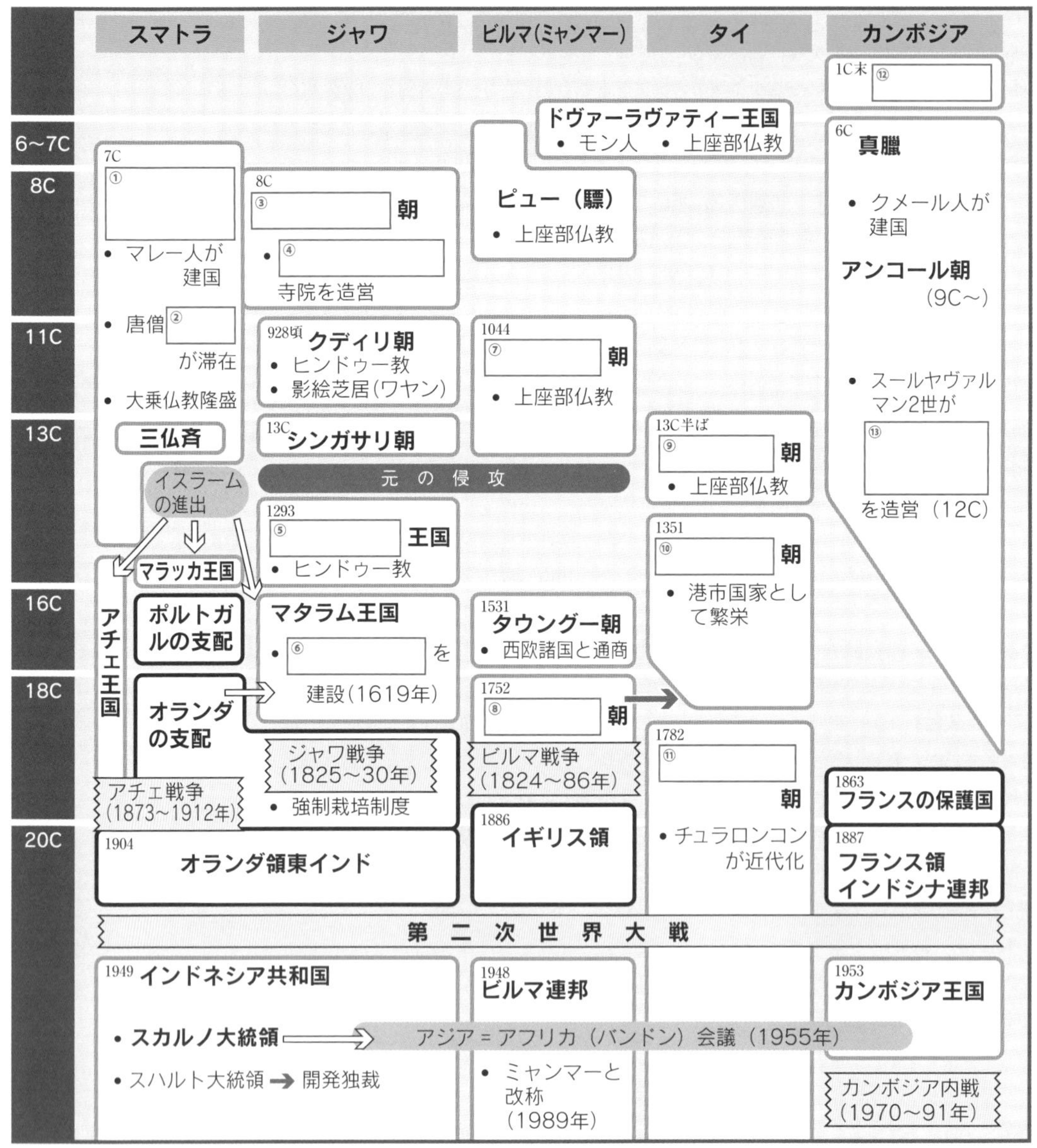

空欄解答 ①シュリーヴィジャヤ ②義浄 ③シャイレンドラ ④ボロブドゥール ⑤マジャパヒト ⑥バタヴィア ⑦パガン ⑧コンバウン ⑨スコータイ ⑩アユタヤ ⑪ラタナコーシン〔バンコク，チャクリ〕 ⑫扶南 ⑬アンコール＝ワット

記述論述 Q 4世紀から5世紀になると，東南アジアの広範囲にわたって，「インド化」と呼ばれる現象が生じた。「インド化」の具体的な内容を説明せよ。（京都府立大）

1 インドシナ半島の国ぐに タイ・ミャンマーには上座部仏教が普及

カンボジア

1. 扶南(ふなん)(1世紀末〜7世紀)

❶ 1世紀，①＿＿＿＿人(マレー人という説もある)がメコン川下流域に建てた港市国家

❷ インド洋や南シナ海の海上中継交易が発達(オケオ*1が代表)

❸ 真臘の圧迫で7世紀半ば滅亡

2. 真臘(しんろう)(6〜15世紀)

❶ 6世紀，クメール人がメコン川中下流域に建国，7世紀に扶南を滅ぼしたが，8世紀に陸真臘と水真臘に分裂

❷ 9世紀初め，再統一され，②＿＿＿＿朝が成立(クメール王国)。(802頃〜1431頃)
9世紀末以降，アンコール＝トム(王都，大きな都の意)を建築*2

❸ ヒンドゥー教・仏教などが広まるとともに，インドの稲作技術による開発が進んだ

❹ 12世紀前半，スールヤヴァルマン2世が③＿＿＿＿(王都の寺院の意)を造営*3

❺ 13世紀にはモンゴル軍の侵入を受け，14世紀からタイ・ベトナムの侵入と圧迫を受けて衰退，15世紀前半，プノンペンに遷都

3. フランスの進出

❶ フランスの保護国となる(1863)

❷ ④＿＿＿＿の一部に編入(1887)

4. 独立

1949年，フランス連合内のカンボジア王国として独立(1953年完全独立，国王⑤＿＿＿＿，首都プノンペン)

1954 ⑥＿＿＿＿協定で完全独立の承認

1970 親米右派のクーデタでシハヌーク追放 →内戦状態に

1976 解放勢力が親米政権を倒し，民主カンプチア(民主カンボジア)を樹立
→政権を握った⑦＿＿＿＿が反対する人々を大量虐殺し，また親中国政策をとる

1978 ⑧＿＿＿＿が軍事侵攻。内戦と諸政権の交代が続く*4

1991 国連主導下にカンボジア和平協定の調印
➡カンボジア王国*5の成立(1993)

*1 オケオはベトナム南西部の扶南の外港として栄えた港市遺跡で，2世紀のローマ貨幣や漢式鏡などのほか，特にインドの影響を受けた遺物が出土。4〜5世紀になると，季節風(モンスーン)を利用した航海が発達し，インドから多くの人々が渡来し，ヒンドゥー教や仏教などが伝わり，この地域の「インド化」が始まった。

*2 アンコール＝トム
現在のものは13世紀初頭に造営された。

*3 スールヤヴァルマン2世が建てたアンコール＝ワットは，ヒンドゥー教のヴィシュヌ神に神格化された国王をまつり，王の死後はその墓所とされたが，のちに仏教寺院に変わった。

*4 親ベトナムで親ソ連派のヘン＝サムリン政権に対し，ポル＝ポト派は親中国派。カンボジアの内戦は中ソ対立・中越戦争の縮図となったが，1989年にベトナム軍は撤退した。

*5 1999年，カンボジアはASEANに加盟した。

A 仏教，ヒンドゥー教などの宗教とそれらの寺院建築の様式，インド神話やサンスクリット語・文字，さらに王権の概念などが受け入れられた。

タイ

1. ドヴァーラヴァティー王国(7～11世紀頃)

❶ モン人[*6]がチャオプラヤ川下流域に建国

❷ インド商人を通じて上座部仏教などインド系文化を受容

▶タイ人は中国の四川・雲南からインドのアッサムにかけて分布。8世紀頃からインドシナ半島へ南下し，13世紀のモンゴルの侵入で活発化し，しだいに先住民と同化した。

2. ⑨＿＿＿＿＿朝(13世紀半ば～1438) ⇨都：スコータイ

❶ 13世紀半ば，真臘から独立し，チャオプラヤ川流域に建国されたタイ人最初の王朝

❷ 13世紀後半，ラームカムヘーン王はタイ文字を制定し，⑩＿＿＿＿＿仏教を国教とし，仏寺，仏塔を多数建立した

❸ 1438年，アユタヤ朝に併合された

3. アユタヤ朝(1351～1767) ⇨都：アユタヤ

❶ 1351年建国後，アンコール朝を攻略し，スコータイ朝を併合，さらにマラッカ海峡にも進出して交易圏を拡大

❷ 17世紀には，オランダ・イギリス・日本(朱印船)などとも通商を行い，東南アジア交易圏の中心として繁栄した。日本町(日本人町)も発達し，リゴール太守に封ぜられた山田長政も活躍

❸ 1767年，ビルマの⑪＿＿＿＿＿朝によって滅ぼされた

4. ⑫＿＿＿＿＿朝(1782～) ⇨都：バンコク

❶ トンブリ朝[*7]の部将ピャ＝チャクリ＝ラーマ(ラーマ1世)が1782年に創始。王室が対中国貿易を独占

❷ 19世紀にイギリス・フランスの緩衝地帯として東南アジア唯一の独立国となる。ラーマ4世(位1851～68)は欧米諸国と外交関係を結ぶ[*8]

❸ ⑬＿＿＿＿＿(位1868～1910)(ラーマ5世)は行政・司法制度の改革など近代化を断行し，治外法権の一部撤廃にも成功

❹ 第一次世界大戦では連合国側に加わり，1925年，不平等条約を撤廃

❺ 1932年，タイ立憲革命が起こり，立憲君主国に移行

❻ 第二次世界大戦では日本と同盟して枢軸国側に加わった[*9]

❼ 1948年，立憲革命の指導者ピブンが政権を獲得，親米政策を推進し，1954年には東南アジア条約機構(SEATO)に加盟した

*6 モン人はミャンマー・タイ沿岸地帯に居住する先住民で，ドヴァーラヴァティー王国やビルマのペグー朝などを建国した。

＊7 トンブリ朝

アユタヤ朝滅亡後，ビルマ軍を撃退し，バンコクの対岸トンブリを都として即位したピャ＝タークシン(位1767～82)は，トンブリ朝をおこし，カンボジア・ラオスに遠征し国威を上げた。

*8 ラーマ4世は治外法権や低関税を認める不平等なタイ＝イギリス友好通商条約(バウリング条約，1855)を締結し，翌年フランス・アメリカとも同様の条約を締結して，独立維持に努めた。

*9 第二次世界大戦末，「自由タイ」の運動が起こり，抗日活動が進んだ。戦後しばらくこの派が政権を担当した。

記述論述 Q 19世紀から20世紀初頭にかけて，イギリスが東南アジアにおける勢力圏をどのように築き上げていったか，説明しなさい。 (明治大)

❽ 軍部によるクーデタが繰り返される一方，1967年に結成された⑭＿＿＿＿＿＿＿＿(ASEAN)*10に加盟

ビルマ(ミャンマー)

1. ピュー(驃)　8世紀頃，エーヤワディー（イラワディ）川流域のプロームを中心に都市国家群が栄え，インドから仏教が伝わる

2. ⑮＿＿＿＿＿朝(1044〜1299)　⇨都：パガン

❶ ビルマ人による最初の統一王朝，中国の雲南とベンガル湾を結ぶ交易で繁栄

❷ セイロンから上座部仏教が伝来。ビルマ文字もつくられた

❸ 元の⑯＿＿＿＿＿の遠征とタイ系シャン人の南下で滅亡

▶パガン朝が衰えると，モン人がビルマ南部にペグー朝(1287〜1539)を建国。ベンガル湾交易で繁栄し，仏教文化も発達。一方，ビルマ北部ではタイ系のシャン人のアヴァ朝(1364〜1555)が栄えた。

3. ⑰＿＿＿＿＿朝(1531〜1752)

❶ ビルマ南部のタウングーから興ったビルマ人・モン人の連合王朝

❷ ペグー朝・アヴァ朝を倒してビルマを再統一し，16世紀後半にはタイにも侵入したが，18世紀半ばにモン人が離反して滅亡

4. ⑱＿＿＿＿＿朝(1752〜1885)

❶ モン人を退けたアラウンパヤーが建国。1767年にはタイの⑲＿＿＿＿＿＿＿＿を滅ぼし全盛期

❷ コンバウン朝軍のアッサム侵攻を機に起こった，3次にわたるイギリスとの⑳＿＿＿＿＿(1824〜86)に敗れ，1885年滅亡*11

▶第二次世界大戦中の1942年に日本が侵攻し，翌年，日本の支援でバー＝モーが独立を宣言した。一方，1944年，アウン＝サンを中心に反ファシスト人民自由連盟(AFPFL)が組織され，抗日運動を展開。

5. ビルマ連邦

❶ 1948年，イギリス連邦を脱して完全独立し，AFPFLのウー＝ヌーの民族ブルジョワ内閣が成立

❷ 1962年，クーデタでネ＝ウィン政権が成立，独自の社会主義化

❸ 1988年，社会主義政権が崩壊し，アウン＝サン＝スー＝チー（アウン＝サンの娘）らの民主化要求が高揚したが，軍部が政権を掌握*12

❹ 2011年,民政が復活し,アウン=サン=スー=チーの指導で経済改革に着手*13

＊10 東南アジア諸国連合(ASEAN)
1967年にタイ・インドネシア・フィリピン・マレーシア・シンガポールの5カ国が，地域の安定と経済発展をめざして結成。1984年にブルネイ，冷戦終結後にベトナム・ラオス・ミャンマー・カンボジアが加盟した。この間，1992年にASEAN自由貿易地域(AFTA)が結成され，経済的結びつきを強めた。

＊11 イギリスは，1886年にビルマをインド帝国に編入したが，1930年にはサヤ＝サンの指導する農民運動が起こり，また，タキン党が即時完全独立を要求して活動した。これを受けてイギリスは1935年にビルマ統治法を制定し，同法の発効した1937年にビルマはインド帝国から分離された。

＊12 1989年，軍事政権によって国号は「ビルマ連邦」から「ミャンマー連邦共和国」に改称された。

＊13 アウン＝サン＝スー＝チーは2021年，軍のクーデタでまたも逮捕された。

A イギリスは，1826年ペナン・マラッカ・シンガポールからなる海峡植民地を編成し，19世紀末にはマレー半島の諸国を保護下に置いてマレー連合州を形成し，ビルマ戦争に勝利してビルマをインド帝国に併合した。

2 インドシナ島嶼部とマレー半島 港市国家が繁栄

インドネシア

1. ㉑＿＿＿＿＿＿(中国名は室利仏逝(しつりぶっせい), 7～8世紀)

❶ スマトラのマレー人がパレンバンを中心に建てた港市国家連合

❷ マラッカ海峡を支配してインド洋と南シナ海の海上交易で繁栄

❸ 大乗仏教が受容され, 唐の㉒＿＿＿＿も滞在(旅行記は『南海寄帰内法伝』)

2. ㉓＿＿＿＿＿＿**朝**(8～9世紀) ジャワのマレー人が建設。大乗仏教が栄え, ジャワ中部に㉔＿＿＿＿＿＿寺院を造営

3. 三仏斉(10～14世紀頃)[*14] シュリーヴィジャヤを引き継いだマラッカ海峡地域の港市国家連合が繁栄

4. ㉕＿＿＿＿＿＿**王国**(1293～1520頃)

❶ ジャワ中心の㉖＿＿＿＿＿教王国で, 元軍の侵攻が退けられたあとにシンガサリ朝の一族が建国

❷ ヒンドゥー教などインド文化を吸収し, また独自のジャワ文化が開花

❸ 明の㉗＿＿＿＿の南海遠征以降, 明に朝貢

❹ 15世紀後半からのイスラーム勢力の拡大で衰えた

5. ㉘＿＿＿＿＿**王国**(16世紀末～1755)[*15] ジャワ東部のイスラーム王国で, ジャワ海の交易路をおさえ, 香辛料や米の生産で繁栄

6. ㉙＿＿＿＿**王国**(15世紀末～1903)

❶ スマトラ北西部に成立したイスラーム王国で, ムスリム商人の香辛料交易の中心地として繁栄

❷ 17世紀後半からオランダが進出し, アチェ戦争(1873～1912)に敗れて滅亡

7. オランダの支配

❶ オランダ東インド会社[*16]が, 1619年にジャワの㉚＿＿＿＿＿に商館を置き, 1623年, ㉛＿＿＿＿＿事件でイギリス勢力を排除

❷ オランダの圧政に対し, ディポネゴロの指導でジャワ戦争(1825～30)が起こる

❸ 1830年, 東インド総督ファン＝デン＝ボスが強制栽培制度を導入

強制栽培制度(政府栽培制度) ジャワ原地民に5分の1の耕地を提供させ, コーヒー・サトウキビ・藍などヨーロッパ向け輸出作物を強制的に栽培させ, 公定価格で供出させて本国に送り, この販売でオランダは莫大な利潤をあげた[*17]

*14「三仏斉」は中国語文献の表記でアラビア語史料の「ザーバジュ」, インド史料の「ジャーヴァカ」に相当すると考えられている。

ジャワのヒンドゥー教王国

稲作農業が盛んで, プランバナン寺院群を建設したマタラム朝(古マタラム王国, 8～10世紀), インドの叙事詩『マハーバーラタ』のジャワ語翻案や影絵芝居ワヤンなどが発展したクディリ朝(929頃～1222), 元朝の使者を追い返し, その後の国内混乱で滅亡したシンガサリ朝(1222～92)は, ジャワに成立したヒンドゥー教の王国。

*15 同時期, ジャワ西部に成立したイスラーム国家のバンテン王国(1526頃～1813)は, 西欧諸国のマラッカ海峡進出に対してスンダ海峡をおさえ, 海上交易で栄えた。

*16 オランダ東インド会社は, フランス革命の影響下の1799年に解散。その後, ジャワはオランダ本国が直接支配した。ナポレオン戦争中の1811年にイギリスに占領されたが, 1816年, オランダに返還された。

*17 一方ジャワでは栽培賃金が農村をうるおし, 戦乱がなかったこともあり, 人口が増加した。

記述論述 Q フィリピンの独立をめぐる動きを, 19世紀末から独立達成までの時期に関して100字以内で述べよ。(東京学芸大)

❹ オランダ領東インドの成立(1904)

8. 民族運動の高揚

❶ 1908年，知識人を中心としてブディ＝ウトモが設立。1911〜12年に相互扶助団体の㉜＿＿＿＿＿＿＿＿(イスラーム同盟)が結成

❷ 第一次世界大戦後の1920年には，アジア最初の共産党としてインドネシア共産党が成立

9. 独立

❶ インドネシア国民党の成立(1927)：㉝＿＿＿＿＿＿が指導

❷ 第二次世界大戦中，日本が占領・支配(1942〜45)

❸ 日本敗戦後，インドネシア共和国の独立を宣言し(1945)，オランダとインドネシア独立戦争を展開(1945〜49)

❹ 1949年のハーグ協定でインドネシア共和国の独立が承認された(大統領はスカルノ)

10. 独立後のインドネシア

❶ スカルノ大統領(任1949〜67)：「指導された民主主義」・「ナサコム(民族主義・イスラーム教・共産主義)」を唱え，ソ連・中国に接近しながら，非同盟中立政策を推進したが*18，1965年の共産党のクーデタ計画が陸軍によって弾圧され(㉞＿＿＿＿＿＿事件)，スカルノの権威は失墜

❷ ㉟＿＿＿＿＿＿大統領(任1968〜98)：共産党を非合法化し，経済開発を優先。東南アジア諸国連合(ASEAN)結成に尽力。1997年のアジア通貨危機で，国民の不満が高揚し，長期の開発独裁体制は崩壊(1998)

フィリピン

1. スペインの支配

❶ スペイン王カルロス１世の命を受けた㊱＿＿＿＿＿＿の来航(1521)*19

❷ レガスピが㊲＿＿＿＿＿＿に総督府を設置(1571)

❸ カトリックの布教が行われるとともに，太平洋横断のアカプルコ貿易も活発化し，マニラにメキシコ銀がもたらされた*20

❹ 1892年，㊳＿＿＿＿＿＿＿＿がフィリピン民族同盟を結成し，言論活動を通じて改革と平和的独立を提唱

❺ 1896年，急進的なカティプーナン党(1892年結成)が蜂起し，フィリピン革命が始まった

*18 スカルノは，1955年にインドネシアのバンドンで開催されたアジア＝アフリカ会議を，ネルー(インド)・周恩来(中国)らと主導した。

東ティモール

1974年にポルトガルが領有権を放棄した東ティモールは，1976年にインドネシアが一方的に併合した。しかし独立闘争が激化し，2002年に東ティモール民主共和国として独立を達成した。

*19 マゼランは，1521年フィリピン中部のマクタン島で先住民のラプラプに殺された。

*20 19世紀に入ると，サトウキビ・マニラ麻・タバコなど商品作物の生産が増え，大土地所有制が成立した。

A リサールの啓蒙活動を受け継いで，アギナルドらが独立をめざすフィリピン革命を起こした。米西戦争後，領有権を得たアメリカと戦ったが敗北。太平洋戦争中，日本に一時占領されたが，戦後の1946年に独立した。(99字)

2. アメリカの支配

❶ アメリカ＝スペイン（米西）戦争（1898）のパリ条約で，フィリピン全土はアメリカに割譲

❷ フィリピン革命軍の㊴＿＿＿＿＿＿はフィリピン共和国の独立宣言と対アメリカ抗戦（フィリピン＝アメリカ戦争）を続けたが，鎮圧された*20

3. フィリピン共和国

❶ 第二次世界大戦中，日本の支配（1942～45）*21

❷ 1946年に独立を達成，米比相互防衛条約（1951），東南アジア条約機構（SEATO，1954）に調印し，反共陣営に参加

❸ ㊵＿＿＿＿＿（任1965～86）大統領は開発独裁を進めたが，1986年の民衆運動で倒された。コラソン＝アキノ（任1986～92）大統領以降，民主化が進展した一方，貧富の差も拡大

アメリカのフィリピン政策

(1)ジョーンズ法（1916）…フィリピンに将来の独立と自治権を認めた法。独立は安定政府の樹立まで待つ

(2)タイディングズ＝マクダフィ法（1934）…10年後の完全独立が容認され，1935年にフィリピン独立準備政府が発足

*20 フィリピン南部のモロ族は，16世紀末頃からイスラーム化し，スペインさらにアメリカの支配に抵抗を続けた。

*21 1942年，労働者・農民がフクバラハップ（フク団）を結成し，抗日運動を展開した。戦後は土地解放をめぐって政府と対立したが，1950年代半ば以降，衰退した。

マレー半島

1. ㊶＿＿＿＿＿王国（14世紀末～1511）

❶ 明の鄭和（ていわ）の南海遠征の拠点となった港市国家

❷ 国王がイスラームに改宗し，西方のムスリム商人との関係が強化

❸ ポルトガルのアルブケルケにより占領（1511）

▶マラッカは，1641年，オランダ領，さらに1824年の英蘭協定でイギリス領とされた。イギリスは1826年にペナン・シンガポール・マラッカで海峡植民地を形成し，1867年に本国の直轄地とした。

◆ 東南アジアの諸王朝

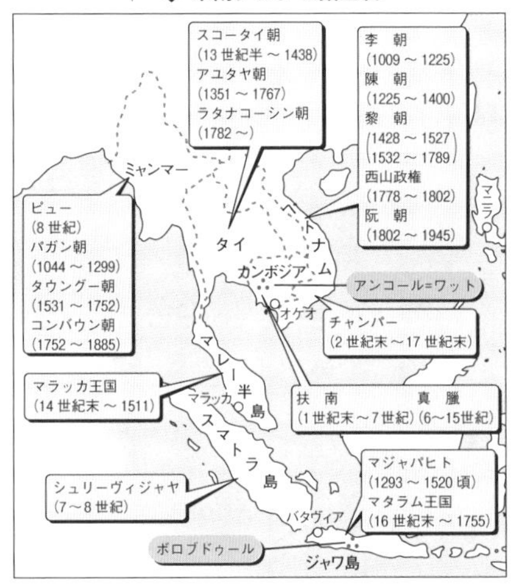

2. マレー連合州

1895年，イギリスがマレー半島南部の州で組織し，保護領とした。錫鉱山・ゴムのプランテーションの労働力として華僑（中国人）・印僑（インド人）が移住

3. マラヤ連邦

1957年，マレー連合州とマラッカ・ペナンを加えてイギリス連邦内の自治領として独立

4. マレーシア連邦

1963年，マラヤ連邦に㊷＿＿＿＿＿＿・ボルネオ島のサバ・サラワクを合邦して成立*22

▶中国系住民の多いシンガポールは，マレー人優先政策に反発して1965年にマレーシアから分離・独立した。*23

*22 マレーシア連邦のマハティール首相（任1981～2003，18～20）は日本の経済発展に学ぶ「ルック＝イースト」政策を推進した。

*23 シンガポールのリー＝クアンユー首相（任1965～90）が開発独裁体制をしいて経済発展に成功。

結成当初ASEANが有していた性格を述べた上で，その後現在にいたるまで，その性格がどのように変化してきたかについて100字以内で説明せよ。（成城大）

実戦演習

❶ つぎの文章を読んで，下記の設問に答えよ。　成城大－経済

解答：別冊p.34 ▶

東南アジアは古来より海や川を利用した交易がおこなわれ，国家もそれと結びついて形成され，展開した。

すでに1～2世紀には，(A)モンスーンを利用して地中海から東アジアの海域までを結んで海上交易がおこなわれており，東南アジアもそのネットワークに組み込まれていた。1世紀ごろに［ a ］川下流域に興った扶南の外港［ b ］の遺跡からローマの金貨をはじめ，インドの神像や後漢時代の鏡などといった東西の遺物が出土していることから，当時の扶南がインド洋と南シナ海を結ぶ国家であったことがわかる。また，2世紀末ごろベトナム中部海岸に［ c ］人によって建てられ，(B)のちにチャンパーと自分たちで呼ぶようになる国も，インドと中国との交易を中継する港市で繁栄した国家であった。扶南は5世紀に全盛を迎えたのち衰退に向かうが，チャンパーは中国との交易が続き，17世紀まで存続する。

諸島部に目を転ずると，7世紀以降，交易の主要路がマラッカ海峡を経由するルートとなり，マラッカ海峡を支配下におく港市国家の連合体シュリーヴィジャヤが興隆した。大乗仏教を受け入れて7世紀半ばからスマトラ島東南部の港市［ d ］を都にして栄えたシュリーヴィジャヤであったが，8世紀半ばになると，(C)ジャワ島中部で有力となり，大乗仏教を重視するシャイレンドラ朝に支配の中心が移った。シャイレンドラ朝はその支配領域をスマトラ島，マレー半島南部，ジャワ島にまで広げたが，ジャワ島で［ e ］教の(古)マタラム朝が勢力を伸ばすと，シャイレンドラ朝はジャワ島から退くにいたった。その後ジャワ島を中心に台頭した［ e ］教の諸王朝は，米や胡椒など島内で生産されるものや(D)モルッカ諸島に産地が限定される香辛料などの交易を中心に繁栄した。13世紀末に成立した［ f ］王国(朝)は，現在のインドネシアにあたるほぼ全域の交易を掌握するにいたっている。またマラッカ海峡のマレー半島側に位置し，15世紀にイスラーム教を受け入れたマラッカ王国は，三角帆を備えた木造船である［ g ］船を利用して交易をおこなってきたムスリム商人や，ジャンク船を利用して交易圏を広げてきた中国商人らのネットワークを結びつける港市国家として隆盛を誇った。

他方，大陸部でも6～7世紀ごろになると南インドの稲作技術がとり入れられて開発がすすみ，陸の平原地帯に誕生した都市国家群と海上交易とが結びつくことになった。［ a ］川中流域から興り，7世紀に扶南を併合した［ h ］人の国家である真臘，タイを流れるチャオプラヤ川下流域に興った［ i ］人の港市国家群から成るドヴァーラヴァティー王国などはその例である。

問1． 文中の空欄a～iを埋めるのに最も適切な語句を記せ(同一記号は同一語句)。

問2． 下線部(A)について，1世紀にギリシア語でかかれた，紅海からインド洋にかけての当時の地理・物産や貿易を伝える書物は，モンスーンを「ヒッパロスの風」として紹介している。この書名を記せ。

問3． 下線部(B)について，この国は7世紀ごろまで中国で何と称されてきたか。漢字で記せ。

問4． 下線部(C)について，この王朝が8世紀後半から9世紀初頭にかけて建設した，方形壇と円壇を組み合わせた石造りの仏教遺跡は何という名の遺跡か。

問5． 下線部(D)について，つぎのうちモルッカ諸島に産地が限定される香辛料を2つ選んで，記号で答えよ。

(イ)ナツメグ　(ロ)クローヴ　(ハ)シナモン　(ニ)カルダモン

❶ ヒント

問1． e－ジャワ人が建てたマタラム朝(古マタラム王国)では，ヒンドゥー教が受容され，ジャワ中部にプランバナン寺院群が建設された。

f－元軍の来襲の混乱の中でシンガサリ朝が滅び，ヒンドゥー教を信奉するマジャパヒト王国が成立した。この時代，独特のジャワ文化が開花し，ワヤン(影絵芝居)などの芸能も発展した。

問3． チャム人の建てたチャンパーは，中国で9世紀以降は「占城」と呼ばれた。

問5． (ハ)のシナモンはスリランカおよびインド沿岸地域などが，(ニ)のカルダモンはスリランカなどが，それぞれ原産地とされる。

❶ 解答欄

問1	a	
	b	
	c	
	d	
	e	
	f	
	g	
	h	
	i	
問2		
問3		
問4		
問5		

A 当初は反共軍事同盟の性格が強かったが，のちに政治・経済面での協力機構に移行し，さらに1993年にASEAN自由貿易圏を結成して経済的結びつきを強め，97年からは韓国・中国・日本との協力関係を強化した。(100字)

解答：別冊p.27 ▶

38 東欧諸国の歴史

ココが出る！

［入試全般］

民族と宗教，墺・露との関係や19世紀以降の民族運動が焦点。

［国公立二次・難関私大］

チェコスロヴァキア・ハンガリーは独・墺との関係で狙われる。ユーゴスラヴィアを中心にバルカン半島の歴史を扱う問題は多い。特に東方問題・バルカン問題・ユーゴ解体が狙われる。

大学入試 最頻出ワード

- ■マジャール人
- ■カルロヴィッツ条約
- ■ドプチェク
- ■コシュート
- ■ティトー

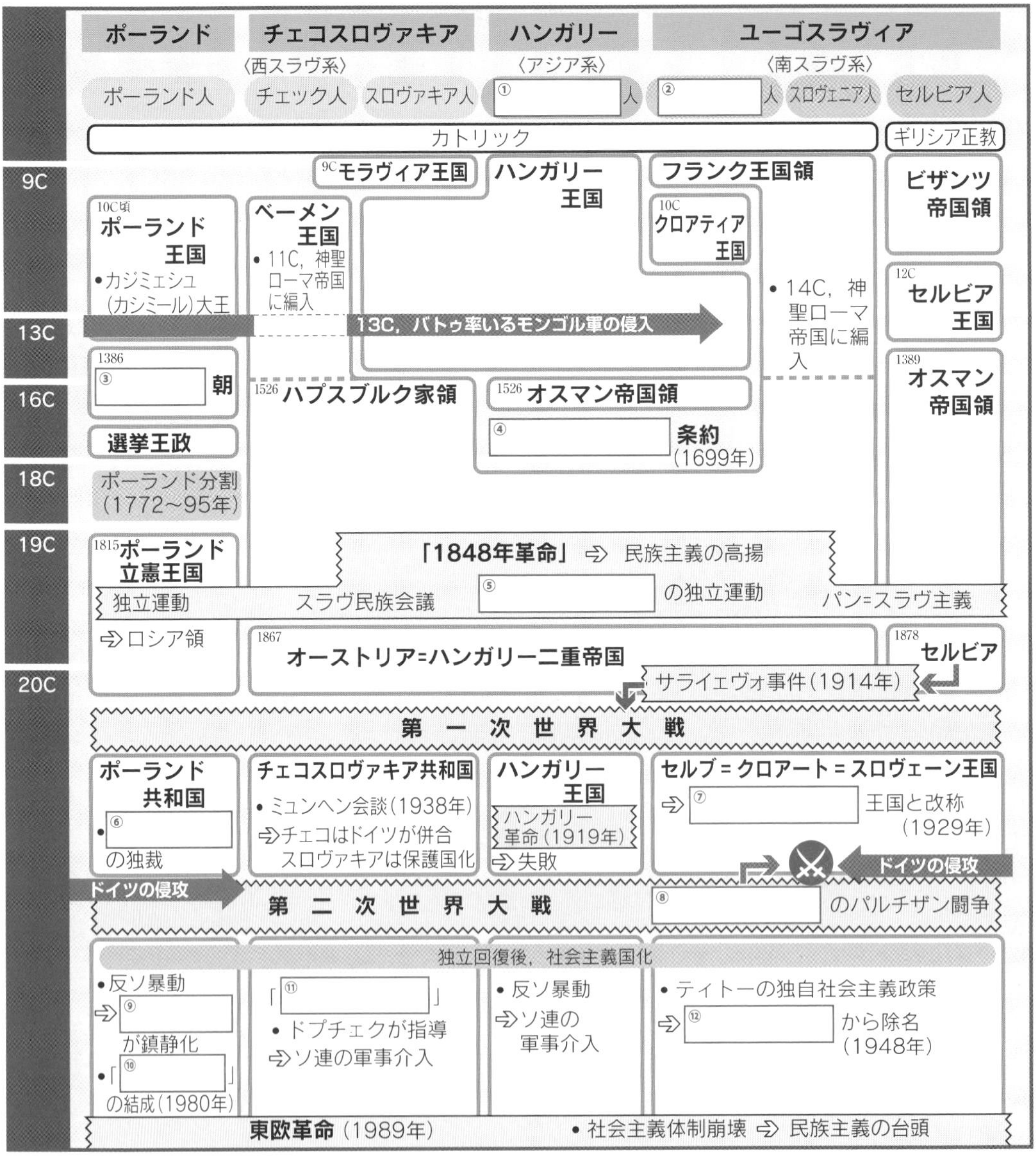

	ポーランド	チェコスロヴァキア	ハンガリー	ユーゴスラヴィア
民族	ポーランド人	〈西スラヴ系〉チェック人／スロヴァキア人	〈アジア系〉① ＿＿ 人	〈南スラヴ系〉② ＿＿ 人／スロヴェニア人／セルビア人
宗教	カトリック	カトリック	カトリック	カトリック（クロアティア人・スロヴェニア人）／ギリシア正教（セルビア人）
9C		9Cモラヴィア王国	ハンガリー王国	フランク王国領／ビザンツ帝国領
	10C頃 ポーランド王国・カジミェシュ（カシミール）大王	ベーメン王国・11C，神聖ローマ帝国に編入		10C クロアティア王国・14C，神聖ローマ帝国に編入／12C セルビア王国
13C	13C，バトゥ率いるモンゴル軍の侵入			
16C	1386 ③ ＿＿ 朝／選挙王政	1526 ハプスブルク家領	1526 オスマン帝国領／④ ＿＿ 条約（1699年）	1389 オスマン帝国領
18C	ポーランド分割（1772～95年）			
19C	1815ポーランド立憲王国／独立運動／⇨ロシア領	「1848年革命」⇨ 民族主義の高揚／スラヴ民族会議	⑤ ＿＿ の独立運動	パン=スラヴ主義
		1867 オーストリア=ハンガリー二重帝国		1878 セルビア
20C	サライェヴォ事件（1914年）			
	第一次世界大戦			
	ポーランド共和国・⑥ ＿＿ の独裁	チェコスロヴァキア共和国・ミュンヘン会談（1938年）⇨チェコはドイツが併合 スロヴァキアは保護国化	ハンガリー王国／ハンガリー革命（1919年）⇨失敗	セルブ=クロアート=スロヴェーン王国 ⇨ ⑦ ＿＿ 王国と改称（1929年）
	ドイツの侵攻／第二次世界大戦			ドイツの侵攻／⑧ ＿＿ のパルチザン闘争
	独立回復後，社会主義国化			
	・反ソ暴動 ⇨ ⑨ ＿＿ が鎮静化／・「⑩ ＿＿」の結成（1980年）	「⑪ ＿＿」・ドプチェクが指導 ⇨ソ連の軍事介入	・反ソ暴動 ⇨ソ連の軍事介入	・ティトーの独自社会主義政策 ⇨ ⑫ ＿＿ から除名（1948年）
	東欧革命（1989年） ・社会主義体制崩壊 ⇨ 民族主義の台頭			

空欄解答 ①マジャール ②クロアティア ③ヤゲウォ〔ヤゲロー〕 ④カルロヴィッツ ⑤コシュート〔コッシュート〕 ⑥ピウスツキ ⑦ユーゴスラヴィア ⑧ティトー ⑨ゴムウカ ⑩連帯 ⑪プラハの春 ⑫コミンフォルム

ブレジネフ=ドクトリンは，チェコスロヴァキアの自由化に対する1968年のソ連の対応を正当化するために唱えられた。ソ連が取った行動にふれながら，その原則の内容を80字以内で説明せよ。（成城大）

1 ドナウ川流域の東欧諸国 オーストリアの影響・支配下に置かれた西スラヴ人とマジャール人

チェコとスロヴァキア

1. 西スラヴ人の①＿＿＿＿人(ベーメンとモラヴィアに住む)とスロヴァキア人(スロヴァキアに住む)が移住(5～6世紀)*1

2. **モラヴィア王国**(9～10世紀初)　チェック人がチェコ東部のモラヴィア地方に建国。マジャール人の侵入で滅亡した

3. ベーメン(ボヘミア)王国

❶ 10世紀初め，チェック人がベーメン王国を建国

→キリスト教を受容し，11世紀に神聖ローマ帝国に編入されてドイツ化が進む

❷ ルクセンブルク家(ドイツ)がベーメン王を兼任(1306～1437)

→カレル1世*2は，プラハ大学を創設(1348)した
(位1346～78)

▶プラハ大学の神学教授②＿＿＿＿は，ウィクリフ(英)に共鳴して，教皇の不正・教会の腐敗を攻撃し，③＿＿＿＿公会議*3(1414～18)で異端・火刑に処せられた(1415)。その死後，ベーメンではフス派が蜂起(フス戦争，1419～36)。

❸ ④＿＿＿＿家の支配(1526～1918)　→ベーメン王⑤＿＿＿＿に対してプロテスタントが蜂起(1618)し，⑥＿＿＿＿が勃発*4。国土は荒廃

→オーストリア＝ハプスブルク家のベーメン支配が続いた

▶1848年の二月革命の影響を受けて，パラツキーはスラヴ民族会議を開催，オーストリア帝国内のスラヴ人の団結を主張。

4. チェコスロヴァキア共和国(1918～39)

❶ 第一次世界大戦末の1918年にオーストリア＝ハンガリー二重帝国の解体で，チェコ独立運動の指導者⑦＿＿＿＿*5がスロヴァキアと結合した共和国の独立を宣言，⑧＿＿＿＿条約(1919)で正式に承認された

❷ ベネシュ大統領：ヒトラーのズデーテン地方併合に関する⑨＿＿＿＿会談(1938)後に亡命。1939年，ベーメン・メーレン(モラヴィア)はドイツに併合され，スロヴァキアは保護国化された
(任1935～38，46～48)

*1 スロヴァキア人は，10世紀以降マジャール人(ハンガリー)の支配下に置かれた。

*2 カレル1世は1347年には神聖ローマ皇帝(カール4世)となり，1356年に金印勅書を発布し，1377年にはアヴィニョン捕囚中の教皇のローマ帰還を実現した。

*3 カレル1世の子で，ハンガリー王・ベーメン王を兼ねた神聖ローマ皇帝ジギスムントが召集した。

*4 三十年戦争で皇帝側の傭兵隊長として活躍したヴァレンシュタインはベーメン出身である。

*5 マサリクは初代大統領(任1918～35)としてチェコスロヴァキアを東欧中で最も西欧的な議会主義と工業の国に育成し，ユーゴスラヴィア・ルーマニアとの小協商の成立に努めた。

A ソ連は社会主義陣営全体の利益のためには，陣営内の国の主権は制限されるという制限主権論を唱え，ワルシャワ条約機構軍を動員して「プラハの春」の武力弾圧を正当化した。(80字)

地域史
38 東欧諸国の歴史
前6C以前 前6C 前4C 前2C 2C 4C 6C 8C 10C 12C 14C 16C 18C 20C 現在

5. 第二次世界大戦後

❶ 1946年，共産党中心の連合政府が成立

❷ チェコスロヴァキア＝クーデタ(1948)*6 →共産党政権が成立

❸ チェコ事件：1968年，⑩________政権が成立し，自由化・民主化が進展(「プラハの春」)したが，ソ連など東欧5カ国が軍事介入*7 →成立したフサーク政権は親ソ政策を推進

❹ 1989年，東欧革命の影響で共産党政権が崩壊(ビロード革命)，「市民フォーラム」の指導者ハヴェルが大統領に就任(任1989～2003)

❺ 1993年，チェコ共和国とスロヴァキア共和国に分離*8

*6 チェコスロヴァキア＝クーデタが起こると，イギリス・フランス・ベルギー・ルクセンブルク・オランダは，1948年，西ヨーロッパ連合条約(ブリュッセル条約)を結んだ。

*7 この軍事介入を正当化するため，ソ連は制限主権論(ブレジネフ＝ドクトリン)を主張した。

*8 連邦分離後，チェコは1999年，スロヴァキアは2004年にNATOに加盟，また，両国は2004年にEUに加盟した。

ハンガリー

1. ハンガリー王国

❶ ⑪________(ウラル語系)が9世紀末にアルパッドに率いられて黒海北岸からパンノニア*9に移住，モラヴィア王国を滅ぼす*10

❷ イシュトヴァーン1世(位997～1038)は，王国を建て，カトリックに改宗した

❸ 1241～42年のモンゴル軍の侵入で国土は荒廃したが，15世紀のマーチャーシュ1世(位1458～90)の時代に王国は最盛期

❹ 1526年，モハーチの戦いでオスマン帝国の⑫________に敗れ，以後，オスマン帝国の支配を受ける

❺ 1699年，⑬________条約でハンガリーはオーストリアのハプスブルク家に割譲，以後その統治下に入った

***9 パンノニア**
ドナウ川中流域のハンガリー盆地一帯。5世紀以降，フン人・東ゴート人・ランゴバルド人・アヴァール人が次々と占領。のちカール大帝のフランク領となり，10世紀にマジャール人が定住した。

*10 東フランク(ドイツ)王のオットー1世は，東方から侵入したマジャール人を955年のレヒフェルトの戦いで破り，対マジャール辺境領としてオストマルク(のちのオーストリア)を設けた。

2. ハンガリーの独立

❶ ウィーン三月革命(1848)に乗じて⑭________が独立運動を起こし，翌1849年，共和国の独立宣言 →侵入したロシア軍に敗北

❷ オーストリア＝ハンガリー帝国(1867～1918)：普墺戦争(1866)で敗れたオーストリアが，ハンガリー王国の自立を承認(アウスグライヒ)*11

❸ 1918年，オーストリアから離脱して，共和国として独立を宣言，⑮________条約で連合国と講和した*12

ハンガリー革命 1919年，クン＝ベラの指導でハンガリー＝ソヴィエトが成立したが，フランスの支援する⑯________軍の侵入で打倒され，1920年，王政が復活し，ホルティが摂政として独裁政治を行う(～1944)

*11 「アウスグライヒ」は「妥協」の意。オーストリア＝ハンガリー帝国はオーストリア皇帝がハンガリー王を兼ね，別々の政府と国会を持つ「二重帝国」であった。

*12 ハンガリーはトリアノン条約(1920)で旧領土の3分の2，人口の5分の3を失った。以後，失地回復を外交目標とし，第二次世界大戦では枢軸国側に参加した。

3. 第二次世界大戦後

❶ 1949年，共産党を中心に人民共和国が成立

「プラハの春」の発生から終焉までの経緯を説明しなさい。 (北海道大)

❷ 1956年，反ソ暴動(ハンガリー暴動)が起こり，⑰＿＿＿＿＿＿[*13]が首相に就任したが，ソ連軍の介入で弾圧された

❸ 1989年，民衆の民主化要求で複数政党制が導入され，国名をハンガリー共和国に改称[*14]

*13 ナジ(＝イムレ)は，ソ連軍の撤退，一党独裁の放棄，ワルシャワ条約機構からの脱退を表明したため，ソ連に打倒され，親ソ連派の政権が続いた。

*14 ハンガリーは1999年にNATOに，2004年にEUに加盟した。

ルーマニア

1. ルーマニア王国

❶ ルーマニア人[*15]は，14世紀にハンガリーから独立してモルダヴィア公国・ワラキア公国を建国したが，15世紀にオスマン帝国が支配

❷ 両公国は，⑱＿＿＿＿＿＿戦争後に自治権を得て連合公国となり，露土戦争後のベルリン会議(1878)で独立，1881年に王国となった

*15 ルーマニアの地は，ローマ時代にはダキアといわれ，2世紀初め，トラヤヌス帝によって属州とされた。以後，先住民とローマ人の混血も進んだ。

2. 第一次世界大戦後

❶ 第一次世界大戦には連合国側で参戦し，⑲＿＿＿＿＿＿条約(1920)で，ハンガリーからトランシルヴァニアなどを得た

❷ 第二次世界大戦では枢軸国側で参戦したが，大戦末にソ連軍が侵攻，1947年に人民共和国が成立　→1960年代から自主路線

❸ 1965年から独裁体制をとったチャウシェスク政権は，1989年に東欧革命が進展するなか，崩壊した

2 バルカン半島の国ぐに ユーゴスラヴィアとブルガリア

ユーゴスラヴィア

1. 南スラヴ(ユーゴスラヴ)人[*16]

❶ バルカン半島に定着(6～7世紀)

❷ スロヴェニア人はフランク王国に服属(8世紀半ば)，セルビア人はビザンツ帝国に服属(9世紀)

❸ 12世紀にセルビア王国が独立したが，1389年のコソヴォの戦いに敗れ，⑳＿＿＿＿＿＿に服属

❹ クロアティア人は12世紀初めにハンガリーに従属

＊16 南スラヴ人の宗教
南スラヴ人は，のちのセルビア人・クロアティア人・スロヴェニア人に分化し，セルビア人はギリシア正教，クロアティア人・スロヴェニア人はカトリックを受容した。

2. 王国の成立

❶ 19世紀以降，オスマン帝国の退潮と民族主義の影響下に大セルビア主義[*17]が高揚

❷ ロシア＝トルコ(露土)戦争(1877～78)後のベルリン会議(1878)で，セルビア・㉑＿＿＿＿＿＿が独立を達成

*17 19世紀半ば以降，バルカン半島の南スラヴ人の間で台頭した民族の統一と連合をめざす民族主義で，パン＝スラヴ主義の先頭に立った。

A 共産党第一書記のドプチェクが経済と政治の自由化を推進すると，自由化の波及を恐れたソ連は，ワルシャワ条約機構の4カ国軍とともに軍事介入し，「プラハの春」を抑圧した。

▶19世紀末から，バルカン半島ではロシアとオーストリアの進出により，パン=スラヴ主義とパン=ゲルマン主義が衝突した。*18

*18 1908年にオスマン帝国で起こった青年トルコ(人)革命をきっかけにオーストリアがボスニア・ヘルツェゴヴィナを完全併合。それを機にセルビアでは，民族運動団体「結合か死か」などが結成され，1914年にサライェヴォ事件を起こした。

3. 統一国家の形成 第一次世界大戦終結時の1918年に，セルビアを中心にセルブ=クロアート=スロヴェーン王国の建国が宣言され，㉒＿＿＿＿条約(1919)で承認された。1929年，国王は国内統合を図るため，独裁制を宣言してユーゴスラヴィア王国と改称

4. 第二次世界大戦～戦後

❶ドイツ軍の占領に対して㉓＿＿＿＿はパルチザン*19闘争を指導

❷1945年に連邦人民共和国を宣言した㉔＿＿＿＿は，独自の社会主義路線を進め，対外的には非同盟中立主義*20を唱えた

▶独自の社会主義路線をとるユーゴスラヴィアは，1948年，㉕＿＿＿＿から除名された。

*19 正規の組織や装備をもたず，単独あるいは少人数で奇襲作戦を行う者あるいは集団。

*20 ティトーは，1961年にベオグラードで開催された第1回非同盟諸国首脳会議において，ナセル(エジプト)・ネルー（インド)らとともに会議をリードし，第三勢力の結集を呼びかけた。

5. 連邦の解体

❶1980年のティトー死後，東欧革命とソ連解体の影響で民族対立が激化

→1991年，クロアティア・スロヴェニアが連邦を離脱

→連邦維持を主張するセルビアと内戦に →連邦は解体

❷1992年以降，セルビア人とクロアティア人が対立したボスニア内戦，セルビア人とアルバニア系が対立した㉖＿＿＿＿紛争が起こった*21

*21 コソヴォ紛争の際，1999年NATO軍がセルビアを空爆した。コソヴォは2008年にセルビアからの独立を宣言した。

ブルガリア

1. ブルガール(ブルガリア)人*22

❶7世紀に建国(第1次ブルガリア帝国)し，9世紀のボリス1世(位852～889)はギリシア正教に改宗*23。10世紀前半のシメオン1世時代に最盛期*24

❷11世紀に㉗＿＿＿＿帝国に服属し，1187年に独立を回復(第2次ブルガリア帝国)。1393年に㉘＿＿＿＿に制圧された

*22 ブルガール人はトルコ系民族で，6世紀からバルカン半島へ南下し，スラヴ人と同化した。

＊23 キリル文字とギリシア正教

9世紀，ギリシア正教会の布教者のキュリロスはギリシア文字をもとにグラゴール文字を作り，南スラヴへのキリスト教布教に貢献した。さらにグラゴール文字から発達したキリル文字はロシア文字など，ギリシア正教圏の文字の基礎となった。

2. 独立

❶露土戦争後の㉙＿＿＿＿会議(1878)でオスマン帝国内の自治公国とされ，1908年の青年トルコ(人)革命に乗じて独立を宣言

❷第2次バルカン戦争(1913)に敗北，第一次世界大戦では同盟国側で参戦して敗北し，㉚＿＿＿＿条約(1919)で領土縮小

❸第二次世界大戦では枢軸国側で参戦し，ソ連軍に占領された

❹1946年に人民共和国を宣言し，1954年以降，35年にわたり共産党のジフコフ政権が続いたが*25，1989年に政権が崩壊し，民主化が進んだ

*24 シメオン1世は，ビザンツ帝国領にしばしば侵入してバルカン半島に領土を拡大し，「ブルガリア人とローマ人の皇帝」を名乗った。

*25 この間，ブルガリアはコミンフォルム・コメコンに参加した。

記述論述 Q 13世紀から18世紀末にいたるポーランドの歴史について100字以内で述べなさい。 (明治大)

 出題大学…㉒：明治大／㉖：立教大

実戦演習

❶ 次の問いに答えなさい。

関西学院大－文・法〈改題〉

解答：別冊p.35 ▶

［問い］

① セルビアとセルビア人に関する記述として，誤りを含むものはどれか。

a．南スラヴ人に属する民族である。

b．９世紀頃にギリシア正教を受け入れた。

c．14世紀にコソヴォの戦いに勝利した。

d．コソヴォ紛争でNATO軍に空爆された。

② ルーマニアに関する記述として，誤りを含むものはどれか。

a．首都ブカレストにコミンフォルム本部が置かれていた。

b．連合国側に立って第二次世界大戦を戦った。

c．ワルシャワ条約機構の創立時からの加盟国であった。

d．東欧民主化が進展するなか，チャウシェスク大統領が処刑された。

③ ブルガリアに関する記述として，誤りを含むものはどれか。

a．バルカン同盟に加わり，第１次バルカン戦争に参戦した。

b．第２次バルカン戦争では，オスマン帝国と同盟関係にあった。

c．19世紀後半に東ルメリア自治州を併合した。

d．第二次世界大戦後に人民共和国になった。

④ チェコに関する記述として，誤りを含むものはどれか。

a．９世紀にモラヴィア王国が建てられた。

b．ベーメン(ボヘミア)の旧教徒による反乱が三十年戦争の発端となった。

c．音楽家スメタナの出身地である。

d．ヒトラーがベーメン・メーレン保護領を置いた。

⑤ ユーゴスラヴィアとその指導者ティトーに関する記述として，誤りを含むものはどれか。

a．第二次世界大戦期に対独パルチザンが展開され，ほぼ自力で独立を達成した。

b．労働者の自主管理による独自の社会主義建設をめざした。

c．ソ連と異なる自立的路線を選択したため，コミンフォルムを除名された。

d．エジプトのナギブらと非同盟諸国首脳会議開催を呼びかけた。

❶ ヒント

①．c－コソヴォの戦い(1389年)でセルビアなどスラヴ諸国がオスマン帝国に敗れ，ドナウ川以南のバルカン半島は19世紀までオスマン帝国が支配した。

③．c－東ルメリアは，ブルガリア南東部の地域で，1878年のベルリン条約でオスマン帝国の自治領とされたが，1885年にブルガリアが併合した。

❶ 解答欄

①	
②	
③	
④	
⑤	

❷ バルカンの歴史について，a～dの選択肢の中から答えを1つ選びなさい。

早稲田大－教育(文科系)〈改題〉

(1) ブルガリア帝国についての説明で誤っているのはどれか。

a．７世紀後半，ブルガール人がバルカン半島北部で建国した(第１次ブルガリア帝国)。

b．10世紀前半，シメオン１世時代に第１次ブルガリア帝国は最盛期を迎えた。

c．11世紀前半，ビザンツ帝国に併合されてギリシア正教への改宗が始まった。

d．12世紀後半，再び独立を回復した(第２次ブルガリア帝国)。

(2) ティトー首相が独自路線をとったためユーゴスラヴィアを除名した国際的な共産党の機関はどれか。

a．コミンテルン　b．コミンフォルム　c．コメコン　d．ワルシャワ条約機構

(3) 民主化運動でチャウシェスク独裁政権が倒れたのはどの国か。

a．アルバニア　b．ブルガリア　c．ルーマニア　d．ユーゴスラヴィア

❷ 解答欄

(1)	
(2)	
(3)	

A 13世紀にモンゴル軍の侵攻を受けたが，14世紀のカジミェシュ大王のもとで繁栄。同世紀末ヤゲウォ朝が成立し，領土も拡大した。16世紀後半選挙王政となり，18世紀末に普・露・墺に国土が分割されて滅亡した。(100字)

解答：別冊p.27

39 中国文化史

1 春秋・戦国時代と漢代の文化

春秋・戦国時代に諸子百家が輩出し，漢代に儒学が官学化

諸子百家 *1

儒家	・①＿＿＿＿：家族道徳の実践から仁の完成をめざす。『春秋』(魯の年代記)を編纂。言行録は『②＿＿＿＿』 ・③＿＿＿＿：性善説と徳治主義による王道政治 ・④＿＿＿＿：性悪説を唱える。法家の韓非・李斯は門弟
墨家	・墨子：⑤＿＿＿＿(無差別平等愛)，非攻(戦争否定)
道家	・老子 ・荘子 } 儒家の人為的な礼を否定 ⑥＿＿＿＿を尊重
法家	・⑦＿＿＿＿：秦の孝公に仕え，什伍(じゅうご)の制や郡県制を採用 ・韓非：法家思想を集大成。『韓非子(かんぴし)』 ・⑧＿＿＿＿：秦王政(始皇帝)に仕え，焚書(ふんしょ)・坑儒(こうじゅ)を献策
陰陽家	・鄒衍(すうえん)：陰陽五行説を説き，天体と人間関係を論ずる
名家	・公孫竜(こうそんりゅう)：名(名称)と実(本質)の関係を論ずる
兵家	・孫子(孫武)・呉子(呉起)：兵法理論を展開
縦横家	・蘇秦(そしん)：⑨＿＿＿＿(秦に対し戦国6国の同盟)を唱える ・張儀(ちょうぎ)：連衡策(秦が6国と個別に同盟)により合従策を破る
農家	・許行(きょこう)：農業を重視し，自給自足の質素な生活を理想化

＊1 諸子百家登場の背景

①春秋末から戦国時代は経済成長，実力主義の風潮
②伝統・権威の崩壊と新たな価値観の希求
③各国の富国強兵策による人材登用

春秋・戦国期の文学

①『詩経』…周代の歌謡や宮廷祭祀の歌などを編集。最古の詩集で五経の一つ
②『楚辞』…戦国期の楚の屈原らの詩賦(韻文)を収録

漢代の文化

1. 儒学 ❶儒学の官学化：前漢武帝のときに⑪＿＿＿＿の建言で五経博士を設置 *2

❷⑫＿＿＿＿(経書(けいしょ)の字句解釈)：後漢の馬融(ばゆう)・鄭玄(じょうげん)らが大成

2. 歴史 ❶前漢の⑬＿＿＿＿：『史記』
→紀伝体の通史(太古の三皇五帝*3から武帝時代)

❷後漢の⑭＿＿＿＿：『漢書』 →前漢一代の紀伝体の史書

3. 宗教 ❶仏教の伝来：紀元前後頃，西域の天山南路経由

❷道教の源流 [ⓐ⑮＿＿＿＿：張陵が四川で創始
ⓑ⑯＿＿＿＿：張角の指導 →⑰＿＿＿＿の乱(184)

4. その他 ❶『説文解字(せつもんかいじ)』：後漢の許慎(きょしん)が撰。中国最古の字書

❷製紙法：後漢の⑱＿＿＿＿が改良 →木簡・竹簡に代わって普及

漢字の変遷

・殷代…⑩＿＿＿＿
・周代…金文
・秦代…篆書(てんしょ)
・漢代…隷書(れいしょ)
・後漢末以降
…楷書・行書・草書

＊2「五経」

儒学の経書，『易経』『書経』『詩経』『礼記(らいき)』『春秋』からなる。

＊3 中国古代の伝説上の帝王で，三皇はふつう伏羲(ふくぎ)・神農(しんのう)・燧人(すいじん)，五帝は黄帝(こうてい)・顓頊(せんぎょく)・帝嚳(ていこく)・堯(ぎょう)・舜(しゅん)をさす。

漢代の思想

讖緯説(しんい)…経書の裏の意味を明らかにするという予言説で，王莽(おうもう)が利用した。隋の煬帝(ようだい)が禁止して以降，衰退した。

記述論述 Q 仏教に対する北魏王朝の政策の変化を説明しなさい。 (北海道大)

2 魏晋南北朝の文化

江南の六朝文化は貴族中心の優雅な文化，華北は異民族的要素が混入した剛健な文化

思想・文学・芸術

1. 思想 ⑲＿＿＿＿の流行：老荘思想を反映した，虚無的・超世俗的な哲学論議，竹林の七賢(阮籍・嵆康ら)が活躍。儒学は不振

2. 文学 ❶詩 ⓐ⑳＿＿＿＿：東晋の田園詩人，『帰去来辞』
ⓑ謝霊運：宋の山水詩人

❷㉑＿＿＿＿(梁)：『文選』の編纂　❸散文：四六駢儷体が流行

3. 芸術 ❶㉒＿＿＿＿(東晋の画家)："画聖"，「女史箴図」

❷㉓＿＿＿＿(東晋の書家)："書聖"，「蘭亭序」

宗教 ⇨政治・社会不安を反映し，仏教・道教が浸透

1. 仏教 北朝系は国家仏教，南朝系は貴族仏教の傾向

西域僧の渡来	❶㉔＿＿＿＿(ブドチンガ)：洛陽で布教，弟子(道安ら)の養成 ❷㉕＿＿＿＿(クマーラジーヴァ)*4：長安で仏典の漢訳 ❸達磨：インド僧，中国禅宗の祖
中国僧の活躍	❶慧遠：道安の弟子，白蓮社組織，中国浄土宗の祖 ❷㉖＿＿＿＿(東晋)：グプタ朝期に訪印，旅行記は『仏国記』
石窟寺院	❶㉗＿＿＿＿：莫高窟の千仏洞　❷㉘＿＿＿＿(大同付近) ❸㉙＿＿＿＿(洛陽南郊)：北魏の孝文帝の遷都後に造営

2. 道教 ❶太平道・五斗米道を源流に神仙思想・陰陽五行説・老荘思想・仏教の影響 →不老長生や現世利益を説く

❷北魏の㉚＿＿＿＿が新天師道を組織 →北魏の太武帝の保護*5

その他

1. 実学 ❶『㉛＿＿＿＿』：中国最古の農業経営書　❷『水経注』：地理書

2. 歴史 ❶『後漢書』：范曄(宋) →「東夷伝」がある

❷『㉜＿＿＿＿』：陳寿(西晋) →「魏志倭人伝」がある

3 唐代の文化

貴族文化と国際的文化が特色。儒学は科挙の基準となり固定化。唐詩が発達

儒学・宗教

1. 儒学 太宗(李世民)の命で㉝＿＿＿＿らが『五経正義』を編纂
➡訓詁学が大成

2. 仏教 ❶帝室・貴族の保護

❷㉞＿＿＿＿：往復陸路，ヴァルダナ朝時代に渡印し，ナーランダー僧院に学ぶ。旅行記は『㉟＿＿＿＿』

❸㊱＿＿＿＿：往復海路。帰国の途上，スマトラの㊲＿＿＿＿に滞在し，『㊳＿＿＿＿』を著す

3. 道教 帝室の保護 →会昌の廃仏(武宗，845)

中国歴史記述3体

①**紀伝体**…本紀(歴代帝王の年代記)・列伝(臣下の伝記と外国の記録)・表(年表・世系表)・志(礼，楽，暦，天文)などからなる。中国正史の標準
②**編年体**…年月を追って史実を記述。孔子の編集とされる『春秋』，北宋の司馬光の『資治通鑑』が代表
③**紀事本末体**…事件の発端経過，結末を記述。南宋の袁枢の『通鑑紀事本末』が代表

*4 仏図澄・鳩摩羅什は，ともに西域のクチャ(亀茲)出身。

***5 仏教弾圧(三武一宗の法難)**

北魏の太武帝，北周の武帝，唐の武宗(会昌の廃仏)，五代の後周の世宗による仏教弾圧 ➡道教との対立が主因だが，仏寺への国家補助削減や仏寺の大土地所有，さらに仏教教団の腐敗なども関係した。

中国仏教の成立

①教理研究を通じて宗派が成立
②天台宗・真言宗・三論宗・法相宗・華厳宗・律宗・禅宗・浄土宗など
③唐末には禅宗(知識人層)と浄土宗(庶民層)が普及

A 太武帝が寇謙之の道教教団を保護して仏教は弾圧された。太武帝の死後，王朝の保護を受け，雲崗や竜門に石窟寺院が造られた。

4. 外来宗教 ❶㊴＿＿＿＿(ゾロアスター教)

❷㊵＿＿＿＿(ネストリウス派キリスト教)*6

→「大秦景教流行中国碑」の建立

❸マニ教(摩尼教)：ソグド人により伝来。ウイグルに普及

❹イスラーム教(回教，清真教)：海路，アラブ人により伝来

*6 景教は，ペルシア人の阿羅本(あらほん)によって伝えられ，長安には波斯寺(はしじ)(のち大秦寺)が建立された。

文芸 ⇨唐詩が発達し，古文が復興

書画	❶書道：褚遂良(ちょすいりょう)・欧陽詢(おうようじゅん)・虞世南(ぐせいなん)(唐初)や㊶＿＿＿＿(盛唐)などの書家 ❷絵画 ⓐ閻立本(えんりっぽん)(唐初)：人物画　ⓑ呉道玄(盛唐)：仏画，山水画 ⓒ李思訓：写実的，北宗画の祖　ⓓ㊷＿＿＿＿：山水画，南宗画の祖
詩文	❶詩 ⓐ㊸＿＿＿＿："詩仙"　ⓑ杜甫(とほ)："詩聖"『兵車行』『春望』 ⓒ王維：山水の美を詠じた　ⓓ㊹＿＿＿＿：『白氏文集』(「長恨歌」が有名) ❷㊺＿＿＿＿・柳宗元(りゅうそうげん)は四六駢儷体を排して古文を復興(唐宋八大家)
陶器	唐三彩(主に副葬品とした素焼きで色彩豊かな土器)

4 宋代の文化 復古的・国粋的傾向が強く，また経済発展を背景に庶民文化が発達

儒学 ⇨宋学(朱子学・性理学)の登場(禅宗や道家思想の影響)

1. 北宋 ❶㊻＿＿＿＿：『太極図説(たいきょくずせつ)』，宋学の祖　❷程顥(ていこう)・程頤(ていい)

2. 南宋 ❶㊼＿＿＿＿：宋学(朱子学)を大成，「四書」*7を重視。理気二元論，性即理説により格物致知をめざす。『資治通鑑綱目』で大義名分論を唱える

❷㊽＿＿＿＿：朱子学の主知主義に対して，心即理を主張

→陽明学の源流となる

＊7「四書」
儒学の経書，『大学』『中庸』『論語』『孟子』をいう。

*8 欧陽脩も司馬光も，王安石の新法に反対した。

学問・文芸

歴史	❶欧陽脩(おうようしゅう)：『新唐書』『新五代史』(紀伝体の正史) ❷㊾＿＿＿＿*8：編年体の『㊿＿＿＿＿』
文学	❶欧陽脩・蘇洵(そじゅん)・蘇軾(そしょく)・蘇轍(そてつ)・王安石・曾鞏(そうきょう)など唐宋八大家 ❷(51)＿＿＿＿(俗語の韻文)や口語小説，雑劇が発達
絵画	❶(52)＿＿＿＿(北宗画)：宮廷の画院の画家が中心。北宋の皇帝徽宗(きそう)，南宋の馬遠(ばえん)・夏珪(かけい) ❷文人画(南宗画)：士大夫層の水墨山水画。北宋の李公麟(りこうりん)，南宋の梁楷(りょうかい)・牧谿(もっけい)など

宗教

1. 仏教 士大夫層に(53)＿＿＿＿，庶民層に浄土宗

2. 道教 金朝治下の華北で，王重陽が(54)＿＿＿＿を確立

技術

1. 三大発明 ❶活版印刷(畢昇(ひっしょう)の発明した膠泥(こうでい)活字は未発達)

❷(55)＿＿＿＿　❸火薬*9

2. 宋磁(青磁・白磁) 喫茶の普及が背景，景徳鎮の窯業発達

*9 羅針盤・火薬はイスラーム世界を経て西方に伝わった。印刷術は，唐代頃に発明された木版印刷術が宋代にさらに発達した。

記述論述 Q 宋代の儒学がそれ以前の儒学とどのように異なっていたか，簡単に述べなさい。 (津田塾大)

5 元代の文化

中国の伝統学問・思想は不振。庶民文化が発達。「タタールの平和」を背景に東西文化交流が活況

文学

1. 元曲 →口語体の演劇

❶『⑯＿＿＿＿』(王実甫，上流社会に抗した男女の恋愛劇)

❷『⑰＿＿＿＿』(馬致遠，匈奴の呼韓邪単于に降嫁した王昭君の哀話)

❸『琵琶記』(高則誠，貞節な妻と背徳の夫の物語)

2. 小説 『三国志演義』『水滸伝』の原型成立

学問・宗教

❶科挙の停止や士大夫層の冷遇により儒学は不振

❷チベット仏教：クビライが⑱＿＿＿＿を招聘 →元朝が保護

東西交流

❶交通路に⑲＿＿＿＿(駅伝制)が完備 →海港に市舶司を設置

❷イスラーム文化の影響を受け，⑳＿＿＿＿が「授時暦」*10作成

❸中国絵画*11がイランの㉑＿＿＿＿(細密画)に影響

6 明・清代の文化

庶民文化が発達し，イエズス会宣教師などにより西洋学術が紹介された

明代の文化

1. 学問・思想 ❶㉒＿＿＿＿の官学化*12

❷㉓＿＿＿＿：王守仁(王陽明)が確立し「致良知」「知行合一」を主張，朱子学を批判*13

2. 実学(経世致用の学) ❶『㉔＿＿＿＿』：李時珍の薬物総合書

❷『㉕＿＿＿＿』：徐光啓の農業関係書

❸『㉖＿＿＿＿』：宋応星の産業技術図解書

3. 文学

明の四大奇書	❶『㉗＿＿＿＿』(豪傑義賊物語)*14
	❷『㉘＿＿＿＿』(羅貫中，三国時代の群雄の活躍)
	❸『㉙＿＿＿＿』(呉承恩，玄奘の求法旅行と孫悟空の活躍)
	❹『㉚＿＿＿＿』(作者不詳，支配階級の裏面生活)
戯曲	『牡丹亭還魂記』(湯顕祖，伝奇的夢物語)

4. 工芸 ❶絵画：南宗画に董其昌，北宗画に仇英など

❷陶磁器：景徳鎮(江西省)を中心に㉛＿＿＿＿・赤絵の技術発達

清代の文化

1. 学問・思想 ㉜＿＿＿＿：客観的に古典を研究する文献学

❶明末清初 ⓐ㉝＿＿＿＿(『日知録』)
ⓑ㉞＿＿＿＿(中国のルソー，『明夷待訪録』)

❷清代：銭大昕，段玉裁など*15

*10「授時暦」は日本に伝えられ，江戸時代の「貞享暦」(渋川春海)の基礎となった。

*11 元に仕えた書画の大家に趙孟頫がいる。元末には黄公望・倪瓚・呉鎮・王蒙の四大家と総称される文人画家が輩出した。

*12 洪武帝が官学化したのち，永楽帝は国定注釈書の『四書大全』『五経大全』『性理大全』を編纂させた。また，一種の百科事典である『永楽大典』も編纂された。

*13 明末の陽明学左派の李贄(李卓吾)は，儒学の礼を偽善と批判し，男女平等や商人の営利追求を肯定し，童心(真心)を重んじた。

*14 元代の施耐庵がまとめ，明代の羅貫中が編集したとされるが，諸説ある。

*15 清末には，『春秋』公羊伝を重視する公羊学派が台頭し，変法運動を主導した康有為・梁啓超らが輩出した。

A 経典の字句の解釈を重んじる訓詁学に代わって，経典全体の哲学的解釈によって宇宙万物の本質に至ろうとする宋学がおこり，五経よりも四書が重視され，華夷や君臣の区別を強調する大義名分論が唱えられた。

2. 文学

小説	❶『⑮＿＿＿＿』(曹雪芹，満洲貴族の栄枯盛衰) ❷『⑯＿＿＿＿』(呉敬梓，科挙を風刺) ❸『聊斎志異』(蒲松齢，怪異・妖怪短篇集)
戯曲	❶『長生殿伝奇』(洪昇，玄宗と楊貴妃の悲恋) ❷『桃花扇伝奇』(孔尚任，文人と名妓の悲恋)

中国文化の西欧への影響

①科挙…イギリス・フランスの高等文官採用試験
②儒学の農本主義…ケネーの重農主義
③朱子学…ヴォルテールの啓蒙思想
④造園技術・陶磁器絵柄…シノワズリ(芸術上の中国趣味)

イエズス会宣教師の活躍(明末清初)

人名(中国名)	活動内容
⑰＿＿＿＿(利瑪竇)	「⑱＿＿＿＿」(世界地図) 『幾何原本』(徐光啓と協力したユークリッド幾何学の漢訳) 『天主実義』(カトリック教義の漢訳)
⑲＿＿＿＿(湯若望)	天文・砲術伝播，徐光啓らと『崇禎暦書』を編纂
フェルビースト(南懐仁)	「坤輿全図」(世界地図)，三藩の乱で大砲鋳造
⑳＿＿＿＿(白進)	フランス王ルイ14世の命で来訪。康熙帝の命でレジス(雷孝思)とともに中国実測地図の「㉑＿＿＿＿」作成に関与。『康熙帝伝』
㉒＿＿＿＿(郎世寧)	西洋画法の紹介，バロック式の㉓＿＿＿＿設計に参画

7 近現代の文化

西洋近代の思想が取り入れられ，マルクス主義も紹介された。一方，伝統的な儒教思想が批判された

思想・文学

1. 思想 ❶厳復：清末，西洋近代思想，特に社会進化論を紹介

❷㉔＿＿＿＿：平等・博愛の大同思想を唱え，光緒帝に抜擢され，梁啓超らと推進した変法自強は，戊戌の政変(1898年)で失敗

❸章炳麟：民族革命を唱え，中国同盟会の『民報』の主筆

❹㉕＿＿＿＿：北京大学で「マルクス主義研究会」を創設。陳独秀とともに新文化運動を指導，中国共産党を成立させた(1921年)

2. 文学 ❶㉖＿＿＿＿：1915年，上海で『青年雑誌』(翌年『新青年』と改称)を創刊。「民主と科学」を掲げ，儒教批判を展開

❷㉗＿＿＿＿：『新青年』で白話(口語)文学を提唱

❸㉘＿＿＿＿：『狂人日記』(家族制度とそれを支える儒教を批判)
『阿Q正伝』(列強の支配を容認する中国人の奴隷根性を批判)

❹老舎*16：『駱駝祥子』(1936年)では，貧しい人力車夫の悲惨な生涯を描く中で，中国社会を批判

❺莫言*17：『赤い高粱』(1986年)で，辛亥革命から日中戦争期を舞台に中国農民の厳しい生活を描いた

*16 老舎は1966年，文化大革命で批判され非業の死を遂げた。

*17 莫言は，2012年にノーベル文学賞を受賞した。

記述論述 Q 中国文化がヨーロッパ文化に与えた影響にはどのようなものがあるか，90字以内で説明せよ。 (東京学芸大)

 出題大学…⑰：上智大，同志社大／⑲：学習院大，中央大／㊱：首都大東京(※現東京都立大)

実戦演習

❶ 次の文章を読み，下の問いに答えよ。

東北学院大－全(工を除く)

解答：別冊p.35 ▶

仏教は，1世紀頃までに西方から中国へ伝来したと考えられている。(a)2世紀には，仏教を信仰する皇帝も現れたが，それが本格的に広まるのは4世紀後半からであった。華北には，(b)西域の僧侶がやってきて，布教や仏典の漢訳に活躍した。また，(c)中国からインドに渡って仏典をもたらす僧侶も現れた。各地に(d)石窟寺院もつくられるようになり，その中には現存するものもある。

仏教の影響を受けながら，中国独自の宗教も発展した。道教は，古来の民間信仰や(e)不老不死を信じる在来の思想などがもととなって成立した。仏教と同時に道教も中国各地に広まり，5世紀前半には(f)北魏の太武帝がこれを厚く信仰し，仏教を厳しく弾圧した。

唐は，仏教よりも道教を優遇する政策をとったが，この時代にもあまたの(g)名僧が現れ，(h)周辺各地からも多くの学問僧が来訪した。中国仏教史上において，唐代はその最盛期であり，この時期(i)さまざまな宗派がそれぞれ教義を深めた。また，道教もより一層社会に浸透し，やがて宋代以降になると，(j)民衆的な「新道教」がおこった。

【語群】

(1)禅宗 (2)鳩摩羅什 (3)大秦寺 (4)義浄 (5)郎世寧 (6)天台宗 (7)玄奘 (8)湯若望
(9)敦煌 (10)前漢 (11)北京 (12)仏国寺 (13)長安 (14)寇謙之 (15)東周 (16)仏図澄 (17)王羲之
(18)大同 (19)後漢 (20)大慈恩寺 (21)洛陽 (22)真言宗 (23)法顕 (24)顧愷之

問1. 下線部(a)について，この世紀に中国を治めていた王朝として正しいものを，【語群】から一つ選び，記号で答えよ。

問2. 下線部(b)について，これに該当する僧侶として正しいものを，【語群】から二つ選び，記号で答えよ。

問3. 下線部(c)について，これに該当する東晋時代の僧侶として正しいものを，【語群】から一つ選び，記号で答えよ。

問4. 下線部(d)について，①雲崗石窟，②竜門石窟，③莫高窟に近接する現在の都市名として最も適切なものを，【語群】からそれぞれ一つ選び，記号で答えよ。

問5. 下線部(e)について，この思想を何というか。

問6. 下線部(f)について，次の(A)(B)の問いに答えよ。

(A) この皇帝の事績として正しいものを，次の文ア～エから一つ選び，記号で答えよ。

- **ア.** 科挙を施行した。
- **イ.** 鮮卑語の使用を禁じた。
- **ウ.** 華北を統一した。
- **エ.** 張騫を西域に派遣した。

(B) この皇帝に信任された道士として正しいものを，【語群】から一つ選び，記号で答えよ。

問7. 下線部(g)について，①『大唐西域記』を著した僧侶，②『南海寄帰内法伝』を著した僧侶として正しいものを，【語群】からそれぞれ一つ選び，記号で答えよ。

問8. 下線部(h)に関連して，新羅の時代に創建された金城(慶州)の寺院として正しいものを，【語群】から一つ選び，記号で答えよ。

問9. 下線部(i)について，宋代に士大夫階層から支持された宗派として正しいものを，【語群】から一つ選び，記号で答えよ。

問10. 下線部(j)について，金代に成立した王重陽を開祖とする道教の教派を何というか。

❶ ヒント

問9. 士大夫の間に禅宗が広がったのに対して，民間には浄土宗が普及した。

問10. 全真教は禅宗の影響を強く受けた道教の一派で，江南の正一教と並ぶ勢力となった。

❶ 解答欄

問1		
問2		
問3		
問4	①	
	②	
	③	
問5		
問6	(A)	
	(B)	
問7	①	
	②	
問8		
問9		
問10		

A 儒教や科挙など中国の思想・制度が伝わると，ヴォルテールやケネーなど啓蒙思想家は，中国と西洋を比較する政治論を展開した。一方中国の造園術や工芸品など芸術面でもシノワズリが流行した。(89字)

解答：別冊p.28 ▶

40 ヨーロッパ文化史①(古代・中世)

1 古代の文化

ギリシア文化は，人間的・合理的で，共同体としてのポリスと一体化。
ローマ文化は，独創性に乏しく，ギリシアの模倣。実用面に長所

ギリシア文化

1. 宗教

❶ オリンポスの12神*1など多神教

❷ 聖典や特権的神官階級は存在しない

2. 叙事詩〔ポリス形成期(前8世紀頃)〕

❶ ①＿＿＿＿＿＿：『イリアス』(トロイア戦争の英雄の活躍)・『オデュッセイア』(トロイア陥落後の英雄の帰国冒険物語)

❷ ②＿＿＿＿＿＿：『労働と日々』(勤労の尊さを歌う)・『神統記』(神々の系譜)

3. 叙情詩〔ポリス発展期(前7～前6世紀)〕

❶ ③＿＿＿＿＿＿：レスボス島出身の女性詩人

❷ アナクレオン：酒と恋と美を歌う

❸ ピンダロス：オリンピア頌歌(しょうか)

4. 演劇〔民主政期(前5～前4世紀)〕

悲劇	❶ ④＿＿＿＿＿＿：『ペルシア人』『アガメムノン』 ❷ ⑤＿＿＿＿＿＿：『オイディプス王』『アンティゴネー』 ❸ ⑥＿＿＿＿＿＿：『メデイア』
喜劇	⑦＿＿＿＿＿＿：『女の議会』(アテネの政治を批判) 『女の平和』(ペロポネソス戦争を批判)『雲』(ソクラテスを風刺)

5. 歴史 ❶ ⑧＿＿＿＿＿＿：『歴史』(ペルシア戦争史，物語風歴史)

❷ ⑨＿＿＿＿＿＿：『歴史』(ペロポネソス戦争史，批判的科学的)

❸ クセノフォン：『アナバシス』(ペルシア内乱の体験)

6. 人間中心の哲学〔アテネが中心〕

❶ ⑩＿＿＿＿＿＿：ソフィスト(職業的教師集団)の代表，「人間は万物の尺度」(普遍的・客観的真理の存在を否定＝懐疑論)

❷ ⑪＿＿＿＿＿＿：対話術で市民を啓蒙，客観的真理の存在を主張し，知徳合一を説く →「無知の知」を命題にソフィストを批判

❸ ⑫＿＿＿＿＿＿：イデア論に立脚して観念哲学を創始。『国家』を著して哲人政治を構想 →アテネ郊外に⑬＿＿＿＿＿＿を創設

❹ ⑭＿＿＿＿＿＿*2：哲学と諸学を集大成。「万学の祖」と呼ばれる →『形而上学』『アテネ人の国制』『政治学』(「奴隷は一種の生ある所有物」と説く)

7. 医学 ⑮＿＿＿＿＿＿：病気の原因を究明し，西洋医学の祖と呼ばれる

＊1 オリンポスの12神

ゼウス(主神)，アテナ(アテネの守護女神)，アポロン(デルフォイの太陽神)，アフロディテ(愛と美の女神)など。12神以外にディオニソス(葡萄と酒の神)も知られる。

自然哲学(前6～前4世紀)

ミレトスなどイオニア地方を中心に，万物の根源を神話からでなく合理的に解釈

①タレス：イオニア学派の祖。万物の根源は「水」，日食の予言

②ピタゴラス：万物の根源は「数」

③ヘラクレイトス：万物の根源は「変化」とし，その象徴が火，「万物は流転する」

④デモクリトス：万物の根源は「原子(アトム)」

ギリシアの神殿建築様式

①ドーリア式 →安定・荘重
「パルテノン神殿」

②イオニア式 →軽快・優雅
「エレクティオン神殿」

③コリント式 →華麗・繊細
「オリンペイオン神殿」

＊2 アリストテレスはアレクサンドロスの師。アテネに学園リュケイオンを創設し，その一門は逍遥(しょうよう)学派と呼ばれた。彼の思想はイスラームの諸学や中世スコラ学に影響を及ぼした。

ユスティニアヌス大帝が行った文化・経済政策について説明しなさい。 (北海道大)

8. 美術〔彫刻が中心〕 ❶⑯＿＿＿＿＿＿：パルテノン神殿の再建と「アテナ女神像」。ペリクレスの友人

❷ポリクレイトス：「槍をかつぐ人」

❸プラクシテレス：「クニドスのアフロディテ」「オリンピアのヘルメス像」

ヘレニズム文化

⇨コイネー(ギリシア語)が共通語

1. 哲学 世界市民主義(コスモポリタニズム)と個人主義の風潮

❶⑰＿＿＿＿＿＿派：開祖は⑱＿＿＿＿＿＿ →精神的禁欲主義

❷⑲＿＿＿＿＿＿派：開祖はエピクロス →精神的快楽主義

2. 自然科学 アレクサンドリアの王立研究所⑳＿＿＿＿＿＿が中心

❶㉑＿＿＿＿＿＿：平面幾何学を大成

❷㉒＿＿＿＿＿＿：太陽中心説と地球の公転・自転

❸㉓＿＿＿＿＿＿*3：「アルキメデスの原理」「テコの原理」を発見

❹㉔＿＿＿＿＿＿：地球の円周を計測

ヘレニズム時代の美術

①官能的な肉体美や感情を描写
②「ミロのヴィーナス」
③「サモトラケのニケ」
④「ラオコーン」
⑤「瀕死のガリア人」

*3 アルキメデスはシチリアのシラクサの人。第2次ポエニ戦争でローマ兵に殺された。

ローマ文化

⇨ギリシア人(★印)が活躍。法律・土木建築が発達

1. 宗教 ギリシアの神々と東方密儀宗教(ミトラ教やイシス教)

2. 文学 アウグストゥス時代がラテン語文学の黄金時代

❶㉕＿＿＿＿＿＿：カエサルの独裁に反対。『国家論』・『友情論』

❷㉖＿＿＿＿＿＿：『アエネイス』(ローマ建国の叙事詩)

❸㉗＿＿＿＿＿＿：『叙情詩集』 ❹オウィディウス：『転身譜』

3. 哲学

エピクロス派	ルクレティウス：『物の本性について』
ストア派	❶㉘＿＿＿＿＿＿：ネロ帝の師，『幸福論』 ❷エピクテトス★：『語録』 ❸㉙＿＿＿＿＿＿：哲人皇帝，『自省録』

4. 歴史 ❶㉚＿＿＿＿＿＿★：第3回ポエニ戦争でスキピオに同行し，『歴史(ローマ史)』で政体循環史観*4を説く

❷カエサル：『㉛＿＿＿＿＿＿』(ガリア征討の記録)

❸㉜＿＿＿＿＿＿：『ローマ建国史』(建国からアウグストゥスまで)

❹㉝＿＿＿＿＿＿★：『対比列伝(英雄伝)』

❺㉞＿＿＿＿＿＿：『ゲルマニア』(古ゲルマンの資料)・『年代記』

5. 自然科学 ❶㉟＿＿＿＿＿＿★：『地理誌』

❷㊱＿＿＿＿＿＿：『博物誌』，ヴェスヴィオ火山爆発視察で殉死

❸カエサル：「ユリウス暦」

❹㊲＿＿＿＿＿＿★：『天文学大全(アルマゲスト)』，天動説を主張

❺㊳＿＿＿＿＿＿★：解剖医学

ローマの土木建築

①アーチの使用
②アッピア街道(前4世紀の軍道)
③コロッセウム(1世紀，円形闘技場)
④ガールの水道橋(南仏)
⑤カラカラ大浴場
⑥凱旋門(トラヤヌス帝やコンスタンティヌス帝)

＊4 政体循環史観

王政→暴君政→貴族政→寡頭政→民主政→衆愚政→王政を繰り返すという史観。

A トリボニアヌスに命じて古来のローマ法を集成した『ローマ法大全』を編纂させ，またビザンツ様式のハギア=ソフィア聖堂を建立する一方，異文化根絶のため，アテネのアカデメイアを閉鎖した。また中国の養蚕技術を導入して絹織物業を育成した。

6. 法律 ❶慣習法→十二表法→市民法→万民法*5に発展

❷㊴＿＿＿＿：「アントニヌス勅令」(212)でローマ市民権が帝国領内の全自由民に与えられた

❸ユスティニアヌス大帝：トリボニアヌスらに命じ，『㊵＿＿＿＿』*6を編纂させた(6世紀)

*5 万民法はストア派哲学の自然法思想の影響が強い。

*6『ローマ法大全』は勅法集・学説集・法学提要と，ユスティニアヌス大帝が公布した新勅集の4部からなる。

2 中世文化 キリスト教とラテン語が中心

学問と大学

1. 神学 ㊶＿＿＿＿学 →「哲学は神学の婢(はしため)」

❶㊷＿＿＿＿：ブリタニアの学僧，カール大帝に招かれアーヘン宮廷学校を開く →「カロリング＝ルネサンス」

❷㊸＿＿＿＿：実在論

❸㊹＿＿＿＿：唯名論*7

❹㊺＿＿＿＿：アリストテレス哲学を導入して『㊻＿＿＿＿』を著し，スコラ学の体系を大成(13世紀)

❺㊼＿＿＿＿(英)：実験の重視・自然科学の先駆

❻ウィリアム＝オブ＝オッカム(英)：唯名論。信仰と理性の分離

2. 大学 初期の学問は教会・修道院 →12世紀以降，大学*8の創立

❶自由七科(文法学・修辞学・論理学・算術・幾何・天文・音楽)の基礎教養

❷ⓐ㊽＿＿＿＿大学(北イタリア)：法学

ⓑ㊾＿＿＿＿大学(南イタリア)：医学

ⓒ㊿＿＿＿＿大学(フランス)：神学

ⓓオクスフォード大学(イギリス)：神学

***7 普遍論争**

実在論(普遍は個物に先立って存在するとし，理性より信仰を優先)と唯名論(普遍は観念に過ぎず，理性を優先)との神学論争。

*8 大学は特許状による教授や学生の一種の学問ギルドで，自治を持つが，学問の自由はなかった。

12世紀ルネサンス

十字軍をきっかけに東方との交流が盛んになった12世紀には，ビザンツやイスラーム世界に蓄積されていたギリシアの古典やイスラームの学術書が，シチリア島(パレルモ)やイベリア半島(トレド)でラテン語に翻訳され，西ヨーロッパにもたらされて学問の発展を刺激した。これを「12世紀ルネサンス」という。

文学と建築

1. 文学 吟遊詩人*9が俗語で作詞

❶『51＿＿＿＿』(独)：ゲルマンの英雄叙事詩

❷『52＿＿＿＿』(仏)：カール大帝のイベリア遠征が題材の騎士道物語

❸『53＿＿＿＿』(英)：ケルト人の伝説的アーサー王の騎士道物語

2. 教会建築

ビザンツ様式 (中世初期)	❶円屋根とモザイク壁画*10 ❷54＿＿＿＿聖堂(ユスティニアヌス大帝の造営)，サン＝ヴィターレ聖堂(ラヴェンナ)
55＿＿＿＿様式 (11世紀以降)	❶半円状アーチと厚い壁 ❷ピサ大聖堂(伊)，シュパイアー大聖堂(独)，クリュニー修道院(仏)
56＿＿＿＿様式 (12世紀以降)	❶高い天井と尖頭アーチとステンドグラス ❷ケルン大聖堂(独)，ノートルダム大聖堂(仏・パリ)，アミアン大聖堂・シャルトル大聖堂(仏)

*9 吟遊詩人は北フランスではトゥルベール，南フランスではトゥルバドゥール，ドイツではミンネジンガーと呼ばれた。その詩は宮廷を遍歴した楽人によって伝えられた。

*10 キリストや聖人を描いたイコン(聖画像)もビザンツ様式の特徴的な美術である。

記述論述 Q スコラ学の「普遍論争」とは何か。2つの対立する説の名称とそれぞれの主張者を1名挙げて，説明しなさい。(慶應義塾大)

 出題大学…㊺：関西学院大／51：法政大，昭和女子大／54：駒澤大，近畿大

実戦演習

❶ 次の文章を読み，下の設問に答えよ。　北海学園大－経済・人文(英米文化)

解答：別冊p.35 ▶

(a)十字軍をきっかけに東方との交流が盛んになる12世紀のヨーロッパでは，ビザンツ帝国やイスラーム圏からもたらされたギリシアの古典が，本格的に(b)ラテン語に翻訳されるようになり，それに刺激されて学問や文芸も発展した。教会の権威の理論的確立のために，信仰を論理的に体系化しようとする(c)スコラ学は，(d)ギリシアの哲学の影響を受けて壮大な体系となり，『神学大全』を著した(　1　)により大成されて教皇権の理論的支柱となった。イスラーム科学の影響も大きく，(e)実験を重視した自然科学は，のちの近代科学を準備するものとなった。

大学が誕生するのも12世紀頃からである。それまで教育と学問の中心は田園地域の(f)修道院にあったが，商業の発達とともに都市の大学に移った。ヨーロッパ最古の大学といわれる北イタリアの(　2　)大学は法学で有名であり，1158年に神聖ローマ皇帝によって自治権を認められた。

中世の美術を代表するものは，教会建築である。11世紀頃には厚い石壁に小さな窓をもつ重厚な(　3　)様式が生み出され，ピサ大聖堂などが有名である。つづく12世紀頃にあらわれた(　4　)様式は，頭部のとがった尖塔アーチと空高くそびえる塔を特徴とし，窓はステンドグラスでかざられた。フランスのシャルトル大聖堂はその典型である。

問1． 文中の空欄(　1　)～(　4　)にあてはまる人名または語句を答えよ。

問2． 下線部(a)に関連して，1095年にクレルモン宗教会議を招集し，聖地イェルサレムの奪回を提唱した人物の名前を答えよ。

問3． 下線部(b)に関連して，学問にラテン語がもちいられたのに対し，中世騎士の理想像や冒険を題材とした口語による騎士道文学も中世には生まれた。その代表的な作品を，次のア～エから1つ選び，記号で答えよ。

ア．『パンセ』
イ．『アーサー王物語』
ウ．『プリンキピア』
エ．『天路歴程』

問4． 下線部(c)に関連して，スコラ学では，実在論と唯名論とのあいだの普遍論争が，その中心的議論であった。イタリア出身で実在論の代表的論者であり，のちにカンタベリ大司教となった人物を，次のア～エから1つ選び，記号で答えよ。

ア． アンセルムス　**イ．** アベラール　**ウ．** パスカル　**エ．** ウィリアム＝オブ＝オッカム

問5． 下線部(d)に関連して，「万学の祖」と称され，『政治学』を著した古代ギリシアの哲学者の名前を答えよ。

問6． 下線部(e)に関連して，13世紀に活躍して「実験科学」の誕生に寄与したイギリスの自然科学者を，次のア～エから1つ選び，記号で答えよ。

ア． ガリレイ　**イ．** ニュートン　**ウ．** マルコ＝ポーロ　**エ．** ロジャー＝ベーコン

問7． 下線部(f)に関連して，6世紀にイタリアのモンテ＝カシノに創設され，「祈り，働け」をモットーとした修道会を，次のア～エから1つ選び，記号で答えよ。

ア． フランチェスコ修道会
イ． シトー修道会
ウ． ベネディクト修道会
エ． ドミニコ修道会

❶ ヒント

問1． 2－ボローニャ大学は，ローマ法の研究で有名。また学生組合(ウニヴェルシタス)の主導で大学が組織された。

問4． **ア**の「アンセルムス」の実在論に対して，**イ**の「アベラール」は唯名論を提唱した。また，**エ**の「ウィリアム＝オブ＝オッカム」は唯名論を唱え，理性と信仰を分けて考える立場を主張した。

❶ 解答欄

問1	1	
	2	
	3	
	4	
問2		
問3		
問4		
問5		
問6		
問7		

A あらゆるものに共通する普遍が実体として存在すると唱えるアンセルムスらの実在論と，普遍は思考の中にしか存在しえないと主張するアベラールらの唯名論との論争。

解答：別冊p.28 ▶

41 ヨーロッパ文化史②(近世以降)

1 ルネサンス 14世紀イタリアに始まり，15世紀以降西ヨーロッパに波及

イタリア=ルネサンス*1・2

時期	14～15世紀は①＿＿＿＿，16世紀はローマ・ヴェネツィアが中心
文学と思想	❶②＿＿＿＿：『神曲』は，トスカナ語使用。古代ローマ詩人ウェルギリウスに導かれて地獄・煉獄(れんごく)を巡ったあと天上界に昇る大叙事詩 ❷③＿＿＿＿*3：『叙情詩集』 ❸④＿＿＿＿：『デカメロン』で教会・聖職者を風刺 ❹⑤＿＿＿＿：『君主論』で宗教・道徳から分離した現実主義の政治理論を展開(近代政治学の祖)。フィレンツェで活躍
美術	**1. 絵画** ❶ジョット：ルネサンス絵画の先駆 ❷⑥＿＿＿＿：「春」「ヴィーナスの誕生」 ❸⑦＿＿＿＿：「最後の晩餐(ばんさん)」「モナ＝リザ」など ❹⑧＿＿＿＿：「天地創造」「最後の審判」(ともにヴァチカン宮殿内のシスティナ礼拝堂に描かれた) ❺⑨＿＿＿＿：多数の聖母子像を描く。「アテネの学堂」 **2. 彫刻** 15世紀はギベルティ・ドナテルロ，16世紀にはミケランジェロ：「ダヴィデ」「ピエタ」など **3. 建築** ルネサンス式＝大ドームと古代ギリシア様式の列柱で装飾 ❶⑩＿＿＿＿：サンタ＝マリア大聖堂(フィレンツェ) ❷⑪＿＿＿＿：サン＝ピエトロ大聖堂の最初の設計(ローマ)
限界と衰退	❶メディチ家*4など富豪・僭主や教皇*5に寄生し，貴族的文化運動にとどまり，社会変革には発展せず ❷大航海時代の商業革命や⑫＿＿＿＿でイタリア諸都市は没落 (1494～1559) ❸対抗宗教改革(カトリック改革)による思想的統制の強化

*1 19世紀のスイスの歴史家ブルクハルトは，ルネサンスをその著『イタリア＝ルネサンスの文化』で"自然と人間の再発見"とした。

*2 ルネサンスは，ヒューマニズム(人文主義)を基調とし，万能人が理想とされた。

*3 ペトラルカはアヴィニョン教皇庁に出仕した。

***4 ルネサンスとメディチ家**

①**コジモ=デ=メディチ**…1434年にフィレンツェの市政権を握り，「プラトン学園」を創設した

②**ロレンツォ=デ=メディチ**…コジモの孫。ルネサンスの黄金期を現出

◆ロレンツォ没(1492)後，ドミニコ会修道士のサヴォナローラが一時，市政を握り神権政治を行った。「虚栄の焼却」で美術品を破壊した。

***5 ルネサンス教皇**

①**ユリウス2世**…ミケランジェロ・ラファエロらを保護

②**レオ10世**…メディチ家出身。サン＝ピエトロ大聖堂改修費捻出のため贖宥状(しょくゆうじょう)を販売。→宗教改革の発端

③**パウルス3世**…ミケランジェロを保護

西欧諸国のルネサンス

ネーデルラント	❶毛織物工業(フランドル地方)と遠隔地交易の結節点 ❷絵画 ⓐファン＝アイク兄弟：フランドル派創始，油絵技法 ⓑ⑬＿＿＿＿：農民生活を描く ❸⑭＿＿＿＿*6：『愚神礼賛(ぐしんらいさん)』で聖職者や王侯の悪徳を風刺
ドイツ	❶宗教改革と密接に関連 ⓐロイヒリン：ヘブライ語原典研究 ⓑメランヒトン：ルターの宗教改革に協力 ❷ホルバインは肖像画*7，⑮＿＿＿＿は「四人の使徒」(銅版画)

*6 16世紀最大の人文主義者のエラスムスは，(トマス＝)モアと交友した。

*7 ホルバインは「エラスムス」やイギリス王「ヘンリ8世」の肖像画を描いた。

記述論述 Q 12世紀ルネサンスの翻訳活動について説明せよ。 (新潟大)

 出題大学…⑦：立命館大，大阪学院大

フランス	❶フランソワ1世の保護など宮廷中心 ❷ⓐ⑯＿＿＿＿：『ガルガンチュアとパンタグリュエルの物語』 ⓑ⑰＿＿＿＿ *8：『エセー(随想録)』
イギリス	❶⑱＿＿＿＿：『カンタベリ物語』(イギリスの国民文学の先駆) ❷⑲＿＿＿＿：『⑳＿＿＿＿』(第1次囲い込み〔エンクロージャー〕を批判。「羊が人間を喰い殺す」) ❸エリザベス時代 ⓐエドマンド＝スペンサー：『神仙女王』 ⓑ㉑＿＿＿＿：悲劇・喜劇・史劇など,『ヴェニスの商人』『ハムレット』『オセロ』『リア王』『マクベス』 ⓒ㉒＿＿＿＿：経験論(帰納法)の基礎確立,『新オルガヌム』
スペイン	❶㉓＿＿＿＿：『ドン＝キホーテ』(理想と現実の不一致を風刺) ❷エル＝グレコ：神秘的な宗教画,「オルガス伯の埋葬」

*8 モンテーニュはユグノー戦争末期にボルドー市長を務め，新旧両派の和解に努めた。

科学技術の発達　⇨アラビア科学の流入，合理主義精神の発達が背景

1. 三大発明[*9]　❶㉔＿＿＿＿：戦術の変化で騎士階級が没落

❷㉕＿＿＿＿：遠洋航海が可能，大航海時代を招来

❸㉖＿＿＿＿：㉗＿＿＿＿(独，15世紀半ば)が改良・実用化

→製紙法の伝播とあいまって知識・思想の普及

2. 宇宙観の転換

❶㉘＿＿＿＿(ポーランド)：『天球回転論』で地動説を主張

❷(ガリレオ＝)ガリレイ(伊)：望遠鏡を発明し地動説確信[*10]

3. その他　❶㉙＿＿＿＿(伊)：地球球体説でコロンブスに影響

❷グレゴリウス暦：1582年にグレゴリウス13世がユリウス暦を改定

*9 中国の火薬・羅針盤がイスラーム世界を経てヨーロッパにもたらされ，実用化された。特に火薬を使用した鉄砲や大砲などの火器は，騎士の没落をもたらした。これを「軍事革命」という。

*10 ジョルダーノ＝ブルーノ(伊)は，地動説と汎神論(はんしん)を唱え，宗教裁判で火刑。また，ケプラー(独)は，惑星の運行法則を確認し，地動説を数理的に完成した。

2 17〜18世紀の文化　17世紀は科学革命，18世紀は啓蒙思想

政治思想と啓蒙思想

1. 王権神授説〔君主権の神聖・絶対を主張〕　❶ボーダン(仏)

❷㉚＿＿＿＿(仏)：ルイ14世に仕え，『聖書政治学』　❸フィルマー(英)

2. 自然法思想　㉛＿＿＿＿(蘭)：自然法を国家関係に適応させ，国際法の祖　→『戦争と平和の法』『海洋自由論』

3. 社会契約思想〔社会や国家は，自然状態にいる人間の相互契約によって成立すると考える思想〕

❶㉜＿＿＿＿(英)：『㉝＿＿＿＿』で“万人の万人に対する闘争”　→契約で主権を君主に委譲

❷㉞＿＿＿＿(英)：『㉟＿＿＿＿』で人民主権を主張し抵抗権を肯定

→名誉革命を擁護し，アメリカ「独立宣言」に影響[*11]

*11 啓蒙思想の広まりを背景に，18世紀のヨーロッパでは，国家・君主の信仰とは別の宗派のキリスト教を容認する宗教的寛容が広まった。

A ビザンツ帝国やイスラーム圏から伝えられたアリストテレスなどの古典やアラビアの学術書が，イベリア半島のトレドやシチリアのパレルモなどでラテン語に翻訳された。

4. 啓蒙思想〔理性を尊重し，迷信・偏見の打破を主張，フランスで発達〕

❶ ㊱＿＿＿＿＿＿：『法の精神』で三権分立を主張，『ペルシア人の手紙』でフランス社会を批判

❷ ㊲＿＿＿＿＿＿：『哲学書簡(イギリスだより)』でフランス絶対王政を批判 →啓蒙専制君主(プロイセンのフリードリヒ２世，ロシアのエカチェリーナ２世など)に影響

❸ ㊳＿＿＿＿＿＿：「自然に帰れ」と主張し，『人間不平等起源論』で自然権の回復を，『社会契約論』で人民主権を強調

❹ 百科全書派：㊴＿＿＿＿＿＿やダランベールら

経済思想

1. 重商主義〔貿易差額論が中心〕 トマス＝マン(英)

2. 重農主義〔富の源泉を農業に置く〕

❶ ㊵＿＿＿＿＿＿(仏)：『経済表』

→「なすにまかせよ(レッセ＝フェール)」と説き自由放任を主張

❷ テュルゴ(フランス革命前の財務総監)

3. 古典派経済学〔富の源泉は生産労働〕 ㊶＿＿＿＿＿＿(英)：『㊷＿＿＿＿＿＿(国富論)』(1776) →自由主義経済学を確立

哲学

1. イギリス経験論〔帰納法(実験と観察)〕

❶ ㊸＿＿＿＿＿＿：『新オルガヌム』

❷ ホッブズ(『哲学綱要』)やロック(『人間悟性論』)が確立

❸ ヒューム(『人性論(人間本性論)』)は懐疑論へ

2. 大陸合理論〔演繹法〕

❶ ㊹＿＿＿＿＿＿(仏)：『方法叙(序)説』(「われ思う，ゆえにわれあり」)

❷ スピノザ(蘭)：汎神論，『エチカ(倫理学)』

❸ ライプニッツ(独)：単子(モナド)論・微積分法の発見

3. その他 パスカル(仏)：『パンセ(瞑想録)』(「人間は考える葦(あし)」)

4. 批判哲学〔経験論と合理論を総合〕 ㊺＿＿＿＿＿＿(独)：イギリスの経験論と大陸の合理論を総合し，ドイツ観念論哲学を完成。『純粋理性批判』『実践理性批判』『判断力批判』

自然科学

⇨自然界の諸現象の法則の発見→「科学革命」*12

物理学	ホイヘンス(蘭)：光の波動説。振り子時計 ㊻＿＿＿＿＿＿(英)：万有引力の法則，『プリンキピア』 ラプラース(仏)：宇宙進化論
化学	ボイル(英)：気体の膨脹(ボイルの法則) ㊼＿＿＿＿＿＿(仏)：質量保存の法則
生物学	㊽＿＿＿＿＿＿(スウェーデン)：植物分類学 ビュフォン(仏)：進化論の先駆

近代音楽の歩み

(1)**バロック音楽**(17～18C)
①バッハ(独)…“近代音楽の父”「マタイ受難曲」
②ヘンデル(独)…バロック音楽を大成，「水上の音楽」

(2)**古典派音楽**(18C後半)
①ハイドン(墺)…交響音楽の父
②モーツァルト(墺)…ドイツ古典音楽を確立，歌劇「魔笛」「フィガロの結婚」
③ベートーヴェン(独)…交響曲「第５番(運命)」「第９番(合唱付き)」

(3)**ロマン主義音楽**(18C末～19C前半)
①シューベルト(墺)…近代歌曲の創始者，「未完成交響曲」
②シューマン(独)
③ショパン(ポーランド)…ピアノ音楽を完成，「革命」
④リスト(ハンガリー)…「ハンガリー狂詩曲」
⑤ヴァーグナー(独)…楽劇の創始者，「タンホイザー」

(4)**印象主義音楽**(19C後半)
…ドビュッシー(仏)

*12 科学革命の進行に伴って，17世紀以降，イギリスの王立協会やフランスの科学アカデミーなど，各国で科学アカデミーが創設された。

記述論述 Q ルネサンスが政治・教会・社会体制を正面から批判する力にならなかった理由を述べなさい。 (津田塾大)

 出題大学…㊶：成蹊大／㊸：上智大

医学	㊾＿＿＿＿(英)：血液循環の原理 ㊿＿＿＿＿(英)：種痘法

美術 ⇨17世紀は豪壮華麗なバロック式，18世紀は繊細優美なロココ式

バロック	建築	ヴェルサイユ宮殿：ルイ14世時代に造営開始
	絵画	❶エル＝グレコ(スペイン)：バロック絵画の先駆 ❷ベラスケス(スペイン)：宮廷画家 ❸(51)＿＿＿＿(フランドル)：雄大な宗教画・歴史画 ❹(52)＿＿＿＿(蘭)：光と影の描写に特徴。「夜警」
ロココ	建築	サンスーシ宮殿：フリードリヒ２世がポツダムに造営
	絵画	ワトー(仏)：宮廷画・田園画が多い

文学 ⇨フランスでは古典主義文学，イギリスでは17世紀にピューリタン文学，18世紀に風刺文学が現れた

1. 古典主義文学

❶悲劇 ⓐコルネイユ：『ル＝シッド』，ⓑラシーヌ：『アンドロマック』

❷喜劇 (53)＿＿＿＿：『人間嫌い』『守銭奴』

2. ピューリタン文学

❶(54)＿＿＿＿：ピューリタン革命を支持。代表作『失楽園』

❷バンヤン：『天路歴程』

3. 風刺文学

❶(55)＿＿＿＿：『ロビンソン＝クルーソー』

❷(56)＿＿＿＿：『ガリヴァー旅行記』

3 19世紀の文化 19世紀は「科学の世紀」，自然科学と社会科学が進歩

自然科学

物理学	❶(57)＿＿＿＿(英)：電磁誘導・電気分解の法則 ❷マイヤーと(58)＿＿＿＿(独)：エネルギー保存の法則 ❸(59)＿＿＿＿(独)：X放射線 ❹キュリー夫妻(仏)：ラジウムの発見
生物学・化学	❶(60)＿＿＿＿(英)：『種の起源』→生物進化論 ❷メンデル(墺)：遺伝法則 ❸メンデレーエフ(露)：元素の周期律表
医学	❶パストゥール(仏)：狂犬病予防接種の開発 ❷(61)＿＿＿＿(独)：結核菌・コレラ菌の発見
応用科学	❶(62)＿＿＿＿(米)：電信機 ❷ベル(米)：電話機 ❸(63)＿＿＿＿(スウェーデン)：ダイナマイト ❹(64)＿＿＿＿(米)：蓄音機・電灯・映画など ❺(65)＿＿＿＿(伊)：無線電信 ❻ダイムラー(独)：ガソリンエンジン，ガソリン自動車 ❼ディーゼル(独)：ディーゼルエンジン ❽ライト兄弟(米)：プロペラ飛行機(1903)

A 学者や芸術家が都市に住む教養人で，農民や市民大衆と無縁であったうえ，富豪のメディチ家や諸侯・ローマ教皇など権力者の保護の下で活動していたため。

哲学・思想

1. ドイツ観念論〔カントが創始〕

❶ ⑯6________(独)：「ドイツ国民に告ぐ」の講演

❷ ⑯7________(独)：観念論哲学を大成し，弁証法を唱える

2. 唯物論

❶ フォイエルバッハ(独)：ヘーゲルの観念論を批判し，唯物論を唱える

❷ ⑯8________(独)：弁証法的唯物論を大成。『資本論』第1巻*13

3. 功利主義〔イギリスで展開〕 ⑯9________(英)：「最大多数の最大幸福」を唱え，ミル(英)が継承

4. 社会進化論 スペンサー(英)：ダーウィンの進化論を社会に適用*14

5. 実証主義 コント(仏)が確立し，社会学を創始

6. 実存哲学 キェルケゴール(デンマーク)：『死にいたる病』

7. その他 ❶ ⑰0________(独)：「神は死んだ」と叫び，超人を説く

→『ツァラトゥストラはかく語りき』

❷ フロイト(墺)：精神分析学 →『夢判断』

*13『資本論』の第2，3巻はエンゲルスによって刊行された。

*14 戊戌の政変後，日本に亡命した梁啓超は，欧米の思想にふれ，特にスペンサーの社会進化論の「適者生存」の考えが，欧米の植民地拡大を正当化していることに危機感を抱いたといわれる。

社会科学

歴史学	❶ ⑰1________(独)：近代歴史学の父，『世界史』 ❷ ドロイゼン(独)：『ヘレニズム史』 ❸ ギゾー*15(仏)：『ヨーロッパ文明史』 ❹ ⑰2________(独)：歴史法学を提唱
経済学	**1. 古典派経済学** ❶ ⑰3________(英)：『人口論』 ❷ リカード(英)：『経済学および課税の原理』 **2. 歴史学派経済学** ⑰4________(独)：ドイツ関税同盟を提唱 **3. マルクス経済学** マルクスと⑰5________が大成(独)：史的唯物論と余剰価値説に立脚して，資本主義経済の運動法則を分析
社会主義思想	**1. 空想的社会主義** ⑰6________*16(英)，サン＝シモン(仏)，フーリエ(仏)，ルイ＝ブラン(仏) **2. 科学的社会主義** マルクス，エンゲルス(独)：『共産党宣言』*17 **3. 無政府主義**(アナーキズム) ⑰7________(仏)，バクーニン(露)

*15 ギゾーは，七月王政期に首相となり，諸改革に反対して二月革命でイギリスに亡命した。

*16 (ロバート＝)オーウェンは，スコットランドのニューラナークで紡績工場を経営し成功。工場法の制定や労働組合の育成にも尽力して，1834年には全国労働組合連合を結成した。

*17『共産党宣言』は，二月革命直前にロンドンで発表された。

文学

古典主義	→18世紀末ドイツでの疾風怒濤(シュトゥルム＝ウント＝ドランク)の文学運動の中で完成*18 ❶ ⑰8________：『若きウェルテルの悩み』『ファウスト』 ❷ シラー：『群盗』『ヴァレンシュタイン』
ロマン主義	→啓蒙主義・古典主義に反発し，個性や感情を尊重(19世紀前半) ❶ 独 ⓐ ノヴァーリス：『青い花』 ⓑ ハイネ*19：『ドイツ冬物語』『歌の本』 ⓒ シュレーゲル兄弟 ⓓ グリム兄弟：『子どもと家庭のための童話(グリム童話集)』

*18 ドイツでは18世紀末から19世紀初めにかけて，古代ギリシア文化を理想とし，調和を重視する古典主義が流行した。

*19 七月革命に共感して1831年にパリに移住し，マルクスらとも交流した。

記述論述 Q マキァヴェリが『君主論』で述べた主張について，説明せよ。 (東京大)

 出題大学…⑯9：早稲田大，名城大，立教大／⑰0：同志社大／⑰2：成城大

ロマン主義

❷仏
- ⓐ(79)＿＿＿＿＿＿ *20：『レ＝ミゼラブル』
- ⓑスタール夫人*21

❸英
- ⓐワーズワース：『叙情詩選』　ⓑスコット：『湖上の美人』
- ⓒ(80)＿＿＿＿＿＿ *22：『チャイルド＝ハロルドの遍歴』

❹米
- ⓐホーソン：『緋文字』　ⓑホイットマン：『草の葉』
- ⓒエマーソン：『自然論』

❺その他　プーシキン*23(露)：『オネーギン』『大尉の娘』

写実主義・自然主義

→社会や自然をありのままに描写(19世紀半ば～後半)

❶仏
- ⓐ(81)＿＿＿＿＿＿ *24：『赤と黒』
- ⓑ(82)＿＿＿＿＿＿：『人間喜劇』
- ⓒフロベール：『ボヴァリー夫人』
- ⓓゾラ：『居酒屋』『ナナ』　ⓔモーパッサン：『女の一生』

❷英
- ⓐサッカレー：『虚栄の市(いち)』
- ⓑ(83)＿＿＿＿＿＿ *25：『オリヴァー＝トゥイスト』『二都物語』

❸露
- ⓐゴーゴリ：『死せる魂』『検察官』
- ⓑドストエフスキー：『罪と罰』『カラマーゾフの兄弟』
- ⓒ(84)＿＿＿＿＿＿：『父と子』『猟人日記』*26
- ⓓ(85)＿＿＿＿＿＿ *27：『戦争と平和』『アンナ＝カレーニナ』
- ⓔチェーホフ：『桜の園』

❹北欧
- ⓐ(86)＿＿＿＿＿＿(ノルウェー)：『人形の家』
- ⓑストリンドベリ(スウェーデン)：『令嬢ジュリー』

その他

❶耽美主義…ワイルド(英)

❷象徴主義
- ⓐボードレール(仏)：象徴主義の先駆。『悪の華』
- ⓑメーテルリンク(ベルギー)：『青い鳥』

*20 ユゴーの『レ＝ミゼラブル』は1830年代のフランス社会を描いている。

*21 スタール夫人は，ルイ16世の財務総監を務めたネッケルの娘。

*22 バイロンは，ギリシア独立戦争に参加し，ミソロンギで病死した。

*23 プーシキンは，デカブリストに共鳴し，農奴制と専制政治に反発した。

*24 スタンダールの『赤と黒』では，赤は貴族の軍服，黒は僧服を象徴し，特権階級に敵意を持つ青年ジュリアン＝ソレルの複雑な心理を描いた。

*25 ディケンズの『二都物語』はフランス革命期のパリとロンドンを舞台にした小説。

*26『父と子』はニヒリズムを描き，また『猟人日記』は皇帝アレクサンドル2世に農奴解放を思い立たせたとされる。

*27 トルストイの『戦争と平和』はナポレオン戦争期のロシア貴族を描いた。

美術

古典主義 (18世紀末～19世紀初め)	→調和を重視 ❶(87)＿＿＿＿＿＿(仏)：「ナポレオンの戴冠式」 ❷アングル(仏)：「オダリスク」「泉」
ロマン主義 (19世紀初め)	→感情・色彩を重視 ❶(88)＿＿＿＿＿＿(スペイン)：「1808年5月3日」*28「裸のマハ」 ❷(89)＿＿＿＿＿＿(仏)：「キオス島(シオ)の虐殺」 「民衆を率いる自由の女神」(七月革命がテーマ) ❸ジェリコー(仏)：「メデュース号の筏(いかだ)」
自然主義 (19世紀半ば)	→生活や自然を客観的に描写 (90)＿＿＿＿＿＿(仏)：「落ち穂拾い」「晩鐘」
写実主義 (19世紀半ば)	❶ドーミエ(仏)：「三等列車」 ❷(91)＿＿＿＿＿＿ *29(仏)：「石割り」

*28 ゴヤの「1808年5月3日」はナポレオン軍に抵抗したスペイン市民が処刑される悲惨な場面を描いた。

*29 クールベは，パリ＝コミューンに関係して投獄され，スイスに亡命した。

A 君主は，人間の徳性に期待するのではなく，野心的な権力をもち，徹底した利益を追求する統治を行うべきだと主張した。

出題大学…(82)：高崎経済大，明治大，関西大／(83)：法政大，青山学院大，獨協大

印象派 (19世紀後半)	→光と色彩を重視し，主観的感覚で描写 ❶[92]＿＿＿＿(仏)：「笛を吹く少年」「草上の昼食」 ❷モネ(仏)：「印象・日の出」「睡蓮」 ❸ドガ(仏)：「踊り子」 ❹ルノワール(仏)：「ムーラン＝ド＝ラ＝ギャレット」
後期印象派 (19世紀末)	→自己の感覚を重視 ❶セザンヌ(仏)：「サント＝ヴィクトワール山」 ❷[93]＿＿＿＿(仏)：タヒチ島での制作「タヒチの女」 ❸[94]＿＿＿＿(蘭)：「ひまわり」
彫刻	ロダン(仏)：「考える人」

4 20世紀の文化 科学技術の進歩の一方で，地球温暖化など環境問題が深刻化

自然科学

物理学	❶[95]＿＿＿＿＿＿*30：相対性理論 ❷ハイゼンベルク(独)：量子力学・原子核理論の基礎を確立 →原子爆弾の開発に直結
生物学	❶DNAの解明による分子生物学の発達 ❷生命工学(バイオテクノロジー)の発達：品種改良や病気の予防・治療に応用
医学	フレミング(英)：ペニシリンを発見→抗生物質の使用により感染症治療に効果

*30 アインシュタインはイギリスの哲学者ラッセルとともに核兵器の危険を訴え，1957年，世界の科学者はカナダのパグウォッシュ会議で核兵器の廃絶を求めた。

哲学＝思想

1. 実存哲学 サルトル(仏)：『存在と無』で人間の自由を追求

2. プラグマティズム デューイ(米)：実践を重視

3. 社会学 (マックス＝)ヴェーバー(独)：『プロテスタンティズムの倫理と資本主義の精神』*31

4. 近代経済学 [96]＿＿＿＿(英)：『雇用・利子および貨幣の一般理論』で修正資本主義の道を開く。アメリカ合衆国のニューディール政策と結びついた

*31 プロテスタント(カルヴァン派)の禁欲・職業召命観と近代資本主義の関連性を分析した。

文芸

1. 美術

❶[97]＿＿＿＿(立体派)：「ゲルニカ」 ❷マティス(野獣派)

❸ダリ(シュルレアリスム)

2. 文学

❶ロマン＝ロラン(仏)：『ジャン＝クリストフ』

❷トーマス＝マン(独)：『魔の山』

❸ヘミングウェー(米)：『誰(た)がために鐘は鳴る』『武器よさらば』

記述論述 Q ロマン主義の特徴を簡潔に説明せよ。 (京都大)

実戦演習

❶ 次の文章の［　］に入る最も適当な語句を下記の語群から選べ。

駒澤大－経済(経済)・仏教・文(地理)・法(法律・政治)・グローバル－メディア－スタディーズ

解答：別冊p.35 ▶

19世紀前半のヨーロッパを象徴する思潮がロマン主義である。ロマン主義はそれ以前の文化への対抗物と理解されており，そのために多様な性格を持っていた。ロマン主義が第一に対抗したのが，普遍主義や合理主義を標榜した［1］だった。［1］は［2］やナポレオンの政策に影響を与えるとともに，それらの影響下のもとでヨーロッパ各地に拡大していった。その過程で，普遍主義や合理主義は，各地域の歴史的状況や伝統文化を抑圧することとなり，各地で反発が生じた。

その反発のなかで生じたロマン主義は，各地域の言語や伝統文化の個性，それらの歴史的価値を評価しようとした。また，合理主義ではとらえられない個人の感情や想像力を尊重しようとした。このため，［1］を否定し，伝統や個性を重視する立場は，保守主義と結びつくことになった。正統主義をひとつの原理とする［3］をロマン主義が象徴した面もある。保守主義の作家としては，フランスのスタール夫人やシャトーブリアンがあげられる。他方，人間の自由な感情を重視することから，ロマン主義はそれまでの身分制社会を否定し，［4］と結びつくこともあった。「革命の詩人」と呼ばれ，七月革命に共感してパリに移住した［5］や共和主義者として［6］のクーデタに反対して18年間の亡命生活を送ったヴィクトル＝ユゴー，［7］の思想に共感して専制政治を批判したプーシキンなどがその系列といえよう。

さらに，民族の個性を重視する立場に立つと，ロマン主義はナショナリズムと結びつくことになる。イギリスの詩人［8］がギリシア独立戦争に参加したことはよく知られている。また，［9］が『童話集』を編集したのは，ドイツに共通する文化を示し，ドイツ民族としての連帯感を作り出してドイツの統一を進めようとする意図があった。

音楽の世界では，モーツァルトに代表される［10］派音楽に代わり，ロマン主義音楽では，個性や意思・感情が強く表現された。ポーランド出身の［11］やオーストリアのシューベルトがその代表である。また，民族の伝承や神話を題材にした作品を発表したドイツの［12］や1848年のプラハ蜂起に参加したチェコのスメタナなど，ナショナリズムと密接に関わる作曲家もいた。

絵画の世界では，18世紀末から19世紀初頭に活躍した［13］やアングルに代表される［10］主義に対抗するかたちで，情熱的・幻想的な表現をするロマン主義絵画があらわれた。その代表者の一人であるフランスの［14］が，光り輝く色彩と自由な技法で描いた「キオス島の虐殺」は，ギリシア独立戦争への支援を訴えたもので，ここでもナショナリズムとの関連が指摘できる。

19世紀後半になると，社会構造の変化や近代科学の発展による世界観の変化の影響を受け，ロマン主義は過去を理想化して現実逃避の傾向を示すと批判され，社会の現実や人間をありのままに描こうとする［15］が広まっていくことになる。

［語群］

あ．バイロン　**い**．クールベ　**う**．シャルル＝ペロー　**え**．サンディカリスト
お．自由主義　**か**．写実主義　**き**．ヴェルサイユ体制　**く**．ハイドン　**け**．ハイネ
こ．ワーズワース　**さ**．耽美主義　**し**．啓蒙思想　**す**．デカブリスト　**せ**．勢力均衡
そ．ダヴィッド　**た**．バロック　**ち**．象徴主義　**つ**．フランス革命　**て**．グリム兄弟
と．ベートーヴェン　**な**．ルイ＝フィリップ　**に**．ルイ14世　**ぬ**．古典
ね．ショパン　**の**．ドラクロワ　**は**．ヒューマニズム　**ひ**．ヴァーグナー
ふ．資本主義　**へ**．ミレー　**ほ**．ゲーテ　**ま**．ルイ＝ナポレオン　**み**．ウィーン体制

❶ ヒント

6. ヴィクトル＝ユゴーは1851年のルイ＝ナポレオンのクーデタで武力抵抗を呼び掛け，亡命を余儀なくされた。この間，大作『レ＝ミゼラブル』を著し，ナポレオン3世の失脚後，パリに戻った。

13・14. ダヴィッド(ダヴィド)は，ナポレオン時代に宮廷画家となり，「ナポレオンの戴冠式」などを描いた。アングルはダヴィッドの弟子で，ロマン主義のドラクロワと対立した。

❶ 解答欄

1	
2	
3	
4	
5	
6	
7	
8	
9	
10	
11	
12	
13	
14	
15	

A 合理性を特色とする古典主義や進歩と理性を重視する啓蒙主義に反対して，人間の個性と感情を尊重し，民族の言語や歴史的伝統を重視した。

42 イスラーム文化史

解答：別冊p.29 ▶

イスラーム文明の特徴と学問

特徴	イスラーム教とアラビア語を基軸に，ギリシア・イラン・インドなどの文化要素を取り入れた融合文明*1
神学	ガザーリー：スーフィズム(イスラーム神秘主義)を理論化
歴史学	❶①＿＿＿＿：『世界史序説』…遊牧民と定住民との関係性の中に歴史の法則を指摘 ❷ラシード＝アッディーン：『集史』*2
哲学	❶②＿＿＿＿(ラテン名アヴィケンナ)：イスラーム哲学を体系化。『医学典範(てんぱん)』はギリシア・アラビア医学の集大成 ❷③＿＿＿＿(ラテン名アヴェロエス)：アリストテレスの哲学書の注釈 →スコラ学に影響
地理	④＿＿＿＿：『大旅行記(三大陸周遊記)』
数学	❶インドの「⑤＿＿＿＿の概念」や十進法 →アラビア数字 ❷フワーリズミー：代数学

*1 製紙法・火薬・羅針盤が中国から伝わり，ヨーロッパにもたらされた。

*2 ラシード＝アッディーンはイル＝ハン国の宰相で，著書『集史』はペルシア語で著された。

文学・美術

文学	❶フィルドゥーシー：『⑥＿＿＿＿』…イランの民族叙事詩 ❷⑦＿＿＿＿：『ルバイヤート(四行詩集)』。「太陽暦(ジャラーリー暦)」を編集 ❸『⑧＿＿＿＿(アラビアン＝ナイト)』：インド・イラン・アラビア・ギリシアなどの説話の集大成*3
美術・建築	❶⑨＿＿＿＿：偶像禁止のため，幾何学的な装飾文様が発達 ❷ミニアチュール(細密画)：イラン・インドで発達 ❸モスク：ドーム(円屋根)とミナレット(光塔)が特徴*4 ❹⑩＿＿＿＿宮殿(ナスル朝の都グラナダ)

*3 マムルーク朝時代の16世紀にカイロで現在の形にまとめられた。

*4 ウマイヤ＝モスク(ウマイヤ朝・ダマスクス)やスレイマン＝モスク(オスマン帝国・イスタンブル)のほか，タージ＝マハル(ムガル帝国の墓廟・アグラ)がイスラーム建築の代表とされる。

教育 →マドラサ(学院)*5が中心

❶知恵の館(バイト＝アルヒクマ)：アッバース朝がバグダードに建設。ギリシア語文献がアラビア語に翻訳された

❷⑪＿＿＿＿：ファーティマ朝がカイロに建設

❸⑫＿＿＿＿：セルジューク朝の宰相ニザーム＝アルムルクがスンナ派研究の学院としてバグダードなど主要都市に建設

*5 マドラサやモスク，病院などの公共施設は，ワクフ(寄進)によって運営された。

記述論述 Q ユダヤ教やキリスト教と基本的な世界観を共有するイスラームにおいて，ユダヤ教やキリスト教がどのように位置づけられているかを説明しなさい。 (北海道大)

 出題大学…⑫：慶應義塾大，上智大

実戦演習

❶ イスラーム文化に関する下記の設問に答えなさい。

解答：別冊p.35 ▶

南山大－人文(心理人間・日本文化)

(1)　イスラーム教に関する記述として誤っているものを選びなさい。すべて正しい場合は㋔を選びなさい。

㋐　唯一神アッラーに加えて天使を信じる。

㋑　ムハンマド没後に聖典『クルアーン』がまとめられた。

㋒　ムハンマドを最初の預言者と考える。

㋓　メッカ・メディナ・イェルサレムを聖地とする。

(2)　イスラーム教徒の義務とされる五行に含まれないものを選びなさい。すべて含まれる場合は㋔を選びなさい。

㋐貧者への喜捨　㋑ラマダーンの断食　㋒ジハードへの参加　㋓1日5回の礼拝

(3)　つぎの文の空欄に入る語を選びなさい。

イスラーム法は，『クルアーン』と，ムハンマドの言行を伝える［　　］を基礎としている。

㋐ハディース　㋑ヒジュラ　㋒ワクフ　㋓ハラージュ

(4)　イスラームの建造物とそれが所在する国の組合せとして誤っているものを選びなさい。すべて正しい場合は㋔を選びなさい。

㋐　クトゥブ＝ミナール――インド　㋑　アルハンブラ宮殿――スペイン

㋒　カーバ聖殿――サウジアラビア　㋓　アズハル＝モスク――エジプト

(5)　つぎの文の空欄に入る語を選びなさい。

アッバース朝の時代には，［　　］の「知恵の館」においてギリシア語文献がアラビア語に組織的に翻訳された。

㋐ダマスクス　㋑バグダード　㋒アレクサンドリア　㋓イェルサレム

(6)　ウマル＝ハイヤームに関するつぎの二つの文について正誤を判断し，aとbの両方が正しければ㋐を，aが正しくbが誤っていれば㋑を，aが誤っておりbが正しければ㋒を，aとbの両方が誤っていれば㋓を選びなさい。

a．ペルシア語で『医学典範』を著した。　b．正確な太陽暦の作成に関わった。

(7)　つぎの文の空欄a，bに入る語の組合せとして正しいものを選びなさい。

神との一体感を求めるイスラーム神秘主義の修行者は［ a ］と呼ばれ，多くの神秘主義教団が生まれてイスラーム世界の拡大に寄与した。このようなイスラーム神秘主義は［ b ］によって理論化された。

㋐　a．マワーリー　b．ガザーリー　㋑　a．スーフィー　b．ガザーリー

㋒　a．マワーリー　b．フィルドゥシー　㋓　a．スーフィー　b．フィルドゥシー

(8)　セルジューク朝の主要都市にマドラサを設立して，学問を振興した宰相を選びなさい。

㋐ハールーン＝アッラシード　㋑ニザーム＝アルムルク

㋒マンスール　㋓ラシード＝アッディーン

(9)　イブン＝ルシュドに関するつぎの二つの文について正誤を判断し，aとbの両方が正しければ㋐を，aが正しくbが誤っていれば㋑を，aが誤っておりbが正しければ㋒を，aとbの両方が誤っていれば㋓を選びなさい。

a．ラテン名はアヴェロエスである。

b．アリストテレスの著作に注釈をおこなった。

❶ ヒント

(1)㋒－イスラーム教では，モーセやイエスも預言者としてあげられ，ムハンマドは最後の，最も優れた預言者とされる。

(2)ムスリムの五行は，㋐・㋑・㋓のほか，信仰告白とメッカ巡礼である。

(3)㋐－「ハディース」はムハンマドの言行に関する伝承を意味し，各地を回ってその収集をしたタバリーは年代記『預言者たちと諸王の歴史』を著した。

(4)㋐－「クトゥブ＝ミナール」は，インド最初のイスラーム王朝の奴隷王朝を建てたアイバクが，デリー近郊に建立した。

(7)a．「マワーリー」は異民族出身の改宗者をさす。

❶ 解答欄

(1)	
(2)	
(3)	
(4)	
(5)	
(6)	
(7)	
(8)	
(9)	

A　『旧約聖書』と『新約聖書』を『コーラン(クルアーン)』に先立つ経典と認め，共通の唯一神を信仰するユダヤ教徒やキリスト教徒を「啓典の民」と呼んで，ズィンミー(庇護民)として保護した。

大学受験

ココが出る!! ☞

世界史ノート

歴史総合，世界史探究

四訂版

別冊
解答

旺文社

02 18世紀までの世界（西・南・東南アジア）

①スレイマン1世 …………006
②カピチュレーション
③イスファハーン
④ジズヤ
⑤アウラングゼーブ
⑥中継

03 18世紀の世界（中国・日本）

①清(しん) …………007
②銀
③トウモロコシ
④幕藩(ばくはん)
⑤参勤交代(さんきんこうたい)
⑥三都(さんと)
⑦俵物(たわらもの)
⑧五街道(ごかいどう)

04 貿易で結びつく東アジアとヨーロッパ

①東インド会社 …………007
②広州(こうしゅう)
③薩摩(さつま)
④松前(まつまえ)
⑤長崎(ながさき)
⑥対馬(つしま)

05 産業革命とその影響

①イギリス …………008
②大西洋三角
③インド産綿織物
④石炭
⑤世界の工場
⑥資本
⑦社会
⑧マルクス
⑨共産党宣言(きょうさんとう)
⑩エネルギー

06 19世紀の中国と日本の開港

①広州(こうしゅう) …………008
②アヘン
③イギリス
④南京(ナンキン)
⑤香港島(ホンコン)
⑥領事裁判権(りょうじさいばんけん)
⑦関税自主権(かんぜいじしゅけん)
⑧アロー
⑨フランス
⑩公使(こうし)
⑪洋務(ようむ)
⑫ペリー
⑬日米和親(にちべいわしん)〔神奈川〕
⑭日米修好通商(しゅうこうつうしょう)

07 市民革命とその影響

①市民 …………009
②大陸
③ワシントン
④独立
⑤パリ
⑥合衆国憲法(がっしゅうこく)
⑦三権
⑧（全国）三部会
⑨国民議会
⑩バスティーユ牢獄(ろうごく)
⑪人権宣言
⑫（第一）共和
⑬恐怖
⑭ナポレオン＝ボナパルト
⑮民法典(みんぽうてん)〔ナポレオン法典〕
⑯クリオーリョ
⑰ハイチ

08 欧米諸国のナショナリズム

①国民 …………009
②ウィーン
③メッテルニヒ
④1848
⑤西漸(せいぜん)
⑥強制移住
⑦南北
⑧リンカン

09 西アジアの近代化革命

①スルタン …………010
②ムハンマド＝アリー
③ギリシア
④タンジマート
⑤オスマン
⑥ミドハト〔オスマン帝国〕
⑦パン＝イスラーム
⑧ウラービー〔オラービー〕
⑨タバコ＝ボイコット
⑩イラン立憲

10 19世紀後半のヨーロッパの動向

①クリミア …………010
②パリ
③アレクサンドル2世

④万国博覧会

⑤プロイセン＝フランス〔普仏〕〔ドイツ＝フランス〕

⑥第三共和

⑦カヴール

⑧ガリバルディ

⑨ヴィットーリオ＝エマヌエーレ２世

⑩ビスマルク

⑪ヴィルヘルム１世

⑫ドイツ

⑬文化

⑭ビスマルク

11 幕末の動揺と新政府の発足

①安政の大獄 ……………… 011

②公武合体

③尊王攘夷

④薩長

⑤大政奉還

⑥王政復古の大号令

⑦戊辰

⑧五箇条の誓文

⑨版籍奉還

⑩廃藩置県

12 明治政府の諸改革と憲法の制定

①華族 ……………………… 011

②平民

③四民平等

④徴兵令

⑤西南

⑥自由民権

⑦伊藤博文

⑧大日本帝国憲法

⑨立憲

⑩国家

13 日本の産業革命

①殖産興業 ……………… 012

②官営

③お雇い外国人

④日本銀行

⑤日清戦争

⑥金本位

⑦器械

⑧アメリカ

⑨生糸

⑩鉄道国有

⑪財閥

⑫官営製鉄所

⑬公害

14 アジア・アフリカの植民地化

①イギリス東インド ……… 012

②シパーヒー〔インド人傭兵〕

③インド

④フランス領インドシナ

⑤アメリカ

⑥オランダ東インド

⑦イギリス

⑧チュラロンコン〔ラーマ５世〕

⑨ベルリン（＝コンゴ）

15 日清戦争

①主権国家 ………………… 013

②樺太・千島

③琉球領有〔琉球処分〕

④朝鮮

⑤甲午農民

⑥日英通商航海

⑦日清

⑧下関

⑨朝鮮

⑩台湾

⑪三国干渉

16 日露戦争

①戊戌の変法 ……………… 013

②義和団

③北京

④満洲〔中国東北地方〕

⑤日英同盟

⑥日露

⑦ポーツマス

⑧日比谷焼打ち

⑨義兵闘争

⑩韓国併合

⑪辛亥

17 第一次世界大戦

①協商国 …………………… 014

②サライェヴォ

③セルビア

④ベルギー

⑤総力戦

⑥日英同盟

⑦二十一カ条の要求

⑧無制限潜水艦

⑨秘密

⑩十四カ条

⑪ ブレスト＝リトフスク

⑫ ドイツ

⑬ ドイツ〔ヴァイマル〕

18 ロシア革命とアメリカの台頭

① 社会主義 …………………… 014

② 二月〔三月〕

③ ソヴィエト〔評議会〕

④ 十月〔十一月〕

⑤ レーニン

⑥ 平和に関する布告

⑦ 国際連盟

⑧ 大量消費

⑨ 女性

⑩ 移民

19 第一次世界大戦後の国際体制

① ヴェルサイユ …………… 015

② 国際連盟

③ 民族自決

④ 日本

⑤ ワシントン

⑥ (ワシントン)海軍軍備制限〔海軍軍縮〕

⑦ 四カ国

⑧ 九カ国

⑨ ロカルノ

⑩ 不戦

⑪ ロンドン軍縮

⑫ ドーズ

⑬ ヤング

20 アジアの経済成長

① 金本位 …………………… 015

② 債務

③ 大戦

④ 債権

⑤ 戦後

⑥ 震災

⑦ 金融

⑧ 緊縮

21 アジアの民族運動と国際秩序の変化

① 三・一独立 ……………… 016

② 五・四

③ 中国国民

④ ベンガル分割

⑤ ガンディー

⑥ プールナ＝スワラージ

⑦ ムスタファ＝ケマル

⑧ ワフド

⑨ パフレヴィー

22 大正デモクラシーと大衆社会の成立

① 社会主義 …………………… 016

② 日比谷焼打ち

③ 第一次護憲

④ 政党

⑤ 民本

⑥ 第二次護憲

⑦ ロシア

⑧ 治安維持

⑨ 新婦人協会

⑩ 全国水平社

⑪ 新中間

⑫ 職業

23 世界恐慌と各国の対応

① ウォール …………………… 017

② ブロック化

③ フランクリン＝ローズヴェルト

④ テネシー川流域開発公社

⑤ ワグナー

⑥ ソ連

⑦ 善隣

⑧ 金(輸出)

⑨ 農業

⑩ 高橋是清

24 ファシズムの拡大

① 独裁 ……………………… 017

② ムッソリーニ

③ ローマ

④ エチオピア

⑤ ナチ

⑥ 全権委任

⑦ コミンテルン〔共産主義インターナショナル〕

⑧ フランコ

⑨ ズデーテン

⑩ 宥和

⑪ 独ソ不可侵

25 満洲事変と日中戦争

① 蔣介石 …………………… 018

② 国民

③ 張学良

④関税自主
⑤柳条湖
⑥満洲事変
⑦五・一五
⑧二・二六
⑨盧溝橋
⑩抗日民族統一戦線

26 第二次世界大戦の勃発

①ポーランド ……………… 018
②フィンランド
③ド＝ゴール
④武器貸与
⑤日独伊三国
⑥日ソ中立
⑦大西洋

27 第二次世界大戦の終結

①ミッドウェー海戦 ……… 019
②サイパン島
③スターリングラード
④シチリア島
⑤カイロ
⑥テヘラン
⑦ノルマンディー
⑧ヤルタ
⑨沖縄
⑩ポツダム

28 大戦下の日本社会

①国家総動員 ……………… 019
②新体制
③大日本産業報国
④学徒出陣
⑤徴兵
⑥勤労動員
⑦切符
⑧配給
⑨学童疎開

29 第二次世界大戦後の国際体制

①サンフランシスコ ……… 020
②常任理事国
③拒否
④ブレトン＝ウッズ
⑤国際通貨基金
⑥国際復興開発銀行
⑦基軸
⑧GATT
⑨自由貿易
⑩朝鮮
⑪吉田茂
⑫日米安全保障

30 占領下の日本

①GHQ …………………… 020
②東京裁判
③女性
④農地改革
⑤日本国憲法
⑥議院内閣
⑦基本的人権
⑧保守
⑨革新
⑩中道

31 冷戦の開始とアジアの動き

①チャーチル ……………… 021
②トルーマン＝ドクトリン
③封じ込め
④マーシャル＝プラン
⑤コミンフォルム
⑥コメコン〔COMECON〕
⑦ベルリン
⑧NATO
⑨ワルシャワ
⑩連邦
⑪民主
⑫中ソ友好同盟相互援助
⑬38
⑭大韓民国
⑮朝鮮民主主義人民共和国

32 日本の独立

①360 ……………………… 021
②警察予備隊
③特需
④サンフランシスコ平和
⑤日米安全保障
⑥革新
⑦自衛隊
⑧祖国復帰

33 冷戦下のアジア・アフリカ諸国の独立

①インド …………………… 022
②パキスタン
③インドシナ
④ジュネーヴ休戦
⑤ベトナム共和国

⑥南ベトナム解放民族
⑦北爆
⑧(ベトナム)反戦
⑨ベトナム〔パリ〕和平
⑩ベトナム社会主義
⑪アフリカの年
⑫アフリカ統一機構

34 冷戦下のアジアでの地域紛争

①パレスチナ……………022
②第1次中東
③スエズ運河
④スエズ
⑤パレスチナ解放機構

35 冷戦の対立拡大と社会の変化

①赤狩り〔マッカーシズム〕……………023
②大きな政府
③ヨーロッパ石炭鉄鋼共同体
④ド＝ゴール
⑤アデナウアー
⑥ベルリンの壁
⑦フルシチョフ
⑧スターリン
⑨雪どけ
⑩プラハの春
⑪フェミニズム
⑫公民権

36 戦後日本とアジアとの結びつき

①日韓基本……………023
②日中共同
③一つの中国
④日中平和友好
⑤祖国復帰
⑥沖縄返還

37 核兵器の拡大と抑制

①カストロ……………024
②海上
③部分的核実験禁止〔地下を除く(大気圏内外水中)核実験禁止〕
④第五福竜丸
⑤原水爆禁止世界大会
⑥パグウォッシュ
⑦第1次戦略兵器制限交渉
⑧ブラント
⑨ヘルシンキ
⑩アフガニスタン

38 地域連携の広がり

①ヨーロッパ石炭鉄鋼共同体……………024
②ヨーロッパ経済共同体
③ヨーロッパ原子力共同体
④ヨーロッパ共同体
⑤ヨーロッパ自由貿易連合
⑥東南アジア条約機構
⑦東南アジア諸国連合
⑧アフリカ統一機構

39 計画経済とその影響

①ネルー……………025
②毛沢東
③人民公社
④劉少奇
⑤中印国境
⑥プロレタリア文化大革命
⑦紅衛兵
⑧平和共存
⑨中ソ国境

40 日本と世界の経済成長

①ブレトン＝ウッズ………025
②設備
③特需(景気)
④池田勇人
⑤2
⑥中流
⑦第一次
⑧過密
⑨過疎
⑩公害対策基本
⑪環境

41 石油危機とその影響

①ドル＝ショック〔ニクソン＝ショック〕……………026
②変動相場
③第4次中東
④サミット
⑤イラン＝イスラーム
⑥日本列島改造
⑦狂乱
⑧貿易摩擦
⑨プラザ
⑩バブル

42 20世紀後半のアジアの経済発展

①東南アジア諸国連合……026
②シンガポール
③新興（しんこう）工業経済地域
④パキスタン
⑤IT〔ICT〕
⑥モサッデグ〔モサデグ〕
⑦パフレヴィー２世
⑧石油輸出国機構
⑨アラブ石油輸出国機構

43 世界経済のグローバル化と情報通信技術

①福祉……027
②民営
③規制
④世界貿易機関
⑤自由貿易協定
⑥IT
⑦ICT
⑧温暖化
⑨ＳＤＧｓ（エスディージーズ）
⑩海底
⑪コンピュータ
⑫衛星
⑬資本

44 冷戦の終結

①ペレストロイカ……027
②グラスノスチ
③新思考
④中距離核戦力（ちゅうきょりかくせんりょく）〔INF〕全廃（ぜんぱい）
⑤アフガニスタン
⑥マルタ
⑦連帯（れんたい）
⑧ベルリンの壁
⑨独立国家共同体

45 各国・地域の民主化の進展

①鄧小平（とうしょうへい）……028
②天安門（てんあんもん）
③一国二（いっこくに）
④世界貿易機関
⑤李登輝（りとうき）
⑥朴正熙（パクチョンヒ）
⑦盧泰愚（ノテウ）
⑧金大中（キムデジュン）
⑨金正日（キムジョンイル）
⑩ミャンマー
⑪アウン＝サン＝スー＝チー〔スー＝チー〕
⑫アパルトヘイト
⑬マンデラ

46 国際社会における日本

①細川護熙（ほそかわもりひろ）……028
②55年体制
③平成（へいせい）
④国際平和協力法〔国連平和維持活動協力法〕
⑤カンボジア
⑥政府開発援助
⑦小泉純一郎（こいずみじゅんいちろう）
⑧民主党（みんしゅ）

47 地域統合の拡大

①マーストリヒト……029
②ヨーロッパ連合
③ユーロ
④イギリス
⑤北米自由貿易協定
⑥南米南部共同市場
⑦アジア太平洋経済協力(会議)

48 冷戦終結後の地域紛争

①セルビア……029
②NATO（ナトー）
③アフリカ連合
④ラビン
⑤オスロ
⑥フセイン
⑦イラン＝イラク
⑧湾岸（わんがん）
⑨イラク
⑩ターリバーン
⑪同時多発テロ
⑫アル＝カーイダ
⑬シリア
⑭IS

00 人類の進化と文明の誕生

①猿人 …… 030
②埋葬
③クロマニョン
④骨角器
⑤洞穴絵画
⑥狩猟・採集
⑦磨製石器
⑧灌漑
⑨青銅器
⑩都市国家

01 オリエント文明とイラン諸国家

①ウル …… 033
②楔形
③アッカド
④サルゴン1世
⑤バビロン
⑥アムル
⑦ハンムラビ
⑧楔形
⑨ベヒストゥーン
⑩太陰
⑪ヒッタイト
⑫海の民
⑬ミタンニ …… 034
⑭アラム
⑮ダマスクス
⑯フェニキア
⑰シドン
⑱カルタゴ
⑲フェニキア
⑳パレスチナ〔カナーン〕
㉑モーセ
㉒ダヴィデ
㉓イェルサレム
㉔ソロモン
㉕ヤハウェ
㉖イスラエル
㉗ユダ
㉘バビロン捕囚
㉙ユダヤ教 …… 035
㉚メンフィス
㉛ラー
㉜テーベ
㉝ヒクソス
㉞テーベ
㉟アテン〔アトン〕
㊱テル＝エル＝アマルナ
㊲アマルナ美術
㊳ヒッタイト
㊴アッシリア …… 036
㊵アケメネス
㊶死者の書
㊷太陽
㊸ヒエログリフ
㊹シャンポリオン
㊺ニネヴェ
㊻新バビロニア〔カルデア〕…037
㊼バビロン
㊽ネブカドネザル2世
㊾メディア
㊿スサ
51リディア
52エジプト
53ダレイオス1世
54サトラップ
55ペルセポリス
56王の道
57マラトン …… 038
58サラミス
59アレクサンドロス(大王)
60ゾロアスター
61ローリンソン
62セレウコス
63パルティア
64クテシフォン
65アルダシール1世〔アルデシール1世〕
66シャープール1世
67ホスロー1世
68エフタル
69ユスティニアヌス
70ニハーヴァンド
71アヴェスター
72マニ教

02 インド・東南アジアの文明

①ハラッパー …… 041
②インダス
③パンジャーブ
④ガンジス
⑤鉄器
⑥ヴァルナ
⑦バラモン
⑧クシャトリヤ
⑨ヴァイシャ
⑩シュードラ
⑪バラモン教
⑫ヴェーダ
⑬ウパニシャッド
⑭クシャトリヤ …… 042
⑮ヴァルダマーナ
⑯ヴァイシャ
⑰マガダ

⑱ アレクサンドロス(大王)
⑲ マウリヤ
⑳ パータリプトラ
㉑ アショーカ王
㉒ ダルマ
㉓ 季節風
㉔ エリュトゥラー海案内記
㉕ カニシカ ……………………043
㉖ プルシャプラ
㉗ 大乗
㉘ ガンダーラ
㉙ パータリプトラ
㉚ チャンドラグプタ２世
㉛ 法顕
㉜ カーリダーサ
㉝ サンスクリット
㉞ ラーマーヤナ
㉟ ヒンドゥー教
㊱ シヴァ
㊲ マヌ法典
㊳ ナーランダー
㊴ 玄奘
㊵ 南海寄帰内法伝
㊶ ゼロ
㊷ エフタル
㊸ 大唐西域記 ………………044
㊹ チョーラ
㊺ シュリーヴィジャヤ
㊻ 扶南
㊼ シュリーヴィジャヤ
㊽ シャイレンドラ
㊾ ボロブドゥール
㊿ アンコール＝ワット
51 上座部

03 中国諸王朝の変遷① (殷・周～魏晋南北朝)

① 殷墟 ……………………………047
② 甲骨文字
③ 鎬京
④ 封建(制)
⑤ 卿・大夫・士
⑥ 犬戎
⑦ 洛邑
⑧ 尊王攘夷
⑨ 覇者
⑩ 戦国の七雄
⑪ 牛耕
⑫ 諸子百家
⑬ 咸陽 ……………………………048
⑭ 始皇帝
⑮ 郡県制
⑯ 半両銭
⑰ 焚書・坑儒
⑱ 李斯
⑲ 匈奴
⑳ 陳勝・呉広
㉑ 長安
㉒ 劉邦
㉓ 郡国制
㉔ 呉楚七国
㉕ 郷挙里選
㉖ 董仲舒
㉗ 張騫
㉘ 敦煌郡 …………………………049
㉙ 楽浪
㉚ 塩・鉄・酒
㉛ 均輸(法)
㉜ 平準(法)
㉝ 王莽
㉞ 赤眉
㉟ 洛陽
㊱ 劉秀
㊲ 班超
㊳ 甘英
㊴ 安敦
㊵ 党錮の禁
㊶ 黄巾の乱
㊷ 張角
㊸ 魏
㊹ 曹丕
㊺ 蜀 ………………………………050
㊻ 呉
㊼ 司馬炎
㊽ 建康
㊾ 宋
㊿ 斉
51 梁
52 陳
53 太武帝
54 寇謙之
55 孝文帝
56 漢化
57 三長制
58 奴婢
59 九品中正〔九品官人法〕

04 中国諸王朝の変遷② (隋・唐・宋)

① 大興城 …………………………053
② 突厥
③ 科挙〔選挙〕
④ 煬帝
⑤ 大運河
⑥ 高句麗
⑦ 長安
⑧ 李淵

⑨ 李世民
⑩ 貞観の治
⑪ 都護府
⑫ 律
⑬ 令
⑭ 均田制
⑮ 府兵制
⑯ 武則天〔則天武后〕
⑰ 玄宗 ……………………… 054
⑱ 募兵制
⑲ 節度使
⑳ 安史の乱
㉑ ウイグル
㉒ 節度使
㉓ 両税法
㉔ 楊炎
㉕ 黄巣の乱
㉖ 塩
㉗ 朱全忠
㉘ 朱全忠
㉙ 開封〔汴州〕
㉚ 武断
㉛ 開封
㉜ 趙匡胤
㉝ 文治主義
㉞ 殿試 ……………………… 055
㉟ 王安石
㊱ 青苗法
㊲ 市易法
㊳ 保甲法
㊴ 司馬光
㊵ 耶律阿保機
㊶ 燕雲十六州
㊷ 澶淵の盟
㊸ 二重統治
㊹ 部族制
㊺ 契丹
㊻ タングート
㊼ 慶暦の和約
㊽ 西夏
㊾ 完顔阿骨打 ……………… 056
㊿ キタイ〔遼〕
(51) 靖康の変
(52) 徽宗
(53) 猛安・謀克
(54) 交鈔
(55) 臨安
(56) 高宗
(57) 岳飛
(58) 秦檜
(59) 淮河
(60) 形勢戸
(61) 士大夫
(62) 占城稲
(63) 蘇湖〔江浙〕熟すれば天下足る
(64) 行
(65) 交子
(66) 市舶司
(67) 景徳鎮

05 中国諸王朝の変遷③（元・明・清）

① クリルタイ ……………… 059
② ナイマン
③ ホラズム＝シャー朝
④ 西夏
⑤ カラコルム
⑥ 金
⑦ バトゥ
⑧ ワールシュタット
⑨ キプチャク＝ハン
⑩ フレグ〔フラグ〕
⑪ 大都 ……………………… 060
⑫ 南宋
⑬ パガン
⑭ モンゴル人
⑮ 色目人
⑯ 漢人
⑰ ジャムチ
⑱ 交鈔
⑲ 科挙
⑳ チベット仏教〔ラマ教〕
㉑ 交鈔
㉒ 紅巾の乱
㉓ プラノ＝カルピニ
㉔ ルブルック
㉕ モンテ＝コルヴィノ
㉖ 世界の記述
㉗ イブン＝バットゥータ
㉘ 南京 ……………………… 061
㉙ 中書省
㉚ 里甲制
㉛ 衛所制
㉜ 魚鱗図冊
㉝ 賦役黄冊
㉞ 六諭
㉟ 朝貢
㊱ 靖難
㊲ 北京
㊳ 朱子学
㊴ モンゴル
㊵ 鄭和
㊶ 土木の変
㊷ タタール
㊸ 倭寇 ……………………… 062
㊹ 張居正
㊺ 顧憲成
㊻ 壬辰・丁酉

㊼ 李自成（りじせい）
㊽ ヌルハチ
㊾ 八旗（はっき）
㊿ チャハル
(51) 朝鮮〔朝鮮王朝，李朝（り）〕
(52) 呉三桂（ごさんけい）
(53) 康熙帝（こうきてい）
(54) 三藩（さんぱん）の乱
(55) 鄭成功（ていせいこう）
(56) ネルチンスク …………… 063
(57) キャフタ
(58) 軍機処（ぐんきしょ）
(59) 地丁銀（ちていぎん）
(60) ジュンガル
(61) 理藩（りはん）
(62) 文字（もんじ）の獄（ごく）
(63) 佃戸（でんこ）
(64) 華僑（かきょう）〔南洋華僑〕
(65) 湖広（ここう） …………………… 064
(66) 景徳鎮（けいとくちん）
(67) 徽州（きしゅう）商人〔新安（しんあん）商人〕
(68) 会館（かいかん）・公所（こうしょ）
(69) 一条鞭法（いちじょうべんぽう）
(70) 地丁銀制（ちていぎん）
(71) 蘇州（そしゅう）
(72) 銀
(73) 広州（こうしゅう）
(74) 公行（こうこう（コホン））

06 漢族と北方遊牧民

① 冒頓単于（ぼくとつぜんう） …………………… 066
② 張騫（ちょうけん）
③ 敦煌（とんこう）
④ 班超（はんちょう）
⑤ 永嘉（えいか）
⑥ 鮮卑（せんぴ）
⑦ 太武帝（たいぶてい）
⑧ 孝文帝（こうぶんてい）
⑨ 洛陽（らくよう）
⑩ 柔然（じゅうぜん）
⑪ 安史（あんし） …………………… 067
⑫ キルギス
⑬ 耶律阿保機（やりつあぼき）
⑭ 渤海（ぼっかい）
⑮ 燕雲十六州（えんうんじゅうろくしゅう）
⑯ 澶淵（せんえん）の盟（めい）
⑰ タングート
⑱ 慶暦（けいれき）
⑲ 完顔阿骨打（ワンヤンアグダ）
⑳ 靖康（せいこう）の変
(21) 淮河（わいが）
(22) 西夏（せいか）
(23) 大都（だいと）
(24) 朱元璋（しゅげんしょう）
(25) 永楽帝（えいらくてい）
(26) 土木（どぼく）
(27) アルタン＝ハーン
(28) ヌルハチ
(29) 李自成（りじせい）
(30) ジュンガル
(31) 乾隆帝（けんりゅうてい）
(32) 鮮卑（せんぴ） …………………… 068
(33) 洛陽（らくよう）
(34) 耶律阿保機（やりつあぼき）
(35) 燕雲十六州（えんうんじゅうろくしゅう）
(36) 部族
(37) 州県（しゅうけん）
(38) 完顔阿骨打（ワンヤンアグダ）
(39) 靖康（せいこう）の変
(40) 猛安（もうあん）・謀克（ぼうこく）
(41) 淮河（わいが）
(42) 南人（なんじん）
(43) ヌルハチ
(44) 康熙帝（こうきてい）
(45) 科挙（かきょ）
(46) 文字（もんじ）の獄（ごく）

07 中国の諸制度

① 曹丕（そうひ） …………………… 070
② 課田法（かでんほう）
③ 均田制（きんでん）
④ 佃戸（でんこ）
⑤ 両税法（りょうぜいほう）
⑥ 安史（あんし）の乱
⑦ 楊炎（ようえん）
⑧ 一条鞭法（いちじょうべんぽう）
⑨ 銀
⑩ 地丁銀制（ちていぎん）
⑪ 孟子（もうし） …………………… 071
⑫ 董仲舒（とうちゅうじょ）
⑬ 鄭玄（じょうげん（ていげん））
⑭ 孔穎達（くようだつ（こうえいたつ））
⑮ 周敦頤（しゅうとんい）
⑯ 朱熹（しゅき）〔朱子（しゅし）〕
⑰ 陸九淵（りくきゅうえん）〔陸象山（りくしょうざん）〕
⑱ 王守仁（おうしゅじん）〔王陽明（おうようめい）〕
⑲ 黄宗羲（こうそうぎ）
⑳ 康有為（こうゆうい）
(21) 董仲舒（とうちゅうじょ）
(22) 文帝（ぶんてい）
(23) 中正官（ちゅうせいかん）
(24) 楊堅（ようけん）
(25) 殿試（でんし）
(26) 元（げん）

08 イスラーム世界の形成

① メッカ ……………………073
② ムハンマド
③ クライシュ
④ アッラー
⑤ ヒジュラ
⑥ カリフ
⑦ アリー
⑧ ビザンツ
⑨ ニハーヴァンド
⑩ ダマスクス
⑪ ムアーウィヤ
⑫ 西ゴート
⑬ カール＝マルテル
⑭ ハラージュ
⑮ ジズヤ
⑯ バグダード………………074
⑰ シーア派
⑱ ハールーン＝アッラシード
⑲ ウラマー
⑳ シャリーア
㉑ ジズヤ
㉒ マムルーク
㉓ フレグ〔フラグ〕
㉔ コルドバ
㉕ レコンキスタ
㉖ ファーティマ
㉗ カイロ
㉘ サラーフ＝アッディーン〔サラディン〕
㉙ イェルサレム
㉚ マムルーク ………………075
㉛ バイバルス
㉜ ムラービト
㉝ ガーナ
㉞ グラナダ
㉟ マリ
㊱ トンブクトゥ
㊲ ダウ
㊳ スワヒリ語
㊴ モノモタパ
㊵ サーマーン
㊶ ブハラ
㊷ カラハン
㊸ 耶律大石(やりつたいせき) …………………076
㊹ ブワイフ
㊺ セルジューク
㊻ トゥグリル＝ベク
㊼ スルタン
㊽ イクター
㊾ ホラズム＝シャー
㊿ タブリーズ
51 フレグ〔フラグ〕
52 ガザン＝ハン
53 ガズナ
54 ゴール
55 奴隷(どれい)王朝
56 ロディー朝
57 マラッカ

09 イスラーム世界の拡大

① サマルカンド ……………079
② アンカラ
③ バヤジット1世
④ ミニアチュール
⑤ 遊牧ウズベク
⑥ バーブル
⑦ パーニーパット
⑧ デリー
⑨ アクバル
⑩ アグラ
⑪ ジズヤ
⑫ タージ＝マハル …………080
⑬ アウラングゼーブ
⑭ スンナ
⑮ シク教徒
⑯ ボンベイ
⑰ ポンディシェリ
⑱ ナーナク
⑲ ウルドゥー語
⑳ イスマーイール(1世)
㉑ シーア
㉒ シャー
㉓ アッバース1世
㉔ ホルムズ島
㉕ イスファハーン …………081
㉖ イェニチェリ
㉗ バヤジット1世
㉘ アンカラ
㉙ メフメト2世
㉚ セリム1世
㉛ スンナ派
㉜ ウラマー …………………082
㉝ イェニチェリ
㉞ (第1次)ウィーン包囲
㉟ カール5世
㊱ プレヴェザの海戦
㊲ カピチュレーション
㊳ レパントの海戦
㊴ カルロヴィッツ
㊵ オーストリア

10 古代地中海世界の展開

① クノッソス ………………085
② ミケーネ

③エヴァンズ
④シュリーマン
⑤シノイキスモス
⑥重装歩兵
⑦ドラコン
⑧ソロン
⑨ペイシストラトス
⑩クレイステネス
⑪陶片追放
⑫ミレトス
⑬マラトン ……………………086
⑭サラミスの海戦
⑮テミストクレス
⑯スパルタ
⑰デロス
⑱民会
⑲奴隷
⑳スパルタ
㉑デマゴーゴス
㉒イッソス
㉓アレクサンドリア
㉔プトレマイオス
㉕セレウコス
㉖アンティゴノス
㉗アレクサンドリア
㉘ムセイオン
㉙オクタウィアヌス
㉚バクトリア ………………087
㉛パルティア
㉜エトルリア
㉝護民官
㉞十二表法
㉟リキニウス・セクスティウス
㊱ホルテンシウス
㊲シチリア島
㊳ハンニバル
㊴ザマ
㊵ラティフンディア ………088
㊶グラックス兄弟
㊷平民派
㊸同盟市
㊹スパルタクス
㊺ポンペイウス
㊻アクティウム
㊼アントニウス
㊽アウグストゥス
㊾トラヤヌス
㊿ディオクレティアヌス
51 ミラノ勅令
52 コンスタンティノープル
53 アリウス
54 テオドシウス
55 アタナシウス
56 オスマン帝国

11 ヨーロッパ世界の形成

①ケルト ……………………091
②民会
③ガリア戦記
④タキトゥス
⑤コロヌス
⑥フン
⑦西ゴート
⑧東ゴート
⑨ランゴバルド〔ロンバルド〕
⑩ウマイヤ
⑪ビザンツ〔東ローマ〕
⑫エグバート
⑬カタラウヌム
⑭アリウス
⑮クローヴィス ……………092
⑯アタナシウス
⑰カール＝マルテル
⑱ウマイヤ
⑲ピピン（3世）
⑳ラヴェンナ
㉑カール大帝
㉒アヴァール
㉓アルクイン
㉔レオ3世
㉕メルセン
㉖カペー
㉗オットー1世
㉘ノルマンディー …………093
㉙クヌート〔カヌート〕
㉚ウィリアム
㉛ノルマン
㉜両シチリア
㉝ノヴゴロド
㉞キエフ
㉟ウラディミル1世
㊱テオドシウス
㊲ヴァンダル
㊳東ゴート
㊴ホスロー1世
㊵トリボニアヌス
㊶ハギア〔セント〕＝ソフィア
㊷ランゴバルド〔ロンバルド〕
㊸正統カリフ
㊹テマ〔軍管区〕……………094
㊺聖像禁止令
㊻プロノイア
㊼セルジューク
㊽ラテン
㊾メフメト2世
㊿1453
51 カジミェシュ〔カシミール〕大

王
52 セルビア人
53 イヴァン３世

12 西ヨーロッパの封建社会

1 恩貸地(おんたいち)……096
2 従士(じゅうし)
3 封土(ほうど)
4 双務的契約(そうむ)
5 不輸不入権
6 直営地
7 賦役(ふえき)
8 貢納(こうのう)
9 十分の一税
10 三圃(さんぽ)
11 貨幣……097
12 十字軍
13 東方〔レヴァント〕
14 ヴェネツィア
15 香辛料
16 フィレンツェ
17 リューベック
18 ブリュージュ
19 シャンパーニュ
20 アウクスブルク
21 ロンバルディア
22 フリードリヒ１世
23 ハンブルク
24 特許状
25 自由都市……098
26 ツンフト闘争
27 直営地
28 古典荘園
29 黒死病(こくしびょう)
30 封建反動
31 ジャックリー
32 ワット＝タイラー
33 ジョン＝ボール

13 西ヨーロッパ中世世界の変容

1 ミラノ勅令(ちょくれい)……101
2 ニケーア
3 グレゴリウス１世
4 聖像禁止令
5 レオ３世
6 グレゴリウス７世
7 (聖職)叙任権(せいしょくじょにんけん)
8 クレルモン
9 ヴォルムス協約
10 インノケンティウス３世
11 フィリップ４世
12 教皇のバビロン捕囚(ほしゅう)
13 ウィクリフ
14 コンスタンツ
15 フス
16 ベネディクトゥス
17 クリュニー
18 フランチェスコ
19 セルジューク……102
20 マンジケルト
21 クレルモン
22 イェルサレム
23 サラーフ＝アッディーン〔サラディン〕
24 フィリップ２世
25 リチャード１世
26 インノケンティウス３世
27 ヴェネツィア
28 ラテン帝国
29 フリードリヒ２世
30 ルイ９世
31 国王
32 ヘンリ２世
33 リチャード１世
34 ジョン王
35 大憲章(だいけんしょう)
36 シモン＝ド＝モンフォール
37 模範議会(もはんぎかい)……103
38 エドワード３世
39 フィリップ２世
40 アルビジョワ派
41 フィリップ４世
42 (全国)三部会
43 教皇のバビロン捕囚(ほしゅう)
44 フランドル
45 ヴァロワ朝
46 エドワード３世
47 クレシー
48 ジャックリーの乱
49 ジャンヌ＝ダルク
50 シャルル７世
51 バラ
52 テューダー
53 イサベル……104
54 1492
55 グラナダ
56 エンリケ
57 イタリア
58 大空位時代(だいくうい)
59 金印勅書(きんいんちょくしょ)
60 カール４世
61 ハプスブルク
62 ハプスブルク
63 ウェストファリア

⑭ シチリア王国

⑮ カルマル

14 近世ヨーロッパの胎動

① 胡椒(こしょう)……107

② マルコ＝ポーロ

③ 世界の記述

④ オスマン帝国

⑤ 羅針盤(らしんばん)

⑥ トスカネリ

⑦ 国土回復運動

⑧ エンリケ

⑨ バルトロメウ＝ディアス

⑩ ヴァスコ＝ダ＝ガマ

⑪ ゴア

⑫ マルク〔モルッカ〕……108

⑬ マカオ

⑭ カブラル

⑮ リスボン

⑯ イサベル

⑰ サンサルバドル

⑱ アメリゴ＝ヴェスプッチ

⑲ バルボア

⑳ アステカ

㉑ ピサロ

㉒ ポトシ

㉓ エンコミエンダ

㉔ トルデシリャス

㉕ ブラジル

㉖ カルロス１世

㉗ 商業

㉘ 価格

㉙ ヒューマニズム……109

㉚ メディチ

㉛ 商業

㉜ イタリア

㉝ サン＝ピエトロ大聖堂

㉞ 贖宥状(しょくゆうじょう)

㉟ 九十五カ条の論題

㊱ ヴォルムス……110

㊲ ミュンツァー

㊳ スレイマン１世

㊴ シュマルカルデン同盟

㊵ アウクスブルク

㊶ キリスト教綱要(こうよう)

㊷ ジュネーヴ

㊸ ユグノー

㊹ ゴイセン

㊺ トリエント〔トレント〕

㊻ パウルス３世

㊼ イグナティウス＝ロヨラ

15 主権国家体制の成立

① 絶対王政……113

② 官僚

③ ジェームズ１世

④ ボシュエ

⑤ コルベール

⑥ マニュファクチュア

⑦ ネーデルラント

⑧ レパントの海戦

⑨ ポルトガル……114

⑩ カルヴァン

⑪ フェリペ２世

⑫ オラニエ公ウィレム

⑬ ユトレヒト同盟

⑭ ネーデルラント連邦共和国

⑮ ウェストファリア

⑯ アムステルダム

⑰ バタヴィア

⑱ アンボイナ

⑲ バラ戦争……115

⑳ 首長法(しゅちょうほう)〔国王至上法(こくおうしじょうほう)〕

㉑ 星室庁(せいしつちょう)裁判所

㉒ 統一法

㉓ 救貧法

㉔ ドレーク

㉕ 東インド会社

㉖ サンバルテルミの虐殺(ぎゃくさつ)

㉗ アンリ４世

㉘ ナントの王令〔勅令(ちょくれい)〕

㉙ (全国)三部会

㉚ リシュリュー

㉛ ハプスブルク……116

㉜ マザラン

㉝ アルザス

㉞ ボシュエ

㉟ コルベール

㊱ 東インド会社

㊲ シャンデルナゴル

㊳ スペイン継承戦争

㊴ オーストリア

㊵ アン女王戦争

㊶ ユトレヒト

㊷ ジブラルタル

㊸ ネーデルラント

㊹ ナントの王令〔勅令(ちょくれい)〕

16 東欧の動向と覇権競争

① ベーメン〔ボヘミア〕……119

② グスタフ＝アドルフ

③ ヴァレンシュタイン

④ リシュリュー

⑤ スイス

⑥ アルザス

⑦ドイツ騎士団
⑧ホーエンツォレルン
⑨常備軍
⑩ヴォルテール
⑪シュレジエン ……………120
⑫ポーランド分割
⑬サンスーシ
⑭ハプスブルク
⑮シュレジエン
⑯フランス
⑰イヴァン4世
⑱ツァーリ
⑲イェルマーク
⑳ネルチンスク ……………121
㉑康熙(こうき)
㉒カール12世
㉓ペテルブルク
㉔プガチョフ
㉕クリミア半島〔クリミア＝ハン国〕
㉖ラクスマン
㉗コシューシコ〔コシチューシコ〕
㉘バタヴィア
㉙アンボイナ
㉚ケープ
㉛カルカッタ ………………122
㉜ヴァージニア
㉝航海法
㉞ニューヨーク
㉟コルベール
㊱ポンディシェリ
㊲ケベック
㊳ルイジアナ
㊴アン女王
㊵ユトレヒト
㊶オーストリア継承
㊷フレンチ＝インディアン
㊸プラッシー
㊹パリ
㊺ニューファンドランド

17 イギリス革命と議会政治の確立

①ジェントリ ………………124
②ヨーマン
③マニュファクチュア
④ピューリタン
⑤ピューリタン
⑥王権神授説(おうけんしんじゅせつ)
⑦チャールズ1世
⑧権利の請願(せいがん)
⑨スコットランド
⑩クロムウェル
⑪クロムウェル………………125
⑫水平派
⑬アイルランド
⑭航海法
⑮護国卿(ごこくきょう)
⑯チャールズ2世
⑰審査法
⑱人身保護法
⑲トーリ党
⑳ホイッグ党
㉑ジェームズ2世 …………126
㉒ウィレム(3世)
㉓権利の宣言
㉔ハノーヴァー
㉕グレートブリテン王国
㉖ウォルポール
㉗腐敗選挙区(ふはいせんきょく)
㉘チャーティスト
㉙人民憲章
㉚グラッドストン

18 フランス革命とナポレオンの支配

①免税 ………………………129
②平民
③ルイ16世
④テュルゴ
⑤ネッケル
⑥ヴェルサイユ宮殿
⑦球戯場(きゅうぎじょう)
⑧バスティーユ牢獄(ろうごく)
⑨ミラボー
⑩立憲君主
⑪封建的特権(ほうけん)
⑫有償
⑬ルソー
⑭ヴァレンヌ逃亡 …………130
⑮マリ＝アントワネット
⑯フイヤン
⑰ジロンド
⑱ジャコバン〔山岳(さんがく)〕
⑲義勇軍(ぎゆうぐん)
⑳ピット
㉑対仏大同盟
㉒サンキュロット
㉓ロベスピエール
㉔ダントン
㉕封建〔領主〕地代の無償廃止(ほうけん)(ちだい)
㉖革命暦 ……131
㉗テルミドール
㉘バブーフ
㉙エジプト
㉚ネルソン
㉛ブリュメール18日

㉜政教〔宗教〕協約
㉝ナポレオン法典
㉞私有財産
㉟アミアン …………………132
㊱アウステルリッツ
㊲ライン
㊳大陸封鎖令
㊴ティルジット
㊵ワルシャワ
㊶ライプツィヒ
㊷ルイ18世
㊸ワーテルロー

19 ウィーン体制と1848年の革命

①メッテルニヒ ……………135
②正統
③タレーラン
④勢力均衡
⑤フランス
⑥ポーランド
⑦南ネーデルラント
⑧ヴェネツィア
⑨ケープ植民地
⑩ドイツ連邦
⑪スイス
⑫アレクサンドル１世
⑬ローマ教皇
⑭ブルシェンシャフト ……136
⑮カルボナリ
⑯デカブリスト
⑰ボリビア
⑱ブラジル
⑲トゥサン＝ルヴェルチュール
⑳(シモン＝)ボリバル
㉑クリオーリョ
㉒カニング
㉓モンロー宣言〔教書〕
㉔シャルル10世 ……………137
㉕アルジェリア
㉖ルイ＝フィリップ
㉗ベルギー
㉘ブリュッセル
㉙ドイツ関税同盟
㉚マッツィーニ
㉛工場法
㉜ルイ＝ブラン ……………138
㉝国立作業場
㉞ルイ＝ナポレオン
㉟三月
㊱フランクフルト
㊲コシュート〔コッシュート〕
㊳スラヴ民族
㊴チャーティスト

20 イギリス産業革命と自由主義的改革

①マニュファクチュア ……140
②労働力
③囲い込み
④資源
⑤ニュートン
⑥綿〔木綿・綿織物〕
⑦ジョン＝ケイ
⑧ハーグリーヴズ
⑨アークライト
⑩クロンプトン
⑪カートライト
⑫ホイットニー
⑬ニューコメン
⑭ワット
⑮ダービー
⑯スティーヴンソン ………141
⑰ストックトン
⑱フルトン
⑲マンチェスター
⑳リヴァプール
㉑労働組合
㉒カトリック
㉓カトリック教徒解放 ……142
㉔オコネル〔オコンネル〕
㉕腐敗選挙区(ふはいせんきょく)
㉖穀物法
㉗コブデン
㉘航海法
㉙チャーティスト
㉚人民憲章
㉛工場法
㉜グラッドストン
㉝選挙法改正
㉞ディズレーリ
㉟ヴィクトリア女王
㊱ベルリン

21 ヨーロッパ諸国の再編

①ヴェネツィア ……………145
②カルボナリ
③マッツィーニ
④ルイ＝ナポレオン
⑤ヴィットーリオ＝エマヌエーレ２世
⑥カヴール
⑦クリミア
⑧ロンバルディア
⑨サヴォイア
⑩ガリバルディ

⑪ ヴェネツィア
⑫ (ローマ)教皇領 …………146
⑬ トリエステ
⑭ 未回収のイタリア
⑮ ドイツ関税同盟
⑯ フランクフルト国民議会
⑰ 小ドイツ
⑱ 鉄血
⑲ ユンカー
⑳ ビスマルク
㉑ シュレスヴィヒ・ホルシュタイン
㉒ プロイセン＝オーストリア〔普墺〕
㉓ ドイツ連邦
㉔ ヴェネツィア
㉕ 北ドイツ連邦
㉖ プロイセン＝フランス〔普仏〕〔ドイツ＝フランス〕
㉗ ナポレオン3世
㉘ スダン〔セダン〕…………147
㉙ アルザス・ロレーヌ
㉚ ヴェルサイユ
㉛ アルザス・ロレーヌ
㉜ 保護関税法
㉝ 文化闘争
㉞ 社会主義者鎮圧法
㉟ アレクサンドル2世
㊱ 三国同盟
㊲ チュニジア
㊳ イタリア
㊴ 再保障
㊵ マジャール
㊶ ルイ＝ナポレオン ………148
㊷ 第二帝政
㊸ クリミア
㊹ インドシナ
㊺ カンボジア
㊻ メキシコ
㊼ プロイセン＝フランス〔普仏〕〔ドイツ＝フランス〕
㊽ スダン〔セダン〕
㊾ パリ＝コミューン
㊿ デカブリスト
51 南下……………………149
52 アレクサンドル2世
53 ポーランド
54 農奴解放令
55 ナロードニキ
56 ムハンマド＝アリー
57 ダーダネルス・ボスフォラス
58 ナポレオン3世…………150
59 セヴァストーポリ
60 パリ
61 黒海
62 サン＝ステファノ
63 ルーマニア
64 キプロス島

22 アジア地域の変容

① ウィーン包囲……………153
② カルロヴィッツ
③ ハンガリー
④ ギリシア
⑤ ムハンマド＝アリー
⑥ タンジマート
⑦ クリミア
⑧ ミドハト憲法〔オスマン帝国憲法〕
⑨ ロシア＝トルコ〔露土(ろと)〕戦争
⑩ ベルリン
⑪ ルーマニア
⑫ サウード
⑬ サウジアラビア
⑭ ムハンマド＝アリー
⑮ ディズレーリ……………154
⑯ ウラービー〔オラービー〕
⑰ ガージャール〔カージャール〕
⑱ トルコマンチャーイ
⑲ タバコ＝ボイコット
⑳ アフガン
㉑ 英露
㉒ カルカッタ
㉓ ポンディシェリ
㉔ カーナティック
㉕ プラッシー
㉖ クライヴ
㉗ ベンガル
㉘ マイソール………………155
㉙ マラーター
㉚ パンジャーブ
㉛ 産業革命
㉜ アヘン
㉝ シパーヒーの反乱〔インド大反乱〕
㉞ 東インド会社
㉟ 藩王
㊱ ヴィクトリア
㊲ コンバウン
㊳ シンガポール
㊴ 海峡植民地
㊵ バタヴィア………………156
㊶ アンボイナ
㊷ マタラム王国
㊸ 強制栽培〔政府栽培〕
㊹ 阮福暎(げんふくえい)
㊺ ピニョー

㊻ ナポレオン３世

㊼ サイゴン

㊽ 清仏（しんふつ）

㊾ 天津（てんしん）

㊿ フランス領インドシナ連邦

23 清の動揺と辛亥革命

① 白蓮教徒（びゃくれん）……………………159

② 広州（こうしゅう）

③ マカートニー

④ 銀

⑤ 林則徐（りんそくじょ）

⑥ 上海（シャンハイ）

⑦ 香港島（ホンコン）

⑧ 行商〔公行〕（こうしょう こうこう（コホン））

⑨ 領事裁判権

⑩ アロー号

⑪ 天津条約（てんしん）……………………160

⑫ 北京条約（ペキン）

⑬ キリスト教布教

⑭ 天津（てんしん）

⑮ 九竜半島（きゅうりゅう）

⑯ 洪秀全（こうしゅうぜん）

⑰ 上帝会（じょうていかい）

⑱ 天京（てんけい）

⑲ 滅満興漢（めつまんこうかん）

⑳ 天朝田畝（てんちょうでんぽ）

㉑ 曽〔曾〕国藩（そう こくはん）

㉒ 李鴻章（りこうしょう）

㉓ 常勝軍（じょうしょうぐん）

㉔ 同治中興（どうちちゅうこう）

㉕ 左宗棠（さそうとう）

㉖ 洋務（ようむ）

㉗ 日清……………………………161

㉘ ネルチンスク

㉙ キャフタ

㉚ ムラヴィヨフ

㉛ 沿海州（えんかいしゅう）

㉜ 北京（ペキン）

㉝ ウラジヴォストーク

㉞ イリ

㉟ 日米和親

㊱ 明治維新

㊲ 樺太・千島交換（からふと ちしま）

㊳ 江華島事件（こうかとう（カンファド））…………………162

㊴ 日朝修好条規〔江華条約〕

㊵ 金玉均（きんぎょくきん（キムオッキュン））

㊶ 甲申政変（こうしん）

㊷ 甲午農民戦争（こうご）

㊸ 下関（しものせき）

㊹ 李鴻章（りこうしょう）

㊺ 台湾（たいわん）

㊻ 広州湾

㊼ 門戸開放（もんこかいほう）

㊽ 戊戌の変法（ぼじゅつ へんぽう）……………163

㊾ 光緒帝（こうしょてい）

㊿ 康有為（こうゆうい）

51 立憲君主

52 戊戌の政変（ぼじゅつ）

53 西太后（せいたいこう）

54 袁世凱（えんせいがい）

55 仇教（きゅうきょう）

56 山東（さんとう）

57 扶清滅洋（ふしんめつよう）

58 北京議定書（ペキン）

59 民族資本

60 華僑（かきょう）

61 孫文（そんぶん）

62 中国同盟会

63 三民主義（さんみん）…………………164

64 民族

65 民権

66 民生

67 科挙（かきょ）

68 憲法大綱（たいこう）

69 軍機処（ぐんきしょ）

70 幹線鉄道

71 中華民国

72 孫文（そんぶん）

73 袁世凱（えんせいがい）

74 宣統帝〔溥儀〕（せんとうてい ふぎ）

75 北京（ペキン）

76 臨時約法

77 国民党

24 帝国主義時代の欧米諸国

① 資本輸出……………………166

② 世界の工場

③ ディズレーリ

④ スエズ運河

⑤ インド帝国

⑥ キプロス島

⑦ ジョゼフ＝チェンバレン

⑧ 日英同盟

⑨ オーストラリア連邦

⑩ チュニジア…………………167

⑪ ブーランジェ

⑫ ドレフュス

⑬ ヴィルヘルム２世

⑭ 世界政策

⑮ パン＝ゲルマン

⑯ ３Ｂ

⑰ 農奴解放令

⑱ 露仏（ろふつ）

⑲ フロンティア

⑳ パン＝アメリカ

㉑ マッキンリー
㉒ アメリカ＝スペイン〔米西（べいせい）〕
㉓ パリ ……………………… 168
㉔ プラット条項
㉕ フィリピン
㉖ ハワイ
㉗ ジョン＝ヘイ
㉘ セオドア＝ローズヴェルト
㉙ 棍棒（こんぼう）外交
㉚ ドミニカ
㉛ コロンビア
㉜ フェビアン協会
㉝ マクドナルド
㉞ サンディカリスム
㉟ ドイツ社会民主党
㊱ ベルンシュタイン
㊲ アメリカ労働総同盟 ……… 169
㊳ プレハーノフ
㊴ ナロードニキ
㊵ リヴィングストン
㊶ ビスマルク
㊷ ３Ｃ
㊸ ディズレーリ
㊹ ロスチャイルド
㊺ ウラービー〔オラービー〕
㊻ マフディー(派)
㊼ ウィーン議定書
㊽ (セシル＝)ローズ
㊾ 南アフリカ
〔南ア，ブール，ボーア〕
㊿ ジョゼフ＝チェンバレン
(51) オレンジ自由国 ………… 170
(52) アパルトヘイト
(53) アルジェリア
(54) ベルベル
(55) チュニジア
(56) ジブチ
(57) ファショダ
(58) 英仏協商
(59) カメルーン
(60) モロッコ
(61) リビア
(62) リベリア
(63) エチオピア

25 列強の対立と第一次世界大戦

① 日英同盟 ………………… 173
② ポーツマス
③ 遼東（りょうとう）半島
④ 南満洲鉄道
⑤ 日韓協約
⑥ ハーグ万国平和会議
⑦ ヴィルヘルム２世
⑧ ３Ｂ
⑨ 露仏同盟
⑩ 英仏協商
⑪ 英露協商 ………………… 174
⑫ チベット
⑬ リビア
⑭ 未回収のイタリア
⑮ タンジール
⑯ アガディール
⑰ ボスニア
⑱ パン＝スラヴ
⑲ 青年トルコ〔青年トルコ人〕
⑳ ブルガリア
㉑ ヘルツェゴヴィナ
㉒ セルビア
㉓ モンテネグロ
㉔ イスタンブル …………… 175
㉕ ブルガリア
㉖ ドイツ
㉗ サライェヴォ
㉘ ベルギー
㉙ 日英同盟
㉚ タンネンベルク
㉛ マルヌ
㉜ イタリア
㉝ ブルガリア
㉞ 無制限潜水艦（せんすいかん）
㉟ アメリカ合衆国
㊱ ブレスト＝リトフスク
㊲ キール軍港 ……………… 176
㊳ エーベルト
㊴ 十四カ条
㊵ 秘密外交
㊶ 民族自決
㊷ ロイド＝ジョージ
㊸ クレマンソー
㊹ アルザス・ロレーヌ
㊺ ザール
㊻ ダンツィヒ
㊼ ラインラント
㊽ 徴兵
㊾ ロンドン会議
㊿ サン＝ジェルマン
(51) トリエステ
(52) フィウメ
(53) セーヴル条約
(54) チェコスロヴァキア

26 ロシア革命とソ連邦の成立

① ニコライ２世 …………… 179
② 東清鉄道
③ 旅順（りょじゅん）
④ 血の日曜日

⑤ソヴィエト

⑥ドゥーマ

⑦ウィッテ

⑧ストルイピン

⑨ミール

⑩ペトログラード

⑪ロマノフ朝

⑫エスエル

⑬ケレンスキー ……………180

⑭ボリシェヴィキ

⑮トロツキー

⑯平和に関する布告

⑰ブレスト＝リトフスク

⑱モスクワ

⑲シベリア

⑳赤軍(せきぐん)

㉑チェカ

㉒コミンテルン ……………181

㉓戦時共産

㉔新経済政策〔ネップ〕

㉕ウクライナ

㉖ラパロ

㉗フランクリン＝ローズヴェルト

㉘トロツキー

㉙独ソ不可侵 ………………182

㉚リトアニア

㉛ハンガリー

㉜モンゴル人民

27 ヴェルサイユ体制下の欧米

①ジュネーヴ ………………185

②ワシントン

③ハーディング

④四カ国

⑤日英同盟

⑥九カ国

⑦ロカルノ

⑧ラインラント

⑨国際連盟

⑩不戦

⑪ケロッグ

⑫ブリアン

⑬武力〔戦争〕

⑭孤立

⑮国際連盟

⑯日本人 ……………………186

⑰ドーズ案

⑱女性参政権

⑲フーヴァー

⑳ロイド＝ジョージ

㉑労働党

㉒マクドナルド

㉓ソ連

㉔ウェストミンスター憲章

㉕アイルランド自治

㉖シン＝フェイン …………187

㉗アルスター

㉘ルール

㉙ベルギー

㉚ブリアン

㉛ロカルノ

㉜スパルタクス団

㉝ヴァイマル

㉞エーベルト

㉟ルール

㊱シュトレーゼマン

㊲ドーズ ……………………188

㊳ヤング

㊴フィウメ

㊵ムッソリーニ

㊶ローマ進軍

㊷ラテラノ〔ラテラン〕

㊸アルバニア

㊹ピウスツキ

㊺ユーゴスラヴィア

28 アジアの民族運動

①二十一カ条の要求 ………191

②山東省

③陳独秀(ちんどくしゅう)

④新青年

⑤白話(はくわ)(文学)

⑥胡適(こせき(こてき))

⑦魯迅(ろじん)

⑧李大釗(りたいしょう)

⑨1919

⑩中華革命党

⑪コミンテルン

⑫陳独秀(ちんどくしゅう)

⑬上海(シャンハイ)

⑭国共合作 …………………192

⑮連(れん)ソ・容共(ようきょう)・扶助工農(ふじょこうのう)

⑯五(ご)・三〇(さんじゅう)運動

⑰張作霖(ちょうさくりん)

⑱蔣介石(しょうかいせき)

⑲北伐(ほくばつ)

⑳上海(シャンハイ)クーデタ

㉑張作霖(ちょうさくりん)

㉒浙江(せっこう)財閥

㉓瑞金(ずいきん)

㉔長征(ちょうせい)

㉕延安(えんあん)

㉖八(はち)・一(いち) ……………………193

㉗西安(せいあん)事件

㉘張学良(ちょうがくりょう)

㉙ 周恩来（しゅうおんらい）
㉚ 盧溝橋（ろこうきょう）事件
㉛ インド国民会議
㉜ ヒンドゥー
㉝ ベンガル分割令
㉞ カルカッタ
㉟ スワデーシ
㊱ スワラージ
㊲ 全インド＝ムスリム連盟
㊳ ローラット法
㊴ ガンディー
㊵ 非暴力・不服従・非協力
㊶ ネルー……………………194
㊷ プールナ＝スワラージ
㊸ 英印円卓
㊹ サレカット＝イスラム
㊺ スカルノ
㊻ ファン＝ボイ＝チャウ
㊼ ドンズー〔東遊〕運動
㊽ ホー＝チ＝ミン
㊾ イズミル…………………195
㊿ ムスタファ＝ケマル〔ケマル＝パシャ〕
51 スルタン
52 ローザンヌ
53 トルコ共和国
54 太陽暦
55 パフレヴィー
56 レザー＝ハーン〔レザー＝シャー〕
57 ワフド……………………196
58 フセイン〔フサイン〕・マクマホン協定
59 サイクス・ピコ協定
60 バルフォア宣言
61 フランス
62 イギリス
63 イブン＝サウード

29 世界恐慌とファシズム

① 1929……………………199
② ウォール
③ 独占資本
④ 高関税
⑤ フーヴァー
⑥ フーヴァー＝モラトリアム
⑦ フランクリン＝ローズヴェルト
⑧ ニューディール
⑨ 農業調整法
⑩ 全国産業復興法
⑪ テネシー川流域開発公社
⑫ ワグナー法
⑬ 産業別組織〔組合〕会議
⑭ 善隣（ぜんりん）外交
⑮ パン＝アメリカ
⑯ キューバ…………………200
⑰ マクドナルド
⑱ 金本位
⑲ ウェストミンスター
⑳ コミンテルン
㉑ 人民戦線
㉒ 満洲事変
㉓ 柳条湖（りゅうじょうこ）
㉔ 満洲国
㉕ 溥儀（ふぎ）
㉖ リットン調査団…………201
㉗ 海軍軍備制限〔ワシントン海軍軍縮〕条約
㉘ 盧溝橋（ろこうきょう）
㉙ 重慶（じゅうけい）
㉚ 国民社会主義ドイツ労働者党
㉛ ヒンデンブルク
㉜ 国会議事堂放火
㉝ 全権委任法（ぜんけんいにんほう）
㉞ 総統（そうとう）
㉟ ユダヤ人
㊱ 国際連盟
㊲ 徴兵制……………………202
㊳ 再軍備
㊴ チェコスロヴァキア
㊵ 人民戦線
㊶ ラインラント
㊷ 日独防共協定
㊸ フランコ
㊹ 不干渉
㊺ オーストリア
㊻ ミュンヘン
㊼ ズデーテン
㊽ ダンツィヒ
㊾ 独ソ不可侵

30 第二次世界大戦と「冷戦」

① ポーランド………………205
② チャーチル
③ ド＝ゴール
④ ペタン
⑤ 日ソ中立
⑥ パールハーバー〔真珠湾（しんじゅわん）〕
⑦ 太平洋〔アジア・太平洋〕戦争
⑧ スターリングラード
⑨ ノルマンディー
⑩ ドイツ……………………206
⑪ ポツダム宣言
⑫ テヘラン
⑬ ヤルタ

⑭ソ連
⑮ダンバートン＝オークス
⑯サンフランシスコ
⑰安全保障理事会 …………207
⑱ニューヨーク
⑲トルーマン＝ドクトリン
⑳封じ込め
㉑マーシャル＝プラン
㉒コミンフォルム
㉓ベルリン封鎖
㉔通貨改革
㉕コメコン〔COMECON〕
㉖北大西洋条約機構
㉗ドイツ連邦
㉘ドイツ民主
㉙ワルシャワ条約機構 ……208
㉚朝鮮戦争
㉛38度
㉜大韓(だいかん)民国
㉝李承晩(イスンマン)
㉞朝鮮民主主義人民共和国
㉟金日成(キムイルソン)
㊱国連軍
㊲米州機構
㊳東南アジア条約機構
㊴トルーマン
㊵アイゼンハワー …………209
㊶フルシチョフ
㊷アトリー
㊸イギリス連邦
㊹ド＝ゴール
㊺アデナウアー
㊻ヨーロッパ石炭鉄鋼共同体
㊼ヨーロッパ経済共同体
㊽ベルリンの壁
㊾フランコ
㊿フルシチョフ
51 スターリン ………………210
52 ナジ(＝イムレ)
53 平和五原則
54 アジア＝アフリカ
55 平和共存
56 アイゼンハワー
57 原水爆禁止
58 パグウォッシュ
59 アインシュタイン

31 戦後のアジア・アフリカ諸国

①延安(えんあん) ……………………213
②中華人民共和国
③毛沢東(もうたくとう)
④中ソ友好同盟相互援助
⑤平和五原則
⑥平和共存
⑦中華民国
⑧蔣介石(しょうかいせき)
⑨新興工業経済
⑩サンフランシスコ講和
⑪日米安全保障
⑫国際連合
⑬ナセル ……………………214
⑭モサッデグ〔モサデグ〕
⑮パフレヴィー２世
⑯ホメイニ
⑰パレスチナ分割案
⑱イスラエル
⑲パレスチナ
⑳ナセル ……………………215
㉑スエズ運河国有化
㉒スエズ戦争
㉓パレスチナ解放機構
㉔サダト
㉕ガーナ
㉖アフリカの年 ……………216
㉗ド＝ゴール
㉘アフリカ統一機構
㉙アパルトヘイト(政策)
㉚マンデラ
㉛コンゴ
㉜アトリー
㉝ネルー
㉞ダライ＝ラマ14世
㉟ジンナー
㊱スカルノ …………………217
㊲非同盟諸国首脳会議
㊳スハルト
㊴アウン＝サン＝スー＝チー
〔スー＝チー〕
㊵マレーシア連邦
㊶シンガポール
㊷ホー＝チ＝ミン …………218
㊸インドシナ
㊹バオダイ
㊺ディエンビエンフー
㊻ジュネーヴ休戦協定
㊼平和五原則
㊽ネルー
㊾周恩来(しゅうおんらい)
㊿平和十原則
51 ティトー
52 ナセル
53 東南アジア諸国連合

32 国際秩序の動揺と今日の世界

①ヨーロッパ石炭鉄鋼共同体
②ヨーロッパ経済共同体 ……220
③ヨーロッパ共同体
④マーストリヒト
⑤ヨーロッパ連合
⑥ユーロ
⑦サッチャー
⑧フォークランド
⑨香港(ホンコン)
⑩イラク
⑪ド＝ゴール
⑫アルジェリア
⑬アデナウアー ……………221
⑭ブラント
⑮東方外交
⑯ベルリンの壁
⑰フルシチョフ
⑱プロレタリア文化大革命
⑲劉少奇(りゅうしょうき)
⑳鄧小平(とうしょうへい)
㉑林彪(りんぴょう)
㉒紅衛兵(こうえいへい)
㉓林彪(りんぴょう)
㉔鄧小平(とうしょうへい)
㉕ニクソン
㉖四つの現代化
㉗天安門(てんあんもん)事件 ………………222
㉘香港(ホンコン)
㉙朴正熙(パクチョンヒ)
㉚光州(こうしゅう)事件
㉛金大中(キムデジュン)
㉜金日成(キムイルソン)
㉝ゴ＝ディン＝ジエム
㉞ジョンソン
㉟ベトナム〔パリ〕和平協定
㊱ニクソン …………………223
㊲サイゴン
㊳ベトナム社会主義共和国
㊴ドイモイ
㊵ブレジネフ
㊶アフガニスタン
㊷ゴルバチョフ
㊸ペレストロイカ
㊹チョルノービリ〔チェルノブイリ〕
㊺中距離核戦力
㊻エリツィン
㊼エリツィン
㊽プラハの春
㊾ドプチェク
㊿ワレサ ……………………224
51 連帯(れんたい)
52 ベルリンの壁
53 セルビア
54 スロヴェニア
55 ボスニア＝ヘルツェゴヴィナ
56 モンテネグロ
57 国連貿易開発会議
58 石油危機〔オイル＝ショック〕
59 世界貿易機関

33 アメリカ合衆国の歴史

①ケベック …………………227
②コルベール
③ルイジアナ
④ヴァージニア
⑤マサチューセッツ
⑥ニューヨーク
⑦ユトレヒト
⑧フレンチ＝インディアン
⑨ルイジアナ
⑩印紙法〔印紙税法〕 ………228
⑪代表なくして課税なし
⑫茶法
⑬ボストン茶会
⑭大陸会議
⑮レキシントン
⑯ワシントン
⑰(トマス＝)ペイン
⑱ジェファソン
⑲武装中立同盟
⑳ラ＝ファイエット
㉑コシューシコ〔コシチューシコ〕
㉒パリ
㉓連邦
㉔ジェファソン ……229
㉕アメリカ＝イギリス〔米英(べいえい)〕
㉖モンロー宣言〔教書〕
㉗孤立主義
㉘ミズーリ協定
㉙ジャクソン
㉚強制移住法
㉛ルイジアナ
㉜スペイン
㉝テキサス
㉞アメリカ＝メキシコ〔米墨(べいぼく)〕
㉟アラスカ
㊱アメリカ＝スペイン〔米西(べいせい)〕
㊲フロンティア
㊳保護貿易〔保護関税〕……230
㊴自由貿易
㊵連邦
㊶州権
㊷リンカン

㊸アメリカ連合国〔南部連合〕
㊹ホームステッド
㊺奴隷(どれい)解放
㊻ゲティスバーグ
㊼リッチモンド
㊽大陸横断鉄道
㊾アメリカ労働総同盟
㊿カーネギー
51 フロンティア ……………231
52 ナポレオン3世
53 パン＝アメリカ
54 マッキンリー
55 キューバ
56 パリ
57 フィリピン
58 ハワイ
59 ジョン＝ヘイ
60 パナマ
61 棍棒(こんぼう)
62 ウィルソン
63 無制限潜水艦(せんすいかん)
64 十四カ条
65 共和 ………………………232
66 ハーディング
67 ワシントン
68 海軍軍備制限〔海軍軍縮〕
69 不戦
70 ケロッグ
71 1929
72 ウォール
73 全国産業復興法
74 ワグナー
75 善隣(ぜんりん)
76 武器貸与(ぶきたいよ) …………………233
77 大西洋憲章(けんしょう)
78 マーシャル＝プラン
79 北大西洋条約機構
80 朝鮮
81 ニューフロンティア
82 キューバ危機
83 部分的核実験禁止〔地下を除く(大気圏内外水中)核実験禁止〕
84 キング
85 ベトナム …………………234
86 ドル＝ショック
87 ゴルバチョフ
88 マルタ会談
89 同時多発テロ

34 ラテンアメリカの歴史

① 太陽 ………………………237
② アステカ
③ テノチティトラン
④ インカ
⑤ クスコ
⑥ キープ
⑦ コロンブス
⑧ アメリゴ＝ヴェスプッチ
⑨ バルボア
⑩ コンキスタドール
⑪ コルテス
⑫ ピサロ
⑬ ポトシ ……………………238
⑭ エンコミエンダ
⑮ クリオーリョ
⑯ メスティーソ
⑰ 大陸封鎖令
⑱ トゥサン＝ルヴェルチュール
⑲ イダルゴ
⑳ サン＝マルティン
㉑ (シモン＝)ボリバル
㉒ カニング ………………239
㉓ モンロー宣言〔教書〕
㉔ テキサス
㉕ カリフォルニア
㉖ フアレス
㉗ ナポレオン3世
㉘ マデロ
㉙ サパタ
㉚ マッキンリー ……………240
㉛ プエルトリコ
㉜ コロンビア
㉝ 米州機構
㉞ カストロ
㉟ キューバ危機
㊱ フルシチョフ
㊲ ペロン
㊳ アジェンデ
㊴ 北米自由貿易協定

35 朝鮮の歴史

① 衛氏(えいし) ……………………243
② 武帝(ぶてい)
③ 楽浪(らくろう)
④ 帯方(たいほう)
⑤ 広開土王(こうかいどおう)
⑥ 煬帝(ようだい)
⑦ 馬韓(ばかん)
⑧ 百済(ひゃくさい(くだら))
⑨ 慶州(けいしゅう)
⑩ 安東都護府(あんとうとごふ)
⑪ 仏国寺(ぶっこくじ) ………………244
⑫ 骨品(こっぴん)制
⑬ 開城(かいじょう)
⑭ 王建(おうけん)

⑮ クビライ(＝カアン)
⑯ 倭寇(わこう)
⑰ 仏教
⑱ 大蔵経(だいぞうきょう)
⑲ 青磁(せいじ)
⑳ 漢城(かんじょう)
㉑ 李成桂(りせいけい)
㉒ 朱子学
㉓ 両班(ヤンバン)
㉔ 訓民正音(くんみんせいおん)
㉕ 壬辰(じんしん)・丁酉(ていゆう) ……………… 245
㉖ 李舜臣(りしゅんしん)
㉗ 大院君(たいいんくん(だいいんくん))
㉘ 日朝修好条規
㉙ 江華島(こうかとう)
㉚ 釜山(プサン)
㉛ 壬午軍乱(じんご)
㉜ 甲申政変(こうしん)
㉝ 天津(てんしん)
㉞ 甲午農民戦争(こうご)
㉟ 全琫準(ぜんほうじゅん(チョンボンジュン))
㊱ 日清戦争
㊲ 下関(しものせき)
㊳ 第２次日韓協約 ………… 246
㊴ 統監府(とうかんふ)
㊵ 伊藤博文(いとうひろぶみ)
㊶ 安重根(あんじゅうこん(アンジュングン))
㊷ 三・一独立〔三・一〕
㊸ ポツダム宣言
㊹ 38度
㊺ 李承晩(イスンマン)
㊻ 金日成(キムイルソン)
㊼ 朴正熙(パクチョンヒ)

36 ベトナムの歴史

① 武帝(ぶてい) ……………………… 249
② 日南(にちなん)
③ 光武帝(こうぶてい)
④ 安南都護府(あんなんとごふ)
⑤ チャンパー
⑥ 陳(ちん)
⑦ チュノム〔チューノム〕
⑧ 永楽帝(えいらくてい)
⑨ 黎利(れいり)
⑩ 朱子学 ……………………… 250
⑪ チャンパー
⑫ 阮福暎(げんふくえい)
⑬ ピニョー
⑭ 越南(えつなん)
⑮ ナポレオン３世
⑯ サイゴン
⑰ カンボジア
⑱ 黒旗軍
⑲ フエ〔ユエ〕
⑳ 清仏(しんふつ)
㉑ インドシナ連邦
㉒ ドンズー〔東遊〕………… 251
㉓ 光復会(こうふくかい)
㉔ ホー＝チ＝ミン
㉕ ベトナム独立同盟(会)〔ベトミン〕
㉖ ベトナム民主共和国
㉗ バオダイ
㉘ ディエンビエンフー
㉙ ジュネーヴ休戦協定
㉚ 北爆 ……………………… 252
㉛ ベトナム〔パリ〕和平協定
㉜ 中越戦争

37 東南アジア諸国の歴史

① クメール ………………… 255
② アンコール
③ アンコール＝ワット
④ フランス領インドシナ連邦
⑤ シハヌーク
⑥ ジュネーヴ休戦
⑦ ポル＝ポト
⑧ ベトナム
⑨ スコータイ ……………… 256
⑩ 上座部(じょうざぶ)
⑪ コンバウン
⑫ ラタナコーシン〔バンコク，チャクリ〕
⑬ チュラロンコン
⑭ 東南アジア諸国連合 …… 257
⑮ パガン
⑯ クビライ(＝カアン)
⑰ タウングー〔トゥングー〕
⑱ コンバウン
⑲ アユタヤ朝
⑳ (イギリス＝)ビルマ戦争
㉑ シュリーヴィジャヤ …… 258
㉒ 義浄(ぎじょう)
㉓ シャイレンドラ
㉔ ボロブドゥール
㉕ マジャパヒト
㉖ ヒンドゥー
㉗ 鄭和(ていわ)
㉘ マタラム
㉙ アチェ
㉚ バタヴィア
㉛ アンボイナ
㉜ サレカット＝イスラム … 259
㉝ スカルノ

㉞九・三〇

㉟スハルト

㊱マゼラン〔マガリャンイス〕

㊲マニラ

㊳ホセ＝リサール

㊴アギナルド ……………… 260

㊵マルコス

㊶マラッカ

㊷シンガポール

38 東欧諸国の歴史

①チェック〔チェコ〕……… 263

②フス

③コンスタンツ

④ハプスブルク

⑤フェルディナント

⑥三十年戦争

⑦マサリク

⑧サン＝ジェルマン

⑨ミュンヘン

⑩ドプチェク ……………… 264

⑪マジャール人

⑫スレイマン１世

⑬カルロヴィッツ

⑭コシュート〔コッシュート〕

⑮トリアノン

⑯ルーマニア

⑰ナジ(＝イムレ) ………… 265

⑱クリミア

⑲トリアノン

⑳オスマン帝国

㉑モンテネグロ

㉒サン＝ジェルマン ……… 266

㉓ティトー

㉔ティトー

㉕コミンフォルム

㉖コソヴォ

㉗ビザンツ

㉘オスマン帝国

㉙ベルリン

㉚ヌイイ

39 中国文化史

①孔子 ………………………… 268

②論語

③孟子

④荀子

⑤兼愛

⑥無為自然

⑦商鞅

⑧李斯

⑨合従策

⑩甲骨文字

⑪董仲舒

⑫訓詁学

⑬司馬遷

⑭班固

⑮五斗米道

⑯太平道

⑰黄巾

⑱蔡倫

⑲清談 ………………………… 269

⑳陶潜〔陶淵明〕

㉑昭明太子

㉒顧愷之

㉓王羲之

㉔仏図澄

㉕鳩摩羅什

㉖法顕

㉗敦煌

㉘雲崗

㉙竜門

㉚寇謙之

㉛斉民要術

㉜三国志

㉝孔穎達

㉞玄奘

㉟大唐西域記

㊱義浄

㊲シュリーヴィジャヤ

㊳南海寄帰内法伝

㊴祆教 ……………………… 270

㊵景教

㊶顔真卿

㊷王維

㊸李白

㊹白居易

㊺韓愈〔韓退之〕

㊻周敦頤

㊼朱熹〔朱子〕

㊽陸九淵〔陸象山〕

㊾司馬光

㊿資治通鑑

(51)詞〔宋詞〕

(52)院体画

(53)禅宗

(54)全真教

(55)羅針盤〔磁針〕

(56)西廂記 …………………… 271

(57)漢宮秋

(58)パクパ〔パスパ〕

(59)ジャムチ

(60)郭守敬

(61)ミニアチュール

(62)朱子学

(63)陽明学

64 本草綱目（ほんぞうこうもく）
65 農政全書（のうせいぜんしょ）
66 天工開物（てんこうかいぶつ）
67 水滸伝（すいこでん）
68 三国志演義（さんごくしえんぎ）
69 西遊記（さいゆうき）
70 金瓶梅（きんぺいばい）
71 染付（そめつけ）
72 考証学（こうしょうがく）
73 顧炎武（こえんぶ）
74 黄宗羲（こうそうぎ）
75 紅楼夢（こうろうむ）……………………272
76 儒林外史（じゅりんがいし）
77 マテオ＝リッチ
78 坤輿万国全図（こんよばんこくぜんず）
79 アダム＝シャール
80 ブーヴェ
81 皇輿全覧図（こうよぜんらんず）
82 カスティリオーネ
83 円明園（えんめいえん）
84 康有為（こうゆうい）
85 李大釗（りたいしょう）
86 陳独秀（ちんどくしゅう）
87 胡適（こせき(こてき)）
88 魯迅（ろじん）

40 ヨーロッパ文化史①（古代・中世）

① ホメロス……………………274
② ヘシオドス
③ サッフォー
④ アイスキュロス
⑤ ソフォクレス
⑥ エウリピデス
⑦ アリストファネス
⑧ ヘロドトス
⑨ トゥキディデス
⑩ プロタゴラス
⑪ ソクラテス
⑫ プラトン
⑬ アカデメイア
⑭ アリストテレス
⑮ ヒッポクラテス
⑯ フェイディアス…………275
⑰ ストア
⑱ ゼノン
⑲ エピクロス
⑳ ムセイオン
21 エウクレイデス
22 アリスタルコス
23 アルキメデス
24 エラトステネス
25 キケロ
26 ウェルギリウス
27 ホラティウス
28 セネカ
29 マルクス＝アウレリウス＝アントニヌス
30 ポリビオス
31 ガリア戦記
32 リウィウス
33 プルタルコス
34 タキトゥス
35 ストラボン
36 プリニウス
37 プトレマイオス
38 ガレノス
39 カラカラ帝………………276
40 ローマ法大全
41 スコラ
42 アルクイン
43 アンセルムス
44 アベラール
45 トマス＝アクィナス
46 神学大全
47 ロジャー＝ベーコン
48 ボローニャ
49 サレルノ
50 パリ
51 ニーベルンゲンの歌
52 ローランの歌
53 アーサー王物語
54 ハギア〔セント〕＝ソフィア
55 ロマネスク
56 ゴシック

41 ヨーロッパ文化史②（近世以降）

① フィレンツェ……………278
② ダンテ
③ ペトラルカ
④ ボッカチオ
⑤ マキァヴェリ
⑥ ボッティチェリ
⑦ レオナルド＝ダ＝ヴィンチ
⑧ ミケランジェロ
⑨ ラファエロ
⑩ ブルネレスキ
⑪ ブラマンテ
⑫ イタリア戦争
⑬ ブリューゲル
⑭ エラスムス
⑮ デューラー
⑯ ラブレー…………………279
⑰ モンテーニュ
⑱ チョーサー
⑲（トマス＝）モア
⑳ ユートピア

㉑シェークスピア
㉒フランシス＝ベーコン
㉓セルバンテス
㉔火薬
㉕羅針盤（らしんばん）
㉖活版印刷
㉗グーテンベルク
㉘コペルニクス
㉙トスカネリ
㉚ボシュエ
㉛グロティウス
㉜ホッブズ
㉝リヴァイアサン
㉞ロック
㉟統治二論〔市民政府二論〕
㊱モンテスキュー …………280
㊲ヴォルテール
㊳ルソー
㊴ディドロ
㊵ケネー
㊶アダム＝スミス
㊷諸国民の富
㊸フランシス＝ベーコン
㊹デカルト
㊺カント
㊻ニュートン
㊼ラヴォワジェ
㊽リンネ
㊾ハーヴェー ………………281
㊿ジェンナー
51 ルーベンス
52 レンブラント
53 モリエール
54 ミルトン
55 デフォー
56 スウィフト
57 ファラデー
58 ヘルムホルツ
59 レントゲン
60 ダーウィン
61 コッホ
62 モース〔モールス〕
63 ノーベル
64 エディソン
65 マルコーニ
66 フィヒテ …………………282
67 ヘーゲル
68 マルクス
69 ベンサム
70 ニーチェ
71 ランケ
72 サヴィニー
73 マルサス
74 リスト
75 エンゲルス
76（ロバート＝）オーウェン
77 プルードン
78 ゲーテ
79（ヴィクトル＝）ユゴー …283
80 バイロン
81 スタンダール
82 バルザック
83 ディケンズ
84 トゥルゲーネフ
85 トルストイ
86 イプセン
87 ダヴィド
88 ゴヤ
89 ドラクロワ
90 ミレー
91 クールベ
92 マネ ………………………284
93 ゴーガン
94 ゴッホ
95 アインシュタイン
96 ケインズ
97 ピカソ

42 イスラーム文化史

①イブン＝ハルドゥーン …286
②イブン＝シーナー
③イブン＝ルシュド
④イブン＝バットゥータ
⑤ゼロ
⑥シャー＝ナーメ
⑦ウマル＝ハイヤーム
⑧千夜一夜物語
⑨アラベスク
⑩アルハンブラ
⑪アズハル学院
⑫ニザーミーヤ学院

00 人類の進化と文明の誕生 031

❶ 解答　(1)－㋒　(2)－㋐　(3)－㋓
(4)－㋓　(5)－㋑　(6)－㋒　(7)－㋑　(8)－㋑
(9)－㋐　(10)－㋒

01 オリエント文明とイラン諸国家 039

❶ 解答　イ－d　ロ－b
①－d　②－b　③－b　④－c
⑤－a　⑥－d

02 インド・東南アジアの文明 045

❶ 解答　問1. 1－季節
2－『エリュトゥラー海案内記』 3－班固
4－サータヴァーハナ　5－チョーラ
6－港市　7－扶南　8－アンコール
問2. 胡椒　問3. 法顕
❷ 解答　a－チャンドラグプタ
b－イラン　c－プルシャプラ
d－グプタ　e－サンスクリット
f－ハルシャ

03 中国諸王朝の変遷①（殷・周～魏晋南北朝） 051

❶ 解答　問1. ①　問2. ③　問3. ④
問4. ②　問5. ①　問6. ④　問7. ②
問8. ③　問9. ②　問10. ①　問11. ③

04 中国諸王朝の変遷②（隋・唐・宋） 057

❶ 解答　a－東突厥　b－高宗
c－高句麗　d－都護府　e－均田制
f－募兵制　g－史思明　h－ウイグル
❷ 解答　(1)－○　(2)－開封　(3)－王安石
(4)－靖康の変　(5)－○　(6)－朱熹　(7)－○

05 中国諸王朝の変遷③（元・明・清） 065

❶ 解答　設問1. 鄭和
設問2. ①－(イ)　②－(ウ)
③－(ア)　④－(エ)　⑤－(イ)
設問3. (ア)　設問4. (エ)　設問5. (ウ)

06 漢族と北方遊牧民 069

❶ 解答　問1. エ　問2. ウ　問3. ウ
問4. ア　問5. ア　問6. エ　問7. エ
問8. ウ　問9. エ　問10. ア

08 イスラーム世界の形成 077

❶ 解答　問A. a－4　b－ムアーウィヤ
c－ダマスクス
d－トゥール・ポワティエ間　e－756
f－バグダード
g－ハールーン=アッラシード
問B. ア－ジズヤ　イ－マワーリー
ウ－トゥールーン朝
❷ 解答　問1. a－アッバース
b－バグダード　c－ファーティマ
d－シーア　e－カリフ
問2. 大アミール

09 イスラーム世界の拡大 083

❶ 解答　問1. ①　問2. ②　問3. ②
問4. ①

10 古代地中海世界の展開 089

❶ 解答　問1. ②　問2. ⑤　問3. ②
問4. ③　問5. ①　問6. ②　問7. ②

11 ヨーロッパ世界の形成 095

❶ 解答　1－コンスタンティノープル
2－ビザンツ
3－ユスティニアヌス大帝〔1世〕
4－ヴァンダル　5－東ゴート
6－ローマ法大全　7－絹織物
8－ハギア〔セント〕＝ソフィア聖堂
9－サン＝ヴィターレ聖堂
10－イスラーム　11－テマ〔軍管区〕
12－レオン3世　13－聖像禁止令
14－プロノイア　15－セルジューク
16－ヴェネツィア　17－ラテン
18－オスマン
問1. モザイク
問2. ローマ教会は，ゲルマン人への布教に聖像を使用していたため。
問3. 1054年　問4. a・c・d・g

12 西ヨーロッパの封建社会 099

❶ 解答　問1. ①　問2. ③　問3. ②
問4. ②

13 西ヨーロッパ中世世界の変容 105

❶ 解答　イ－b　ロ－c　①－a
②－a　③－d　④－d　⑤－a

14 近世ヨーロッパの胎動 111

❶ 解答　問1. ①　問2. ⑤　問3. ③
問4. ①
❷ 解答　①－c　②－c　③－b
④－c

15 主権国家体制の成立 117

❶ 解答　設問1. ハ　設問2. ロ
設問3. ファルツ
設問4. フェリペ5世　設問5. イ

16 東欧の動向と覇権競争 123

❶ 解答　問1. ④　問2. ④　問3. ②
問4. ③

17 イギリス革命と議会政治の確立 127

❶ 解答　問A. 3　問B. 4　問C. 1
問D. 3　問E. 3

18 フランス革命とナポレオンの支配 133

❶ 解答　問1. 1－ヴァレンヌ
2－テュイルリー　3－テルミドール
4－5　5－ブリュメール　6－アミアン
7－トラファルガー
8－アウステルリッツ　9－ライン
10－ティルジット
問2. ラ=ファイエット
問3. コシューシコ〔コシチューシコ〕
問4. イ　問5. エ　問6. ウ

19 ウィーン体制と1848年の革命 139

❶ 解答　問1. A　問2. A　問3. C
問4. D　問5. C

20 イギリス産業革命と自由主義的改革 143

❶ 解答　イ－a　ロ－c
①－d　②－b　③－b　④－b

21 ヨーロッパ諸国の再編 151

❶ 解答　問1. ④　問2. ①　問3. ②
問4. ①

22 アジア地域の変容 157

❶ 解答　イ－d
①－d　②－d　③－b　④－c

23 清の動揺と辛亥革命 165

❶ 解答　(1)－b　(2)－d　(3)－a
(4)－a
❷ 解答　①－康有為　②－梁啓超
③－変法運動　④－光緒　⑤－○
⑥－西太后　⑦－○　⑧－義和団
⑨－仇教　⑩－扶清滅洋　⑪－日本
⑫－北京議定書〔辛丑和約〕　⑬－軍隊
⑭－光緒新政　⑮－憲法大綱　⑯－○
⑰－総理各国事務衙門〔総理衙門〕
⑱－科挙　⑲－新　⑳－辛亥革命
㉑－宣統

24 帝国主義時代の欧米諸国 171

❶ 解答　(1)－㋐　(2)－㋓　(3)－㋐
(4)－㋑　(5)－㋑　(6)－㋑　(7)－㋐
(8)－㋔

25 列強の対立と第一次世界大戦 177

❶ 解答　A. 2　B. 4　C. 1　D. 2
E. 3　F. 3　G. 4　H. 1　I. 1
J. 4

26 ロシア革命とソ連邦の成立 183

❶ 解答　①－b　②－a　③－d
④－c　⑤－a

27 ヴェルサイユ体制下の欧米 189

❶ 解答　A. 3　B. 2　C. 3　D. 4
E. 1　F. 3　G. 2　H. 4　I. 1

28 アジアの民族運動 197

❶ 解答　問1. ②　問2. ④　問3. ②
❷ 解答　(1)－㋒　(2)－㋐　(3)－㋑
(4)－㋐　(5)－㋑

29 世界恐慌とファシズム 203

❶ 解答　問1. 1－ク　2－オ　3－ケ
4－ウ　5－イ　6－エ
問2. (1)－ウ　(2)－イ
(3)－ A. フランコ
B. ベルリン＝ローマ枢軸

30 第二次世界大戦と「冷戦」 211

❶ 解答　イ－a
①－a　②－b　③－c　④－c　⑤－b
⑥－a

31 戦後のアジア・アフリカ諸国 219

❶ 解答　(1)－㋑　(2)－㋐　(3)－㋑
(4)－㋓　(5)－㋒
❷ 解答　問1．③　問2．④　問3．④
問4．④

32 国際秩序の動揺と今日の世界 225

❶ 解答　(1)－㋐　(2)－㋓　(3)－㋑
(4)－㋒　(5)－㋓　(6)－㋒　(7)－㋓　(8)－㋓
(9)－㋑　(10)－㋐

33 アメリカ合衆国の歴史 235

❶ 解答　1. ジョージア　2. ルイジアナ
3. 茶法　4. ワシントン
5. ハミルトン
6. アメリカ＝イギリス戦争〔米英戦争〕
7. 綿花　8. ピール　9. 航海法
10. 最恵国待遇　11. マッキンリー
12. ケネディ＝ラウンド
13. ファーウェイ〔HUAWEI〕

34 ラテンアメリカの歴史 241

❶ 解答　(1)－④　(2)－①　(3)－①
(4)－①　(5)－①　(6)－①　(7)－①　(8)－①
(9)－③　(10)－④

35 朝鮮の歴史 247

❶ 解答　問1. a－新羅　b－骨品制
c－高麗　d－両班　e－李成桂
f－漢城　g－世宗　h－大院君
i－江華島　j－日朝修好条規〔江華条約〕
k－東学の乱〔甲午農民戦争〕
l－日韓協約
問2.『大蔵経』
問3. 訓民正音〔ハングル〕

36 ベトナムの歴史 253

❶ 解答　1－は　2－の　3－ぬ　4－そ
5－ほ　6－な　7－か　8－く　9－い
10－ね　11－み　12－ち　13－す
14－さ　15－け
❷ 解答　問1. ①・②　問2. ④　問3. ②

37 東南アジア諸国の歴史 261

❶ 解答　問1. a－メコン　b－オケオ
c－チャム　d－パレンバン
e－ヒンドゥー　f－マジャパヒト
g－ダウ　h－クメール　i－モン
問2.『エリュトゥラー海案内記』
問3. 林邑　問4. ボロブドゥール
問5. (イ)・(ロ)

38 東欧諸国の歴史 267

❶ 解答　①－c　②－b　③－b　④－b　⑤－d
❷ 解答　(1)－c　(2)－b　(3)－c

39 中国文化史 273

❶ 解答　問1．(19)　問2．(2)・(16)　問3．(23)
問4．①－(18)　②－(21)　③－(9)
問5．神仙思想　問6．(A)－ウ　(B)－(14)
問7．①－(7)　②－(4)　問8．(12)
問9．(1)　問10．全真教

40 ヨーロッパ文化史①（古代・中世） 277

❶ 解答　問1．1－トマス＝アクィナス
2－ボローニャ　3－ロマネスク
4－ゴシック
問2．ウルバヌス２世　問3．イ　問4．ア
問5．アリストテレス　問6．エ　問7．ウ

41 ヨーロッパ文化史②（近世以降） 285

❶ 解答　1－し　2－つ　3－み　4－お
5－け　6－ま　7－す　8－あ　9－て
10－ぬ　11－ね　12－ひ　13－そ
14－の　15－か

42 イスラーム文化史 287

❶ 解答　(1)－㋒　(2)－㋒　(3)－㋐
(4)－㋔　(5)－㋑　(6)－㋒　(7)－㋑　(8)－㋑
(9)－㋐